中国石油辽河油田公司年鉴

2014

辽河油田公司史志编纂委员会 编

方志出版社
Publishing House of Local Records

图书在版编目（CIP）数据

中国石油辽河油田公司年鉴. 2014/辽河油田公司史志编纂委员会编. -- 北京 ：方志出版社，2015.2

ISBN 978-7-5144-1568-1

Ⅰ. ①中… Ⅱ. ①辽… Ⅲ. ①油田-辽宁省-2014-年鉴 Ⅳ. ①F426.22-54

中国版本图书馆CIP数据核字(2015)第040343号

中国石油辽河油田公司年鉴(2014)

编　者：辽河油田公司史志编纂委员会
责任编辑：张昊
出 版 人：冀祥德
出 版 者：方志出版社
　地址　北京市朝阳区潘家园东里9号（国家方志馆4层）
　邮编　100021
　网址　http://www.fzph.org
发　行：方志出版社发行中心
　（010）67110500
经　销：各地新华书店
印　刷：盘锦鑫兴广告印务有限公司
开　本：889×1194　1/16
印　张：23.5
字　数：675千字
版　次：2015年2月第1版　2015年2月第1次印刷
印　数：0001 - 1000册

ISBN 978-7-5144-1568-1　定价：192.00元

辽河油区油田分布示意图

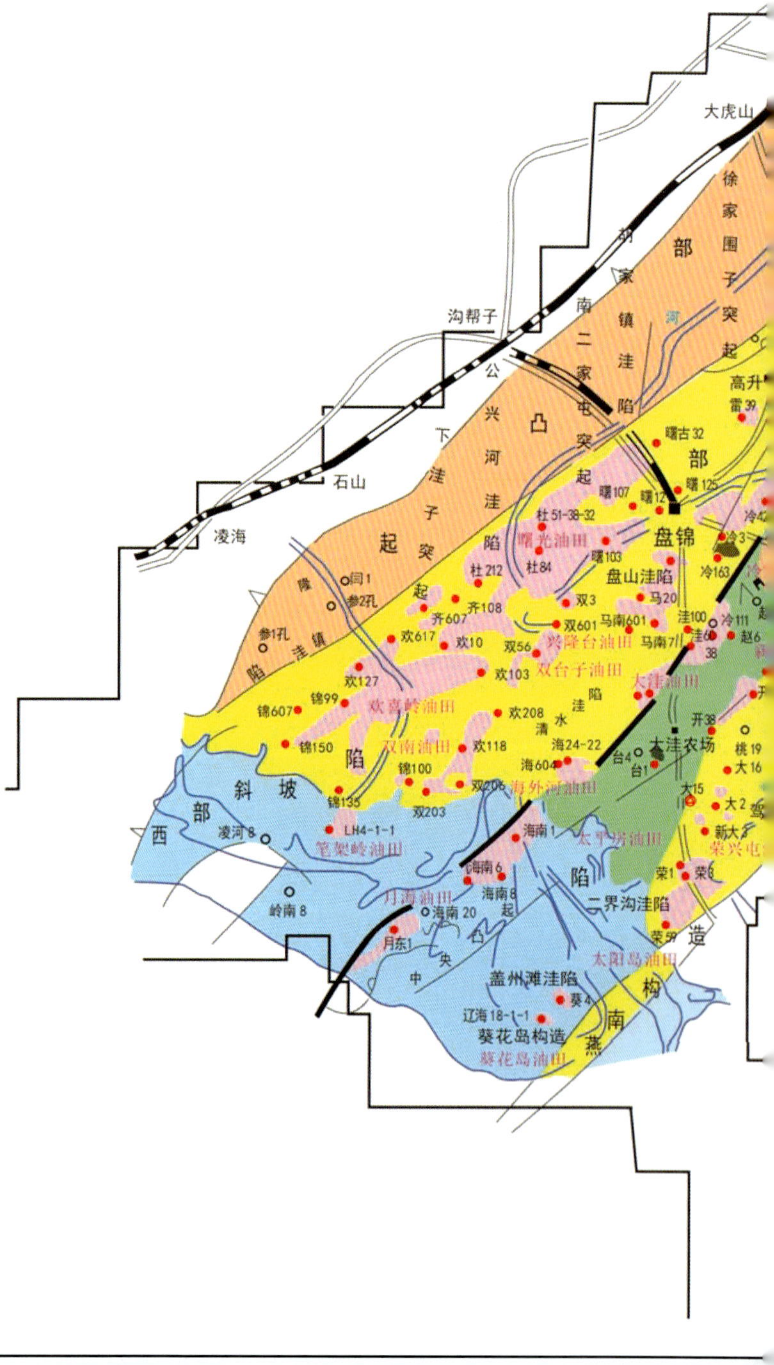

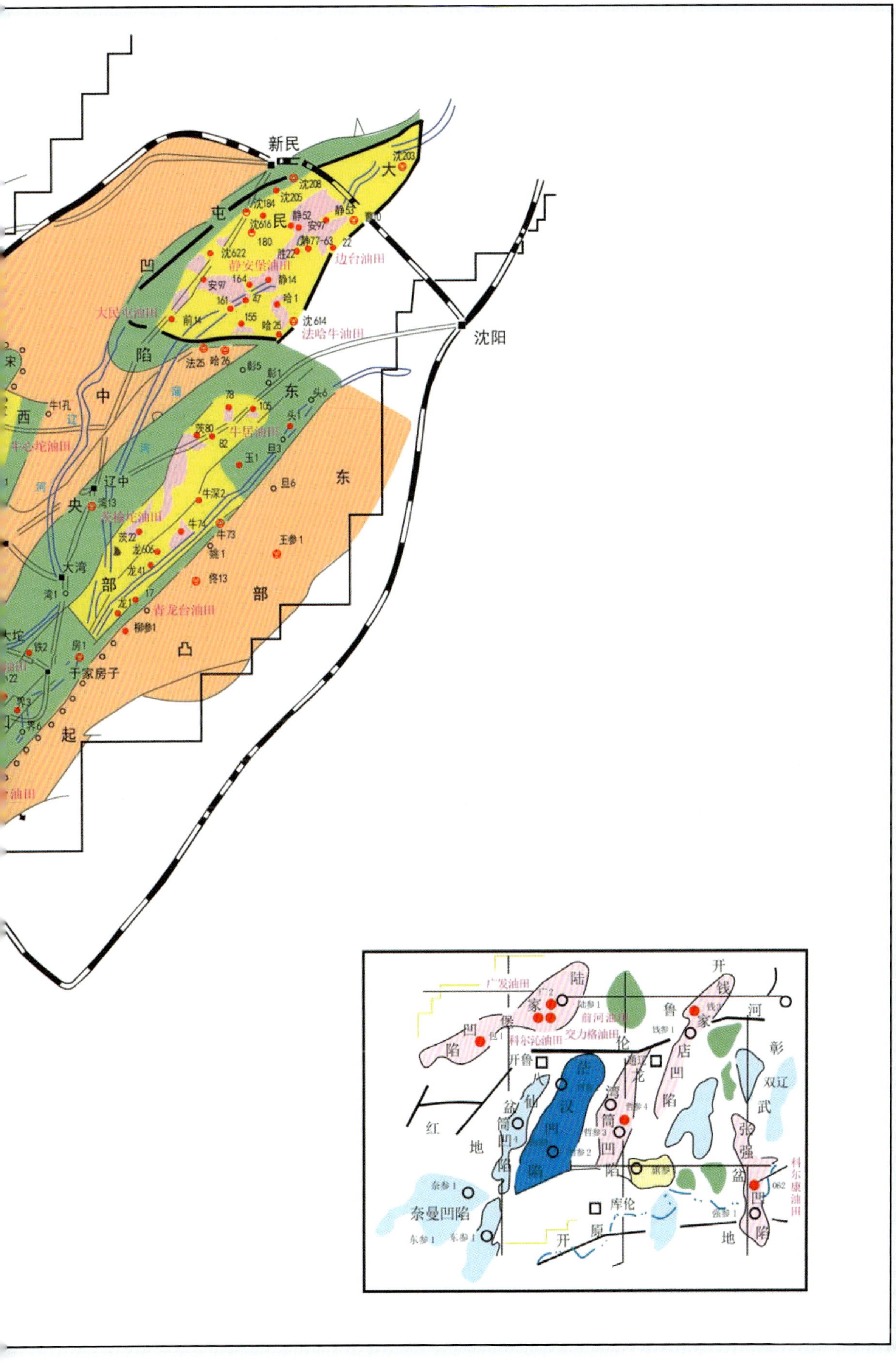

新民
沈阳
大
屯
民
凹
陷
静安堡油田
边台油田
大民屯油田
法哈牛油田
中
央
部
西
东
东
部
凸
起
牛居油田
茨榆坨油田
青龙台油田
牛心坨油田
辽中
大湾
于家房子
沈203
沈208
沈205
沈184
沈616
沈622
沈614
静52
静53
静14
安97
哈1
哈25
哈26
法25
前14
彭5
彭1
头6
牛1孔
茨80
玉1
旦3
旦6
牛深2
牛74
牛73
湾13
茨22
龙606
龙41
龙1
王参1
佟13
柳参1
房1
铁2
湾1
广发油田
陆
家
堡
凹
陷
前河油田
交力格油田
科尔沁油田
开鲁
八
仙
筒
凹
陷
茫
汉
凹
陷
通辽
钱
家
店
凹
陷
彰
武
双辽
张
强
凹
陷
科尔康油田
奈曼凹陷
库伦
开
鲁
红
地
盆
地

2013年，油田公司把握发展主题， 锁定“双千”目标，坚持“三稳三增”，全年生产原油1001万吨，生产天然气7.2亿立方米

2013年，油田公司党委发挥党的政治核心作用，为推进油田全面深化改革和有质量、有效益、可持续发展提供坚强保障

国务院国资委监事会主席季晓南到油田公司检查指导工作

集团公司副总经理喻宝才到油田公司检查指导工作

辽宁省副省长潘国利到油田公司检查指导工作

辽宁省省长助理、公安厅厅长王大伟一行到油田公司检查安保工作

油田公司加强石油地质勘探，全年新增预测石油地质储量5118万吨，新增控制石油地质储量3996万吨，可采储量612.3万吨

油田公司形成了蒸汽驱、SAGD等开发不同油品的成熟技术

赵古11井采用国产裸眼封隔器分段完井降低成本并填补国内技术空白

科研人员利用完井老资料进行挖潜增储

建设生态油田

化学驱进入工业化生产阶段

与国外技术人员进行技术交流

绿色施工

三标作业

油建队伍在完成油田公司生产建设任务的同时，开拓外部市场

建设储气库，保障天然气供应

组织实战演练，应对复杂情况

野外巡井

加强油区安全巡逻

员工防硫化氢安全培训

井控培训

加强新员工入职教育

重视人才培养

开展导师带徒活动

加强新时期党建思想政治工作和企业文化研究

油田公司领导深入基层联系点开展党的群众路线教育实践活动

开展扶贫帮困工作，承担国有企业的社会责任

组织开展丰富多彩的文体活动

丰富员工家属文化生活

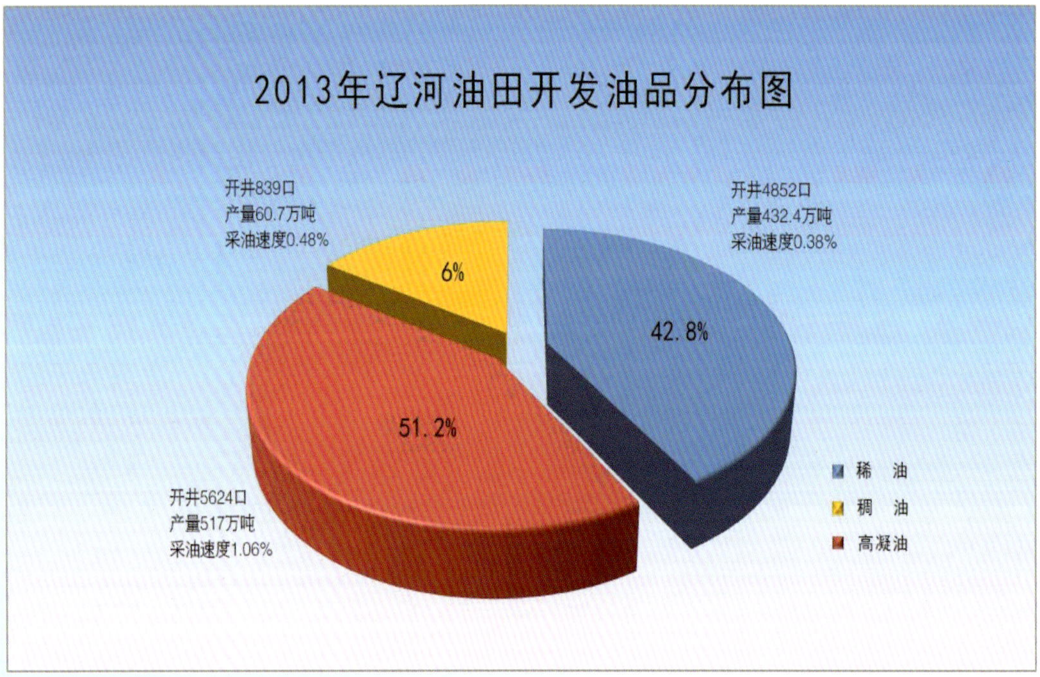

油田公司油品分布

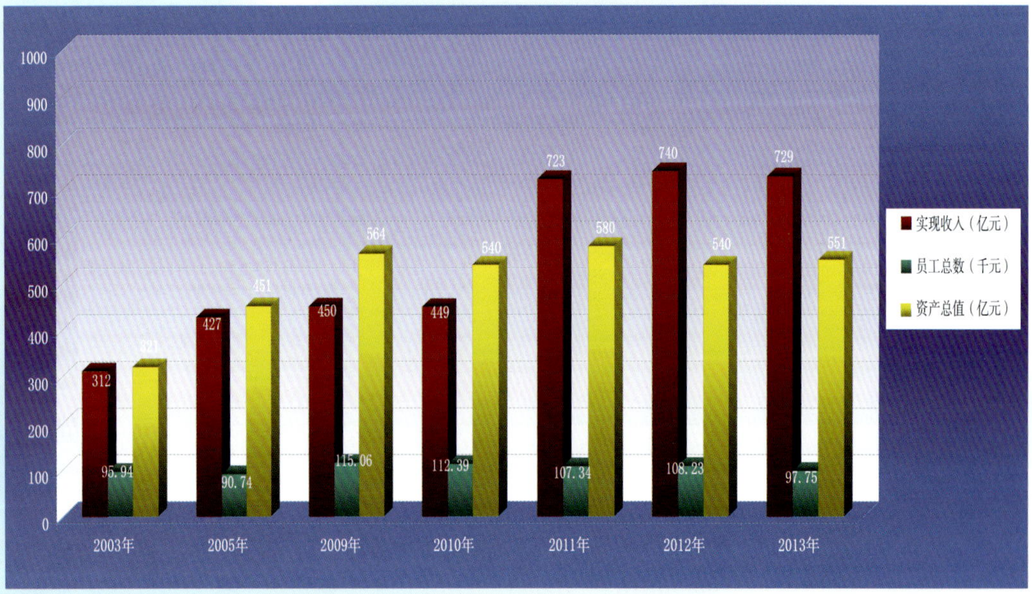

2013年，油田公司实现收入729亿元，其中，上市业务收入350亿元，未上市业务收入224亿元，多种经营收入155亿元。上缴税费124亿元

编 辑 说 明

一、《中国石油辽河油田公司年鉴》是连续出版的综合性企业年鉴。《中国石油辽河油田公司年鉴（2014）》以邓小平理论、“三个代表”重要思想和科学发展观为指导，全面、系统、翔实地记述了辽河油田公司2013年主要工作和成果，旨在为辽河油田公司各级领导制定生产经营方针、政策提供依据，是广大读者系统了解辽河油田公司的重要工具书。同时，也为编史修志积累资料。

二、本年鉴采用分类编辑和条目式记述方法，主体内容分为类目、分目、条目三个层次，以文字记述为主，辅以照片、图表。

三、本年鉴设特载与概况、大事记、油气勘探、油气开采、科技进步、经营管理、基础管理、党群工作、单位概览、统计资料、政策制度、荣誉、机构与人物、附录等14个类目。

四、本年鉴资料由辽河油田公司各机关部室、直属单位、二级单位和辽河油田公司托管单位的二级单位提供，经筛选、删减、补充、整理、核实后刊用。

五、本年鉴所刊载的各单位名称均按辽河油田公司内部称谓，直书其名。其中，“中国石油天然气集团公司”用“集团公司”，“中国石油天然气股份有限公司”用“股份公司”，“中国石油天然气股份有限公司辽河油田分公司”用“油田公司”或“辽河油田公司”。各二级单位和部门的简称在正文中夹注。

六、《中国石油辽河油田公司年鉴（2014）》由于信息量大，涉及面广，在编辑过程中难免有误。疏漏之处请读者批评指正。

总 类 目

目　录

科技进步

经营管理

党群工作

单位概览

统计资料

未上市业务统计资料

政策制度

2013 年油田公司政策制度选录及索引

荣　誉

先进集体

先进个人

人　物

附　录

2012 年度荣获省部级以上企业
管理现代化成果奖名单

2013年有关报道油田公司报刊网络文章选录及索引

索　引

特载与概况

特 载

油田公司第二届职工代表大会第一次全体会议《行政工作报告》

2014 年 1 月 26 日

各位代表、同志们：

现在，我代表油田公司作工作报告，请予审议。

一、2013 年主要工作情况

2013 年，油田公司以党的十八大、十八届三中全会精神为指导，认真贯彻集团公司党组和辽宁省委、省政府工作部署，锁定“双千”目标，坚持“三稳三增”，全力做好“七篇大文章”，扎实开展党的群众路线教育实践活动，锐意进取、攻坚克难，取得成果超乎预期，呈现出稳中有进、稳中向好的良好局面。

（一）油田勘探获得多点突破。潜山勘探成效显著，茨榆坨、中央凸起、曙光潜山保持规模增储态势，茨榆坨潜山新增控制储量 3096 万吨。火成岩勘探获重要进展，东部凹陷中南部储量规模达5000万吨。雷家致密油勘探实现重大突破，预测资源规模 2.58 亿吨，展现巨大勘探潜力。外围盆地勘探见到良好苗头，庙 31 井、库 2 井喜获高产工业油流。南海勘探迈出实质性步伐，辽北、南黄海地区再获矿权 1.58 万平方千米。评价勘探、滚动勘探取得新进展。新能源合作开发有序推进。全年新增控制石油地质储量 3996 万吨、预测储量 5118 万吨，超额完成年度计划指标，油田发展的资源基础进一步夯实。

（二）油气生产实现高产稳产。坚持勘探开发一体化、二次开发等多手段建产，新井年产油 52 万吨。实施多方式组合开发，蒸汽驱、SAGD、火驱产量稳中有升，化学驱转入工业化推广，累计实施八大类 613 个井组，年产油 252 万吨。全面推进重大项目，世界首个海上稠油热采油田—月东油田顺利投产，国内最大火驱基地全面建成，未动用储量合作开发正式启动，低效资产利用产油28.4万吨，水平井治理增油 10.8 万吨。持续优化产量结构，稀油高凝油产量达 432 万吨。开展多元化注水、多方法注汽，控制潜山递减，强化措施运行，油田递减率创历史最好水平。科学生产组织，全面战胜洪涝灾害，油气产输储销各环节高效运行。全年生产原油 1010.1 万吨、超产 10.1 万吨，实现商品量 1000 万吨、超计划 15 万吨；生产天然气 7.2 亿立方米，实现商品量 3.8 亿立方米；连续第二十八年实现千万吨稳产。

（三）经济规模再创历史新高。工程技术单位，全面开展采油作业联产承包、小修示范队创建等工作，积极推广可控不压井作业等技术，作业效率和保障能力大幅提升，全年完成工作量 2.3 万井次，实现收入××亿元。工程建设单位，全力保障油气生产、积极拓展外部市场，高质量完成西三线甘肃段、双 6 储气库注气等工程建设任务，先后中标广东揭阳石化重油罐区、伊朗北阿 TMC 等国内外重大项目，全年实现收入××亿元。燃气利用单位，及时调整发展战略，积极靠实目标市场，稳步推进基础建设，营口气源厂主体工程竣工，盘锦液化工厂投产，以气代油 105 万吨，全年天然气输销 18.5 亿立方米，LNG 销售 6 万吨，实现收入××.×亿元。生产辅助单位，运行态势保持平稳，服务作用充分发挥。多种经营单位，依托油气产业链，加大对外合作力度，持续推进非金属管道、旋转导向等重点项目，全年实现收入×××亿元。在油气业务稳定发展、实现收入×××亿元的基础上，未上市各项业务齐头并进、实现收入×××亿元，油田综合实力明显增强，整体经济规模达到 760 亿元。

（四）企业管理更加科学规范。精细投资管理，细化项目论证，优化核减投资××亿元，确保重点领域投入。狠抓预算执行，加强动态监控，实现成本刚性受控。严控费用支出，零星工程、外协、机关管理费支出减少×.×亿元。推进依法以规治企，强化市场、物资、资本运营、合同、概预算、结算管理，规范涉油涉气业务，持续开展内控、审计和效能监察，顺利通过国家和集团公司审计。严格落实“三控制一规范”，清退外雇工 2412 人，用工总量连续 6 年负增长。理清管理界面、简化业务流程，机关管理权限下放 30%，作业、采油站队资料精简 80%。“全员精细管理、杜绝百种浪费”、“两省一增”活动挖潜创效×亿元。“三稳三增”深入人心，效益考核初见成效。全年上市业务实现利润××亿元、上缴税费××亿元，未上市业务减亏×亿元、上缴税费××亿元，矿区业务实现收支平衡，发展质量迈上新台阶。

（五）创新驱动取得丰硕成果。千万吨稳产重大科技专项稳步推进，形成了变质岩内幕油气成藏理论、非烃类气驱开采机理、移动式电点火技术等九大标志性成果。国家科技重大专项顺利建成蒸汽驱、SAGD、火驱三个技术示范区，中深层稠油开发技术保持行业领先。集团公司低碳、带压作业专项扎实开展，提升了未上市业务市场竞争能力。基础平台建设进一步升级，国家级“稠（重）油开采研发中心”顺利通过认定评审。以 ERP 为核心的信息系统应用不断深化，数字化油田建设基础更加牢固。全年科技投入超过×亿元，创近年新高；获省部级成果 16 项、授权国家专利 217 项，科技支撑作用更加凸显。

（六）安全环保形势持续稳定。安全生产责任体系更加丰富完善，有感领导、直线责任、属地管理与“一岗双责”有机融合。HSE 体系建设深入推进，制度、流程、标准化管理水平全面提升。开展安全生产大检查、专项排查整治活动，投入资金×.×亿元、治理隐患项目 245 个。突出重点领域、特殊时段安全监管，落实海上作业、特种设备等专业风险管控措施，强化应急管理，实现全方位、全过程可控受控。推进节能降耗和污染减排，全年节能 5.8 万吨标准煤、节水 115 万立方米、节地 42.2 公顷，减排 COD、二氧化硫 293 吨。获“全国职业安全健康先进单位”称号，连年保持集团公司安全生产、环境保护先进，第九年被评为节能节水型先进企业。

（七）党的建设开创了新局面。认真学习贯彻党的十八大和十八届三中全会精神，形成了全面深化改革、推动油田发展的共识。扎实开展党的群众路线教育实践活动，严格执行中央八项规定和集团公司党组二十条要求，查摆整改各级领导班子和班子成员“四风”突出问题，为民务实清廉形象进一步树立。深入推进“四好”班子创建，严格落实“三重一大”决策制度，强化干部脱产轮训和挂职锻炼，加大领导班子绩效考核力度，干部队伍素质能力进一步增强。加强三支人才队伍建设，深化基本素质达标工程，员工队伍素质不断提高。全面深化反腐倡廉建设，立案查处违规违纪案件 20 件，处理党员干部 35 人。深入开展向孙波、李新民学习活动，加强劳模宣传，大庆精神铁人精神进一步弘扬，获全国企业文化优秀成果奖。工会、共青团、民兵武装、离退休、人口和计划生育、档案史志、机关建设等工作取得新进展。

（八）油田矿区保持安定和谐。坚持共创共享，切实改善民生，投入×.×亿元，实施老旧小区配套系统改造、供暖管线维修等民生工程，矿区环境更加宜居。全力打造物业品牌，持续提升医疗服务水平，员工群众满意度不断提高。强化治安综合治理，严厉打击涉油犯罪，“平安辽河”建设稳步推进。高度重视信访稳定工作，各类群体利益诉求得到妥善处理，矿区和队伍保持稳定。全力维护员工家属切身利益，社会保险同比增加××%，员工收入水平同比增长×%以上，健康管理工程让 3 万人受益，发放再就业和退岗家属各类费用×.××亿元。多渠道解决子女就业××××人。实施各类帮扶超过万人次、大病救助 1500 余人，支出××××余万元。认真履行社会责任，扎实做好定点扶贫，持续改善公共关系，营造了良好发展环境。

按照上级要求，报告年度中层领导人员选拔任用情况。2013 年，油田公司认真落实集团公司党组工作要求，坚持德才兼备、以德为先，严格执行民主推荐、组织考察、沟通酝酿、集体讨论、班子票决、任前公示、任职前谈话等程序，完善干部管理制度，用机制和制度选人，按标准和程序用人。注重从生产和科研一线、艰苦岗位选干部，注重专业特长、履职经历科学配备班子，注重基层与机关、中心地区与边远矿区、各行业板块之间的干部交流，对新提拔人员异地交流，不断优化领导班子结构。全年提拔正处级干部 7 人，副处级干部 10 人，平级交流 27 人，中层干部总数控制在集团公司下达的职数范围内。

过去的一年，油田公司党政领导班子坚决贯彻集团公司新一届党组决策部署，讲政治、顾大局、守纪律，高度统一思想行动；牢牢把握发展主题，稳产量、增规模、强实力，持续推动“双千”企业建设；果断应对形势变化，抓质量、提效益、重业绩，全面打好“双保”战役；自觉践行群众路线，转作风、严自律、做表率，凝聚强大发展合力，切实增强了驾驭复杂局面和引领科学发展的能力。油田公司超额完成各项业绩指标，年度考核名列前茅，始终保持生产稳、安全稳、队伍稳，得到集团公司充分肯定。

这些成绩的取得，是集团公司党组和辽宁省委、省政府正确领导的结果，是盘锦市委、市政府和社会各界大力支持的结果，是油区各企业密切协作和公检法单位有力保障的结果，更是油田全体干部员工团结一心、拼搏奋进的结果。在此，我代表油田公司党政领导班子向各位代表并通过你们，向奋战在油田各条战线上的广大干部员工、离退休老同志和职工家属，以及关心支持油田发展的各界人士，表示衷心的感谢！

二、油田发展面临的形势任务

重组整合以来，我们始终超前研判形势，准确把握大势，成功战胜一系列困难挑战和风险考验，油田各项事业都取得了长足进展，为持续发展打下了坚实基础。党的十八届三中全会开启了全面深化改革的新征程，对石油工业发展将产生深远影响。集团公司2014年工作会议，坚持推进改革创新，更加注重质量效益，大力实施三大基础性工程，对我们提出了新的更高要求；致力解决速度规模与质量效益不同步问题，对我们转方式、调结构、提质量、增效益形成倒逼压力。油田持续加剧的勘探开发矛盾让千万吨“硬稳”难度逐年增大，深刻变化的市场政策环境让千亿元“快进”步伐有所放缓，长期积累的队伍规模、结构问题短期难以根本缓解，“三大结构性矛盾”将长期存在；税费逐年增加，成本刚性上涨，赢利空间大幅压缩，“两大现实挑战”将始终面对。

应对当前复杂局面，落实党组决策部署，我们一定要增强改革的危机感和紧迫感，强化进取意识、机遇意识、责任意识，坚持战略定力，树立底线思维，以改革创新精神推动油田实现新发展。我们一定要抓住主要矛盾，回归企业本质，始终以经济效益为中心，让效益理念贯穿生产经营全过程，努力实现有质量、有效益、可持续发展。我们一定要深化“三稳三增”，正确处理好稳产与增效、规模与效益的关系，全力推动“稳、增、减、改”四大举措，努力向稳产量、增规模、降投入要效益，努力向改革、管理、科技要效益。

必须抓牢发展根本，全力巩固“稳”的态势。要坚守千万吨硬稳这条生命线，千方百计寻求资源发现，多措并举确保稳产1000万；要严守安全环保这条红线，始终居安思危、时刻警钟长鸣，确保形势稳定可控；要固守班子队伍建设这条保障线，坚持以人为本、切实关注民生，确保矿区、队伍和谐稳定。“稳”是前提基础、是责任担当，必须毫不动摇全力以赴。

必须改善发展质量，着力提升“增”的能力。要坚持“巩固阵地”与“开疆拓土”并举，最大限度增加生存发展空间；要坚持“油气为主”与“整体协调”并重，延长业务链、拓宽业务面，始终不渝增加经济规模；要坚持“创新驱动”与“管理提升”并行，不遗余力提升发展质量、增加经济效益。“增”是追求方向、是价值体现，必须坚定不移务求实效。

必须突破发展瓶颈，努力做足“减”的文章。要优化人力资源，严控增量、盘活存量、做好减量，努力减少冗员；要优化组织结构，理顺职能定位，深化机构重组，努力减少机构编制；要优化投资、严控成本，强化过程管控，多方挖潜创效，努力减少各种费用支出。“减”是重点难点、是当务之急，必须痛下决心有所作为。

必须打破发展禁锢，致力激发“改”的力量。要改思想观念，破除等、靠、要思想，自己企业自己管、自己效益自己创、自己日子自己过、自己工资自己挣；要改体制机制，问题倒逼，打破“大锅饭”，推行工效挂钩、考核排名，突破利益固化藩篱；要改工作作风，坚持领导带头过紧日子、过难日子，汇聚正能量，形成同舟共济、共渡难关强大合力。“改”是关键环节、是症结所在，必须义无反顾勇往直前。

三、2014年目标思路及工作部署

2014年，是全面落实党的十八届三中全会精神的开局之年，也是油田深化改革、推进“双千”建设的关键一年。油田公司今年工作总的指导思想是：深入贯彻党的十八大、十八届三中全会精神，按照集团公司工作部署，继续把握稳中求进，坚持和完善“33343”发展思路，以提高经济效益为中心，全力推动“稳、增、减、改”四大举措，优先发展油气主营业务，统筹发展各项业务，推进改革创新，狠抓健康安全环保，大力加强党的建设，着力维护矿区和谐稳定，全面完成各项业绩指标，努力实现有质量、有效益、可持续发展。

全年主要工作目标是：

——油气生产：新增探明储量2000万吨，控制储量3000万吨，预测储量4000万吨；生产原油1000万吨，商品量985万吨；生产天然气7亿立方米，商品量3.7亿立方米，实现第29年稳产千万吨以上。

——经济效益：按照×××美元/桶价格测算，上市业务实现收入×××亿元、利润××.×亿元。未上市业务实现收入×××亿元，完成集团公司减亏指标。油田经济总量力争超过800亿元，继续向着千亿元经济规模迈进。

——安全环保：坚决杜绝较大安全事故和环保事件发生，员工职业健康水平不断提升，健康安全环保各项指标控制在集团公司、地方政府下达指标之内，保持集团公司安全环保先进。

——和谐矿区：民生建设持续推进，生产生活环境不断改善；坚持薪酬与企业发展、劳动生产率同步提高，保持员工收入合理增长；不同群体利益得到更好兼顾，油田矿区和谐稳定。为确保上述目标的实现，要突出抓好六个方面的工作：

（一）集中精力保稳产，努力打牢质量效益发展根基。勘探上，按照“突破潜山、深化岩性、推进致密油气、准备新区新领域”的原则，全力推进“三大领域勘探”。一是推进成熟领域勘探，加强西部凹陷南部岩性、东部凹陷中南段火成岩、雷家地区碳酸盐岩致密油，以及外围陆家堡凹陷油气预探，实现控制储量3000万吨、预测储量4000万吨。二是推进潜力领域勘探，甩开预探曙光潜山、赵家—冷南潜山、东部凹陷中南部深层天然气、大民屯致密油，实现勘探新的发现。三是推进新领域勘探，积极开展辽北、南黄海探区的前期准备，认真组织深海钻探，实现战略接替。继续加快新能源勘探与合作开发进程。积极推进油藏评价、滚动勘探，实现探明储量2000万吨。强化重点项目整体研究，综合技术集成与推广应用，引领钻井提速，持续提高勘探质量效益。

开发上，牢牢抓住产能建设增产量、方式转换降递减和老区管理挖潜力三条主线，坚决打好“五大开发进攻仗”。一是打好产能建设进攻仗，通过多方式开发建产、加强未动用储量合作开发、实施钻井总承包示范工程等措施，全年建产能105万吨。二是打好开发方式转换进攻仗，蒸汽驱、SAGD、常规火驱、化学驱等八大类项目新转井组152个，累计765个井组、年产油305万吨。三是打好老油田稳产进攻仗，坚持不懈推进多元化注水，扎实抓好多方法注汽，油区综合递减率控制在5%以内。四是打好重大试验准备进攻仗，加快推进重力火驱、非烃类气驱、微生物驱等现场试验，为油田长期稳产做好储备。五是打好天然气挖潜进攻仗，新建产能1亿立方米。月东、高升火驱等对外合作项目年产油31万吨，低效油气资产利用年产油20万吨。优化生产组织，统筹重大项目，确保生产建设高效运行。

（二）坚定不移增实力，持续增强质量效益发展后劲。工程技术，统筹资源配置，优化队伍结构，深化采油作业联产承包，强化大型措施管理，推动大修提速，进一步提升作业质量和效率。工程建设，保障油田生产，组织好双6储气库、80万方轻烃、锦16块化学驱等重点EPC工程；大力开拓市场，做好陕京四线和西三线东段管线投标，加强锦郑线、中缅线和克拉苏管道等重大项目管理，实现收入××亿元。燃气利用，加强市场开发与销售，加快推进支线管网、CNG母站和LNG加气站等重点项目建设，全年替换燃料油100万吨，天然气输销18亿立方米、LNG销售22万吨，实现收入××亿元，确保有效发展。生产辅助，持续提高水电信保障能力，强化炼油、化工等装置安全管理，规范驻外机构、服务行业经营，为油田发展提供优质服务。多种经营，加快产业转型升级，积极开拓内外部市场，推进规范化管理，持续清理法人、清理挂靠，实现收入×××亿元。充分发挥一体化优势，全面推进解困扭亏，实现油田综合实力持续提升。

（三）改革创新转方式，着力提升质量效益发展水平。大力推进创新驱动。强化“效益科技”理念，突出自主创新，坚持与生产发展紧密结合，重点提升“四种能力”。一是抓好千万吨稳产、国家中深层稠油、低碳、带压作业4个重大科技专项，攻克非常规油气资源评价、多方式复合开发等技术难题，形成9项核心技术，提升发展引领能力。二是开展深部调驱、非烃类气驱、特殊井分注等10项公司重大项目攻关，攻克潜山能量补充、耐高温调驱等技术难题，提升稳产支撑能力。三是精心组织深海勘探开发前期设计、致密油气等项目研究，提升战略储备能力。四是推进国家稠油研发中心、集团稠油开采先导试验基地等平台建设，探索开放式研究新模式，提升研发保障能力。进一步推动信息化与生产建设、企业管理、科技创新深度融合，全面推进数字化油田建设。

持续推进管理提升。牢固树立效益理念和长期过紧日子思想，大力开展对标管理、精细管理，重点做好“六控制”。控制投资规模，全方位优化投资结构，全要素评价投资效益，确保投资回报率达到12%以上。控制成本支出，建立以利润为中心的预算考核体系，深入推进成本费用定额标准化，保障生产和增效成本，提升价值贡献。控制低效投入，优化生产流程和措施方案，节约电费、燃料费、注汽费、作业费×.×亿元。控制非生产性支出，严格执行职务消费、公务用车等标准，实行两级机关管理费“包干”，管理性支出下降10%。控制“六外”支出，压缩“外协、外委、外雇、外租、外修、外包”费用30%以上。控制经营风险，坚持依法以规治企，强化市场、物资、关联交易、概预算、结算管理，充分发挥审计和效能监察作用。调整油品销售结构，稀油、凝析油增收×亿元；加快“全员精细管理、杜绝百种浪费”活动成果转化，加强再生资源利用，形成挖潜增效长效机制。

深入推进企业改革。按照集团公司全面深化改革总体部署，加强顶层设计和整体谋划，科学决策，稳步推进，重点深化“六项改革”。深化薪酬分配改革，突出利润在分配中的主导地位，增量工资与增量效益挂钩，实现收入能增能减。深化干部制度改革，建立健全干部选拔任用、管理监督、综合考核评价等制度，实现干部能上能下。深化用工制度改革，落实“三控制一规范”，科学调整劳动组织结构，积极盘活存量，依法规范用工，降低人工成本，实现人员能进能出。深化绩效考核改革，利润、投资回报率等效益指标权重提高到70%，充分发挥效益考核的导向作用。深化财务管理改革，改变经营承包、运行模式和管控方式，实现利润最大化。深化持续重组和结构调整，推进相关业务资产优化整合和专业化重组，促进整体优势发挥。落实集团公司扩大企业生产经营自主权改革试点要求，积极探索储量、产量、投资、成本、效益一体化经营和考核新机制。要把改革创新贯穿于发展的各领域、各环节，用改革的思路和办法，破解发展难题，激发企业活力，提升油田效益。

（四）毫不放松抓安全，营造良好质量效益发展环境。始终把安全环保作为战略基础，牢固树立安全发展理念，持续提升HSE业绩，全面推动“3368”工作思路。抓好全员责任落实、依法依规管理、绩效动态考核“三推进”，严格落实“党政同责、一岗双责、齐抓共管”要求，严肃HSE业绩奖惩，建立覆盖全员、全岗位、全过程的安全环保责任体系。抓好专项整治、三位一体监督、隐患排查与治理“三深化”，固化“大讨论、大排查”机制，重点实施硫化氢、油气管道、超稠油污水治理等项目，有效削减安全环保风险。抓好HSE培训、标准化建设、员工健康管理、承包商管理、应急管理、安全环保科技攻关“六加强”，强化安全基础建设，努力构建安全环保长效机制。抓好设计风险、质量风险、四新风险、化工风险、井控风险、管道风险、设备设施风险、环境风险“八严控”，坚持源头防范，狠抓过程监管，扎实推进风险防控机制建设，坚决杜绝各类事故发生。

（五）发挥优势强党建，切实提供质量效益发展保障。深入学习党的十八届三中全会、习近平总书记一系列重要讲话精神，融入中心、服务大局，充分发挥党的政治优势、组织优势和群众工作优势。巩固党的群众路线教育实践活动成果，结合重点问题整改和专项整治，配套完善相关实施细则，形成反“四风”长效机制。加强领导班子建设，强化理论武装和素质提升，强力推动企业发展。加强和创新反腐倡廉工作，以规范权力运行为核心，抓好中央八项规定执行情况监督和党风廉政建设责任制落实，抓好效能监察和专项检查，继续加大案件查办力度，真正把权力关进制度的笼子里。大力加强三基工作，深化基层标准化建设，提升基层基础管理水平和员工基本素质。实施人才强企战略，完善全员培训规划，推进三支人才队伍建设。发挥民主管理、厂务公开监督作用，依靠员工群众办好企业。广泛开展形势任务教育，坚持用大庆精神铁人精神铸魂育人，培育社会主义核心价值观，激发奋斗力量。推进两级机关建设，大力简政放权，精简会议文件，改进调查研究，减少检查表彰，建立完善服务承诺、首问负责、限时办结和责任追究等制度，不断提高机关办事效率。

（六）维护稳定创和谐，共创共享质量效益发展成果。积极推进民生工程，投入×亿元，抓好老旧小区环境整治、偏远散小矿区搬迁等工作，持续改善矿区居住环境。加强工业化和便民服务，搭建个性化服务平台，继续实施供暖、燃气、托幼社会化，不断提升服务质量。完善重特大疾病保障和救助机制，建立绿色就医通道。全面推进维护稳定基础工程，依法解决合理诉求，确保大局稳定。创新矿区社会管理，充分发挥政法机关保障作用，持续推进安全社区建设。实施健康管理工程，注重人文关怀和心理疏导，员工健康体检率超过80%。优化企业年金和多层次保险制度，做好扶贫帮困和离退休管理工作，丰富矿区文化生活，不断提升员工群众幸福指数。深化油地合作，加强公共关系，履行社会责任，营造更加和谐的发展环境。

各位代表、同志们，新的一年，油田改革发展稳定任务更加艰巨。让我们深入贯彻党的十八届三中全会精神，全面落实集团公司党组和辽宁省委、省政府工作部署，以“功成不必在我”的胸怀，解放思想、开拓创新，脚踏实地、奋发有为，加快推进“双千”企业建设，努力打造百年辽河、幸福辽河，为中国石油全面建成世界水平综合性国际能源公司做出新的更大贡献！

辽河油田公司2014年
党的工作会议报告

2014年2月18日

同志们：

这次党的工作会议，主要任务是：深入学习贯彻党的十八大和十八届三中全会精神，紧密结合集团公司2014年工作会议和油田公司二届一次职代会精神，简要总结去年工作，研究思考油田全面深化改革问题，安排部署今年党的重点工作，进一步发挥政治核心作用，不断提高党建科学化水平，为推进油田全面深化改革和有质量、有效益、可持续发展提供坚强保证。

一、2013年油田党的工作取得新成效

2013年是中国石油极具挑战、极不寻常的一年，辽河油田作为重要骨干企业，经受住了检验和考验。经过广大干部员工的艰苦努力，油田实现了连续第28年千万吨稳产，经济规模达到760亿元，全面完成了各项业绩指标。党的工作继续坚持融入中心、服务大局，着力发挥政治优势、组织优势和群众工作优势，推动和促进企业开创了稳中有进、稳中向好的发展态势。

（一）学习贯彻党的十八大和三中全会精神广泛深入。突出学以致用、以用促学，采取多种形式学习宣传，两级领导班子中心组累计学习1817次，各级领导干部和广大员工群众增强了对“中国梦”的认识和理解，坚定了社会主义道路自信、理论自信、制度自信，坚定了搞好国有企业的信心和决心。特别是公司领导班子自觉用十八大和三中全会精神指导和推动工作，研究提出了“稳、增、减、改”四大举措。坚定政治方向，在中国石油处于特殊重要时期的历史关头，各级党组织和广大党员干部坚决同党中央和集团公司党组保持高度一致，讲政治、顾大局、守纪律，保证了油田政治稳定、生产稳定、安全稳定和队伍稳定。

（二）党的群众路线教育实践活动成效明显。落实“照镜子、正衣冠、洗洗澡、治治病”总要求，聚焦“四风”、抓住要害，学习教育求深、征求意见求真，查摆问题求准、开展批评求诚，整改落实求严、建章立制求实，圆满完成了各项任务。坚持领导带头，局处两级领导班子和领导干部按照“检省旧我、超越自我、塑造新我”的要求，拿起批评和自我批评的武器，认真开好专题民主生活会，在触动思想、增强党性，践行宗旨、联系群众，改进作风、增进团结等方面取得了明显成效；坚持边学边改、立查立改，制定落实了贯彻中央八项规定措施办法，公司领导班子查摆“四风”问题23个、班子成员查摆142个，各单位领导班子查摆问题750多个、班子成员查摆7600多个，目前正在深入整改，得到了集团公司督导组的肯定，受到了员工群众的好评。

（三）党建思想政治工作有效发挥作用。各级党组织认真贯彻上级各项部署，积极研究落实有关推进油田可持续发展的认识和要求，在“谋发展、推改革、促管理、益民生、抓队伍、保稳定”上充分发挥了政治核心和战斗堡垒作用。建立健全基层党组织，新选拔配备党支部书记131人，其中大学毕业生41人；深化“六个一”党支部创建，建立党建工作示范点76个；广泛开展党内创先争优、建功立业活动，创建党员责任区3252个、示范岗1917个，共产党员工程931项；坚持标准，全年发展新党员1379人。针对企业严峻的经营形势，及时开展“三稳三增”形势任务教育，增强员工群众的主人翁责任感；充分发挥群团组织作用，精心组织“全员精细管理，杜绝百种浪费”和青年油水井分析等活动，查摆各类浪费问题14497个，提出合理化建议18213件，实施整改措施12655项。弘扬大庆精神铁人精神，深入开展向李新民和孙波同志学习活动，组织宣讲油田各类模范和见义勇为先进事迹，开展“辽宁精神”宣贯、企业文化“五项实践”、“双十”读书活动。油田公司荣获改革开放35周年企业文化竞争力优秀单位、全国企业文化优秀成果奖。

（四）领导班子和干部队伍、人才队伍建设持续加强。深化“四好班子”创建，注重增强整体功能，进一步优化了26个处级领导班子结构；加强绩效考核，对105个处级班子、机关处室和638名处级干部进行了履职测评。提高选人用人公信度，加强干部德的考察，强化实践锻炼，加大交流力度，全年交流调整处级干部44人，下派上挂优秀后备干部15人。加强干部教育培训，举办了新提拔处级干部和青年干部培训班。各级领导班子和领导干部坚持解近忧谋远虑、观全局抓重点、转作风提效益、抓队伍强素质、重民生促和谐，创造了实实在在的业绩，树立了务实清廉的形象。坚持人力资源可持续与油气资源可持续同等重要，大力推进人才强企战略，加快高端实用人才、科研领军人才、青年人才培养步伐，涌现辽宁省领军人才和优秀专家2名、集团公司高级技术专家8名、油田公司高级技术专家25名、技术专家102名，为油田可持续发展提供了人才保障。

（五）党风廉政建设深入有效推进。全面落实党风廉政建设责任制，签订责任状106个，明确了属地单位、直线部门的责任；持续推进惩防体系建设，完善了制度、目标、责任和理念四个体系；深化廉洁自律“六个三”和反腐倡廉警示教育，组织开展“反四风、倡清廉”小品小戏创作展演，油田反腐倡廉教育基地被命名为集团公司首批5个教育基地之一。加强对落实中央八项规定情况的监督检查，查处了6起违规问题，对5名责任人给予了党纪政纪处分。加强案件查办，立案查处20件，处理党员干部35人。抓好老化油管理、市场资源配置等效能监察和专项检查，对28个单位和个人进行了责任追究。全年共为企业挽回和避免直接经济损失439万元，收缴违纪款和经济处罚381万元。

（六）平安和谐矿区建设扎实稳健。畅通信访渠道，加强矛盾纠纷排查，注重源头防范，部分有偿解除劳动关系人员群体访、提前退休人员工龄待遇、老家属参保、外雇工清退等问题妥善解决，持续加强矿区治安专项整治，圆满完成全国“两会”“十二运”安保维稳任务，油田公司被评为集团公司和辽宁省信访稳定先进单位。认真研究在城镇化进程中统筹推进油田矿区整体发展问题，召开了矿区工作会议，完善有关规划，整治矿区秩序，改善生产生活设施，推进偏远散小矿区搬迁，矿区面貌有新的改观。继续做好扶贫帮困工作，实施大病专项救助，为1741名患病员工家属提供了1800万元的援助款。努力创造条件，多渠道解决子女就业1827人。启动了员工健康管理工程，开展“健康在辽河”活动，认真做好首批12000多名离退休老同志和一线员工健康体检，深入推进EAP工作，提高了员工群众身心健康水平。民兵武装、计划生育、机关建设、统战对台、文化体育、党建政工研究、机要保密以及关心下一代等工作，都为促进企业改革发展、构建和谐矿区做出了积极贡献。

这些成绩的取得，是集团公司党组和辽宁省委、省政府正确领导，盘锦市等地方各级党委政府、辽河公检法、油区各企业大力支持，油田历届老领导和离退休员工关心理解，油田各级党组织和广大党员干部、员工群众共同努力、不懈奋斗的结果。在此，我代表公司党委，表示衷心的感谢，致以崇高的敬意！

在肯定成绩的同时，我们也清醒地看到，一些干部员工思想观念、精神状态、能力素质还不能完全适应改革发展的需要，党的工作开展不平衡，党的建设科学化水平有待进一步提高。我们必须高度重视，认真加以解决。

二、关于全面深化企业内部改革

党的十八届三中全会开启了中华民族伟大复兴的新征程，全面深化改革已经成为时代的最强音，中国石油深化改革的序幕已经拉开。国家牵动、集团推动，我们必须积极主动，坚持从实际出发，把油田全面深化改革不断引向深入。

（一）深刻认识全面深化改革的重大意义。着力在“为什么改”上统一思想。全面深化改革是中央和集团公司党组的重大决策。党的十八届三中全会深入分析了世情、国情的深刻变化，对全面深化改革作出了一系列重大部署，对国资国企改革提出了一系列新思路、新举措、新任务。随着石油市场主体日趋多元、竞争日趋激烈，中国石油已经进入从注重规模发展向更加注重质量效益发展的转型时期、全面建成世界水平综合性国际能源公司的关键阶段。在这样的时代背景下，集团公司党组瞄准世界水平，对全面深化内部改革进行了总体部署，明确了推进公司治理体系和管控能力现代化国际化的总目标和主要任务。我们必须进一步增强政治责任感，认真学习、深入研究，紧密结合油田实际，抓好中央和集团公司党组各项改革部署的贯彻落实。

全面深化改革是有质量有效益可持续发展的必然选择。经过40多年开发建设，辽河油田具备了一定的规模实力，为可持续发展奠定了坚实基础。但是，面临的矛盾问题和风险挑战不容忽视、不可回避。资源基础薄弱，接替不足，勘探开发矛盾持续加剧，千万吨“硬稳”越来越难；综合实力仍然不强，结构性矛盾突出，体制机制不够顺畅，效率效能不高，加之市场政策环境深刻变化，实现千亿元规模难上加难；干部员工队伍等靠依赖思想比较严重，危机感和忧患意识普遍不强，精神状态和能力素质不能完全适应形势任务需要，队伍建设任重道远；经过多次重组，油田承担了大量改革成本，积淀了许多不易调和、不易平衡的历史问题，短时间内难以从根本上解决，油田稳定面临巨大压力。矛盾汇集、问题倒逼，不改革，矛盾终将激化、问题必将爆发，代价难以承受；不改革，动力不可持续、活力不能激发，发展难以为继；不改革，优势就会丧失、特色也会丢掉，企业地位将难以维持。油田上下必须进一步增强现实紧迫感，全面深化内部改革，着力在重点领域和关键环节取得突破，用现在的努力为今后发展赢得更多时间、换取更大空间。

全面深化改革是当代辽河石油人的历史责任。40多年来，一代又一代辽河石油人高唱“我为祖国献石油”主旋律，解放思想、改革创新，艰苦创业、奋发图强，实现了油田事业的健康发展和持续进步。站在新的历史起点，辽河石油人又确立了建设百年辽河、幸福辽河的宏伟目标，这是油田33万员工家属的共同梦想和美好追求，迫切需要我们主动求变、主动求新，以改革创新为强大动力，在科学发展、和谐发展上不断迈出新步伐。我们必须进一步增强历史使命感和历史主动精神，牢牢抓住难得机遇，以高度的政治自觉和责任担当，全面推进改革，无愧于历史，无愧于时代，无愧于广大员工群众的期待。

（二）统筹谋划全面深化改革的目标任务。着力在“改什么”上形成共识。理清油田全面深化改革的总体思路。要把全面深化油田改革置于时代发展和百年辽河的历史坐标，立足当前，围绕“稳、增、减、改”，明确改革的突破口和切入点，实现稳中求进；着眼“十二五”后两年，围绕“双千”目标，做好改革的近期谋划，实现稳中求优；放眼2020年，围绕“两个倍增”，做好改革的中长期谋划，实现稳中求升。按照国有企业功能定位和集团公司总体要求，紧密结合自身实际，以规范经营决策、资产保值增值、提高企业效率、增强企业活力为重点，全面深化内部改革，推进治理体系和管控能力现代化国际化，建立完善科学规范的治理体系、权责对等的体制机制，管理制度成熟定型，业务结构科学合理，经营模式业内领先，市场竞争能力和盈利创效能力大幅提升，建设活力更加迸发、公平更加彰显、发展更加科学的先进企业。

坚决落实油田当前深化改革的主要任务。今年是全面深化改革的第一年，关键要迈好第一步。油田公司二届一次职代会，明确提出了2014年油田深化改革的六项主要任务：深化薪酬分配制度改革，实现收入能增能减，是打破平均主义“大锅饭”、调动劳动积极性的现实需要；深化干部制度改革，实现干部能上能下，是打破干部终身制“铁交椅”、激发干部责任心的现实需要；深化用工制度改革，实现人员能进能出，是打破国有企业“铁饭碗”、提高员工忠诚度的现实需要；深化绩效考核改革，强化效益导向，是防止片面追求规模速度、促进质量效益发展的现实需要；深化财务管理改革，实现利润最大化，是防止粗放经营管控乏力、促进集约经营管理升级的现实需要；深化持续重组和结构调整，发挥整体优势，是防止条块分割力量分散、实现整体协调高效发展的现实需要。各单位、各部门和广大干部员工要充分认识这六项改革的重要意义，紧密结合储量、产量、投资、成本、效益一体化经营和考核的要求以及本单位实际，把压力层层传递、任务层层分解、责任层层落实，抓住切入点、打开突破口，为全面深化改革积累经验、探索路径、创造条件、奠定基础。

（三）正确把握全面深化改革的原则方法。着力在“怎么改”上凝聚智慧。既要坚持原则又要因地制宜。善于把自觉维护中央大政方针和上级决策的统一性、严肃性与因地制宜、充分发挥主观能动性结合起来。坚持中国特色社会主义国有企业发展道路和市场化方向，遵循集团公司总体部署，适应油田公司有质量有效益可持续发展的战略要求。坚持解放思想、实事求是，牢固树立问题导向，坚决克服“改不改无所谓”“让怎么改就怎么改”等消极情绪和机械思维，善于透过油田结构性矛盾和现实性挑战等问题的表象，充分看清各种利益固化的症结所在，切实找准突破的方向和着力点，跳出条条框框限制，克服部门利益掣肘，积极主动研究和推出创造性的改革举措。

既要循序渐进又要不失时机。善于把握改革的力度、节奏和时机。坚持有章法不盲动，认真学习领会上级精神，出台改革举措要慎重研究、反复论证，克服急于求成、急躁冒进等情绪，先易后难、先急后缓、积极稳妥。坚持胆子大步子稳，克服求稳怕乱、等待观望等思想，不能什么也不敢干、不敢试、不敢冒任何风险。只要经过充分论证和评估，只要符合实际，就要一步一个脚印、稳扎稳打向前走，努力打开改革局面。

既要整体推进又要重点突破。善于把握改革的系统性、整体性、协同性。注重顶层设计整体谋划，始终从大局出发考虑问题，综合考虑不同单位、不同群体的利益诉求，加强关联性、可行性研究，以是否符合全局需要、是否符合企业长远发展、是否符合员工群众根本利益为标准，统筹考虑、全面论证、科学决策。注重抓住关键击中要害，选择具有牵动性、代表性的问题集中攻关，力戒平均用力、齐头并进，以重点的不断突破，推动全盘工作。

既要加强领导又要依靠群众。善于调动上下两个方面的积极性。油田公司和各单位要成立全面深化改革领导小组，落实责任、明确分工。各级领导干部要坚决维护组织权威、保证政令畅通，成为改革的实践者、探索者、推动者。要全心全意依靠员工群众，坚持以人为本，尊重员工群众主体地位，发挥群众首创精神。要广泛听取意见建议，站在员工群众的立场把握和处理重大问题，自觉维护员工群众根本利益。要加强正面宣传和舆论引导，讲清改革的目的意义，教育员工群众正确认识和处理利益关系，形成自上而下、良性互动的局面，共同把改革推向前进。

三、加强改进全面深化改革新形势下党的工作

全面深化改革的新形势，油田推进质量效益发展的新任务，对加强和改进党的工作提出了新的更高要求。我们不仅要把改革创新精神贯穿于

企业发展的各个领域各个环节，也要贯穿于党的工作各个领域各个环节，以党的建设成果推动企业改革发展。

（一）进一步把握国有企业党委的定位和职责，更好地发挥政治核心作用。年初，集团公司党组召开干部工作会议，对中组部、国务院国资委党委《关于中央企业党委在现代企业制度下充分发挥政治核心作用的意见》专门做出部署安排。我们要紧密结合油田实际，认真贯彻落实。

深刻认识发挥政治核心作用的意义。发挥政治核心作用，是中央对国有企业党委职能的根本定位，是实现党对国有企业领导的重要途径。油田各级党组织和全体党员领导干部要明确国有企业的政治属性，充分认识发挥政治核心作用的重要意义和内涵途径，强化党的意识和党的干部意识，立原则、循程序、讲方法、重效果，切实肩负起应尽的职责，为推动油田全面深化改革、实现质量效益发展提供坚强的政治保证和组织保证。

准确把握发挥政治核心作用的内涵。从管方向、管大事、管干部、管监督、管思想等方面，准确把握发挥政治核心作用的实现途径。坚持国有企业政治方向，认真贯彻党和国家方针政策以及上级党组织决策部署，确保政令畅通。坚持谋全局、议大事、抓重点，落实“三重一大”制度，积极参与企业重大问题决策。坚持党管干部、党管人才，严格标准、健全机制，努力建设高素质的干部和人才队伍。坚持从严治党与依法治企相结合，加强对领导干部的监督管理，保持党员干部队伍的纯洁性。坚持全心全意依靠员工群众办企业，领导思想政治工作和工会、共青团等群众组织，完善落实职工代表大会制度，调动一切积极因素。

健全完善发挥政治核心作用的机制。按照“落实责任、明确途径、创新方法、强化保障、完善机制”的总体思路，健全完善配套制度，建立职责明晰、责权统一、运转协调的领导体制和工作机制。坚持完善“党政分设、交叉任职”的领导体制，正确处理党政特别是“党政一把手”的关系。建立重大问题决策沟通机制，健全完善党委工作制度和议事规则。发挥好党委委员作用，实行一岗双责、党政同责。在安全环保、维护稳定、廉政建设等方面，实行党政双签，责任共担、共同奖惩。坚持把党的工作全面有机融入生产经营管理各环节、贯穿改革发展稳定全过程，努力建设学习型服务型创新型党组织。

（二）进一步抓好形势任务和转变观念教育，切实激发员工队伍奋发向上的精神动力。根据油田全面深化改革和质量效益发展的迫切需要，切实增强思想政治工作的针对性和实效性。

广泛开展“稳、增、减、改”主题教育实践活动。聚焦“稳、增、减、改”四大举措，教育引导广大干部员工深刻认识油田面临的严峻形势，坚持底线思维，直面忧患，树立更加强烈的进取意识、机遇意识、责任意识，传递压力、激发动力。紧紧围绕稳增减改“为什么、怎么办”深入开展群众性大讨论，充分认清现实意义、深入解读重要内涵、准确把握辩证关系，统一思想、凝聚共识，制订措施、形成方案，分解责任、狠抓落实，努力把思想成果转化为鲜活实践和发展成果。注重发挥群团组织的作用，围绕稳增减改，精心组织以“节约无止境、关键在养成”为主题的全员精细管理、杜绝百种浪费以及劳动竞赛、巾帼建功创业、青年油水井分析等创新创效活动。注重发挥媒体作用，采取领导干部访谈、改革发展大家谈等形式，及时宣传推广活动中的好做法、好经验、好成果，形成正确导向和浓厚氛围。

着重做好改革中的思想政治工作。坚持正面教育为主，强化报纸电视宣传引导，积极开展转变思想观念教育，引导干部员工摒弃安于现状、消极懈怠、等靠依赖等不合时宜的思想倾向，牢固树立“自己企业自己管、自己效益自己创、自己日子自己过、自己工资自己挣”和“过紧日子、过难日子、过苦日子”的思想意识，切实增强投身改革发展的积极性、主动性。全面掌握深化改革过程中员工队伍的思想状况，及时发现苗头性、倾向性问题，做好一人一事的思想工作。注重人文关怀和心理疏导，提升EAP工作水平，解疑释惑、理顺情绪、化解矛盾，确保各项改革举措的顺利实施。注重运用现代化手段和新兴媒体，强化与员工群众的互动，增强思想政治工作的亲切感和时代感。

大力弘扬社会主义核心价值观。贯彻中央

《关于培育和践行社会主义核心价值观的意见》，坚持宣传教育、示范引领、实践养成相统一，倡导富强、民主、文明、和谐，倡导自由、平等、公正、法制，倡导爱国、敬业、诚信、友善；持续开展大庆精神铁人精神再学习再教育再深入，广泛开展精神文明创建等活动，使社会主义核心价值观融入干部员工生产生活和精神世界，始终唱响“我为祖国献石油”；坚持企业文化“六统一”，扎实推进辽河石油文化建设，开展好基层企业文化实践、“双十”读书等活动，评选好油田第二届道德模范，努力打造忠诚事业、业务精湛、作风过硬、奉献石油的“铁人式”队伍。

（三）进一步突出转作风提能力，努力建设过硬的领导班子和高素质干部人才队伍。大力创建“四好”班子，着力打造“信念坚定、为民服务、勤政务实、敢于担当、清正廉洁”的干部队伍，保证油田改革发展战略目标的实现。

毫不放松地抓好作风建设。巩固扩大党的群众路线教育实践活动成果，继续深入查找和整治作风方面存在的突出问题，严格按照整改落实方案，明确责任、明确时限，逐项整改落实到位，坚决防止闯关思想和侥幸心理，杜绝新的形式主义，实现反“四风”常态化、转作风长效化。完善落实领导班子民主议事、民主生活会、“三重一大”决策以及领导干部联系基层、调查研究等制度，改进“四好”班子考核，注重品德和作风的日常表现。以思想政治建设为重点加强两级机关建设，深入创建“责任、阳光、效率、和谐”机关，切实提高工作效率和服务管理水平。各级领导班子和领导干部要把讲诚信、懂规矩、守纪律作为改进作风的重要着力点，自觉地在解决作风问题上下功夫，在解决党性问题上下功夫，以良好的精神状态和自身形象，团结带领员工群众加快建设“双千”企业。

持续深化干部人事制度改革。贯彻全国组织工作和集团公司干部工作会议精神，坚持“注重品德、崇尚实干、重视基层、群众公认”的用人导向，进一步完善选人用人制度，严把选人用人标准。改进干部选拔工作，规范选人用人提名，完善竞争性选拔。拓宽渠道，大力推进干部交流。树立“培养不等于照顾，年轻化服从高质量”的理念，加强年轻干部的培养使用和后备干部的选拔培养。坚持班子年龄结构的合理配备，用好各年龄段干部。强化管理监督约束，加强考核评价，注重考核结果运用，在干部能上能下方面有所进展。

大力加强干部和人才的培养锻炼。从全局和战略角度出发，以提高推动企业深化改革、引领企业科学发展、增强拒腐防变和抵御风险能力为重点，不断提高领导班子和领导干部素质本领。强化理论武装，坚持中心组学习制度，在学用结合上下功夫、在理论与实践的结合上下功夫。研究制定干部和人才教育培训规划，深化各级经营管理人员和各类优秀人才的教育培训，针对不同层面、不同类型、不同岗位，实行知识能力素质培养的量身定制和跟踪服务。完善干部和人才培养机制，加强对优秀干部和人才的组织培养和实践锻炼，推进科研人员职务职级双序列管理，形成优秀人才脱颖而出、人尽其才、才尽其用的良好局面。

（四）进一步强化案件查办和监督检查，深入推进党风廉政建设和反腐败工作。认真贯彻中纪委三次全会精神和集团公司反腐倡廉工作部署，努力营造风清气正的干事创业环境。

全面落实党风廉政建设责任制。各级党委要严格履行主体责任，加强对党风廉政建设和反腐败工作的统一领导，发挥牵头抓总作用。党委书记作为第一责任人，要具体抓、抓具体，对重要工作亲自部署、重大问题亲自过问、重点环节亲自协调、重要案件亲自督办；领导班子成员要坚持“一岗双责”，根据工作分工对责任范围内的党风廉政建设切实负起领导责任。要把执行党风廉政建设责任制与领导干部问责制结合起来，对不履行主体责任、违反责任制规定的领导班子和领导干部进行责任追究，维护制度的严肃性。

加大案件查办和监督检查力度。各级纪委和监察部门要切实履行监督责任，转职能、转方式、转作风，进一步突出主业主责，强化案件查办和执纪监督。要突出办案和监督重点，紧扣经营管理，聚焦“四风”问题，围绕群众关切，既坚决查处领导干部违纪违法案件，又切实纠正发生在群众身边的不正之风，同时注重正反两方面典型和廉洁自律“六个三”教育，不断规范用权行为，保持惩治腐败高压态势。对腐败案件和违纪行为实行“一案双查”，既严查当事人责任，又倒查相关领导责任和监督责任。

推进惩治和预防腐败体系建设。按照上级部署，完善油田公司《建立健全惩治和预防腐败体系2013—2017年工作规划》，进一步明晰各层级的工作任务和职责。要把惩防体系建设各项任务融入具体业务流程，构建业务部门反腐倡廉直线监督检查体系。各业务主管部门要坚持管事与管人、管业务与管廉洁相结合，切实抓好职责范围内的反腐倡廉工作。要完善反腐败工作领导体制，推动纪检监察工作双重领导体制具体化、程序化、科学化，为做好纪检监察工作创造有利条件。

（五）进一步注重增强活力和夯实基础，切实加强基层党组织建设和党建基础工作。紧紧融入贯穿企业中心工作，不断提高基层党组织的战斗力凝聚力创造力。

充分发挥基层党组织和党员作用。把“强核心、固堡垒、当先锋”作为工作主线，面对企业深化改革的新形势新任务，坚决贯彻上级各项部署，教育引导广大党员带头解放思想、转变观念，正确对待利益格局的调整和利益关系变化，带动、带领员工群众理解改革、支持改革、参与改革。面对企业提质增效的新目标新要求，积极、扎实、有效地开展各类党内创先争优活动。围绕稳增减改和急难险重任务，精心设计活动载体，叫响“我是共产党员”，深化“共产党员工程”。要突出重点工程立项，层层落实责任，全程跟踪管控，强化考核激励，促进企业科学管理，提升质量效益，始终保持基层党组织旺盛的生命力，彰显共产党员的先锋模范作用。

切实加强基层党组织负责人和党员队伍建设。坚持选好配强基层党组织负责人，在具备条件的大队级单位配备专兼职党总支副书记，抓好一线生产队（站）和野外艰苦作业施工基层单位专职党支部书记的配备，注重大学毕业生党支部书记的培养选拔，努力建设一支善于围绕企业生产经营开展党建工作的高素质、复合型基层党组织带头人队伍。以增强党性、提高素质为重点，加强党员教育管理，建立健全党员激励、关怀、帮扶机制。建立完善党员学习教育长效机制，学习党章、遵守党章、贯彻党章、维护党章。严格党内组织生活，健全落实党性分析、民主评议等制度，定期表彰优秀党员，及时处置不合格党员。做好党员发展工作，努力把骨干培养成党员、把党员培养成骨干。

着力夯实基层党建工作基础。在全面深化企业改革中，坚持“三同时”原则，及时建立健全基层党组织，扩大覆盖面。健全落实党建工作责任制，进一步梳理归纳基层党建工作制度和机制，逐步完善制度体系，抓好制度的执行落实。完善激励保障机制，将基层党组织建设纳入企业整体工作系列，把党组织机构设置、人员编制纳入企业管理序列，党组织工作经费纳入企业预算，从管理费中列支。

（六）进一步推进和谐稳定基础性工程，积极营造良好的改革发展环境。针对访情因素增多、群体访反复和反弹可能增加等严峻形势，扎实做好维护稳定的各项工作。

着力做好源头维稳工作。加强民生工程建设，改善一线员工生产生活条件，完善矿区基础设施，继续做好偏远散小矿区搬迁，积极推进员工健康工程，完善扶贫帮困长效机制，真情关心离退休老同志，提高矿区综合服务水平，开展社区文化体育活动，努力为员工群众办实事、办好事，把改革发展成果更多更公平地惠及员工群众。科学制定、审慎出台改革政策措施，统筹兼顾各类群体利益诉求，防止引发负面攀比或连锁反应。坚持“谁决策、谁评估、谁负责”原则，持续完善稳定风险评估机制，预防减少群体性事件的发生。

着力提高信访处置能力。要继续强化首办责任，实行首办责任单位、责任部门、责任人问责制，努力把问题化解在初访阶段。拓宽群众诉求途径，畅通受理和办理渠道，确保信访诉求及时处置。坚持常态化的领导干部接访、下访和约访，及时掌握社情民意，深入排查不稳定因素。坚持主动化解突出问题、历史积案，对诉求合理的解决到位，对要求过高的教育到位，对无理纠缠的稳定到位。要规范信访行为，对违规越级上访、违规群体聚集上访以及缠访、闹访等干扰企业正常秩序的行为，坚决制止、依法处置。抓好重点人群、敏感时期稳定工作，确保全国“两会”等重要时段的稳定。

着力构建大稳定格局。坚持稳定是第一责任，主要领导亲自抓，分管领导具体抓，分管部门抓落实，各层级齐抓共管。加强与地方政府、辽河公检法和油区兄弟单位的整体联动，建立长期稳定的协调机制，加强和创新矿区社会管理综合治理，严厉打击涉油涉气等违法犯罪活动，推进平安和谐矿区建设。加强与新闻媒体良性互动，强化舆论阵地建设，科学应对舆情。重视公共关系，平衡各方利益，认真履行社会责任，积极参与公益事业，提升企业社会价值，树立负责任的大企业形象。

（七）进一步增强质量效益观念，努力提升党群工作整体能力水平。坚持谋发展、推改革、促管理、益民生、抓队伍、保稳定，把握大势、服务大局、突出重点、注重实效。

紧紧融入质量效益发展。坚持“点睛之笔、突破之举、开创新局、攀登新高”，对照企业质量效益发展的要求，认真查找和思考党群工作中存在的不足，加强党建思想政治工作研究，解放思想、提升本领，避免老办法不管用、新办法不会用。紧密结合生产经营中心工作和深化改革重大决策部署设计载体、开展活动，增强工作的实效性。把整体推进与重点突破结合好，把一时一域的重点与油田长远的发展兼顾好，增强工作的协调性。根据不同层面、不同类别、不同行业、不同区域情况，因时、因地、因事制宜，增强工作的针对性。

努力出精品创一流。树立发展的眼光、全局的视野，坚持虚功实做，不搞自我循环，深处着力、精准发力，善始善终、善做善成。坚持高标准、高起点、高要求，勇创一流业绩。注重整合资源，把部门之间、部门内部的团结协调，作为出士气、出效益、出战斗力的关键，增强合力效应。坚持勤俭办企业，牢固树立过紧日子思想，开展工作、组织活动厉行节约、杜绝浪费。研究建立“党群工作一体化”运行模式，探索实施项目化管理，形成大党建、大政工格局。

坚持走精兵强兵之路。强化党性观念和阵地意识，做坚定信仰的守望者、油田事业的求索者、改革发展的推动者。强化政治理论、党群业务以及经营管理、经济法律等知识的学习，不断提高文字应用、组织协调、调查研究和群众工作能力，做到守土有责、守土尽责。坚持自我从严，带头落实党的建设、安全环保、党风廉政、信访稳定等工作一岗双责。控制增量、优化存量，提高准入资质，逐步推行持证上岗，疏通成长进步通道，努力打造一支忠诚事业、结构合理、精干高效的党务政工干部队伍。

同志们，全面深化改革的号角已经吹响，质量效益发展的蓝图已经绘就。各级党组织和党员领导干部一定要敢于任事、勇于担当、勤于作为，焕发“革命理想高于天”的精神，保持“乱云飞渡仍从容”的定力，团结带领广大党员和员工群众，众志成城、振奋精神、开拓创新、埋头苦干，不断开创全面深化内部改革的新局面，不断开辟油田质量效益发展的新境界，为集团公司全面建成世界水平的综合性国际能源公司和建设富庶文明幸福新辽宁做出新的更大贡献！

谢谢大家！

概　　况

【基本情况】　辽河油田地跨辽宁省、内蒙古自治区的12个市、32个县（旗），是全国最大的稠油、高凝油生产基地。辽河油田公司主要从事油气勘探开发、工程技术、工程建设、燃气利用、多种经营、矿区服务等业务。油田公司机关设处（部）室19个、直属部门25个、直属公司7个，用工总量97745人。其中，上市单位有员工44 082人，未上市单位有员工53663人。油田公司拥有资产总值551亿元，设备21.4万台（套）。2013年，油田公司生产原油1001万吨，生产天然气7.2亿立方米，实现营业收入729亿元，其中，上市业务收入350亿元，未上市业务收入224亿元，多种经营收入155亿元。上缴税费124亿元，其中，上市业务上缴税费105亿元，未上市业务上缴税费19亿元。

【油气勘探】　2013年，油田公司按照“突出西部、深化东部和潜山、准备滩海和外围、推进新区新领域”的工作思路，组织“突出两大潜山，确保规模储量发现；精细岩性和火成岩油气藏研究和勘探，寻求新发现；探索致密油气勘探方法，实现勘探新突破；探索新区新领域，寻找战略接替区”四个层次勘探，深化油气地质综合研究，加强油气预探，推进工程技术攻关，强化适用勘探新技术推广应用，促使勘探工作取得新进展和新发现。

在茨榆坨潜山、中央凸起南部潜山、西部凹陷曙光低潜山找到规模储量。其中，茨榆坨潜山茨111井、113井获工业油流，茨110块实现规模储量升级，新增控制含油面积19.6平方千米，新增控制石油地质储量3096吨；在西部凹陷南部岩性、西部凹陷中北部潜山、东部凹陷中段火山岩等区域重点部署探井22口，火成岩勘探获得重要进展，东部凹陷中南部储量规模达5000万吨。致密油勘探取得突破，雷家地区实施探井4口，3口井获得工业油流，新增石油地质储量5118吨，新增预测含油面积47.2平方千米。大民屯沙四段致密油藏落实有利勘探面积190平方千米，预测资源规模2.58亿吨，展现巨大勘探潜力。外围勘探取得新突破，实施的庙31井和库2井两口探井获高产工业油流，预测陆西凹陷马北斜坡九下段岩性油气藏有利面积31.8平方千米、陆东凹陷库伦塔拉九上段有利面积49.6平方千米，为外围盆地勘探提供了目标。辽北、南黄海地区再获矿权1.58万平方千米，扩大了勘探范围。全年油田公司新增控制石油地质储量3996万吨、新增预测石油地质储量5118万吨；新增动用可采储量700.9万吨，储采平衡系数0.68，为油田公司的稳定发展打下了良好基础。

【油气开发】 2013年，油田公司坚持勘探开发一体化，确保新增储量“当年发现、当年探明、当年建产”，全年完钻新井332口，建产能76.9万吨，年产油40.1万吨，产能贡献率52.1%。推进蒸汽驱、SAGD、火驱、调驱等多种方式组合开发，抓好生产动态跟踪调控，加快转驱实施步伐，新转井组151个，累计实施井组613个，预计增加可采储量4043万吨，提高采收率19.8%。突出“培养百吨井、培植高产井、治理低产井”，推进“低物性段改造”“驱泄复合”和“氮气辅助SAGD”试验，杜84块48个井组日产油比上年提高130吨；坚持“以采为先、以液定汽、以产定注”的开发理念，齐40块实施多介质辅助汽驱试验，区块日产油稳定在1500吨；扩大常规火驱规模，加快完善注采井网，强化生产动态调控，杜66块和高升新转火驱井组66个，实施储量6261万吨，增加可采储量1772万吨，年产油28.7万吨，比上年增加2.9万吨；推进先导试验项目，锦45块二类储量完善“回”形汽驱井网，投产新井4口，5小层采注井数比达到6∶1，9个井组日产油稳定在170吨以上，年产油6.1万吨。开展保压开采、三元复合吞吐、集团注汽、分层注汽等多方法吞吐注汽，吞吐油藏综合递减率12.1%。实施多途径挖潜天然气量，确保油区天然气稳定生产。精细开展老区研究，部署新井10口，完钻并投产9口，日增加产气能力10.7万立方米；开展“老区、老井、老资料”复查和“浅层气潜力、长停井潜力、已开发区潜力”调查，完成天然气储备措施工作量103井次，有效84井次，初期增加天然气生产能力68万立方米。全年，油田公司生产原油1001万吨、生产天然气7.2亿立方米，连续第28年实现千万吨稳产。

【工程技术】 2013年，油田公司工程技术服务系统全面开展“采油作业联产承包”等工作，科学组织弃置井封井施工，提升油气上产保障能力。推广热采井带压作业技术试验，为现场应用奠定基础。成功研制液压打捞工具等水平井大修专用工具，推广可控不压井作业等技术，提升作业效率和保障能力，全年完成工作量2.3万井次。加大国内外部市场开发力度，重新确定重点业务发展方向，确立以稠油热采、技术服务和天然气压缩回收等业务为主的外部市场发展目标。扩大市场业务量，稳定胜利油田、吉林油田的注汽项目，巩固长庆油田、胜利油田、冀东油田、吉林油田和新疆及内蒙等地区的技术服务项目。在冀东油田开展“采油作业联产承包”“小修示范队创建”等工作，实施潜山井带压作业，开展复杂疑难大修井专项治理，在勘探试油市场取得突破。明确国际市场目标，加大市场调研，跟进海外市场开发，中标北阿项目公司“长线物资采购代理服务项目”，标的额9807万美元；与华油公司合作开展哈萨克斯坦萨基斯油田“注蒸汽施工服务项目”，实现国际项目商务管理自主运作。全年工程技术服务外部市场创产值5.66亿元，实现利润4339万元，比上年分别增长182和209个百分点，实现外部市场规模发展。

【工程建设】 2013年，油田公司工程建设单位优化配置施工队伍，积极服务油气生产，加快重点工程建设，组织上产配套工程，完成重点工程建设项目6项，新建和改建井站18座、采油集输平台27座、各类井口装置408套，铺设各类管线318千米，供电系统安装变压器344台、架设电力线路73千米。加大市场开发力度，拓展国内工程项目建设市场，抓住国家能源通道建设的契机和集团公司建设“新疆大庆”的机遇，调整发展策略，加大资源投入，开发市场领域。承揽铁岭—锦西线、大庆—铁岭线、哈尔滨—沈阳线、中国—缅甸线昆明支线、大北区块地面建设等工程，中标海南省环岛管网文昌—琼海—三亚输气管道工程、壳牌富顺TPO、“西气东输”三线甘肃段工程、中联煤山西长子深部煤层气开发示范工程等项目。广州南沙油库总承包工程荣获“国家优质工程奖”，大连LNG项目和广州南沙油库工程项目被中国石油工程建设协会评为“优质工程”金奖。积极开发国际市场，承揽并启动“伊朗北阿TMC项目”“中国—中亚管道带压封堵项目”等国外重大项目。中俄原油管道（漠河—大庆段）第八标段、秦皇岛—沈阳天然气管道工程干线二标段线路工程被评为“全国优秀焊接工程”优秀奖。

【燃气利用】 2013年，油田公司燃气利用系统调整发展战略，结合燃气气源量和国家天然气价改政策，研究运用存量气政策，加大与专业公司、管道公司沟通力度，争取更多的存量气源，合理布局和开发下游市场，在困境中抢占市场、抢得先机。重新评估8个股权项目和10个工程目标市场，开发海伦加气站、昆仑能源、盘锦高升华润燃气、凌海环球化工、辽宁胜友橡胶和辽宁中石新亚6个用户，年增加输销量3000万立方米。加强投资管理，通过投资分项管控、动态跟踪、分段节点监督等措施，保证工程进度和投资控制。营口气源厂主体工程竣工，朝阳支线葫芦岛市南票区、辽阳支线宏伟区段施工顺利推进；锦州、葫芦岛CNG（压缩天然气）母站建设开工，盘锦液化工厂投产，确保气代油锅炉用气和外销用气。全年，燃气系统输销天然气18.9亿立方米，销售LNG（液化天然气）6万吨，实现收入32.6亿元。其中，气代油工程用气13.3亿立方米，替换燃料油105.8万吨。

【多种经营】 2013年，油田公司多种经营系统深化体制机制创新，加强企业规范化管理、正规化建设，增强企业“自主经营、自负盈亏”的能力，推动多种经营可持续发展。围绕油气能源产业链，专注有基础、有优势、有潜力的业务和重点项目，培育核心和主导产品，发展石油装备、石油化工、工程建设、配套服务等业务，推进特种沥青、钻具、顶驱、PDC钻头、海澜聚丙烯酰胺、射孔器材、非金属管道、旋转导向等重点项目和产品，提高产品、业务的科技含量和经济附加值，以创新驱动推动产业结构优化调整，增强市场竞争能力。全年实现收入155亿元，比上年增加3亿元。

【科技管理】 2013年，油田公司科技管理坚持“主营业务驱动、生产目标导向”和“顶层设计”的发展理念，以国家、集团公司重大科技专项为引领，以降低成本、提高效益为中心，强化科技管理，加快人才培养，全面实施6项科技创新驱动工程，增强科技工作的“引领、支撑、储备”作用。全年投入科技经费3.72亿元，组织开展重大科技专项项目4项，重大、重点科技项目29项，形成“基岩油气藏裂缝预测”“组合蒸汽驱”等35项关键技术，取得“无碱二元驱”等18项标志性成果，研制出“无绷绳修井机”等装置设备120台（套），推进先导试验23项，增强科技支撑能力。推进国家科技重大专项“渤海湾盆地辽河坳陷中深层稠油开发技术示范工程”建设，围绕国家低碳发展战略，组织开展集团公司低碳专项“热采节能节水关键技术研究”，形成“不除硅污水回用锅炉”等2项理论，突破“注汽管线新型保温改造”和“污水达标外排”等20项关键技术，研制装置8套，现场试验6项。推进“稠油开采先导试验基地”建设，新建分层注气模拟等中间试验系统7套，新增实验（试验）方法16项，实验设备1000余台（套）。深化以ERP为核心的信息系统应用，夯实数字化油田建设基础。全年荣获国家级奖励4项、省部级奖励103项，发布油田公司科技奖励84项。申报国家专利305项，获授权217项。国家级“稠（重）油开采研发中心”通过认定评审。

【企业管理】 2013年，油田公司突出价值管理，推进管理提升，构建以利润为核心的预算指标考核体系，提高资金的保障能力和运营效率，负息资金规模和利息支出连续第3年负增长。优化投资结构，坚持集中统一决策和前期经济评价，细化项目论证，确保生产、科技、安全和民生等重点领域投入。规范油田市场，压缩外部施工队伍，全年实施社会公开招标57项，招标额2.6亿元，工程及服务市场交易总额108.4亿元，内部市场占有率82.6%，外部承包（服务）商准入量在上年基础上压缩50%。减少劳务外包和设备租用，设备更新改造投资比上年减少25个百分点，减少租金支出3000万元。强化风险防范，依法以规治企，推进制度体系融合，审查规章制度45项，审查重大事项58项，处理纠纷案件66起；坚持事前、事后审计并重，履行监督与服务职能，油田公司顺利通过国家审计署和集团公司审计；优化业务流程，修订业务流程107个，新建业务流程27个，顺利通过2013年外部审计测试，连续8年实现内控体系有效运行。严格落实“三控制一规范”要求，优化人力资源，组织开展“五定”工作，控制用工总量，采取“减、改、留、包、转、弃”等措施，全年清退劳务用工2412人，用工总量连续第6年负增长。强化风险防范，依法以规治企，推进制度体系融合，审查规章制度45项，审查重大事项58项，处理纠纷案件66起。优化业务流程，修订业务流程107个，新建业务流程27个，顺利通过2013年外部审计测试，连续8年实现内控体系有效运行。加强三基工作，理清管理界面、简化业务流程，油田公司机关管理权限下放30%，作业、采油站队基础资料精简80%。形成全员“两省一增”和“三稳三增”（产量稳、成本稳、效益更要稳，规模增、实力增、效益更要增）的氛围，未上市企业实现解困控亏指标7.74亿元超额完成0.22亿元，油田公司经济规模再创历史新高。

加强基础管理。完善安全生产责任体系，把有感领导、直线责任、属地管理与“一岗双责”有机融合，深入推进HSE体系建设，健全责任执行体系，强化监督监管、专项整治、隐患治理及应急管理，落实设备工艺安全风险控制和气候、地域、生态、劳动作业环境控制，推广成熟管控技术和工具的现场应用，实施全员安全教育培训，培育并传播安全文化，实现人—机—环境三要素的受控、稳控。突出监管防范的科学性和控制力，全面提升制度、流程、标准化管理水平。推进节能降耗和污染减排，全年节能5.8万吨标准煤、节水115万立方米、节地42公顷，固体废物处置率和有控废气排放达标率达到95%以上，减少废气排放6.6亿立方米。以油气管道、油气储库建设和承担的集团公司工程质量监督项目为重点，建立项目管理和监督负责制，坚持行为质量和实体质量齐抓共管，强化日常巡视监督，开展专项集中检查，确保工程质量受控。油田公司代表集团公司接受国家及地方政府的检查、督查和暗访，全国油气行业省市百名安监干部到油田公司观摩安全文化建设成果。油田公司荣获“全国职业安全健康先进单位”称号，连续第9年荣获集团公司节能、节水先进企业称号。

【党建工作】 2013年，油田公司党委组织学习贯彻中共十八大和十八届三中全会精神，采取多种形式学习宣传，增强各级领导干部和广大员工群众对“中国梦”的认识和理解，坚定搞好国有企业的信心和决心，形成全面深化改革、推动油田发展的共识。组织开展党的群众路线教育实践活动，严格执行中央八项规定和集团公司党组二十条要求，聚焦“四风”、抓住要害，学习教育求深、征求意见求真，查摆问题求准、开展批评求诚，整改落实求严、建章立制求实。坚持边学边改、立查立改，制定落实贯彻中央八项规定措施办法，油田公司领导班子查摆“四风”问题23个、班子成员查摆问题142个，各二级单位领导班子查摆问题750多个、班子成员查摆问题7600多个。推进“四好”班子创建活动，贯彻上级各项部署，积极研究落实有关推进油田可持续发展的认识和要求，在“谋发展、推改革、促管理、益民生、抓队伍、保稳定”方面发挥党组织的政治核心和战斗堡垒作用。建立健全基层党组织，组织开展党内创先争优、建功立业活动，建立党建工作示范点76个，共产党员工程931项，创建党员责任区3252个、示范岗1917个。严格落实“三重一大”决策制度，明确属地单位、直线部门的责任，推进惩防体系建设，完善制度、目标、责任和理念四个体系，全面深化反腐倡廉建设，落实中央八项规定的监督检查和案件查办，全年立案查处违规违纪案件 20 件，处理党员干部 35 人。开展老化油管理和市场资源配置等项业务的效能监察与专项检查，对 28 个单位和个人进行了责任追究。

【工会与共青团工作】 组织“全员精细管理，杜绝百种浪费”和青年油水井分析等活动，查摆各类浪费问题 14497 个，提合理化建议18 213 件，实施整改措施 12655 项。做好扶贫帮困工作，实施大病专项救助，为 1741 名患病员工家属提供援助款 1800 万元。启动员工健康管理工程，开展“健康在辽河”活动，做好第一批 1.2 万名离退休老同志和一线员工健康体检，深入推进 EAP 工作，提高员工群众身心健康水平。

【矿区建设】 2013 年，油田公司研究城镇化进程中统筹推进油田矿区整体发展问题，建立以宏观管控、协调指挥、监督考评为核心的运行机制，重视民生建设，多方筹集矿建投资实施民生工程 262 项，改善员工家属生产生活条件，推进偏、远、散、小矿区搬迁。其中，投入资金 2.1 亿元整治 15 个老旧住宅小区生活环境，投入资金 1.1 亿元改造老旧住宅小区给水系统、电力系统、排污系统和供暖管网等配套设施，夯实小区本质安全基础；投入资金 3400 万元，实施住宅楼外墙保温 86 栋、防水大修 387 栋；投入医疗专项资金 7000 万元，维修改造辽河油田总医院、辽河油田第二职工医院住院病房和院区环境，新建、改造社区卫生服务中心（站）6 个，更新医疗设备 28 台（套）。提升医疗服务水平，强化医德医风建设，优化就诊环境和流程，提高员工群众满意度。投入资金 4500 万元新建住宅小区活动室 4 个、维修改造离退休人员活动场所 8 个。配合盘锦市开展创建文明城市工作，组织环境综合整治，完善矿区社会治理组织体系，搭建社区共建平台，提升矿区系统服务保障能力和管理效率。加强矛盾纠纷排查，畅通信访渠道，注重源头防范，妥善处理各类群体利益诉求，保持矿区和队伍稳定。认真履行社会责任，维护员工家属切身利益，为改善公共关系营造良好发展环境。

（田　英　吴丽娜）

大事记

2013 年

1 月

1 月 16 日—17 日 油田公司召开第一届职工代表大会第五次全体会议。会议听取并审议通过油田公司总经理谢文彦所作的《行政工作报告》，总会计师范国权所作的《财务工作报告》；民主测评油田公司领导班子及成员，民主推荐后备干部，民主评议 2012 年度干部选用工作，表彰 2011—2012 年度先进单位、先进集体、劳动模范和先进个人，签订《2013 年绩效合同》。

1 月 18 日 油田公司研发的“变质岩内幕油气重大发现与高效开发技术”荣获 2012 年度国家科技进步二等奖。

1 月 26 日—27 日 在辽宁省十二届人大一次会议上，油田公司总经理谢文彦当选全国人大代表。

1 月 辽河油田 2013 年油气预探项目总体设计通过股份公司审查，部署预探井 45 口，已落实 28 口。

2 月

2 月 4 日 集团公司副总经理喻宝才一行到油田公司指导工作并慰问油田员工，喻宝才在油田公司总经理谢文彦等领导陪同下，参观燃气集团公司盘锦 CNG 母站，走访慰问油田公司退休老领导、劳动模范和困难员工。

2 月 17 日 马 20 块“二三结合”（利用化学驱新井网，先期实施精细注水，最大程度挖掘剩余油潜力，再选择适当时机转入化学驱，实施三次采油，是稀油高凝油上产工程关键技术之一，应用于二次采油和三次采油过渡期间）试验方案井马 20—18—20 井自喷生产，日产油 9.42 吨，日产气 1512 立方米。

2 月 19 日 中国核工业集团公司副总经理曹述栋一行到油田公司走访，商谈矿藏资源合作开发事宜。油田公司总经理谢文彦等领导与曹述栋座谈。中国核工业集团公司和油田公司多年来结成了战略合作伙伴关系。

2 月 25 日 油田公司召开 2013 年党的工作会议，总结部署党建、思想政治工作，签订党风廉政建设责任书，表彰党风廉政建设先进单位。会上作了党委工作报告、党风建设和反腐倡廉工作报告，总经理谢文彦主持会议。

2 月 26 日—27 日 集团公司咨询中心专家组到油田公司调研原油千万吨持续稳产重大科技专项推进情况。油田公司总经理谢文彦等领导陪同调研。专家组到欢喜岭采油厂齐 40 蒸汽驱生产现场、曙光采油厂火驱生产现场、特种油开发公司 SAGD 生产现场、兴隆台采油厂兴 60 站、勘探开发研究院试验所和钻采工艺研究院油化所、中试所现场调研，听取油田公司工作汇报和勘探开发专项汇报，肯定油田公司所做的贡献。

3 月

3 月 5 日—17 日 油田公司总经理谢文彦赴京参加第十二届全国人民代表大会第一次会议。

3 月 6 日 欢喜岭采油厂员工杨伟涛荣获集团公司“十大爱心模范”荣誉称号。

3 月 18 日 齐 40 块 4 个先导试验井组经历热水驱井发后，效果显现，日产油 34.6 吨，折算油汽比达 0.6，产量比初期上升 10 吨。

3 月 20 日 油田公司召开领导班子学习第十二届全国人大一次会议精神扩大会议。第十二届全国人大代表、油田公司总经理谢文彦等领导出席。会上，谢文彦传达第十二届全国人大一次会议精神。

3 月 29 日 由道达尔（中国）勘探与生产新项目总裁 Issard（伊沙）带领的专家组到辽河油田访问。油田公司总经理谢文彦、副总经理孟卫工会见到访客人。双方就加深油气勘探合作达成共识。

3 月 29 日 油田公司召开 2013 年健康安全环保专业会议，学习传达集团公司安全环保节能工作会议精神，交流经验，总结成果，剖析形势，部署工作。油田公司总经理谢文彦，副总经理、安全总监张维申等领导出席会议。谢文彦要求安全工作要强化执行管控，严字当头抓执行。

4月

4月8日—11日 股份公司勘探与生产分公司HSE体系审核组到油田公司检查指导工作。油田公司总经理谢文彦等领导参加审核通报会议。审核组重点审核兴隆台采油厂、兴隆台工程技术处、振兴公用事业公司3个二级单位的30个机关部门和72个生产作业现场，审核验证油田公司生产运行处等16个机关处室。审核组通报了油田公司HSE管理体系审核情况，提出改进意见。

5月

5月23日 在全国职业安全健康先进单位表彰会上，油田公司获得国家安全生产监督管理总局授予的“全国职业安全健康先进单位”荣誉称号，作为先进单位代表在会上交流发言，是石油系统唯一获得荣誉的企业。

5月26日 荣兴屯油田荣221—19C井侧钻开井后获得高产，初期日产油12.5吨。钻遇4.6米的油层1个，18米的气层6个，开采潜力大。

5月27日 油田公司“辽河坳陷及外围页岩气资源潜力调查评价与选区”项目通过国土资源部终期成果验收。2011年3月，项目启动。优选出页岩气有利区4个，页岩油有利区2个。

5月 油田公司荣获“中央企业职工技能竞赛先进单位”荣誉称号，高升采油厂员工钱勇、曙光工程技术处员工秦立松分别获得“中央企业技术能手”和“中央企业青年岗位能手”荣誉称号。

6月

6月8日 新海27块侧钻水平井海191—K25CH井日产液29.3立方米，日产油26.7吨，含水9%，新海27块“顶部差油层”得到有效开发。

6月10日 SAGD高温电潜泵在杜84—馆平15井投产使用。电潜泵运行良好，电机工作频率39赫兹，油井日产液584吨，日产油80.5吨，井口温度173摄氏度，比换泵前日产液量提高280吨，日产油提高10吨。

6月12日 盘锦—锦州输油管道改造工程投产。改造工程起点四合阀室，终点葫芦岛末站，管线全长87千米。管道直径426毫米，设计压力4兆帕，设计输油能力每年300万吨～450万吨。承担油田公司原油外输任务。

6月16日 辽河油田第一口水平探井雷平2井在杜家台油层2750米～3530.75井段首次应用7级压裂技术试油，获高产工业油流，日产油100.64立方米，累计产油213.16立方米。雷平2井水平段长620米，完钻井深3570米。

6月25日 辽河工程有限公司中标壳牌四川富顺地区页岩气开发项目。中标项目包括6口单井、3口双井的井场设施及连接管线，项目采用EPC总承包模式开发建设。

6月27日 杜84块第一口大斜度定向井杜84—40—165井投产，最高日产油15吨，平均日产油13.5吨。“大斜度井”设计理念利用大斜度段穿过多砂体方式，开发油层发育相对较差的砂体，提高钻遇油层厚度，增加油层接触面积，控制生产成本，有效动用薄互层油藏。

6月 油田公司“中深层Ⅱ类稠油油藏蒸汽驱、SAGD技术研究与应用”课题通过股份公司验收。Ⅱ类油藏地质条件复杂，是稠油开发的主体。辽河油田Ⅱ类油藏已进入吞吐开发后期，急需方式转换。

6月 油田公司荣获“全国企业文化优秀成果奖”。

7月

7月8日 沈阳—抚顺输油管道改造工程投产。改造工程在原沈阳—抚顺线基础上，从方晓村出发，新建直径219毫米管线34.5千米，新建康乐热泵站和东洲末站，将原油输往抚顺石化二厂。2011年4月6日，工程开工，由油气集输公司建设，负责投产后的运营管理。

7月9日 杜229块超稠油蒸汽驱7个井组日产油180吨，比年初增加40吨；油汽比、注采比分别提高0.03和0.06，油田公司实施稠油Ⅱ类储量开发研究效果良好。

7月12日 油田公司举行“消防—反恐”联合演习。油田公司总经理谢文彦等领导，辽河公安局领导出席。谢文彦担任演习总指挥，油田公司副总经理、安全总监张维申担任演习副总指挥、现场总指挥。演习设置人员疏散，火灾事故、交通事故现场救援，突发事件及犯罪嫌疑人处置等项目。

7月12日—18日 集团公司井控安全第一检查组到油田公司进行井控安全检查。油田公司加强井控管理工作，按照集团公司规定及要求对检查团提出的销项及建议组织整改。

7月24日 雷平2井自喷日产油8.3吨，累计产油986.13吨。雷平2井是辽河油田第一口致密油水平井探井。

7月27日 国土资源部调研组到油田公司调研指导工作。油田公司总经理谢文彦等领导陪同，调研组了解辽河油田的油气资源现状和面临的问题。油气资源勘查是国土资源部一项重点工作。

7月 油田公司建成国内最大的火驱生产基地。油田公司137个常规火驱井组日产油780吨，平均单井产量比转驱前增加1倍以上。火驱是将空气注入油层，空气的氧气与原油发生氧化反应，产生热量，驱动原油产出。

8月

8月3日 中缅天然气管道工程油田公司承建标段完成氮气置换施工投产。中缅油气管道是继中哈石油管道、中亚天然气管道、中俄原油管道之后中国的第四大能源进口通道。项目包括原油管道和天然气管道，总投资25.4亿美元。其中，天然气管道起自缅甸西海岸皎漂市，由云南省瑞丽市进入中国境内，国内段包括1干8支。辽河油田EPC（工程总承包）承建的第6标段全长445千米。

8月6日 油田公司与集团公司伊朗地区公司签定2项价值约1.2亿美元的对口项目支持服务合同。2项合同为伊朗地区公司某油田建设项目的技术监理咨询服务和部分物资贸易代理。

8月9日 油田公司召开党的群众路线教育实践活动动员会。总经理谢文彦等领导出席动员会。集团公司党的群众路线教育实践活动第二督导组组长张国旗出席会议并讲话。

8月12日 荣221—32井投产，初期日产气3.5万立方米，后期日产气1.2万立方米。荣221—32井以沙一段和东营组为主要目地层，完钻井深2288米，钻遇油层和低油层38.1米20层，有望新增探明石油地质储量80万吨，实现荣24块与荣18块油气储量连片。

8月15日 中国石油第一个无碱化学驱在锦16块应用获得成功，日产油304吨，综合含水84.8%，比转驱前产量增加4倍，含水率下降11.9%。锦16块是中高渗油藏开发的典型区块，在集团公司率先建立无碱化学驱用剂企业标准，辽河油田适合化学驱储量3.03亿吨，将增加可采储量3342万吨，提高采收率11%。

8月20日—23日 国家安全生产大检查陆上石油天然气勘探开发企业第二督查组到辽河油田检查指导工作。督查组听取油田公司安全工作汇报。油田公司总经理谢文彦，副总经理、安全总监张维申等领导出席汇报会。督查组到兴隆台采油厂兴二联合站、兴51号站进行现场检查。督查组到原油脱水操作间、原稳岗及储油罐区等一线岗位检查安全措施落实情况。督查组讲评通报检查发现的问题，提出整改建议。

8月21日—22日 股份公司勘探与生产分公司副总经理何江川一行到辽河油田调研指导防汛工作。油田公司副总经理任芳祥，副总经理、安全总监张维申陪同。何江川听取辽河油田防汛专项工作汇报，了解油田整体防汛形势、汛情应对等情况，到龙618块龙618—1井、青龙台油田龙1转油站附近和冷35块17号采油平台、曙1—38—32站路大坝和杜84块防潮堤等处，查看蒲河、辽河、绕阳河等油区重点河流水位变化情况，了解受灾受损情况。

8月26日 “辽河油田稠（重）油开采研发中心”通过国家能源局认定评审，综合评价结果“优秀”。

9月

9月4日 油田公司“辽河坳陷致密砂岩气经济有效勘探开发示范工程”项目通过集团公司

验收。部署探井 5 口，已完成探井 3 口。

9 月 17 日 油田公司组织收看集团公司安全生产大检查总结视频会。油田公司总经理谢文彦等领导在辽河分会场收看。

9 月 29 日 油田公司领导班子召开第二次教育实践活动专题学习讨论会。总经理谢文彦等领导班子成员出席。领导班子成员按照“照镜子、正衣冠、洗洗澡、治治病”的要求，针对收集梳理的意见建议，聚焦“四风”问题的现实表现、严重危害和产生根源，分别进行讨论发言和自我批评，查找存在的问题。

10 月

10 月 9 日 油田公司无损检测公司中标 2013 年中国石油贵阳久长油库工程无损检测项目。贵阳久长油库工程是国家一级油库，油库建设库容 12 万立方米。检测工作量包括油库地上立式钢制储罐 10 座，站外管线 2 千米。

10 月 10 日—14 日 股份公司勘探与生产分公司 HSE 体系第二审核组结束对油田公司 HSE 体系审核工作。审核组审核了油田公司机关 21 个处室和高升采油厂、油气集输公司 2 个二级单位 39 个基层作业现场，验证了兴隆台采油厂、兴隆台工程技术处上半年审核问题整改情况。

10 月 11 日 油田公司组织医疗小分队，赴定点扶贫单位阜新市阜新蒙古族自治县苍土乡，为敬老院老人体检，送去药品和慰问品。

10 月 12 日 油田公司在海外河油田新海 27 块落实一套新含油层系，新增含油面积 1 平方米，新增石油地质储量 92 万吨。

10 月 21 日 油田公司具有自主知识产权的高温大排量有杆泵技术现场累计应用 150 余井次，检泵周期超过 1 年以上生产井 24 口，平均泵效超过 60%。

10 月 22 日 辽河油田Ⅱ类油藏第一次实施双水平井 SAGD 开发效果显著，试验区内杜 32—兴 H314 双水平井 SAGD 井组日产油最高 50.6 吨。

10 月 28 日 “辽河油田化学驱上产 50 万吨规划方案”通过股份公司审查。化学驱是辽河油田继蒸汽驱、SAGD 之后一重大开发技术突破，是油田公司提高采收率技术发展方向。

10 月 28 日 锦州采油厂采油作业一区女子采油站荣获“全国巾帼文明岗”荣誉称号。2008 年 6 月，女子采油站成立，是锦州采油厂第一座女子采油站，管理锦 22 块、锦 16 块 26 口油水井，日产原油 40 余吨。

11 月

11 月 1 日 油田公司收看集团公司召开的违反中央和集团公司有关规定精神典型问题通报视频会。油田公司总经理谢文彦等领导在辽河分会场收看。

11 月 5 日 海南—月东项目月东油田投产，原油穿过海底管道到达陆地终端。40 口开发井陆续开井生产，配套设施包括 A 平台、B 人工岛、海底管线、海底电缆及陆地终端处理厂。后续投产开发井 10 口。海南—月东项目是对外合作项目。油田公司作为中方执行者，全程参与项目建设和后续油井管理工作。除合同分成收益外，项目产量全部计入油田公司。

11 月 6 日 油田公司复杂小断块黄 302—6 块滚动勘探开发取得突破。黄 302—H1 井投产获得高产油流，初期自喷生产，日产油 37.73 吨，下泵生产日产油 16.9 吨，累计产油 4307 余吨。

11 月 15 日 油田公司第 30 届（2013 年度）青年油水井分析比赛结束，副总经理任芳祥、总工程师刘喜林出席闭幕式。大赛分油藏分析组、采油工艺组、操作技能组、应用效果组 4 个组别，1500 余名青年选手参加选拔赛，108 名选手入围决赛。

11 月 19 日 油田公司曙光采油厂“用于油井气管线解冻的便携式甲醇加注装置”获得国家授权发明专利。专利技术已在现场成功应用 300 多井次，有效避免甲醇喷溅，节约甲醇用量 30 个百分点。

11 月 26 日 辽河油田反腐倡廉警示教育基地被集团公司命名为“集团公司反腐倡廉教育基地”。

11 月 27 日 锦 16 块化学驱开发方案通过股份公司审查。

11月 高升采油厂的“漏失井复合暂堵及挤灰封层技术”获得国家授权发明专利。专利技术使火驱井组漏失井挤、注水泥施工一次成功率由58.6%提高至90%，单井节省工期6天，实现累计创效380万元。

12月

12月2日 油田公司编制的锦16块无碱二元驱开发方案通过股份公司审查。锦16块无碱二元驱开发方案是国内最大的二元驱规模实施方案，标志着辽河化学驱进入无碱时代。锦16块无碱二元驱建立辽河油田无碱二元驱用剂企业标准。无碱二元驱摆脱化学驱配方对碱的依赖，由聚合物和表面活性剂组成的驱油体系，聚合物如同“抹布”能扩大驱油面积，表面活性剂如同“洗衣粉”能提高洗油能力，能消除地层结垢、腐蚀、原油乳化等负面作用，提高原油采收率。

12月4日 辽宁省副省长潘利国一行到辽河油田调研指导安全环保工作。潘利国在油田公司总经理谢文彦等领导陪同下，调研金马油田开发公司洼一联合站、油气集输公司管道中心控制室等生产现场，了解油田公司安全管理，管线构成、分布及被占压情况。听取油田公司工作汇报和安全生产专项汇报，肯定了油田公司工作成绩，强调要提高安全治理能力，实现本质安全。

12月5日 油田公司召开化学驱工业化推广工作启动会，标志着中国石油重大开发试验项目进入工业化推广阶段。总经理谢文彦、副总经理任芳祥出席会议并讲话，总工程师刘喜林主持会议。

12月10日 油田公司开展排查整治侵占盗用油田资源专项行动。

12月14日 油田公司党委召开教育实践活动领导班子专题民主生活会情况通报会。会上通报公司领导班子专题民主生活会情况、对照检查情况、原因剖析情况、整改落实措施情况及集团公司第二督导组对专题民主生活会的评价和要求。总经理、教育实践活动领导小组组长谢文彦主持会议，集团公司第二督导组副组长张智慧到会指导。公司领导班子其他成员出席会议。

12月18日 油田公司油田建设工程一公司承建的大唐煤气管道工程（北京段）投产送气。管线设计年输气量40亿立方米，项目管线全长359千米。

12月30日 油田公司召开健康安全环保工作会议，总经理谢文彦等领导出席。谢文彦与金马油田开发公司等5个单位领导签订健康安全环保责任书。

12月 油田公司5项科技成果荣获集团公司科技进步奖。 （杨黄河）

油气勘探

综合情况

【基本情况】 一、物探

2013年，油田公司完成二维地震采集514.6千米，其中，东部凸起北段330.3千米，辽北地区184.3千米。完成三维地震采集工作量611.9平方千米，其中，大民屯凹陷西部斜坡带100平方千米，东部凹陷欧北地区75平方千米、佟二堡地区35平方千米，西部凹陷雷家—高升地区4平方千米；陆东凹陷三十方地地区197.9平方千米，陆西五十家子庙地区200平方千米。完成新区二维地震新资料处理410千米。完成三维地震新资料处理790平方千米，完成三维地震老资料处理2982平方千米。

二、探井

2013年，油田公司完成探井41口，进尺12.44万米。其中，在辽河坳陷陆上完成探井35口，进尺11.18万米；在辽河外围完成探井5口，进尺1.03万米；在辽河滩海完成探井1口，进尺0.23万米。

油田公司所完成的41口探井中，有预探井39口，区域探井2口，风险探井1口。解释油气层井38口，下油层套管的探井37口，（其中，辽河坳陷陆上32口、滩海1口、外围3口，风险探井1口）。当年新获工业油气流井18口，探井成功率43.9%。其中，辽河坳陷陆上当年新获工业油气流井16口，探井成功率45.7%；辽河外围当年新获工业油气流井2口，探井成功率40%。

三、试油

2013年，油田公司完成探井试油37口91层，油层改造25口井28层，试油获工业油气流井18口22层（工业油层21层，工业气层1层）。新获工业油流井17口，老井复试新获工业油气流井1口。

四、控制储量

2013年10月，经股份公司评审通过，油田公司完成年度新增控制含油面积27.4平方千米，新增控制石油地质储量3996万吨，可采储量612.3万吨；溶解气地质储量4.5亿立方米，可采储量0.59亿立方米。

五、预测储量

2013年度，辽河油区新增预测石油地质储量分布在辽河坳陷西部凹陷雷家地区，新增预测石油地质储量5118万吨，含油面积47.2平方千米，可采储量409.5万吨，溶解气地质储量31.15亿立方米，可采储量2.49亿立方米。

【勘探方向论证会】 2013年1月5日～7日，油田公司在沈阳办事处召开“勘探方向论证会”，会议论证辽河油田重点勘探区带，明确2013年油气勘探“突出西部、深化东部和潜山、准备滩海和外围、推进新区新领域”的工作思路和重点工作安排。分4个层次“突出两大潜山，确保规模储量发现；精细岩性和火成岩油气藏研究和勘探，寻求新发现；探索致密油气勘探方法，实现勘探新突破；探索新区新领域，寻找战略接替区”。围绕新领域、新目标、新层系，深化油气地质综合研究，加强油气预探、加快规模储量发现。推进工程技术攻关、强化“三基”工作，优化项目设置、加强过程精细管理、强化投资管理，提高勘探效益，确保完成各项任务指标。

【潜山带勘探】 2013年，油田公司在茨榆坨潜山茨111井、茨113井获工业油流，茨110块实现规模储量升级，新增控制含油面积19.6平方千米，新增控制石油地质储量3096万吨。曙光潜山勘探获重大突破，中低潜山带曙古175井在元古界白云岩3986.57米～4000米井段中途测试，6毫米油嘴放喷，油压2兆帕～11兆帕，折算日产油166立方米，中低潜山带通过曙古169井等井的实施，有望取得更好效果。中央凸起赵家潜山通过水平井钻探和体积压裂等措施，提高潜山产能。水平井赵古11井潜山水平井段长1170米，通过对水平井段实施9级压裂，实现日产油27.1吨，日产气7453立方米，试采日产油21.5吨，日产气8700立方米，累计产油4015吨、产气107.6万立方米，为区域控制储量升级起到推动作用。

【西部凹陷岩性油藏勘探】 2013年，油田公司通过对清水洼陷整体研究。在坡洼过渡带沙二段低位域砂体实施的锦325井沙二段试油三层均获工业油流，最高日产油133吨。双台子地区沙三段完钻的双232井获高产油气流。东陡坡中北段完钻的冷189井、冷190井等井获工业油流，扩大了西部凹陷岩性油气藏勘探范围。

【东部凹陷中南段火成岩油气勘探】 2013 年，油田公司对东部凹陷中南段火成岩重点攻关项目研究，深化火成岩岩性识别、旋回与期次划分、相及亚相模式建立、岩体解剖、有效储层控制关键因素分析等方面认识，对驾掌寺及红星地区重点火成岩体开展整体部署，实施的于 69 井、驾 31 井等 6 口井在目的层沙三段火成岩均见到较好显示，测井解释油层、差油层厚度在 20 米～60 米，有 4 口井正在施工驾 31 井、驾 602 井获工业油流。整体评价沙三段火成岩体有利圈闭面积 79 平方千米，预测储量规模达 5000 万吨。

【外围盆地油气勘探】 2013 年，油田公司在陆西凹陷马北斜坡的庙 31 井九佛堂组试采，日产量稳定在 27 吨，累计产油 10792.7 吨，庙 35 井获得工业油流。在陆东凹陷实施的库 2 井在九上段火山岩中日产油 12.9 立方米。预测陆西凹陷马北斜坡九下段岩性油气藏有利面积 31.8 平方千米，陆东凹陷库伦塔拉九上段有利面积49.6平方千米，为外围盆地勘探提供了目标。

【新区勘探】 2013 年，油田公司在新区、新领域勘探主要针对外围辽北地区新登记的 3.4 万平方千米探矿权，通过重、磁、电联合勘探，初步发现大于 500 平方千米的中、古生界凹陷 7 个，初步确定勘探面积 1.2 万平方千米。在南黄海盐城东 3559 平方千米矿权区二维资料处理和评价的基础上，获得南黄海盐城矿权区东侧 4452 平方千米新矿权，扩大了勘探范围。

【致密油藏勘探】 2013 年，油田公司实施地质勘查与工程施工相结合，加强水平井体积压裂及直井压裂改造攻关，雷家沙四段致密油藏雷平 2 井在杜家台油层成功实现水平井 Hiway（高速通道）七级体积压裂施工，压后 8 毫米油嘴放喷，日产油 100.64 立方米；雷 88 井沙四段采用 Hiway 直井压裂技术获得成功，压后 5 毫米油嘴放喷，日产油 27.1 立方米，全年新增含油面积 47.2 平方千米，预测储量 5118 万吨。综合研究和评价大民屯沙四段致密油藏，确认有利勘探面积 190 平方千米，安 95 井通过压裂改造获工业油流，展示了大民屯沙四段区域致密油藏良好的勘探前景。

【地震采集技术】 2013 年，油田公司地球物理勘探工作按照渤海湾物探工作会议要求，在辽河坳陷科学组织“两宽一高”（宽方位、宽频带，高密度）地震技术攻关，实现东部地区首块可控震源高效采集。开展物探处理技术攻关，实施资料再处理，挖掘二次采集资料潜力。全年三维采集 6 个区块，完成满覆盖面积 611.9 平方千米。其中，陆家堡凹陷西部三十方地洼陷完成三维地震采集 197.9 平方千米（跨 2012 年），东部凹陷欧北地区完成三维地震采集 75 平方千米（跨 2012 年），陆家堡凹陷东部五十家子庙完成三维地震采集200平方千米，大民屯凹陷西部斜坡带完成三维地震采集 100 平方千米，组织东部凹陷佟二堡地区 35 平方千米三维地震采集，组织雷家高升地区 4 平方千米三维地震采集。

在 2 个区块实施二维采集，完成满覆盖测线长度 514.6 千米，其中，在东部凸起完成二维采集330.3千米。在辽北地区 184.3 千米正在实施二维采集。

辽北地区重力、磁力勘探各 18324 点，电法勘探 880.7 千米。地震勘探实施过程中，为保证采集质量，油田公司加强采集现场管理，实行现场质量监控和技术支持小组制度，保证采集过程质量受控。全面推广应用 SeisAqc（野外地震采集，实时监控软件）质量控制软件，实现质量管理科学化、规范化。全面开展近地表 Q（吸收补偿）调查，推进采集处理一体化。应用井震联合作业，实现大型障碍区有效施工，保证采集资料整体质量。通过科学管理，提高野外生产效率，为实现技术、经济一体化打基础。

在外围陆西凹陷五十家子庙地区“两宽一高”地震采集攻关，在外围盆地陆家堡凹陷陆西地区整体部署、规模实施三维地震勘探，应用可控震源单台单次滑动扫描高效采集技术，60 天完成满覆盖面积三维采集 414 平方千米。陆家堡凹陷陆西地区三维地震采集施工实现油田采集思路、方法和技术上的突破，是东部探区首次实施可控震源高效采集的项目，为类似地区地震高效采集技术的推广和应用积累了经验。

【地震资料处理技术】 2013 年，油田公司组织成立攻关团队，依靠开发地震资料处理新系统、新软件对叠前深度偏移处理技术开展研究与攻关。创新应用多域、多组合去噪、近地表 Q 补偿、共偏移距矢量体数据规则化、四维叠前随机噪声衰减、多方法联合速度建模等18项新技术，提高复杂构造和潜山成像精度及资料品质。

加强基础数据库建设，按照股份公司东部地区建设6大数据库要求，以物探数据管理规范化、高效化、安全化为目标，开始地震工程数据库系统建设应用，主要建有测量库、表层库、静校正库、速度库及基础数据库5个数据库，吸收补偿库和岩石物理库处于调研论证阶段。表层库完成三维微测井数量17695个、三维区块41个、求取静校正量面积12939.4平方千米，完成二维测线数量946条、二维微测井数量3009个、二维测线求取静校正量总长度27427.32千米。

【钻井技术】 2013年，油田公司针对致密油、潜山内幕、火山岩、页岩油等复杂勘探对象，采取扩大成熟技术应用力度与推广新技术并行的方针，取得良好效果。针对变质岩潜山储层推广应用水基可循环微泡钻井液技术，实现欠平衡低成本规模应用。针对致密砂岩储层研发针对性钻井液体系，现场应用取得良好效果。

【压裂技术】 2013年，油田公司根据勘探目标的储层特点，开展变质岩储层、碳酸盐岩致密油储层、致密砂岩储层压裂技术攻关，形成配套技术，储层压裂改造应用效果显著。

一、赵古11井体积压裂实现国产化

赵家潜山大位移探井赵古11井从压裂方案设计、压裂工具及工艺实现国产化，降低了压裂费用，压裂效果良好。在太古界1143米水平井段实施9级压裂，累计加砂1018.3立方米，压裂液12 923立方米，实现千立方米砂、万立方米液压裂规模，压后初期日产油27.8吨，日产气6833立方米。

二、多级压裂技术获得成功

雷家地区雷平2井致密油水平段采用Hiway（深层油气高速公路）分级压裂取得成功。水平段长712.12米，分7级压裂，累计加砂495.2立方米，压裂液7357.3立方米。压后8毫米油嘴放喷，油压3.5兆帕～3兆帕，日产压裂液126立方米，日产油100.64吨，至2013年12月16日，日产液7.9吨，日产油3.2吨，累计产液4042立方米，累计产油1321吨。

三、雷88井直井径向钻孔定向压裂技术

雷家致密油藏雷88井在2625.8米～2791.6米井段采用三层Hiway压裂，挤入压裂液1647.5立方米，泵压50～64兆帕，排量5立方米/分钟，加砂117.8立方米，平均砂比11%；压后水力泵排液，泵压16兆帕，日产压裂液35.4立方米，日产油20.5立方米。

【部门组织人事工作简况】 勘探处属油田公司机关职能处室，有员工14人，其中，处级干部3人，处长张战文，副处长孙洪斌（正处级）、邹启伟。勘探处设综合科、勘探项目科、工程技术科、物探技术科、勘探信息科和矿权管理科6个科室。综合科科长陈怀莉；勘探项目科科长孙卉，副科长边少之，工程技术科科长曹君、测井技术总监柯启宇；物探技术科科长徐荣才，副科长何长文（正科级）；勘探信息科科长王刚；矿权管理科副科长边少之。处党支部有党员12人。

（孙　卉）

陆地勘探

【基本情况】 至2013年底，油田公司在陆地完成钻探井33口，正钻探井7口，累计进尺14.1万米；完成新老井试油44口、65层，压裂改造30井次，获工业油气流16口井18层，完成新增控制石油地质储量3996万吨，新增预测石油地质储量5118万吨。

【勘探成果】 2013年，油田公司在辽河坳陷陆上勘探按照“强化技术、创新管理、突出质量、提高时效”的工作思路，推进管理模式创新，加强适用勘探新技术推广应用，严格控制勘探成本，促使勘探工作取得新进展和新发现。

一、茨榆坨潜山勘探

2013年，油田公司在茨榆坨潜山区域部署探井9口，完钻7口，其中，茨111井在太古界2981.9米～3047米井段压裂试油获得日产油17.3立方米，茨113井在太古界3474米～3500米井段试油获得日产油7.12立方米，茨110块整体上报控制石油地质储量3096万吨。

二、中央凸起南部潜山勘探

2013年，油田公司在中央凸起南部潜山赵古11井3037米～4110米井段采用9段分级压裂，累计加砂1018.3立方米，压裂液12923立方米，施工排量8立方米/分钟～12立方米/分钟。压后初期日产油 27.8 吨，日产气 6833 立方米。

三、西部凹陷曙光低潜山勘探

2013 年，油田公司在西部凹陷曙光低潜山带部署探井 4 口，其中，曙古 175 井在元古界 3956 米～3991 米井段白云岩中见到荧光—富含油级别显示 35 米，在 4000 米～3986.57 米进行中途测试，6 毫米油嘴自喷，开井 80 分钟出油 9.2 立方米，折算日产油 166 立方米。

四、雷家致密油藏勘探

2013 年，油田公司在雷家地区部署探井 6 口，实施 4 口，其中，雷平 2 井采用水平井开采技术，完钻后在杜家台油层实施速钻桥塞 Hiway 分级压裂获得日产油 100.64 立方米高产工业油流，雷 84 井、雷 88 井在杜三段获工业油气流。当年在雷 88 块杜家台油层上报预测储量 5118 万吨。

五、东部凹陷中南段火山岩勘探

2013 年，油田公司在东部凹陷部署探井 17 口，完钻的于 69 井、驾 31 井等探井均在目的层段见到良好显示，其中，于 69 井和于 70 井正在试油。

【勘探工程技术】 一、生物聚醇盐钻井液体系

2013 年，油田公司勘探项目管理部门针对致密砂岩储层研发“生物聚醇盐钻井液体系”，现场应用取得良好效果。“生物聚醇盐钻井液体系”特点突出，储层保护能力良好，具有低固相降低固相堵塞、低 pH 值降低碱敏、低滤失量减低水敏、高防塌能力实现低密度钻进降低应力敏感、有机盐处理剂避免了盐敏，润滑防卡性能优异，体系无毒、荧光弱、导电性低。

针对变质岩储层研制“水基可循环微泡钻井液技术”，现有钻井液体系下加入发泡、稳泡材料，不改变钻井液性能的基础上，降低钻井液密度（可降至 0.9），有效保护油气层，降低钻井成本，工艺简单，安全性高，提高了钻速。

二、探井水平井体积压裂技术

2013 年，油田公司勘探项目管理部门针对中央凸起南部赵家潜山赵古 11 井实施水平井钻探。赵古11井从压裂方案设计、压裂工具及工艺完全实现国产化。赵古 11 井在太古界 1143 米水平井段实施 9 级压裂，累计加砂 1018.3 立方米，压裂液 12923 立方米，实现千立方米砂、万立方米液压裂规模。赵古 11 井压后初期日产油 27.8 吨，日产气 6833 立方米，至 2013 年 12 月 16 日，累计产油 4111 吨、产气 107 万立方米。

三、Hiway 压裂技术

Hiway 压裂技术是通过建立以支撑剂墩柱支撑的非连续铺置的大通道（深层油气高速公路）提升油气导流能力，消除对充填层渗透率的依赖，降低压裂液残渣对导流能力的伤害，降低压裂液成本。雷平 2 井致密油水平段采用 Hiway 分级压裂取得成功，水平段长 712.12 米，分 7 级压裂，累计加砂495.2立方米，压裂液 7357.3 立方米。压后 8 毫米油嘴放喷，油压 3.5—3 兆帕，日产压裂液 126 立方米，日产油 100.64 立方米。雷 84 井实施 Hiway 压裂取得成功。在 2625.8 米～2791.6 米井段采用三层 Hiway 压裂，累计挤入压裂液 1647.5 立方米，泵压 50～64 兆帕，排量 5 立方米/分钟，加砂 117.8 立方米，平均砂比 11%；压后水力泵排液，泵压 16 兆帕，日产压裂液 35.4 立方米，日产油 20.5 立方米。

四、径向钻孔技术

雷 88 井直井径向钻孔后实施 Hiway 压裂取得成功。在沙四段 2565 米～2614.5 米井段，采用径向钻孔 Hiway 压裂技术，初期 5 毫米油嘴，日产油 27.1 立方米。

五、直井细分层体积压裂技术

2013 年，油田公司在冷 189 井 3262.5 米～3197 米段实施直井细分层体积压裂，两层压裂挤入压裂液 485 立方米，泵压 63 兆帕～57 兆帕，加陶粒 75 立方米，平均砂比 28%，压后放喷累计出压裂液227立方米，累计出油 9.5 立方米。压后连续油管氮气气举日产油 11.7 立方米，累计出油50.34立方米。

【部门组织人事工作简况】 勘探项目管理部属油田公司机关直属部门，有员工 30 人，其中，处级干部 5 人，主任罗海炳，副主任陈振岩、王拓夫，总工程师弥忠，总会计师钱会昌。处设科室 8 个，综合科科长韩英，西部项目科科长王志军，东部项目科科长余丙俊，安全监察科科长谭宁川，工程技术科科长韩锋，财务科科长汤菲，经营科科长夏春光，结算审核科科长王艳。处党

支部有党员 19 人。 （胡振华）

滩海勘探

【辽河滩海勘探】 2013 年，油田公司以规模、富集发现为勘探指导思路，以滩海地区地震资料整体连片处理为基础，总结近几年辽河油区勘探成果，分析查找制约滩海勘探的瓶颈难题，加强基础研究及技术攻关，提出“东部多层系立体勘探和中、西部地层岩性勘探”2 个主攻方向；组织“碎屑岩薄互层储层预测适用方法”和“古生界潜山油气运聚条件”等攻关研究，锁定燕南断裂带和太葵走滑断裂带立体勘探、海月地区滩坝砂体、西斜坡地层岩性油气藏 4 个重点领域，进行综合地质评价，期间完成三维地震解释 1100 平方千米；三维储层反演 950 平方千米，岩心观察 5 口井，分析化验 70 余个。发现了重点区带，落实系列有利圈闭，为勘探部署准备后备战场。

通过精细砂体刻画，在海月过渡区识别有效砂体 18 个，叠合面积 41.5 平方千米，部署通过海南 25 井、海南 26 井、海南 27 井，其中，海南 25 井完钻。海南 25 井设计井深 2300 米，目的层为东三段，兼探东二段和中生界。钻探的目的是评价海月过渡区含油气情况，寻找规模、现实储量，实现海南、月东构造带南北储量连片。海南 25 井 2013 年 5 月 18 日开钻，6 月 14 日完钻，完钻井深 2300 米，完钻层位中生界。

通过海南 25 井钻探认识到海月过渡区滩坝砂体可以成藏，但储层的厚度、物性及横向连通性影响到油藏规模。针对滩坝油藏油层厚度薄、横向变化快、纵向叠加连片的特点，寻找砂体面积大、与油源沟通更好的优质储层。

【南黄海勘探】 2013 年，油田公司精细处理解释南黄海盐城东区块采集二维地震资料 680.2 千米，落实盐城东矿权区构造格局。在盐城东矿权区南部发现 1 个“南断北超”的中新生代陆相箕状凹陷（南二凹陷），面积大于 1700 平方千米，最大厚度约 7500 米，主要目的层阜宁组最厚约 2500 米。在南二凹陷北部斜坡部位形成规模较大的鼻状构造带，圈定白垩系底面构造面积 90 平方千米。提出盐城东矿权区勘探部署建议，为整体评价南黄海盆地南部坳陷，提出向东拓展矿权范围，申请南部坳陷的主体凹陷—南四凹陷和南五凹陷区，申请矿权总面积 11390.26 平方千米。

2013 年，中华人民共和国国土资源部对南黄海苏北盆地北部 4 个区块矿权进行公开招标。油田公司组织专家招标团队根据南黄海地区特殊的海况条件制定勘探和钻探计划、制定质量保证体系和 HSE 应急计划，每个招标区块编写相应的包括勘查部署、资金预算、保障措施等标书及多媒体材料。招标方案得到招标部门认可，油田公司获得南黄海苏北盆地东部北区块探矿权。

南黄海苏北盆地东部北区块构造位置位于南黄海盆地南部坳陷北部凹陷带，涵盖南黄海盆地南部坳陷的南四凹陷、南三凹陷和南七凹陷等，矿权面积 4451.54 平方千米。针对南黄海苏北盆地东部北区块实际情况，部署二维地震采集 1350 千米，方案获股份公司批准。

【部门组织人事工作简况】 2013 年，海洋石油勘探项目管理部属油田公司机关直属部门，有员工 16 人，其中，处级干部 4 人，主任蔡银，副主任尹继宏（正处）、李明阁，财务总监佟牧。设 5 个科室，勘探项目科科长安丙杜、副科长孔范帅，勘探工程科科长刘燕平，财务科科长于海娇，综合科科长曲伟、副科长鞠春雨（正科），南黄海项目科科长刘东奇。党支部有党员 14 人。

（安丙杜 刘东奇）

滚动勘探

【基本情况】 一、钻井

至 2013 年底，油田公司部署各类滚动勘探井 40 口（其中，当年部署井 18 口），完钻井 17 口，完钻进尺 4.5 万米，钻井取芯 2 井次，进尺 16.89 米，芯长 14.38 米，取芯收获率 85.1%，见油气显示芯长 9.86 米。

二、试油

至 2013 年年底，油田公司新井试油交井 14 口/15 层，获得工业油气流井 12 口/12 层，钻探成功率80%；老井试油交井 10 口/10 层，获得工业油气流井 8 口/8 层。

三、试采

至 2013 年年底，油田公司新老井投入试采井 20 口，初期日产油 200 吨，日产气 58497 立方米，日产水 108.9 立方米，年底日产油 81.5 吨，日产气 7664 立方米，日产水 78.7 立方米，累计产油2.03万吨，累计产气 138.5 万立方米，累计产水 1.46 万立方米。

四、三维地震采集

2013 年，依据股份公司工作计划，油田公司在茨榆坨—青龙台地区部署三维地震采集 240 平方千米，要求进行数字高精度三维地震采集。油田公司依据实际地质条件从 2014 年开始进行采集。

五、综合滚动勘探

2013 年，油田公司开展各类综合研究项目 8 项，完成 7 项（股份公司整体评价项目为跨年度项目）。老资料重新处理 500 平方千米，解释三维地震资料 1200 平方千米，实施 VSP 测井 5 井次。

油田公司老区滚动勘探推行勘探开发一体化向并行同步转变，依据勘探思路，全面加强研究与部署，突出潜力目标评价，加强水平井等新技术应用，推行主体研究与风险勘探并存的做法，确保完成年度增储目标，为后序滚动开发储备部署目标区块。

【龙 617 块勘探】 龙 617 块构造位于东部凹陷牛青构造带青龙台油田北部，主要含油目的层为沙一段。2013 年，油田公司扩大勘探成果，在龙 617 块采取从青龙台油田东部老区扩边，评价区域向西部新区带拓展，滚动增储与产能建设同步的思路，开展滚动勘探部署研究。当年部署滚动探井 5 口，实施后均获得工业油气流，其中，龙 618 井初期日产油 18 吨。龙 618—1 井初期日产油 30 吨，龙 618—2 井初期日产油 5 吨，龙 618—3 井初期日产油 24 吨，龙 619 井初期日产油 10 吨，龙 617—3 井初期 3 毫米油嘴日产气 1.11 万立方米。经过 3 轮次开发部署，共部署开发井 26 口，年建产能 4 万吨。

通过实施滚动探井，搞清青龙台油田西部沙一段构造及有利储层分布范围，落实含油气范围，新增探明含油面积 2.09 平方千米，探明石油地质储量 200 万吨～300 万吨，建产能 4 万吨，实现青龙台西侧规模增储建产。

【荣 17 井区勘探】 荣 17 井区构造位于东部凹陷荣兴屯油田南部，主要发育沙三段、沙一段、东三段三套含油气层系。通过开展风险勘探研究，重新梳理区域地质特征，发现系列有利圈闭，油田公司部署滚动探井 4 口，在上年度勘探成果的基础上，2013 年，实施 2 口风险探井均获得工业油气流，其中，荣 241—22 井位于高铁物流园区内，试油后关井，初期日产油达到 20 多吨。荣 221—32 井初期 3 毫米油嘴日产气 3.5 万立方米，预计新增含油面积 1.5 平方千米，新增探明石油地质储量 100 万吨～200 万吨。

【欢 626 块勘探】 欢 626 块构造位于欢喜岭油田上台阶，主要含油目的层位沙三段莲花油层。欢喜岭油田上台阶油气比较富集。2013 年，油田公司部署实施开发兼探井 3 口，钻遇后遇到较厚油层，注汽投产后均获工业油流。通过实施欢 626C 井及 3 口开发兼探井，搞清欢 626 块莲花油层构造形态及含油气范围，预计新增探明含油面积 0.35 平方千米，探明石油地质储量 100 万吨，可部署开发井 10 口，建产能 3 万吨。

【热 17 井区勘探】 热 17 井区构造位于东部凹陷中段热河台油田北端，北靠欧利坨子构造带，构造面积约 20 平方千米，总体构造形态为构造背景下发育的东西两侧斜坡带，构造高点位于热 17—热 18 井一带。2013 年，油田公司选择热 17 井区开展风险勘探部署研究，依据研究成果部署水平井 2 口和直井 1 口。当年实施 2 口井，其中，热 17—沙 H301 井投产后初期日产油 10 吨（常规投产的产量），欧 612 井压裂投产后初期日产油 15 吨。预计新增含油面积 1.5 平方千米，热 17 井区可新增探明石油地质储量 150 万吨。

【新开油田扩边勘探】 新开—董家岗超覆带构造处于辽河盆地东部凹陷西部斜坡中南部，为一受复式断阶控制的油气聚集带，油藏数量多，油气分布不连片，成藏复杂。

2013 年，油田公司对新开—董家岗超覆带南段油藏地质体精细研究，按照地质认识进行滚动勘探部署。其中，开 13 块部署滚动井 1 口、开发井 3 口；开 38 块部署滚动井 1 口，开发井 5 口；开 39 块部署开发井 2 口。预计新增含油面积 1.4 平方千米，新增探明石油地质储量 140 万吨。

【地震采集地质设计研究】 茨榆坨—青龙台地区构造位于东部凹陷北部，西起茨西断层，东至佟二堡断层，南起龙7井，北到茨90井，部署面积200平方千米。

茨榆坨—青龙台地区的三维地震资料受地震采集目的、技术、装备和勘探目标的限制，地震资料品质不能满足评价开发工作的需要，地震资料小断层断点不清，识别难度大。目标区油气层薄、横向变化大，不能有效分辨。二次采集资料，部分断层断面、断点不清楚，潜山顶界不清楚，深层资料品质较差。制约了区域勘探开发进程。

2013年，油田公司深化茨榆坨—青龙台地区综合地质研究，精细评价潜力区块，实现稀油区块的增储建产，在茨榆坨—青龙台地区部署数字高精度三维地震目标采集200平方千米。地质任务落实沙一段、东营组构造形态及断裂展布，识别断距10米左右的小断层。满足沙一段、东营组5～10米左右单砂体或砂层组储层预测要求。落实沙三段构造形态及断裂展布，识别断距15米左右的小断层，满足沙三段10米以上单砂体或砂层组储层预测的要求，落实太古界、中生界潜山构造形态及断裂展布特征。（海东明）

中国石油辽河油田公司年鉴（2014）

Zhongguo Shiyou Liaohe Youtian Gongsi Nianjian（2014）

油气开采

综合情况

【油田概况】 至2013年年底，辽河盆地陆上、外围和滩海投入开发建设油田32个，动用含油面积839.97平方千米，动用石油地质储量198 567.47万吨，可采储量51234.42万吨，标定采收率25.8%。其中，盆地陆上开发动用油田27个，动用石油地质储量189885.85万吨，占总动用储量的95.6%，可采储量49773.57万吨，标定采收率26.2%；滩海地区动用笔架岭、太阳岛、月海、葵花岛4个油田，动用石油地质储量2522.98万吨，占1.3%，可采储量494.02万吨，标定采收率19.6%；外围盆地动用科尔沁、交力格、科尔康、奈曼4个油田，动用石油地质储量6158.64万吨，占3.1%，可采储量966.83万吨，标定采收率15.7%。按油品性质划分，动用稀油地质储量86430.12万吨，占总动用储量的43.5%，可采储量21211.03万吨，标定采收率24.5%；动用稠油地质储量82958.66万吨，占41.8%，可采储量23 299.84万吨，标定采收率28.1%；动用沈阳油田地质储量29178.69万吨，占14.7%，可采储量6723.55万吨，标定采收率23%。

【开发概况】 至2013年年底，辽河油区投产油井19306口，开井11315口，日产油27766吨，年产油1001万吨，采油速度0.52%，剩余可采储量采油速度11.2%，综合含水82.7%，累计产油41 927.82万吨，采出程度21.1%，可采储量采出程度81.8%，储采比9。非热采油田投产油井9306口，开井5691口，日产油14186吨，年产油493.04万吨，投注水井2211口，开井1609口，日注77281立方米，年注水2737万立方米，累计注水76723.39万立方米，累计注采比0.84。热采稠油年注汽2226万吨，年产油517万吨，年油汽比0.23。其中，吞吐年产油328.5万吨，吞吐年油汽比0.29；蒸汽驱、SAGD、重力泄水辅助蒸汽驱等开发方式转换核实年产油193.8万吨，年油汽比0.21。按照油品性质划分，稀油（含沈阳油田）主要分布在曙光、欢喜岭、兴隆台、大民屯、静安堡等油田，投产油井8111口，开井4852口，日产油11816吨，年产油432.4万吨，年产液2260万吨，采油速度0.38%，剩余可采储量采油速度7.7%，综合含水80.8%，累计产油22 195.14万吨，采出程度19.2%，采出可采储量的79.5%。投注水井1933口，开井1398口，日注水量67980立方米，年注水2397万立方米。

稠油主要分布在曙光、欢喜岭、冷家堡、小洼、高升、海外河等12个油田，投产油井11 195口，开井6463口，日产油水平15950吨，年产油577.7万吨，年产液3792万吨，采油速度0.72%，剩余可采储量采油速度16.7%，综合含水83.9%，累计产油19 732.68万吨，采出程度23.8%，可采储量采出程度84.7%。其中，常规开发稠油油田投产油井1195口，开井839口，日产油2370吨，年产油60.7万吨，采油速度0.48%，剩余可采储量采油速度12.5%，累计产油2608.66万吨，采出程度20%，可采储量采出程度83.9%，综合含水79.4%；普通热采稠油和特稠油油田投产油井7584口，开井4312口，日产油6821吨，年产油265.96万吨，采油速度0.51%，剩余可采储量采油速度16.1%，累计产油13 648.36万吨，采出程度25.4%，可采储量采出程度88.94%；超稠油油田投产油井2416口，开井1312口，日产油6759吨，年产油251.08万吨，采油速度1.6%，剩余可采储量采油速度18.8%，累计产油3475.66万吨，采出程度21.6%，可采储量采出程度71.7%。

2013年，油田公司生产原油1001万吨，生产工业气7.15亿立方米；完成注水量2737万立方米，产液量2657万吨，比上年分别增加41万立方米和68万吨；完成注汽量2226万吨（吞吐1322万吨，方式转换904万吨），比计划减少157万吨；产能建设完钻新井332口，进尺59.54万米，建产能76.9万吨，年产油40.1万吨，产能贡献率52.1%；新增动用可采储量700.9万吨（新区332.6万吨，老区368.3万吨）；油区综合递减率4.3%，自然递减率20.93%；蒸汽吞吐油汽比0.29。

【SAGD混合项目】 2013年，油田公司加强资料录取分析，强化动态综合调控，突出培养百吨井、培植高产井、治理低产井，推进低物性段改造、氮气辅助SAGD、驱泄复合3项试验，一期工程48个井组日产油由上年底的2200吨上升到2330吨，油汽比保持在0.21，年产油78.6万吨，比上年增加8.4万吨。编制完成68个井组二期工程实施方案，为后期产量接替做储备。

【常规火驱开发】 2013年，油田公司加快完善注采井网，强化生产动态调控，在杜66块实施蒸汽引流、分层注气、调剖、停产井复产、更新等措施262井次，油井见效率和开井率比上年分别提高11和4.8个百分点，火驱动用程度由上年的75%提高到82%，新转火驱井组50个，累计达到91个，日产油541吨，比上年底增加51吨，年产油19.2万吨，比上年增加2.5万吨。完善注采井网和注采对应关系60井次，推进重力火驱和小井距火驱2项试验，在3个区块新转火驱井组16个，累计达到60个，日产油255吨，年产油9.5万吨，比上年增加0.4万吨。杜66块和高升新转火驱井组66个，日产油796吨，比上年增加59吨，年产油28.7万吨，比上年增加2.9万吨。

【蒸汽驱开发】 2013年，油田公司坚持“以采为先、以液牵汽、以产定注”的调控思路，抓好生产动态跟踪调控，加快转驱实施步伐，新转井组13个，累计达到190个，日产油2074吨，年产油79.9万吨，基本保持蒸汽驱产量稳定。齐40块强化生产动态调控和多介质辅助汽驱结合，区块日产油稳定在1500吨，油汽比保持在0.14，年产油59.2万吨；锦45块通过“回”型井网汽驱和多元热流体汽驱联合，日产油达到220吨，比上年底增加40吨，年产油7.8万吨；杜229块通过直井蒸汽驱和水平井蒸汽驱扩大试验同步，新转直井汽驱井组5个、水平井汽驱井组2个，累计井组达到14个，日产油228吨，年产油7.2万吨，比上年增加0.9万吨。

【锦16块二元驱开采】 2013年，油田公司通过地质研究和井震分析，落实油井注采之间的连通关系，找出制约二元驱开发效果的因素，实施分类治理措施。试验区日产油由实施前的33吨上升到370吨，综合含水从96.5%下降到83.5%，年产油9.3万吨，比上年增加3.4万吨。采油速度达到4.5%，与大庆三元复合驱5%的采油速度基本接近，采出程度达到54.5%，预计提高采收率16%以上。

【调驱开采】 2013年，油田公司加强与重建井网、精细注水、措施挖潜和停产井恢复“四个结合”，全年转入调驱井组57个，年底日产油1035吨，比上年增加25吨，年产油38.8万吨，比上年增加3.3万吨。推进中高渗砂岩油藏规模实施的同时，包14块低渗透油藏调驱试验获得重大突破，区块采取注水开发，注入水沿裂缝快速突进，综合含水高达75.3%，剩余油富集在基质孔隙中难以采出。2013年扩大实施14个井组，累计达到21个井组，实现包14块低渗透油藏北部整体进入调驱开发。

【重点目标区选择性建产】 2013年，油田公司针对重点产能建设目标区块，综合考虑实施风险和经济效益的因素，细分开发单元，优选有利区域、有利层段、有利井型、有利开发方式，在6个区块投产新井57口，日产油1002吨，年产油11.4万吨，提升产能建设水平。针对储量品位低的实际，应用地震地质统计法，搞清地震反射特征与产能规律的匹配关系，使潜山油藏裂缝描述实现由定性化向定量化转变，全年选择有利部位实施新井8口，日产油100吨，区块日产油达到280吨。

【细分层开发建产】 2013年，油田公司针对直井开发效益差、层间矛盾突出的区块，通过细分开发单元，分层制定开发对策，应用水平井实施分层开发，在14个区块投产新井52口，日产油224吨，年产油7.4万吨，提高储量动用程度。杜28块，分七层部署水平井22口，2013年扩大实施13口，日产油达到80吨，区块日产油由实施前的6吨上升到最高的133吨。

【二次开发建产】 2013年，油田公司以重建井网二次开发为目标，在36个区块投产二次开发新井102口，日产油500吨，年产油11.3万吨，缓解新区储量不足的矛盾。新海27块，立足精细地质研究，开展“扩边挖潜、顶部差油层试验和低效水平井治理”3项工作，实施水平井4口，新增日产油能力58吨，区块以1.2%以上的采油速度稳产。

【水平井恢复建产】 2013年，油田公司通过开展地下潜力调查，摸清有问题水平井治理方向，采用侧钻、大修、压裂等措施开展水平井综合治理，全年实施108口，恢复日产油737吨，恢复产能19万吨，年产油10.8万吨，提高水平井开井率与利用率。

【多元化注水开发】 2013年，油田公司按照"实现注水、恢复注水、改善和完善注水"4个层次注水开发，推进多元化注水，新增多元化注水105个井组，累计达到349个井组，注水油田产量由上年的327万吨上升到337.6万吨，自然递减率10.3%、综合递减率1.7%，分别比上年下降1.9个和2.2个百分点。以"曙22块多元注水方式、锦16块多元注入介质、边台潜山多元注采关系、静北潜山多元调控方法、胜西潜山多元注水时机"为代表的多元化注水均取得较好效果。

【多方法注汽开发】 2013年，油田公司实施保压开采、三元复合吞吐、集团注汽、分层注汽等方法吞吐注汽，吞吐油藏综合递减率12.1%，基本保持稳定。其中，在杜210块、杜255块等8个区块扩大实施注空气保压开采73井次，单井周期日产油增加0.4吨，周期油汽比提高0.02，地层压力比实施前上升0.3兆帕。

【储量评价】 2013年，油田公司加快勘探评价，加强滚动勘探，开展老井试油，采取多方法、多手段寻找储量，全年部署滚动探井、评价井4口，完钻评价井4口，实施老井试油10口，获得工业油气流井23口，初步探明储量1000万吨。有序评价落实储量，在上报控制储量、预测储量的茨110井、赵古潜山和雷家地区开展评价部署研究，部署评价井7口，完钻2口，初步探明储量310万吨。加强预探出油井点评价，寻找地质储量，在庙31、于68块部署评价井4口，完钻2口，获得工业油气流井2口，结合预探井出油井点，预计探明储量280万吨。加强老区周边与内部滚动勘探，挖潜地质储量，在龙618、荣兴屯、欢626块等区块部署滚动井18口，完钻17口，获得工业油气流井13口，预计探明储量410万吨，为区域提供开发井30口～40口。开展老井试油，搜寻遗漏储量，在马深1井、笔架岭等6个区块完成老井试油10口，获得工业油流8口。为深化研究、寻找储量提供有利目标区。

【室内开发实验】 2013年，油田公司以重大科技专项为依托，开展3项室内实验，在齐131块、杜66块和曙1—38—32块开展不同油品类型低温氧化实验，揭示原油低温氧化前后物理化学性质变化特征，为稠油常规火驱、重力火驱及稀油空气驱提供理论依据。在锦16、马20块开展不同油藏类型二元驱配方体系实验，筛选出适合区块特点的二元驱配方体系，为化学驱上产50万吨方案编制及实施做好准备。在锦45块开展稠油油藏多元热流体驱实验，揭示提高采收率机理，明确不同驱油体系提高驱油效率贡献值及温度场分布特征，为Ⅱ类蒸汽驱改善开发效果探索途径。

【矿场试验】 2013年，油田公司为寻求新的开发接替方式，开展"非烃类气驱"、"微生物吞吐"和"重力泄水辅助蒸汽驱"3项矿场试验。"非烃类气驱"在7个区块开展试验12个井组，日产油183.9吨，比实施前增加31.6吨，含水76.7%，比实施前下降7.3%，为规模推广提供依据。2013年转入4个井组开展空气驱试验，为方案整体转入20个井组空气驱积累了经验。"微生物吞吐"在静35块开展6口井微生物吞吐试验，实施后有益菌种类增多，菌群数量呈几何倍数增加，Ph值下降，原油乳化现象明显，累计增油470吨。其中，静32—136井实现产量翻番，日产油由3.5吨上升到7吨，含水由58%下降到36%，展现良好的试验前景。"重力泄水辅助蒸汽驱"在欢127块、洼59块实施试验7个井组，日产油143吨，比实施前增加47吨，为扩大试验积累了经验。洼59块，已转入重力泄水辅助蒸汽驱4个井组，日产油由2012年底的100吨上升到110吨，采注比由1.1提高到1.12，油汽比保持在0.16，为深层稠油油藏扩大试验提供了借鉴。

【方案编制】 2013年，油田公司围绕化学驱上产50万吨、杜66块整体火驱、非烃类气驱矿场试验、水平井综合治理等重大开发项目，超前组织编制方案，全年编制完成方案54个，正在编制15个，开展研究7个，准备8个，为现场实施提供方案保障。

【挖潜增气】 2013年，油田公司针对天然气开采程度高、没有新增储量的实际，实施多途径挖潜增气，确保油区天然气稳定生产。精细开展老区研究，部署新井10口，完钻并投产9口，增加日产气能力10.7万立方米。深入开展“老区、老井、老资料”复查和“浅层气潜力、长停井潜力、已开发区潜力”调查，筛选出调补层、侧钻措施100口，实施措施86口，增加天然气生产能力40.1万立方米。开展老井老资料录取，实施资料录取工作量83井次，增加挖潜措施工作量50井次以上。采取排水采气、压裂复产等工程措施19井次，增加天然气生产能力7.3万立方米。（海东明）

采油工程

【采油工艺技术】 2013年，油田公司采油工艺管理部门围绕油田公司重点工作部署，突出方案与设计源头管理，遵循“先进性、适用性、经济性、安全性”的原则，组织编审“锦16块化学驱、杜66块火驱、非烃类气驱、硫化氢治理总体规划、污水达标处理、稠稀油分质分销”等50余项重大采油和地面工程方案，调整关键技术路线39项；审查重点措施井、城区井、高危井工程设计966份，退返93份，为油田高效开发和安全生产提供保障。调整规模实施项目，强化项目组织管理制度，全年实施4395井次，增油55万吨，分别完成年计划的105%和110%；措施有效率达到91.5%，单井日增油1.69吨，均超额完成计划任务指标；推广可控不压井作业工艺，促进油井减排增产，开展注水井杀菌技术、注气管柱不压井作业等重点技术研究，形成技术储备；分解落实关键技术指标，全年油井检泵周期490天、机采井系统效率22%、注水井分注率76%，比上年同期分别提高33天、1个百分点和6个百分点，外输原油含水达标率96.8%，污水处理指标合格率91.1%，均高于计划指标1.8和1.1个百分点，各项技术指标呈现向好趋势；落实井控分级管理，完成应急库建设方案、井控风险可视化试点及城区重点井监管等工作，保证油田作业井控安全，提升采油工程管理水平。

【采油管理】 2013年，油田公司采油工艺管理部门推进采油精细注水工程，加强水质源头处理和沿程分段治理，完成注水管道物理清洗370千米，注水井井口水质达标率达到75%，比上年提高3个百分点，推广内衬油管25万米，制定注水井洗井技术规范，改善井筒注水质量。完善推广桥式偏心测调联动技术，主要推广免释放桥式偏心分注技术，累计实施340井次，提高了分注的准确率，针对大斜度井、小套管井、出砂严重井，攻关完善注水配套技术，提升注水工艺技术水平；开展延长检泵周期价值工程，针对科尔沁、雷64区块、边台潜山和笔架岭偏磨严重的代表性区块，建立200口标准井，制定实施方案，明确主体技术路线，强化抽油杆分级分类管理，累计实施97井次，提升了开井时率，检泵周期阶段延长83天，取得显著的增产降本效果，为全油田推广积累了经验。

【注汽管理】 2013年，油田公司采油工艺管理部门加强注汽专业管理，提高入井蒸汽质量、改善热采效果，在上年试验应用的基础上，推进提高注汽系统热效率价值工程，全年进行固定管线保温改造50千米，比管线旧保温结构减少热损失50%以上。开展活动注汽管线保温改造试验，在高升采油厂现场试验1千米，正在进行相关数据的测试对比；开展锅炉对流段降烟温改造和锅炉本体内保温改造，提高锅炉热效率2%以上。建设注汽锅炉智能化管理系统，精度达到设计要求，实现注汽锅炉运行参数的实时监测和在线远传。

【作业运行管理】 2013年，油田公司采油工艺管理部门推进采油作业联产承包工作，各采油厂分别制定承包方案，进入全面推广阶段，在2个工程处分别与金马油田公司和辽兴油气开发公司开展试点，促进采油产量指标和作业成本指标的结合统一，全年实现增油1.8万吨，维护性作业工作量减少231井次，降低作业成本1256万元。开展水平井综合治理工程，完成治理关停低效水平井97口井，（其中，大修15口，压裂5口，砾石充填防砂6口，酸化3口，堵水6口），实现治理水平井年产油10万吨，措施增油4.55万吨。针对大修工作难题，制定大修提速方案，明确修井工具和技术突破方向，提出人员、设备等历史问题的改善建议。

【集输管理】 2013年，油田公司采油工艺管理部门针对油气集输推进COD（化学需氧量）达标处理改造项目，完成现场小试，确定3种中试技术路线，锦州采油厂污水处理工程进入改造建设阶段，曙光污水处理厂进行分段水质指标、分段加药成本、用电耗能等关键参数标定，为完成集团公司重点督办项目提供技术支撑。加强对锦16块化学驱地面工艺优化和技术改造，注聚总粘损由56.4%降至22%，年节省聚合物成本1400多万元，为化学驱扩大试验奠定了技术基础；开展曙一区热能综合利用工程、曙四联合站污水深度处理改造工程、欢一联合站低渗透污水处理工程、预脱水改造价值工程等重点项目方案论证，保证项目稳步推进与实施。

【基础管理】 2013年，油田公司采油工艺管理部门按照“资料精简、归位上移、规范管理、提质提效”的原则，推进采油工程基础管理工作。采油、热注系统，制定资料精简模板，在高升采油厂、沈阳采油厂开展基础资料精简试运行工作，基层队站基础资料合计减少158本3000余项，试运行资料模板基本完善，具备推广应用的条件；作业系统推进作业示范队建设，按照甲级小修示范队标准，创建27支达标队伍，修订完成小修作业队资料制度，制定下发《小修作业队作业指导书》，配套标准化设施，通过油田公司联合验收，促进作业队伍安全、高效运行；集输系统强化联合站“单机核算、优化运行”等专业管理，将大连油库纳入系统管理范畴，加强对油田站库、调驱点的专业检查，组织开展沿跨越河流输油干线防腐治理工作，率先推行输油管道完整性管理，保证集输系统安全优质低耗运行。

【部门组织人事工作简况】 2013年，采油工艺处属油田公司机关处室，下设综合科、油气工程科、稠油工程科、油气集输科、污水处理科、作业工程科、井下作业资质管理科7个科室；井控应急办公室设在采油工艺处，下设作业井控管理科、技术与培训科2个科室；共有管理人员24人，其中，正、副处级干部5人，处长孙守国，副处长檀德库（兼井控应急办公室主任）、刘勇、王志明、王宝峰（2013年1月聘任）。科级干部10人，其中，综合科科长薛瑞新（2013年5月聘任），油气工程科科长余中红，稠油工程科科长郑成立（2013年5月聘任），油气集输科副科长马汝彦，污水处理科科长张琳，作业工程科科长王江宽，井下作业资质管理科科长高彦生、副科长肖丽宇，作业井控管理科科长王鹏飞，技术与培训科科长蒋晓波（2013年5月聘任），一般管理人员9人。设党支部1个，党员23人。

（薛瑞新）

天然气生产

【天然气概况】 辽河油气区包括辽河盆地陆上、浅海海滩及辽河外围盆地3个地区。天然气开发主要集中在辽河坳陷陆上。

至2013年年底，辽河油区探明油气田39个，其中，29个油气田发育有气层气，主要分布在辽河坳陷陆上油气田24个、滩海油气田4个及外围气田1个。累计探明天然气地质储量2102.15亿立方米，可采储量1013.45亿立方米，采收率48.21%。其中，探明含气面积171.55平方千米，气藏气地质储量737.55亿立方米，技术采收率62.29%，可采储量459.39亿立方米；探明溶解气地质储量1364.6亿立方米，技术采收率40.6%，可采储量554.06亿立方米。

至2013年年底，动用天然气地质储量1788.33亿立方米，可采储量917.83亿立方米，采收率51.32%。其中，动用含气面积152.89平方千米，气藏气地质储量685.42亿立方米，技术采收率63.3%，可采储量433.57亿立方米；动用溶解气地质储量1108.07亿立方米，技术采收率40.6%，可采储量554.06亿立方米。

至2013年年底，投产气井595口，开井151口，气层气日产53.3万立方米，年产气1.84亿立方米，累计产气409.02亿立方米，可采储量采气速度0.42%，采出程度94.3%；投产稀油井7841口，开井4718口，溶解气日产188.8万立方米，年产气7.33亿立方米，累计产气430.31亿立方米，可采储量采气速度1.51%，采出程度88.7%。

【基本情况】 一、天然气井口产量

2013年，油田公司井口气年产9.18亿立方米，完成年计划9亿立方米的102%，累计产天然气839.33亿立方米。其中，气藏气年产量1.84亿立方米，累计产气409.02亿立方米；油藏溶解气年产气量7.33亿立方米，累计产量430.31亿立方米。

二、工业气产量

2013年，油田公司工业气年产7.2亿立方米，其中，气井气1.82亿立方米，油井气5.38亿立方米。累计生产工业气530.51亿立方米，其中，气井气191.72亿立方米，油井气338.79亿立方米。

三、天然气销售

2013年，油田公司外销天然气3.8亿立方米，其中，销售给关联交易单位0.24亿立方米，外供3.56亿立方米。累计外供天然气294.32亿立方米。

【产能建设】 2013年，油田公司计划部署新井16口，钻井进尺4.4万米，建成年产能力1亿立方米，投资14341万元。

2013年，实际配套产能建井数19口，钻井进尺3.07万米，建产能1.05亿立方米。其中，钻新井11口（包括评价滚动井转气井），进尺2.44万米，建产能0.74亿立方米；恢复产能实施侧钻井8口，进尺0.63万米，建产能0.31亿立方米。

2013年，油田公司开展老区气藏精细描述，开展大民屯凹陷剩余气分布规律、兴隆台地区浅层气分布规律研究、牛居油气田浅层气潜力研究和桃园地区天然气潜力评价，深化地质认识，优化井位部署，部署气井12口，配套恢复产能侧钻气井4口。建产能1亿立方米。

【开采措施】 2013年，油田公司开展“三老”资料复查，审查天然气储备挖潜措施工作量113井次，预计初期增加天然气生产能力60万立方米。其中，调补层65井次，初期增加天然气生产能力25万立方米；组织以大修、侧钻为主的进攻性措施，侧钻30井次，初期增加天然气生产能力30万立方米；压裂及排水采气18井次，初期增加天然气生产能力5万立方米。

2013年，油田公司天然气储备措施工作量完成103井次，有效84井次，有效率81.6%，初期增加天然气生产能力68万立方米，日增油127吨，日增水932立方米。

2013年，油田公司审批老井中子伽玛、中子寿命和气层识别等动态资料测试井135口，优选实施井100口，为老井措施挖潜提供工作量95井次。其中，在42口井的干层、水层及未解释层发现新气层53.8米/46层，在65口井的已动用气层发现潜力层103.9米/49层，在39口井的未动用层发现已动用或水淹71.6米/32层。至2013年12月底，实施调补层等措施井68口75井次，有效61井次，有效率81.3%，初期增加天然气生产能力45.5万立方米，日产天然气20.1万立方米，阶段增加天然气产量2359万立方米。

（海东明）

油藏评价

【赵古1区块评价】 赵古潜山带赵古1区块位于盘锦市大洼县高中西约700米，构造处于辽河坳陷中央凸起南部倾末带台安—大洼断层上升盘。赵古1块太古界潜山油层分布受岩性、储层发育程度、构造及油源控制，分布局限，集中在赵古1断块潜山风化壳发育，油藏类型为潜山风化壳油藏，油藏具有一定的产能。

2013年，油田公司在赵古1块部署评价井（水平井）1口。根据油藏评价综合研究及评价井钻探情况，潜山地质体得到落实。基本落实含油面积2.69平方千米，石油地质储量310万吨。

【茨110井区评价】 茨110井区位于辽中县境内，构造位置处于东部潜山茨东断层西侧。茨110井区完钻井数少，构造及油层控制程度低，油藏内裂缝分布及优势储集岩分布范围不确定，产能不落实，油藏特征认识不清。

2013年，油田公司部署评价井4口，完钻2口，进尺9642米。通过综合研究，重新落实太古界顶面构造和油层分布范围。茨110块受茨东断层和茨110西断层控制，形成北东走向的狭长条状垒块潜山，同时被北东、北西断层切割形成复杂断块。茨110—H1井的实施，证实油层分布受断块控制，不同断块油水界面不同。牛76井为风化壳油藏，油水界面3050米，茨110块为潜山内幕油气藏，油层主要发育在潜山面350米以下潜山中部，油层底界为4100米。

【于68块评价】 于68块位于盘锦市盘山县境内，构造位置处于辽河坳陷东部凹陷中南段于楼地区，构造面积约2平方千米。评价目的层为沙三中段辉绿岩体。2013年，油田公司部署评价井于68—1井，8月18日投产，9月底压裂，压后初期日产油 14.05 吨，含水 6.3%，累计产油 667.88 吨。

通过对于 68 块地质综合研究，搞清辉绿岩体顶面构造表现为北东走向，西低东高的单斜构造，东以于 68 块逆断层为界，其他方向为岩性尖灭。储集空间为裂缝型，主要在岩体顶底发育。辉绿岩地震反射特征相对连续、平滑地区储层不发育，油层不发育。落实于 68 块沙三上段新的含油砂体面积0.14平方千米，落实于 68 块辉绿岩含油气面积 0.24 平方千米，预计新增探明储量 15 万吨。

【庙 31 块评价】 庙 31 块位于内蒙古自治区通辽市开鲁县五十家子庙东北约 8 千米处。构造位置处于陆西凹陷五十家子庙洼陷北部与马北斜坡的过渡带，构造面积约 0.67 平方千米。

2013 年，油田公司部署评价井 3 口，完钻井 1 口，获得工业油流 1 口。庙 31—新 3 井于 2013 年 8 月 7 日在义县组投产，初期泵抽，日产油 20.9 吨，累计产油 2507.4 吨。预测新增含油面积 2.52 平方千米，新增探明石油地质储量 155 万吨。（海东明）

钻井工程

【基本情况】 2013 年，油田公司完成各类钻井 425 口，其中，探井 62 口，进尺 24.56 万米；开发井 234 口，进尺 45.27 万米；侧钻井 129 口，进尺 2.12 万米，钻井总进尺 71.95 万米。平均井深 1693 米，平均钻井周期 32.88 天，平均机械钻速 8.06 米/小时。井身质量合格率 99.4%，固井质量合格率 98.9%。探井及评价井完成试油 56 口，获工业油气流 42 口，实现控制上报储量 3434 万吨，支撑油田公司完成全年增储任务。产能建设井完钻 234 口（计划实施新井 270 口），投产 207 口，日产油 1154 吨。完钻侧钻井 129 口，实现产能 6.56 万吨，单井日均增油 3 吨～5 吨，为老区挖潜、提高区块开发水平提供工程技术保障。

【钻井设计】 2013 年，油田公司钻井工程管理部门加强钻井工程设计业务管理与培训，提高钻井工程设计水平，严格钻井工程设计审批，确保钻井工程设计的科学性、合理性和操作性，全年钻井工程设计符合率达到 95%以上，使钻井工程设计符合地质要求，满足钻井施工需要，实现钻井工程源头设计保障。

全年完成钻井工程设计探井 90 口、产能建设井 270 口、侧钻井 140 口。通过领会地质设计要求，积极与施工单位沟通联系，加强设计业务培训，设计优化简化井身结构，优选钻井施工参数，优化固井设计，制定钻机选型、钻具组合、钻井液使用及井控、绕障防碰、油气层保护等措施，指导钻井工作开展运行。

【钻井监督】 2013 年，油田公司钻井工程管理部门加强钻井过程管理与控制，通过驻井监督、巡井监督等方式监督设计执行情况，维护工程设计的严肃性，降低并减少复杂与事故出现频次，实现井身质量合格、固井质量合格、取芯收获率符合工作目标，确保钻井工程安全、规范、高效运行。加强钻井过程管理与控制，实现有效监督，确保钻井工程安全规范运行，降低并减少出现钻井复杂与事故，钻井复杂与事故频次比上年复杂情况减少 36 起，下降至 22 起，下降 54 个百分点。溢流事故减少至 2 起，全年无井喷事故发生，实现井身质量、固井质量和取芯收获率合格的工作目标。全覆盖钻井监督管理，为实现钻井全过程控制与质量目标提供监督管理保障。

【钻井井控管理】 2013 年，油田公司钻井工程管理部门加强井控管理、强化节前井控检查，突出城区高危井、重点探井关键工序管控，及时查找隐患，第一时间整改问题。按照井控管理细则，钻井工程管理部门与中国石油长城钻探工程有限公司相关部门联合，全年组织节前钻井井控专项检查 7 次。检查覆盖到中国石油长城钻探工程有限公司的钻井一公司、钻井二公司和钻井三公司 60 个钻井施工现场，查出隐患问题 22 项，下达井控安全隐患整改通知书 2 份，下达停工整改通知书 1 份，提出整改措施，明确整改时限，杜绝了各类事故与复杂情况。全年实现零事故、零伤害、零污染 HSE 管理目标，确保辽河油区钻井工程本质安全。

【钻井资质与市场准入管理】 2013 年，油田公司钻井工程管理部门加强钻井承包商资质管理，建立油田公司钻井工程技术服务资质审查及专业市场管理体系，制定下发管理规定和标准，严格资料复查及现场作业检查，及时发现设备与人员资质方面存在的问题，规范钻完井资质与市场准入管理，满足和适应勘探开发需要。对中国石油长城钻探工程有限公司钻井施工队伍执行油辽钻发〔2009〕1号文件，审查进入油田公司市场施工队伍和相关企业资质，现场勘察设备，考核评价钻井施工队伍钻井、完井质量，开展资料复查及现场检查，上报股份公司申请施工准入资质。中国石油长城钻探工程有限公司35支钻井队伍、15支侧钻井队伍和7支固井施工队伍，获得股份公司勘探与生产分公司颁发的钻井施工准入证书，准许进入油田公司从事钻完井作业服务。

2013年，钻井工程部门分3次对辽河油区钻井工程施工的20余支钻井队伍进行突击性的资质检查。从业人员上岗证、特殊岗位操作证、井控证齐全，施工队伍资质证与队伍实际能力一致。按照井控细则要求，对不具备一级风险井施工的钻井队伍，在钻井施工开钻前均进行交底验收，签订责任承包书。

【钻井新工艺、新技术推广】 一、欠平衡钻井技术推广应用

2013年，油田公司钻井工程管理部门根据勘探开发需要，组织推广钻井新工艺、新技术，通过新工艺、新技术解决作业问题，实现地质目的与要求，为勘探增储、千万吨稳产提供钻井工程技术保障。全年推广液相和气相欠平衡钻井技术40口，取得较好勘探效果。按照钻井工程设计，部署在茨榆坨潜山的茨111井、茨113井和茨116井实施欠平衡钻井，见到良好勘探显示，上报控制储量3096万吨。部署在龙618块的滚动探井龙618井、龙618—1井、龙618—2井、龙618—3井和龙619井试油后见到较好显示，单井日产油10吨以上，上报控制储量293万吨。部署在庙31块的庙31井完井试油后，见到日产20吨的效果，核实上报控制储量45万吨。龙618块和庙31块合计上报控制储量338万吨，总计完成上报控制储量3434万吨。

二、水平井技术推广应用

2013年，油田公司在兴古、马古潜山钻完井14口，其中，兴古潜山完钻5口，单井平均日产30吨；马古潜山完钻9口，单井平均日产35吨。形成年产10.5万吨的产量规模，实现少井多产，高效开发的工作局面，提高稀油在年产结构中的比例，提高油田公司稀油与高凝油的开采比例。全年完钻水平井117口（含31口侧钻水平井），新建产能37.4万吨。

三、旋转导向钻井技术推广

2013年，油田公司组织推广架岭607—1—3井、架岭607—1—5井、架岭607—H1井、架岭611井和海南33—13井5口大位移井旋转导向钻井技术，完成大位移井钻完井工作，钻完井质量合格，投产生产效果较好，单井日产水平15吨以上，实现真正意义上的海油陆采，提高浅海油田产量和本地区的开发水平。

【钻井工具优化】 2013年，按照集团公司储气库建设工作部署，钻井工程部门协调组织推广应用随钻堵漏、承压堵漏、尾管回接固井、套管气密封检测、高强低密度水泥浆、韧性水泥浆、超声波成像测井先进技术，解决枯竭层钻完井过程中疑难问题（漏失等），提高固井质量、特别是中完固井质量（有效封堵盖层）及完井固井质量，优质完成双6储气库第一批11口井钻完井工作，达到钻井质量和固井质量合格，为东北第一储气库实现注采生产打下井筒工作基础。

组织推广“水平井挤压砾石充填完井工艺技术”“分级箍＋管外封隔器组合上固下不固悬空固井工艺技术”和“管外封隔器＋滑套组合先期预埋完井工艺技术”，调整钻完井技术，提高钻完井质量，解决曙光采油厂曙3区杜813块地层细粉砂防治问题，为沈阳采油厂后期实施的压裂酸化措施奠定井筒基础，实现集团公司提出的工厂化（钻井—采油—开发一体化）生产工作目标，为开发方式转化（重力火驱、火烧油层、混相驱、化学驱）提供井筒条件保障。

【钻井业务培训管理】 2013年，油田公司钻井工程管理部门根据管理需要，开展业务培训，举办1期“钻完井新技术”培训班和8期钻井井控取换证培训班，440个相关从业人员参加业务培训，提高设计、监督、井控、现场管理等从业人员的管理水平。

【部门组织人事工作简况】 2013年年底，钻井工程部属油田公司机关职能部门，处设综合科、设计与质量科、技术与监督科、井控科和新工艺推广科5个科室。有员工13人，其中，处级干

部5人，处长薄珉、副处长陈勋、齐海鹰、曹传文，副处级调研员毛长岭。科级干部5人，综合科科长冯伟，设计与质量科科长王永君，技术与监督科科长彭会新，井控科科长高富成，新工艺推广科科长杜卉。一般管理人员2人，操作人员1人。处党支部有党员10人。（冯　伟）

地面建设

【基本情况】 2013年，油田公司新建原油生产能力74.6万吨，油田地面建设投资规模约20亿元，重点工程建设项目6项。全年办理施工许可430项，办理开工报告369项，审查竣工报告310项。完成各类井口装置408套，采油集输平台27座，各类新建、改建站18座，各类管线318千米，供电系统安装变压器344台，架设各类电力线路73千米。

【特石输油管线应急抢险工程】 特石管线是油田公司超稠油管输的唯一通道，特石管线始建于2002年，2012年10月中旬在双台子河段出现泄漏，为防止对河道造成污染，油田公司启动应急预案，对原管线停输，更换对穿越管线，作为油田公司应急抢险重点工程。特石管线工程主要是更换集肤效应管线2千米、新建截断阀室1座，其中，定向钻部分1280米，2012年11月中旬启动更换管道工程，2013年3月下旬正式投产，工程投资2800万元。

【盘锦输油管道改造工程】 盘锦输油管道改造工程历经5年多时间建设，项目总长87千米，设计压力4兆帕，管道施工工程克服外部征地协调难、施工条件不利等困难，2013年6月12日顺利投产。

盘锦输油管道改造工程建设单位为油气集输公司，由中油辽河工程有限公司设计，辽宁辽河石油工程建设监理有限公司监理，施工单位为油田建设工程一公司、油田建设工程二公司。

【沈抚输油管道延长段工程】 沈阳—抚顺输油管道延长段工程新建D219泡夹管34千米，管线起点方晓村，终点抚顺石化公司，是股份公司重点挂牌督办的项目。管线设计压力6兆帕。新建康乐泵站、东洲末站2座站场，工程投资3.1亿元。2011年3月份开工，2013年5月15日，其中，控制性工程地板村定向钻管线回拖连头成功，实现全线贯通。7月8日投产，沈阳采油厂同时进行集输系统转正，工程顺利完成。

沈阳—抚顺输油管道延长段工程建设单位为油气集输公司，由中油辽河工程有限公司设计，辽宁辽河石油工程建设监理有限公司监理，施工单位为油田建设工程一公司、油田建设工程二公司。

【双六储气库工程】 双六储气库工程为续建工程。主要工程量包括：新建D1016双向输气管线1条（总长24.1千米，设计压力10兆帕）、线路阀室1座；新建集注站1座，站内分注气系统、采气系统及生产辅助系统3大部分6个大型单项工程；新建注采气集输管网工程及井口注气单元；新建凝液处理站1座，新建2条66千伏、1条6千伏供电线路及高低压变电所各1座。地面工程总投资约16亿元，2011年10月份开工。通过2年多的组织建设，已完成双向输气管线、集注站注采气部分、集输管线主体、供配电系统、注采井场建设，达到注气投产条件。

双六储气库工程建设单位为天然气储供中心，由中油辽河工程有限公司设计并进行EPC总承包，辽宁辽河石油工程建设监理有限公司监理，施工单位为油田建设工程一公司、油田建设工程二公司和筑路工程公司。

【兴三联二期工程】 兴三联建设工程是油田公司兴古潜山区块的重点配套工程，一期工程建成投产后，2012年完成原油脱水系统等配套工程建设后，2013年开始建设原油稳定系统。原油稳定系统工程主要包括：拆除4座1000立方米储油罐，改造场区占压管线，新建5000立方米原油储罐2座、1000立方米污水罐2座、2000立方米消防水罐1座及综合用房、采暖泵房、排涝站、中控室等设施和设备工艺安装。2013年底，除中控室及部分场区工艺外，其余工程全部完成施工。工程投资1.4亿元，于2012年3月份开工。

兴三联二期工程建设单位为兴隆台采油厂，由中油辽河工程有限公司设计，辽宁辽河石油工程建设监理有限公司监理，施工单位为盘锦辽河油田恒泰利建设集团。

【奈曼集中处理站工程】 奈曼集中处理站工程是油田公司第一个按照数字化油田设计建设的整

装地面工程，主要工作量包括站内原油脱水及处理、污水处理、消防系统及注水站改造工程，站外集输管线及井口工艺。奈曼集中处理站工程除井口加热装置工艺外全部建设完成，2013 年底进入收尾试运行阶段。工程投资 7794 万元，工程 2012 年 6 月份开工，计划 2014 年 6 月底建成投产。

奈曼集中处理站工程建设单位为辽兴油气开发公司，由中油辽河工程有限公司设计，辽宁辽河石油工程建设监理有限公司监理，施工单位为油田建设工程一公司。

【部门组织人事工作简况】 2013 年，基建工程部属油田公司机关直属部门，设综合管理科、油田工程管理科、矿建工程管理科、设计管理科、市场管理科和招标管理科 6 个科室，有员工 23 人，其中，处级干部 5 人，主任吴德兴、副主任程显东（正处级）、杨顺、王振侯、张春凡。有科级干部 8 人，其中，综合管理科科长黄龙，油田工程管理科科长刁东令、副科长李小罗，矿建工程管理科科长穆怀桥，设计管理科科长李世超、副科长周桂君，市场管理科科长刘武杰，招标管理科科长刘成文。部党支部有党员 20 人。

（黄　龙）

科技进步

油田科技

【基本情况】 2013年，油田公司科技管理系统围绕油田生产建设需求，坚持“主营业务驱动、生产目标导向”和“顶层设计”的发展理念，以国家、集团公司重大科技专项为引领，以降低成本、提高效益为中心，强化科技管理，加快人才培养，全面实施6项科技创新驱动工程，增强科技工作的“引领、支撑、储备”作用。全年投入经费3.72亿元，组织开展重大科技专项项目4项，重大、重点科技项目29项，形成“基岩油气藏裂缝预测”“组合蒸汽驱”等35项关键技术，取得“无碱二元驱”等18项标志性成果，研制出“无绷绳修井机”等装置设备120台(套)，制定技术标准10项，推进先导试验23项，增强科技支撑能力。荣获省部级科技成果16项，评定出油田公司科技奖励84项。申报国家专利305项（发明91)，获授权217项（发明38)。荣获国家级奖励4项、省部级奖励103项。国家级“稠（重）油开采研发中心”通过国家能源局认定评审。推进“稠油开采先导试验基地”建设，新建分层注气模拟等中间试验系统7套，新增实验（试验）方法16项，总实验设备达1000余台（套)，提升稠油技术基础研发能力。以项目申报为载体，与上级部门业务对接、工作衔接，获得国家、集团公司等上级部门资金支持3.09亿元，推动油田公司科技工作。

【千万吨稳产科技专项】 油田公司千万吨稳产重大科技专项自2012年3月启动，按照4项工程17个课题的顶层设计框架推进研发进程，全年“研制出移动式电点火”、“连续油管压裂”等8套新工具（装置)，制定标准6项，申报专利25项（发明专利9项)，取得“基岩储层预测”“深部调驱”等9大标志性成果，项目支撑茨榆坨潜山规模增储、锦16二元驱扩大试验、齐40块蒸汽驱规模稳产、杜84块SAGD持续上产及杜66块火驱整体开发等重大科技工程快速推进。

一、基岩油气藏储层预测技术

2013年，油田公司开展项目攻关，形成“基岩测井岩性识别及内幕结构分析”、“基岩测井储层识别与评价”和“基岩裂缝预测”等3项关键技术，有效识别30米以上裂缝发育带，有效支撑油田勘探区域发现新增控制储量7654万吨。

二、火成岩储层分类评价技术

“火成岩储层预测技术”主要针对外围中生代火成岩成藏模式研究评价，通过评价取得“油源供给是根本、构造控藏、火山机构控富集”的基本认识，首次在辽河外围获得百吨工业油流井，新增预测石油地质储量2339万吨。

三、精细油藏描述技术

油田公司研发了“砂体连通关系刻画”、“优质储层识别与刻画”和“分类分级水流优势通道识别”等3项关键技术。储层预测符合率由80%提高到90%，实现砂岩油藏地质体的精细刻画，为油区稀油、高凝油快速上产提供技术保障。

四、无碱二元驱技术

2013年，油田公司研发“二元驱配方体系评价与优化”和“个性化油藏工程设计”2项关键技术，配套完善地面注聚工艺，系统黏损率由56.4%降至24%，实现二元驱技术集成配套，建成中国石油系统第一个“无碱二元驱试验基地”，为组织50万吨上产方案积累了技术和经验。

五、深部调驱技术

2013年，油田公司创新发展三维非均质物理模拟、化学剂指纹识别与预测、调驱体系普适性评价、个性化油藏工程设计、标准化地面注入工艺等5项关键技术，建立调驱体系12项104个指标的检测方法，解决配方体系、油藏工程设计等关键技术瓶颈，在包14区等28个区块规模实施井组174个，阶段增油20.87万吨。

六、注气开发技术

2013年，油田公司研发项目形成“巨厚潜山多层叠置水平井立体注气开发”和“块状潜山直平井网气水组合设计”等4项油藏工程设计方法，形成新的地层能量补充方式，在沈625块等区块开辟现场试验区3个，阶段增油4104吨，有望形成巨厚潜山等特殊油藏持续稳产的接替技术。

七、组合式蒸汽驱开发技术

2013年，油田公司研发项目优化设计“回形井网蒸汽驱”、“直平组合蒸汽驱”和“多介质辅助蒸汽驱”3项关键技术，深化井网优化设计及动态调控研究，弥补“单井型、单介质、单方式”汽驱开采的不足，实现中深层稠油汽驱开发接近国外浅层开发水平。

八、SAGD组合技术

2013年，油田公司推广“多介质组合SAGD”和“驱泄复合开采”2项关键技术，深化开采机理和注采配置关系研究，配套完善高温大排量有杆泵举升技术，SAGD开采成本由1505元/吨下降至1031元/吨，支撑SAGD产量上升至80万吨。

九、火驱技术

项目形成“火驱物理模拟”和“个性化井网设计”2项关键技术，创新发展“移动式电点火”、“水平井温压实施监测”和“尾气处理回收利用”3项关键技术，取得火驱点火器由捆绑式到可移动式的突破，实现油藏、采油、地面的技术配套。

2013年，油田公司千万吨稳产重大科技专项实施取得火驱移动式电点火等6项技术突破，组合SAGD等16项关键技术达到国际先进水平，形成9大标志性成果，研制出连续油管压裂等23套新工具（装置），制定标准6项，申报专利56项（发明专利17项），23项矿场先导试验进入现场实施，日产规模由4585吨上升到5319吨，累计新增三级储量1.69亿吨，显示出新技术对增产创效的引领作用。

【国家科技重大专项项目】 2013年，油田公司推进国家科技重大专项项目，支撑示范区及扩大试验区稠油稳产上产。按照《渤海湾盆地辽河坳陷中深层稠油开发技术示范工程》建设任务、目标及进度安排，推进二期工程研发进程，在蒸汽驱、SAGD两个示范区基础上，新增建成火驱扩大试验区，完成年度建设任务。全年制定标准5项、申报专利31项（发明10项）。蒸汽驱、SAGD、火驱转驱规模达到388井组，年产油144万吨，增油125万吨，支撑油田公司稠油产量规模稳定。

一、蒸汽驱技术

蒸汽驱技术成熟配套，支撑蒸汽驱技术示范区稳产。完善配套“注热水及三层注汽”、“机械化学封窜”和“高温不压井”3项技术，在齐40块推广示范井组49个，提高蒸汽波及范围，油汽比由0.11提高到0.15。开辟锦45块、杜229块2个新技术示范区，实施总储量达到4157万吨，比吞吐技术年增油60.8万吨，保障蒸汽驱示范区持续稳产。

二、SAGD技术发展

SAGD技术得到发展完善，支撑杜84块SAGD技术示范区持续上产。“驱泄复合立体开采”和“多介质辅助SAGD技术”成熟配套，在兴Ⅵ组、馆陶组示范实施21个井组，油汽比提高0.1，实现蒸汽腔均匀扩展，提高储量动用程度，支撑杜84块日产油达到2270吨，实现3年连续上产。

三、火驱技术

创新发展火驱技术，支撑火驱扩大试验区规模上产。揭示厚层油藏火线波及规律，确定多层火驱层段组合厚度界限，创新形成“火驱注汽工艺”和“耐高温防腐举升”等项技术，实现火驱从厚层到薄互层的拓展，在高3618、杜66等4个区块实施井组153个，支撑火驱扩大试验区年产规模达到27万吨。

【低碳专项课题】 2013年，油田公司围绕国家低碳发展战略，组织开展集团公司低碳专项“热采节能节水关键技术研究”，形成“不除硅污水回用锅炉”等2项理论，突破“注汽管线新型保温改造”和“污水达标外排”等20项关键技术，研制装置8套，现场试验6项，申报专利19项，支撑稠油降本增效和节能减排，驱动油田低碳低耗绿色开发。

一、不除硅污水回用锅炉技术

2013年，油田公司“不除硅污水回用锅炉技术”，研发形成新型大孔弱酸和螯合两级软化树脂，提高交换容量，降低污水中致垢，达到热采锅炉运行安全需求，欢四联处理规模达到1.6万立方米/日，单位污水处理成本降低了4.76元，为油田公司全面推广应用奠定技术基础。

二、注汽管网新型隔热保温技术

2013年，油田公司经过攻关研究与室内试验，优选出新型注汽管线保温材料，保温层厚度减少26.7毫米，热损失降低50%。在锦州采油厂、高升采油厂改造管线70千米，累计减少蒸汽热损失3320亿千焦，创经济效益7045万元。

三、SAGD能量优化及余热梯级利用技术

研究确定油田专用汽包锅炉水质指标，完成国内首台油田专用汽包锅炉工艺设计，形成SAGD过热蒸汽注入技术，为降低SAGD操作成本、扩大SAGD应用范围提供技术支持。

【集团公司重大专项项目】 集团重大现场试验专项《油水井带压作业技术和装备现场试验》自2010年10月启动，经过3年的研究攻关，研制“热采井带压作业”“耐高温油管桥塞”等装置工具7套，形成2项关键技术，建成试验井4口，现场试验47井次，获国家专利3项，为规模推广夯实基础。

一、热采井带压作业技术

2013年，油田公司研发“地面循环降温除硫”“耐高温防喷器”等配套工具，形成“井口降温除硫”“耐高温密封”等3项技术，试验“定型热采井带压作业装置”，满足井口温度120摄氏度、压力14兆帕以下的热采井作业需求，现场试验22井次，解决常规作业造成的热量损失和热采效果差的难题。

二、油井带压作业技术

2013年，油田公司研发“抽油杆环形防喷器”“连杆支撑式定压滑套”等配套工具，形成“带压连续起抽油杆”“完井管柱压力控制”等3项关键技术，研制额定压力14兆帕的油井带压作业装置，现场试验25井次，解决常规洗压井作业导致储层渗透率下降、地层污染的难题。

【油田公司重大项目】 2013年，油田公司以“四大专项”为技术攻关框架，以“内容互补、继承衔接、规避重复”的原则，实现各级各类科技项目有机衔接和系统融合。全年围绕开发方式转换、工程技术配套等领域，顶层设计出油田公司科技项目21项，安排经费6300万元，非烃类气驱、细分注水等技术取得重大进展，申报国家专利92项，取得实施效果。

一、注非烃类气体关键技术

2013年，油田公司围绕低渗和潜山油藏有效补充能量开展攻关，形成不同气体、不同注入参数对地层原油PVT参数影响分析技术，认识了注空气、氮气、二氧化碳、烟道气4种非烃类气体对稀油、高凝油、超稠油的PVT参数特征影响规律，指导注气介质与注气参数优选，在沈625潜山试验空气驱5个井组，累计增油5500吨。

二、特殊井细分注水技术

2013年，油田公司针对大斜度、高压、小套管等不同类型水井无法有效实施细分注水的难题，研制出桥式同心分注及测调一体化、避免释放中途防坐封高压分注、小套管同心分注三类管柱，实现井斜角50度以内、套压20兆帕以上、4寸及5寸小井眼水井的3级分注及测调，满足不同井型细分注水的开发需要。

三、SAGD高温大排量举升技术

2013年，油田公司针对SAGD国产大泵泵效低、检泵周期短等问题，自主研发出高硬度、高耐磨性金属合金粉末配方，使柱塞表面硬度由54HRC（洛氏硬度）提高至58HRC，平均泵效及最长检泵周期达到国外同类大泵水平；针对大排量电潜泵耐温低的问题，研制出耐温250摄氏度、排量大于500立方米的电潜泵样机，配套设计井下温度监测系统和地面超温保护系统，计划2014年进入现场，为提液生产做技术准备。

四、注空气保压吞吐技术系列

2013年，油田公司通过研究攻关，深化认识催化氧化作用机理，优化筛选出适用普通稠油和超稠油的2种催化剂及助剂体系，自主研发选层注空气等3项配套技术，在杜80、杜210、杜68等6个区块试验100井次，比上年同期增油10483吨，为稠油吞吐区块产量规模稳定提供了技术支撑。

五、降本增效新技术

2013年，油田公司通过研究攻关，形成高凝油真空隔热油管保温冷采技术，实现高液量高含水井无伴热采油，年可节约电费2000万元；研发60吨无绷绳新型修井机、井口机械化修井装备，施工效率提高15个百分点～20个百分点，作业辅助时间缩短33个百分点；建立西气东输管道系统仿真模型，形成管道穿越地震断裂带、地面工艺优化简化等3项技术，应用于海南环岛、中缅输气管道等工程中，节省投资3000万元。

六、复杂结构井修井作业技术

2013年，油田公司针对水平井、多分支井配套技术及工具不完善的难题，研究形成水平井清砂解堵一体化、分支井眼选择性进入等4项关键技术。研制“连续油管分支井导向装置”“系列小井眼作业”等30套修井工具，现场实施45井次，累计增油1600余吨，满足复杂井修井作业的需求。

七、长输管道复杂地段设计施工技术

2013年，油田公司针对复杂地段设计施工技术薄弱、定向钻穿越控向精度低的难题，研发形成大型顶管穿越、大落差地区输气管道设计施工等5项配套技术，建立管道系统仿真模型，研制出“水平定向钻控向机具”等装置5套。研究成果应用于西气东输三线中段、中国—缅甸输气管道和锦州—郑州线等重大工程设计施工中，新增市场份额近亿元，提升外闯市场的核心竞争力。

八、新区新领域关键技术

2013年，油田公司围绕南海和铀矿等新区开展有利目标评价及区带优选研究，形成“南海盆地构造演化分析”“无井区叠前储层预测”等5项技术，优选重点勘探目标5个，为南海实质性勘探奠定基础。明确辽河外围铀矿床的富集条件，建立层间氧化带识别与划分标准，为扩大铀矿勘探提供技术保障。

【科技管理】 2013年，油田公司强化项目一体化组织和顶层设计，探索重大专项、重大项目管理新模式，在管理提效和自主创新两个方面取得积极进展。

一、重大专项运行管理

2013年，油田公司加强专项高效运行的管理制度，实现专项研发过程可知、经费使用可控，提升专项管理水平。建立高效运行机制，形成周、月、季报工作制度，简化10万元以下科研材料、30万元以下科研设备采购、外协单位市场准入等2个程序，建立课题长与专家岗位挂钩机制，提高专项运行效率。规范经费管理，组织概预算、财务等相关部门，联合编制工作量靠实、科目合理、操作性强的经费预算报告，规范资金使用审批程序，保障经费预、决算合理一致。协调解决各类问题，制定专项自评估考核检查制度，组织召开阶段成果检查等会议5次，解决外协项目价格审批等8类问题，保障专项有序推进。

二、科技项目过程管理

2013年，油田公司以一体化组织和设计为原则，科学设置研发内容，优化配置科技资源，保障项目有序实施。强化顶层设计，按照“四大专项”为框架，油田公司项目为补充的思路，顶层设计出重大重点项目21项，构建“重点区带保增储、精细注水降递减、转换方式稳产量、单井措施增效益、新兴业务促发展、工程建设闯市场”六大科技支撑布局。优化审批程序，实行重点项目外协论证下放到承担单位，取消项目计划任务书签定、中期检查多媒体汇报等举措，提高工作效率。探索重大项目管理新模式，建立重大项目与油田公司专家岗位挂钩机制，实现项目长对项目全过程管理，推进研发效率。

三、成果和技术有形化管理

2013年，油田公司建立高级别科技奖励材料编写模板，细化成果评审打分标准和量化指标，加大对经济效益证明材料审查力度，提升成果质量和水平。精细设计专项技术有形化实施方案，构建成熟盆地精细勘探、蒸汽驱开发等5大技术序列18项关键技术，提升装置、产品、专利等有形化成果的实施效果，发明专利申报及授权比例分别比上年提高6个和12个百分点。

四、科研条件平台建设

2013年，油田公司加强稠油开采先导试验基地、辽宁省石油石化学会的建设与管理，推进国家级稠油研发中心升级，为科研攻关营造良好的环境。推进稠油开采先导试验基地建设，新增水平井蒸汽驱三维比例物理模型等设备24台（套），新建分层注气模拟等中间试验系统7套，形成实验（试验）方法16项，完成重力火驱、注空气辅助吞吐等多项国际领先技术的室内试验，提升稠油技术基础研发能力。组织“国家能源稠（重）油开采研发中心”的申报，顺利通过国家能源局认定评审，为推动油田自主创新，探索开放式研究搭建最高平台；以辽宁省石油石化学会为载体，组织浅（滩）海油气勘探开发技术等研讨会，推进科技资源的共建共享。

【部门组织人事工作简况】 科技处属油田公司机关职能处室，设综合科、规划计划科、科研管理科、技术推广科、技术市场管理科、知识产权管理科、实验基地管理办公室、科协（学会）办公室、科技馆、科技信息中心和博士后项目管理办公室。有员工29人，其中，处级干部5人，处长陈韶生，副处长汤琦、牛文金、孙大树、陆福刚，副处级调研员张宏。科级干部12人，其中，综合科科长张凌达，副科级科员李艳丽、高级主管张春山，规划计划科副科长顾玉兰，科研管理科副科长于萍，技术推广科科长王志信、副科长王占胜，技术市场管理科科长陈本文、副科长陈鸿雁，知识产权管理科科长王洁雯、高级主管钟宏，实验基地管理办公室科长时冀淮，科协（学会）办公室主任、科技馆主任杨宗霖，科技信息中心科长王建平，博士后项目管理办公室主任尉小明。全处具有高级专业技术职称的15人，中级专业技术职称的10人，初级专业技术职称的4人。党支部属机关党委独立党支部，有党员22人。（杨宗霖）

2013年科技成果

辽宁省科技进步奖

一等奖

辽河油区低品位石油储量复杂结构井开发技术与应用

完成单位 开发处

三等奖

1. **地质研究信息一体化关键技术研究与应用**
   完成单位 勘探开发研究院
2. **提高互层状超稠油开发效果配套技术研究**
   完成单位 曙光采油厂
3. **螺杆泵采油技术在辽河油田的应用**
   完成单位 锦州采油厂
4. **高升油田难动用储量开采配套技术研究与应用**
   完成单位 高升采油厂
5. **辽河外围中生代盆地油气成藏条件及分布规律研究**
   完成单位 钻采工艺研究院
6. **稠油热采水平井光纤光栅监测技术**
   完成单位 华油实业公司
7. **煤层气田“多点接入，柔性集输”地面集输工艺技术**
   完成单位 中油辽河工程有限公司
8. **齐40块蒸汽驱地面集输处理技术**
   完成单位 中油辽河工程有限公司

辽宁省技术发明二等奖

1. **化学配套工艺技术在老油田“双高期”增产措施中的应用**
   完成单位 钻采工艺研究院
2. **稠油污泥无害化处理及资源化利用技术开发与应用研究**
   完成单位 华油实业公司

集团公司科技进步奖

二等奖

1. **大民屯凹陷亿吨级储量发现及高效开发技术研究与应用**
   完成单位 沈阳采油厂 勘探开发研究院
2. **辽河油田深部调驱技术研究与应用**
   完成单位 勘探开发研究院
3. **氮气辅助SAGD开采超稠油技术**
   完成单位 SAGD项目部
4. **稠油水平井分段完井分段注汽技术研究**
   完成单位 钻采工艺研究院

三等奖

1. **稠油污泥资源化处理与利用研究**
   完成单位 华油实业公司

油田公司科技进步奖

一等奖

1. **雷家地区沙四段致密油储层评价与成藏特征**
   完成单位 勘探开发研究院
   完成者 孟卫工 单俊峰 王高飞 金 科 陈家敏 张 坤 周 艳 潘日芳 宋柏荣 崔向东
2. **锦16块二元驱工业化试验综合调控技术研究与应用**
   完成单位 锦州采油厂 开发处
   完成者 任芳祥 刘贵满 王海生 周洪义 郑晓松 李宝莹 潘 庆 崔洪志 李 蔓 唐海龙

3. **曙一区超稠油持续提高采收率技术研究**

完成单位 勘探开发研究院

完成者 龚姚进 许国民 王中元 支印民 周广兴 马 凤 荐 鹏 崔清宝 王秀清

4. **高含硅稠油污水回用锅炉技术研究与应用**

完成单位 欢喜岭采油厂

完成者 刘喜林 蒋生健 范英才 曲金明 张 琳 韩海龙 牛文金 毕研斌 张雨良 毕家平

5. **水平井裸眼砾石充填防砂完井技术**

完成单位 钻采工艺研究院 曙光采油厂

完成者 张建军 吕 民 陈大钊 陈 磊 彭松良 伊宏亮 郎宝山 郭斌建 李晓玲

6. **稠油注空气辅助蒸汽吞吐开采技术**

完成单位 曙光采油厂

完成者 陈铁铮 张守军 郎宝山 管九洲 刘 恒 王书会 李峻宇 海青华 杨 帆

7. **稠油污水深度处理回用热采锅炉除硅工艺优化简化技术研究及应用**

完成单位 中油辽河工程有限公司

完成者 张恩臣 李明辉 孙绳昆 乔 明 邱 斌 邢 雷 马金戈 董林林 田方园 张 伟

8. **连续油管特种作业技术研究与应用**

完成单位 沈阳采油厂

完成者 张维申 王立军 汤 琦 孟庆学 钦焕光 袁 武 韩华君 范 炜 李娟娟 黄承胜

9. **辽河油田 ERP 系统开发应用研究**

完成单位 信息管理部 财务处 计划处 物资管理部 资产管理部

完成者 谢文彦 范国权 张文坡 陈宏斌 尹树春 孟繁奇 刘江鹏 成家金 张 君 陈晓香

二等奖

1. **茨榆坨潜山油气成藏条件分析及勘探方向**

完成单位 勘探开发研究院

完成者 李 军 李敬含 王建飞 高庆胜 赵淑琴 宋玉军 崔宇晶

2. **辽河复杂构造叠前深度偏移成像技术研究及推广应用**

完成单位 勘探开发研究院

完成者 郭 平 宁日亮 高树生 高 源 柳世光 李 晶 董兵波

3. **曙三区出砂油藏先导试验区开发技术研究**

完成单位 曙光采油厂

完成者 高忠敏 刘永华 刘仙晴 邵 丹 贺子恩 黄晓静 金佳毅

4. **驱泄复合开发方式动态调控关键技术与应用**

完成单位 SAGD 项目部

完成者 杨立强 杨建平 张国禄 梁建宁 王宏远 李 湃 王诗中

5. **稀油高凝油上产工程技术对策研究**

完成单位 勘探开发研究院

完成者 阴艳芳 崔 杰 刘 勇 欧 洲 胡 鑫 杜文拓 李春艳

6. **高凝油油藏大幅度提高采收率技术研究与应用**

完成单位 沈阳采油厂

完成者 张吉昌 王 强 关 亮 靳海龙 梁武全 马文天 陈怀满

7. **油田开发项目经济评价方法研究**

完成单位 经济评价中心

完成者 谢艳艳 申大媛 宫海军 雒长江 陈 镝 郭福军 许 艳

8. **高升油田高 18 块深层稠油分区二次开发技术研究**

完成单位 高升采油厂 开发处

完成者 王卫东 于天忠 孙 贺 曹敬涛 吕建云 韩耀龙 李树山

9. **曙光油田火驱点火工艺优化研究**

完成单位 曙光采油厂

完成者 鲁 迪 高忠敏 茹希军 黄小雷 刘世坤 许 丹 管国辉

10. **裂缝性储层高效压裂技术**

完成单位 钻采工艺研究院 沈阳采油厂

完成者 刘德铸 徐 乐 苏 建 张 瑛 秦 伟 黄世秋 鲁红光

11. **注汽管道新型保温技术研究与应用**

完成单位 采油处 锦州采油厂 高升采油厂

完成者　孙守国　檀德库　郑成立　张福刚
郑　起　杨立龙　于显永

12. **小井眼分层注水及配套测调工艺技术研究**

完成单位　钻采工艺研究院

完成者　安九泉　王丽莉　曲金明　赵永军
刘显志　张艳荣　潘智勇

13. **科尔沁油田延长检泵周期配套技术研究及应用**

完成单位　茨榆坨采油厂

完成者　邱衍辉　黄军彦　成　兰　翟世伟
余中红　伊宏亮　王鹏飞

14. **齐40块蒸汽驱硫化氢治理技术研究与应用**

完成单位　欢喜岭采油厂　中油辽河工程有限公司

完成者　刘　钰　于桂林　晏金龙　邱在林
李长青　韩海龙　孙宪利

15. **广州南沙成品油库关键技术优化与应用**

完成单位　中油辽河工程有限公司

完成者　郭野愚　魏学斌　吴　军　孔冬梅
张志勇　崔丕文　齐昌东

16. **5万立方米钢制内浮顶拱顶储罐施工技术研究与应用**

完成单位　油田建设工程一公司

完成者　赵明波　张国军　王永志　孙兴刚
唐厚喜　熊国栋　刘　超

17. **欢西油田套损井综合治理技术研究与应用**

完成单位　锦州采油厂

完成者　宋彦武　单井华　王德伟　贾财华
代　靖　于启海　韩　军

18. **月东油田A岛作业装备配套技术研究**

完成单位　曙光工程技术处

完成者　张飘石　汤　琦　王建文　王海元
杨国发　李艳辉　杨学林

19. **完整性管理信息系统**

完成单位　油气集输公司

完成者　卢　敏　高延宁　马英利　王凤军
郭大成　张学军　张　静

20. **辽河油田数字语音接入平台的研究与应用**

完成单位　通信公司

完成者　姜百军　郝桂芝　郝成喜　王功涛
潘启明　房永兴　李艳丽

21. **科技项目评估体系建立与方法实践**

完成单位　科技处　钻采工艺研究院

完成者　陆福刚　孙大树　彭松良　于　萍
张凌达　王洁雯　郝　玲

22. **劳动合同法下的国有企业纪律惩戒体系再造研究**

完成单位　人事处

完成者　李孟洲　孟祥君　魏　玮　徐金龙
高言启　何　琦　朱金勇

23. **辽河油田公司生产应急指挥系统建立及应用**

完成单位　生产运行处

完成者　宋福军　刘　亮　安峰义　陈　超
张志伟　何晓波　魏金乾

24. **磁共振多技术联合应用在乳腺良恶性病变中的临床应用**

完成单位　辽河油田总医院

完成者　李　维　陈国栋　范海滨　周旭洋
徐秀月　周玉红　宋玉印

25. **超声造影在肝脏恶性肿瘤射频消融治疗中的临床应用**

完成单位　第二职工医院

完成者　礼　宁　王　旸　赵立新　韩宏斌
袁利刚　李　丽　李　颖

三等奖

1. **东部凹陷火山岩岩性岩相特征及含油气性关系**

完成单位　勘探开发研究院

完成者　张　斌　刘　飞　仇劲涛　高建军
席文艳

2. **辽河外围盆地火山活动与油气关系探讨—以陆家堡凹陷为例**

完成单位　勘探开发研究院

完成者　冉　波　宫振超　裴家学　赖　鹏
白鲁山

3. **辽河滩海地区碎屑岩储层预测适用方法研究及应用**

完成单位　勘探开发研究院

完成者　董德胜　崔玉哲　郭彦民　王树昆
吕晓兰

4. **大民屯凹陷沙四段致密油勘探潜力分析**

完成单位　勘探开发研究院

完成者　刘兴周　牟　春　张云生　张合金
李金鹏

5. **辽河探区新区新领域战略选区评价**
完成单位 勘探开发研究院
完成者 胡英杰 毛俊莉 周铁锁 杨时杰 刘海艳

6. **火烧油层开采机理及室内实验研究**
完成单位 勘探开发研究院
完成者 张方礼 刘其成 赵庆辉 程海清 贾大雷

7. **深层稠油难动用储量分层开发技术研究与应用**
完成单位 勘探开发研究院
完成者 李铁军 杨彦东 陈 钟 张金红 陈东亮

8. **双高油藏挖潜技术研究及实践**
完成单位 欢喜岭采油厂
完成者 乔长发 周 旭 李 龙 覃青松 聂凯杰

9. **精细地质研究在架岭607块滚动开发中的应用与实践**
完成单位 浅海石油开发公司
完成者 孙 岿 张崇刚 王 强 李桂莲 刘文英

10. **杜229块薄互层状油田挖潜部署研究与应用**
完成单位 特种油开发公司
完成者 李玉君 支印民 尹志成 耿立峰 邹 军

11. **裂缝性低渗透油藏深部调驱研究及应用**
完成单位 茨榆坨采油厂
完成者 牟 勇 张雪梅 邵建中 田云涛 李文涛

12. **老区非主力层天然气有效开发技术研究与应用**
完成单位 兴隆台采油厂
完成者 李 玮 吕福荣 何德志 孙 俐 刘 娜

13. **曙光油田低品位储量二次开发技术研究与应用**
完成单位 曙光采油厂
完成者 刘奇鹿 王玉玲 邵 丹 李伟瑞 王 杰

14. **改善深层特稠油蒸汽驱开发效果技术研究与应用**
完成单位 金马油田开发公司
完成者 刘广东 刘 兵 于蓬勃 夏友斌 夏进军

15. **洼83—洼60井区东营组薄层难采储量动用研究**
完成单位 冷家油田开发公司
完成者 王秀波 周 鹰 刘高华 任忠波 孙洪安

16. **青龙台西斜坡油藏规律研究及勘探目标优选**
完成单位 茨榆坨采油厂
完成者 杨士萍 田圣风 隋金栋 魏艳春 张正山

17. **新型聚合物压裂液体系研究与应用**
完成单位 钻采工艺研究院
完成者 李 超 李玉印 朱龙超 包 放 王 磊

18. **普通稠油油藏深部调驱关键工艺技术创新**
完成单位 金马油田开发公司
完成者 韩树柏 田 鑫 武斌安 乞迎安 吕晓凤

19. **兴古潜山油井结垢防治技术研究与应用**
完成单位 钻采工艺研究院
完成者 张洪君 王 浩 张 群 梁凌熏 郑 猛

20. **海南3断块延缓递减综合配套技术**
完成单位 浅海石油开发公司
完成者 刘占广 李文军 李 峰 张崇刚 徐 爽

21. **蒸汽吞吐后期活性热化学采油技术研究与应用**
完成单位 钻采工艺研究院 锦州采油厂
完成者 张 俊 冷 冰 张玉涛 周洪义 刘广友

22. **普通稠油注水油藏提高采收率关键技术研究与规模化应用**
完成单位 金马油田开发公司
完成者 汪小平 杨 开 田 鑫 张新伟 顾 宏

23. **提高SAGD开采效果技术研究与应用**
完成单位 特种油开发公司
完成者 王伟林 林 军 刘 峰 张洪驰 郭金鹏

24. **沈 84—安 12 块稳产配套技术研究与应用**
完成单位 沈阳采油厂
完成者 唐晓波 李鸿程 陈怀满 马文天 周学金

25. **大洼油田高含水后期提高水驱采收率配套技术研究与应用**
完成单位 兴隆台采油厂
完成者 周 华 林 健 王耀贵 于科杰 梁 晗

26. **钢质连续抽油杆采油工艺技术试验与推广技术**
完成单位 辽兴油气开发公司
完成者 李作臣 于 超 曹 斌 鲍晓晗 赵美丽

27. **轻烃膨胀机缩容改造技术研究与应用**
完成单位 油气集输公司
完成者 卢 敏 高延宁 马英利 韩继升 侯华君

28. **沈抚输油管道水平横向偏转穿越技术研究**
完成单位 中油辽河工程有限公司 基建工程部
完成者 杨德水 李晓坤 黄 洋 王 乾 张 琢

29. **国产高强钢施工技术研究与应用**
完成单位 油田建设工程二公司
完成者 王品毅 牟宗元 吴 迪 李平英 许 强

30. **电厂燃煤锅炉烟气脱硫技术研究**
完成单位 电力集团
完成者 曾嘉树 张亚东 吕兴波 徐志成 李家裔

31. **高压管束式加热炉研制**
完成单位 油田建设工程一公司
完成者 郭建波 孟凡良 刘庭凯 佟兴哲 李 琳

32. **多功能井下落物打捞工具的研制及应用**
完成单位 高升采油厂
完成者 潘建华 管恩东 徐宏权 张 勇 沈艳丽

33. **水源井修井技术研究与应用**
完成单位 供水公司
完成者 周 宏 刘志刚 赵鹏飞 李香奎 李冬梅

34. **双接箍双弹垫插接防脱抽油杆**
完成单位 多种经营处
完成者 许林祥 杨海俊 刘庆贵 耿 铁 章皖宁

35. **集成式带压作业装备技术研究**
完成单位 兴隆台工程技术处
完成者 徐宪胜 原学玉 孙 炜 孙松印 范广振

36. **双 6 储气库注采配套装备技术研究与应用**
完成单位 天然气储供中心
完成者 马常星 陈显学 丰先艳 俞文红 孙希勇

37. **示踪管柱不脱手取套换套技术研究与应用**
完成单位 欢喜岭采油厂
完成者 于广鹏 邱占武 赵德宝 郝丽伟 任志海

38. **基于云计算的辽河油田移动审批安全技术研究及应用**
完成单位 信息管理部
完成者 张军峰 丁明吉 戴海波 王 玲 张云帆

39. **辽河油田勘探协同工作平台建设**
完成单位 勘探开发研究院
完成者 樊晋明 宇振全 程 利 孟 宇 韩晓飞

40. **辽河油田民用供暖动态监控信息系统研究与应用**
完成单位 矿区服务事业部
完成者 孙培刚 宋 强 张 义 孙 伟 申卫红

41. **辽河油田处科级干部队伍成因分析及优化接替初探**
完成单位 组织部
完成者 赵万辉 赵相文 朱 尧 关洪宁 陈 举

42. **辽河油田事后合同管理研究**
完成单位 企管法规处
完成者 袁广平 林秀峰 王 洋 李 霖 丁大伟

43. **持续推进矿区系统解困扭亏工作方案研究**
完成单位 财务处 矿区服务事业部

完成者 白亮亮 孟 平 杨东昌 于 杰 刘仲贤

44. **SEC 储量与油田公司经济效益关系研究**

完成单位 开发处 研究院

完成者 陈 超 陈淑凤 李 理 黄祥光 罗 武

45. **辽河油田加强和创新矿区管理研究**

完成单位 辽河职业技术学院 矿区服务事业部 政法委

完成者 张 力 毕淑荣 黄媛媛 林德儒 朱群峰

46. **腹腔镜阑尾切除术临床应用**

完成单位 第二职工医院

完成者 于祥峰 庞 众 张振铭 陈翔宇 袁立刚

47. **视频技术在困难气道中的应用**

完成单位 辽河油田总医院

完成者 赵占志 许大伟 崔 凯 杜艳坤 曲红梅

48. **NT—proBNP 与心力衰竭相关性研究**

完成单位 辽河油田总医院

完成者 刘利群 耿 煜 宋艳琴 段卉娣 徐晓娟

油田公司技术发明奖

一等奖

1. **油田化学堵水技术的开发与应用**

完成者 岳玉全 马春宝 王德伟 高玉军 张英伟 詹美珍

二等奖

1. **防蜡降凝冷输技术**

完成者 郑 猛 王 浩 张 群 梁凌熏 刘晶晶 何 强

经营管理

规划计划

【规划管理】 2013年，油田公司规划计划部门积极寻找机遇，对油田公司战略性、潜在性业务开展前瞻性研究，启动新能源业务的规划研究。组织钻采工艺研究院相关部门和人员，开展辽河探区非常规资源勘探规划研究专题。确定油田公司在煤层气、页岩油气、致密油气3个领域的研究目标和主要内容，通过对勘探认识、勘探潜力和勘探技术分析研究，制定3个领域规划方案，为编制辽河油区非常规油气勘探规划奠定基础。指导编制辽河油田"十二五"后3年油页岩资源勘查开发利用规划和地热资源勘查开发利用规划。通过精细资源勘查和可行性评价，制定"十二五"后3年资源开发利用综合研究和示范工程部署，为开展前期工作提供规划依据。

【投资计划管理】 一、优化投资结构

2013年，油田公司规划计划部门把握稳中求进的总基调，发挥投资的综合平衡作用，树立投资回报理念，坚持"五优先、三压缩"（优先确保油气主营、安全环保节能、工程建设和工程技术、新兴业务及民生工程投资，压缩低产低效区块产能建设、一般性技术措施及生产辅助项目）的投资原则。全年下达投资96.3亿元，其中，5项优先业务投资比例占全年规模的98%，把握油田公司资金投向，确保投资资金科学、合理利用。

二、严格计划程序

2013年，油田公司规划计划部门严格计划申报程序，明确未完成前期工作的项目、未按项目核准要求办理相关手续的项目和投资来源没有落实的项目不予申报，提升项目实施符合率。坚持计划控制，下达单体项目与ERP系统监控相结合，实时监控和分析投资信息。健全投资计划执行制度，监控项目进度，提升投资完成率。加强计划专项清理，根据"分批协商，严格审核，及时调整，加快结算，异常年底统一处理"的模式，逐井核对投资、工作量。实施计划运行的跟踪，对照投资与现场实物工作量，杜绝发生超计划等违规项目。健全节余计划使用制度，实行专项审查，全年清理节余计划0.4亿元。

三、强化投资效果评价

2013年，油田公司规划计划部门贯彻集团公司关于加强投资回报考核的要求，推进项目后评价工作，健全后评价业务流程。拓宽评价范围，全年完成详细、简化后评价项目18个，涉及投资67.7亿元。集团公司后评价项目"兴隆台潜山产能建设"通过集团公司专家组审查验收。延展评价时段，加强重点项目跟踪管理，组织开展对2010年安全环保隐患治理、2011年节能项目，和SAGD（一期）开发试验项目的后评价工作，采取纵向对比分析，反映项目真实效果。全年编写简报6期，总结推广经验、提升评价实用性。在"盘锦—锦州输油管道改造"项目后评价中，系统分析和梳理投资变动、工期延长等问题，为后续同类项目建设提供借鉴依据。

【项目前期管理】 一、提升项目前期工作效率

2013年，油田公司规划计划部门针对开发试验项目，编制油藏方案同步开展钻采和地面配套设计，缩短设计周期。组织完成2014年老区调改、油气储运、安全环保节能等36类268个项目的前期论证工作。采取集中委托、统一结合、分步实施3项措施，协调加快工作节奏。分类组织实施，按照投资项目轻重缓急和资金额度细分项目类别，确保项目有序快速开展。对燃气等重点项目前期进展实施专人跟踪，全年协调各类批复28项，加速项目实施进度。

二、强化项目论证审查

2013年，油田公司规划计划部门加强投资管理，对燃气建设"资源不落实、协议不签订、价格不确定、效益不达标"的项目不予立项。坚持油气井注水、老区块调改和隐患治理项目采取6结合（分步治理与统一规划、资本性支出与收益性支出、安全生产与经济适用、公司投入与基层投入、新改扩建项目与新旧标准、个性化与标准化设计相结合）的原则，坚持有所为、有所不为。完善项目三级审查（设计单位自审、建设单位预审、油田公司会审）机制，确保设计方案科学合理。采取在项目立项初期和设计完成时2次进现场的方式，细化核实工作量，优化调整布局。全年市政建设涉及油田动迁工作量核减投资1500万元。推行标准化审核机制，试行钻井标准化设计与审批，审核完钻结算井32口，核减

投资 1956 万元。建立燃气项目标准化建设模型，核减、简化站场 8 座，优化管线 30 千米，减少投资 1.4 亿元。

三、严格设计变更和项目复审机制

2013 年，油田公司规划计划部门针对实施与设计有差异的项目，实行重新履行报审制度。根据市场价格变化等因素，对已批复在建项目重新进行经济评价测算和复审，优化项目投资。辽阳天然气管网工程经过复审，取消灯塔支线 27 千米，调减鞍山末站 2 套调压计量装置，减少投资 9200 万元。

【后评价管理】 一、加强过程后评价管理

2013 年，油田公司规划计划部门完成后评价项目 8 个，投资总额 63.7 亿元。其中，集团公司及专业分公司级后评价项目 2 个，投资总额 33.6 亿元；油田公司级后评价项目 6 个，投资总额 30.1 亿元。后评价项目投资总额占全年投资规模比例超过集团公司的要求。组织开展兴隆台潜山产能建设和 HK—500 吨定向钻机购置 2 个项目的后评价，完成集团公司及专业分公司后评价任务。

二、创新后评价工作方法

2013 年，油田公司规划计划部门按照集团公司的相关要求，结合油田公司实际，完善简化后评价工作方法。针对产能建设项目的特点，改进按照投资计划进行单井评价的方式，采取同区块投资完成后，进行整体评价，达到后评价工作目的，提高工作效率。

三、提高成果利用价值

2013 年，油田公司规划计划部门利用后评价工作简报发布后评价项目后评价意见，总结推广经验，反馈工作信息。对安全环保隐患治理和节能等专项投资项目连续开展后评价，进行投资效果纵向对比分析。通过盘锦—锦州输油管道改造工程的后评价，系统分析和梳理工程投资变动、工期延长、经济效益等方面存在的问题。认真分析、系统总结各项目的成功经验和发现的问题，提供给项目相关管理部门，为同类项目建设提供参考依据。

【油气产运销平衡】 2013 年，油田公司规划计划部门围绕油田公司完成油气商品量指标，积极采取措施，组织开展燃料油替换、增加渣油换烧量等项管理活动，缓解油田公司经营压力。增加燃料替换指标，降低基础油考核指标和自营区利润指标。积极向集团公司申请燃料油替换指标，油田公司通过燃料替换比上年减少燃料油 36.2 万吨，降低基础油指标和自营区利润指标，增加天然气换烧量，提升油气商品量。消除调减外供气政策因素影响，与股份公司沟通协调，增加外来天然气供应量每天 80 万立方米，保证全年 13.2 亿立方米换烧气量。增加渣油换烧量，提升油气商品量，弥补油田公司的换烧燃料缺口。走访相关炼化企业，挖掘渣油资源，协调渣油拉运，解决渣油质量、计量纠纷，渣油日供应量从年初 230 吨提升并稳定在 400 吨，全年增加商品量 8.5 万吨。积极与股份公司沟通协调，争取政策支持，将低效油气资产利用、燃料结构调整、小轻烃合作 3 项业务纳入自营区考核，全年增加油气产量 51.5 万吨。组织油田公司原油生产及集输系统调研，落实稀油资源，提升稀油销售比例。渤—石线稀油日输量由 1000 吨增加到 1500 吨，欢喜岭采油厂、曙光采油厂增设稀油付油口。全年稀油销售量比上年增加 24 万吨，增加收入 4.9 亿元。挖掘黑凝析油销售潜力，实现冷家油田、高升采油厂、茨榆坨采油厂、小龙湾区域和欢喜岭采油厂部分原油按黑凝析油销售，全年销售 57.5 万吨，比上年增加销售量 30.6 万吨。

【统计工作】 2013 年，油田公司规划计划部门完善统计职能，加强跟踪指导。发挥统计数据优势，实现“油气计划与统计、销售与库存”有机结合，推行渣油日换烧量、油气库存量等重点指标的日跟踪，发挥统计预警作用。克服沈阳—抚顺输油管线和盘锦输油管线投产，及中国石油锦西石油石化公司停产检修等因素影响，健全生产、库存、运输、销售的联动机制。以月度计划为手段，原油销售优先安排公路运输量，为管输平稳运行提供保障，实现“产、存、运、销”平稳、有序、可控。合理调配，科学配置燃气资源。解决油气生产单位停启炉频繁、用气量震荡波动等困难，及时申报外来气需求，协调内部用气分配，实现外来气最大化利用。调整自产气销售，压缩外部用户指标，加大对未上市车装气业务扶持，实现自产气最大化利用。

【部门组织人事工作简况】 油田公司规划计划处属油田机关职能处室，设综合规划科、油气计划科、矿建科、统计科、前期一科、前期二科、后评价科、天然气投资管理科9个科室。有员工31人，其中，处级干部5人，处长潘良革，副处长于雷、李忠林、刘洪涛、高永志。综合规划科科长刘建军、副科长王丽萍，油气计划科科长孙东明、副科长赵福庆，矿建科科长曾胜祖，统计科科长邢春堂、副科长周海，前期一科科长孔令民、副科长刘宗海，前期二科科长姜云鹏，投资科科长张全党、副科长（正科级）郭鹏宇，后评价科科长徐艳、副科长乔晶，天然气投资管理科副科长王谦。处党支部属于机关直属党支部，有党员28人。（刘建军）

财务管理

【基本情况】 2013年，油田公司突出价值管理，推进管理提升，全面完成各项预算指标，实现营业收入729亿元，其中，上市系统提高油气商品量、调整销售结构，实现收入350亿元，比上年减少10亿元；未上市系统加大市场开拓力度、强化重点业务组织，实现业务收入224亿元；多种经营系统依托油气产业链，加大对外合作力度，实现业务收入155亿元，比上年增加3亿元。上缴税费124亿元，其中，上市业务上缴税费105亿元，比上年减少13亿元；未上市业务上缴税费19亿元，比上年减少2亿元。

【预算管理】 2013年，油田公司财务管理部门按照保规模速度与保质量效益同步的要求，围绕油田公司发展战略，理顺预算管理机制，统一构建上市与未上市系统以利润为核心的预算指标考核体系，加强政策推动，实施增人增效、资金有偿占用、减人减机构奖励等经营政策，促进各单位控制投资、压缩机构、清减人员，调动各单位增收节支的积极性。加强预算引导，开展“阳光预算”行动，引导各单位将工作的落脚点转移到经济效益的中心，让二级单位直接参与油田公司预算分解，与二级单位现场对接指标，首度实现预算指标现场承诺制度，促进指标测算与生产单位运行契合；引导机关部门提升专业服务，淡化安排资金管项目，带头落实过紧日子思想，减少油田公司专项资金1.13亿元，压缩管理费0.66亿元，比上年增加二级单位预算资金3.12亿元；引导二级单位强化市场和效益观念，树立挣工资理念，人工成本与各单位利润指标挂钩，按照上年工资总额的93%—97%下达单位工资总额预算，全额发放工资通过创造利润空间实现，贴近用市场主导资源配置，引导生产单位细化管理，提升效益。加强预算控制，控制非生产性费用，对“五项管理费用”、租赁费和零星工程实施重点管控，全年零星工程支出比上年减少2.54亿元、“五项费用”比上年降低0.3亿元、楼堂馆所维修费用比上年降低0.07亿元。实行外包外协配额管理，全年下达3批计划0.92亿元，比上年下降0.62亿元，降幅40%；加强油区内市场管理，收取外部市场占用费0.6亿元，减少经营指标压力。推进节能减排，降低生产消耗，集中1.16亿元资金在注汽、注水、集输等系统实施价值工程，夯实预算管理基础。通过市场管理收费、物资管理收费、资金占用收费和增人增效等政策措施全年实现增收4.71亿元。选取曙光采油厂和沈阳采油厂开展预算后评价工作，剖析生产单位成本支出结构及资金流向，评价成本预算与业务预算的符合度，结合实际业务评价各项预算支出的合理性、合规性和必要性，查找管理中存在的薄弱环节，总结预算管理经验，调整预算管理思路，完善管控措施，促进管理提升，提高资金使用效益。

【资金管理】 2013年，油田公司受开发生产难度加大、人工成本上涨等因素影响，上市业务年现金贡献由2008年高峰时的47亿元下降至16亿元，现金贡献能力逐渐减弱。未上市业务年度现金流入不能覆盖经营和投资活动现金流出，累计资金缺口达57亿元，流动性趋紧枯竭，加上关联交易结算缓慢、工程施工项目回款周期长等因素制约，企业维持运转任务艰巨。财务管理部门积极筹集资金，向总部申请增加短期负息资金可使用额度6亿元，增加紧急事项应对能力，沟通取得中介机构理解，以未结算关联交易劳务额度为基础，通过预付款缓解关联交易结算不畅带来的资金压力，降低未上市业务融资成本。加强资金运营，组织运营型资金管理机制研究，与利润中心管理相适应，初步尝试将各单位视作相对独立资金运营中心，树立量入为出理念，促进以资金流入为起点配置收益性和资本性支出，形成倒逼机制。强化资金有偿使用，以经济手段促进资金集约使用。重构核算设置，支持新机制运行。拟定《辽河油田应收款项管理细则》，推行应收款项“事前评级授信、事中责任备案、事后及时催收”全过程管理，修订《辽河油田关联交易封闭结算管理细则》，简化油区内部关联交易结算环节，探索制定存货库存限额，引导各单位减少资金占用。组织开发工程施工项目管理子系统动态反映项目资金收支情况，促进项目资金回笼与支出、项目负责人与业绩挂钩，工程建设业务年度资金首次实现流入大于流出。针对资金管理分别制定上市、未上市付款周期，减缓支付节奏。积极与金融机构协调，以最低成本办理银行承兑汇票、保函、信用证等增信业务 1966 笔，额度 17.58 亿，节约财务费用 5443 万元。优先保障外部市场业务资金需求，支持业务拓展。将银行对多种经营企业贷款综合费率与表外资金存款相挂钩，引入竞争机制，压低贷款综合费率，全年降低多种经营企业融资费用 4000 万元以上，支持多种经营企业发展。

【纳税筹划管理】 2013 年，油田公司财务管理工作部门争取财税政策扶持，“以表代证”降低税负，收回土地确权补偿金 3 亿元，消费税返还和“营改增”增利 1.07 亿元，停缴房改房土地使用税年增利 1.25 亿元，落实研发费用、残疾员工工资薪金等加计扣除优惠减负 0.69 亿元，残疾员工个人所得税人均减征 2000 元、减幅达 50%，维护员工和企业的利益。

【财务基础管理】 2013 年，油田公司财务管理工作部门贯彻集团公司“人才强企”战略，提高财会人员职业素质与业务技能，促进提升财务管理水平，打造高素质财会技能人才队伍。9 月 5 日至 10 月 18 日，组织开展油田公司“第四届会计知识竞赛”。赛事评选出 30 名优秀个人、8 个优胜单位，展示油田公司财会人员风貌，集中反映财会队伍现状和财务管理水平。加强制度管理，根据政策和业务调整变化，修订完善《会计手册》《辽河油田公司预算管理办法》和《安全生产费用管理办法》等规章制度，确保各项工作依法依规。严格监督检查，实行内部自查和外聘机构检查相结合，组织自查整改，聘请中介机构进行复查，确保各项工作整改到位，油田公司通过了中华人民共和国审计署审计和中华人民共和国财政部检查，完善监督检查机制，降低企业经营风险。

【国家审计署审计】 2013 年 5 月 2 日，中华人民共和国审计署驻昆明特派办（以下简称“审计署”）进驻油田公司开展经济责任审计工作，于 7 月 25 日结束现场审计，撤出油田公司。经济责任审计内容包括企业财务收支的真实、合法和效益情况，有关内部控制制度的建立和执行情况及履行国有资产保值增值责任情况，主要目的是分清经济责任人任职期间在本单位经济活动中应当负有的责任。与常规审计维护财经法纪、改善经营管理、提高信息披露质量等不同，审计期间，审计署向油田公司提交 35 份审计底稿，索取各类审计资料 465 项（2059 份），涉及 59 个单位和部门，访谈相关人员 106 人次，涉及 45 个单位和部门，重点关注油田公司重大工程项目决策和实施、土地资源管理、对外合作项目实施、采购招标、安全环保、账外资产及与多种经营企业权属关系和业务往来等 7 个方面情况，涵盖油田公司所有业务范围。油田公司从维护集团公司整体利益的角度出发，分别成立资料组、联络组和生活组，分工明确，全力配合审计工作，对提供的每份材料和审计署提出的每个问题都进行确认和意见反馈，重大问题组织相关部门、相关人员认真分析，加强与审计人员沟通，在第一时间及时整改，赢得审计署理解、认同。协调工作从有利于审计人员日常工作和身心健康的角度出发，热情、细心。经过 3 个月的审计工作配合和交流，国家审计署人员从历史的角度认识、理解油田公司，审计结果给油田公司提出问题和意见 13 个，没有提出重大决策失误和政策缺陷等问题，印证了油田公司坚持依法依规治企的结果。

【队伍建设】 2013 年，油田公司财务管理工作部门注重提高财务工作水平，提升财务队伍的综合素质。举办“企业会计准则体系与财务信息系统”和“会计理论与实务”等培训班，丰富财务人员的业务知识，提高综合素质。通过推进“学习研究活动”，总结提炼好经验、好做法，提升会计人员对工作的理性认识和理论研究水平。

【部门组织人事工作简况】 财务处属油田公司机关职能处室，有员工66人，其中，处级干部5人，处长张福刚，副处长邓江红、付新增、孙德群、郭俊鹏。财务处设17个科室，综合管理科科长张延军，资金科科长李云、副科长李凯，预算一科科长杨金胜，预算二科科长于晓杰、副科长白亮亮，预算三科科长郭宝英（2013年4月离职）、副科长杨东昌，会计一科科长刘江鹏、副科长姜德顺，会计二科科长董本福、副科长华志勇，天然气核算科副科长于良栋，投资核算科科长楚同国，资产科科长闫玉满，税价科科长郭权军、副科长倪拥军，稽核科科长石刚、副科长陈少娟，管理费科科长刘东，信息科科长张敏、副科长杨远华，关联交易科科长王进。2013年1月，结算部机关财务科和经费管理科整体划归财务处管理，财务处增加机关财务科和代理核算科。机关财务科科长史德彪、冯丽（2013年11月离职），代理核算科科长陆军，关联交易科科长王进（2013年9月调出）。处党支部有党员53人。

（张延军　刘　欣）

资产管理

【基本情况】 2013年，油田公司拥有固定资产原值1365亿元，净值551亿元，无形资产原值10.3亿元，净值6亿元，设备21.4万台（套），新度系数0.35。

资产装备部属油田公司机关直属部门，有员工31人，其中，处级干部5人，处长郑起，副处长刘玉辉、付欣、王东冶、王伟。处设13个科室，综合科科长潘琳，油气资产管理科科长左少权，工程资产管理科科长李吉阳，油气设备管理科科长李德纯，工程设备管理科科长华晋伟，油气修理管理科科长才潜，工程修理管理科科长肖景波，油气资产产权科科长庞晓东、副科长刘秉林，工程资产产权科科长孙能福，装备制造科科长孙能福，机械加工科科长彭国英，信息管理科科长孙丰田，机关资产管理科科长宋瑞敏。处党支部有党员28人。

【系统建设】 2013年，油田公司资产管理部门加强资产设备管理，完善设备依规使用与维护制度，严格车辆租赁与运输管理，提升业务管控精细程度，融合HSE管理、质量控制和内部控制体系，加强基础管理、业务管控和软硬件建设，形成专项检查与日常考核的联动机制和自我检查、自我管理、自我完善的管理局面。配合各级部门开展审计和检查工作，规范业务管理，杜绝无计划购置、超标租赁现象，降低隐匿账外固定资产、超资质维修等行为。加强学习型专业队伍建设，整合专业管理人力资源，组建公司机泵类设备专家小组，参加集团公司和油田公司级专业管理活动4次，开展专项课题研究9项，解决技术管理实际问题。协调华油公司客车运输价格调整、帮助开拓内部市场，增收900万元。下放权限，取消机械加工外协和特种设备修理项目审批权限，释放基层管理效能。建立“实物资产转资确认工作记录”，为基层职业判断提供专业指导40余次，推动专业型管理的系统性建设。

【资产运营】 2013年，油田公司资产管理部门统一降低车辆配置标准，压缩设备总量，公布实施车辆配备和资产租赁新标准，用车配备和租赁比原车辆配备和资产租赁标准压缩7个百分点，新租赁办公用房人均面积降低30个百分点。

加强楼堂馆所维修管控，杜绝亮化、绿化和不必要的装修等形象工程，全年支出6700万元，比上年费用减少15个百分点。

开展定标与对标管理，从源头抑制对辅助生产设备、设施的过度需求和浪费。统筹设备购置与资产租赁，集团公司下调折旧返还比例后，油田公司根据设备老旧程度，适度增加零购资金2000万元，缓解装备投资不足的局面，下达设备更新改造投资4.3亿元，比上年投资额减少25个百分点。

通过严控外租、盘活自有资产、落实以购退租等措施，全年发生租金4.6亿元，比上年减少成本支出3000万元。统筹修理计划和工作量配置，上移各单位修理计划审批权，压缩社会修理队伍40%以上，增加自修和内修工作量，全年审批修理工作量5.2亿元，其中，内部队伍占有率达到71%。

落实“保增长、保效益”要求，定期开展重点业务统计分析，促进资产购、管、用、修、废一体化管理。优化购置、租赁、修理增量需求、盘活存量利用，保障生产、安全和项目需求。加强资产报废与弃置管理，严控非正常报废，削减侧钻井无效井段的资产冗余，区分轻重缓急，优先治理存在重大安全隐患已报废油气水井，较大幅度降低营业外支出。全年购置、租赁、报废和弃置 4 项投资比年初预算压缩 2.2 亿元，平均降比达到 11%。集中组织 2 次资产报废，削减无效资产冗余原值 6.4 亿元，净值 1.3 亿元。加大报废资产处置力度，全年收入 3500 万元，达到上年的 1.5 倍，削减账、销、案、存不良资产规模，延伸产业链条，增加企业收入。弃置封井 238 口，投入 1.7 亿元，合理地履行企业的社会责任。

【设备更新】 2013 年，油田公司资产管理部门立足有质量、有效益、可持续发展战略，衔接匹配生产需求与供给能力，组织编制非安装设备投资建议计划 3 批，申请额度 3.19 亿元。统筹下达非安装设备、折旧返还投资计划，其中，上市部分重点投资油、水、电、汽精确计量与监测配套设备计 7700 万元，助推油田公司价值工程降本创效；未上市部分下达工程技术装备 4700 万元，提高井下作业质量与效益，投资配备焊接施工设备 155 台（套），提高工程建设系统施工能力。投资矿区服务系统 3900 万元，保障医疗和物业设备的更新配备。加大设备改造与技术引进，掌握应用以压风车改造、注汽炉数据在线监测智能管理系统等先进技术，增强设备运行的经济性和可靠性。编制下发 2013 年设备不带量招标目录，比上年增加机泵、办公设备、小型机具等不带量招标额度 3000 万元，提高设备采购时效。安排应急资金 1000 万元，满足基层生产经营中急、零、散等特殊需求。深化设备润滑、软化水、回场检查、强制一保、档案资料等基础工作，发挥“十佳班站”、红旗设备示范作用，强化维护保养“十字作业”质量，确保用好新设备、稳定老设备，增强设备使用的可靠性，延长设备的役龄。组织开展油田公司资产设备专项检查，现场检查设备 714 台（套）、整改问题 1081 项，全年实现设备完好率 95%、利用率 70%，巩固设备资产管理体系。结合 HSE 和质量要求规范，优化油田公司主要专业设备操作规程，统一主要专业设备操作规程 42 项，覆盖设备近 2 万台（套），规范员工依规操作和使用维护，提升设备安全运行的本质能力。

【资产挖潜】 2013 年，油田公司资产管理部门通过跨部门、跨单位的设备购、管、用、修信息联动，公布设备供应商目录，整合维修厂点布局，建立长期合作关系，推动设备购、修一体化管理。坚持规模采购，根据集团公司发布的供应商目录，结合现场使用维修实际，编制下发 2013 年设备采购供应商目录，涵盖 17 大类设备，确定相对稳定的 124 个供应商，从源头减少新增设备型多类杂的现象，避免采购价低质差，后续维修成本高的设备。坚持集约维修，整合维修保障体系，与供应网络有序衔接，压缩社会修理队伍 100 余个，完善内部修理厂点布局，及时反馈设备维修信息为选型选厂提供依据，实现主要非安装设备购、修一体化管理，综合效益逐步显现。严格落实油田公司新出台的车辆配备标准，通过清退租赁车辆、报废处置自有车辆、提高车辆出勤率，比上年压缩用车总量 286 台，年节约运维成本 2500 万元。深化设备挖潜活动，设备修旧利旧 650 台（套）、管杆修复 17.5 万根，厂处级单位间盘活调剂生产设备 27 台（套）、出租闲置资产 950 项，处置废旧资产 64 批次。

【管理创效】 2013 年，油田公司资产管理部门在五型资产设备管理体系基础上推动“5＋X”管理，全年推广介绍典型经验 15 项，充实资产设备案例库典型管理案例 20 个，丰富方式方法，提升管理水平。完成股份公司“固定资产目录和转资指南”修编的技术路线研究，搭建“辽河油田资产维修综合管理系统”可行性框架，推动维修管理由笼统式向精细化转变，积极找寻变革性措施。研究资产处置收支两条线管理，明确现行模式。推进条码化清查盘点，试点成效得到验证，向集团公司申报两级机关公务用车编制和租赁申请，制定多种经营系统占用资产处置方案，配合相关部门研究、推进资产一体化管理等工作，做到统筹考虑，科学设计，降低企业资产管理风险。

（潘　琳）

人力资源管理

【员工总量】 至2013年年底，油田公司用工总量97745人。其中，上市单位员工44082人；未上市单位员工53 663人。按用工类别划分，其中，合同化员工64848人，市场化用工26991人，劳务用工5237人，非全日制用工669人。按三支队伍划分，其中，管理人员17577人，专业技术人员10488人，操作服务人员69680人。全年接收职业技术学院毕业生376人，其中，男性298人，女性78人；接收油田子女大学生71人，占应届子女毕业生的76.34%。按计划清退外雇用工2412人。

【组织机构调整】 2013年，按照集团公司“三控制一规范”（控制机构编制，控制用工总量，控制人工成本，规范薪酬分配秩序）的要求，油田公司调整组织队伍结构。整合低效油气井利用、燃料结构调整、小轻烃回收、火驱采油合作项目等管理业务，明确低效油气资源利用部职责配置、业务范围和编制定员。调整矿区服务事业部机关职能配置及机构设置编制，理顺矿区服务事业部的机关职能。优化天然气储供中心机构设置及编制定员，保障双六储气库安全、经济、有效运行。加快油田公司与昆仑信托有限责任公司未动用储量合作开发工作进程，请示集团公司同意，成立油气合作开发公司。根据相关单位业务发展及机构编制设置情况，优化调整部分单位机构编制。

【定员定额管理】 2013年，油田公司人力资源管理部门组织完成《长输管道敷设工程劳动定额》《SAGD计量结转站劳动定员》《含油污水处理站、含油污泥处理站劳动定员》和《油电泵、电热油管及热线运维劳动定员》4项企业标准制修订工作。参与完成集团公司企业标准《物业服务劳动定员》编制，参与完成《连续油管作业劳动定额》和《输油工程劳动定额》2项石油天然气行业标准制修订工作。

【工资管理】 2013年，油田公司人力资源管理部门规范上岗津贴管理，下发《关于完善关键和艰苦岗位上岗津贴的通知》。归并油田公司和勘探局原岗位工种上岗津贴标准，新增燃气、石化、电力及油气工程技术等单位的部分工种上岗津贴标准，提高筑路一线队伍员工的上岗津贴标准。

根据国家法律、法规和集团公司有关规定，制定下发《关于印发＜辽河油田公司员工考勤管理办法＞的通知》，加强考勤管理，提高员工薪酬管理基础工作水平，维护油田公司和员工双方的合法权益。规范津补贴管理，制定下发《关于调整地区补贴和提高外部施工奖励待遇的通知》，明确地区补贴执行范围、标准及列支渠道。根据岗位技能工资归集体系及相关津补贴政策，制定下发《关于提高汽车驾驶员岗位薪酬待遇的通知》，建立汽车驾驶员岗技工资浮动级、提高司助人员车公里补助费标准，调动汽车驾驶员工作积极性，促进劳动力资源合理配置。全年，员工人均工资收入比上年增长4.3个百分点。

【企业年金管理】 至2013年年底，油田公司企业年金账户86611人，全年缴费42491.25万元，其中，个人缴费6777.92万元，企业缴费35713.33万元；办理新增人员企业年金账户1724人，审核符合退休条件人员的工作岗位、职称、级别，办理退休1243人，确定过渡年金标准，结算企业年金账户金额3835.83万元；为159名死亡人员结算个人账户资金301.12万元。油田企业年金账户累计208664.76万元，其中，企业缴费计入账户部分174668.49万元，个人缴费33996.27万元。累计支付12894.79万元。

【员工培训】 2013年，油田公司人力资源管理系统培训专业技术人员17956人次，操作技能人员14753人次。组织参加集团公司培训班102项，培训329人次，参加国际化人才培训90人次；35名高技能人才参加集团公司组织的本工种技师培训，929人参加一线主体队伍关键岗位、班组长培训，794人参加技能操作骨干、紧缺工种专项培训。举办计划外培训项目17项，培训1761人。组织基本素质达标工程，结合2011年—2012年员工素质普查结果及培训工作管理实际，做好“基本素质达标”三年阶段收尾工作，开展48个二级单位57 721人基本素质评估普查，评估普及率达到基层员工总量的95%，基层员工总体达标率由2011年的72.5%提高到79.1%，提升近7个百分点。组织印发《关于加强员工外出培训管理的通知》，明确外出培训人员范围，规范员工外出培训审批流程，严格员工外出培训审批控制，建立员工外出培训档案，加强学员外出培训管理。制定《关于进一步加强外聘教师管理的通知》，加强外聘兼职教师审批管理，分别建立油田公司级和厂处级培训项目外聘兼职教师审批流程及审批业务表，明确聘任条件、培训对象、费用标准等，规范外聘教师管理流程，加强外聘兼职教师审批管理。全年选派19人参加各语种培训，其中，选派7人参加集团公司“千人培训”工程第七期英语培训，选派6人参加集团公司第七期俄语培训，选派3人参加集团公司西班牙语培训，选派3人参加集团公司阿拉伯语培训。根据海外项目公司岗位需求，组织选派5名技术骨干执行对口支持任务。

选派10人参加集团公司“集输工职业技能竞赛”，获得团体第七名，荣获个人银牌1枚、铜牌1枚、优秀选手1名。油田公司荣膺2012年度中央企业职工技能竞赛先进单位称号。

【员工管理】 2013年，油田公司流动合同化员工434人，其中，调入油田公司3人，调出油田公司38人，上市单位内部调动112人，未上市单位内部调动125人，上市单位调到未上市单位73人，未上市单位调到上市单位83人。市场化员工流动140人，其中，调入油田公司1人，调出油田公司1人，整建制划转11人（辽海集团公司下属土粉厂划入金宇集团有限公司），上市单位内部调动35人，未上市单位内部调动21人，上市单位与未上市单位之间流动32人，三产单位调入上市单位20人，三产单位调入未上市单位3人，未上市单位调入三产单位1人，三产单位之间流动15人。全年解除劳动关系人员60人，其中，因个人原因提出申请辞职23人，因违法犯罪解除劳动关系20人，因工作调动解除劳动关系人员17人。制定《关于进一步贯彻劳动合同法推进岗位管理构建和谐劳动关系的实施意见》，规范岗位管理，建立“竞聘上岗、签约定岗、以岗定薪、岗变薪变”的员工管理新机制。针对执行中反映的共性问题，研究和细化工作流程，开展基层业务咨询和政策解释，发布《关于推进岗位管理工作的有关情况说明》和《岗位聘任工作流程图》进行指导，确保工作有序实施。

根据国家有关退役士兵安置政策，油田公司接收安置退役士兵319名，进行集中封闭式专业知识和技能培训，加强学员队伍建设和纪律管理，提升退役士兵的岗位综合素质和岗位工作技能。组织开展软科学研究，开展劳动合同法下企业纪律惩戒研究，形成《企业员工纪律惩戒研究》和《劳动合同法下国有企业纪律惩戒体系再造》，分别获得辽宁省劳动和社会保障学会科研成果一等奖、辽河油田公司2013年度管理科技成果二等奖。研究成果填补中国劳动法律的理论空白，推进劳动关系理论体系的建设。

【技能人才管理】 2013年，油田公司加强技能专家工作室建设。兴隆台工程技术处“李桂库省级技能大师工作站”晋升为国家级技能大师工作室，曙光采油厂“柳转阳技能专家工作室”晋升为省级技能大师工作站。推荐兴隆台工程技术处员工李桂库参加第十二届中华技能大奖评选。全年，油田公司新增聘任技师、高级技师230名，有224人通过技师、高级技师职业资格考评。制定并下发《关于开展技能专家年度考核工作的通知》，组织开展在聘三级技能专家年度考核。

【ERP人力资源管理系统】 2013年4月1日开始，历时5个月，组织开展人事档案审核与人力资源管理系统数据核查整改工作。9月10日，承办辽宁区域系统用户权限调整工作会议，中国石油辽宁区域15个单位的27名业务人员参加会议，会后完成油田公司1939个用户的权限调整工作；为提高人力资源管理业务人员的系统操作水平，6月25日，举办人力资源管理系统操作培训班，有149名业务人员参加为期1周的培训。为方便业务人员查询各级、各类人事法律、法规及相关文件，2013年7月1日，启用《人力资源政策网站》查询平台，至年底共收录文件654篇。

【部门组织人事工作简况】 油田公司人事处有员工34人，其中，处级干部5人，处长李孟洲，副处长朱玉珀（正）、孟祥君、魏玮、王海凤。处设综合管理科、劳动组织科、工资管理科、员工管理一科、员工管理二科、劳务管理科、培训管理一科、培训管理二科、人力资源信息科、企业年金科、劳动监察站和培训教研室12个科室。

其中，综合管理科科长高言启、副科长朱金勇，劳动组织科科长伏忠财、副科长胡绍利，工资管理科科长钟林军，员工管理一科科长朱立明，员工管理二科科长张宏，劳务管理科科长王卫，培训管理一科科长张丙龙，培训管理二科科长程亚辉、副科长潘瑞生，人力资源信息科科长孟祥湖、副科长龚清平，企业年金科科长何琦，劳动监察站站长徐金龙，培训教研室主任孙丽娟。处党支部有党员34人。（冯云亮）

职业技能鉴定

【基本情况】 2013年，油田公司职业技能鉴定中心组织员工职业技能鉴定报名13528人，参加鉴定12625人，合格9182人。其中，常规初、中、高级工等级鉴定报名11739人（初级工3233人、中级工3342人、高级工5164人），参加鉴定10853人，合格7487人（初级工1640人、中级工2297人、高级工3550人）；技师、高级技师鉴定280人，合格224人；职业技术学院毕业生鉴定报名502人，参加鉴定499人；合格499人。组织特殊需求鉴定，其中，子女劳务工鉴定报名615人，参加鉴定607人，合格607人；消防战斗员初级工鉴定报名120人，参加鉴定116人，合格116人；复转军人鉴定207人，合格188人；钻采工艺研究院新毕业大学生鉴定34人，合格34人；天然气储供中心鉴定报名31人，参加鉴定29人，合格27人。完成职业资格证书验印8760本，开发完成《碳酸二甲酯装置操作工》等20个工种的题库，选派督导员250人次完成鉴定督导工作；聘请集团公司专家，培训题库开发人员110名。

【考务组织】 2013年，油田公司职业技能鉴定中心完成初、中、高常规等级、技师和高级技师、职业技术学院毕业生、子女劳务工、复转军人5个批次77场次鉴定工作，及消防支队、天然气储供中心、钻采工艺研究院及污水处理工6个特殊需求10个批次的鉴定工作。

员工报名、鉴定考试时间比上年提前3个月组织，减少雨季汛期、高温炎热等恶劣天气的影响，避免技能鉴定工作与油田稳产上产、防洪抗涝冲突，对油田边远矿区工种理论知识考试就近安排，对油田主体和人数较多的工种，到单位进行技能操作考试。对单位提出的特殊需求鉴定，追加考试计划，满足需求单位的要求。对外部施工的员工，组织专业性强的站长和工作人员到现场鉴定，保证施工单位的正常生产。

理论知识考试在纪检监察部门和督导员监督下运行。兴隆台周边地区员工常规鉴定考试在职业技术学院统一组织，油田边远矿区员工考试全部安排在所在矿区进行。其他批次鉴定由鉴定中心统一安排地点、统一组织。考务组织实行“三制”（考场安排上实行监考人员抽签和回避制度，试卷和考务用品领取实行座位制度，行为约束实行监督制度）制度，监考人员坚持原则、严肃考风考纪，确保考场秩序。

技能操作考试由各鉴定站按计划组织实施，15人以上单位提出需求的在单位就近安排考试，考评员由鉴定中心组织统一抽调，实行回避、轮换制度。

单位提出的特殊需求鉴定，鉴定中心制定考试计划，时间安排满足单位的要求，质量安排符合鉴定工作程序，对油田建设工程一公司和油田建设工程二公司的项目部分别在锦州、唐山、铁岭、北京、云南和甘肃等地施工，组织考评员到施工地点进行鉴定，保证施工单位正常生产。

理论成绩读卡工作分成多岗位，责任落实到人。成绩录入、复核等工作在网络封闭的情况下进行，分工合作、相互监督，每天备份，专人保存。技能成绩由3名工作人员共同完成录入、汇总，当天上报，降低人为因素干扰，确保成绩的准确性和时效性。

【题库建设】 一、题库开发

油田公司有鉴定工种289个，其中，具有题库的工种243个，无题库的工种46个，有10人以上从业人员的工种20个，有10人以下从业人员的工种26个。鉴定中心按工种分20个编写小组，确定各工种负责人及编审人员120人，聘请集团公司命题专家培训题库开发人员16学时，题库开发过程中，鉴定中心随时掌握题库编写进度，组织经验丰富的题库编审人员交叉审核，完成题库开发20个工种计4343.6千字。

按照国家题库开发模式，2013年，油田公司职业技能鉴定中心完成《原料及钢管检验工》

等11个工种的企业技术等级标准及《碳酸二甲酯装置操作工》等20个工种的题库开发工作。题库质量符合实际并达到标准要求，数量满足抽题组卷需要。为提高工种题库质量，使题库贴近生产工艺实际，对《采油工》《热注运行工》等22个工种进行试题补充完善，已完成18个工种初稿工作。

二、命题质量控制

2013年，完成职业技术学院学生8个工种502人、常规鉴定201个工种9807人、技师考试57个工种314人的考试命题、制卷、印刷、装订、封存、发放与收回工作。有集团公司题库的工种按照科学、规范、客观、实用的原则进行组卷，使试卷达到试题不同、知识水平等值、质量稳定。对没有集团公司题库的沥清化验工等38个小工种114个级别企业题库和卷库，按鉴定要素细目表要求手工组卷，使试卷达到标准化试卷要求。按照程序开展试卷审核、编码、印刷，分装、密封、存放等工作。

三、技能操作试题修订

鉴定站根据集团公司工种与油田公司实际存在差异，按照集团公司规定修订技能操作考核试题，对各二级单位下发操作考核试题，征求二级单位对工种、级别试题的意见，参照二级单位提出的意见进行整改，确保技能操作考核试题规范，增强试题的操作性、代表性和评分的准确性。

【质量督导】 一、体系建设

按照《国家职业技能鉴定机构质量管理体系标准》和内部审核管理程序，依据鉴定中心《质量手册》《程序文件》《作业指导书》全面、系统的审核鉴定中心2012～2013年年度鉴定质量管理体系，经审核，鉴定质量管理体系符合体系标准要求。

二、鉴定质量督导

2013年，油田公司职业技能鉴定部门按照程序开展鉴定工作，消除考试中的不正当现象，遏制了“人情分”，确保鉴定质量客观真实，提高鉴定督导覆盖率。加强理论考试督导，强化理论考试考场纪律，现场检查和考场量化打分。加大技能操作考试督导，坚持深入各鉴定站巡督，及时发现和纠正问题，保证技能操作考试标准运行。全年收到站内督导员技能操作考试督导报告56份、鉴定中心督导员现场督导报告83份，考试现场督导率达到96%，质量控制率达到95%。严格评卷登分督导，坚持评卷现场“双锁”封闭、3人核查卷面、3人在场登记分数，确保评卷、登分工作公平、公正。

【鉴定队伍建设】 2013年，油田公司职业技能鉴定中心开展“体系建设一体化”示范活动，选拔技术精湛、善于学习的技术人员和高技能人才充实考评员队伍，提升管理人员工作水平。明确考评员签约形式和相关的权利、义务，完善考务管理，实现考评员网上派遣、年度考核等实时监控。规范考评员行为，制定《考评员工作指南》，选派22名督导员参与全年鉴定质量督导，提高督导员队伍专业水平，使督导工作由过程督导向鉴定方法督导迈进。

加强督导员业务培训，聘请集团公司技能专家何登龙讲授题库开发修订知识、国家职业标准制定方法及理论和实际操作题库的编写等内容，提高题库开发修订人员的专业水平。

【证书管理】 2013年，油田公司职业技能鉴定中心加强证书管理，完成废证书回收与销毁，完成2013年职业资格证书出入库登记、核对工作。根据发证登记表及审批表，审批、验印2012年度鉴定合格职业资格证书8148本，其中，初级工1454本、中级工2247本、高级工4447本。到集团公司审批办理验印技师职业资格证书192本、高级技师39本，发放2012年度初、中、高级工及技师、高级技师职业资格证书。

【鉴定站管理】 2013年，油田公司职业技能鉴定中心按照工作动态考核与系统评估的原则，对鉴定站工作与质量进行记录与评估，考核结果作为年终评比与岗位胜任评价的依据。加大鉴定基地建设，投入近10万元，配套完善鉴定站的场地、设施、设备等，强化鉴定基地规范化、标准化和功能性建设，做到考核资源配套、设施设备功能齐备，满足企业与员工的鉴定考核需求。

【部门组织人事工作简况】 职业技能鉴定中心设鉴定组织科、考务科、题库科、质量督导科、综合技能鉴定站5个科室。有人员12人，其中，主任孟祥君（人事处副处长兼）、副处级业务主管林志萍，有科级干部8人，其中，鉴定组织科科长牛超伟，考务科科长李伟，题库科科长谌建华，督导科科长张兰良（2013 年 11 月聘），鉴定组织科副科长赵丽军，综合鉴定站副站长张艳辉，考务科副科长陈新（2013 年 11 月聘）。有党员11人，隶属于人事处党支部。（张兰良）

审计管理

【基本情况】 2013 年，油田公司两级审计部门以提高发展质量和效益为中心，坚持事前、事后审计并重，履行监督与服务职能，为油田公司依法以规治企，防范风险，提高经济效益发挥作用。全年取得直接审计成果 2.33 亿元。其中，工程审计审减 7764 万元，合同审计审减 6069 万元，物资采购审减 3274 万元，财务收支及管理效益、内部控制、风险管理、经济责任等事后审计增收节支 6184 万元（根据审计意见，追回损失及内部收缴罚款 5396 万元）。向纪检、监察部门移送案件 1 件，提出审计建议对 36 人进行责任追究。向油田公司机关相关管理部门下发整改意见函 12 份，涉及金额 3188 万元。有 11 个项目获得集团公司 2012 年优秀审计项目三等以上奖项，其中，一等奖 4 个、二等奖 6 个、三等奖 1 个。有 4 篇论文获得石油审计协会 2013 年优秀论文三等以上奖项。有 7 篇论文获得辽宁省内部审计协会优秀论文三等以上奖项。

【基建工程审计】 2013 年，油田公司审计部门审计单项工程 9442 个、资金 104.52 亿元，审减 7764 万元。加强签约前审计与防范，严格审查乙方资质、项目招投标、计划、市场准入等环节，拒签无资质、无计划、无市场准入的合同 36 份，涉及价款 1432 万元。加大工程现场真实性和质量审计，实测实量，严格按照图纸规范核实现场，发现工程工作量不实问题 2179 个，审减工程款 1897 万元，纠正存在质量问题的合同项目 27 项，涉及价款 97 万元。加强工程材料价格、取费标准和定额审查，发现取费不合理、材料价格问题 1587 项，审减 1867 万元。

【合同审计】 2013 年，油田公司审计部门审计各类合同 12010 份，审计资金 61.82 亿元，取得直接审计成果 6068.89 万元。严格审查签约前乙方资质、计划等内容，监督合同办理流程，确保各个环节合规、合理。拒签不合格合同 63 份，涉及金额 1954.34 万元。加强合同价款审计。坚持以市场价格为准绳，按照合同类型确立审计重点，采取网上查询、电话咨询、市场询价、成本测算、实地考察等方法，审减不合理价款。加强合同履约过程审计，审查合同履约过程是否与合同约定一致，是否达到合同约定的考核指标，确保合同履行的真实性。

【物资采购审计】 2013 年，油田公司审计部门加强对油田公司物资集中采购的招投标和商务谈判审计。全年参与招标、谈判 857 次，审计金额 8.79 亿元，取得直接经济成果 2947.9 万元，取消 14 个资质不合格的投标商当次投标资格。加强二级单位自采物资和委托物资采购全过程审计。全年审计物资采购合同 1894 份，审计资金 7.24 亿元，取得直接经济成果 325.6 万元，对 680 万元不合格物资提出退换货处理。

【效益审计】 2013 年，油田公司审计部门开展管理效益审计 45 项。围绕油田公司经营管理重要环节、关键部位和高风险领域，实施“大审计”模式，加大“上审下”力度，组织开展部分亏损单位经营管理、投资与成本列支的工程项目、股权单位风险管理、买卖合同履约、招投标管理、监理管理与履职、油田建设企业地区补贴等审计项目。通过审计揭示经营管理中存在的违纪违规问题，堵塞管理漏洞，提高管控水平，为油田公司科学管理与决策提供服务。

【经济责任审计】 2013 年，油田公司审计部门完成经济责任离任审计 33 项，任中审计 6 项。其中，完成 6 个二级单位行政正职、4 个总会计师的离任审计。按照在同一单位任期满 4 年需接受任中审计的规定，组织开展 2 个二级单位行政主要领导的任中经济责任审计。审计过程中，关注“三重一大”决策情况，将管理效益、内部控制、财务审计相结合，全面审计领导干部贯彻落实油田公司重大工作部署、职务消费和市场管理、预算、投资、成本费用控制措施的执行情况，客观评价责任人履职能力和所在单位的整体运行状况，促进单位负责人更好履行经济职责。

【财务收支审计】 2013 年，油田公司审计部门开展财务收支审计 39 项。组织开展 1 个二级单位的财务收支审计和油田公司经营承包兑现与财务决算审计，揭示被审计单位经营管理中存在的问题，为规范经营管理、实现经营目标发挥积极作用。部分二级单位采取定期审计、重点审计等方式，加强对本单位财务收支与经营管理的日常监督。

【审计信息化建设】 2013 年，油田公司审计部门做好审计管理信息系统的应用，实现审计计划发布合理、项目上线及时、数据录入准确、报表统计完整。加强自主研发审计软件的应用，建立符合油田公司审计实际的信息化平台，实现工程、合同、物资采购签约、结算在线审计和审计信息资源共享。

【集团公司内审计】 2013 年，油田公司审计部门按照集团公司统一要求，完成对吉林油田公司库存物资的交叉审计，并进行自查。派出审计组历时 1 个月时间，独立完成对新疆油田呼图壁储气库建设项目管理审计。按照集团公司要求，选派 1 名人员到中华人民共和国国资委参加为期 1 年的审计工作。派出 4 人，投入近 400 个工作日，参加集团公司审计项目，完成集团公司委托和交办的审计任务。

【审计队伍建设】 2013 年，油田公司审计部门加强学习培训和理论研究，选送人员参加集团公司、内审协会、油田公司各类培训班 36 人次。组织全系统审计人员开展审计规范答题活动，全面推广应用审计发现问题定性词典和新版审计统计报表，组织全系统审计人员进行在线达标考试，通过率达到 100%，促进审计队伍提高整体素质。

【部门组织人事工作简况】 审计处属油田公司机关职能处室，设综合科、审理科、钻探与地面建设审计科、管理效益与专项审计科、财务收支审计科、经济责任审计科、合同审计科、矿区建设审计科、招投标审计科、内部控制与风险管理审计科、物资管理审计科和信息与技术管理审计科 12 个科室。有员工 50 人，其中，处级干部 6 人，处长姚红光，审计室主任徐丹，副处长孟凡杰、于健，审计室副主任刘凤群，正处级调研员郝家杰，副处级调研员张士范。综合科副科长王平，审理科科长赵诚，管理效益与专项审计科科长刘扬，财务收支审计科科长武光来，经济责任审计科科长刘立国，钻探与地面建设审计科科长焦永红，合同审计科科长李春宇，矿区建设审计科科长王静、副科长陈锦，招投标审计科科长马洪涛，内部控制与风险管理审计科科长刘少文，物资管理审计科科长申丽晶，信息与技术管理审计科科长孔令松。党支部党员 34 人。

（王　平）

结算管理

【资金结算】 一、结算管理中心结算

2013 年，油田公司上市部分实现资金收入 38.04 亿元，其中，关联交易收入 19.21 亿元，非关联交易收入 18.83 亿元，比上年增加 10.98 亿元；未上市部分（不含矿区部分）实现资金收入102.82亿元，其中，关联交易收入 41.9 亿元，非关联交易收入 60.92 亿元，比上年增加 41.6 亿元。

2013 年，油田公司上市部分支付资金 179.74 亿元，其中，关联交易 44.47 亿元，非关联交易135.27亿元，比上年增加 29.9 亿元。未上市部分（不含矿区）支付资金 152.50 亿元，其中，关联交易 18.96 亿元，非关联交易 133.54 亿元，比上年减少 7.07 亿元。

二、中油财务公司业务结算

2013 年，中油财务公司盘锦受理处完成封闭结算业务 11537 笔，金额 1033 亿元，其中，股份公司封闭结算 1976 笔，金额 809 亿元；关联交易封闭结算 9561 笔，金额 224 亿元。

三、结算资料审核

2013 年，油田公司结算部门审核油田公司上市部分单位结算资料 5004 份，金额 43.1 亿元；审核未上市单位结算资料 3635 份，金额 27.94 亿元。录入网下合同、协议 1090 份，协议金额 3.08 亿元；其中，上市部分 704 份，协议金额 5.49 亿元；未上市部分协议 386 份，协议金额 3.19 亿元。

【结算基础管理】 一、推进资金结算精细化管理

2013 年，油田公司结算部门确立“统一模式、规范管理、锤炼队伍、服务基层”的工作思路，强化资金的价值和效益理念，深化资金结算管理，优化资金结算付款审核，将成本预算、投

资计划、结算金额、付款名称、付款账号等结算信息与资金平台系统无缝连接，加强进度款和质保金支付管理，提高资金结算安全度；下发《关于重申加强资金结算管理的通知》《关于加强对个人账户付款管理的通知》等，加强资金结算制度化、规范化管理。

二、开展资金结算监督

2013 年，油田公司结算部门规范合同付款时效，缓解资金紧张的局面，防范资金支付的法律风险；规范质保期、质保金条款，维护油田公司合法权益；利用资金结算平台系统做好结算付款前复核，利用凭证确认做好付款凭证付款时审核，利用银行对账系统做好付款后监督，资金结算准确率达到 100%。以部门网络主页为载体，完善二级单位资金结算基础工作月考核通报制度，对考核较差的单位责成其出具书面情况说明，加强对资金结算基础工作的监督。根据审计和内控管理部门检查暴露出的问题，制定 2014 年资金结算具体操作要求，规范基础工作。

三、推进资金结算新兴业务

2013 年，油田公司结算部门研究集中报销系统对资金结算收付款的影响，下发集中报销收付款结算注意事项，确保集中报销收付款环节畅通。推行银行与企业直接链接，解决银企直联出现的红名单位维护和付款不畅等问题。统一资金结算支付模式，将物资采购合同结算资料纳入资金平台审核。

四、完善封闭结算业务

2013 年，油田公司结算部门完善制度建设，配合财务部门重新修订《辽河油田公司关联交易封闭结算管理办法》，修订关联交易封闭结算、流程及考核等内容。规范关联交易结算方式，实行封闭式结算，使结算工作规范，操作合理。加强基础考核，全面检查锦州采油厂等 7 个业务受理部门 2012 年封闭结算业务，及时整改发现问题。创新工作方式，推行司库回单网络远程打印，提高工作效率。

【课题研究】 2013 年，油田公司结算部门牵头，联合财务、资本运营、油田党校及辽宁省财政研究所，成立辽河油田课题组，研究分析油田公司资金情况，确立《辽河油田资金管理优化研究》课题，组织调研中国石油长城钻探工程有限公司、华北油田公司、大港油田公司等多个单位的资金管理情况，结合油田公司现状，从体制和操作上对油田公司资金管理提出建议，为提高油田公司资金管理水平，满足油田公司可持续发展的资金需要提供理论支持。

【部门组织人事工作简况】 结算部属油田公司机关直属部门，设综合管理科、资金会计科、结算审核科、盘锦业务受理处、关联交易结算科、结算一科、结算二科、结算三科 8 个科室，下属区域设锦采结算科、欢采结算科、曙光结算科、渤海结算科、于楼结算科、高采结算科、茨采结算科、沈采结算科 8 个科室。在册员工 47 人。主任孙翀，副主任黄锦文、桂小琴。资金会计科科长张敏（2013 年 1 月改做具体）、副科长高航，结算审核科科长高明宇、副科长杨桂芳，业务受理处科长佟静、副科长周振强，关联交易结算科科长汤羽、副科长崔文庆，结算一科科长于长忱、副科长丁波，结算二科科长靳晓宇，经费管理科副科长罗政，锦采结算科科长李伊萍，欢采结算科科长郑洪俊，曙光结算科科长赵守江，于楼结算科科长侯新宇、副科长王磊，渤海结算科科长石峰，高采结算科科长颜廷权，茨采结算科科长陈文洁，沈采结算科科长袁照吉，结算部设党支部 1 个，党员 27 人。

（王丽萍　罗　政）

概预算管理

【基本情况】 2013 年，油田公司概预算管理部门坚持概预算管理工作思路，深化管理提升，优化工作方式，夯实管理基础，控制投资，降低成本，全年审核概算、预算（标底）、结算 7146 项，累计节约 3.8 亿元。

【基础工作】 2013 年，油田公司概预算管理部门开展项目费用测算和计价依据制定各项基础工作，为开展全年工作打牢基础。研究制定 2013 年工作思路，确定油田公司全年概预算工作要点。完成 2012 年度概算、预算（标底）、结算统计工作并发布工作通报。根据统计工作需要，完善造价管理系统。对比分析《中国石油天然气集团公司建设项目其他费用和相关费用规定》与《中国石油天然气集团公司建设项目其他费用和相关费用规定（试行）》，发布《关于转发〈中国石油天然气集团公司建设项目其他费用和相关费用规定〉的通知》。按照集团公司工作要求，开展《投资参考指标（油气田册）》和《石油建设工程概算指标》相关基础资料的收集、整理和上报工作。编制完成《辽河油田公司建设工程清单综合单价（装饰装修册）》10 个地区各 1016 项，并完成相应软件的开发和升级。编制《辽河油田建设工程补充计价依据》309 项，发布《钻采院技术服务劳务价格标准（2013 版）》。按照《辽河油田公司 2013 年风险管理报告工作实施方案》要求，围绕油田公司“十二五”发展规划和 2013 年经营目标，总结概预算管理风险情况，明确年度风险评估及管控工作目标，编制目标设置与分解表，建立风险事件库，形成部门风险数据库和风险管理报告。

【造价协调管理】 2013 年，油田公司概预算管理部门与相关部门协调配合，做好工程项目的前期可研、初设和方案审查工作，积极争取集团公司政策支持。配合规划计划部门完成生产项目投资申请概算审核协调，完成概算投资额 2.19 亿元，其中，上市部分业务申报电力系统改造等项目 4 项，资金 1.17 亿元；未上市部分申报“特一石管线集肤效应伴热”等项目 6 项，资金 1.03 亿元。按照集团公司石油工程造价管理要求，对油田公司 2012 年完成的 418 口井钻井系统工程结算资料统计、分析、上报。与勘探管理和勘探项目设施部门向集团公司造价部门就风险探井—双兴 1 井投资概算进行协调，得到上级部门的支持，使概算投资额更趋合理。参加油田公司“80 万立方米/日天然气轻烃回收装置”、“欢二联隐患改造”和“供气支线工程”等限上项目可研审查 8 项，投资估算额 19.25 亿元，批复 2 项，批复金额 4.06 亿元；参与“大伙房水库输油田供水工程”“锦州采油厂污水治理工程”和“信义支线项目”3 项限上项目初设审查，概算投资额3.31亿元，批复 2 项，批复金额 3 亿元。

【工程造价管理】 一、工程造价审核

2013 年，油田公司概预算管理部门做好工程造价审核，从严控制工程造价。全年完成“原油产能建设钻井系统工程”“地面配套工程概算投资及水平井综合治理工程”“弃置井工程”“管网管道改造工程”“安全隐患治理工程”和“矿区改造工程”等概算审批 521 项，申报金额 48.33 亿元，审批金额 45.64 亿元，核减金额 2.69 亿元。

二、项目投资结算

2013 年，油田公司概预算管理部门参加“储气库变电站继电保护”项目谈判，经过两轮谈判核减投资 10 万余元。开展工程项目现场跟踪写实，现场测量、核实“华油曙光污水处理厂”“兴油活动中心”“辽河宾馆改造工程”等项目，掌握工程建设真实工作量，作为结算工作依据。全年审核结算项目6372项，报审金额 79.39 亿元，审批资金 78.47 亿元，审减投资额 0.92 亿元。

三、加强内部结算管理

2013 年，油田公司概预算管理部门按照《关于开展 2012 年油田公司自行结算项目检查的通知》，3 月 22 日开始，组织检查曙光采油厂等 40 个单位自审项目结算情况，检查工程项目 7540 个，总金额 25.05 亿元，查出问题金额 155.41 万元，误差率 0.62%。其中，无问题项目 6433 个、存在问题项目 1107 项，与工程造价直接相关的问题项目 367 项。

【关联交易价格】 一、控制产能建设投资

2013 年，油田公司概预算管理部门组织开展勘探钻井系统工程基础工作，为关联交易工作运行奠定基础。根据集团公司《关于钻井业务合同签订及结算工作的通知》要求，组织各采油单位按照施工方案测算费用，对各采油单位与中国石油长城钻探工程有限公司达成结算额度进行复核，完成 11 个采油单位开发井 205 口，进尺 41.41 万米，核减关联交易结算额 3787 万元。

二、制定价格结算标准

按照油田公司工作部署，针对中国石油长城钻探工程有限公司井下公司提出的关于压裂防砂车组结算标准的调整建议，组织采油工艺处、钻采工艺研究院、中国石油长城钻探工程有限公司井下公司等单位研究压裂防砂车组结算标准调整办法，下发《关于调整压裂防砂车组价格标准的通知》和《关于 2013 年压裂施工结算有关问题的通知》。分析整理 2012 年元素录井、泥浆滤液分析等新增录井项目结算资料，比较原始测算资

料，下调结算价格，制定下发《关于印发〈元素录井等项目价格标准〉的通知》。

三、劳务价格测算和审批

按照油田公司工作部署，测算华油实业公司注汽价格、通信公司客车和危化品车视频监控系统维护费用、曙光污水处理厂一期污水处理价格。组织相关部门召开污水处理结算价格协调会，发布《关于调整辽河石油勘探局主体单位注汽服务结算价格的通知》，为结算工作奠定基础。

【价格动态管理】 2013年，油田公司概预算管理部门加强市场调研、信息采集和编制发布，科学合理制定产品劳务价格，为油田建设服务。简化价格审批工作流程，发布《关于明确辽河油田公司资产租赁和工资性劳务支出费用相关规定的通知》，重新明确2项业务的管理界面。

根据市场波动及时调整价格，全年2次调整锦16块表面活性剂价格，保证二元驱项目顺利实施，节约资金73万元。下调管线探测价格，降幅达到17.5%。下调52大类弯头、法兰等价格，下调幅度5%，比2012年合同金额节约采购资金90万元。结合钢材市场变化，对钢材类价格下调10%，明确无缝钢管、高压锅炉管、中板等价格并发布。调研煤炭供货厂商，与相关部门共同研究，下调热电厂用煤和工业用煤价格。完成3期《油田建设工程物资价格信息》《地材与装饰材料分册》的调研、编制和发布，发布信息46641条。

做好天然气价格调整工作，与天然气公司共同组织天然气价格调整，向油田内部和地方化工企业用户通报，形成辽河油田天然气价格调整方案，已平稳运行。

物资采购招标和工程项目价格审批，坚持对比和控制批准概算中的规格型号及价格，防止由于价格原因造成发生超投资的现象。加强市场调查和现场写实，提高对物资的认知程度，做到与现场实际相结合、与采购数量相匹配、与市场水平相一致，保证价格制定科学、合理。全年完成工程设备材料、运输、租赁等价格审批26239项，申报资金5.01亿元，审批资金4.83亿元，核减资金1808.6万元。参与物资采购招标谈判，严格制定谈判限价。钻采工艺研究院“自动化岩芯库项目”配套设备涉及多个大类物资，计划投资740万元，经过多方询价、对比、测算，组织4次会议研讨，在追加设备费用31.4万元的基础上，谈定投资645万元，投资减少126.4万元。

【资质管理和培训】 2013年，油田公司概预算管理部门加强资质管理，注重培训的针对性和时效性，提升概预算队伍的业务能力和水平。根据中国石油工程造价管理部门“关于开展造价员继续教育工作”的要求，组织200余人次参加集团公司概预算系统工程造价岗位培训班，通过有针对性的讲解，达到培训预期效果。选送在岗无证人员参加集团公司石油工程造价专业人员岗位培训班学习。办理造价员岗位合格证换发三级证71人次，造价员资格验证210人次。完成造价工程师延续注册79人次，造价师变更7人次，补办注册证书1人，暂停执业资格1人。

【部门组织人事工作简况】 2013年，概预算管理中心属油田公司机关职能部门，有员工38人，其中，处级干部7人，处长李竹杰，副处长张丽君（正处级）、王元成、于丽、杨鸣春、王吉平、路彦军。处设钻井工程概预算科、勘探工程概预算科、油田地面概预算科、矿区建设概预算科、海工与专项概预算科、综合系统工程概预算科、报价指导科、定额管理科、定额编制科、价格管理科、价格信息科和价格监督与资质管理科12个科室，其中，钻井工程概预算科科长巩丕忠、副科长张云怡，勘探工程概预算科科长邹本有，油田地面概预算科科长刘锦华、副科长郑志，矿区建设概预算科科长张书义，海工与专项概预算科科长霍文达，综合系统工程概预算科科长侯玉祥、副科长冯少华，报价指导科科长孟德斌，定额管理科科长王昆，定额编制科科长张洪亮、副科长吴巍，价格管理科科长索理民、副科长王睿，价格信息科科长余江，价格监督与资质管理科科长史洪卫、副科长王涛。中心党支部有党员33人。

（冯少华）

企业法规管理

【规章制度建设】 一、建立规章制度执行监督检查机制

2013年，油田公司企业法规管理部门制定发布《辽河油田公司规章制度执行监督考核方

案》，从宣传贯彻、培训规章制度，监督审查各单位规范性文件，执行规章制度日常监督，执行年度专项检查，吸收各类检查结果和综合考核评价6个方面入手，明确考核标准和运行措施。下发《辽河油田公司环保管理办法》《辽河油田公司内部审计管理办法》等10项制度培训通知，全年举办制度培训76次，培训3400余人次。审查二级单位规章制度200余项，查出与油田公司制度不一致的问题60余项。收集各二级单位制度执行问题560余项，下发通报5次，促进各单位、部门落实油田公司规章制度。

二、完善规章制度体系

2013年，油田公司企业法规管理部门重新梳理油田公司制度体系框架，形成21个方面、309项制度的体系框架，待建设制度58项，使规章制度建设更加完善、规范。深化制度与体系融合，质量体系取消10个程序文件，建立6个制度指引文件，测量体系取消3个程序文件，确保测量体系建立与制度融合。推动制度与内控流程联动机制，实现制度与内控流程匹配，出台新制度，同步建立业务流程，修订制度同步完善业务流程。

三、加强单体制度审查

2013年，油田公司企业法规管理部门审查各类制度45项，其中，审批下发22项，审查完成不予发布制度14项，组织召开制度协调会议31次、讨论57次。组织起草《辽河油田公司钻井管理办法》及3项钻井设计制度《辽河油田公司内部审计管理办法》及3项专项审计制度《辽河油田公司外购天然气管理办法》《辽河油田公司自产天然气管理办法》《辽河油田公司会议、检查、评比表彰管理办法》等制度，积极协调、沟通，确保制度建设质量和进度。

【合同管理】 一、修订合同管理制度

2013年，油田公司企业法规管理部门按照集团公司依法治企的总体目标，围绕合同管理工作要点，推进合同管理工作。根据《集团公司合同管理办法》和《股份公司合同管理办法》，组织修订《辽河油田公司合同管理办法》，提交征求意见稿，向相关单位征求修改意见，体现了明确管理职责、优化管理流程、提高管理效率的理念。

二、发挥法律审查职能

2013年，油田公司对外签定经济合同35842份，标的额407.4亿元。其中，上市部分11746份，标的额171.7亿元；未上市部分24096份，标的额235.7亿元。企业法规管理部门参与招标（商务谈判）项目审查1172个，审查油田公司规章制度35项，参与油田公司“偏、远、散、小”矿区搬迁等重大事项法律论证15项，提出各类审查意见350余条，合同法律审查率达到100%。

三、规范主体资格审查

2013年，油田公司企业法规管理部门收集整理特种行业资质明细，明确签约主体资格审查标准，为各级法律审查人员提供审查依据。精简《签约主体资格合格证》办理范围和审查资料，优化年审制度。按照油田公司会审制度要求，优化物资供应商年审工作，规范审查形式，明确审查事项。组织相关部门进行调研、分析、研究，明确运行模式和调整方案，向集团公司相关部门提出申请，将物资集中采购合同从ERP系统纳入合同管理系统。

四、合同基础管理

2013年，油田公司企业法规管理部门组织开展《辽河油田合同规范性审查》课题研究，规范合同审查行为，提高法律审查质量。组织部分二级单位合同管理人员到2个合同管理先进单位参观学习，在锦—欢（锦州采油厂与欢喜岭）地区、于楼地区2个独立矿区开展合同管理“结对子”活动，对12个合同管理薄弱的二级单位实行承包管理，提升合同管理水平。提高合同承办人考核质量，采取二级单位自行考核和油田公司统一考核相结合、全部上机操作的形式，对合同承办人员进行合同网上签约、履行、归档全过程系统操作考试，计1029人参加考试，通过率达到99.9%。

五、事后合同治理

2013年，油田公司企业法规管理部门完善“辽河油田公司事后合同管理研究”课题报告，加大外部事后合同治理检查，对存在的问题，严格处罚。日常审查发现的事后合同问题向责任单位出具《合同审查意见书》，要求说明原因，提出整改措施。组织“守合同重信用”企业复核申

报工作，按照辽宁省工商行政管理部门要求，在规定时间内完成油田公司相关单位“守合同重信用”企业的年度复核申报工作，其中，国家级企业1个，省级企业11个，市级企业5个。

【法律事务】 一、法律风险防控

2013年，油田公司企业法规管理部门组织开展“法律风险岗位防控指引落实年”活动，制定《关于落实法律风险岗位防控指引工作的指导意见》，推动岗位防控工作实施运行。6月份完成安全环保、资产装备、人事管理等7个机关部门的指引修订工作，发布《辽河油田法律风险岗位防控指引修订通报》，督促46个二级单位结合实际完成本单位修订任务。与内控部门沟通，按计划组织开展法律风险岗位防控指引流程的嵌入准备，完成岗位指引涉及流程第一阶段的修订任务。组织专人对油田公司机关各部门和各二级单位宣传培训工作进行跟踪、督促，掌握动态。利用油田公司科级干部培训班和油田公司法律业务培训班对防控知识进行讲解，为14个二级单位提供法律风险岗位防控业务的培训或指导。7月份，发布《二级单位法律风险岗位防控工作上半年通报》。11月，对钻采工艺研究院、辽河油田总医院等单位开展专项调研，制定法律风险岗位防控工作考核评价标准，把涉法岗位员工对岗位指引内容的了解和实施情况纳入岗位责任制检查。各二级单位积极开展本单位的宣贯工作，43个单位采取科室集中学习和自学结合方式，10个单位通过访谈了解涉法员工学习情况，11个单位举办法律风险防控知识培训班。油田公司企管法规、总经理办公室、生产运行处3个部门和供水公司、曙光工程技术处等单位参加集团公司首批法律风险岗位防控信息平台试运行工作，共61名涉险岗位员工参与试运行，学习培训189人次，在线考试29人次，考评64场次。

二、重大事项法律审查

2013年，油田公司企业法规管理部门审查增资扩股、公司设立、主体资格、合资合同、章程等重大事项58项，出具书面法律意见书17份，对10余项制度进行合法性审查。

严格审查全部重大事项，参加项目组会议、提供法律咨询、出具书面法律意见书等，出具准确、合法的法律审查意见，重大事项法律审查率达到100％。参与内蒙古通辽合作项目和集团公司昆仑能源有限公司在辽宁省业务交接工作，调查了解、分析论证辽河油田燃气集团公司与鞍山市燃气总公司天然气购销争议事项。结合相关法律法规，收集近3年出具的书面法律意见，汇编成册。修订完善《辽河油田公司重大事项法律审查暂行规定》，明确油田公司企管法规部门和二级单位法律部门重大事项法律审查事项的范围和职责，规范审查人员、内容、程序及责任等内容，按照中华人民共和国国资委第三个3年目标考评标准建立领导干部决策失误和法律顾问审查过错责任追究2个问责制。

三、纠纷案件管理

2013年，油田公司发生经济法律纠纷案件24起，连续3年保持发生纠纷案件数量递减。企业法规管理部门做好纠纷案件的跟踪处理，全过程监督、指导发案单位和案件代理人处理结案。集中统一管理纠纷案件，严格落实纠纷案件申报制度，清理、结案2年以上无动态纠纷案件。案件结案后及时总结，形成结案报告，对具有重大管理启示的案件，向发案单位出具管理建议书进行通报。修订与完善《辽河油田公司法律纠纷案件管理办法》，建立纠纷案件过错问责制。加大清欠工作处理力度，对油田公司长期无法收回的外欠款，采取法律手段依法清收，依法维护油田公司的合法权益。全年处理纠纷案件66起，标的额12.91亿元，其中，2013年标的额2658.23万元。已结案12起，实际对外支付44.62万元，避免和挽回经济损失813万元。

四、工商权证管理

2013年，企业法规管理部门完成油田公司及所属单位营业执照及组织机构代码证年检工作。审查冠用“辽河油田”名称的单位，为177个冠用“辽河油田”字样的企业出具《辽河油田名称使用审批通知单》，与157个冠名企业签订《企业名称使用许可协议》，5个企业因不符合冠名标准未予通过。严格履行证照使用审查程序，办理油田公司营业执照和组织机构代码证使用审批316项。更新完善企业工商登记管理信息系统数据，确保系统信息真实、齐全、准确、动态受控。开展行政法律风险分析与防范课题研究，识别、分析油田公司工商行政法律风险，完善工商权属管理岗位防控指引内容。

【内控与风险管理】 一、流程管理

2013年，油田公司内控与风险管理工作以“管控、合规、效益、效率”为主题，加大流程管理、风险报告和测试监督力度，注重体系运行质量，推动内控向适用、实用、管用转变，通过毕马威外部审计，连续第8年保持内控体系有效运行。企业法规管理部门完善流程管理机制，开展业务流程梳理规范与优化简化工作。按照业务流程与制度“同步修订、同步发布、同步执行”的运行机制，与制度同步修订环保事故管理、资产修理等业务流程71个，新建动火作业许可、专职监事日常监督和专项检查等流程14个。开展物资采购、设备维修等业务流程设计跟单，现场访谈和对照检查业务流程与ERP系统流转步骤的符合性，针对问题完善业务流程4个。作为集团公司人力资源和国内对外合作业务流程试点单位，组织油田公司人事、组织等5个部门，梳理完成人力资源管理业务流程，新建业务流程48个，修订流程2个；组织国际合作部门2次赴京参加讨论会，参与完成国内对外合作业务流程规范模版的设计。遵循受控、有效和规范运行的原则，组织辽河油田燃气集团公司开展托管控股公司专有流程梳理，明晰业务界面、工作程序和管理权限，新建专有流程13个。组织32个流程建设部门和矿区事业部门、工程建设单位，按照集团公司控制规范要求，梳理油田公司业务变化、管理职责调整涉及的流程，修订和优化流程32个，更新引用制度15个，完善权限指引124条，发布油田公司2014版内控手册。梳理与优化业务流程，完善油田公司业务管理程序和操作标准，推进合同管理相关流程执行力建设。

二、风险管理

2013年，企业法规管理部门推广延伸风险管理报告工作，加强各层级重大风险管控。扩大风险报告工作实施范围，实现重大风险评估和报告工作覆盖重要业务部门和全部生产经营单位，完善程序标准、风险分类框架和工作指引，26个机关部门和42个所属单位共收集内外部风险事件736个，评估确认各层级重要程度以上风险198个，分别制定应对措施并发布各层级风险报告。以第一批25个部门和辽河油田燃气集团公司评估确认的45个重要风险为基础，分析油田公司内外部环境和管理状况，完善风险描述，确认2013年度油田公司层面包括燃气业务竞争风险、未上市业务资金短缺风险、燃气项目投资管控风险、油气资源预探风险和待业子女就业信访稳定5个重大风险，制定风险管理策略和解决方案，发布油田公司风险管理报告。将风险报告落实情况纳入油田公司内控季度交叉测试和年度评价测试，针对涉及的业务和关键控制点开展检查，督导各部门和单位执行风险应对措施，注重风险过程管控。发布风险报告工作专项检查通报，促进相关部门和单位解决风险控制过程存在的问题。利用作为集团公司试点单位和勘探与生产板块牵头单位的契机，制定实施方案，召开启动会，开展专项培训，组织26个部门开展风险管理成熟度评价和关键风险指标体系建设，完成辽河、长庆、吐哈油田关键风险指标汇总和修订，形成专项报告，为油田公司完善风险管理手段、探索重大风险量化预警控制积累经验。

三、测试监督

2013年，企业法规管理部门注重体系运行质量，完善内控监督机制。3月12日至4月28日，与审计部门和财务部门协作，在油田公司范围内开展财务及相关领域专项检查，对油田建设工程一公司、筑路工程公司等12个单位开展检查，组织57个单位和相关部门整改专项检查发现的330个内部控制类问题，为通过国家审计署审计奠定基础。针对辽河油田燃气集团公司辽阳供气支线管道项目土地征借用流程执行情况进行专项测试和调查，对项目从可研到征占地付款进行“大跟单”测试，综合分析发现的问题，从优化流程、完善制度、防范风险等方面完成专项调查报告，提出管理建议。按照业务相关、区域相近、有利于提高测试质量的原则，对54个二级单位重新分组，采取内控督导交叉测试，14个测试小组共发现控制环境问题6类30个，流程设计问题2类2个，业务层面问题74类282个。10月21日至11月25日，组织6个测试组，对59个单位和机关部门开展年度评价测试。控制环境测试，增加领导内控意识与责任访谈内容，共访谈52个单位主要领导或主管领导，抽取科级、一般管理人员和基层员工1094人，发现例

外事项 138 个；业务层面测试抽取样本 38026 个、发现例外事项 497 个，对影响程度较高的例外事项进行定量和定性缺陷评估，对具有倾向性和普遍性的问题及潜在的风险进行预警，发布测试情况通报和内控体系运行考核评价通报，评价出高升采油厂等 5 个单位为“杰出单位”，人事处等 5 个部门为“杰出部门”，金马油田公司等 13 个单位为“优秀单位”，安全环保处等 10 个部门为“优秀部门”。11 月 25 日至 12 月 6 日，油田公司机关本部及曙光采油厂、兴隆台采油厂等单位接受毕马威会计师事务所开展的年度财务报告内部控制测试，改进测试发现的钻井工程合同签订不及时问题，顺利通过测试。

四、队伍建设

2013 年，企业法规管理部门坚持抓基础，提高内控队伍整体素质和能力。组织开展系统化、分层级的理论与实务培训，7 月 22 日至 26 日，各部门内控联络人、各单位内控部门负责人及内控专兼职人员参加内控与风险管理集中培训，计 140 人参加，聘请国内知名教授讲解“内控理论和风险管理案例”，内控业务骨干进行实务讲解和经验交流。10 月 14 日至 16 日，组织 32 个流程建设部门和 3 个内控分册建设单位计 45 人，开展业务流程信息管理系统应用及流程和风险建模操作培训。12 个部门、46 个单位围绕手册宣贯、流程学习、测试发现问题剖析和风险管理报告等内容开展自我培训 176 次，培训管理人员 9766 人次。组织 54 个单位（部门）256 名内控和财务人员参加中华人民共和国财政部组织的企业内部控制知识竞赛，参赛人员成绩合格率达 96%。组织内控专职人员参与油田公司年度评价测试和集团公司评价测试，通过实战提升测试专业水平。在集团公司举办的业务流程管理信息系统认证培训和内控测试人员取证培训中，油田公司 13 名内控专职人员取得资格证书。组织课题研究小组探索油气生产和经营管理内在规律，完成《规章制度先进性》课题研究。

【部门组织人事工作简况】 企管法规处（内控处）属油田公司机关职能处室，有员工 27 人，其中，处级干部 5 人，处长袁广平，副处长战丽（正处级）、许万利、于清江、林秀峰。处设规章制度科、法律事务科、普法办公室、合同管理科、企协办公室、企业管理科、风险防控科、流程管理科、体系规划科和综合科 10 个科室。有科级干部 15 人，其中，规章制度科科长何颖、副科长丁大伟，法律事务科科长李军，普法办公室主任史凤霞、副主任李杰，合同管理科科长李霖、副科长王洋，企协办公室主任于恩波，企业管理科科长何辉，风险防控科科长王晓南、副科长孙海东，流程管理科科长廖耀辉、副科长李彬彬，体系规划科科长邢亚库，综合科副科长朱明。处党支部有党员 24 人。（于　倩）

经济政策研究

【战略研究】 2013 年，油田公司经济政策研究部门完成《新时期辽河油田发展研究报告》。分析油田公司发展面临的战略机遇，提出新发展、快发展、大发展 3 个发展定位，明确打造规模辽河、效益辽河、可持续辽河、百年辽河和幸福辽河 5 个发展目标，设计资源拓展、创新驱动、转变方式、管理提升、“走出去”、人才强企和文化兴企 7 个发展战略，建议推进深化改革、体制跟进、机制转换、转变方式、调整结构、强化管理 6 项举措。为油田公司长期稳定发展和战略转型升级提供思路。组织完成《辽河油田深化改革的顶层设计研究报告》，全面梳理油田公司存在的现实矛盾和突出问题，围绕突破管理瓶颈，破解发展难题，推动转型升级，深入研究、探讨和分析，有针对性地提出油田公司深化改革的顶层设计，归纳为 4 个方面的本质性问题，制定深化改革的 5 个目标，4 个原则，提出 7 个方面的具体措施，为油田公司实现有质量、有效益、可持续发展提供思路。

组织完成《加快提升辽河油田质量效益发展的研究报告》。针对集团公司提出全力打好“保增长、保效益”攻坚战和油田公司的发展现状，深入研究石油行业面临的国内外形势，分析制约质量、效益发展的因素和原因，对油田公司有质量、有效益、可持续发展进行定义，明确推进质量效益发展的思路，围绕观念、发展、改革、管理、科技和软实力 6 个方面提出相关举措，在深化质量与效益管理、实施简政放权、坚持规范管理和开展全员挖潜 4 个方面提出具体建议。

组织完成《辽河油田新兴业务发展报告》。着眼解决油田公司结构性矛盾，利用好辽河石油勘探局法人地位和多种经营企业的优势，盘活油田公司的人力、资产、资本、资金等能力，提出油田公司新兴业务发展的目标、思路和7个方面的新兴业务，培育和发展战略性的接替新兴产业，实现主导产业稳中有降，新兴产业规模提升，实现企业的可持续发展。

【调查研究】 2013年，油田公司经济政策研究部门完成《关于“技术服务引领工程服务”、打造“稠油技术服务总承包商”的发展意见》的调研报告。针对稠油技术服务情况到钻采工艺研究院专题调研，围绕发展定位、技术优势、合作模式、市场开发、配套政策等方面，提出就如何发挥油田公司稠油开采的技术优势，实现技术服务引领工程服务，打造稠油技术服务总承包商5个方面的意见和建议。完成《对辽河油田大勘探体制模式的有关构想》调研报告初稿。研究国内外石油勘探领域管理模式，梳理辽河油田勘探管理的历史和现状，到勘探项目部、新区项目部、海洋项目部、海南公司和新能源公司开展调研，分析油田公司勘探工作在体制、机制、运行和人员等方面存在的多种因素，在思想观念、体制机制、管理模式等方面提出9点构想，结合油田公司实际提出7项建议。

组织党的群众路线教育实践活动专项调研。按照油田公司机关党委关于主题教育实践活动的要求，选定筑路公司、职业技术学院和华油实业公司作为联系点，围绕群众路线、企业定位、生存发展、战略管理、公司机关建设等方面分别对3个单位进行调研，形成筑路公司和职业技术学院2个单位调研报告的初稿。

【三基工作】 2013年，油田公司经济政策研究部门制定《辽河油田公司2013年三基工作要点》。按照“三基”工作5年推进计划的安排，围绕巩固提高阶段“提标准、有突破”的要求，对整体推进、基层建设、基础管理、基本素质4个方面明确27项重点工作，促进油田公司三基工作有序开展。研究制定《辽河油田公司三基工作考核暂行办法》。会同组织、采油工艺、安全环保、生产运行等11个部门研究制定考核办法。与各油田公司机关相关专业部门结合，精简基层单位基础资料，研究制定三基工作考核标准，减轻基层负担。组织基层建设“千队示范工程”典型经验汇编。归纳、总结、提炼获得集团公司“千队示范工程”示范队称号的68个示范队典型经验，形成党支部建设和领导班子建设、思想政治工作和基层文化建设、队伍管理、基础管理、工会共青团工作、基层环境建设等6个方面经验汇编，印刷成册，发放到基层小队。

组织推荐报送集团公司“新时期基层建设百个标杆单位”“新时期基层建设典型案例”工作。会同宣传部门推荐基层9个标杆站队，上报基层建设13个典型案例。曙光采油厂热注作业一区105中心站、特种油开发公司采油作业三区301中心站和油气集输公司坨子里输油站荣获集团公司“新时期基层建设百个标杆单位”称号。

【业绩考核】 2013年，油田公司经济政策研究部门制定下发《辽河油田公司经营业绩考核激励约束政策及办法》。考核办法覆盖油田公司的各项业务，将预算管理、解困扭亏等统一纳入管理控制类指标考核，加大效益指标考核力度。加大综合商品量奖惩力度，加大对领导班子效益指标考核的权重和奖罚力度。建立矿区服务系统单独考核机制，完善板块差异化指标体系、规范细化考核细则和操作性比较强的考核程序，确保矿区服务系统规范考核、激励约束到位。完成各单位半年和全年业绩考核。收集2013年上半年经营效益类指标考核情况，汇总考核结果，提供给劳资部门，作为上半年考核兑现依据和2012年补兑现依据。年底，收集机关各专业对基层预考核指标完成情况，考核14个基层单位外部市场创收情况，汇总考核结果报送劳资部门，形成预考核兑现方案。

探索绩效管理新模式，完善业绩考核基础资料调查和意见建议调查，收集整理各单位对业绩考核政策的意见和建议，形成整体报告，包括指标体系、奖励系数、考核政策等5个方面39条意见和建议。收集65个考核单位的基础资料，包括生产经营、机构编制、资产设备等情况，为完善考核体系做资料准备。

【经济信息】 2013年，油田公司经济政策研究部门收集整理“中国经济论坛”“冬季达沃斯论坛”“财经中国年会”和“凤凰财经峰会”4个高峰会议论坛有关信息，编辑刊发《“第12届中国经济论坛”等高端会议的信息择要》，收集整理有关国企改革发展的《人民日报》评论员文章，汇编并印发《新国企·新起点》专刊。

【部门组织人事工作简况】 经济政策研究室属油田公司机关职能处室，有员工9人，其中，处级干部3人，主任任文才，副主任李红伟、高希武。设置改革管理研究室、经济信息管理科、基层基础管理科3个科室，改革管理研究室科长赵锁永、副科长王革，经济信息管理科科长陈建全、副科长黄艳梅，基层基础管理科科长田润丽。处党支部有党员8人。 （陈建全）

技术经济咨询

【基本情况】 2013年，技术经济咨询工作围绕“提高投资建设项目的可研编制、评估、初步设计审查及后评价编制水平，努力开拓油田内外部市场”的工作目标，发挥自身技术和国家甲级工程咨询资质的品牌优势，加强和巩固油田公司内部市场，拓展和扩大外部市场，扩大了业务范围，改善了经营环境。全年完成投资项目可研报告编制、项目评估及后评价等项目17项，实现收入703万元，实现利润10万元，超额完成油田公司下达的预算考核指标。

【技术咨询】 2013年，油田公司咨询部门完成各类工程咨询项目17项，其中，承担各类投资项目可研编制10项，中国石油长城钻探工程有限公司委托项目“2013年长城钻探公司6部钻机购置可研”“长城钻探公司2500型压裂车组购置可研（页岩气）”“长城钻探测井公司LWD设备购置可研”“长城钻探钻井技术服务公司LWD购置可研”“长城钻探钻技服空氮气钻井设备购置可研”“长城钻探公司连续油管设备购置可研”“长城钻探公司连续油管设备更新可研”和“长城钻探录井公司录井仪购置”项目8项，完成油田公司委托项目“辽河油田曙光工程处购置月东油田修井机可研”和“辽河油田进出口公司伊朗项目购置压缩机项目可研”项目2项；承担投资项目后评价5项，其中，完成中国石油长城钻探工程有限公司委托项目“苏53—4井区10亿方天然气产能建设后评价”1项，完成油田公司委托项目“辽河油田沈阳采油厂边台潜山产能建设后评价”“辽河油田2010年安全隐患治理项目后评价”“辽河油田2011年节能环保专项投资项目后评价”和“辽河油田盘—锦线原油集输管道建设后评价”4项，完成油田公司委托“辽河油田2013年预探整体部署设计评估”项目1项，完成“苏53—4井区20亿方天然气产能建设方案经济评价”项目1项。

【部门组织人事工作简况】 技术经济咨询有限公司属油田公司机关直属公司，设经营管理科、工程科、油气勘探开发科、长城项目科、经济评价科、财务科和综合办公室7个科室，有员工20人（干部18人，工人2人），其中，处级干部4人，董事长蒋独秀，总经理李同发，副总经理田立新，咨询总监杨冰。科级干部8人，其中，经营管理科科长孙文，工程科科长郭学军，油气勘探开发科科长张喆，长城项目科科长申云川、副科长于凯，经济评价科科长韩丽，财务科科长刘宇丹，综合办公室副主任赵帮平。具有高级专业技术职称的12人，中级专业技术职称的6人，工人技师2人。公司党支部有党员17人。

（赵帮平）

勘探开发经济评价

【基本情况】 2013年，油田公司经济评价部门把经济评价与“勘探增储、开发部署、生产组织、作业增产、财务降本”工作相结合，在探索“储量与产量、规模与效益、投资与成本、开发与节约、近期与长远”五大关系中发挥作用。全年评价各类项目409项，实现项目经济评价覆盖率100%；评价油井15392口，单井效益评价覆盖率100%；评价油井措施6378井次，措施经济评价覆盖率100%；评价重大项目17项，重大项目跟踪评价覆盖率100%；组织技术培训1450人次，经济评价员工培训覆盖率100%。经济评价部门瞄准制约油田效益发展的技术瓶颈，集中力量攻克难题和升级工具软件。组织研究经济评价课题13项，涉及业务涵盖油田勘探开发和生产经营的各个环节，实现经济评价技术与应用上的突破。全年获得各类成果奖29项，其中，获得省部级以上成果奖6项、油田公司级科技奖1

项。“大型采油企业精细化节能减排管理”用全过程的经济评价管理体系构建以精细化为核心的“辽河节能模式”获得第十九届国家级企业管理现代化创新成果二等奖，“辽河油田经济规模产量研究”探索生产规模与经济效益的统一关系，获得集团公司 2012 年度科技进步三等奖，“石油天然气经济可采储量评价方法 Q/SY180—2007”获得集团公司“十一五”优秀标准一等奖，“油田企业采油成本配置方法研究”获得辽宁省自然科学学术成果论文类二等奖，“油田开发项目经济评价方法研究”获得油田公司科技进步二等奖。

【勘探评价】 2013 年，油田公司经济评价部门按照集团公司要求，研究储量区块开发概念设计方案，严格执行评价标准，合理确定评价参数。根据每个区块的地质特点，参照《中国石油天然气集团公司建设项目经济评价参数》和《石油天然气经济可采储量评价标准》，完成 2013 年控制储量的经济评价。按照股份公司批复控制储量 3996 万吨，可采储量 612.3 万吨，科学计算 90 美元/桶经济可采储量 541.91 万吨，经济占技术可采储量的比例88.5%。组织对 17 个预探区带和 40 个预探圈闭地质评价、资源量预测及经济效益评价。对评价结果优选排队，根据每个预探目标的地质特点、油藏类型和油品性质选取经济评价参数，逐块预测成本，确定Ⅰ类预探圈闭 31 个、Ⅱ类预探圈闭 9 个，17 个预探区带全部为Ⅱ类以上。

多层次多角度评价边际储量，完成辽河 1.8 亿吨低品位储量合作开发经济评价，推动未动用储量合作开发进程。通辽铀矿评价完成《辽河油田勘探局增资通辽铀业有限责任公司股权项目可行性研究》。通辽铀矿项目复杂，方案编制中调整项目多，参数变化，通过反复测算，最终确定勘探补偿费按 14%测算，比原合作比例提高 1 个百分点，完成《辽河石油勘探局增资通辽铀业有限责任公司股权项目可行性研究》报告专家审查意见答复，回答 14%的测算依据，按照比例测算勘探费用回收的效益。测算辽河油田 15 年计算期累计收入勘探补偿费 45338 万元，勘探投资回收期 7.69 年，内部收益率 10.6%，财务净现值 3763 万元。

承担“SEC 储量评估成本分类方法研究”股份公司级课题研究，重点研究稀油注水开发油田固定成本和可变成本划分方法。研究 30 余个典型区块操作成本与油井、产量、液量、注入量和含水的关系，明确固定成本主要包括直接材料费、燃料费、人员费、测井测试费、维护修理费、其他直接费、厂矿管理费、电容费和其他运输费（原油运输费除外）。开展二级成本研究，完成附图集的制作。研究认为稀油注水开发油田操作成本在低含水、中含水、高含水阶段随着含水的增加成正比例变化。

【开发评价】 一、重大科技专项研究

2013 年，油田公司经济评价部门组织“项目全生命周期经济评价方法研究与应用”，作为集团公司“十二五”时期重大科技专项“辽河油田原油千万吨持续稳产关键技术研究”子课题，按照科技管理部门对重大科技专项的管理要求，坚持月度总结、季度例会和年度自评估制度，形成重大科技专项管理制度。按照项目运行计划，完成年度研究任务。建立项目评价指标体系，完成蒸汽驱项目、SAGD 项目、火驱项目、深部调驱项目、化学驱项目、兴隆台潜山注气项目的经济界限指标计算，完成项目自身、社会和产业链三个层面的效益综合评价。同时，开展项目跟踪效益评价及竣工后效益评价。

二、开发方案经济可行性评价

2013 年，油田公司经济评价部门完成《欢 127 块重力泄水辅助蒸汽驱试验井组开发方案》经济评价。逐项落实“开发指标、投资明细及工作量”等相关数据，制定欢 127 块项目采油成本定额，确定经济评价流程及参数，完成经济可行性评价。评价结果显示原油在 80 美元/桶以下，欢 127 块先导试验井组内部收益率 11.4%，投资财务净现值 593 万元；欢 127 块 3 个扩大试验井组内部收益率 13.5%，投资财务净现值 2130 万元。经济评价指标达到规定标准。完成“废弃钻井液和压力反排液无害化处理技术”效益评价报告，为钻井管理部门提供决策依据。

三、产能建设评价

2013 年，油田公司经济评价部门对不同年度、不同单位、不同油品、不同井型等因素分类，全面评价辽河油田 2005 年至 2012 年开发的

3258口产能建设井的开发效益，产能建设投资310.6亿元，建产能839.49万吨，阶段投入产出比1∶1.19。按照单井实现利润指标排序，兴隆台采油厂产能井效益最好，平均单井实现利润2915.85万元；特种油开发公司和锦州采油厂列第二、第三位。

四、水平井效益评价

至2013年年底，油田公司实施各类水平井1324口，阶段投入产出比1∶1.29，实现利润105.15亿元，有502口井收回投资，占水平井实施总数的37.9%。平均操作成本688.2元/吨，是直井（833.5元/吨）的0.83倍。特殊岩性水平井平均单井实现利润是直井的2.8倍，厚层砂岩水平井平均单井实现利润是直井的1.13倍。按照单井实现利润指标排序，兴隆台采油厂水平井效益最好，累计实现利润82.3亿元，平均单井实现利润1亿元，阶段投入产出比1∶2.59，有50口井收回投资，占实施井数的61%。

五、重大试验项目跟踪评价

2013年，油田公司经济评价部门编发杜84块SAGD、锦45块蒸汽驱、齐40块蒸汽驱、兴隆台潜山产能建设、洼38块蒸汽驱、洼59块重力泄水辅助蒸汽驱、兴古潜山产能建设、强1块产能建设、深部调驱、锦16二元驱效益评价月报59期。

六、开发投资框架经济评价

2013年，油田公司经济评价部门针对26个油气评价单元的油品性质、井型结构进行投资结构调整，按照规定价格对每个评价单元的财务净现值、内部收益率、投资回收期进行核定计算。评价结果表明，辽河油田2014年原油建百万吨产能投资42亿元，天然气建亿立方米产能投资1.4亿元，评价单元经济达标率均为100%。

配合开发管理部门对实施的187口应用斯伦贝谢地质导向钻井技术的水平井进行效益评价，评价结果认为，辽河油田应用斯伦贝谢地质导向钻井技术实施的187口水平井累计产油93.65万吨，投入产出比1∶0.75，有52口水平井收回投资。同时，完成2014年钻井标准化设计方案经济评价模版编制，完成各采油单位2014年产能建设方案产能投资效益的审查。

【采油评价】 一、措施效果评价

2013年，油田公司实施油井措施6427井次，投入措施费用12.69亿元，措施有效井5355井次，措施有效率83.3%。5355口措施有效井投入措施费用11.25亿元，经济有效2268井次，经济有效率42.4%，增油179.21万吨，增气7593.58万立方米，投入产出比1∶1.09，措施收益4亿元；压裂、大修和侧钻三项措施有效497井次，经济有效110井次，经济有效率22.1%，措施增油25.34万吨，措施费用6.06亿元，投入产出比1∶0.76，措施收益负2.28亿元；开展措施前评价6990井次，否决低效负效措施640井次，减少风险性措施投入8008万元；跟踪2012年实施的压裂、大修和侧钻井464井次，累计投入措施费用4.45亿元，至2013年年底，措施有效447井次。447口措施有效井投入措施费用4.06亿元，累计增油54.44万吨，投入产出比1∶1.78，措施收益7.28亿元，有301井次收回全部投入，经济有效率67.3%。

二、重大试验项目评价

2013年，油田公司经济评价部门运用全生命周期评价完成《辽河油田化学驱上产50万吨规划方案》《锦16块工业化推广试验方案》及《辽河曙光油田杜66断块区整体火驱开发方案》经济可行性研究，顺利通过股份公司审查，确保辽河油田重大试验项目的经济效益。

组织开展科研项目效益评价方法研究，为科研项目提供效益评价。按照科技管理部门的委托，勘探开发经济评价部门开展“科研项目效益评价方法研究”，收集分析辽河油田2010年—2012年科研项目进行分类研究，确定评价方法及指标体系。

【效益评价】 2013年，油田公司经济评价部门编制经济评价报表422份，单井效益评价、油井措施效果评价、水平井实施效果跟踪评价“三大月报”成为各单位精细管理的抓手。结合油田生产实际，对油田经济产量进行深化研究，与勘探与生产公司财务处沟通，确保研究方向与勘探与生产公司要求一致，满足勘探与生产板块的需求，6月26日、7月30日、8月28日和8月30日4次向勘探与生产公司财务部门汇报经济产量研究成果。10月29日，勘探与生产公司下发

“关于学习辽河油田经济产量研究成果的通知”，在集团公司油气田企业推广。

2013年，按照股份公司统一部署，经济评价部门评价辽河油田的效益产量。评价辽河油区油井15 536口，年产油997.7万吨，平均单位操作成本34.07美元/桶。效益类别评价为效益一类油井5801口（占评价井总数的37.3%），产量777.82万吨（占评价总产量的78%），单位操作成本18.74美元/桶；效益二类油井790口（占评价井总数的5.1%），产量45.88万吨（占评价总产量的4.6%），单位操作成本47美元/桶；效益三类油井2767口（占评价井总数的17.8%），产量85.16万吨（占评价总产量的8.5%），单位操作成本55.19美元/桶；边际效益井3264口（占评价井总数的21%），产量69.47万吨（占评价总产量的6.96%），单位操作成本101.67美元/桶；无效益类油井2914口（占评价井总数的18.8%），产量19.37万吨（占评价总产量的1.9%），单位操作成本302美元/桶。分析各采油单位不同效益类别井比例，金马油田公司、曙光采油厂、欢喜岭采油厂、兴隆台采油厂一类效益井占比例相对高，分别为49%、40.9%、38.7%、38.6%，其次是特种油开发公司、沈阳采油厂、茨榆坨采油厂、锦州采油厂，分别为37%、36%、35.5%、35.5%。

【项目审核】 2013年，油田公司经济评价部门针对燃气利用工程可研需求，配合资本运营部门和计划部门严把投资效益关，组织审查《昆仑能源（辽宁）有限公司增资项目可行性研究》《燃气集团沈阳项目部80万立方米CNG母站项目建议书》报告，提交书面审查意见，保证项目的效益起步。经济评价部门用效益评价指标诠释合理化建议、科技成果、现代化管理成果及青年油水井分析项目的效益审核785项，履行经济评价的管理职能，保证活动的实效性。

【系统建设】 2013年，油田公司经济评价部门巩固“油田公司—采油单位—基层作业区”三级经济评价运行体系，夯实“全员、全要素、全项目、全过程、全成本”的经济评价管理体系，完善《经济评价工作考核管理办法》，用全面考核促进经济评价系统建设。组建经济评价成果评审专家库，发布《辽河油田公司优秀经济评价成果评审及管理办法》，实现经济评价研究成果研究与应用规范运行。举办油田公司第九期经济评价技术培训班，提升基层干部的管理能力。全年经济评价成果应用达到260项。油田公司经济评价工作在《中国石油报》等报刊报道46次，电视新闻播报14次，编发《经济评价简报》8期，门户网站发布工作动态2003条，其中，《中国石油报》报道的“效益配产扩大经济产量”“寻找抛物线的顶点”在中国石油系统产生了反响。

【部门组织人事工作简况】 勘探开发经济评价中心属油田公司机关直属部门，下设勘探评价科、开发评价科、采油评价科、效益评价科、综合管理科5个科室，有管理人员16人，其中，处级干部3人，主任刘斌，副主任王国春、赵和平。科级干部6人，勘探评价科科长王雅贤（2013年11月改做具体工作），副科长梁生朗，开发评价科科长易维容，采油评价科科长许艳、副科长黄鹤，效益评价科科长郭福军，副科长谢艳艳（2013年11月聘任）。党支部有党员11人。

（宫海军　黄　鹤）

市场管理

【基本情况】 2013年，油田公司工程及服务市场交易总额118.72亿元（不含中国石油长城钻探工程有限公司、中国石油东方地球物理勘探公司辽河物探处、中国石油辽河石化公司和中国石油渤海石油装备制造有限公司关联交易额51.95亿元）。其中，内部企业市场交易98.02亿元，内部市场占有率82.57%；主体施工服务企业市场交易54.77亿元，占市场交易总额的46.13%；多种经营企业市场交易43.25亿元，占市场交易总额的36.4%。全年办理市场准入承包（服务）商739个，其中，内部188个，外部队伍551个。通过招议标降低（或减少）工程成本支出1600万元。

【关联交易】 一、签署及协调关联交易协议

2013年，油田公司市场管理部门完成勘探局与中国石油辽河石化分公司土地使用权租赁协议签署工作。确保关联交易协议签订及时有效，依据内控风险控制流程要求，多次与关联方沟通、协商，达成一致意见，双方签署《土地使用

权租赁协议》，期限 3 年（2012—2014 年）。

二、调整全资控股子公司关联交易业务

2013 年，市场管理部门根据油田公司关于调整全资控股子公司关联交易业务范围的要求，落实油田公司 20 个所属全资控股子公司，拟将符合条件的部分公司纳入油田公司关联交易单位与部分已纳入单位关联交易业务范围进行调整。待财务系统向集团公司申请到关联交易封闭结算账号后实现封闭结算业务。

三、审批项目计划配置及分包项目

2013 年，市场管理部门办理油田公司与勘探局关联交易项目 1045 项，交易金额 49.09 亿元；办理勘探局与油田公司关联交易项目 139 项，交易金额 1.29 亿元；办理油田公司与中国石油长城钻探工程有限公司关联交易项目 702 项，交易金额 47.05 亿元；办理油田公司与中国石油辽河石化分公司关联交易项目 1 项，交易金额 15 万元；办理油田公司与中国石油东方地球物理勘探公司辽河物探处关联交易项目 17 项，交易金额 4.26 亿元；办理油田公司与中国石油渤海石油装备制造有限公司关联交易项目94项，交易金额 0.64 亿元；办理关联交易分包项目 168 项，市场交易额 1.12 亿元；办理内部市场配置项目 538 项，市场交易额4.39亿元。

【市场准入】 一、制定油田公司施工（服务）目录

2013 年，油田公司市场管理部门组织起草《上报油田主体施工企业和多种经营企业施工服务目录》的通知，组织油田公司内部企业“施工资质、施工业绩、施工服务项目目录”等内容调查，各相关单位结合企业资质范围和主要专业能力，按工程建设、工程技术、科研服务、生产生活服务、机加修理等专业分类，分别上报企业施工服务项目目录。根据调查结果和各单位上报情况，市场管理部门分专业制定施工（服务）目录，在油田公司网络公开公示。

二、外部承包商准入管控

2013 年，油田公司压缩外委、外包和外协工程，严控外部承包商市场准入。年初，市场管理部门对 57 个单位分别制定年度外部承包商控制指标，进行跟踪、考核，实施动态管理。各单位按照油田公司控制外部承包商数量的安排，严格执行市场准入制度，审查外部承包商资质，控制准入数量，结合总量控制指标，办理外部承包商市场准入。

坚持“宏观调控和总量控制”的原则审查承包商（服务），重点审查施工企业资质证和安全生产许可证等，涉及油田生产建设高温、高压和带电项目，对于审查无资质或资质不符合要求的承包（服务）商坚决不予准入，做到资质审查与现场考察相结合，杜绝具有资质证而不具备实际施工能力的“空壳”承包（服务）商。

三、组织承包（服务）商现场审查

2013 年，油田公司市场管理部门实行市场准入工作动态管理，抬高市场准入门槛，删减规模小、资信低、服务差及存在经营劣绩的承包（服务）商，补充资信高、服务好的承包服务商，严格控制数量，保持总量平衡。加强对承包（服务）商现场审查，从厂房规模、机具装备、人员数量、技术及管理水平、质量控制措施、HSE 体系建设等方面入手。对不能满足油田公司生产建设需要的企业，不予办理准入。

四、进行工程建设承包商年度评价

2013 年，油田公司市场管理部门根据《中国石油天然气集团公司工程建设承包商年度评价实施细则》要求，下达承包商年度评价通知，组织承包商进行 2012 年度工程建设业绩评价，明确项目评价办法、评价范围及承包商等，完成承包商年度业绩评价工作。

五、工程建设承包商质量及 HSE 管理体系评审

2013 年，油田公司市场管理部门按照集团公司《关于开展工程建设承包商质量及 HSE 管理体系评审工作的通知》，制订承包商评审计划，建立沟通机制，成立承包商评审小组，评审油田公司建筑施工企业 30 个。

【市场交易】 2013 年，油田公司对各单位（部门）单次物资采购估算额大于 100 万元（含 100 万元）或单次采购估算额小于 100 万元、年度同类物资采购估算额大于 500 万元（含 500 万元）的项目，由市场管理部门统一确定交易方式。结合招标管理工作，市场管理部门严格审查招标项目，下达市场交易方式批复，确定招标方式。达不到标准或达到标准但具备条件的项目（中国石

油长城钻探工程有限公司、中国石油辽河石化分公司、中国石油渤海石油装备制造有限公司、中国石油东方地球物理勘探有限责任公司等本地单位的关联交易项目，所属单位所承揽项目中的分包项目，按程序经过审批的外协项目，其他因素批准的项目），交易方式由所属单位（部门）按规定自行确定。所属单位（部门）自行确定交易方式的项目，由所属单位（部门）按油田公司及本单位（部门）规定的程序办理。以计划表的形式随时下发，确保手续办理的及时性，保证各单位办理相关结算手续，优化资源配置计划下达方式，及时处理市场资源配置。

【制度管理】 2013 年，油田公司市场管理部门重新修订《辽河油田公司招标管理办法》《辽河油田公司内部市场管理办法》，完成油田公司市场（招标）常用法律、法规、制度汇编。编制下发《招标管理相关文件标准格式及范本》，规范各单位使用标准格式，整改未使用标准格式及范本的单位。转发《中国石油天然气集团公司招标管理办法》《中国石油天然气股份公司招标管理办法》《电子招标投标办法》《关于规范招标管理相关报审及备案回执材料格式的通知》《关于公布 2013 年集团公司认可的招标专业机构名单的通知》《关于对 2012 年度内违规使用招标专业机构情况的通报》《人力资源社会保障部国家发展改革委〈关于印发招标师执业资格制度暂行规定〉》和《招标师执业资格考试实施办法的通知》等文件。梳理油田公司招标专家库，专家分集团公司和油田公司 2 个层次，按 1 个主评专业、4 个副评专业重新录入。油田公司招标项目从集团公司招标评委库随机选择技术和经济专家组成评委会进行评标，招标结果或“拟授标通知”在集团公司规定的平台公示，确保开标、评标、定标等招投标活动公开、公平、公正。

【招投标管理】 2013 年，油田公司市场管理部门全面强化招投标管理。根据国家、集团公司和股份公司有关招投标管理的相关规定，采用公开招标的方式，公开、公平、公正的选择队伍和确定工程造价，组织并参与油田公司氮气服务等多项公开招标项目，全年办理公开招标 57 项，交易金额 2.6 亿元，占招标项目交易总额的 46.35％。坚持招标项目履行招标市场运作程序，控制“一对一”商务谈判（议标），提高招标率。下浮商务谈判（议标）项目执行比例，多种经营企业下浮不超过 1％，外部承包（服务）商下浮 1％～3％。招议标工作量分配遵循“油田多种经营企业优先、兼顾油地关系、控制外部队伍”的原则，加大对多种经营企业的市场保护，各二级单位除考虑油地关系、特殊技术要求外，油田范围内多种经营企业能够从事的施工内容，不再邀请外部队伍参与招投标活动，杜绝工作量外流。对于合同金额较大、工艺技术特殊确需外部队伍承担的基建项目，按规定履行相关审批程序，对不符合条件和规定的外部队伍不予办理招议标及投标审批手续。严格控制项目分（转）包，减少中间费用，严禁肢解项目、规避招议标。加大项目招、议标过程监管力度，重点整治“陪标”“挂靠”“串通投标”“暗箱操作”等不规范市场交易行为，组织相关部门参与对各单位招标活动的现场监管，纠正招投标过程中的违规行为，招投标会议现场监管率达到 100％。建立零星发包项目市场份额导控机制，按照“先内后外”原则配置零星发包项目市场份额，通过动态跟踪和通报的方式维护和保障油田公司多种经营企业利益。

【市场监督】 2013 年，油田公司市场管理部门以优化市场资源配置为重点，制定市场督查工作计划，加大内部市场督查力度，规范工作程序和督查方式，使市场督查工作向制度化、规范化方向发展，为油田公司市场管理工作健康有序发展提供监督保证。完善物资招标项目资料备案管理工作，规范物资招标项目资料备案内容、要求、材料交接等。开展工程及服务招标项目专项督查，组织开展招标现场专项督查。按照集团公司《关于开展违法转包、违规分包、违规选商专项检查工作》的文件精神，成立专项工作小组，要求油田公司辽河建设集团公司制定自查方案，总结整改并上报自查整改报告。

10 月份，市场管理部门配合集团公司工程建设承包商管理领导小组对油田公司工程建设单位“违法转包、违规分包、违规选商”问题进行专项检查。

【市场信息】 2013 年，油田公司市场管理部门做好市场信息数据统计审核，完成油田公司 2012 年市场信息统计年报和工程、服务及物资项目招标统计报表；完成集团公司年度工程建设承包商综合评价，通过《集团公司承包商管理系统》上报集团公司；完成油田公司月度市场运行公报及附表的编写、设计，通过内部电子平台系统发布市场运行公报11期。完成内控年度自测、评价工作，开展市场业务风险评估与应对工作。组织油田公司内部市场管理信息系统培训班，62个单位的市场管理人员参加培训。组织油田公司市场、审计、纪检、法律等管理系统330人参加集团公司在大庆油田组织的招标管理办法集中学习培训。

【部门组织人事工作简况】 市场管理部属油田公司机关直属部门，设综合科、市场信息科、关联交易科、资质审查科、内部市场科、招标管理科和市场督查科，有管理人员25人，其中，正、副处级干部6人，主任徐西君，副主任王召富、梁振民、王战强、徐延广、李先惠。科级干部12人，其中，综合管理科科长张欣水（2013年11月聘任）、副科长刘彦良（2013年11月聘任），市场信息科科长雍洁，关联交易科科长董洪权，资质审查科科长刘玉伟、副科长詹丽敏，内部市场科科长张伟、副科长王振华，招标管理科科长熊建刚、副科长康小军，市场督查科科长杨翔、副科长张作阳，一般管理人员7人。设党支部1个，党员21人。（张欣水）

资本运营

【基本情况】 2013年，资本运营部门围绕油田公司工作目标，推进和落实“1153”（围绕以价值管理为主线，打造以资本为纽带的合资合作平台，构建战略管理、价值管理、董事管理、监事管理和队伍管理五个管理体系，完成6个公司设立、13个法人实体清理，完成股权投资收益预算指标，全资及控股子公司实现利润总额0.49亿元的3个目标）工作思路，立足推进新公司设立、存续公司发展、不良公司退出，为油田公司发展提供支撑和保障。全年，完成4个公司的设立工作，新增股权投资1.72亿元；34个全资、控（参）股子公司实现收入60.16亿元，收入比上年增加8亿元，其中，利润9914万元，净利润4991万元，利润比上年增加8271万元，股权投资收益率比上年增长4.6%。

2013年，油田公司资本运营部门编纂集团公司高管人员培训班课件《企业的脊梁》，在集团公司股权管理系统发布，作为培训教材供集团公司相关单位学习和借鉴。推进五大体系建设，全年申报成果25项，其中，改革管理创新成果1项，现代化管理成果3项，学习研究实践活动成果21项。

【股权管理】 2013年，油田公司资本运营部门围绕“构建价值管理体系，实现股权项目全生命周期管理”的目标，股权管理工作以预算管理为核心，完善股权业务预算管理制度，起草并实施《股权投资收益预算管理实施细则》，研究预算编制方法和对标管理，开展预算编制模型设计研究，加强预算过程管控及预算后评价体系建设。

为促进所投资公司规范管理，资本运营部门以股权基础工作考核为抓手，建立完善经营者绩效考核机制，还原子公司的法人地位，引入经济增加值考核指标，形成责、权、利对等考核机制。将考核结果与经营者薪酬挂钩，按照5%的权重启动对托管单位主要领导的托管责任业绩考核，激励经营者提高工作绩效。全年，所投资公司比预算超交利润6679万元。采取自行清算注销、破产清算、股权转债权追索、股权转让、股权退出、关闭停业等方式退出低效、无效业务，优化股权公司资产结构，推进法人实体清理工作。全年，处置50余个清理股权项目，实现增值收益1569.53万元。

【资本重组】 2013年，油田公司资本运营部门秉持效益优先原则，明确资本运营实践7大产业领域的工作方向和初步设计，将天然气、新能源、轻烃回收利用纳入年度股权投资规划，新设公司4个，新增投资1.72亿元；改变先设立公司后编制工程“可研报告”的做法，实行股权“可研报告”与工程“可研报告”同步编制同步上报，开展天然气项目8项，其中，开展工程“可研报告”编制项目3项；创新商业模式，参股成立“辽宁辽河油田天宝资源利用有限公司”，取得增资“中核通辽铀业有限责任公司”的项目批复，实现油田公司产业链、价值链的延伸和股权模式的创新和突破；完善投资战略管理体系课题框架，拟定公司股权投资中长期发展规划，拓展资本运营的空间，实现资本运营可持续发展。

【公司治理】 2013年，油田公司资本运营部门为解决监管公司董事会虚化的问题，委派更换董事37人次，审查议案201项、建议修改52项、否决13项。完善制度，制定重大事项决策管理实施细则，提高决策约束力，规范决策职责界面，严格操作流程，严格重大事项审查审批。

按照集团公司资本运营管理要求，资本运营部门，组织参与决算的人员明确分工、责任到人，全面总结子公司2012年度财务活动，考核经营成果，完善股权信息系统数据校验和维护工作，规范调整投资项目运行等，完成32个公司决算项目的报表及决算报告的审核工作，配合集团公司完成其他地区公司及直属公司决算报告的审核。跟踪监管公司“三会”（股东会、董事会、监事会）议案和重大事项决策落实情况，强化子公司对股东决策的执行力，开展季度经营分析工作，引入同行业间对标分析，起草完成专职董事量化考核评比制度。组织专项调研，了解子公司运营状况和存在的困难，协助子公司解决资金短缺、外派人员待遇、合作方诉求等问题。2013年9月，在《中国石油报》刊发《当好“监护人”做好“参谋官”专职董事为辽河股权企业保驾护航》的文章，对油田公司专职董事重大事项首接制、季度经营分析等管理经验和创新做法进行报道。

【规范监事队伍】 2013年，油田公司资本运营部门针对监管公司“监事会弱化”问题，完善队伍管理体系，强化监事制度建设，调整、新增专兼职监事和员工监事25人，组织起草《专职监事履职监督业务流程》，将监事管理统筹纳入油田公司惩防监督体系。下发《专职监事量化考核实施细则》，对内部13名专职监事进行量化考核，提升监事队伍的履职能力。强化监督成果与效益挂钩，突出规范经营的优势。9个公司在董事会通报检查中发现的问题，依据问题整改金额调整年度预算，实现规范经营。

资本运营部门为更好地发挥监事职能，采取建立团队工作和个体工作相结合、常态化监督和重点监督相结合、监事工作的点和面相结合的方式，揭示监管公司的财务风险，维护国有企业的利益。全年，发现问题78个，涉及问题金额1587.8万元，提出有价值的管理建议12条。

【队伍建设】 2013年，油田公司资本运营部门为激发员工的工作热情和动力，建立和完善三维立体考核机制，通过对员工的工作态度、工作业绩、学习能力等方面进行全方位考核，形成“比、学、赶、帮、超”的氛围。在油田公司举办的“会计知识”大赛中取得优异成绩。制定完善3个内部制度，严格考核，坚持季度考核排名，对排名靠后的员工诫勉谈话；完善培训、考核、评价的自我培训成长模式，增加对授课老师现场打分和反馈结果的评价，坚持每周每人轮流授课，全年组织培训35期，累计97期；实施《2013年资本运营部学习研究活动方案》，保证学习效果具有专业性、针对性、生动性和实效性；营造温馨和谐的“家”文化，领导班子做员工的贴心人，开展员工生日送祝福活动。组织开展党的群众路线主题教育实践活动、反腐倡廉警示教育及篮球赛、排球赛等活动，还将部门后备干部与基层后备干部交流锻炼，为培养资本运营复合型人才做出积极尝试。

【部门组织人事工作简况】 资本运营部属油田公司机关直属部门，下设股权管理科、资本重组科、资本市场科和董（监）事办公室。有员工23人，其中，处级干部7人，主任刘铭生，副主任阎相孟、李树金，副处级专职董事高超英、郝宏、夏春颖、张元，科级干部12人，其中，资本市场科科长郑富中，正科级专职董事闻讯、马丽雅（2013年11月改做具体工作），副科级专职监事郭玉华、金天宇、喻勇、谢晓庆、刘艽、席巍巍，资本重组科科长刘庆学，股权管理科科长叶菲菲，董监事办公室科长许勇，副科级专职董事曹军。具有高级专业技术职称的4人，中级专业技术职称的16人，初级专业技术职称的3人。党支部属机关党委独立党支部，有党员22人，下设2个党小组。 （郭玉华）

工程技术服务

【基本情况】 油田公司工程技术服务部门主要负责国际市场和国内外部市场工程技术的开发、生产协调、井控安全监督（境外防恐）及油田公司外经权、海外业务对口支持、境外办事机构及油田公司等管理工作。2013年，油田公司国际市场和国内外部工程技术服务市场创产值5.66亿元，利润4339万元，比上年分别增长182个百分点和209个百分点，实现外部市场安全、有效、规模发展。

【国际市场开发】 2013年，油田公司明确国际市场目标，加大市场调研，跟进海外市场开发，油田公司主要领导带队到伊朗考察，开创油田公司和中国石油伊朗公司合作的开端，为油田工程建设系统独立开创海外市场奠定了基础。经过长时间的运作，由中油辽河工程有限公司牵头，集合油田工程建设系统整体力量参与投标，油田公司中标伊朗“北阿油田TMC建设项目”，标的额2405万美元。项目是油田公司建设系统真正意义上的海外独立投标中标的第一个项目。油田公司主管领导安排部署，中国石油伊朗北阿项目公司赴国内有关企业和集团公司有关部门协调，工程技术部门数次赴伊朗开展交流沟通，排除多方竞争对手干扰，油田公司进出口公司中标北阿项目公司“长线物资采购代理服务项目”，项目报价1.2亿美元，历经多次技术和商务谈判，最终确定标的额9807万美元。项目填补油田公司无中标亿美元级海外项目的空白，实现油田公司海外市场开发的突破。4月份开始，工程技术部门和进出口公司与华油公司合作开展中国石油化工总公司哈萨克斯坦公司萨基斯油田“注蒸汽施工服务项目”投标。项目除投标环节，注汽锅炉出国须办理中国出境、哈国入关、境外储运等手续，重点是哈国的商务操作。为减少费用、规避资金风险，确保中标，工程技术部门与华油实业公司协商一致，以辽河油田国际（哈萨克斯坦）有限公司（子公司）的名义投标，将锅炉在哈国入境的租用接收单位确定为子公司，以子公司的名义在哈国办理锅炉入境申报手续，在哈国当地雇佣熟悉商务业务懂得汉语和俄语双语优势的人员作为子公司副总经理，由其带领油田公司赴哈人员开展项目投标及商务谈判，锅炉入关报关、长途运输和当地报验，“注汽施工许可证”申办、“锅炉安全生产许可证”和“废气排放许可证”的申办，当地财税协理、操作人员招聘、邀请函与落地签的申办等。项目的完整运作，锅炉出入境全套手续、境外项目结算、境外费用支付等相关手续资料全部由油田公司人员完成，实现国际项目商务管理自主运作。

【国内市场开发】 2013年，工程技术部门面对油田公司国内外部市场产值规模急剧缩小的局势，加大市场开发力度，拓展市场空间，确保现有市场不萎缩。整体分析、研究国内外部市场，重新确定重点业务发展方向，确立以稠油热采、技术服务和天然气压缩回收等业务为主的发展目标。管理控制现有市场，扩大市场业务量，稳定华油实业公司胜利油田、吉林油田及内蒙和新疆地区市场的注汽项目，巩固钻采工艺研究院在长庆油田、胜利油田、冀东油田、吉林油田和新疆及内蒙地区等技术服务项目。加大对冀东油田收气市场的开发力度，扩大市场份额。调研和开发冀东油田、吉林油田和胜利油田等市场，为油田公司发展相关业务作铺垫。

【安全管理】 2013年，油田公司工程技术部门针对国际市场施工人员落实各级责任制工作，油田公司所有出境人员均签订社会安全责任书。加强防恐安全培训，全年组织8期集团公司防恐安全培训，培训出国人员112人，出国服务人员防恐安全培训率达到100%。强化高风险以上国家施工项目投标前安全风险评估和动态风险评估，在马里共和国安全危机期间，协调处理并明确油田工程建设一公司阿尔及利亚项目的应急安全管理责任、应急准备、应急启动等与中国石油建设集团公司（CPECC）的责任、权限、接口、响应及方式等。加强应急值班，搭建应急指挥平台，收集并发布预警信息15次，出具日报365份，确保各项工作平安运行。

针对国内市场项目施工人员强化安全生产大讨论、全员风险大排查活动，强化动态施工监督检查，全年开展各类检查6次，检查覆盖所有施工现场和项目驻地，发现并整改问题153项。严格项目施工单位各级安全管理人员履职情况监督，加强国内外部市场施工队伍资质控制管理，特别是队伍等级资质、装备配套、技术和安全管理人员配备等。加强井控作业管理，开展风险识别、风险防范、控制预案和应急管理等，提升员工防喷意识，确保国内市场施工安全平稳运行。

【部门组织人事工作简况】 工程技术部属油田公司机关直属部门，有员工42人，其中，处级干部7人，主任曲同慈、副主任李志伟（正处级）、张积锁（正处级）、任延波、范增安、王维涛、于国文。设科室13个，其中，综合科科长孙洪岩、副科长何青琴，外经外事管理科科长阎国明，境外法律合同管理科科长朱长发，国际商务及市场信息开发科科长程玉新、副科长徐成柏，国内市场科科长刘兆虎，境外公司业务稽核科科长王新、副科长曲辉、庞颖，境外项目运行控制科科长于海军、副科长汤天奎，阿尔及利亚市场开发科科长陈红伟，伊朗市场开发科科长王绍忠，哈萨克斯坦市场开发科科长刘军，中东—海湾市场开发科科长黄佳镇，新项目市场开发科科长王风岩，南美市场开发科科长刘春兴。部党支部有党员32人。（孙洪岩　何青琴）

生产运行

【基本情况】 2013年，油田公司生产运行系统创新管理机制，突出统筹协调和运行监督，优化管理措施，全面组织勘探开发部署，强化生产组织运行，油田公司全年新增控制储量3996万吨、预测储量5118万吨，初步落实新增探明储量1000万吨。生产原油1001万吨、工业气7.2亿立方米。全年实施各类探井、开发井339口，恢复水平井108口，完成大修、侧钻、压裂等措施井622井次，新转驱151个井组，完成小修交井1852井次、措施交井607井次，完成调参、热洗、控套等管理挖潜工作量108777井次，完成小修作业21 340井次、大修作业563井次，新建和改造井站18座、井口装置408套、采油集输平台27座、各类管线318千米，安装变压器344台，架设电力线路73千米，促进生产任务平稳有序运行。

【生产组织】 一、重点工作组织

2013年，油田公司生产运行系统，全方位、全过程、全要素规范生产组织运行，保障油田勘探开发建设有序推进。围绕新井、措施、注水等重点生产工作量加强运行编制和实施监督，组织成立产能新井运行工作小组，加强钻前、产前协调，总体运行到位率从年初的74%提高到年底的91%。全年实施各类探井、开发井339口，恢复水平井108口，年产油分别为41万吨和11万吨，完成探井、评价井试油试采77口，发现出油井点42个；完成大修、侧钻、压裂等措施井622井次，年增油26.7万吨；完成投转注、复注、新增分注等注水工作量2521井次，年产油345万吨，确保产量任务完成。

二、重大项目协调

2013年，油田公司生产运行系统履行重大生产项目推进领导小组办公室职责，深入现场了解实施进程，协调解决物资采购难题，定期监督工作进展情况，确保重大项目按期推进。全年新转驱151个井组，比上年增加27个井组，累计达到613个井组，年产油248万吨，其中，杜84块SAGD、锦16块化学驱、常规火驱日产油各上百吨台阶。

三、特殊时段生产组织

针对春节和国庆长假，油田公司生产运行系统提前两周集中组织开展作业会战，安排工作量运行，加大进攻性措施，加快重点井实施，加紧维护性作业，完成小修交井1852井次，措施交井607井次，避免工作量积压。坚持节日期间钻井施工不停、方案编制不停、重点项目不停、生产准备不停，确保生产有序衔接。

四、内外协调

油田公司生产运行系统立足生产中枢地位，加强内部跨专业配合，加大外部多渠道沟通，超前协调“沈阳—抚顺”输油管线和“特种油开发公司曙光2号站至石化分公司”管线改造等重大工程投产准备，督促锦16块化学驱药剂和曙三区特殊套管采购工作，解决科尔沁拉油专列停运、向海大道大型车辆禁行等问题，协同机关有关处室及时处理新开25—1井、红9—16井等钻井、作业受阻事件，确保油田开发生产建设有序推进。

五、日常维护

油田公司生产运行系统结合季节更替特点，开展生产大调查活动，突出正常井管理、重点井维护、低效井治理、长停井复产，全年完成调参、热洗、控套等管理挖潜工作量108777井次，增加油井开井数312口，日均开井数达到10231口，油井利用率比上年提高1个百分点，巩固了油田生产基础。

六、用气调控运行

油田公司生产运行系统全力组织天然气挖潜和储备工作，全年投产新井9口，完成措施108井次，初期日增气54万立方米，年底控关气井15口，日储备气15万立方米。科学应对外来气紧急减供，有序组织锅炉工艺切换，积极落实渣油供应，同步协调增供指标，保证注汽系统平稳运行。提前应对自用气缺口问题，制定实施海外河、曙古潜山油田冬季保供方案，确保金马油田公司和曙光采油厂生产正常进行。

【生产保障】 2013年，油田公司生产辅助单位围绕生产需求，结合业务特点，创新工作模式，提高运行效率，为油田生产提供有力支持。

一、工程技术单位保障

工程技术单位针对作业能力缺口问题，优化队伍运行、发展优势技术、调整倒班模式、实行干部顶岗，在人员规模缩小的情况下，提高运行效率，实现工作标准不变、修井质量不降、保障能力不减，满足油气稳产上产需求。全年完成小修作业21340井次、大修作业563井次，作业一次开井成功率保持在98.1%以上，生产时效比上年提高2.2个百分点。

二、地面建设单位保障

油田建设单位克服战线长、阻力大、工期紧、任务重等诸多困难，优化配置施工队伍，创新攻关复杂技术，加大对外协调力度，全力推进油区重点项目、老区改造、产能配套、电力保障等工程建设。新建和改造井站18座、井口装置408套、采油集输平台27座、各类管线318千米，安装变压器344台，架设电力线路73千米。顺利推进双6储气库和特石、盘锦、沈抚输油管线改造等8项重点工程建设，保障油田生产需要。

三、其他生产保障

全年科研单位部署各类新井301口，编制新井设计585份、项目设计960个、重大开发方案和规划54个；燃气集团公司完成外来气利用13.3亿立方米；物资公司签订采购合同25548份；多种经营单位配合采油单位开展低产井捞油、新技术试验、新产品研制等项工作；化工生产、污水处理、能源管理及公用事业、医疗卫生单位结合业务实际，强化基础管理，加强组织运行，为油气生产和矿区生活提供全面保障。

【防洪防汛】 2013年，油田公司生产运行系统加强日常运行组织，强化检查监督考核，提升生产保障能力。面对汛期多条河流多轮洪潮侵袭和杜84块河段出现3.33米历史新高水位的威胁，坚持以生产安全控制体系引领防汛工作，实现安全平稳度汛。汛前，突出实施杜84块和锦45块潮涝治理工程，全力开展防汛物资储备、设备设施架高、井场清污清障；汛中，实时监控上游洪水流量，深入研判洪峰运移速度，准确预测油田河段水位，有序组织蒲河静安堡段坚持生产、绕阳河曙光段监控生产、辽河冷家段和浑河牛居段停工撤离；汛后，组织采油、安全等有关处室成立复产支持小组，深入现场检查指导，加快井场排涝和油井复产。汛期平稳完成油水井停关、复产1330井次，最高影响日产油1022吨，汛情比2010年更为严峻复杂，油气产量和财产损失大幅降低。

【油气监察】 2013年，油田公司生产运行系统坚持“内部加强管理、外部加强防范”的指导思想，加强制度管理，联合业务部门制定天然气回收业务三级审批流程，严格执行准运制度，严审拉运车辆资质。严格现场管理，出动监察人员6658人次检查敏感区域、关键环节5834处，发现整改问题52项。协同公安部门取缔油区周边非法涉油厂点，整治盗气点源24处，清除、收缴盗气管线近1.4万米。突出技防管理，建成油罐车车载视频监控系统，安装终端设备327台，建立监控平台28套，完善监管手段。

【应急处置】 2013年，油田公司生产运行系统加强新建项目和新成立单位应急预案管理，指导审核双6储气库、昆仑能源公司应急预案16项。加大应急培训演练，组织开展月东油田海上综合应急等油田公司级、厂处级演练630次，操练员工16277人次，承办集团公司车载应急通信系统实战应用经验现场交流会。在应对辽河冷家段春季凌汛等突发事件中，按照预案有序组织抢险，在最短时间内得到有效处置，确保生产受控。

【冬防保温】 2013年，油田公司生产运行系统针对冬防保温工作中暴露出的突出问题与薄弱环节，入冬前对92千米管线、1085台炉体罐体、889口井口实施防腐保温，边远井站加热炉端部和裸露管网保温修复率均达到100%，保障冬季生产，实现节能降耗。优化供煤渠道，加强燃煤储备，按时组织供暖，及时解决供暖管网漏损及个别住户温度不达标等问题，为矿区居民提供良好的生活环境。

【岗位责任制检查】 2013 年，油田公司生产运行系统围绕集团公司和油田公司质量效益发展总体要求，全面修订 2013 年岗检方案，突出自检自查和问题整改。各二级单位成立岗检领导小组，深入基层对油气生产、经营管理、安全环保等各专业系统的岗位责任制落实工作进行自查自改。各参检处室结合业务实际，采取重点抽查和随机夜查的方式，发现解决冬季生产中存在的薄弱环节和难点问题，夯实基层基础工作。

【部门组织人事工作简况】 生产运行处属油田公司机关职能处室，有员工 44 人，其中，总经理助理兼处长赵政超，副处长张波、王立忠（正处级，兼水电信管理中心主任）、孙炜、王占华、宋福军、宁宗民，副处级调研员刘抒、魏利彬。处设 6 个科室和水电信管理中心，其中，值班室主任虎镇峰、副主任刘亮，综合科科长陈军、副科长师海涛，管理科科长于大海、副科长朱作诗，油气监察科科长安峰义、副科长常宝文、曹永康、副科级倪娜，应急办科长金铁文、副科长赵树华，冬防保温科科长何晓波、副科级黄健。水电信管理中心设 3 个科室，供水通信科科长杨明生、副科长梁敏，供电管理科科长张连凯，用电管理科科长平庆东、副科长石英才。处党支部有党员 39 人。（师海涛　魏金乾　孙振禄）

物资管理

【基本情况】 2013 年，油田公司物资管理部门采购物资 45.7 亿元，物资集中采购度达到 91.5%，库存物资周转 11 次，物资库存比上年降低21.6个百分点，入库物资实现 100%检验，全年节约采购资金 2.8 亿元。

【集团公司授权采购】 2013 年，油田公司物资管理部门规范操作，提高物资管理工作水平。油田公司是集团公司授权的“三抽”（抽油机、抽油杆、抽油泵）及井口设备集中采购管理组长单位。按照集团公司物资采购部门的要求，坚持公开、公正、公平的原则，科学制定招标方案和评标办法，严格程序操作，在集团公司范围内实现“三抽”产品价格统一，价格平均下降 10 个～15 个百分点，最大限度节约采购资金，连续 3 年被集团公司授予“一级物资授权集中采购先进单位”。

【重点工程物资供应】 2013 年，物资管理部门围绕油田公司的重点工程及时跟进，组织落实欢三联污水项目、锦 16 化学驱、杜 66 火驱、曙光污水改造项目、燃气集团项目、储气库项目等工程物资采购供应工作，保障工程建设物资供应。物资管理部门及早介入，加强与各部门之间的组织协调，加强与设计、施工单位之间相互沟通，研究落实运行方案，配合技术部门提前组织物资设备的技术选型，全年接收工程项目物资计划 2.8 亿元，组织商务谈判 57 批次。以“提升服务质量、提高工作效率”为宗旨，增强员工服务意识，深入工程施工现场了解工程建设进度，掌握工程建设信息，解决物资供应问题，积极参与油田公司组织的施工现场调研活动。针对各单位工程应急等特殊需求物资，物资管理部门采取特事特办、急事急办的原则，做到当天报批，当天落实到责任部门及责任人，超前组织实施，确保物资供应。全年接收处理应急物资需求计划 196 批次，实施金额 1.44 亿元，方便项目施工建设，增强物资保障能力。

【二级物资集中采购】 2013 年，物资管理部门精心组织，推进二级物资集中采购进程。按照集团公司集中采购的要求，从 3 月初到 9 月底，历经 7 个月，对常用二级物资进行招标。物资集中采购从时间、范围、规模、层次均是油田公司物资管理历史上首次。实施完成 3 个批次 293 包 62297 条编码，占二级物资编码总数 90%以上，涉及供应商 640 个，中标供应商 474 个，在上年供应商数量基础上压缩 35%，节约采购资金 5 个百分点。二级物资集中采购提高编码覆盖率达到在用编码 90%以上，完善了评标方法，采用含有技术标的综合评分法，提升管理操作水平，指导有力、组织严密、操作规范、监督到位，实现专家评委全部抽取。

【物资招标管理】 2013 年，物资管理部门加强控制，提高物资采购招标率。油田公司物资招标管理工作坚持六个统一（统一管理制度、统一管理模式、统一管理流程、统一文本格式、统一专家评委、统一操作平台）的原则。加强招标队伍管理，完善招标手段，丰富招标方法，规范招标过程，提高招标率。年度集中采购、月度计划和资产装备能招标则招标，招标率比上年提高5个百分点，达到70%。通过文件、会议、培训等形式，强化招标管理的思想认识。修订管理规范、细则，细化工作流程、审批流程及操作流程，规范工作标准。充实招标评委，实现专家评委库内抽取。严格报审制度，科学编制方案，提高招标的科学性、准确性和及时性。严格招标程序，实现规范操作。招标文件编制，开标、评标过程公开、公正的氛围中运行。UPS项目招标，对采购金额不够招标，要求进行单一来源采购的物资。根据上报方案，物资管理部门，要求完善产品的技术要求，合并进行招标采购，项目估算金额152万元，实际中标金额107.7万元，节约资金44.3万元。天然气压缩机项目招标，有4个集团公司一级商进行投标，采用含有技术评分的综合评标法。项目估算金额390万元，中标金额305.4万元，节约资金84.6万元。

【物资计划】 2013年，物资管理部门提高物资采购效率，保证物资采购计划高效运行。减少二级单位计划上报批次，把握需求实际、集中需求资源，增加月度上报计划批量，上半年计划比上年同期减少上报2.8万条，占全年计划的11%。提倡通用物资标准设计、常用物资品牌化使用，减少需求物资品种。在用物资编码控制在5万条，物资编码比上年同期减少4000余条，减少8个百分点，提高计划集中度。加强二级单位集中采购结果的应用，将目录式采办结果的商、码、价锁定ERP信息记录，二级单位上报的80%以上计划5天后可签约、10天可以结算，提高采办效率，增加计划运行透明度。严格计划上报、执行情况考核，对未按时限下发的计划及相关责任人在物资管理网页上进行通报，提高各级业务人员的责任意识。全年下发通报7期，通报未完成计划1122条，通报责任人350人次。

【动态管理供应商】 2013年，物资管理部门动态管理供应商，完善供应商考评体系，优化供应链，坚持供应商向少量优秀集中，清理淘汰不合格供应商，优化供应商资源。严格执行供应商准入会审制度，严格把关，控制总量，提高质量，严格限制经销商准入。在资产装备准入比重增加的前提下，供应商（包括备案）比上年减少52个，减少幅度36%。开展中标生产厂商现场考评，组织机关部室、物资公司和二级站87人，组成15个考察组，统一制定8个方面的考评细则，对省外、市外的近150个厂家现场考评。现场审核投标文件的真实性，清除假生产或能力挂靠、结算挂靠行为，净化供应商队伍。制定生产厂直购物资目录，目录内产品，只要生产厂能满足需求（技术、供应量）的不再选择经销商，全年直接从生产厂采购物资占总量的80%以上。

【物资价格管理】 2013年，物资管理部门严格控制物资价格管理，降低物资采购成本。全年采购金额比上年下降，资金结余率5%，节约采购资金2.8亿元。组织参与劳动保护产品、油田专用化学产品、井下工具、石油专用仪表等类产品调研，了解各环节价格水平，理清产品成本价格。对石油专用产品，除调研市场整体价格水平外，综合考虑材质构成、原材料价格变化趋势、性能指标、售后服务等因素，组织相关部门确定集中采购限价。对钢铁类原材料价格比上年较大下浮，与钢铁类相关的产品价格普遍下调。协调沟通定价部门工作，确保物资采购定价工作顺利。协调组织招标、谈判的价格管理工作，对价格差异大的产品，要求出具价格依据、调研结果，本着价格服从质量、不以低价求成交原则，确定合理价格。监督自购定价，规范自购行为。监督自购物资价格管理，本着自购物资不高于统购物资价格的原则，规范管理二级单位的自行采购行为。

【物资编码管理】 2013年，物资管理部门严格审查，推动物资编码精细化管理。提高申请物资编码的及时性、准确性、规范性，油田公司下发物资编码管理细则，规范编码行为和编码流程。严格控制编码申请入口关，对已经招标的物料组，原则上不允许使用新编码。禁止规避招标或为重新定价、变相准入、新增项目而发生申码。加强对新产品申码的控制，由物资公司初审合格的编码，油田公司物管部门组织相关人员进行会审，符合申码条件的再向集团公司申请。建立动态清理编码制度，定期清理辽河本地库内编码，网上公布作废编码，保证辽河油田使用编码的准确性。建立申码考核机制，每月对各单位申请编码的准确率、每年对使用率进行考核，定期于网上公布考核结果，作为年底考核指标。

【物资质量管理】 2013年，物资管理部门严格把关，保证物资采购质量。严格物资质量检验制度，把好关口，严禁不合格品进入生产领域，杜绝产品质量事故的发生。以油田公司产品专业检验机构为主体，以集团公司和社会检验机构为辅，建立并完善采购物资监督检验管理体系，保证采购物资质检率和入库物资质量合格率达到100%。加大不合格品的处理力度，对产品质量监督抽查中发现的52个批次的不合格品进行有效处理。对不合格品涉及的37个供应商停止或取消供货资格。开展用户调研和质量回访，实行质量信息反馈制度，建立采购物资质量问题、纠纷和事故快速处理机制，提高物资采购质量管控能力。

【物资仓储管理】 2013年，物资管理部门优化库存，提高仓储管理水平。按照仓储管理的有关规定加强库存控制，优化库存结构，提高仓储管理水平，完成年末降库21.5%。按照集团公司加快物资周转的要求，统一制定发布油田公司物资储备定额指标和降库指标，各单位通过物资盘点和清查工作，定期检查、分析本单位物资储备定额指标、落实降库指标和物资周转情况，清理处置积压报废物资，优化库存结构，加快物资周转，提高物资保障能力。推进物资代储代销工作，利用社会资源，减少资金占用，规避库存风险，实现年度工作目标。

【物资信息管理】 2013年，物资管理部门科学组织，积极推进物采系统上线工作。油田公司作为集团公司物资采购系统第二批上线单位，于4月份派业务骨干到北京学习物资网络采购系统，4月下旬完成对全体业务人员的培训和系统配置。5月份开始上线运行，结合油田公司ERP系统运行现状，启用物资编码管理、供应商管理、价格管理、目录采购、线下寻源等功能模块，做好上线前准备，主动核对上线数据，细化8位码60万条，确保数据的准确，系统运行平稳。

【部门组织人事工作简况】 物资管理部属油田公司机关直属部门，有员工35人，其中，处级干部5人，主任朱玉瑰，副主任丛伟东（正处级）、李春雷、李明葵，副总师穆尔恒。设科室12个，其中，综合科科长杨喆、副科长王成新，计划科科长时冀徽、副科长王雪莲，供应商管理科科长单学军，质量仓储科科长穆咏君、副科长史孝堂，统计科科长郭少珍，招标科科长赵宗科、副科长石崇兵、刘旭，价格科科长李铁懿、副科长陈凌云、祝亚东，集中采购管理科科长杨松、副科长杨文、纪丽娜，业务一科科长孙传准、副科长张君，业务二科科长柳世平、副科长颜惠兰，业务三科副科长墨海新，业务四科科长李健。部党支部有党员30人。 （王成新）

多种经营管理

【基本情况】 2013年，油田公司多种经营系统有母公司25个，油田类用工10803人，其中，合同化员工占45%，子女类用工占55%。多种经营系统把握稳中求进的工作总基调，保生存、谋发展、促改革，实现收入155.4亿元，实现利润1.54亿元，上缴税费8亿元。在油田整体协调发展和地方经济建设中发挥积极作用。

【结构调整】 2013年，油田公司多种经营系统围绕油气能源产业链，强化重点项目建设，加快产业结构调整，推进产业发展和市场开发工作，改造升级特种沥青、广源玻璃等项目。对外合资合作取得新进展，盘锦辽河油田大力集团有限公司船舶燃料油项目开工建设，盘锦辽油晨宇集团有限公司复合软管项目投入生产，辽宁辽河油田恒泰利实业公司、辽宁辽河油田康达实业集团有限公司、辽宁辽河油田恺拓实业有限公司、盘锦辽河油田金东油气工程有限公司等燃气业务良性发展。与金融机构合作，争取融资政策，多渠道融通资金，保障项目建设和企业运营。

油田公司多种经营系统依托油田公司一体化管理优势，提升产品质量、服务质量和服务水平，稳定油田内部市场，保障油气勘探开发需求。积极开发外部市场，及时调整市场结构和布局，开发长庆油田、大庆油田、新疆油田、吉林油田等外部市场。全年实现产值155.4亿元，其中，油田公司内部市场65.7亿元，占42%；中国石油长城钻探工程有限公司17.6亿元，占

11.3%；中国石油辽河石化公司 2.9 亿元，占 1.9%；国内行业市场 11 亿元，占 7.1%；社会市场 58.2 亿元，占37.4%。

【经营监督】 2013 年，油田公司多种经营系统坚持企业“四自”（自主经营、自负盈亏、自我发展、自我完善）经营的经营思路，组织实施经营审计监督工作，加强职工工资发放监控，保障职工合法权益，审核监督企业经营活动和成果，对经营亏损、违法违规等行为提出整改意见。联合油田公司相关部门共同成立工作组，对原盘锦辽河油田井下实业有限公司、盘锦辽河油田裕隆实业有限公司、盘锦辽河油田宏泰有限公司、盘锦辽河油田金辉实业有限公司 4 个困难企业开展联合调查，与所在二级单位共同研究解困扭亏工作方案，探索尝试多种经营监管的新模式。推进“两清理一集中”工作，重点清理没有控制力的子公司，严格控制新公司设立。与有关部门联合出台清理挂靠政策意见，开展专项检查，维护油田内部整体利益。

【融资担保】 2013 年，油田公司多种经营系统积极向金融机构宣传推广多种经营企业，全年多种经营企业获得银行贷款 48.68 亿元。多种经营信用担保公司为 36 个公司提供 45 笔金额 25950 万元流动资金贷款担保，2 笔金额 1000 万元银行票据承兑担保，担保户数比上年增加 6 户，担保笔数比上年增加 7 笔，担保金额比上年增长 23.5个百分点；按期解除 38 笔 21900 万元贷款担保，未发生代偿。

【经营项目建设】 一、盘锦辽河油田大力集团有限公司完成 10 万吨特种沥青装置搬迁，2 套沥青装置投产增加了生产能力及灵活性，可同时满足客户橡胶粉、SBS（特种改性沥青）的需求。MTBE（汽油的添加剂）装置完成质量升级改造，MTBE 产品的硫含量符合国家汽油国Ⅳ标准，满足市场需求。

二、盘锦辽油晨宇集团有限公司与长春高翔公司合作投资 2.2 亿建成非金属复合软管生产厂。非金属复合软管厂引进英国进口钢带机，由钢丝编制的承压层能够进行电加热，并且承压达到 25 兆帕。非金属复合软管内外层采用非金属材料，能够有效防腐，为海洋输油管线的研发与应用打下基础。

三、辽宁天意实业股份有限公司进行顶驱技术升级，扩展顶驱产品系列，加工完成加强型 50 和 70 顶驱的样机，投产全新 50 液压顶驱、新型 90 顶驱和顶驱下套管升级产品。通过技术升级，天意顶驱开拓了市场前景。

四、盘锦辽河油田金东油气工程有限公司投资 500 万元建设氢气提纯装置。项目通过提取氢气中的一氧化碳、二氧化碳，达到提高氢气纯度的目的，满足盘锦北方沥青公司的生产需求。

五、发展燃气下游业务。多种经营系统辽宁辽河油田恒泰利实业（集团）公司、盘锦辽油晨宇集团有限公司、盘锦辽河油田金东油气工程有限公司等 8 个企业涉足燃气下游业务，有从业人员 960 人。市场分布在盘锦、沈阳、鞍山、辽阳等 11 个地级市，个别企业触角延伸至内蒙古和河北等地区。已成立 23 个燃气公司，运营 CNG 母站 6 座，加气站 16 座，管束车 120 台。主要从事城市燃气管网建设、城市燃气输配、天然气与液化石油气销售等相关业务，取得良好的经济效益和社会效益。

【多种经营审计】 2013 年，油田公司多种经营系统坚持“全面审计、突出重点”和“为领导决策服务、为企业发展服务”的工作理念，扩大审计外延，形成以财务审计为基础，兼顾项目建设、市场开发、经营管理、公司治理等角度的管理格局。采取“统一组织、统一委托、内外部审计资源相结合”方式，开展 2012 年度财务决算审计，对多种经营系统 25 个母公司及所属子公司进行覆盖性审计。按照企业分级管理工作要求，对 23 个 AB 级企业开展分级复核审计，最终考核认定达标 A 级企业 9 个、B 级企业 9 个，对未达标的 5 个企业，油田公司分别给予取消企业级别或警告处理。针对重点企业、重要事项及重大风险，对盘锦辽河油田辽海集团有限公司开展经营状况审计，对盘锦辽河油田双兴实业有限公司开展内控管理现状审计调查，对多种经营企业工资奖金发放情况、社会保险缴纳情况等敏感事项定期开展风险识别和预警工作。

【队伍建设】 2013 年，油田公司多种经营系统按照现代企业制度要求，探索实践经营管理者队伍建设的方式方法，推进人才强企工程，注重经营者特别是企业带头人的培养，整合各种资源，积极搭建学习平台。举办多种经营第八期大讲堂，组织企业董事长、总经理和骨干人员共62人集中培训，聘请知名专家学者，围绕经济转型与体制改革方向、现代产权制度、公司治理、集团公司发展战略、HSE管理体系、心理健康等内容，开展学习研讨，开阔思维视野、完善知识结构，增强发展改革意识，提高科学决策能力和领导水平，共同研讨多种经营发展方面的改革问题。

【部门组织人事工作简况】 多种经营处（多种经营事业部）设综合办公室、党群工作部、人力资源部、政策研究科、财务统计科、项目投资科、融资担保科、经济协作科8个科室；多种经营审计中心、多种经营安全管理中心2个中心。编制定员51人，其中，处级干部10人，处长（主任）毛宏玮，党委书记（副处长、副主任）杜维甲（2013年1月聘任），副主任（正处级）王彬、高树臣、富强，副处长（副主任）罗瑞琪、杨海俊、朱云海、王军，副书记（纪委书记、工会主席）徐秋野。综合办公室科长王雪石，副科长黄政华（2013年7月聘任），党群工作部科长李斌，人力资源部科长宋祝军，政策研究科科长刘冰，财务统计科科长尹和卿、副科长王艳丽，项目投资科科长张旭岩、副科长林振锦，融资担保科科长李萍，经济协作科科长李丽、副科长原嵩，多种经营审计中心科长佟姜、副科长王海涛，多种经营安全管理中心科长宋文秋、副科长赵海波（2013年7月聘任）。多种经营处有党支部1个，党员32人。多种经营事业部有三级党委2个，党总支10个，党支部45个，党员610人。 （王雪石）

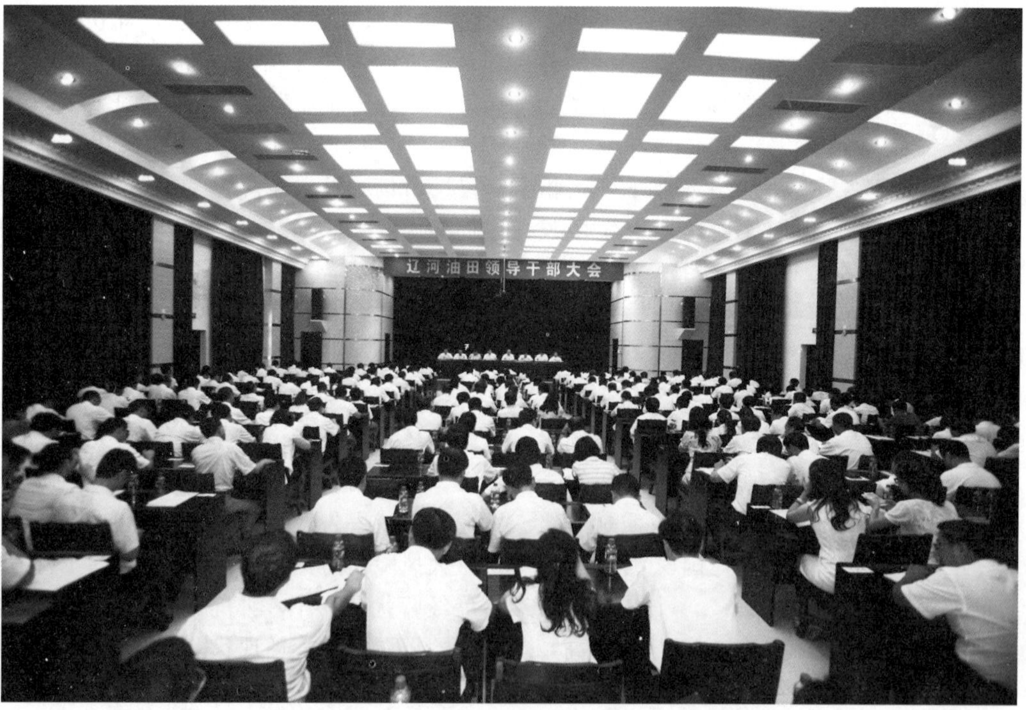

基础管理

安全环保

【基本情况】 2013年，油田公司健康安全环保工作坚持以科学发展观为指导，贯彻落实国家、集团公司工作部署，树立“环保优先、安全第一、质量至上、以人为本”的理念，狠抓责任落实和全时段、全过程风险防控，全年未发生工业生产亡人事故、交通同等责任亡人事故和较大以上环境污染事件，实现集团公司下达的各项考核指标和安全环保目标。

【安全环保健康责任】 一、发挥领导引领作用

2013年，油田公司党政主要领导践行安全环保核心价值观，遵循HSE管理原则，带头履职、率先垂范，按时主持召开HSE委员会会议，研究决策重大安全环保问题，深入安全联系点活动，带头开展安全生产大检查，利用油田公司各种会议安排部署安全环保工作。主管领导亲自谋划落实安全环保工作，根据季节和特殊时段组织、研究、制定、落实方案措施，坚持深入一线协调落实安全环保具体问题，固化“安全生产大讨论、全员风险大排查”工作载体，推行安全环保部门领导挂片督导工作方法，定期检查指导HSE委员会办公室工作，协调落实安全环保重大问题。

二、增强直线履职效果

2013年，油田公司安全环保管理部门以HSE分委会和HSE体系推进工作组为载体，油田公司各系统、各部门将健康安全环保管理融入生产经营各项流程中，主动组织健康安全环保工作。油田公司各分委会组织召开系统健康安全环保专业会，研究制定本系统健康安全环保工作机制、载体、措施和办法。

三、巩固属地管理基础

2013年，油田公司各单位从实际出发，以生产岗位为基点，以岗位责任制为基础，以生产施工现场为单元，划分属地区域。将风险防控贯穿生产全过程，创新工作方法，提升基层生产现场安全管理水平。

【HSE管理】 一、完善HSE管理制度流程

2013年，油田公司安全环保管理部门组织制定《辽河油田公司环境保护管理办法》《辽河油田公司建设项目安全设施“三同时”管理办法》和“危险废物管理工作流程”等制度27项，二级单位制定规章制度和流程1200多项，使HSE制度体系更加规范实用。

二、组织安全生产标准化建设

2013年，油田公司安全环保管理部门依照国家、行业标准规范和实施指南，编制《辽河油田公司安全生产标准化建设工作方案》，明确创建目标、阶段安排和考评细则。全年创建一级企业15个、二级企业7个。推广甲级小修示范队标准化建设经验，在高升采油厂、欢喜岭采油厂和油田建设工程一公司等单位选树标准化试点站队，推进制度、流程、记录及现场设备设施规范化管理。

三、完善HSE绩效机制

2013年，油田公司安全环保管理部门优化健康安全环保业绩考核体系，加大过程性指标考核权重，以安全环保责任书为载体，将各单位HSE绩效指标与年度业绩奖励挂钩。加大违法违规行为处罚力度，正负激励措施并用，敦促各单位增强履责的自觉性、主动性。

四、开展领导干部HSE履职能力评估

2013年，油田公司安全环保管理部门按照《辽河油田公司领导干部HSE履职能力评估管理办法（试行）》，组织对二级单位117名行政正职、安全总监和安全副总监开展HSE履职能力评估，合格率达到100%。

五、推进安全环保队伍建设

2013年，油田公司安全环保管理部门组织1300多名专职安全管理干部参加注册安全工程师考试和资质培训，专职安全管理人员资质持证率达到100%，提升专业技能。油田公司进行安全环保管理标兵评选，授予安全环保干部李闪星等10人为“安全环保管理标兵”。

六、组织HSE体系审核

2013年，油田公司安全环保管理部门组织开展油田公司上半年HSE体系审核，组建9个审核组，审核45个二级单位，发现问题978个，提出针对性改进建议163条；开展油田公司年度HSE体系审核评估，对采油、集输、作业系统首次采用评估方式审核，发现问题862项，提出针对性改进建议276条。组织多种经营企业审

核，审核 A、B 类多种经营企业 20 个，发现问题 326 个。组织迎接股份公司 HSE 管理体系审核，整理和分类审核发现的 69 个问题，认真分析原因，按期完成整改，体系运行情况得到审核组肯定。

【安全职业健康风险管理】 2013 年，油田公司安全环保管理部门协调政府部门加快安全环保“三同时”审查审批效率，严把双六储气库和燃气 CNG 母站等重点项目方案论证、可行性研究、预评价、初步设计专篇评审、施工图纸审查及验收评价关口。完成单位职业危害现状评价 10 个，建设项目职业卫生预评价 7 个，要害装置 HAZOP 分析和现状评价 18 套。

【安全环保隐患治理】 2013 年，油田公司安全环保管理部门组织实施专项整治行动。针对健康安全环保管理薄弱环节，组织开展防爆电气、危化品、城区钻修井、职业卫生、油气管道井场占压、油泥管理等重点要害部位专题整治，查改问题 3000 余个，确保重大风险可控在控。油田公司投入安全隐患治理资金 2.4 亿元，实施杜 84 块硫化氢治理、油气储罐密封更换等隐患项目 245 项。投入环保隐患治理资金 1.56 亿元，重点治理污水处理厂等项目 22 个。完成电力集团脱硝项目可行性研究，环境敏感区完成弃置井封井 61 口、生态恢复 18 口，顺利通过国家环保部门验收。

【安全环保科技研发】 2013 年，油田公司安全环保管理部门组织各单位、各部门开展安全环保项目技术研究，研发应用的“浮顶罐机械密封带油更改囊式密封”“锅炉辐射段超声波检测”和“沟下作业安全防护”等技术 65 项，获得油田公司安全环保科技项目成果奖 55 个，其中，一等奖 7 个、二等奖 17 个，调动了基层单位投身安全技术革新的积极性。

【安全生产检查】 2013 年 6 月～9 月，油田公司成立由党政主要领导挂帅的检查领导小组，围绕检查内容，扩展细化 20 项检查重点、100 条检查细则。在二级单位自查自改发现、整改 3256 个问题基础上，油田公司成立 13 个专业检查组，检查48个二级单位、7 个多种经营企业、152 个科级生产单位、471 个生产作业现场、访谈员工 698 人次，累计发现问题 330 个。12 月，吸取中国石油化工集团公司“一一·二二”石油管道爆炸事故教训，组织开展新一轮安全生产大检查活动，结合分管业务，重点排查油气管道、隐蔽工程、安全距离等方面存在的问题，对发现的隐患和问题，分专业、分类别建立健全隐患台账，组织评估，分批分期组织治理。油田公司作为集团公司推荐迎检单位之一，组织迎接国务院安全委员会、国家安监总局、国资委和辽宁省等 9 次大型检查验收，油田公司安全生产工作获得各级检查组好评。

【特殊时段安全监管】 2013 年，油田公司安全环保管理部门针对特殊时段和重点领域风险特点，组织开展各类专项检查。组织开展汛期安全督查，成立安全环保专业监督组，每天驻守灾后复产现场，严格执行现场确认和操作要求，实现汛期零事故、零污染；开展特种设备综合管理专项检查，重点检查各单位流动吊装作业和气瓶专项整治落实情况，发现隐患问题 191 个，下发隐患整改通知单 15 份；开展春季、汛期环保专项检查，二级单位自检自查整改问题 2548 个，抽查整改隐患问题 182 个。组织开展“元旦、春节”等重大节日及国家“两会”和基建系统、多种经营企业、炼化、液氨装置等类专项检查，督促整改隐患问题 371 个，确保特殊时段、重点领域生产安全平稳。

【重大工程和要害部位 HSE 监管】 2013 年，油田公司安全环保管理部门落实专业监督、属地监督职能、专职监督职能，重点组织对双六储气库、兴三联、油气储罐密封改造等重大工程项目和大连油库、奈曼集中处理站等偏远要害部位的监督检查，加大对外部工程项目的监管，检查中“中国—缅甸、锦州—郑州、大连—沈阳”管道建设等 15 个外部工程施工项目，查改各类问题 153 个，外部工程项目油田公司年度级监督检查覆盖率达到 75%，比上年提高 50 个百分点。全年，油田公司两级 HSE 监督系统监督检查生产场所28 454个，发现隐患和问题 14583 个，整改 14314 个，未整改的问题制定了监控措施，明确责任单位和责任人。

【职业健康监管】 2013 年，油田公司安全环保管理部门组织制定《健康在辽河活动方案》《职业卫生基础建设活动方案》，组织锦州采油厂等

8个单位开展职业卫生基础建设达标活动。组织职业、非职业健康体检7.2万人次，监测分析一线员工生活饮用水点123个，监测SAGD、蒸汽驱等重点区域硫化氢8.7万点，检测职业危害场所667个，合格率100%；深入一线生产单位开展“送清凉”和“送健康”活动，为一线员工送去防暑降温物品、药品，组织有毒有害等特殊岗位员工疗养，全面保障员工身心健康。

【特种设备安全监管】 2013年，油田公司安全环保管理部门强化源头控制，确认核实471台特种设备施工方案，监督施工过程。加强注汽锅炉燃料切换、大型物件吊装、新设备安装等重点项目特种设备风险控制。全年，组织特种作业人员培训116期、培训4672人；组织注册特种设备169台，检验工业锅炉等特种设备3477台、气瓶76 145只，检测压力管道21.78千米、防雷接地点7.9万个，实现特种设备注册率100%，特种设备定检率100%，特种作业人员持证率100%。

【海上作业安全监管】 2013年，油田公司安全环保管理部门组织对1座移动式钻井平台和17艘作业船舶进行作业前备案审查，实现生产设施作业前备案审查率100%。对3座人工岛、3座导管架平台、1座移动式采油平台开展春季开工前安全检查，加强月东一块油田海上建设日常监管，组织开展月东A平台竣工验收、月东油田试生产备案检查，全年开展各类海上专项检查和日常监督检查50次，发现并督促整改问题136项，确保海上生产安全平稳。

【交通安全监管】 2013年，油田公司开展“标准化车队”建设，完善基层车队建设标准，规范管理流程，选拔、培训标准化车队培训师，指导车队开展工作，标准化车队达标率100%、优秀率90%以上。开展驾驶员能力评估，针对驾驶员身体状况、驾驶技能、家庭状况、不良嗜好、违规违章等情况进行全面评估，规避驾驶人风险。开展车辆技术性能状况检查，发现整改车辆隐患1055个。开展油区道路风险识别，编制63条主要道路风险识别图，识别危险点源1932个，发布恶劣天气预警信息和交通安全温馨提示300余条。结合季节、特殊时期、重大节日特点，开展客车、危险化学品车辆专项整治8次，预防行车风险。利用GPS、车辆视频、电子抓拍等手段，检查车辆5693台次，下发通报43期，查处违章车辆58台，违章率比上年下降20.6个百分点。

【消防安全监管】 2013年，油田公司安全环保管理部门落实中华人民共和国公安部《消防安全大排查大整治活动考评办法》，按照《辽宁省消防安全重点单位界定标准》，界定80个易燃易爆场所，34个人员密集场所，12幢高层建筑为消防安全重点单位，整改各类问题460个；开展消防安全专项整治，整改问题356个；开展消防安全专项考核，查改各类隐患问题168个，30个消防安全重点单位达到消防“标准化队站”优秀标准。

【环境保护监管】 2013年，油田公司安全环保管理部门组织穿跨越河流管线调查，实地踏勘油田公司穿、跨越河流管线165条、65.7千米，检验跨越河流管线206千米，实时掌控敏感管线风险。吸取吉林油田污水排放事故教训，开展污水、污泥排放隐患排查行动，排查隐患问题661个，制定并落实整改措施。推进污染减排工程，锦16块化学驱工程通过国家认证，欢喜岭采油厂、锦州采油厂和金马油田公司污染减排工程取得阶段性进展。开展油田公司整体清洁生产审核并通过验收，通过对18个主要生产单位能源和物料消耗、污染物排放等数据对比，分析产废原因，提出整改方案，达到节能、减排、增效目的。确认实施无、低费方案99项，中、高费方案70项，节约燃油5998吨，天然气3559万立方米、燃煤10 476吨、电3968万千瓦时，减少排放废气6.6亿立方米、二氧化硫1515吨、氮氧化物74吨、烟尘4921吨。完成水质、噪声、锅炉烟道气监测数据5814个，为环境管理提供依据。全面完成油田公司年度绿化工作指标，绿化覆盖率达到40%。

【HSE体系教育培训】 一、完善培训教材和师资库

2013年，油田公司安全环保管理部门组织编写“处级领导干部、HSE专职管理人员、新入厂员工”培训教材，印制《采油岗位安全知识读本》《事故案例教育读本》等实用书籍1.8万册。按照专业特点分布，选拔53名油田公司级兼职培训师，完善HSE培训师资库。

二、开展分层级培训

2013年，油田公司安全环保管理部门按照因人施教、按需施教的原则，对领导干部着重理念意识培训，对操作员工着重技能和行为培训。油田公司全年组织各类健康安全环保培训班1700余期，培训8万余人次。其中，二级单位处、科级干部HSE理念宣传贯彻和知识培训953人次，修井作业系统新上岗、转岗员工取证培训420人，《辽河油田公司环境保护管理办法》和《两高关于办理环境污染刑事案件的司法解释》培训1万余人，采取送教上门等形式培训野外施工人员HSE资质2997人，新交通法、“标准化车队”考核师等交通安全培训10837人次，消防安全重点单位管理人员培训126人。各单位以雨季“十防”、冬季“八防”和典型事故案例等内容为主题，结合工作实际和生产特点，组织各类培训近6万人次，提升全员安全意识和技能。

【安全文化建设】 2013年，油田公司安全环保管理部门以“安全生产月”“六五”世界环境日、职业病防治法宣传周、“一一·九”消防宣传月和“一二·二三”警示月等为载体，开展安全文化周、应急预案演练周、“送安全知识到一线”和环境咨询日等活动，利用电视、报纸、网络等载体，通过板报、漫画展、演讲比赛等形式，全方位宣传健康安全环保理念、法规标准、典型做法，丰富活跃基层安全文化。金马油田公司、高升采油厂、兴隆台工程技术处和油气集输公司荣获国家、辽宁省和盘锦市“安全文化示范企业”称号，油田公司“安全文化示范企业”达到9个。

【应急管理】 2013年，油田公司安全环保管理部门组织修订“天然气储供中心双六储气库和能源管理公司专项应急预案”16项，实施防潮堤加固防渗、井场道路垫高、区块内涝治理等建设项目，组建辽河油田溢油应急处置中心，组织“消防—反恐”联合演习、兴浅气13井井场“联合井喷应急实战演练”、月东一块油田海上应急综合演习和“中油海33号平台”综合应急演习。

【部门组织人事工作简况】 安全环保处属油田公司机关职能处室，设11个管理科室，有员工125人。其中，处级干部7人，处长于长武，副处长于文洋（正处级）、孟庆海、马凤林、王国成、梁忠波、郝宝田。有科级干部31人，综合办公室主任裴智东、党总支副书记刘波，健康与职业防护管理科科长张国华，安全管理一科科长吕忠、副科长王世达，安全管理二科科长平庆理，教育培训科科长朱凤亭，特种设备科科长张福长；HSE体系科科长孙文跃，环保协调管理科科长白天、副科长郭健，环保技术科科长聂远彬，总量与固废管理科副科长孙万里；HSE专标委油气田及管道分标委秘书处科长魏巍，安全监督总站采油监督科科长李相涛；安全监督一科科长吴岑；安全监督二科科长李忠喜；安全监督三科科长张新承，海洋石油作业监督处科长刘庆、副科长宋志伟，交通管理中心交通管理科科长战戟、副科长孔庆忠；交通监督科科长徐建立、副科长赵荣欣，特种设备检验中心综合科科长刘焕权；防雷检验科科长高振平，锅炉检验科科长孟令山；压力容器检验科科长高立新；起重厂车检验科科长秦舰；压力管道检验科副科长党巍，环保监测站站长古平。处党总支设个党支部5个，有党员90人。（宋力波）

技术监督与节能工作

【基础建设】 2013年，油田公司质量节能管理部门在实施质量、计量、标准化为管理基础上，将质量、计量、标准化和节能管理纳入油田公司《管理提升方案》《三基工作要点》和《内控流程》，保证基础管理工作全面、系统、有序推进。全面梳理和优化质量技术监督和节能管理机制，修订完善各项制度，明确管理、监督和检验业务职能定位及相互依存关系。针对管理薄弱环节制定相应措施，为管理提升提供保障。加强管理机构建设，优化调整油田公司层面业务管理岗位，加强检验机构监管和业务指导。各单位根据自身情况，充实人员、增设岗位、加大投入，完善机构建设。落实质量节能责任机制和目标管理，签订《质量节能管理责任书》，强化各级行政一把手的第一责任，层层分解传递任务指标，加强调研、检查、考核等工作，推动质量节能工作，提升管理水平。油田公司被集团公司评为“质量计量标准化先进企业”，连续10年荣获集团公司节能节水先进企业称号；在辽宁省“万家企业节能工作现场考核”中获得满分100分。

【质量管理】 2013年，油田公司加强质量管理体系建设，以“大质量”观念为指导，落实集团公司“顶层设计”思路。以“优化程序，简化流程”为原则，完成体系文件修订工作。加强质量管理体系运行监管，外聘第三方机构，审核油田公司机关35个部门。推行“交叉审核”机制，组织33个单位进行体系互审，整改问题685项，保证体系的有效运行。

【质量创优活动】 2013年，油田公司积极开展质量创优活动。成立QC小组1175个，推进基层质量攻关和质量改进，获国家级优秀成果3项，省部级成果一等奖13项，二等奖10项，三等奖12项。油田公司荣获“辽宁省质量管理小组活动优秀企业”称号，并荣获石油工业“用户满意企业”等奖项20项，促进全面质量管理。

【产品质量认可】 2013年，油田公司强化产品质量认可管理。劝退质量保证能力不能满足要求的供应商10个；撤销达不到质量要求的产品质量认可证126项。确认283个供应商的1826项产品执行标准，提出增加和修改技术指标375项。对管件、封隔器、三抽设备进行重点产品质量评定，清除10个供应商的12种不达标产品，净化油田公司产品采购市场。

【产品质量监督】 2013年，油田公司针对社会市场严峻的产品质量和工程质量形势，排除各种干扰，推进质量监督工作。建立快速反应机制，随时发布《质量快报》，定期发布《质量公报》，公布监督检验情况和不合格产品。第一时间曝光质量问题，实现质量信息共享，问题处理公开透明，不给假冒伪劣产品以可乘之机。重新梳理制定《必检物资目录》，将在建工程材料质量监督纳入常态化管理，保持产品质量监督的高压态势。全年配合集团公司组织产品质量监督抽检22批次，组织油田公司产品质量监督抽检1132批次，二级单位组织产品质量监督抽检5600批次。抽检发现不合格产品124批次，全部进行处理，挽回直接经济损失2100万元，防止不合格产品进入生产领域。

【工程质量监督】 2013年，油田公司加强工程质量监督，以油气管道、油气储库建设和承担的集团公司工程质量监督项目为重点，建立项目组工作制，实行监督工程师负责制，坚持行为质量和实体质量齐抓共管，强化日常巡视监督，开展专项集中检查，首次开展工程抗震监督检查。全年受理监督油田建设工程项目790项（重点工程9项）、矿建工程项目136项，发出《指令整改通知书》150多份，发现和消除隐患问题1200多个，确保工程质量处于受控状态。中油辽河工程有限公司勘察及设计、施工总承包，油田建设工程一公司参建的广州南沙油库扩建工程获得2012年—2013年度国家优质工程奖。

【计量管理】 2013年，油田公司推进测量管理体系建设，完善《辽河油田公司测量管理体系管理手册》及程序文件。开展“创建标准化检测机构”活动，推进实验室软硬件管理升级。加强计量器具配备和检定管理，组织A类计量器具检定16890台（件），更新1048台（件），新增607台（件），保证量值传递可靠。强化油气水电计量交接、大宗物料和定量包装商品验收的监督管理，控制效益流失。

【标准化管理】 2013年，油田公司质量节能管理部门发挥专标委员会作用，完善标准制修订程序，编制完成集团公司企业标准4项，制定油田公司企业标准43项。组织审查多种经营企业产品标准107项，提升多种经营企业产品标准制修订水平。强化标准配备和宣传、贯彻、实施工作，根据生产需要配备国家、行业和企业等各级标准4万余册。统一组织宣传贯彻重点标准15项，通过各单位组织培训、岗位练兵和监督检查，推进企业各领域的标准化建设。

【节能目标管理】 2013年，油田公司强化节能目标责任管理，逐级细化分解节能节水指标，明确行政一把手管理责任，完善节能目标责任制度，细化日常监督管理，加强节能项目实施过程监督引导，确保落实各项保障措施。全年超额完成集团公司指标任务，实现措施节能量5.6万吨标煤、节水量127万立方米，分别超额完成计划指标6个百分点和17个百分点。

【能效水平对标】 2013年，油田公司与新疆油田节能管理部门组成“稠油开发对标组”，双方各选3个稠油生产区块进行能效对标，确立“吨油耗天然气、吨油耗电、注汽锅炉热效率”等7

项主要能耗指标。通过6个试点区块的横向对比和差距分析，确定新疆和油田公司4个标杆区块，为改进节能管理和提升能源利用水平奠定基础。

【节能专项资金管理】 2013年，油田公司加强节能节水专项资金项目管理，全面梳理完善节能项目管理机制，强化专项资金项目验收工作，评价19个项目实施效果。全年争取上级专项资金1.24亿元，按照“系统化、规模化”原则，组织实施曙光稀油区块“三管伴热集输工艺改造”等4个节能技措项目，均按计划稳步推进。

【节能监测】 2013年，油田公司重点组织对注水系统、输油泵、螺杆泵井、直线抽油机井进行节能测试工作，完成耗能设备（系统）监测603台，根据监测报告结果，组织对发现的问题进行整改，为节能管理提供技术支持。

【部门组织人事工作简况】 质量节能管理部属油田公司机关直属部门，有在册员工106人，其中，处级干部6人，处长武俊宪，副处长栾玉湖、何廷会、柳庆新、刘铁哲、田彦华（2013年9月退职）。下设10个科室、4个管理站和1个管理中心。综合管理科科长陈英杰、副科长杨静；质量管理科、产品质量监督科科长徐成合；工程材料质量监督科副科长赵君；技术认证科科长修士今、副科长朱丽娟；计量管理科、标准化科科长王延全；节能管理科科长魏丕文；节能技术管理科科长关天势、副科长杨书会；抗震监督管理科科长李长义、副科长徐连；计量检测站站长赵忠、副站长赵琳；流量容器检测站站长田文举、副站长任保华；产品质量检验站站长胡伟、副站长史乃波；工程质量监督站站长宋国忱、副站长李海权、韩庆波；节能监测中心副主任王东（正科）、王润英（正科，2013年6月退职）。全年举办质量、计量、标准化和节能培训班7期，培训人员800多人次。开展宣传教育活动，利用“计量日”“节能周”“质量月”和“标准日”等活动载体，有针对性开展《中华人民共和国质量发展纲要》宣传贯彻活动、质量节能论文和“节能节水金点子”征集等活动，提升质量节能队伍的素质。

（修士今）

土地公路管理

【征地工作】 2013年，油田公司加强土地政情分析，整合区域协调优势，统筹协调解决各类土地难点问题及纠纷事件，确保油田公司生产用地及时供给。全年完成135口新井永久用地117宗、56.79公顷，完成油气管线1106千米，改扩建高压线路237千米等临时用地1488.06公顷征办任务。采取措施节约土地，利用老井场和钻井管排等做法实现节约用地73.97公顷，节省征地资金11357.58万元。

【用地协调】 2013年，油田公司按照重大生产项目推进部署，确保重点建设项目用地，加大协调力度，争取政策支持，解决占用基本农田、规划区、保护区超高补偿等主要矛盾和难点问题，引进中介机构代办确权登记手续，避繁就简，保障“特石（特种油开发公司2号站至石化分公司）输油管线”“储气库工程”和“油气80万轻烃工程”等项目按计划实施。

【用地报批】 2013年，油田公司土地管理部门研究解决新增建设用地规划调整、占补平衡指标等政策，完善建设用地快速报批机制，加快用地报批与权属清理，消除用地法律经济风险，取得中华人民共和国国土资源部批复4个批次（盘锦、沈阳、锦州、赤峰市等），总面积75.92公顷。对2000年以后取得中华人民共和国国土资源部批复的建设用地3012宗、1313.73公顷，组织确权登记办理土地使用证。加快油田公司38个矿权《土地复垦方案》和《矿山地质环境保护与治理恢复方案》的编审工作，取得中华人民共和国国土资源部批复24个。

【土地管理】 2013年，油田公司规范土地管理，盘活利用存量土地，编制土地调剂利用计划和对外处置计划，办理茨榆坨采油厂牛一联合站和曙光养鸡场调剂使用土地2宗，计1.77公顷。处置非在用和低效利用土地6宗，计19.08公顷。协商处置青堆子苗圃，审批、办理23宗改扩建土地的“两证一书”（《建设用地规划许可证》《建设工程规划许可证》和《建设项目选址意见书》），计24.67公顷。加强土地权属清理，办理油田公司员工驻地在辽中县和新民县地区土地使用证 7227 本。

【土地监察】 2013 年，油田公司吸取“一一·二二”和“一二·六”事故教训，落实《辽河油田公司排查整治侵占盗用油田资源专项行动工作方案》，深入指导、督促各基层单位对被侵占生产场地的排查和整治工作。加大土地监察力度，制定土地收回措施，收回被侵占土地 96 宗，计 14.1 公顷，查处侵占油田公司曙光消防中队、通信公司沈阳采油厂通讯站土地和井下作业公司老市场违章搭建等事件 9 起。

【公路管理】 2013 年，油田公司规范公路大修改造建设，土地管理部门及时与计划部门、设计部门、监理部门和施工单位组织前期调研，进行初设审查，制定科学、合理的改造方案，投入资金 3600 万元，完成大修改造道路 10 条，计 25.5 千米，保证生产道路安全畅通。

2013 年，油田公司下发《辽河油田公司专用公路管理暂行规定》及道路养护内控流程，明确养护管理界面和责任，加强资金管理、现场施工监督和 HSE 管理，投入养护资金 2534 万元，养护专用公路 1042 千米，养护质量基本达到预期效果。

【路政管理】 2013 年，油田公司加强交通运输行政执法形象建设和油田路政队伍建设，按照辽宁省交通厅要求，油田路政队伍 68 人统一更新执法标志、执法证件和制服。会同公安、司法、安全交管、市县路政和城管等部门联合执法整治专用公路环境，组织上路巡查 280 人次，办理封路审批 10 项，占用公路审批 19 项，下达限期整改通知书 31 份，清除路障 32 处，处理各类违章案件 12 起，清理欢喜岭采油厂欢一支路道路两边市场的违章摊点。

【部门组织人事工作简况】 土地公路管理处属油田公司机关直属部门，处设综合科、征地协调科、土地管理科、用海协调科、公路管理科、土地公路监察科、土地监察大队 7 个科室，有在册员工 21 人，其中，处级干部 3 人，处长刘建林，副处长朱继平、冯国柱。有科级干部 11 人，其中，综合科科长孙贵州；征地协调科科长崔玉忠、副科长张强；土地管理科科长李胜军、副科长原义；用海协调科科长张胜全；公路管理科科长王树轩、副科长冯春亮，土地公路监察科科长毛雅静、副科长王辉；土地监察大队大队长姜桂升。处党支部有党员 15 人。（孙贵州）

文秘工作

【文稿起草】 2013 年，油田公司总经理办公室围绕油田公司中心工作，服务生产发展大局，发挥了参谋助手作用，提升以文辅政水平，支持领导决策，推动油田公司各项工作高效运转。

树立“出精品、出思想”意识，坚持以领导满意、基层认同和指导工作为原则，及时领会领导要求，总结凝炼出坚持“四个第一”（坚持把双千建设作为第一要务，坚持把效益增长作为第一追求，坚持把安全环保作为第一要求，坚持把共创和谐作为第一责任）、做好“七篇大文章”（突出发展核心业务，做好增储稳产大文章；着眼增强综合实力，做好整体发展大文章；深入推进管理提升，做好效益增长大文章；全面实施创新驱动，做好科技进步大文章；着力构建长效机制，做好安全环保大文章；充分发挥政治优势，做好党的建设大文章；共创共享发展成果，做好和谐稳定大文章）等思路措施，有力指导油田公司发展。全年完成各类文字材料 150 余份、100 余万字。

【相关工作】 一、信息调研

2013 年，油田公司总经理办公室针对油田公司领导和员工群众关注的热点问题，深入一线基层单位，广泛收集各个层面的意见，撰写“采油作业联产承包情况调查”等调研文章；围绕油田中心工作，通过各种渠道收集、挖掘信息，及时反映生产经营成果，为各级领导了解情况、科学决策提供支持。全年编发《油田动态》《辽河石油简报》70 余期，向集团公司上报信息 20 余篇。

二、工作督办

2013 年，油田公司总经理办公室以会议决策部署和油田公司领导批办事项为重点，及时下发督办通知单 70 余份，对勘探开发、涉油气业务管理、解困扭亏等事项进行督查督办，推动各项工作有效落实。

三、会务组织

2013 年，油田公司总经理办公室对召开的各项会议做到会前精心准备、周密部署，会中综合协调、认真服务，会后认真总结，抓好会议决策督促落实，确保会议顺利进行、取得实效。

四、公文印信管理

2013 年，油田公司总经理办公室严格公文制发，运用电子公文系统，提升公文运转质量和效率；全年上网文件 300 余份，接收集团公司、辽宁省等各类文件 2200 份，制发文件 400 余份。严格机要信件、密级文件处理，杜绝发生泄密现象。规范印信使用，实现连续六年无差错。

【部门组织人事工作简况】 总经理办公室属油田公司机关处室，同时挂“辽河石油勘探局局长办公室”“油地协调办公室”2 块牌子。设综合科、秘书科、调研督办科、接待科、文书科、侨务民政科和信息网络科，有管理人员 18 人。其中，正、副处级干部 4 人，主任李湃，副主任姜革、宋天辉、丛淑飞、孟庆海、孟春利、蔡金桥。科级干部 11 人，其中，综合科科长陈亮；秘书科科长刘长江、副科长高剑；调研督办科科长刘璋；接待科科长陈晓东；文书科科长黄兰英、副科长窦春艳；侨务民政科科长张玲、副科级科员刘霞；信息网络科科长梁永豪，有一般管理人员 9 人。总经理办公室设党支部 1 个，党员 27 人。下辖档案馆、机关车辆管理中心 2 个副处级单位。（梁永豪　刘　鸿　娄　艳）

对外合作

【因公出国管理】 2013 年，油田公司外事与因公出国管理工作贯彻集团公司“走出去”战略，坚持“互利、共赢”方针，提高认识、精细管理、优质服务。全年派遣因公出国团组 88 个、276 人次（88 个因公出国团组中，包括境外项目 55 个团组、161 人次，培训 18 个团组、65 人次，考察 4 个团组、7 人次，会议 2 个团组、2 人次，经济贸易 9 个团组、41 人次），比上年减少 26 个团组、75 人次。其中，出国考察团组比上年减少 14 个团组、48人次。至 2013 年 12 月底，国际合作部门共办理并保管有效护照 761 本，注销过期护照 337 本。油田公司机关因公出国费用纳入预算管理，总额度 160 万元。全年机关因公出国费用未超预算，内控测试中无例外事项发生。

【引进项目管理】 2013 年，油田公司加强技术设备引进业务管理运作，全年计划资金 2.39 亿元人民币，完成技术设备引进合同 121 份（美元合同 42 份、合同金额 2253 万美元，欧元合同 2 份、合同金额 29.43 万欧元，人民币合同 77 份、合同金额 4577 万元人民币），合同额 2.03 亿元人民币，比计划节约资金 3662 万元人民币。

全年上报集团公司并履行集中采购项目 7 项，集中采购额度 1572 万美元，约 1.01 亿元人民币，集中采购额占总采购额的 50%。技术设备引进业务在内控体系测试和质量管理体系内部审计中均无例外事项发生。

【合作项目管理】 2013 年 11 月 5 日，海南—月东项目集输系统正式投产运行，A 岛油井陆续复产，B 岛新井逐步投产，全年累计生产原油 4.2 万吨，核实原油产量 3.62 万吨。至 2013 年 12 月底，月东油田投产油井 69 口，开井 55 口，最高日产液量 1395.7 吨，最高日产油 1005.2 吨，综合含水 28%。海南—月东项目全年完成投资 13.05 亿元人民币。高升项目坚持推进火驱开发，原油产量大幅回升，全面完成年度生产经营任务指标。

高升项目全年原油净产量 20.7 万吨，商品量 20.2 万吨，产油量创合作开发新高。全年油田实际综合递减负 4.2%、自然递减 17.4%，比上年分别下降 3 个和 1.9 个百分点。高升项目全年原油净产量比上年增加近 1 万吨，减少投资 2700 万元，节约操作成本 200 万元。高升项目全年完成投资1.43亿元人民币。

2013 年，高升项目完成“渤海湾盆地高升区块提高石油采收率和提高石油采收率调整开发方案”编制。配合国家审计署完成高升项目合作情况审计，全面梳理合作双方对项目审计后提出的结论和意见，结合实际进行落实和整改，规范和完善项目管理。

【部门组织人事工作简况】 国际合作部属油田公司机关直属部门，设综合科、外事科、财务科、进口管理科 4 个科室。在册员工 53 人，其中，处级干部 8 人，主任刘海洋，副主任程立国（兼海南—月东项目中方项目部经理，正处）、柴立文（兼高二三区项目中方项目部经理，正处）、李雪梅、程缃蓉、刘坤芳（正处，借调至其他单位），海南—月东对外合作项目中方项目部副经理张宝东；总会计师周金祥。科级干部6人，其中，综合科科长刘建达；外事科科长王湘；财务科科长徐阳春、副科长陈世勇；进口管理科科长张放、副科长孙景。党员43人。 （刘建达）

信息管理

【基本情况】 2013年，油田公司信息化工作按照“业务主导，统筹推进”的工作机制，围绕油田公司生产经营运行目标，推进各项业务领域信息系统建设和应用，提升油田公司的运行效率。区域中心机房运行平稳，保障地区公司信息系统稳定运行；网络建设完成互联网加速及主干网加固工作，网络资源实现实名制管理；公共管理系统建设完成信息门户系统升级；ERP应用管理平台与ERP运维管理平台提高使用效率。应用A1、A2系统取得明显效果，推进A8、A11等集团公司统建项目，组织专业数据正常化建设，开展新技术研究与应用，云计算技术、移动审批项目取得良好应用效果，KVM技术和巡检技术应用提高了信息系统的管理水平。推进信息安全工作，信息系统内控通过外部审计。

【基础设施运维】 2013年，油田公司信息管理工作坚持机房巡检制度，坚持每日检查机房场地监控、空调、电池、气体消防和火警报警系统，完成机房停电检修工作，全面检修机房配电系统、空调系统、UPS系统（含电池）、网络系统、服务器系统，排查安全隐患，保障辽河区域中心所属14个地区公司、分支机构和油田公司主干网络安全稳定运行。

完善油田公司二级运维体系，做好系统的运行维护，确保系统安全、平稳运行，做好问题跟踪处理、日常监控和技术支持工作。全年处理电话咨询近10万人次。发布信息系统运行维护月报，提升系统运行维护管理水平，定期开展系统应急演练，增强对异常情况的反应能力，保障系统安全稳定运行。

【网络建设】 2013年，油田公司网络建设工作启动互联网提速与主干网加固工作，实现重要岗位互联网访问提速与链路备份，实现主干网络设备更新加固，为生产网与办公网安全接入提供网络设备与安全设备支撑。保障网络高速平稳运行的基础上，规范网络身份实名，完善网络资源管理系统建设，规范油田公司网络地址发放与使用标准，实现网络地址全面统一管理。加强对网络安全行为的管理力度，编制下发网络资源安全管理8项条例，建立网络安全隐患通报制度，编写网络流量监控周报，分析关键网络链路运行状态，全年编写监控周报18期，发布异常网络地址通报7期，处理异常地址700个，规范了用户上网行为。

【公共管理系统】 2013年，油田公司公用基础信息系统的投入应用成为公司员工日常办公必备的工具，建设资源节约型企业、提高工作效率的作用更加突现。企业信息门户系统完成机关处室和二级单位900多个门户系统软件平台升级工作，门户信息量达229万多条，平均月浏览量720多万人次。办公管理应用电子公文系统、合同管理系统、HSE系统（E1）、网上报销系统、法律管理系统、审计管理系统、监察管理系统、股权管理系统和信访管理系统，应用效果良好，支撑管理业务的发展。电子邮件账户新增2286个，注册账号50173个，收发邮件近500万封。电子公文系统全年发送公文4902万余份，接收公文15万份，实现文件“零距离发送”。升级改造油田公司机关四楼视频会议系统，改造后系统由标清升级到高清，全年召开视频会议86次，计8000多人次；做好即时通信系统（RTX）项目在油田公司的试点工作，完成试点单位RTX客户端安装使用，进行全局推广。

【ERP系统应用】 2013年，油田公司ERP系统运行平稳，功能完善。通过ERP系统全年下达投资计划49.82亿元，创建WBS5149个，形成集成凭证14万张，日均处理业务1.48万笔，平均日上线1100人。信息管理部门加强运维管理，ERP系统投入2年多时间，始终安全、平稳运行，全年为用户解决问题1368个。油田公司ERP系统应用的典型经验和先进做法在集团公司勘探与生产分公司板块15个地区公司进行宣讲。

【集团公司统建系统建设】 2013年，油田公司信息管理部门推进集团公司统建系统。完善勘探与生产技术数据管理系统（A1）升级工作，继承已有数据资源、加快专业数据正常化步伐，加大勘探开发历史数据迁移工作力度，推动 A1 系统数据建设与应用。为钻采工艺研究院和各采油厂等科研生产单位提供地震大块数据体下载服务，其中，用于重新处理项目 72 个、勘探解释或开发评价项目 50 个，提供井筒数据查询服务 3200 人次，服务用户 400 多个，为编制井位部署、射孔方案及油井方案提供方便、快捷的数据支持。

深化油气水井生产数据管理系统（A2）的应用。规范相关生产数据管理流程，应用 5 级日报一体化应用平台、新开发方式日月报、对比分析报表、图形曲线绘制等功能，满足业务需求。A2 系统广泛应用到机关处室、勘探开发研究院、钻采工艺研究院及采油生产单位，用户数达到 2900 多人，年访问 1600 万次，业务覆盖油田公司生产、科研、经营管理三大主营业务领域，为油田公司 ERP 系统、勘探与生产调度指挥系统（A8）等 10 个应用系统及各采油单位自建系统提供数据服务。

勘探与生产调度指挥系统（A8）建设取得阶段性进展，按时完成交互工作环境、数据收集整理、应用系统开发测试 3 个方面工作，实现交互工作环境应用、专业数据入库、应用系统展示调试。建立运维管理标准规范，搭建油田公司本地 A8 数据库系统，完成 A8 系统涉及的各专业数据的收集、整理、入库工作，加载 11 万余条。开发与勘探数据库、油气生产数据库、生产运行数据库及采油工艺数据库的数据接口，与集团公司 A8 数据库实现实时同步，满足集团公司及油田公司两级应用展示的需要，完成展示系统 95 个节点两级应用的研发与测试工作。

筹备油气水井物联网系统（A11）项目建设，组织 A11 项目前期调研工作、建设规范意见收集整理、试点单位生产网建设 3 个方面工作。集团公司在油田公司实施 3000 口油气水井物联网改造，选择曙光采油厂、特种油开发公司、浅海石油开发公司等单位作为油气生产物联网建设试点，结合油田公司油气生产开发方式的多样性与复杂性，与相关处室及二级单位做好物联网系统推广设计及现场实施。

【数据库建设】 2013 年，油田公司开展专业数据正常化建设，在户主页发布《辽河油田数据正常化月报》，实现物探、地质、测井、录井、试油、VSP、油气生产等 7 类专业数据正常化管理和数据入库工作。加强历史数据建设，整合开发历史数据资源，研究分析勘探开发研究院开发数据结构，确立开发数据模型与辽河 EPDM 数据模型的映射关系，实现开发数据库中井位坐标等地质基础信息、测井曲线、录井数据到中心数据库畅通管理。确认各类专业数据表、映射模式、映射公式，建立映射关系表，年底完成开发历史数据迁移、加载和质量监控，整合开发历史数据资源，为辽河油田做好数据准备。加强数据应用服务，支持生产和决策，地震和 VSP 数据应用为勘探开发研究院和采油单位提供下载三维地震原始数据 9900 GB，下载地震成果数据 331GB，提高科研人员的工作效率，缩短项目研究周期，实现对勘探开发和决策的数据支持。油气水井生产数据管理系统与相关专业系统建立数据接口，为专业处室提供数据应用支持，为油田公司 ERP 系统、勘探与生产调度指挥系统（A8）等 10 余个专业系统提供数据服务，全年新建数据库接口 18 个，新建视图 910 个，授权表及视图 1859 个，授权函数 5 个，授权存储过程 11 个。

【新技术研究与应用】 2013 年，油田公司信息管理部门结合云技术与移动应用技术，实施云桌面系统，延伸至中国移动公司审批。云技术与移动应用技术服务于油田公司 90 个重要岗位，保障信息安全的同时，提高各类重要审批岗位的工作效率；ERP 应用管理平台和运维管理平台上线使用，为 ERP 系统深化应用提供保障。建设 ERP 应用管理平台，对系统内重点业务流程进行跟踪、追溯、分析，为提高系统运行效率、优化流程提供理论依据，对系统内专业数据进行挖掘与分析，为业务部门及相关领导决策提供依据。通过建设 ERP 运维管理平台，为运维支持、权限维护、应用考核、用户培训等提供工具与技术手段，促进运维管理工作规范高效。以云计算技术为核心搭建资源池，提高计算存储能力。建立 IBM 计算存储资源池，为数据库整合迁移提供计算及存储资源，保障油田公司应用系统运行安全。构建新门户系统资源池，扩展 X86 平台的计算能力，为各种虚拟化应用的整合提供计算平台。实施KVM集中管理系统，在辽河区域4个机房内搭建KVM集中管理平台，以集中管理方式进行机房内300多台服务器和100多台网络设备用户授权远程控制管理，梳理机房内设备操作权限，监控系统操作，确保机房设备管理安全。建成保障安全的巡检系统，为基层生产管理提供技术支持。利用信息化手段强化重要生产现场管理，达到对生产现场全面管控的目的。

【信息安全】 2013年，油田公司信息管理按照集团公司信息安全工作的总体安排，开展内容审计试点项目建设工作，完成1台网络分流器、5台内容审计服务器、1台内容分析服务器的安装调试工作，实现网络审计敏感信息关键字匹配、网络审计敏感文档指纹匹配、敏感信息数据库表记录字段匹配、服务器与存储敏感信息发现与保护等功能。分析互联网出口链路中断事故，规范员工互联网访问行为，扼制私开互联网出口和搭建二级代理等违规行为。做好信息系统弱口令账号整改工作，提高信息系统的安全防护能力，为60多个二级单位和部门解禁弱口令账号4694个，将弱口令修改为符合要求的安全口令。开展网络安全域扩展项目建设工作，提高互联网访问速度，在第一期建设的29台（套）设备基础上，集成增加22台（套）设备，增强互联网出口的入侵防域、安全防护、安全审计、流量过滤、流量分析、日志采集、代理访问、DMZ区访问、服务器和链路负载等功能，提高互联网访问速度，防止发生信息外泄事件。

【信息系统控制】 2013年，油田公司全面分析风险分类框架、风险管理程序及标准等相关文件要求，参考目标设置与分解一览表、风险事件库、领导层关注风险事件汇总表等资料，完成《信息管理部2013年度风险管理报告》的收集、整理和编写。收集和整理机关各部门的规章制度和管理办法，修订内控手册关于《信息与沟通涉及制度索引》等内容。开展季度自测，保证内控执行的有效性。全年顺利通过外部审计，提升信息系统内控管理水平。

【规范信息管理】 按照集团公司相关规章制度要求，结合油田公司实际，完善信息管理相关制度和管理办法，从网络、门户、安全等信息化工作规范信息化建设和管理。完成油田公司视频监控、视频会议系统及交互工作环境运维标准建设。完善机房管理制度，制定《辽河油田中心机房管理细则》和《机房场地设备简易操作手册》，规范运维巡检流程，保证油田公司机房及应用系统的安全稳定运行。

【部门组织人事工作简况】 信息管理部属油田公司机关直属部门，有员工40人，其中，处级干部6人，处长张文坡，副处长陈宏斌、丁明吉、张军峰、张守昌、王振声（哈萨克斯坦工作）。处设信息管理科、网络科、信息安全科、区域中心管理科、项目管理科、ERP运维科、ERP管理科、数据管理科、数据库科、数据应用科、系统运行科和综合管理科12个科室，有科级干部21人，其中，综合管理科科长朱金波、科长应菊芳（改做具体工作），信息管理科科长苏晖、副科长唐宏平、马菱（改做具体工作），网络科科长王玲（2013年7月1日聘），信息安全科科长孟繁奇、副科长高先睿；区域中心管理科科长晏扬、副科长张居库；项目管理科科长张秋菊、副科长王宇；ERP运维科科长尹树春、副科长吴中生；ERP管理科科长白宪丽；数据管理科科长吴雅丽；数据库科科长陈刚、副科长宋新芳；数据应用科科长周家鸿、副科长刘淑侠；系统运行科科长戴海波（2013年7月1日聘）。部党支部有党员25人。2013年，油田公司信息管理工作部门加强信息队伍建设。参加集团公司组织的信息安全管理与技术高级培训班、信息门户系统应用培训和运维研讨会、集团公司电子邮件系统上线培训班、ERP应用集成项目培训班、即时通信系统高级培训班、企业移动应用平台培训班、中国石油油气生产物联网系统培训班、办公专网培训班和信息系统开发高级培训班，全年派出学习28人次。组织参加ERP应用集成项目专题视频培训、A2系统深化应用推广培训班、信息门户系统升级培训班，参加培训940人次。组织内部技术交流40余次，提高员工信息技术操作水平和操作技能。 （王　宇）

档案工作

【基本情况】 2013 年，油田公司档案系统有管理机构 45 个，其中，档案馆 1 个，二级单位、直属公司综合档案室 44 个。本年接收档案 5.8 万卷、7.3 万件，底图 1.9 万张，照片档案 4475 张，其中档案馆接收、整理、入库、编目档案 1.8 万卷、1953 件，底图 1448 张。油田公司累计馆（室）藏档案全宗 57 个，档案 142.4 万卷件，底图109.3万张，以件保管的档案 56.7 万件，缩微胶片 5446 米，录音、录像、影片 11.3 万盘，照片档案 4.4 万张，各种资料 82.9 万册。全年编研档案公开出版参考资料 3 种，59 万字；内部参考资料 20 种，123 万字。全年档案系统提供利用档案 1.75 万人次、9.36 万卷次、12.2 万件次，利用资料 5903 人次、5.39 万册次。其中档案馆全年提供利用 3415 人次，3.62 万卷次、2.51 万件次，档案资料在为油田生产经营服务工作上发挥了重要的凭证与依据作用。

油田公司档案系统有档案馆（室）总建筑面积 3.52 万平方米，其中，库房面积 1.87 万平方米。拥有服务器 12 个、计算机 302 台，复印机 44 台，分散式空调机 382 台，其他专用设备 242 台。专职档案人员 308 人，其中，大专以上文化程度的 264 人，占 85.7%。具有专业技术职称的 205 人，占66.6%。其中，具有副研究馆员专业技术职称的 16 人，约占全部专职档案人员的 5%，具有馆员专业技术职称的 92 人，占 30%。兼职档案人员 703 人。

【档案宣传】 2013 年，档案馆以 6 月 9 日“国际档案日”和纪念《中华人民共和国档案法》颁布 26 周年为契机，学习、宣传、贯彻《中华人民共和国档案法》，利用门户主页开设“档案知识答题”专栏，油田公司有 40 个单位、578 人次参与答题活动。做好“档案信息门户”维护工作，全年发布通知 14 条，发布部门动态 63 条，促进了各单位工作交流，提升了档案人员的管理技能与素质。各二级单位按照档案馆工作要求，组织宣传活动。其中，欢喜岭采油厂印制《档案报》500 份，编印档案宣传册 1000 份发放到基层进行学习宣传，组织 85 人次参加国际档案日知识网上答题活动，强化档案工作。油田建设工程一公司在《中华人民共和国档案法》颁布 26 周年之际开展学习贯彻活动，组织专兼职档案人员重温档案法律法规，对社会和现实工作中存在的违法行为及案例进行讨论，增强档案工作队伍的法治意识，为依法治档、依法管档奠定基础。冷家油田开发公司采用召开座谈会、征集论文、答题、宣传和学习法律法规、上传新闻报道等形式进行宣传。开展“六九”档案宣传日活动，制作图板 7 张，宣传报道 3 篇，参与宣传《中华人民共和国档案法》答题 5 份，档案座谈会 14 次，三级档案网点征集到论文 4 篇，收三级档案网点活动体会 20 篇。

【档案收集】 2013 年，档案馆加强基础业务管理，实施集团公司档案管理手册和油田公司档案管理规范，发挥信息网络与实体指导相结合的优势，在执行性与灵活性上下功夫，推进档案业务指导工作，执行归档范围确认制与备案审批制，全年各类档案归档率达到 98%以上。档案资料在为油田生产经营服务工作上发挥了重要的凭证与依据作用。

【档案数字化建设】 2013 年，档案系统结合实际分层次、分步骤，有目标、有重点的解决问题，在规定的时间内完成档案录入工作，新归档案条目等全部录入到 E6 系统，实现档案管理方式的提升，提高档案整理与利用工作的便捷性，深化 E6 系统应用，提高档案数字资源建设质量。档案馆分层次加强 E6 系统应用的指导，针对技术力量薄弱的单位进行重点培训，全年进行电话与现场指导 100 多人次。年报和各种统计报表工作实现在 E6 系统上线完成，为油田公司档案管理提供了第一手的材料。

【档案编研】 2013 年，油田公司档案部门把为企业生产经营活动提供档案利用作为服务为主线，将现有档案信息资源进行再加工。开展多种形式档案资料专题编纂，选题贴近生产经营管理，提高档案借阅利用效率。全年完成工作成果 19 个、论文 48 篇，获得辽宁省档案局档案科技成果一等奖 2 个、二等奖 5 个、三等奖 12 个；论文获得一等奖 7 个、二等奖 16 个、三等奖 25 个。

【档案培训工作】 2013 年 4 月 18 日，档案馆举办公用系统档案业务现场交流培训会，推广兴隆台公用事业处规范的管理和二维条形码的应用，有18个二级单位档案员现场参观学习。

【部门组织人事工作简况】 档案馆（辽河油田史志办公室）是油田公司机关直附属部门（隶属于总经理办公室），设置机关档案科、地质档案科、科技档案科、业务指导科、综合科、史志科。在册员工41人，其中，处级干部1人，副馆长曲永洲；有科级干部11人，其中，副馆长张学平（正科）；机关档案科科长郑淑贤；地质档案科王平；科技档案科副科长何莉；业务指导科科长廖国琴（2013年4月改作具体工作）、郑广秋（2013年11月聘为正科），副科长宋洁（2013年11月聘）；综合科科长高山（2013年4月改作具体工作）、钟海涛，副科长李凤梅（2013年11月聘）；史志科科长杨振喜、副科长田英（正科），党支部有党员25人。（宋 杰）

史志工作

【基本情况】 2013年，油田公司组织史工作围绕集团公司统一部署，志、鉴工作融入油田公司发展总思路和建设"双千"企业的总目标开展，全年完成《辽河油田年鉴（2013卷）》72万字。完成《集团公司年鉴》《辽宁省年鉴》和《盘锦市年鉴》供稿任务3万多字。组织审查通过二级单位志书4部，其中，出版志书3部，全年完成出版物文字380多万，实现既定目标，发挥了"资治、存史、教化、育人"服务油田的宗旨。

【组织史编纂】 2013年，油田公司全面启动组织史编纂工作。3月，召开《中国石油辽河油田组织史资料》编纂启动会，推动油田公司组织史编纂的进程。组织120个单位310人参加组织史编纂培训班，按照集团公司编纂规范要求进行系统的业务培训。采用单独讲课，直接指导，电话答疑等方式对各二级单位企业卷、基层卷编纂工作给予指导。各二级单位按时按要求完成企业卷对接工作。机关各科室、部门、直属公司按照要求，按时上报（企业卷）相关资料。4月，组织参加集团公司组织史总部卷资料对接工作，对存在的问题及时进行修改更正。按照集团公司要求，5月份完成油田组织史总部卷工作，组织资料工作走在集团公司前列。

【年鉴编辑出版】 2013年，油田公司对《辽河油田公司年鉴（2013卷）》编纂工作提出新的要求，史志工作部门调整内部人员工作分工，加强材料组织，调整内容结构，统筹兼顾，协调推进。由于供稿时间无法保证，供稿质量参差不齐，针对基层供稿不及时的单位和机关部室利用电话不定期督促收集，对于电话多次督促晚交稿件影响编辑工作的单位和部门采取上门协调收集，稿件基本集中到5月份～7月份，文字量达到100多万字。编辑人员明确年鉴任务目标，增加工作责任心，集中精力修改、加工、编辑稿件，确保稿件质量和编辑进度，反复修改形成初稿后，相互交叉校对，实行编辑"四易其稿""六易其稿"保证质量，形成样书，经油田公司领导审阅后送审出版。审查二级单位年鉴1部。

【辽宁省石油开采工业志】 2013年，油田公司史志工作部门根据辽宁省史志编纂委员会办公室安排《辽宁省石油开采工业志》的编纂任务，组织《辽宁省石油开采工业志》材料收集。对剩余未上报稿件的单位和专业部门，根据实际情况采取跟踪服务、电话解疑等手段，确保《辽宁省石油开采工业志》稿件质量和数量。

【修志指导】 2013年，油田公司史志工作部门对二级单位的修志工作按照程序进行审查，合格后给予批准。二级单位修志工作到收关时期，认真审查相关单位的大纲，严格把关，确保志书写作符合体例。严把志书试写稿的质量关，确保各单位的志书编修工作减少弯路。对二级单位的试写稿，采取不同方式指导，对存在问题多的单位采取现场办公，面对面指导，解决供稿不合格问题。对存在问题较少的单位，在试写稿上进行批注，单位及时整改。对于存在问题较少的单位稿件直接改稿，尽量解决基层单位供稿问题。严把评审关，有的基层单位没有把好收集资料和试写两个关，本单位就组织编纂，成稿后要求史志办给予评审，史志办严格执行《辽河油田公司修志行文规范》，避免不合格的书籍出版。二级单位通过油田公司审查的志书4部。其中，出版志书3部，有2部志书待印刷，油田公司出版的出版物达到350万字。 （田 英）

信访稳定工作

【维稳工作】 2013 年，全国两会期间，油田公司把维护稳定工作作为党政领导班子的首要政治任务和重要政治责任，利用领导班子会、中心组学习、领导干部大会、党的工作会议等进行布置、安排，提高对维护稳定工作思想认识，部署“两会”期间的维稳工作。主管领导亲自抓工作部署落实，下发《辽河油田两会期间信访稳定工作实施方案》，成立信息收集、越级访处置、车站值班、来访接待、督查督办、舆情监测 6 个工作组，对所属单位下发责任令 58 份。召开专门会议全面动员部署，从畅通渠道、排查隐患、化解矛盾、收集信息、监测舆情、稳控防控、督导检查等方面，明确分工，各负其责，维护矿区和社会政治大局稳定。加强与盘锦市协调沟通，共同成立相应的工作组，共同防控大规模群体性事件，联手处置进京违规访，确保企地共同实现稳定工作目标。

【化解矛盾】 2013 年，油田公司认真落实集团公司政策，推进解决提前退休人员工龄待遇问题。稳步做好老家属参保工作，平衡不同年龄段家属利益保障。与中国石油长城钻探工程有限公司、中国石油辽河石化公司等油区单位共同挖掘出1200个就业岗位，通过劳务用工形式向油田矿区待业人员公开招工。吸纳待业子女家长代表参与招工流程管理，实现公平透明，得到广大待业子女家长的普遍认可。针对有偿解除劳动合同人员聚集在机关楼前的群体访，组织所属单位领导和有关部门开展现场劝返。通过现场、各物业小区监控、影像资料等办法，建立重点人影像档案。向各二级单位党政主要领导下发包含 137 个参访人的责任令，实现领导包案，各二级单位对参与聚集的重点人进行政策解释和思想教育，化解了有偿解除劳动关系人员群体访。

坚持主动处置的原则进行矛盾纠纷排查，对影响稳定的突出问题进行研究分析，实施局处两级领导包案。确定局级不稳定群体性问题 14 件，个体性问题 12 件。油田公司领导和 13 个基层相关单位、机关处室的主要领导对油田公司突出的 21 个主要矛盾问题进行包案分工，包案率 100%。在“春节”“五一”等节假日期间，深入到上访群众家中，进行推心置腹的真诚交流，帮助其解决实际困难，送去日常生活用品，唤起上访人员的理解和认同，用真心赢得他们的信任，用爱心感化他们的思想。全年信访总量 12086 人次，其中，群体访 180 批次 11440 人次，受理群众来信 65 件。

【部门组织人事工作简况】 信访稳定工作办公室属油田公司机关直属部门，有在册员工 10 人，其中，处级干部 4 人，主任甄占彪，副主任杜维甲（正处，2013 年 1 月 21 日调出）、赵俊平（2013 年 1 月 21 日调出）、谷玉学（正处，2013 年 1 月 21 日调入）、杨君生。处设 4 个科室，综合调研科科长桂峰，信访办理科科长李运铎，政策信息科科长刘旭，督察督办科科长代丽红。党支部有党员 10 人。

（桂　峰）

党群工作

综合情况

【学习贯彻中共十八大和三中全会精神】 突出学以致用、以用促学，采取多种形式学习宣传。两级领导班子中心组累计学习1817次，各级领导干部和员工群众增强对“中国梦”的认识和理解，坚定社会主义道路自信、理论自信、制度自信，坚定搞好国有企业的信心和决心。公司领导班子自觉用中共十八大和三中全会精神指导和推动工作，研究提出“稳、增、减、改”四大举措。坚定政治方向，在中国石油处于特殊重要时期的历史关头，各级党组织和党员干部坚决同党中央和集团公司党组保持高度一致，讲政治、顾大局、守纪律，保证油田政治稳定、生产稳定、安全稳定和队伍稳定。

【党的群众路线教育实践活动】 2013年，油田公司党委按照“照镜子、正衣冠、洗洗澡、治治病”总要求，聚焦“四风”，抓住要害，坚持学习教育求深、征求意见求真、查摆问题求准、开展批评求诚、整改落实求严、建章立制求实。坚持领导带头，局处两级领导班子和领导干部按照“检省旧我、超越自我、塑造新我”的要求，拿起批评和自我批评的武器，认真开好专题民主生活会，在触动思想、增强党性，践行宗旨、联系群众，改进作风、增进团结等方面取得成效。坚持边学边改、立查立改，制定落实贯彻“中共中央八项规定”措施办法，公司领导班子查摆“四风”问题23个，班子成员查摆142个，各单位领导班子查摆问题750多个，班子成员查摆7600多个。

【党建思想政治工作】 2013年，油田公司党组织认真贯彻上级各项部署，研究落实有关推进油田可持续发展的认识和要求，在“谋发展、推改革、促管理、益民生、抓队伍、保稳定”上发挥政治核心和战斗堡垒作用。建立健全基层党组织，新选拔配备党支部书记131人，其中大学毕业生41人。深化“六个一”党支部创建工作，建立党建工作示范点76个。开展党内创先争优、建功立业活动，创建党员责任区3252个，示范岗1917个，共产党员工程931项。坚持标准，全年发展新党员1379人。针对企业严峻的经营形势，及时开展“三稳三增”(产量稳、成本稳、效益更要稳，规模增、实力增、效益更要增)形势任务教育，增强员工群众的主人翁责任感。发挥群团组织作用，精心组织“全员精细管理，杜绝百种浪费”和青年油水井分析等活动，查摆各类浪费问题14497个，提出合理化建议18213件，实施整改措施12655项。弘扬大庆精神铁人精神，开展向李新民学习活动，组织宣讲油田各类模范和见义勇为先进事迹，开展“辽宁精神”宣传贯彻、企业文化实践活动和读书活动。通过提升“软实力”锻造企业“硬功夫”，把文化优势转化为发展优势。油田公司荣获改革开放35周年企业文化竞争力优秀单位、全国企业文化优秀成果奖。

【领导班子与人才队伍建设】 2013年，油田公司党委深化“四好班子”创建活动，注重增强整体功能，优化26个处级领导班子结构；加强绩效考核，对105个处级班子、机关处室和638名处级干部进行履职测评。提高选人用人公信度，加强干部“德能”考察，强化实践锻炼，加大交流力度，全年交流调整处级干部44人，下派上挂优秀后备干部15人。

加强干部教育培训，举办新提拔处级干部和青年干部培训班。各级领导班子和领导干部坚持解近忧谋远虑、观全局抓重点、转作风提效益、抓队伍强素质、重民生促和谐，创造实实在在的业绩，树立务实清廉的形象。坚持人力资源可持续与油气资源可持续同等重要，推进人才强企战略，加快高端实用人才、科研领军人才、青年人才培养步伐，涌现辽宁省领军人才和优秀专家2名，集团公司高级技术专家8名，油田公司高级技术专家25名，油田公司技术专家102名，为油田公司可持续发展提供人才保障。

【党风廉洁建设】 2013年，油田公司党委全面落实党风廉洁建设责任制，签订责任状106个，明确属地单位、直线部门的责任；持续推进惩防体系建设，完善制度、目标、责任和理念四个体系；深化廉洁自律教育和反腐倡廉警示教育，组织开展“反四风、倡清廉”小品小戏创作展演，油田反腐倡廉教育基地被命名为集团公司首批5个教育基地之一。加强对落实“中共中央八项规定”情况的监督检查，查处6起违规问题，对5

名责任人给予党纪政纪处分。加强案件查办，立案查处20件，处理党员干部35人。抓好老化油管理、市场资源配置等效能监察和专项检查，对28个单位和个人进行责任追究。全年为企业挽回和避免直接经济损失439万元，收缴违纪款和经济处罚381万元。

【平安和谐矿区建设】 2013年，油田公司党委畅通信访渠道，加强矛盾纠纷排查，注重源头防范，妥善解决部分有偿解除劳动关系人员群体访、提前退休人员工龄待遇、老家属参保、外雇工清退等问题。加强矿区治安专项整治，圆满完成全国“两会”“十二运”安保维稳任务，油田公司被评为集团公司和辽宁省信访稳定先进单位。研究探索在城镇化进程中统筹推进油田矿区整体发展问题，召开矿区工作会议，完善有关规划，整治矿区秩序，改善生产生活设施，推进偏远散小矿区改造。做好扶贫帮困工作，实施大病专项救助，为1741名患病员工家属提供援助款1800万元。创造条件，多渠道解决子女就业问题，全年有1827人就业。启动员工健康管理工程，开展“健康在辽河”活动，做好首批1.2万多名离退休老员工和一线员工健康体检。深入推进EAP（员工帮助计划）工作，提高员工群众身心健康水平。

【部门组织人事工作简况】 党委办公室属油田公司机关处室，设置秘书科、文书科、调研信息科、机要保密科。在册员工13人，其中，处级干部4人，主任辛向忠，副主任黄耀华、李彦庆，保密办主任李树华。科级干部5人，其中，秘书科科长周四海，科级科员王金勇、范世通；文书科科长王洪卓；调研信息科科长刘志俊、副科长王海宁；机要保密科科长孙骥壮。党支部有党员13人。（刘志俊）

组织工作

【领导干部队伍建设】 一、加强领导班子建设

2013年，油田公司党委组织工作以“四好”班子建设为主线、以增强班子整体功能为重点、以强化考核为抓手，加强处、科两级班子适应企业改革发展的能力。结合《关于中央企业党委在现代企业制度下充分发挥政治核心作用的意见》精神，扎实推进“四好”班子创建活动。2012年度处级领导班子测评加权得分98.64分，比2011年度提高3.24分。统筹考虑领导班子整体状况和企业发展需求，重点加强二级单位党委领导、机关党群部门负责人的合理组合，优化26个处级班子的结构。加强领导班子年度考核、组织考核及日常考核，完成105个处级班子和638名班子成员的年度履职测评、统计反馈等工作。

二、提升选人用人公信度

2013年，油田公司党委组织工作结合中共十八大关于对干部管理工作的新要求，起草《关于进一步完善干部管理工作的几点意见》，在加强干部“德能”考察、责任追究机制、严格干部管理、强化实践锻炼等方面，进行探索。坚持标准条件，严格履行程序，拓宽视野，提高选人用人公信度。2013年交流调整处级干部44人，其中，副处级提拔正处级7人，新提拔副处级10人；正处级交流任职21人，副处级交流任职6人。调出2人，改任调研员4人，退休23人。

三、绩效考核

2013年，油田公司党委组织部门突出利润指标的考核导向作用，利润指标完成率封顶由130%调整到150%，超额完成按超交比例进行业绩奖励，未完成扣减额不低于40%。加大HSE考核力度，注重HSE过程性和结果性考核，分业务板块设置考核指标和权重，主要生产单位考核权重达到30%。在层层签订绩效合同、确保处级领导人员签约率100%基础上，开展跟踪监督，注重过程预警，通过季度通报、半年预考核等形式，促进年初油田公司经营指标完成。做好油田公司领导绩效考核，指导开展基层单位考核工作，切实推进全员绩效考核工作。

四、干部监督工作

2013年，油田公司党委组织部门认真落实“一报告两评议”工作，在配合集团公司人事部开展油田公司层面相关工作的基础上，领会精神，总结经验，结合实际，在二级单位首次开展“一报告两评议”工作，加强组织指导，确保工作顺利实施。对科级领导人员选拔任用专项巡视工作进行跟踪“回头看”式梳理，基本形成各单位科级干部队伍建设实时状况监督表。认真开展油田公司副处级以上领导人员党员领导干部个人

有关事项的报告工作，801人进行了报告。

【基层党组织建设】 2013年，油田公司党委组织部门探索研究基层党委党建考核评价体系建设，有42个单位党委建立了党建工作考核评价体系。及时协助指导2个单位党委召开党代会，指导2个单位党委完成党委委员增补工作。指导盘锦辽河石油房地产开发有限公司、盘锦辽河油田天都实业有限公司组建三级党委，加强多种经营企业基层党建工作。扎实推进党（总）支部建设。深化“六个一”党支部创建活动，建立党建工作示范点76个，完善“六个一”党支部建设的具体标准要求。建立健全党的基层组织，配齐配强党（总）支部书记。全年调整（新建）党支部166个，新提拔党支部书记131人（大学生党支部书记41人），调整交流党（总）支部书记179人。探索“电子党务”工作模式，初步研究设计“灵活实用、操作方便、易于管理”的基层党建工作管理平台，把信息化手段运用到制度流程建设、党员教育管理、组织活动记录、数据统计分析等方面，激发基层党组织工作效率，提升基层党建工作科学化水平。

【党员队伍建设】 2013年，油田公司党委组织部门认真抓好中共十八大精神学习培训工作。组织优秀党支部书记和党员进入党校开展中共十八大精神集中培训，全年组织优秀基层党组织书记培训班3期150余人，组织优秀共产党员培训班10期940余人。各基层党组织通过集中培训、上专题党课、召开组织生活会，开展读书、答题、知识竞赛等多种载体活动，广泛深入地开展中共十八大精神学习轮训工作，基层党组织书记参加学习培训达9760余人次，党员、积极分子达7.3万多人次。强化党员日常教育管理工作。落实“三会一课”制度，探索建立党员目标管理量化考核体系，34个单位党委建立了党员目标管理量化考核制度，提升党员教育管理水平。注重抓好经常性创先争优工作，与“全员精细管理，杜绝百种浪费”“五型五好班组”等主题实践活动有机结合，深化“创三优”活动，全油田创建党员责任区3252个、党员示范岗1917个、共产党员工程931项，形成“党员先锋井”“党员一帮一”“党员满意服务”等特色“党员工程品牌”，充分发挥党员的先锋模范作用。开展纪念建党92周年系列活动。组织开展“标准化党支部”创建、“共产党员建功立业”活动和“党支部书记讲党课”等系列活动，创建“标准化党支部”示范点53个，组织“党支部书记讲党课”比赛37场次，参赛党支部书记363人次。“七一”前夕，组织开展“两先两优”评选活动，评选先进党委15个，先进基层党组织100个，优秀共产党员200名和优秀党务工作者100名，增强了油田公司各级党组织和广大党员的凝聚力、战斗力和创造力。认真做好发展党员工作。制定《2013年公司发展党员工作计划》，举办入党积极分子集中培训班8期，培训入党积极分子1060人。注重在青年、妇女、少数民族、高知识群体和党的力量薄弱的组织中发展党员，全年发展党员1400名，减少无党员“空白”班组31个。

【党的群众路线教育实践活动】 2013年，油田公司党委组织部门本着先学一步、学深一步，认真学习领会中共中央精神和集团公司的各项活动部署、领导讲话精神，为组织开展活动做好思想准备。及时与集团公司督导组取得联系，获取有关开展活动的文件、资料、信息。组建教育实践活动领导小组办公室，8个督导组下发文件，培训相关人员。制定活动《实施方案》、活动工作制度和工作运行表，明确活动组织领导和责任分工。扎实推进教育实践活动的组织运行，认真做好三个环节的工作安排，及时起草并印发活动的相关通知文件，坚持办公室周工作例会制度，编制办公室周工作运行安排表21个和会议纪要8期，及公司领导班子成员第一环节工作运行表、重点工作提示，切实保证活动的有序开展。与相关部门配合，完成公司教育实践活动动员大会和阶段性工作会议等多次协调筹备工作。深入7个基层单位调研，召开干部员工座谈会，加强具体指导。编辑活动简报5期，增强舆论导向指导。做好与集团公司教育实践活动领导小组办公室和第二督导组的情况汇报和沟通，及时处理上级文件通知49个，上报各种材料30份。接待集团公司第二督导组检查，宣传经验做法，增强油田公司教育实践活动在集团公司的影响。

【人才队伍建设】 2013年，油田公司党委组织部门完善人才培养管理机制。开展专家岗位推荐。选拔推荐系统和行业领先、具有较大影响力的复合型技术人才参加集团公司、辽宁省级优秀人才岗位竞聘。将重大科研（工程施工）项目与重要技术岗位相结合，开展油田公司核心人才选拔推荐工作。至2013年年底，有2人分别被评选为辽宁省领军人才和辽宁省优秀专家，16人被评为辽宁省“百千万”人才候选人。公司有集团公司高级技术专家8名，油田公司高级技术专家25名，油田公司技术专家102名。以“生产任务、学科建设、后备人才培养”三位一体的考核方式，对油田公司专家进行业务能力和职业素养考核。邀请相关专业领导、专家和业务处室听取汇报，进行业务指导和评委点评、量化打分，既考核专家工作业绩又对重大项目起到了有力的推进作用。加强博士后工作站管理和引进人才培养。按照“立足油田科研高端技术，引进有用之才”的要求，招收4名博士后入站。在年度油田公司专家评审中，引进的博士后人员中有3人走上油田公司技术专家岗位。

【干部培训】 2013年，油田公司党委组织部门坚持以能力建设为核心，开展高端人才培训。选派人员赴加拿大参加高级石油管理和技术培训班，学习钻井、低渗透油气田开发和强化采油等国内外石油新技术成果。坚持以业务提升和技术交流为重点，开展技术专家培训。分5期举办油气田开发、地质勘探、采油工程、地面建设和井下作业等技术专家培训班，培训175人。坚持以拓展专业视野为重点，先后推荐11名专业技术人员参加集团公司油气站场管理等关键技术的培训学习。以熟练掌握国际化知识、具备较强国际化沟通能力为重点，开展口语会话和外经外贸知识为主的模拟托福培训，完成3期90名学员的培训任务。从历届托福培训学员中选拔5名石油主干专业、英语成绩优秀的学员到集团公司参加培训学习和赴俄考试。

组织举办新提拔处级领导人员培训班，在“课程设计、师资配备、班委会选配、开班结业、组织运行”等诸多方面有新突破。75名新提拔处级领导干部参训。举办为期1个月的青年干部培训班，91名青年干部参训。

精心组织毕业生入职教育培训，根据往届毕业生的建议和本届毕业生的需求，完善毕业生入职教育工作。在理论授课环节，增设职场礼仪、人际沟通、自我管理、公文写作等10余门职场入门讲座。广大毕业生快速转变角色、融入企业，收获相对实用的职场知识，为顺利步入职场、开始职业生涯打下了良好基础。

【青年人才培养】 2013年，油田公司党委组织制定辽河油田《青年管理人才、专业技术人才培养使用实施办法》，通过摸底、座谈、深入基层站队“蹲点调研”等形式，征求各层面对青年人才培养的意见建议。注重青年后备干部的培养，掌握1批35岁以下主营生产、科技岗位的后备干部。启动干部挂职锻炼工作，选派15名优秀后备干部上派下挂。在专家推选中对年龄在35周岁及以下、特别优秀的青年专业技术人才适当放宽参评条件，经过各专业评审，推选出油田公司青年技术专家人选10人，占推选人数的16.4%。鼓励优秀青年人才投身科技攻关。对参与（主持）重大科研项目、科研生产中取得相应级别创新成果和获得系统（专业）“新人”（能手）的青年人才，在职称评审和专家选拔中给予适当政策倾斜。支持青年参加青年油水井分析、金点子、英语大赛、QC成果等活动，并注重比赛结果的应用。发挥政策导向作用，在基层厂处级专家和技术骨干选拔中注重提高35岁及以下优秀青年人才所占比例，为其尽快成长进步搭建平台。基层技术骨干队伍中，35岁以下青年人才占36%。

【职称评审】 2013年，油田公司党委组织部门倾斜一线岗位，提高边远矿区单位指标分配比例，将边远矿区和一线生产岗位毕业生工作年限和晋升专业技术职务挂钩。通过对一线专业技术岗位单独增设打分项等方式，拓宽一线晋升通道。采取处科两级、机关基层分别排序、分开差额的办法，为专业技术人员创造更大的晋升空间。允许符合参评条件且在编制范围内的操作服务身份人员参加职称评审和聘任，保障一线生产运行对人员技术素质的要求，充分调动长期扎根一线“工代干”人员的工作积极性。

全年评审高级工程师146人，高级经济师23人，高级会计师7人，高级审计师3人，高级政工师45人，副研究员1人，主任记者1人，副主任医师18人，副主任药师2人，副主任技师2人。

【人才引进及配置】 2013年，油田公司党委组织部门完成人才引进任务，引进高校毕业生774人（含55名二学历毕业生），其中，博士生2人、硕士生114人、本科生649人、专科生9人。确定2014年及今后的人才引进基本思路。从人才队伍规划顶层设计出发，确定2014年及以后一段时期，在油田公司规模不出现较大变化的情况下，每年按照750人的数量持续、平稳引进人才的基本思路，避免出现人才断层和结构失衡。合理配置各类院校的招聘指标，加大“985”院校毕业生引进比例，确保人才引进的数量、质量和结构更加合理。

推进子女就业。通过子女招聘考试、二学历入学考试和大学生征兵工作，在应届子女高校毕业生中择优招录32个专业共117人回到油田就业，在往届子女毕业生中选拔93人参加为期2年的石油专业教育，选拔95人入伍服义务兵役，毕业和退役后安排到基层一线。提高基层一线队伍的学历层次和整体素质，缓解子女就业压力。

完成军转安置任务。接收8名军转干部，其中副团职4人、副营职2人、正连职1人、技术干部1人，参照原有军衔和职务，结合个人意愿，将军转干部安排到合适的工作岗位，全面完成上级下达的政治任务。

开展人才队伍调研。深入各二级单位，围绕未来人才队伍建设组织研讨，认清队伍年龄结构、学历层次、专业类型方面的优势和不足，查找到各单位人才工作中存在的问题，采纳征求到的意见建议80余条，提出有针对性的解决对策和整改方案，为油田公司领导科学决策提供第一手资料。

【组织队伍建设】 2013年，油田公司党委组织部门加强学习教育，提高思想政治素质。组织学习中共十八大、十八届三中全会精神，加强对党的群众路线相关内容的学习，做到早学一点，多学一点，学深一点。采取领导导学、专人领读的方式，集中组织学习9次，围绕心得体会、个人四风表现开展讨论活动2场，撰写心得体会和对照检查材料等46篇，提高了自身政治理论素质。

加强作风建设，提升自身形象。按照习近平总书记提出的“讲政治、重公道、业务精、作风好”的要求，始终注重抓好作风建设，坚持公道正派，密切联系员工群众，积极践行“五个不让”工作标准，面对繁重的工作任务，发扬“三不怕”工作作风，圆满完成各项工作任务，树立公道正派的组织工作干部形象。

加强廉洁教育，保持部门公正性。重视部门的廉洁建设，严格遵守“中共中央八项规定”、集团公司党组和油田公司要求，树立正确的价值观、权力观和利益观，坚持按原则办事，按制度办事，堂堂正正做人，清清白白做事。

【部门组织人事工作简况】 党委组织部属油田公司机关处室，设置综合科、组织科、干部管理科、干部管理二科、技术人员科、人才配置科、干部监督科、业绩考核科。在册员工23人，其中，处级干部6人，部长张金利（油田公司副总师兼），副部长陈永和（正处）、王淑艳（正处）、赵万辉，副处级业务主管许玲、訾少江。科级干部13人，其中，综合科科长胡春满，副科长王莉；组织科科长温雷，党建研究会副秘书长董艳杰（正科），组织员办公室副主任王红（正科），干部管理科科长赵相文，干部管理二科科长朱尧，技术人员科科长张允琇、副科长盖丽荣（正科），人才配置科科长訾少江、副科长张林林，干部监督科科长刘化民，业绩考核科科长钱耀良。党支部有党员23人。 （胡春满）

宣传工作

【理论教育】 2013年，油田公司以学习宣传贯彻中共十八次代表大会、十八届三中全会精神为主线，结合油田改革发展实际，采取班子成员“引领学”、外请专家“辅导学”等方式，超前制定学习计划，明确学习专题、内容和形式，强化局处两级领导班子中心组学习，提升领导干部理论素养和决策水平。起草下发《辽河油田学习宣传贯彻十八届三中全会精神的安排意见》，结合集团公司关于深化改革的八项重大部署，深化对辽河油田下步改革所涉及八个重大问题的认识。及时收集整理编发中共中央总书记习近平重要讲话及相关理论文章，全年编辑学习材料17期，为两级领导班子和领导干部系统学习党的创新理论提供优质服务。

【形势任务教育】 2013 年，宣传部门针对油田长期存在“三大结构性矛盾”和“两大现实挑战”的严峻形势，从年初开始，围绕贯彻落实职代会和党的工作会议精神，起草下发形势任务教育宣传提纲，针对干部员工关心的热点问题，组织编印关键词解读，设计制作专题网页，为干部员工全面了解国情、油情、企情提供权威的宣讲与解析。围绕“质量效益发展”主题，油田公司领导班子提出“稳、增、减、改”四大举措，宣传部门第一时间解读其深刻内涵，厘清对油田深化改革的思想认识，为领导决策提供有益参考。梳理各单位具有重大价值和成长潜力的典型情况，推介准备重点选树宣传的典型 30 个。开展学习李新民等先进事迹活动，共撰写学习心得 2600 余篇。

【企业文化建设】 2013 年，油田公司认真贯彻集团公司企业文化建设工作会议精神，抓好“六统一”宣传贯彻。结合学习贯彻《中国石油企业文化建设工作条例》，编印《中国石油企业文化应知应会》学习知识手册，下发到 3342 个基层党支部。贴近基层实际，开展企业文化建设“五项实践”活动，以典型示范引领为主要形式，选择培育 20 个示范点，指导和帮助各单位从“融入管理、体现特色、全员参与”等环节实施推进，涌现出一批工作效果好、员工热情高、实践载体广、管理提升快的标杆站队。开展企业文化格言征集活动，征集各类格言 958 条。精心组织《中国石油企业文化辞典——辽河油田公司分册》编撰工作，取得初步成果。积极抓好阵地建设，向集团公司申报推荐企业精神教育基地 4 个。各单位结合实际，从体现特色文化和个性文化建设上创新。推进安全文化、廉洁文化、矿区文化等专项文化建设。2013 年，油田公司获得全国企业文化优秀成果奖、改革开放 35 周年企业文化竞争力优秀单位称号。

【舆论宣传】 2013 年，油田公司按照重策划、出精品、见影响的思路，加大外宣工作力度。以油田公司重要会议、重大活动及公司连续 28 年实现稳产、科技专项启动一周年等为契机，重点围绕质量效益发展、党的群众路线教育实践活动、提升党建科学化水平及节能、安全环保、依法以规治企、和谐矿区建设等专题，在省部级以上媒体刊发稿件 75 篇。报送集团公司门户网站信息 570 篇，采用 394 篇。深化与新华社、《经济日报》、《工人日报》等主流权威媒体的合作，提升稿件质量、时效。发挥辽宁日报《辽河油田观察》等平台优势，加强与专业处室、基层单位的交流互动，增强宣传内容的丰富性，扩大对外宣传的覆盖面，构建横向合作、上下联动、形式多样的外宣格局。

推进舆情防控长效机制建设，研究制定舆情防控分级处置办法，规范形成舆情监测及舆情信息“上报下传”“有序处置”的运行模式。初步建立网络评论员队伍，网上舆论引导工作试点运行。重点围绕油田环保、官员“雷语”等领域开展舆论风险排查，提前预警、抢占先机。通过多种渠道和方式对油田公司 400 名多相关领导干部和从业人员进行相关业务培训。全年监测涉及辽河油田及中国石油网络信息 17032 条，形成舆情周报 48 期、专报 39 期，向基层单位发出《网络舆情告知单》14 份。

【精神文明创建】 2013 年，油田公司以知荣辱、讲正气、做奉献、促和谐的良好风尚为主线，采取丰富多彩的方式开展道德宣传和实践活动。组织集团公司十大爱心模范、油田首届道德模范等组成小型报告团深入基层单位机关和车间、班站进行巡回报告，面对面互动，心贴心交流，报告 20 场次。配合盘锦市创建全国文明城市，制定《2013 年油田“创城”工作实施方案》，广泛宣传，加强协调，督促检查，顺利通过辽宁省文明指数检查验收。推进“学雷锋”志愿服务活动，净化矿区环境，倡导文明风气。抓好职业道德建设，通过各种形式和载体，强化《中国石油员工职业道德规范》的学习宣传，建立领导干部职业道德承诺制度，组织各单位副总师以上领导及重点岗位人员签订职业道德规范确认书。

【党的群众路线教育实践活动】 2013 年，油田公司宣传部门全面承担学习教育环节的各项任务，领导班子中心组学习 15 次，编发学习材料 19 期，组织收看党内教育参考片《苏联亡党亡国 20 年祭——俄罗斯人在诉说》，开展专题讨论 5 次。深入挖掘基层好经验、好典型，编发活动简报 24 期，集中宣传 60 余个单位的特色做法，在集团公司教育实践活动专题网页上发布信息30多条，总结提炼油田公司坚持拓宽渠道、开门搞活动，促进征求意见取得实效等14篇经验，被集团公司简报和专题网页刊发。利用好报纸、电视、油田公司专题网页3个有效平台，刊发教育实践活动动态消息110余篇、专刊2期、理论专版6期，在《辽宁日报》对油田公司教育实践活动开展情况进行整版报道。

【统战工作】 2013年，油田公司宣传部门发挥包容求同的政治优势，积极宣传党的统一战线工作方针、政策，把油田统战成员的思想和行动统一到企业发展上来，激发他们立足岗位、建功立业的热情。发挥人才密集的智力优势，引导和鼓励统战成员立足岗位建功立业，形成《关于螃蟹沟水污染情况的调研报告》等一批具有较强针对性的考察报告。发挥协调关系、化解矛盾的功能，组织油田统战成员到油田残疾人福利厂送温暖献爱心，接待答复台属、侨属、民主党派成员来访来信15人次。开展学习培训和考察活动，加强统战队伍建设，夯实油田统战工作基础。

【理论研讨】 2013年，油田公司宣传部门把开展课题研究作为创新思维、提高能力的手段，开展油田公司政研会3个重大、重点课题研究，完成13个具有理论指导意义和实践参考价值的内部课题。将调查研究作为"谋事之基、成事之道"。成立5个调研组，历时6个多月，分别对油气主业、工程建设、多种经营、矿区服务4个系统进行专题调研，走访基层单位88个，召开座谈会74场次，访谈各层面人员800人次，问卷调查2030人次，形成5个专题调研报告。把务虚研讨作为砥砺素质的演兵场。多次组织宣传部长座谈会，举办系统培训班，开展专题务虚、案例征集、论文研讨等活动，形成宣传思想文化工作案例194个、论文383篇。

【部门组织人事工作简况】 2013年，党委宣传部在册员工27人，其中，处级干部7人，公司副总师兼部长李忠诚，副部长肖淑英（兼统战部长，2013年7月改做具体工作）、王晓达（兼企业文化处长、新闻办主任）、邹君、王英宇；党建思想政治工作（企业文化）研究会常务副会长庞伟华，研究会秘书长毕淑荣。宣传部设9个科室，综合科长秦占魁；宣传教育科科长张树清、副科长张强；理论科科长吕宏斌，企业文化科科长葛冰梅、副科长杨永生；文明办科长赵新春、科级主管丁凤；外宣办科长武增涛；新闻管理科科长张涛；网络信息科科长王海智、副科长宋阳；统战对台办科长王林忠；研究会专职副秘书长钟声，科级主管王华（2012年改做具体工作）。宣传部党支部有党员27人。（秦占魁）

纪检监察

【党风廉洁建设】 一、落实"一岗双责"

2013年，油田公司党委与各单位层层签订党风廉政建设责任书，明确各级领导班子、领导干部属地管理责任和直线监督责任。以"四个考核"为重点，修订《2013年党风廉政建设责任制和惩防体系建设工作考核细则》，细化量化35项具体内容。对47个单位进行检查考核，约谈151名处科级干部履行"一岗双责"情况。评选14个党风廉政建设先进单位。坚决实行一票否决，有7个单位因工作不力、存在严重问题考核不达标。

二、正风肃纪工作

2013年，油田公司党委先后下发领导干部岗位变动期间有关纪律规定、严禁党员干部借子女升学之机操办敛财、加强中秋国庆期间廉洁自律工作以及严禁公款购买贺年卡、烟花爆竹等问题的一系列文件，细化有关要求。加大监督查处力度，对驻外办事处及各单位招待所、食堂进行专项检查，开展八项规定精神贯彻落实情况效能监察。清理公务车挂"辽O"车牌95台，查处12起违反八项规定精神的信访案件，通报6起典型问题，对5名责任人给予党纪政纪处分。

三、深化反腐倡廉教育

以领导干部廉洁自律"六个三"（明晰家庭幸福的"情感线"、公私分明的"警戒线"、党纪国法的"高压线"；认清权力越大、风险越大，权力越集中、矛盾越集中，岗位越重要、责任越重大；慎重对待与个体经营者的交往，慎重对待亲朋好友和身边工作人员的利益诉求，慎重对待自己的情趣爱好和业余生活；自觉做到情理服从法规、习俗服从纪律、"潜规则"服从硬规定；进一步增强自律意识、监督意识、法律意识；树立正确的权力观、地位观、利益观），要求为主要内容，采取多种形式教育引导党员干部坚守底线，从内心深处筑牢不想为、不能为、不敢为的思想防线。发挥阵地教育优势，组织 26 批次 2100 余人接受警示教育。发挥宣传媒介作用，在报纸、电视、网络刊载和播放典型案例、公益广告 85 篇（部）。发挥员工群众热情，组织开展“反四风、倡清廉”小品小戏展演活动，查摆违反“六个三”要求现象 300 余个，用身边事教育身边人，得到集团公司肯定，到有关单位介绍交流。

【案件查办】 2013 年，油田公司党委在配合上级部门办案的同时，加大案件查办力度。全年收到群众信访举报 98 件，受理核实 79 件，立案查处 20 件，处理党员干部 35 人，其中，处级干部 5 人，科级干部 21 人，其他人员 9 人。5 名处级干部的违纪问题在全油田进行了通报。全年避免、挽回直接经济损失 232 万元，收缴违纪款和经济处罚 317 万元。

【效能监察】 2013 年，油田公司纪检部门组织开展老化油管理、投资项目管理、油井措施外协、设备外委修理、市场资源配置 5 个效能监察项目和中缅管道辽河 EPC 项目管理专项检查。发现问题 143 个，下发《监察决定书》《监察建议书》43份，提出管理建议 29 条，协助或督促有关单位、部门修订制度 12 项，避免和挽回直接经济损失 207 万元，经济处罚 64 万元，对 28 个单位或个人进行责任追究。受理民心网群众诉求，监督解决涉及员工群众切身利益的问题 72 件。参与产品考察、供应商评定、招投标、用工招聘等现场监督，确保公开公平公正。

【预防职务犯罪】 2013 年，油田公司党委认真执行廉洁从业各项制度，领导干部、重要岗位人员签订《廉洁从业承诺书》，公开承诺内容；处级干部在职代会上述职述廉，接受员工群众评议。建立健全风险预警、纠错整改、考核评价等廉洁风险防控体系，有关部门新建和修订完善规章制度 24 项。深入开展预防教育、普法教育活动，编发《预防与廉政》简报 12 期，对 28 个重大工程项目进行专项预防，对首次进入油田市场的企业和个人查询行贿犯罪档案 241 件次，规避了经营风险。

【队伍建设】 2013 年，油田公司纪委开展年度部分单位纪委书记述职工作，14 名二级单位纪委书记进行述职和答辩，述职结果报送党委组织部并通报各单位党政班子。举办效能监察业务培训班，150 名纪检监察干部接受系统的学习和培训。评选表彰“三优”项目 52 个，推动工作落实和工作创新。开展会员卡专项清退活动，两级纪委委员、纪检监察干部全部签订“零持有”承诺书。制定“八不准”规定，带头落实改进作风各项要求，树立纪检监察干部的良好形象。

【部门组织人事工作简况】 2013 年 1 月 21 日，纪委副书记、监察处副处长刘少然（正处级）调任曙光工程技术处党委书记，庄园林（正处级）接任纪委副书记、监察处副处长；信访审理室主任陈坚红（副处级）调任金马开发公司党委副书记。2013 年 7 月 1 日，秦桂宇任纪检监察处监察中心监察二科科长；米京博任纪检监察处办公室副主任（正科）；张新国任纪检监察处监察中心监察一科副科级监察员；高磊岩任纪检监察处监察中心监察四科副科级监察员；2013 年 8 月 21 日，夏纯成退休。

至 2013 年年底，纪检监察处设办公室、党风建设室、信访审理室、监察中心监察一科、监察中心监察二科、监察中心监察三科、监察中心监察四科及监察中心监察五科 8 个科室，在册员工 23 人，其中处级干部 7 人。田凤民（公司副总师）任纪委常务副书记、监察处处长；李玉庆（正处级）任纪委副书记；常荣华任监察处副处长兼效能监察室主任；邓勇（副处级）任办公室主任；马建红（副处级）任党风建设室主任；李海彬（副处级）任案件检查室主任。米京博（正科级）任办公室副主任；秘玉华（正科级）任党风建设室副主任；任景波（正科级）任信访审理室副主任；姜长君任监察一科科长，张新国任副科级监察员；秦桂宇任监察二科科长，刘洪江任科级监察员；王志宏任监察三科科长；何军任监察四科科长，高磊岩任副科级监察员；梁穆峰任监察五科科长，杨晓勇任副科级监察员。纪检监察处党支部有党员 23 人。（米京博）

政法工作

【基本情况】 2013年，油田公司党委政法委深入基层公安派出所调研12次，组织召开公检法重点案件协调联席会6次，协调有关部门规范油气水电计量计价鉴定中心运作程序，成功举办辽河政法“为民杯”排球比赛，开展“十佳政法干警”评选活动，在辽河石油报上办好《政法专刊》和《辽河政法》专栏，发挥了服务、指导、协调、监督职能。全年，辽河公安局立案710起，破案550起，打击处理546人，发案创历史最低。为企业提供人员背景审查153人次，大型设备无偿押运153次，护送大额现金542次。化解处置涉企纠纷155起，减少和挽回经济损失8280万元。辽河两级检察院共批捕41件72人，起诉123件245人，开展预防职务犯罪警示教育60场次，受教育1万人次。辽河两级法院共受理案件2576件，审执结2337件，惩处罪犯303人，民商事案件调解率达79.63%，为企业清理外欠款1000余万元。

【安保防恐】 按照中共辽宁省委和省政府《关于进一步加强和改进反恐怖工作若干问题的意见》，调整油田防恐怖协调小组，规范反恐怖防范标准，完善情报信息研判，加强“三涉”（涉毒、涉访、涉法）重点人员管理，强化应急处置实战演练。联合辽河公安局开展“平安全运”百日攻坚和“护校安园”行动，实行“日检查、日通报”制度，由内到外构筑重要部位“四道防线”（人防、物防、技防、信息防）。成立督导检查组对重点部位进行4次拉网式检查，排查整改隐患3820个，下达整改通知书57份，涉及重点问题277个。各二级单位和部门密切配合、协调联动，全面将安保防恐各项措施落到实处。完成“世园会”“十二运”“十八届三中全会”等多个重点时期安保防恐任务。

【综合治理】 2013年，油田公司政法委加大综合治理力度。各单位层层签订责任书，完善党政干部抓综合治理工作实绩档案。开展综合治理宣传月活动，举行集中宣传60场次，召开恳谈会500余场次，制作横幅400条、展板200块、传单3万份，组织宣传车70台次。更新辽河油田员工警示教育中心案例，组织110批次5000余人参观。组织见义勇为事迹宣讲18场次，与会者4000人次。举办综合治理干部培训班，培训80人次。开展油田视频监控建设专题调研。配合推进小修示范队创建工作，减轻基层负担。联合辽河公安局开展打击涉油涉物资器材违法犯罪专项行动，成功侦破盗窃马古6—1井天然气、“六一八”特大盗窃液化石油气等大案要案，派专人配合重点案件侦办，稳妥处理纪委转交案件3件。协调辽河公安局出动警力137人次，有效处置红28井、开602井2起大规模阻碍油田生产事件。加强治安环境整治，掐掉各类盗水、盗电、盗气点源374处，取缔不法侵害厂点28个，制止管道新发占压9处。协调建成2个属地公安驻油田警务工作站。排查整治侵占盗用油田资源专项行动取得阶段成效。全油田有6个单位被评为辽宁省平安示范单位。

【矛盾化解】 2013年，油田公司政法委健全完善稳定风险评估、矛盾纠纷调处、突发事件应急处置等机制，综合运用法律、政策、教育、疏导等多种手段，统筹化解大规模群体访。针对油田公司机关大楼门前有偿解除劳动关系人员大规模聚集事件，政法委牵头组织信访、公安、保险、再就业等部门采取座谈解释、电视访谈、图文播放、依法处置等综合措施，平息群体访事件。建立涉法涉诉登记备案制度，重新梳理23件涉法涉诉上访案件信息。加强与公检法及信访办的沟通协调，全年接待涉法涉诉信访67次，分析研判涉稳信息427条，协调重点案件6件。

【无毒无邪教创建活动】 2013年，油田公司政法委以“参与禁毒、抵制毒品”为主题，开展“六二六”国际禁毒日宣传活动，组织志愿者走进街道、社区、校园宣传禁毒，巡回放映《死亡之吻》教育片，营造良好氛围。开展易制毒化学品集中整治行动，处理涉毒人员6名。组织禁毒民警参加毒检测培训班，提升查处涉毒案件综合能力。油田涉毒案件总体稳定可控。按照中共中央、辽宁省防范办的部署，稳步推进“三年决战”教育转化工作。深化反邪教警示教育，组织开展“确保安全、热爱人民、服务小康”为主题的“五项教育”活动，征订《正道》宣传材料200套。发挥“五位一体”作用，清除“反宣品”工作常态化。加强油地联合，全年召开协调会2次，沟通信息20余次，联手处理相关事宜6次。全年未发生“法轮功”邪教人员违法犯罪事件，转化重点人员2人。

【部门组织人事工作简况】 2013年，政法委在册员工15人，其中，处级干部6人，郑贺新（油田公司副总师）任常务副书记，段有强、陈武任处长，龚明、孔凡峰任副处长，初良尧任正处级调研员，陈武任办公室主任，孔凡峰任办公室副主任。处设5个科室，宋英武任综合协调科科长；王军任政法工作科科长；林德儒任综治管理科科长；张海滨任案件督察科科长；商连财任防范邪教科科长。政法委党支部有党员15人。

（高　柱）

机关管理

【基本情况】 2013年，机关党委围绕油田公司党委工作部署确立机关工作主线，深入学习、贯彻中共十八大和十八届三中全会精神及油田公司党的工作会议和油田公司职代会精神，推进“责任、阳光、效率、和谐”机关建设。全年办理员工流动177人次，签定各类劳动合同216人次，调整任命科级干部3批120人，培训科级干部271人。组织公开招聘2批次21人，竞聘1批4人。全面开展党的群众路线教育实践活动，提升机关党建工作水平，发挥机关职能作用，坚持融入党委工作中心、服务油田生产大局，引领机关党员干部建设“双千”企业、建设幸福辽河，推动和促进企业开创稳中有进、稳中向好的发展态势，为油田公司连续第28年实现千万吨稳产，经济规模达到760亿元，全面完成各项业绩指标做出贡献。

【党建工作】 一、机关党组织建设

2013年，油田公司机关党委加强机关党组织建设，新建党支部、改选补选委员的党支部14个，发展新党员25名；评比表彰先进基层党组织25个，优秀共产党员98人，优秀党务工作者25人。订阅《共产党员》等报刊杂志9252册，升级《机关党员信息数据库》，严格按照标准收缴、管理与使用党费，完成《机关党委组织史》编纂工作。

二、群众路线教育实践活动

2013年，油田公司机关党委为机关各党总支、党支部配发学习资料，指导建立基层联系点39个。组织处级干部观看教育参考片2场，组织推进座谈会3场次。收取领导班子和领导干部自我剖析材料，初审316份，筛选返回不合格材料37份，指导二次完善。机关各部门深入联系点现场指导，多个机关部门认真界定权责，细化工作流程，制定并发布限时办结、服务承诺等制度。

三、开展廉洁建设

2013年，油田公司机关党委加强党员廉洁建设，组织分层级签订《党风廉政建设责任书》1278份。开展预防职务犯罪教育专题讲座，组织参观警示教育基地，对照查摆不符合事例，编印学习材料，传播廉洁公益广告及宣教短片19部，发送廉洁警示信息1万多人次。跟进监督科级干部年度述职述廉测评、提职测评、公开竞聘及员工招聘活动，组织新提拔人员廉洁从业考试和任前廉政谈话，检查、督促机关人员落实规章制度，严格执行情况的考核，完成60个机关部门和直属单位的效能监察；受理油田公司纪委监察建议书4份，约谈3个部门5名人员，并给予相关处分。严格落实报送领导岗位变动情况及年度事项报告，规范机关干部管理，严禁机关干部借子女升学等事项操办宴请敛财的违纪现象。

【群团工作】 2013年，油田公司机关党委组织开展“全员精细管理、杜绝百种浪费”活动和“管理提升先行、创新创效先锋”主题实践活动，深化群众性安全监督“百岗千哨”活动，设立群众安全监督员66人。实行提案常态化征办，月征集、月办理；启动健康促进“双十”计划，建立公司机关健康信息平台，发布健康信息5万多条（次），树立创新管理理念和典型，征集管理微博（信）69条，管理谏言（感悟）21篇，管理微故事（小小说）13篇，管理学应用原理9篇。为机关62个部门和单位配置照相器材、健身器材和各种球类用品，安排健康疗养53人次，病疗休养61人次，聘请中医专家为机关500余名科技管理骨干进行义诊。坚持节日慰问油田公司级特困户，探访慰问患病员工，全年发放生活帮扶款26.2万元。组织“送温暖，献爱心”捐物和向四川芦山地震灾区捐款活动。开展“团体

女性安康保险”工作，组织女员工体检、发放劳保用品400多人次。组织“奋进杯”排球赛和男子篮球赛，近千人参加；组队参加“为我加油”大型电视娱乐活动等。

【综治和维稳】 2013年，油田公司机关党委落实治安防范防恐责任，建立三个层面治安稳定管理网络，做到责任落实、组织协调、治安防范、信息渠道和组织检查五到位。实现机关全国两会、全国十二运及十八届三中全会期间治安刑事案件及防恐事件“零”目标。组织法制教育活动5次，下发普法、治安、禁毒等宣传材料3500多份，利用电子屏幕滚动播出宣传教育标语70多条。

【行政事务管理】 2013年，油田公司机关党委按照轻重缓急安排机关各部门申报的维修与建设项目，确保机关办公环境健康、安全、有序。全年实施综合楼标准层石塑地板更换、综合楼外墙理石胶条更换等工程项目7个。坚持履行招投标手续，做到优中选优，保证资金使用效益和工程建设质量。跟踪监督、检查项目施工进度和工程质量，组织工程竣工验收，确保项目在不影响机关办公的前提下按期保质完成。加强物业管理，定期检查考核，开展业主监督评议。

【安全管理】 2013年，油田公司机关党委加强机关人员安全知识宣传教育，组织开展“安全生产月”“消防宣传周”等活动，播放安全标语和专题片，发放员工宣传手册，增强全员安全意识和责任意识。全面落实办公场所安全管理责任，建立完善安全承包制度，签订安全责任状64份，将安全管理责任落实到人头。加强现场安全检查，组织进行机关重点单位和要害部位安全消防检查16次，发现整改安全隐患45项，加强重要时段安全消防检查，杜绝各类事故发生。加强安全风险排查，每半个月组织1次全面排查，排查各类风险点源560多个。建立设施设备运行管理制度，建立节水节电管理办法、资产清查管理制度、职工宿舍和租赁办公场所管理流程及机关绿化、清雪工作制度等；完善防洪、防汛和冬防保温工作预案。

【部门组织人事工作简况】 机关党委（行政事务管理处）属油田公司机关直附属部门，设置党建工作部（党委工作部）、办公室、纪检监察科、劳动人事科、工会、团委、行管科、物业科、安全科。在册员工30人，其中，处级干部3人，李彦安任机关党委常务副书记、行政事务管理处处长；2013年1月21日，油田公司党委任命吴华担任机关党委副书记、纪委书记、工会主席，原机关党委副书记孙力文调华油公司；孙仁智任行政事务管理处副处长；科级干部18人，其中，党建工作部部长任虹，正科级温艳、邹本强；办公室主任刘忠梅、副主任朱志文；纪检监察科科长夏丽玲；劳动人事科科长卢涛，正科级周新宇、王淑萍；工会副主席安燕玫、孙美玲；团委副书记郎凌雪；行管科科长明小会、副科长张浩；物业科科长王志刚、副科长凌云志；安全科科长孙晓旭，正科级葛会。党支部有党员30人。

（刘忠梅）

武装工作

【基本情况】 辽河油田人民武装部（以下简称武装部）负责辽河油区武装工作的组织领导。2013年，武装部在册员工4人，其中，处级干部2人，副部长李林强，副处级调研员张伟光。武装部未设科室。武装部党支部有党员4人。武装部业务范围包括四个板块，一是国防教育和国防政治动员板块，对辽宁省国防教育委员会和辽宁省国防动员委员会负责，归辽宁省国防教育办公室业务领导，主要负责油田国防教育和国防政治动员任务。二是预备役部队和民兵工作板块，对锦州预备役保障旅和盘锦军分区负责，对下负责辽河油田41个二级单位武装工作业务领导，负责预备役部队、民兵组织建设和思想政治建设，组织开展军事行动和战备训练，协调应对突发事件和维稳反恐任务。三是双拥和参建板块，对辽河油田党委负责，主要协调辽河油田开展拥军优属工作和军企联谊事项，组织预备役部队和民兵参加振兴东北老工业基地活动，在本职岗位和生产实践中担当急难险重任务，起到主力军和突击队作用。四是人民防空和民防板块，对盘锦市人民防空办公室负责，协助盘锦市人民防空办公室和民防办公室，做好辽河油田防空和应对突发事件工作。各基层武装部部长和武装干事均为兼职，共62人。

【民兵组织布局】 按照《盘锦军分区2013年民兵预备役部队组织整顿工作指示》精神，3月中旬，召开辽河油区民兵预备役部队组织整顿工作会议，对民兵预备役整顿工作进行安排和部署。各二级单位武装部结合本单位编兵任务，在规定的时限内完成组织布局整合、兵员调整补充、国防动员潜力调查、退伍军人和地方与军事专业对口人员登记统计工作。5月和6月份，武装部对30多个单位的整组工作进行检查验收，各二级单位的整组工作有计划、有部署、有检查、有总结，资料齐全，被装器材按要求落实到位，油区民兵组织、预备役部队编兵合理科学，符合实战要求。加强国防动员潜力调查统计工作，对符合年龄要求的转业退伍军人、地方与军事专业对口人员、军事业务尖子及特种类型的车辆进行普查、核实，统计数据翔实可靠，为战时动员、应对突发事件打下基础。

【军事工作】 2013年，根据盘锦市人民政府和盘锦军分区年度训练工作指示精神，武装部门以军事训练与考核大纲为依据，以提升应急处置突发事件能力为重心，按照“夯实基础、规范建设”的基本思路，突出训练重点，提升训练质量，抓好民兵预备役军事训练工作，提升有效履行使命任务能力。

9月上旬，依据辽河油田民兵高炮营编组情况，抽调沈阳采油厂、曙光采油厂、兴隆台采油厂、锦州采油厂、长城钻探钻井一公司、供水公司6个单位的民兵炮班组建民兵高炮连，代表盘锦市参加辽宁省军区在大连黄龙尾靶场组织的“全省民兵预备役高炮分队实战化演练暨基础训练考核”。历时17天，在辽宁省25个参演单位的考核评比中，油田高炮连综合成绩位列全省第七名。曙光工程技术处、油田中心总院、长城钻探钻井二公司、钻具公司、金马油田开发公司、物资公司、华油公司、东方地球物理勘探公司辽河物探分公司、电力集团等9个单位，充实人力物力，提供坚强后勤保障。

从处置突发情况和维护稳定的需要出发，加强民兵预备役人员的训练工作。辽河石化公司集中半个月时间对本单位的民兵应急分队进行队列、技能培训；辽河热采机械公司分批组织本单位的民兵预备役人员进行军事训练；筑路公司为做好参加高炮分队训练的准备，训练前用了1周时间对拟参训民兵进行队列基础课目训练，强化民兵预备役人员执行力和服从意识。

举办武装干部业务培训班，全油区57名武装干部在兴城进行封闭式培训，系统地学习武装工作业务知识，了解我国周边安全形势，参观军营的内务设施和部分军队装备，提高胜任本职工作的能力。

【民兵政治工作】 2013年，油田公司武装部门落实辽宁省委、辽宁省人民政府、辽宁省军区《关于加强和改进新形势下全省民兵预备役政治工作的意见》，抓好预备役部队和民兵经常性思想政治工作。开展“强化战斗精神，提高打赢能力”主题教育，培育官兵牢固的打仗思想，坚定的必胜信心和顽强的战斗作风。落实《战时政治工作纲要》，注重“舆论战、心理战、法律战”的研究和演练。以深入学习贯彻中国共产党第十八次代表大会精神为主线，以民兵整组、军事训练、全民国防教育、企业重要生产经营活动为依托，做好新时期军事斗争准备，培育战斗精神，结合油田公司党委开展的主题教育活动，积极开展民兵政治工作，发挥政治工作的保障作用，保证各项工作落实。

利用新闻媒体等载体，加大民兵武装的宣传工作。在《辽河石油报》上组织1期以党委书记谈国防、武装部长谈武装为主题的武装工作专版。在油田电视台和《辽河石油报》宣传油田武装部门开展的活动，扩大民兵武装工作的影响。做好重要军事活动中的思想政治工作。在参加辽宁省军区组织的要地防空实案化演练中，多次集中全体参演人员进行训前、训中动员和国防安全形势教育，进行内务评比，训练会操，板报宣传。通过形式多样的民兵政治教育，使广大民兵增强政治信念与忧患意识，激发使命感、责任感和集体荣誉感。

【民兵参建工作】 2013年，油田公司武装部门开展民兵预备役人员护厂护矿、“兵字号”工程等活动。曙光采油厂围绕年初“两会”、“十二运”、中共十八届三中全会等特殊时期，组织民兵预备役人员站岗执勤、巡逻防控。油气集输公司、油气工程技术处、沈阳采油厂、石化总厂在十二运期间，组织民兵成立护厂护矿小分队。华油实业公司、茨榆坨采油厂在汛期组织民兵进行抗洪抢险应急培训，成立抗洪抢险突击队，轮流值班，确保汛期生产安全平稳运行。发挥“民兵号”基层站队作用。兴隆台采油厂“刘勇采油站”在降低能耗、挖潜增效方面总结出“六小工作法”，提升采油站各项工作；物资公司渤海储运公司保安中队实行军事化管理，打击偷盗、创建“平安库区”；金马油田开发公司采油一区海一调驱站，创建优质高效工程，增产原油1.5万吨。

【全民国防教育】 2013年，全油区各单位认真贯彻落实上级关于国防教育工作的各项指示要求，健全组织机构，明确工作分工，制定活动方案，加强检查督导，增强干部员工的国防意识。

开展“军事日”活动。兴隆台采油厂、石化总厂、振兴公用事业公司等单位，组织员工到油田训练基地进行轻武器实弹射击，增强员工“兵”的意识。开展专题教育活动。辽河石化公司、供水公司、锦州采油厂等单位，在“八一”建军节前，集中部分员工进行国防建设与周边安全形势专题讲座；燃气集团公司针对点多面广、人员高度分散的实际情况，组织30名民兵进行雷锋精神教育电视讲座。开展节日宣传活动。金马油田开发公司组织退伍军人、民兵代表、军属代表80余人参加建军86周年座谈会。中国石油长城钻探工程有限公司固井公司在纪念“全民国防教育日”期间，利用公司的宣传平台，相继在《固井之声》、公司网站推出国防教育专刊。中国石油长城钻探工程有限公司压裂公司、电视台、兴隆台公用事业处在“八一”节前，先后组织知识答卷活动和形势任务教育。

【拥军优属工作】 2013年，油田公司开展军民共建活动。“八一”节前，油田公司党政主要领导亲自带队到驻辽部队等单位走访慰问，与部队领导共商建设发展大计，共叙军地鱼水深情。武装部在“十一”、春节走访慰问339户烈属和困难军属，发放慰问金50多万元。

【人民防空工作】 2013年，油田公司根据上级指示，落实年度战备方案预案修订。根据盘锦市国防动员委员会通知精神，进行国防动员潜力调查，应急动员特种车辆装备落实的工作，落实辽宁省人防工程建设质量检查工作，制定辽河油田人防工程平战转换方案。在“九一八”前期进行全油田防空警报器材、警报器、控制器的普查、维修和测试工作，落实市人防“九一八”警报试鸣工作，组织中小学生三防教育课的落实。

（刘俊才）

工会工作

【基本情况】 2013年，油田公司工会系统围绕油田公司的经营目标和经营思路，找准定位，融入中心，履行职能，组织开展各项工作，助推企业发展、服务员工群众、促进矿区和谐发展。油田公司连续第三年获得全国“安康杯”竞赛优胜企业，油田公司工会获辽宁省“安康杯”竞赛优秀组织单位等荣誉，工会系统有37个集体、22人次受到省部级以上表彰。

【劳模精神宣讲】 2013年，油田公司工会系统组织开展“企业发展我有责、劳模精神耀辽河”演讲活动，宣传凝聚正能量，组织41个二级单位的近100名演讲员，以一讲一、多讲一、多讲多的形式，配以视频同步画面开展劳模故事演讲。结合油田公司党委举办庆“五一”劳模精神演讲报告会活动，油田公司工会组织报告团深入7个矿区12个单位为3100余名干部员工巡回报告，收到良好效果。

【全员精细管理】 2013年，油田公司工会系统组织开展“全员精细管理、杜绝百种浪费”活动，突出“让节约成为习惯”的主题，组织“我身边的浪费现象”大讨论、大排查活动，征集岗位节约理念2260条，安全格言2636条，节约小窍门、好习惯350个。与物资公司和资产管理部门联合开展专项竞赛，推广15个单位的典型做法。邀请大庆油田技术创新专家深入油田矿区作群众创新专题报告9场、观看2500多人次，对员工岗位创新创效形成有力激发和引导。树立“十大岗位节约示范人物”，举办经验交流和优秀成果巡展。查摆浪费问题，制定可行性整改措施，提高全员经济贡献率。

【群众安全监督】 2013年，油田公司工会系统在上年聘任45名油田公司级“首席安全监督员”基础上，增聘厂（处）级“首席安全监督员”180个、作业区（大队）级“首席安全监督员”

470 个。落实三级岗位补贴，坚持每年评聘的动态管理，表彰优秀者、解聘不达标者，促进监督员队伍“能上能下、能进能出”。建立三级“首席安全监督员”管理架构，完善油田要害部位、关键岗位的群众性安全监督网络。全年开展检查3050 次，制止违章作业 965 人次，发现问题1843 处，整改隐患 1676 起，促进油田公司的安全发展。

【关爱员工家属】 2013 年，油田公司工会在巩固困难家庭员工子女就学、就医、就业和日常生活帮扶基础上，组织开展服务保障活动，扩大大病专项救助范围，增加患肿瘤病的项目，有1751 人得到 1800 余万元的援助款。集中财力办实事，投入 300 万元为工作艰苦的作业一线和外闯市场队伍配备空调、消毒柜、蒸饭车等急需用具，为物业系统保洁岗位人员配发保温壶。探索开发“工会会员优惠服务卡”，员工购药全年享受直接优惠 46.3 万元，4 万余人次受益。争取辽宁省总工会 200 万元专项经费支持，建设油田科技之家。组织 32 名省部级以上劳模高品质体检，为劳模每人订阅 2 份健康杂志。全年实施各类帮扶、慰问 1.1 万人次，支出资金 4200 余万元，局级特困家庭由 439 户减少为 305 户；员工团体安康保险参保份数达到 18977 份，增加12%；接待员工来访 1356 人次、来电咨询 2039人次，办理油田公司领导批转信件 8 封，信访办结率 100%。组织 2542 名员工无偿献血 87.35万毫升，占盘锦市总量的 1/5。

【员工健康服务】 2013 年，油田公司工会组建讲师团，举办健康知识普及 100 多场，受众近1.5 万人。与知名医药企业合作，为 163 名省部级以上劳模、150 余户油田特困家庭和 3000 名科研人员提供健康服务。组织“健康送一线百日行动”，慰问一线班组 2048 个、外部施工现场61 个、科研单位 21 个，检查班站小伙房 679个，为 5384 名一线员工进行健康体检，送去慰问品和药品价值 334 万元。倡导全民健身，组织健步走、工间操等参与性强的活动 60 多次 5 万余人次。启动“心理健康一线行”“百名咨询师讲百本书”等活动，疏导解决实际问题 356 个。举办心理健康、安全心理知识宣传巡展 76 场，累计参观 3 万余人次；面向新入职员工、一线员工和基层管理人员团体开展心理辅导及培训 270多场 2.5 万人次，增加员工“心理健康、快乐生活、高效工作”的意识。

【民主管理】 2013 年，油田公司工会高标准选举新一届职工代表，组织召开第二届职工代表大会第一次全体会议。探索职工代表提案常态化管理，将提案与职工合理化建议征集有机结合，二级主要生产单位实施月征集月办理，其他单位实施季征集季办理；汇集到油田公司的提案由主管领导直接批到相关部门，缩短处理周期，提高办事效率。全年征集合理化建议 3021 条，办理1736 条，形成提案 556 份。职代会征集的 62 份提案，油田公司主管领导批办 54 份，部门直接回复 8 份，首次将办理结果与提案人见面，办理满意率达到 100%。

【女职工工作】 2013 年，油田公司工会组织3500 多人参加采油、护理、保洁等五个工种的女员工技能比赛，提升岗位技能。回应基层所需，以外部市场施工、外围矿区大龄青年为主体，组织“百龙引凤”联谊活动 7 场 1100 人次，72 对青年达成交友意向；深入 7 个矿区 11 个单位推进“亲情促廉”活动，为 2000 多名干部家属和关键岗位员工进行勤廉教育；以“亲情促安康”为主题，举办“辽河论坛”电视专栏及座谈、报告会 12 场，推介“保安全、促健康、向我看齐”典型 120 多个，促进提升女工的安康意识。

【作风建设】 2013 年，油田公司工会积极开展党的群众路线教育实践活动，真学、真查、真批评、真整改，工会班子制订 6 方面 21 条整改措施，副处级以上干部制定 67 条整改措施，立查立改突出问题 9 个。严格落实中共中央八项规定和集团公司党组、油田公司党委有关要求，全年办公、接待等五项费用比上年压缩 20%以上，会议、活动、表彰等费用比上年压缩 30%以上。坚持经费向基层建设、艰苦岗位、科研人员、模范群体倾斜，全年为基层下拨经费 1248 万元，占本级经费总支出的 40.6%，员工人均年活动经费达到 50 元以上。调整半年预算，调减工会机关行政费用近 200 万元，全部投入基层职工之家建设。

【部门组织人事工作简况】 油田公司工会属油田公司机关处室，设民管组织部、生产技术保护部、保障工作部、女工部、财务部5个部和1个办公室。有员工29人，其中，处级干部13人，工会常务副主席罗颖川，工会副主席姜广檐、王迎旭、柳文国、颜泽云，总会计师袁晓莉（2013年4月退休），财务部部长乔辉，民管组织部部长关华威，生产技术保护部部长陈庆凯，办公室主任陈琨、周家茂（改作具体工作），女工部部长王惠，保障工作部部长胡兴龙；科级干部10人，其中，财务部副部长焉喆源，副科级科员庞素梅；民管组织部副部长孙艳梅，科级科员汪洋，生产技术保护部副部长倪智勇；办公室副主任李云峰，保障工作部副部长迟福勇、帮扶中心副主任朴泽辉；女工部副部长陈悦；EAP项目部主任吕玮。工会党支部有党员28人。

（李云峰）

文化体育

【文体活动】 一、油田大型文艺活动

2013年春节期间，文化体育管理中心牵头组织"幸福辽河"春节联欢晚会。发挥文联工作优势，协调有关参演单位，完全依靠油田自身编导和演员，完成工作任务，为油田员工家属献上赏心悦目的春节文化大餐。协助、配合盘锦市完成元宵节灯展活动。

全年，按照文化活动计划，组织"庆祝建党九十二周年美丽辽河——美术、书法优秀作品展"，展出100余幅作品。配合辽宁省美协、辽宁省工笔画协会、盘锦市美协举办"盘锦市工笔画学会成立大会暨首届盘锦工笔画展"。举办部分省邮展获奖作品展及"喜迎十八大、全民迎全运集邮巡展"，承办2013年中国石油油品展览的同时，举办"辽河油田第十四届集邮展览"。参加省辽宁省总工会"劳动者之歌"征文比赛和"中国梦——劳动美"诗歌大赛，选送150篇稿件。召开油田作家协会第五届理事会第二次全体会议，选举产生主席团成员，增补协会理事，研究出版《辽河文学》刊物等议题，明确工作方向和目标。配合油田公司纪委组织反腐倡廉"小品小戏"演出；配合油田公司团委组织"安全小品"演出；配合油田公司工会、油田公安局等部门组织演讲比赛、宣传禁毒活动等。承办中国石油文联组织召开的中央企业精神文明建设"五个一工程"作品评选、申报工作座谈会。

发挥油田文联协调、组织、指导职能，指导基层单位开展"消夏晚会""激情广场"等文化活动，掀起群众文化活动高潮，各基层单位自发组织的锣鼓队、二胡队、小型合唱团及基层广场文艺表演、社区演唱会等活动，吸引广大员工群众参加，为营造良好的油田矿区氛围提供文化支持。

二、油田系列体育活动

全年开展体育活动毽球、女子排球、乒乓球和羽毛球4大项。为促进毽球运动的发展，体协专门邀请表演队作示范表演，促进各单位员工参赛的积极性，有20余个单位200多名运动员参加。配合全国第十二届运动会盘锦市赛区开展宣传、组织等工作，在油田选拔5名火炬手参加火炬传递，组织协调油田部分员工观看盘锦赛区的比赛。

按照辽宁省总工会、集团公司体协及油田公司关于全民健身活动的要求，文化体育管理中心下发文件，宣传、引导全民健身，提倡健康生活理念。油田矿区广大员工家属自发组织的广场健身、秧歌、健步走、集体舞、轮滑、自行车、太极拳（剑、扇）等活动随处可见，群众普遍认识到健身的重要性，参与健身活动成为一种自觉行动。

【艺术培训】 2013年，油田公司文化体育管理中心在4月份举办"美术骨干培训班"，辽宁省文联有关领导出席并讲课；6月，举办为期5天的"书法骨干创作学习班"，聘请辽宁省知名书法家前来授课；7月，组织11人参加中国石油书法家协会在吉林省举办的书法创作班；8月，举办油田第三期"全健排舞教练培训班"，为参加集团公司舞蹈家协会主办的舞蹈大赛作准备，来自基层的100余名文艺骨干参加培训，具有舞蹈特长的20多名文艺人才经培训，排练的2个作品进入决赛；另选派基层单位13人参加中华全国总工会职工文体协会举办的第21、22期"全国全健排舞培训班"，经过全国全健排舞委员会的考核，11人分别取得初级裁判、教练证、编导证；9月，组织书法爱好者参加"清华大学书法高研班授课"；11月，举办"辽河油田文学

骨干创作培训班”，60余人接受培训；举办摄影骨干学习班，召开秘书长工作会议。集邮、书法、美术、摄影、职工艺术团等各协会和团体发挥协会作用，开展各种民间交流、讨论、讲座等活动，兴办摄影沙龙10次，组织野外采风创作2次，参加基层小型演出10余场。提高了基层文艺骨干的业务技能，促进基层文化活动提高到新的层次。

【文化服务活动】 2013年，油田公司文化体育管理中心把服务一线生产、服务基层群众作为首要任务，团结带领基层广大文艺工作者和爱好者，开展日常性交流研讨活动，培养青年文化人才，油田文化工作进入组织人员稳定、专业技能突出、工作效率提高的良性轨道。

春节前夕，美术、书法、摄影协会及书画院深入基层，为一线职工现场写春联、画年画、送照片。坚持“送文化下基层”，与油田公司工会、团委等部门联合组织文艺小分队，携带简易音响设备，赴秦皇岛、兴城施工现场，为基层一线生产作业的员工“送文艺、送欢乐、送健康、送清凉”，把文化带入基层，和基层融为一片。开展“中国石油书法家志愿者服务深入职工创作实践活动”，将启动仪式在采油作业区举行，促进美术书法家与一线员工直接交流。

【获奖成果】 2013年，油田公司文化体育管理中心组织参加国家、省（部）、市级各类书画大展10余次，参与人员600余人次，获奖130余人次。其中，在“第三届东亚集邮展”中获得银奖和大银奖，在“第三届全国安全书画大赛”中11人入选，在中国石油书法协会组织的“歌颂铁人”书法展中15人获得奖励，集邮协会获得“中国石油邮品展示”优秀组织奖、获得辽宁省第十三届集邮展览一、二、三等奖，在辽宁省书法协会、辽宁省总工会、辽宁省职工书法协会联合举办的“迎全运书法大赛”中入选31人；在“辽宁省第二届楷书、隶书、篆书书法大赛”中入选2人。参加辽宁省“首届职工书法大赛”“2013年书画长卷展”活动，创作作品180余件，获一等奖4件、二等奖8件、三等奖16件，获优秀组织奖和突出贡献奖。参加辽宁省总工会举办的首届职工摄影大赛，获得金牌1枚、银牌2枚、铜牌3枚、优秀15个、入围奖13个。参加辽宁省委宣传部举办的“辽宁工业60年摄影展”和“沈阳国际工业摄影展”获集体优秀组织奖，油田美协推荐上报的多幅作品分别在“全国中国画作品展”“全国工笔画作品展”入选，1人被评为全国群众体育先进个人。

【部门组织人事工作简况】 文化体育管理中心属油田公司为正处级单位，业务归振兴公司管理，设文联办公室、体协办公室、综合办公室、职工艺术团4个科室。人员定编16人。处级干部2人，其中，文体管理中心主任刘剑，副主任郭百智。科级干部14人，其中，文联办公室主任田虹；文联办公室音舞协会秘书长邵永萍；文联办公室集邮电视协会秘书长周霞；文联办公室文学摄影协会秘书长闫文扬；文联办公室书法美术协会秘书长任春燕；体协办公室主任郝成亮，体协办公室副科级科员马海春；综合办公室主任史进、副科级科员段莉芬；职工艺术团团长韩守江。具有高级技术职称的4人、中级技术职称的9人、初级技术职称的3人。党支部为机关党委直属党支部，有党员13人。（史　进）

共青团工作

【青年思想教育】 一、加强政治理论学习

2013年，油田公司开展“青春共话十八大，学技提素建新功”“高举团旗跟党走，奋力实现中国梦”“我的中国梦，青春聚力新辽宁”“为中国梦加油”等主题教育实践活动，加深团员青年对中共十八大精神和中国梦内涵的理解。组织各单位团委书记召开学习团的十七大精神传达会，并深入基层宣讲大会精神5场次。组织青年观看学习《党的十八大精神青少年网络版宣传片》1205场次，累计学习观看27230人次。组织团员青年参加“感悟十八大　青春正能量”微博编创传播活动，编创主题微博830余条。购买《我的中国梦——十八大精神学习读本》7000余册，下发至基层青工开展政治理论学习。

二、开展爱岗敬业教育

2013年，油田公司开展大庆精神、铁人精神再学习再教育活动，立足岗位学铁人、扎根油田做铁人。依托《赢在“十二五”——辽河油田形势任务教育读本》，通过读书学习、形势报告

会、主题团日、辩论演讲等方式，加深青年对建设幸福辽河、百年辽河的认识。开展“道德模范与团员青年面对面”和第三届“非常近距离”青年典型与团员青年“拉手连心”活动12场，用身边人身边事感动青年、影响青年、激励青年，引导青年争做诚实守信的典范、爱岗敬业的先锋。

三、创新思想引导方法

2013年，油田公司开展青年思想状况调研活动，对2049名青工进行问卷调查，召开8场座谈会与148名青工进行面对面座谈，个别访谈31人次，提交调研报告1份。运用新媒体吸引、凝聚青年，拓宽青年人交流沟通渠道，开通“青春辽河”微信公众平台，为团员青年送去团的动态、美文佳作、节日祝福、励志文章、青工原创等正能量信息，实现青年与团组织的即时交流，有830名青年关注平台，制作发送信息112期。

【拓展青年能力】 一、开展青年安全生产实践活动

2013年，油田公司联合安全环保处举办首届青工安全文化小品大赛，28个作品参与了油田公司层面的比赛，新颖的宣讲形式使安全工作理念润物无声地根植到青工心中，并制作500盘光碟下发到基层，供更多青工学习，筑牢安全防线。

二、推进青年创新创效活动

2013年，油田公司举办第30届青年油水井分析比赛，108名选手参加油田公司层面的决赛。下发《辽河油田公司青年油水井分析成果效益评价方法》，规范选手撰写论文时经济评价的方法与参数，使活动更加符合油田公司有质量、有效益、可持续发展要求。依托石油工业出版社出版《辽河油田公司第30届青年油水井分析活动优秀论文集》，供青工学习借鉴。在基层开展以“五小”攻关、精细管理写实、合理化建议等为主要内容的创新创效活动。

三、深化青年志愿者活动

2013年，油田公司与关工委联合召开青少年学雷锋活动总结表彰大会，为新形势下深入开展学雷锋活动指明方向。开展“春暖辽河献真情、雷锋精神永传承”第七届青年志愿者春暖行动，联合总经理办公室组织40余名青年志愿者前往锦州义县义务植树1000余棵。开展“春暖夕阳红”关爱空巢老人活动，累计走访服务空巢老人130余户，参与志愿服务570人次。全年有10747名青年志愿者开展志愿服务活动，累计服务时数11.58万小时，青年志愿者队伍已成为构建幸福辽河的重要力量。8月底，开展向抚顺暴雨洪水受灾地区捐款“紧急救灾专项行动”，按照“完全自愿、一元起捐”的原则，油田公司3万多名青年累计捐款453729.5元，全部寄往灾区。发放助学金24.78万元，用于帮扶333名困难家庭中小学生。

【推动青年成长】 一、坚定青年成长成才信心

2013年，油田公司开展“晒理想、比追求、与辽河同发展”青年职业生涯导航活动，帮助青年在企业发展中找准自身定位，明确发展方向。开展“双优”青年人才评选活动，从基层单位推报的54名青年中评选出优秀青年技术人才、技能人才各10名进行表彰，并在辽河石油报、辽河电视台进行专题宣传，营造学习先进的良好氛围。召开庆“五四”基层团干部、青年代表座谈会，使青年对油田公司整体形势有更加清晰的认识，明确成长成才的方向和前景。

二、提升青年技术技能水平

2013年，油田公司落实《关于进一步加强青工技术技能素质提升工作的意见》，深入开展岗位学习活动，通过导师带徒、技能竞赛、成果交流、岗位练兵等多种有效载体，引导青年干一行、学一行、专一行，帮助青年切实提高岗位履职能力。8月初，油田公司团委举办“青春耀辽河、岗位建功业”青工写作大赛，经过各单位层层选拔的169名青工参加决赛，将优秀作品在辽河石油报连载，供广大青工学习交流。

三、加强青年群体人文关怀

2013年，油田公司依托新媒体持续开展“千名团干部走进万名青年”实践活动，580多名团干部开通微博，了解青年愿望与呼声，力所能及、尽力而为地服务青年。加强青年婚恋观教育，引导青年客观地面对婚恋和择偶，与工会、计划生育办公室联合开展“百龙引凤”活动，为外闯市场职工寻找伴侣创造条件，同时联合盘锦市有关单位为广大青年搭建交友平台。鼓励青年丰富业余文化生活，充分利用《中国石油员工基

本知识读本》10 册丛书，倡导开展“学习在石油、每日悦读 10 分钟”读书活动，通过微信平台分享青年读书心得 20 余篇。

【队伍建设】 一、夯实基层组织建设

2013 年，油田公司督导各单位全面落实《关于加强和改进新形势下共青团和青年工作的意见》。调整、巩固团的基层组织，“团支部+团青工作小组”的基层团建模式初步建成，团组织对青年群体的覆盖率达到 100%。重新划分协作区成员单位，调整组长单位，为协作区开展工作创造条件。制定完善共青团工作考核办法，改进团的宣传工作考核方式，提高团建科学化水平。创新团干部联系青年渠道和方式，增强团组织在网络宣传阵地的影响力和控制力，建立“辽河共青团青春号角”微群，形成团干部与团员青年网上互动促进工作的新局面。

二、释放基层组织活力

2013 年，油田公司基层团总支（团支部）结合单位特点和团员青年队伍实际，围绕“青春正能量·共筑辽河梦”主题，自主设计开展主题团日活动，通过交流讨论、参观寻访、征文演讲、文艺演出、微博编创等形式加深青工对中国梦、石油梦和辽河梦的认识，凝聚青春正能量，增强团员青年的责任感、使命感。全年 190 多个基层团总支和下属团支部开展主题团日活动 350 多个。继续实施“一家一品”工程，对立项实施的工作载体进行跟踪了解，协助二级单位团委完善改进项目实施，着力将共青团传统优势项目做精做实做细，推动油田共青团工作整体上水平。

三、加强团干部队伍建设

2013 年，油田公司开展党的群众路线教育实践活动，各级团组织向青年征求意见发放调查问卷1869份，召开座谈会 52 场、参与座谈青工 1100 人，对青年反映集中的突出问题进行整改。坚持群众路线，坚决反对四风，切实加强团干部作风建设。举办 2 期基层团总支（支部）书记培训班，160 名团总支（支部）书记系统地学习了团务知识，开拓了视野，增进了沟通交流，熔炼了团队精神。举办年度团委书记培训班，通过专题辅导、研讨交流、现场教学等形式，提高团委书记服务中心本领和服务青年意识。加强共青团宣传工作，全年在报纸发稿 368 篇，网站发稿 790 篇。全年有 13 名团干部转岗。

【部门组织人事工作简况】 团委是油田公司机关处室，下设组织部、宣传部、办公室 3 个科室。员工 5 人，其中，处级干部 1 人，周立国任团委副书记；科级干部 3 人，刘阳任宣传部部长，张平安任组织部副部长；闫巍任办公室副主任。员工中具有中级专业技术职称的 5 人。党支部属机关党委独立党支部，有党员 5 人。

（闫　巍）

单位概览

曙光采油厂

【基本情况】 至2013年年底，曙光采油厂（以下简称厂）用工总量5299人。具有专业技术职称的1174人，其中，具有高级专业技术职称的82人，中级专业技术职称的383人，初级专业技术职称的709人。本科及以上学历967人，大专学历1311人，中专学历770人，高中（技校）学历1980人，初中及以下学历150人。有科级以上干部179人，其中处级干部11人。工人中有技能等级的3978人。其中，初级工272人，中级工697人，高级工2816人，技师159人，高级技师34人。

厂辖区面积200平方千米，已累计探明含油面积164.7平方千米，地质储量4.14亿吨，动用含油面积144.32平方千米，地质储量3.83亿吨。投产油井3643口，开井2086口，日产油水平5393吨，综合含水77.5%，累计产油7834万吨，采出程度21.01%，可采储量采出程度83.49%。有注水井313口，开井207口，日注水量6324立方米。稠油区块年注汽599万吨，年油汽比0.28。

厂生产原油200.5万吨，超产4万吨；完成商品量182.62万吨，超交0.02万吨；油田综合递减率3.5%，拥有固定资产原值164.61亿元，净值68.77亿元。有计量接转站104座、热采注汽锅炉75台、联合站4座，配汽间4个。

【稠油开发】 2013年，厂以精细注汽为中心，优化注汽参数、优选配套措施，加大二氧化碳助排、氮气助排、空气采油为主的非烃类采油技术措施规模，年措施增油57.5万吨，油汽比0.31。加大水平井治理力度，停关水平井58口进行油藏潜力分析，形成以大修侧钻、均匀注汽、增能提效、出水井治理为主的水平井综合治理系列技术，实施水平井治理38井次，恢复日产能力302吨，年产油3.6万吨；扩大杜66块常规火驱井组规模，强化SAGD动态调控，突出“低物性段改造、注汽井网完善及提高产液量”等重点工作，完成产量29.5万吨。

【稀油开发】 2013年，厂按照油田公司产量结构调整的总体规划和曙光油田“244”（稀油产量要达到40万吨以上，力争实现50万吨，产量比例达到20%以上；方式转换产量要达到80万吨以上，产量比例达到40%以上，其中，SAGD、火驱产量分别达到40万吨规模；吞吐稠油产量降到80万吨以下，产量比例下降到40%）产量目标，年产油35万吨。实施水井措施215井次，其中，转注18井次，复注15井次，分注、细分注水97井次；实施油井措施227井次，年增油3.9万吨，加大大修侧钻、停产井恢复、防砂治砂等井网完善工作力度。扩大水平井二次开发规模，注水方式由单一的直井注水向直—平组合、平—平组合等多种注采井网转变，采取异步注采、脉冲注水、层间轮替等注水方式，注水井开井率提高3.5个百分点，注水井分注率提高1.2个百分点。

【产能建设】 2013年，厂调整规划新井110口。其中，直井59口，水平井51口；投产新井102口，其中，水平井50口，直井52口，累计产油8.1万吨。扩大水平井规模，水平井数50口，占总井数49%，建产能9.9万吨，占总产能56%。提升老区二次开发井比例，老区二次开发井数达到87口，占85%，建产能14.8万吨，占84%。稀油出砂油藏多元开发取得突破，提高防砂技术，开展多元开发，稀油出砂油藏整体二次开发部署研究取得重要进展，利用水平井分层开发稠油低品位储量，采用交错叠置开发井网立体开发稠油难采储量。

【项目推广】 厂组织杜84馆陶区块蒸汽辅助重力泄油（SAGD）开发管理，区块有辅助重力泄油井170口，其中，注汽井57口，开井34口，年产油29.5万吨。先导试验效果较好，以扩大规模和完善配套技术为重点，新增火驱井组50个，规模达到91个。火驱井数474口，开井345口，开井率73%，年产油规模19.2万吨。

【科技进步】 2013年，厂坚持“创新突破、完善体系、支撑发展、适应转变”的科技工作方针，研发核心技术，推广应用成熟配套技术，提升自主创新和创效能力。注空气采油技术取得突破，形成4项配套技术，改善了稠油开发效果。火驱防砂、气窜封堵、分层注气试验效果明显，电点火技术试验取得成功，完善火驱配套技术。研制机械防砂与分层注汽一体管柱，开发水平井分抽采油技术，设计耐高温潜油电泵，提供技术储备。调整措施结构，优化措施投入，实施各类工艺措施 1505 井次，增产原油 35 万吨。荣获油田公司“科技管理先进单位”称号，获得辽宁省科技进步三等奖 1 项，盘锦市科技进步奖 2 项，油田公司成果 5 项，获得国家授权专利 41 项。

【生产运行】 2013 年，厂编制生产预案 13 项，加强过程管控，推动生产组织向定量化管理迈进。深化措施前期评价和高成本井预控管理，否决高成本措施井 51 口，实施效益升级措施 80 井次，节约成本 2243 万元。加强注汽运行管理，调整水平井区域注汽单元 48 个，节约注汽量 5.34 万吨。加强作业质检、掺油掺水、井筒管理等基础工作，延长检泵周期，提高油井生产时率。强化防潮防汛工作，在防洪重点区域杜 84 块防潮堤安装高清视频监控设备 28 套，构建油田公司、厂、作业区三级联动监控体系，提高汛期生产指挥的准确性和时效性。超前实施春节生产会战、配电线路春检、冬防保温等季节性重点工作，保证生产有序运行。

【经营管理】 2013 年，厂执行油田公司投资管理办法及内控程序，加大前期工作力度，实现投资计划有效受控。刚性压缩 8 项专控指标，加强动态分析监督，增强成本控制能力。实施预算管理系统工程，健全体制、规范流程、细化单元，定期考评预警，提升预算管理水平。落实油田公司市场管理办法，严控项目挂靠现象，外部队伍准入数量控制在计划指标内。围绕成本指标、管理创新、科技攻关、节能降耗等工作，开展“对标挖潜、减项创效”活动，挖潜创效 3200 万元，增油 3.5 万吨。厂下属盘锦辽河油田金宇集团有限公司实现销售收入 7.4 亿元，实现利润 448 万元。

【安全环保】 2013 年，厂坚持“一岗双责”的原则，推进有感领导、直线责任、属地管理，落实全员责任。开展 SAGD、火驱、注空气采油等重大隐患专项治理行动，遏制安全环保风险。运用四级安全监督网络，结合打非治违、首席安全监督员等活动，检查基层班组与动态施工现场 702 个，督促整改问题 482 个，隐患问题比上年下降9.7个百分点，实现安全生产。培育安全环保核心价值理念，加大环境保护工作力度，新建脱硫装置 10 套，维护和更换跨沟渠管线 4210 米，处理泥浆 3.8 万立方米，防止发生污染事故。

【思想政治工作】 2013 年，厂推进优良厂风建设，总结提炼 10 个方面厂风内涵，设计实施“六项工程”（导向引领工程，创优创效工程，勤廉建设工程，平安创建工程，凝心聚力工程，健康惠民工程），固化长效机制 30 项，明确现实路径。开展党的群众路线教育实践活动，抓好学习教育、听取意见，查摆问题、开展批评，整改落实、建章立制三个环节，改进党员干部作风。加强干部人才队伍建设，启动“青年成长计划”，建立青年人才库，通过学习培训、组织培养、公开竞聘等方式，激发干部人才队伍活力。加强宣传思想文化工作，编印厂刊 6 期 50 万字，形成优秀队伍管理创新成果 30 项、政研课题报告 35 篇，发布新闻报道 1022 篇。落实员工基本权益保障，投入资金近千万元改善井站生产生活环境，开通曙光至井下通勤车。开展扶贫帮困送温暖活动，累计投入帮扶资金 57.29 万元。关注员工职业、身体和心理健康，发挥文体爱好者联合会作用，开展全员读书、全民健身活动，提高干部员工生活品质。加强信访维稳和治安综治工作，充实矿区安保力量，开展普法教育，巩固矿区平安和谐的良好形势。

【组织人事工作简况】 2 月，厂党委副书记、纪委书记、工会主席吴华调出。3 月，李延勇调入，任厂党委副书记、纪委书记、工会主席。厂机关设办公室、党委办公室、经营计划科、财务科、人事科（组织部）、生产运行科、生产技术科、作业科、钻井管理科、安全环保科、科技科、企管法规科、审计科、党群工作部、工会、纪检监察科 15 个科室。设资产管理中心、信息中心、概预算管理中心、基建管理中心、员工培训中心、档案室、电视台、技术监督中心、土地公路管理中心、水电讯管理中心、保卫科（综治办）、安全监督站、勘探开发经济评价中心 13 个直属部门。下设采油作业一区、采油作业二区、采油作业三区、采油作业四区、采油作业五区、采油作业六区、采油作业七区、热注作业一区、热注作业二区、集输大队、机动采油大队、电力工程大队、运输一大队、综合车队、地质研究所、工艺研究所、油管厂、物资供应站 18 个大队级单位。厂党委下设党总支 20 个、党支部

130个，有党员1708人。 （张 巍）

欢喜岭采油厂

【基本情况】 至2013年年底，欢喜岭采油厂（以下简称厂）用工总量6515人（不含多种经营企业辽南集团有限公司），其中，合同化员工4386人，市场化员工1830人，油田公司内部劳务用工137人，外雇劳务派遣用工162人。干部1693人，其中，具有高级专业技术职称的70人，中级专业技术职称的506人，初级专业技术职称的884人。工人中有高级技师28人，技师174人。

厂有大型联合站3座，注汽站41座，采油计转站116座，固定资产原值164.17亿元（未上市企业固定资产原值4.24亿元），固定资产净值58.26亿元（未上市企业固定资产净值1.88亿元）。设备完好率97%，主要生产设备利用率70%。

厂生产原油116.08万吨，超产3.08万吨。生产工业气4800万立方米，外供商品气438万立方米。投产产能井16口，年产油2.2万吨。实施措施581井次，年增油14.5万吨。年注水362万立方米，年注汽量498万吨，油汽比0.16。油田自然递减率15.3%、综合递减率3.3%，稀油含水上升率0.1%。

【勘探开发】 一、锦307块岩性油藏勘探

2013年，厂加大对欢（东）—双油田下台阶岩性、深层油藏勘探力度，部署预探井11口，年底完钻、试油6口，获工业油流2口，其中，部署在锦307南块的锦325井兴隆台油层试油获得百吨产能。锦325井位于辽河坳陷西部凹陷鸳鸯沟洼陷锦307南块，钻探目的为落实沙二段高部位含油气情况，扩大锦307区块沙二段含油气范围。2月14日，锦325井完井，完钻井深3808米，解释气层5.2米/1层，油层29.2米/3层，低产油层9.4米/5层，油水同层16米/6层。采用直径44毫米泵生产，日产液28立方米，日产油6吨，含水79%，累计产油3883吨，累计产气14万立方米。锦325井试采成功，对锦307井区及欢喜岭油田下台阶岩性油气藏成藏规律提供新认识，预计新增探明含油面积0.8平方千米，新增控制石油地质储量101万吨。

二、欢626块勘探开发

通过欢626C井注汽试采发现欢626块莲花油层。1月8日，欢626C井开井，初期日产油11.3吨，日产水10.5立方米，第一周期生产51天，累计产油490.8吨，累计产水583.8立方米，周期油汽比0.43。4月4日，第二轮注汽，初期日产油12.5吨，日产水9.3立方米，含水43%。第二周期生产234天，日产油2.6吨，日产水10.3立方米，含水80.2%，累计产油1068吨，累计产水2320立方米。实施开发控制井3口，在欢626块形成年产0.5万吨的生产能力，实现当年发现，当年建产。利用完钻井进行VSP测井，获取准确时深关系及7个非零观测方向的地震精细解释。利用模拟地震处理技术，从原始资料开始，结合VSP速度谱进行的高分辨率处理，精细刻画地质体，为后续开发提供依据。结合地震地质及新井试采资料，落实欢626块油层展布和油水关系，主要含油层莲Ⅰ8—9含油面积0.69平方千米，地质储量76万吨。油层和隔层发育稳定，具有分层开发潜力。

三、稀油产能建设

2013年，厂在欢26块、齐2—11—9块等稀油区块投产产能新井13口，年建产能2.5万吨，年产油2万吨，促进整体产量结构调整的进程，稀油新井年产油从2.18万吨提高到2.56万吨，新井单井年产油从1555吨提高到1966吨。

四、综合治理注水区块

2013年，厂以精细化地质研究为基础，以注水调整保稳产，配套措施促增产，在中高渗注水油藏和低渗注水油藏围绕剩余油聚集区开展综合治理，实现稀油产量稳中有升。实现注水区块1个，完善注水区块12个，恢复注水区块2个，实施转注、复注等注水工作量228井次，增加日注水量1610立方米，增加水驱控制储量297万吨。实施扩大注水规模，注水区块中有15个区块产量上升、5个区块稳产、5个区块递减减缓，自然递减率、综合递减率分别从上年的21.9%、19.2%下降到3.7%、−6.3%。有38个井组48口油井注水效果较好，日产油从83.2吨上升至151.5吨，含水从88.6%下降到84.9%，年增油2.33万吨。稀油产量增产1.2万吨，自然递

减率下降 3.3 个百分点，综合递减率下降 3.4 个百分点。

五、调控齐 40 蒸汽驱产量递减

2013 年，开发秉承“以采为先、以液定汽、以液牵汽”的开发理念，实施齐 40 蒸汽驱注采综合调控，完善注采井网，实现提高采注比、稳定油汽比、减缓产量递减的目标。采注比从 1.04 提高至1.06，油汽比保持在 0.14 左右，区块日产油平均月递减从 1.4%下降到 0.4%。

六、调整开发试验

2013 年，厂开展 3 类 6 项开发试验，为改善不同类型油藏的开发效果提供借鉴。欢 2—7—13 块深部调驱完成阶段试验，完成欢 26（兴）块深部调驱、锦 16（兴）东块合采区微球调驱、欢 2—16—304 块深部调驱、欢 26（杜）块氮气驱、欢 127（兴）西块重力泄水辅助蒸汽驱试验的前期油水井工作量，各项试验进入现场实施阶段，累计实施深部调驱井组 9 个，氮气驱井组 2 个，水平井蒸汽驱井组 3 个。试验井组年产油 4.3 万吨。

【技术进步】 2013 年，厂实施以“深部长效化学解堵和综合震波解堵”为核心的配套解堵技术，恢复了污染井产能，实施 18 井次，累计增油6981吨。优化氮气泡沫酸化解堵技术，优化高压施工工艺、药剂配方、焖井方式、洗井方式，实施水井解堵 39 井次，措施有效率 87.2%，平均降低注水压力 13.5 兆帕，停运增压泵 5 台，实现增注水量 5.6 万立方米；开展氮气辅助水驱技术试验，利用氮气的密度和粘度比二氧化碳与天然气低的特点，驱替油层上部原油，现场实施 2 个井组，采用水—气交替注入方式，设计地面高压注入工艺、优化井下管柱设计，优化注入参数，保障试验安全顺利开展，措施后实现阶段增油 648 吨，日增油 8.5 吨。加强重力泄水、深部调驱技术配套，优化方案设计，现场施工实施 4 井次，累计增油1848吨，日增油 12.2 吨。针对调驱过程中出现的成胶效果差问题，从聚合物质量、除铁、杀菌、抑制聚合物降解等方面研究，结合现场情况，制定解决方案，保证欢 2—7—13 块、欢 26（兴）块、欢 2—16—304 块调驱工作运行正常，实现阶段增油 2.5 万吨。

应用综合堵水技术，开展高含水油井组合式堵水技术试验，实施 2 井次，累计增油 878 吨；研究应用大通径机械堵水技术，针对齐 108（大凌河油层）和欢 127（西块）受底水推进和边水推进影响，多数井停产或高含水生产的问题，综合分析油井水淹特点、水淹规律及生产潜力，论证化学堵水的可行性，对潜力井应用大剂量深部堵水技术，累计实施 8 井次，阶段增油 1364 吨。针对欢 127 汽窜严重问题，设计适合“机械防砂筛管的树脂凝胶＋水玻璃封口的堵窜”工艺，缓解区块汽窜问题，实施 7 井次，对应汽窜井 15 井次，防窜率 100%，调剖增油 1626 吨。推广应用高温树脂防砂技术，保证出砂井正常生产，现场实施 5 井次，措施有效率 100%。综合治理水平井，实施水平井化学堵水技术，挖掘高含水井产能。应用水平井化学调剖技术，提高水平段动用程度，优化设计水平井注汽管柱，提高注汽效果，实施水平井配套措施 37 井次，实现增油 5056 吨。加强齐 40 块后期稳产先导技术试验，开展蒸汽驱高温氮气泡沫调驱技术试验，现场实施 2 个井组，优化氮气与蒸汽日混注比例为 45∶1，措施后累计增油 421 吨；开展二氧化碳辅助蒸汽驱技术试验，现场试验 2 个井组，累计增油 717 吨；开展注空气辅助蒸汽驱技术试验，现场试验 2 个井组。开展微型压裂引效试验，试验应用水力喷射技术，实现 3.6 米小隔层的定点分层压裂，现场实施 2 井次，累计增油 781 吨。实施工艺措施 24 项 345 井次，累计增油 4.2 万吨，措施有效率 82%。

【生产管理】 2013 年，厂新井投产 13 口，其中稀油井 10 口，稀油井年产油提高 2 万吨，完成各类措施投产 581 井次，累计增油 14.48 万吨。组织实施大修作业 102 井次，小修作业 2506 井次。结合全年配产配注指标，安排注汽运行，实施优化注汽 221 井次，优选组合注汽、分注等注汽方式 54 井次，实施间歇注汽 25 井次，优选层位注汽 22 井次，改善注汽效果。扩大精细注水规模，完成注水井转注 20 口，其中，A 级注水井 6 口，日增加注水量 180 立方米；B 级注水井 12 口，日增加注水量 650 立方米；C 级注水井 2 口，日增加注水量 350 立方米。扩大开发实验规模。欢 127 西块重力泄水辅助蒸汽驱扩大实施 2 个井组，达到 3 个汽驱井组。完成锦

16 块、欢 2—16—304 块深部调驱、欢 26 杜（杜家台油层）氮气驱试验井组，达到增产效果。锦 16 块 3 个井组日产油增加 10 吨，欢 26 杜（杜家台油层）2 个井组日产油增加 8 吨。

【经营管理】 2013 年，厂健全完善预算承包机制，以"完全成本承包和利润考核"为重点，对不同类型的基层单位设置不同的考核指标，严格执行预算考核，增量盈亏相互挂钩，实现创效增收的可操作性，落实年初硬指标、年末硬兑现的总体要求。以经营承包机制、预算管理、产量结构调整等手段夯实降本增效的成本管理基础，贯彻“十八项降本增效举措”，紧抓关键成本管理开展工作，关注材料、燃料、水电费、作业费、运费、修理费等重点资金支出，剖析成本使用情况，研究资金使用规律，查找资金管理薄弱环节，及时调整资金投放方向，材料费减少支出 3250 万元。坚持资金规范运作和“收支两条线”，严格收支账户和银行票据管理，完善资金管理内控流程，优化资金拨付业务流程，规范资金审批程序，严把资金授权、审批、业务经办、会计记账、稽核稽查等环节，确保资金顺畅支付。加强措施井前期评价工作，评价油井措施 759 口，建议否决无效措施井 143 井次，减少风险措施投入 1215 万元。建立完善内控、法律风险防控体系，强化内控日常管理工作，实现内控工作的“常态化”管理，提高全员的内控意识。加强合同管理，签定合同 1456 份，标的额 17.78 亿元，结算金额 9.35 亿元。加强概预算管理工作，控制投资成本。加强造价基础工作，审核结算项目 1564 项，审核金额 15.42 亿元，审减金额 1.55 亿元；编制审核概算 11 项，审核资金 5754 万元，核减金额 1582 万元。对外结算审计 1060 项，专项及管理效益审计 2 项，审计资金 11 亿元，取得审计成果 862.82 万元。优化人力资源配置，调整队伍结构，厂重组归并后勤服务系统业务，发挥后勤服务系统整体资源优势，提升企业经营管理水平，实现公用事业及后勤服务管理指导、服务协调职能分开分离。

【安全环保】 2013 年，厂按照《特种设备管理条例》规定，注册和检验特种设备。强化职业病危害因素场所检测，检测合格率 100%。强化员工健康监护，践行“以人为本”方针，组织员工职业健康体检 1532 人次，非职业健康体检 2450 人次，女工及家属健康体检 2778 人次，驾驶员体检 528 人次。按照 HSE 审核标准，开展内部审核 4 次，闭环管理发现的问题。厂机关科室开展内部审核，落实直线责任，提升机关科室管理水平。厂将安全生产标准化融入 HSE 体系要素，投入 428 万元，实施采油、热注、作业、集输等系统 46 个站（场）安全标准化建设，完善 HSE 制度、标准化现场管理，通过油田公司安全生产标准化检查组的自评验收。开展火灾应急演练、井喷应急演练及硫化氢中毒应急演练，提升应急反应能力。组织基层管理人员 HSE 培训，培训单位业务负责人、基层小队管理人员 238 人次，组织新入厂员工 HSE 培训300余人。开展防雷、防静电设备设施专项整治，劳动防护用品专项整治，特种设备专项整治，“十二运”消防安全专项整治，交通安全专项整治，整改隐患问题 102 项，消除安全隐患。

开展环境保护宣传教育活动，更新《环境因素汇总及评价表》《重要环境因素台账》。坚持日常检查工作制度化，检查采油站 53 座、热注站 20 座、联合站 3 座、作业井 560 井次外来施工现场 130 个，查出问题 134 个，全部整改合格。围绕生产现场环境治理，防控污染源头，加强生产现场监督管理，巡检重点部位。强化春季、汛前环境专项治理，加大生产现场监管和治理力度，检查作业井，完善井场围堤，加快新井泥浆无害化处理进度，加大污染源治理力度。投资 800 万元新建工业垃圾填埋站，新建防渗存储池，收集、处理和利用工业垃圾，配备废水回收处理装置，防止二次污染发生，确保工业垃圾达标处理。

【党建工作】 2013 年，厂党委推进 15 个基层党支部红旗示范点创建工作，“基层党支部党务工作流程”荣获辽宁省“党的基层组织建设创新奖”、油田公司党建思想政治工作（企业文化）优秀课题研究成果一等奖和油田公司质量管理成果三等奖。编写《基层党总支业务工作指南》，提供组织模式、工作方法，促进全厂 189 个党支部和29个党总支组织建设上水平。开展党的群众路线教育实践活动，明确“统一员工思想，提升能力素质，解决群众关心问题，坚定理想信念，保障全年任务完成”5项任务，活动取得实效。开展“四强化四提升”（强化能力建设，提升综合素质；强化结构改善，提升整体活力；强化作风转变，提升勤廉形象；强化管理创新，提升工作业绩）活动，推进领导班子和干部队伍建设上水平，强化能力建设，提升综合素质。组织科级干部专题讲座，提高科级干部总揽全局、综合协调和科学决策等岗位履职能力。结合年度任务目标，开展各级干部绩效合同签订和跟进考核工作。开展处级后备干部、科级后备干部选拔推荐和厂安全科科长岗位公开竞聘工作。调整科级干部62人次。

【企业文化建设】 2013年，厂传播石油文化，基层单位加强“六统一”（“爱国、创业、求实、奉献”企业精神，“奉献能源，创造和谐”企业宗旨，“我为祖国献石油”核心价值观，“诚信、创新、业绩、和谐、安全”核心经营管理理念，“宝石花”企业标识，《我为祖国献石油》歌）学习培训，员工认知率100%。丰富企业文化内涵，坚持大庆精神铁人精神为核心的企业文化建设，弘扬束滨霞、杨伟涛、赵奇峰、吴迪等楷模精神，发挥先进典型的正能量。厂在每个站队开展“五项实践”活动，打造束滨霞采油站、齐5号站、欢17号站、欢二联合站等文化示范站队典型。创建苇海“家”文化，倡导“扎根苇海，奉献石油”的苇海“家”文化理念，实施以7个建家为主要内容的苇海“家”文化建设（建设情感之家，凝聚爱家真情；建设民主之家，保障员工权益；建设制度之家，促进管理规范；建设学习之家，提升队伍素质；建设品牌之家，树立良好形象；建设平安之家，创建和谐环境；建设清廉之家，筑牢思想防线）。

【组织人事工作简况】 3月26日，厂归并重组后勤服务系统业务，将公用事业管理中心所属厂公寓、后勤服务队、欢采文化活动中心、欢工处文体活动中心4个机构及所属人员整体划归服务大队，划入干部员工73人。整合后，公用事业管理中心作为厂机关直属部门，履行公用事业管理职责，负责员工生活福利管理及低值易耗物品管理工作，负责员工住房公积金、民用及工业物业费管理工作，负责厂后勤服务协调及卫生防疫消杀管理工作，负责协调与欢喜岭公用事业处物业管理相关事宜。撤销服务大队所属客房部、餐饮部、洗浴部3个小队级机构，与新划归的单位重组，按照服务区域布局和便于管理原则，整合为后勤服务一队、后勤服务二队、后勤服务三队3个基层小队。

至2013年年底，厂机关设厂长办公室、党委办公室、党委组织部、党群工作部、工会、纪检监察科、生产运行科、采油管理科、热注管理科、作业管理科、钻井管理科、安全科、科技科、经营计划科、财务科、人事科、企管法规科、审计科18个科室。设资产管理中心、基建管理中心、概预算管理中心、市场管理办公室、土地公路环保管理中心、水电管理中心、油气销售管理中心、交通管理中心、技术监督中心、员工培训中心、信息中心、档案室、综治办（保卫科）、信访稳定办公室、公用事业管理中心、机关党总支、电视台、勘探开发经济评价中心、安全监督站、油气监察站、社会保险管理办公室（一）、社会保险管理办公室（二）、离退休管理办公室（一）、离退休管理办公室（二）、再就业协调管理办公室（一）、再就业协调管理办公室（二）26个直属部门。下设采油作业一区、采油作业二区、采油作业三区、采油作业四区、采油作业五区、采油作业六区、机动采油大队、作业一大队、作业二大队、作业三大队、集输大队、热注作业一区、热注作业二区、工程维修大队、生产准备一大队、生产准备二大队、水电大队、机械修造厂、运输一大队、运输二大队、运输三大队、地质研究所、工艺研究所、测试大队、服务大队、物资供应站26个大队级单位。厂党委下设党总支29个、党支部189个，在岗党员2133人。

（王铁中）

锦州采油厂

【基本情况】 至2013年年底，锦州采油厂（以下简称厂）有员工5533人。其中，合同化员工3966人，市场化员工1157人，劳务工260人，小集体员工115人，自招大学生35人。干部中具有教授级高级职称的1人，高级专业技术职称的60人，中级专业技术职称的428人。工人中有高级技师24人，技师176人。

厂有固定资产 32022 项，固定资产原值 118.76 亿元，净值 38.64 亿元。有生产设备 19 524台（套）。有采油站 91 个、热注站 38 个（含外围）、集输联合站 3 个、污水处理站 2 个。有油井 2623 口，其中，开井 1584 口；有水井 154 口，气井 4 口。全年生产原油 88.65 万吨、超产 2.65 万吨，完成油气综合商品量 84.91 万吨、超交 1.21 万吨，生产天然气 2204 万立方米。

【勘探开发】 2013 年，厂完成钻井 26 口（含侧钻井 21 口），老井试油 3 口；新增含油面积 0.68 平方千米，新增石油地质储量 113 万吨；新增含气面积 0.18 平方千米，新增天然气储量 1496 万立方米。

投产新井 13 口，新建产能 2.3 万吨，当年产油 1.7 万吨。锦 16 块非目的层挖潜效果显著，初期单井日产油 12 吨，当年产油 9839 吨；利用鱼骨型水平井开发稠油薄层储量，初期日产油 45 吨，当年产油 5431 吨；锦 25 块应用井震联合技术，部署新井 2 口，其中水平井 1 口，增加可采储量 2.1 万吨。

厂优化稠油注汽，实施分注、同注同采、间歇注汽等措施 199 井次，注汽规模 249 万吨，完成稠油产量 61.5 万吨。优化生产运行，实施各类地质工艺措施 680 井次，增油 12 万吨；细化作业管理，完成大修 58 口井，小修 3110 口井，减缓油田递减速度。推广采油作业联产承包管理模式，作业井次比计划指标减少 142 口，稠油 1 泵到底率提高 3.7 个百分点，节约作业费用 497 万元。试行“三班两倒”弹性工作制，作业单班效率提升 32%，作业系统整体效率提升 20%。锦 16 化学驱实施措施75井次，调整油水井注采参数 60 井次，增加区块日产油量，年底日产油 350 吨，比年初日产油净增 150 吨；锦 45 蒸汽驱先导试验区实施措施 104 井次，增油 6046 吨；扩大试验区利用临时注汽工艺完成临时转驱 5 个井组；油水井措施坚持措施月度运行制度，组织地质和工艺措施 690 井次，增油 14 万吨。组织高产异常井、重点大修井和突发生产事件等工作 214 次，实施停产井复产 312 井次。稠油注汽 840 井次，注汽 250 万吨。

【工艺技术】 2013 年，厂遵循“深防、近挡、少固、多排”的技术思路，应用地层深部防砂、机械防砂、化学防砂和防砂泵排砂等方式相结合的技术手段，减轻出砂对油井生产的影响。实施 12 井次，延长检泵周期 55.7 天。选取没有套变或者轻微套变的井实施分注开采技术，实施 72 井次，增油 8201 吨。在套管完好的直井实施投球选注技术，研制投收球工具，实施 31 井次，增油 1651 吨。实施化学类措施 148 井次，累计增油 9983 吨。开展水平井油管减磨防卡扶正器技术，采用同曲率直棱防偏磨扶正器、油管铁削收集器保证油井举升。现场实施 55 井次，累计增油 1.6 万吨。开展科技攻关，通过压裂增油 1167 吨，产气 19.6 万立方米；通过注聚井分注 8 井次，累计增油 5434 吨；通过压裂防砂，增油 756.6 吨。

【生产管理】 2013 年，厂组织应急演练 4 次、特殊天气预警 28 次，启动三级应急响应程序 2 次。组织由 8 个机关科室、16 个基层单位参加的大型防汛应急演习。检查防汛重点单位 12 个、重点站 42 个、重点区域油水井 783 口，检查整改问题 60 个。自筹资金完成锦 611 干线防护工程等防洪防汛工程 6 个。完成防洪防汛视频监控光缆维护等零星工程 24 个，项目费用节支 755.75 万元。投资 229 万元，完成管线防腐保温 45 千米，吹扫管线 378 条，维修机泵 78 台，改造工艺流程 152 处，对外输气管线投球扫线 14 千米。

深化“油井 ABC”（将油井按照产量和重要程度分成 A 类、B 类、C 类三类井，分别采取相应的管理办法）、“一井一策”（根据采油井地面及地下生产情况，为每一口油井制定有针对性的生产对策）管理，建立数据库，单井检泵周期从 429 天提至 461 天。优化简化工艺，稠油输油管径选取 76 毫米，更加适应生产、节约成本。实现稠稀油分输，日增加稀油 47 吨，提高掺油质量。深入论证转油站降级改造、集油系统优化改造等 6 项优化简化方案，创效 2000 万元。盘活闲置设备 9 项，再利用管线 11 千米，拆回再利用各类配件 3200 套，节约生产成本 810 万元。扰动清洗注水干线 12 千米，引入 20 套全频道智能型多功能水处理器进行杀菌，引入 20 套井口高压精细过滤处理装置，为“注好水”提供保证。对零散活动注汽井场、千 12 块铺设软化水管线 7.4 千米，实现热注锅炉软化水使用污水零排放。按照“多烧气、少烧油”的思路，严格排查改烧油过程中安全隐患，做好应急预防措施，保证注汽生产正常运行。开展“提高热注系统热效率示范工程”，取得预期效果，实施锅炉炉体保温结构优化改造 5 台，单炉燃气单耗降低 1.9 立方米/吨。使用聚醚类反相破乳剂代替预脱水剂，预脱水器出水指标从措施前含油 700 毫克/升、含悬浮物 1300 毫克/升下降到含油 50 毫克/升、含悬浮物 400 毫克/升。将破乳剂加药点前移，延长药剂反应时间 2 小时，预脱水器放水含油由 5000 毫克/升下降到 700 毫克/升、含悬浮物由 3000 毫克/升下降到 300 毫克/升，解决污水阶段性波动问题。投资 500 万元改造老三联罐区工艺，拆除废弃闲置工艺管线 6 条 720 米；抬高更新主工艺管线 8 条 960 余米，排除安全隐患；将锦一联 6 台陶纤粘生产加热炉更新为相变式加热炉。捞油 1.3 万吨，生产零件10 983套(件)，检修井控设备 938 台次，新建注水管线 3500 米。

【科技管理】 2013 年，厂完成油田公司级科技项目 6 项，厂科技项目 21 项，厂技术座谈会发布论文 152 篇。锦 16 块化学驱通过个性化注入方式和及时合理生产调控，试验区整体产量由转驱前的 40 吨上升至 350 吨，综合含水由 97%降到 83.5%，全年产油 8.7 万吨。锦 45 块蒸汽驱应用水平井改善汽驱效果，先导试验区产量稳定在 170 吨，扩大试验有序实施 2 个井组，产油 7 万吨。获辽宁省科学技术进步三等奖 1 项、油田公司科技发明一等奖 1 项，油田公司科学技术进步一等奖 1 项、二等奖 3 项，获得国家发明专利 3 项、实用新型专利 25 项。

【经营管理】 2013 年，厂加强计划管理，规范生产经营项目前期论证。推行“项目组”管理模式，明确人员、落实责任、及时跟踪。严抓市场管理，减少外协项目，外部队伍数量压缩 60%。执行目录式管理，提高内部市场占有率，华联公司（所属多种经营单位）实现平稳、健康发展。加强资金预算动态管理，制定控制成本、压缩费用的具体措施，完成上市利润指标。推进未上市解困扭亏工作，全年修井作业、生产服务等基础业务保持稳定，实现收入 1.8 亿元。开展低效油气资产利用、轻质油回收等增量业务，实现收入 1.9 亿元。推进内控体系建设，理顺业务流程，规范管理行为，提升企业管理水平。落实“三控制一规范”，清退劳务工 256 人。改进量化考核管理办法，突出考核公平、公正、公开。开展效能监察，审减建设工程项目投资额 350 万元，审减经济合同项目金额 393 万元，审减物资采购项目资金 7.63 万元，财务及专项审计促进增收节支 289.75 万元。

【安全环保】 2013 年，厂加强 HSE 管理体系建设，发挥 HSE 分委会作用，落实“直线责任、属地管理、岗位责任制”，夯实施工现场、办公区域 HSE 标准的规范执行，达到岗位规范化、操作标准化，安全工作良好运行。固化“大讨论、大排查”机制，筹措资金 3230 万元集中治理六类重大隐患，削减安全环保风险。检查生产作业现场1200余处，查处问题 1100 多个。落实矩阵式岗位需求培训，实施基层站队长、职业病防治、硫化氢防护等专项培训 2148 人次。狠抓环境治理，强化油地协调，推进锦 45 块防内涝治理、欢三联污水达标外排改造工程。

【技术监督】 2013 年，厂完善质量管理体系文件，修改 2 项程序文件和部分管理手册，组织质量管理体系培训，讲解质量管理体系文件。聘请专家审核机关科室、基层大队，整改问题 68 个、一般不符合项 9 项。将体系运行与量化考核有效结合，按季度考核采油、热注、集输、作业等基层大队，整改各类问题 112 项。抽检各类钻采配件、橡胶制品等外购产品 421 批次，其中发现不合格品 12 批次，不合格品处理金额 77.43 万元。注册 QC 活动课题 74 项，确定油田公司级重点课题 3 项、厂级重点课题 13 项，召开 QC 活动成果发布会。开展以提高工序一次合格率为重点的“降废减损”活动，实现“降废减损”160.2 万元。加强工程项目质量监督管理，执行监督注册工作，办理工程质量监督注册书 344 项。抽检工程施工用料 9 批次 44 项，检测全部合格。强化现场监督检查，确保工程项目施工全过程监督到位、重点工序控制到位。召开“标准评审会议”，配备标准 1000 多本。校验计量器具 3901 台件，检测压力表13 816块，更换压力表 1490 块。维修油、气、水表 1219 台（次）。验收定量包装产品218批次，配合盘锦市计量测试所抽检油品等3批次，全部合格。抓好节能减排和对标管理，节能5427吨标准煤、节水8.2万立方米。

【员工培训】 2013年，厂开展员工培训和岗位练兵。组织培训172期，培训员工5741人次。组织721名员工报名参加44个工种的职业技能鉴定，鉴定合格率75.62%。提高岗位技能，组织各大队级单位、机关科室及直属部门365名选手参加6个专业和12个工种18个项目的比赛，奖励优秀选手和获奖单位。组织选手参加油田公司女职工技能竞赛，1人获得采油工个人项目金奖，2人获得热注运行工个人项目金奖，2人获得热注运行工个人项目银奖，1人获采油工个人项目优秀奖。

【党建工作】 2013年，厂优化领导班子结构，充实干部队伍后备力量，交流使用科级干部37人次。强化领导干部业绩考核，基层领导班子信任率99.9%，优秀率96.01%；班子成员信任率99.9%，优秀率96.9%。围绕"为民、务实、清廉"内容，落实"照镜子、正衣冠、洗洗澡、治治病"总要求，开展党的群众路线教育实践活动。按照"学习教育、听取意见，查摆问题、开展批评，整改落实、建章立制"3个环节，转变领导干部作风，密切干群关系。厂两级领导班子查摆"四风"问题89个，班子成员查摆自身问题301个，形成整改落实方案。加强反腐倡廉教育，学习"中央八项规定""集团公司党组20条要求""油田公司23条规定"等文件制度，开展廉洁"小品小戏"展演活动，增强领导干部廉洁从业意识。强化党风廉洁"一岗双责"落实，逐级签订《党风廉洁建设责任书》，开展干部作风自检自查、岗位职权风险排查，完善惩防体系和廉洁防控机制。加大惩处警诫力度，实现正风肃纪。

开展形势任务教育。贴近基层拓展宣传视角，开设"锦采视线"专栏，全年在油田公司报纸刊稿1100余篇，播发电视新闻900余条。拓宽思想教育阵地，开设"班车小课堂""流动小广播""双十"全员读书活动，提升员工文化素养、岗位意识。推进党建对标管理，完善党支部基础设施，规范党建工作流程。设立党建阵地示范点，每季度考核验收基层党支部。开展"党建成果发布"活动，评选党建工作优秀成果10项。推进星级党支部评比，评选"五星"党支部47个，"四星"党支部78个；发展党员69人。

全年走访慰问特情家庭185户，发放救助帮扶资金50.67万元。落实信访稳定责任，接待群众来信来访326件次390人次，化解矛盾，建设和谐矿区。

【组织人事工作简况】 2013年，厂设厂长办公室、党委办公室、经营计划科、财务科、人事科、生产运行科、采油管理科、作业管理科、钻井管理科、安全科、科技科、企管法规科、审计科、党委组织部、党群工作部、工会、纪检监察科17个科室。设资产管理中心、基建管理中心、概预算管理中心、市场管理办公室、土地公路环保管理中心、水电管理中心、油气销售管理中心、交通管理中心、技术监督中心、机关总支、员工培训中心、信息中心、保卫科、档案室、信访稳定办公室、公用事业管理中心、社会保险管理办公室、离退休管理办公室、再就业协调管理办公室、化学驱项目部（临时机构）、锦45块蒸汽驱项目部21个直属部门。下设采油作业一区、采油作业二区、采油作业三区、采油作业四区、采油作业五区、热注作业一区、热注作业二区、热注项目部、集输大队、机动采油大队、作业一大队、作业二大队、作业三大队、供电维修大队、运输一大队、运输二大队、特车大队、机修厂、生产准备大队、工程维修大队、地质研究所、工艺研究所、物资供应站、服务大队、华联实业集团有限公司25个大队级单位。增设锦45块蒸汽驱项目部1个直属部门，管理人员7人，其中科级干部2人。厂党委下设党总支21个、党支部146个，有党员1912人。

（王晓秋　李树军）

兴隆台采油厂

【基本情况】 至2013年年底，兴隆台采油厂（以下简称厂）有员工3509人。其中干部937人。副处级以上领导11人（含1名副处级调研员），正科级干部83人，副科级干部66人，改作具体工作科级干部23人。在专业技术岗位的干部198人；具有高级专业技术职称的75人，中级专业技术职称的339人，初级专业技术职称的 467 人。工人2572人，其中，集团公司级技能专家 1 人，油田公司级技能专家 7 人，厂级技能专家 8 人；高级技师 20 人。

厂已开发兴隆台、大洼、黄金带、于楼、热河台、大平房、荣兴屯、新开、欧力坨子、桃园 10 个油田及双台子（兴）、曙光（兴）、欢喜岭（兴）、冷家堡（兴）4 个区块，探明含油面积 223.95 平方千米，探明储量 2.76 亿吨，动用含油面积 214 平方千米，地质储量 2.65 亿吨，标定采收率 26%，可采储量 6900.89 万吨。动用气层气地质储量 317.75 亿立方米，可采储量 195.7 亿立方米。

厂拥有固定资产原值 145.91 亿元，净值 57.94 亿元。设备原值 6.33 亿元，净值 2.04 亿元。在册设备 14431 台（套），主要生产设备有抽油机 698 台、注水泵 66 台、输油泵 200 台、车辆 258 台。新增设备 1049 台（套），设备新度系数从 0.29 提高至 0.33。资产清查 2 次，清查资产 36571 项。完善设备操作规程 63 项。

厂有油井 1169 口，开井 829 口，日产液 9340 立方米，日产油 3969 吨，综合含水 58.2%，综合气油比 249.14 立方米/吨，年产油 140.14 万吨，采油速度 0.53%，年产液 322.41 万立方米，采液速度 1.2%，累计产油 4978.64 万吨，采出程度 18.8%，可采储量采出程度 72.1%。有气井245口，开井 65 口，年产气层气 4404 万立方米，累计产气层气 129.77 亿立方米，采气速度0.17%；溶解气油井 1169 口，开井 829 口，年产溶解气 3.52 亿立方米，累计产溶解气 190.04 亿立方米。有注水井 280 口，开井 199 口，平均单井日注水 39 立方米，年注水 261.8 万立方米，累计注水 1.42 亿立方米，月注采比 0.77，累计注采比 0.77。

厂完成原油产量 133.5 万吨，外供天然气 3.12 亿立方米，超供 704 万立方米。新增探明石油地质储量 866 万吨。自然递减率、综合递减率、含水上升率分别为 12.5%、7.1%、3.3%。基本运行费支出 3.85 亿元，控制在油田公司考核指标内。单位基本运行费 233.46 元/吨，实现利润 35.7 亿元，超交考核利润 4.4 亿元。

【勘探增储】 2013 年，厂勘探平面上以东部凹陷和西部凹陷为主，纵向上以东部凹陷沙三段砂岩和火成岩为主，西部凹陷以马圈子东营组为主。辽河油田第一口“万方液、千方砂”大型压裂井赵古 11 井获得日产油 38 吨的高产油流，累计生产原油 4177 吨，打开赵古潜山勘探新局面。于 68—1 井沙三段试油日产油 15 吨，落实于 50 井区周边沙三段的产能。通过精细三维构造解释，落实贯穿热河台和欧力坨 2 个油田的热 17 逆断层。断层将 2 个油田连成一个整体，在断层下降盘南北展布的储量空白带发现一系列圈闭，优选 3 个圈闭部署热 17—沙 H301 井、热 17—沙 H302 井和欧 612 井等 3 口滚动探井。成功实施热 17—沙 H301 井和欧 612 井，实现热河台和欧力坨油田的储量连片。荣 221—32 井和荣 241—22 井试油高产，初期平均单井日产油 13 吨，增加探明储量 189 万吨。马 19 断块区东营组实现勘探开发一体化部署，批准滚动探井 2 口，规划开发井 12 口。完钻探井 13 口，钻井进尺 4.53 万米，完成试油 10 口 11 层，获工业油气流 6 口 6 层，累计生产原油 6278 吨，累计生产天然气 212.8 万立方米。新增含油面积 7.56 平方千米，新增探明储量 866 万吨，储量替换率 1.3。

【油气生产】 2013 年，厂加强“新井上产、措施增产、长停井复产、注水稳产”工作，投产开发井 37 口，日增油 325 吨，累计增油 8.26 万吨。完成侧钻井 12 口、大修井 13 口，增产措施完成 259 井次，措施井生产时率比上年增加 5.5 天，增油 9.28 万吨。恢复长停井 103 口，增油 2.3 万吨。完成转注井 23 口、分注井 8 口、复注井 12 口，转驱 12 个井组，作业井工作量 114 口，作业井比上年增加 26 口。油井开井 700 口，比上年增加 60 口。注水井开井 200 口，比上年增加 20 口，年增加水驱储量 530 万吨。老区年产原油 48.13 万吨，比上年增加 5.09 万吨。

【生产运行】 2013 年，厂提高新井生产时率，加快产能建设步伐，新井生产时率 162 天，比上年增加 29 天，投产探井 9 口、开发井 37 口，增加日产油能力 357 吨。提高应急预案响应能力，组织应急培训 1 次、应急演练 2 次。按照早计划、早安排、早动手的方针，超前组织冬防工作量统计、项目申报、工程计划、物资发放等冬防前期工作。组织岗位责任制检查，以“强基础、解难题、重效果”为主题，突出一线生产单位自检自查和问题整改，不组织集中检查，以下基层解决问题为主要目标，开展抽查和夜查。厂抽查要害生产部位的夜间值班值守和生产管理等情况，落实连续生产单位的夜间岗位责任制，生产运行安全平稳。

【科技进步】 2013年，厂与科研单位进行合作，保证科技项目的技术含量，解决生产中的难题。科技项目负责人与地质研究所、作业区人员探讨，筛选有措施潜力的井实施论证。科技科每月召开一次措施论证会，组织作业科、工艺研究所、地质研究所及5个作业区等相关单位的负责人论证措施井及措施方案，确保选井质量及措施效果。推广油田公司科技项目“大孔道高含水油井堵水技术研究与试验”，推广应用5口井，增油1107吨。现场实施“潜山油藏保护及处理技术研究”项目，促进科研成果向生产力的转化。

厂承担油田公司科技项目3项，厂级科技项目12项。其中，工艺项目3项，地质项目9项。增油71.7吨，增气3.21万立方米。提出新井井位部署建议30口、天然气井4口、探井5口，落实有利圈闭3个，完成3个区块的开发调整方案。申报专利6项，自锁式防喷盒托卡获得专利授权。申报辽宁省自然科学奖23项，获奖14项。

【经营管理】 2013年，厂按照“实施今年、准备明年、筹划第三年”的“大运行”思路部署各项工作。将每项工作安排部署到具体时间节点上，提高生产运行的运筹质量。强化“大预算”管理机制，实现成本运行全过程受控，突出资金预算与业务预算有机融合，调整资金使用结构，优先实施高效措施项目。实施节约成本、降低费用等措施237项，降费减损460万元，累计创效1360万元。控制五项费用及非生产性支出，五项费用减少204万元。开展资产设备挖潜，通过对外处置、设备利用、管材修复等措施节支2180万元。压缩零星工程外委施工，实施流程改造、电路维护、管线维修、拆装机、隐患整改等自营工程项目，减少外委支出700余万元。围绕生产运行、成本控制、设备利用、开发管理等内容成立精细化管理组4个，设立精细化指标和相应奖项13个，强化过程跟踪和目标考核。完善监督分析信息平台，为生产经营提供参考数据。开展“全员精细管理，杜绝百种浪费”活动23场次，查摆浪费现象191项，整改及时率100%。调整兴古潜山原油销售渠道及价格，增加利润4.4亿元。

【安全环保】 2013年，围绕HSE体系建设，明确厂安全工作党政共担，严格“点对点”持表检查，大队级领导每月持表检查1次，中心站（队）级干部每周持表检查1次，岗位员工每天持表检查，安全监督站不定期抽查，消减隐患。实施隐患周通报分析制度，限定各单位年度动静态隐患控制数量及隐患问题分析次数，对超出控制指标的单位给予经济处罚及主要领导行政降职等处分。开展安全理念授课活动，每名大队级领导、每名站（队）长、班组长都讲1堂安全理念课，亲自准备课件、亲自筹划课程、亲自组织授课，累计组织授课活动61场次，培训员工2219人次。

厂监督检查场所2247个，查改隐患问题164个，排查确认静态隐患1976个，2013年消减219个。757个隐患已经列入整改计划，违章占压等1000个隐患均已制定防范措施。

【员工培训】 2013年，厂编制下发《2013年培训工作计划》和《2013年培训项目计划表》，修订《员工培训工作考核评估标准》，编制下发《采油工岗位培训教材实际操作技能手册》《集输工常用实际操作手册》等教材，规范岗位员工的日常操作训练。在各单位各小队间开展岗位员工班组对抗赛，检验基层岗位培训的实际效果。每季度举行1次，每名在岗员工均是参赛对象，提高员工的操作技能，降低生产安全隐患和事故风险。选拔采油、集输、维修电工岗位的青年员工开展岗位培训，搭建岗位成才平台，为厂储备优秀技能人才。通过强化训练，2名采油工选手在油田公司组织的技能骨干选拔考试中被录取。开展一线采油、集输队伍中心站长、班组长业务培训，确保关键岗位班组长及特种作业人员持证上岗率100%。为运输、特车、机采3个大队每辆机动车配备MP3设备，开展“音频教学”，随机播放，随时学习。组建技能专家工作室，按照职责分工认真履行技能专家职能。全年接待来访16人次，答疑解惑生产技术难题56个。编制培训教材4类，制作培训课件44个。参加科研项目11个，小改小革及合理化建议9项，申报国家专利 5 项，撰写技术论文 7 篇。累计授课 1791 学时，培训 1716 人次。举办培训班 155 期，培训 8977 人次（基层岗位练兵 45 期，5831 人次），参加外出培训 122 期，培训 1004 人次。

【治安综合治理】 2013 年，厂加强“三防”建设，提升防控水平。升级改造部分联合站视频监控系统，厂机关大门安装蓝牙车辆门禁系统和机关门卡系统。组织夜间巡查 34 次，参检人数 110 余人次，检查部位 240 余处，加强重点时期安全保卫工作。全年调研现场 64 次，协调工农纠纷 26 件，处理违章占压 24 件，合理处置纠纷，确保生产秩序稳定。厂与兴海派出所、社区共同开展综治、禁毒大型集中宣传活动 2 次，发放宣传单 3500 份，展出海报 30 余块，网发电子简报 18 期，现场答题 150 份，“送法制下基层”警示教育宣讲 27 场、参观油田公司警示教育基地 2 次，受教育员工 1200 余人次。电脑监控拉油车辆 4100 台次，现场巡逻检查 364 次，检查运油车辆 114 台次，检查部位 607 处，监督油罐清污 183.21 吨，浮渣拉运11 577.1吨，外销轻质油 549.96 吨。检查单井点、自然站 65 座，单井 170 口，捞油井 20 口，捞气井 18 井次，巡查输油气管线 12 条。掐断盗气点源 11 处，涉及农户 56 个，节约天然气 8.7 万立方米，避免经济损失 11.1 万元。掐断盗电点 5 处，避免经济损失 5840 元。与相关部门联合，取缔土炼油厂点 2 处。破获盗抽油机配电柜变频器案件 1 件，盗油案 1 件，盗电缆案 1 件，抓获犯罪嫌疑人 9 人，挽回经济损失 200 余万元。

【党建思想政治工作】 2013 年，厂党委加强领导班子和干部队伍建设，制定实施《“领导干部能力素质提升工程”实施方案》建立科学选人用人机制，加强教育培训。提出打造“党委强劲带动、支部助力推动、上下同心联动”的“党建动车组”思路，被辽宁省委组织部评为“辽宁省党的基层建设创新成果三等奖”。开展“听、读、写、讲、谈、思、考”活动，狠抓干部“四基四会”基本功训练。组织科级干部考试 2 次，撰写体会文章 180 余篇。开展以“为民务实清廉”为主要内容的党的群众路线教育实践活动，答复和解决具体问题 76 个。落实党风廉洁建设责任制，推进惩防体系建设，严明纪律、改进作风、强化教育，加强监督和执纪监察工作，提升党风廉洁建设和反腐倡廉工作水平。厂党委依据《兴隆台采油厂“领导干部能力素质提升工程”实施方案》及《干部人才队伍建设五年规划》，交流调整科级干部 68 人，优化班子结构。开展“实现双第一采油厂，我们怎么办?”和“差距在哪里? 优势是什么?”为主题 3 个层次大讨论活动。组织“奋战 50 天劳动竞赛”，生产高峰期日产油 3800 吨。加强全员读书活动，1374 人参加考核，合格率 100%，优秀率 92%。开展“微阅读、微分享”读书活动，创办“微沙龙”，发表员工感悟感想文章 17 篇。在《辽河石油报》《中国石油报》等报刊杂志发表稿件 587 篇，厂内新闻发布 1094 篇，制作《简报》7 期，《兴采风向标》12 期。

【组织人事工作简况】 2013 年，厂机关设党群工作部、党委组织部、纪检监察科、工会、厂长办公室、生产运行科、生产技术科、安全环保科、作业科、钻井管理科、人事科、经营计划科、财务科、科技科、企管法规科、审计科、党委办公室 17 个科室。设置员工培训中心、概预算管理中心、保卫科、基建管理中心、土地公路管理中心、信息档案中心、资产管理中心、电视台、勘探开发经济评价中心、安全监督站 10 个直属部门。下设采油作业一区、采油作业二区、采油作业三区、采油作业四区、采油作业五区、集输大队、机动采油大队、特车大队、地质研究所、工艺研究所、电力大队、油管厂、运输大队、能源管理站、物资供应站、质量技术监督所、服务大队 17 个大队级单位。2 月 5 日，厂成立安全监督站，将安全环保科的安全监督职能、安全心理管理职能及人员整建制划归安全监督站管理。安全监督站列为厂机关直属部门。机构编制定员 15 人，科级职数 2 人。负责建立健全安全监督、安全心理管理制度、安全心理工作程序等项工作。厂党委下设党总支 14 个，党支部 87 个，有党员 1508 人。 （王晓惠）

沈阳采油厂

【基本情况】 至 2013 年年底，沈阳采油厂（以下简称厂）用工总量 5324 人。其中，合同化员工 4104 人，市场化用工 1077 人，外雇工 143

人。干部中具有高级专业技术职称的 83 人，中级专业技术职称的 430 人，初级专业技术职称的 832 人。工人中有高级技师 35 人，技师 139 人，高级工 2474 人，中级工 816 人，初级工 355 人。

厂完成原油产量 96 万吨，原油商品量 94.01 万吨；天然气产量 6606 万立方米，天然气商品量 741 万立方米；油气综合商品量 94.6 万吨；基本建设投资实际发生 4.98 亿元。建成油气水井井口装置10套，铺设油气水井管线 33.83 千米，架设 6 千伏电力线 4.62 千米。有油井 1468 口，开井1115 口；水井 541 口，开井 395 口；气井 102 口，开井 10 口；观察井 61 口。

上市部分资产原值 173.09 亿元，净值 70.64 亿元。有大型联合站 5 座，轻烃站 1 座，在册设备10 565台（套），设备原值 8.12 亿元，净值 2.44 亿元，设备新度系数 0.3。未上市部分资产原值 3.52 亿元，净值 1.33 亿元，在册设备 1050 台（套），设备原值 2.4 亿元，净值 0.78 亿元，设备新度系数 0.32。

厂累计探明含油面积 194.72 平方千米，石油地质储量 3.71 亿吨（含科尔康油田）。已开发油藏 27 个，动用含油面积 131.06 平方千米，地质储量 2.77 亿吨。其中，高凝油油藏 16 个，动用含油面积 74.43 平方千米，地质储量 1.99 亿吨；稀油油藏 11 个，动用含油面积 56.63 平方千米，地质储量 7720.94 万吨。注水开发 24 个区块，注水面积 119.1 平方千米，地质储量 2.7 亿吨，占动用储量的 97.5%。油田产量综合递减率 6%，自然递减率 10.7%，含水上升率 0.6%，油田阶段存水率 0.19，阶段水驱指数 3.29，储采比 15。与上年相比，综合递减率上升 0.6%，自然递减率保持不变，含水上升率下降 1.2%，油田阶段存水率提高 0.01，阶段水驱指数提高 1.15，储采比下降 0.75。

【新区产能建设】 2013 年，厂新建产能7.05万吨，年产油 3.8 万吨。完钻 20 口，投产 19 口（含 4 口遗留井），初期日产油 251.8 吨，年末日产油 220.3 吨，年产油 4.5 万吨，超额完成 0.7 万吨。

利用穿层压裂＋钻井技术，进行水平井穿层压裂＋钻井穿层试验，水平井部署在主力含油层位中部，2 口试验井投产后均产油 10 吨。利用水平井进行滚动勘探，上报储量 2470 万吨。利用地震地质统计研究，追踪 5 种波形特征分布范围部署水平井 40 口，实施水平井 26 口。初期平均单井日产油 37.5 吨，年末平均单井日产油 25 吨。多技术联合应用，实施开发水平井 4 口，建成产能 10.95 万吨。

【综合治理】 2013 年，厂投入资金 5000 万元，治理低效水平井，措施水平井 12 口，日增油 109.3 吨，年增油 1.36 万吨，超产 0.36 万吨。胜西潜山评价井沈 630—H1226 井，导眼井完钻后测试日产液 414.2 吨，投产初期日产油 50 吨，酸化后日产油 1.9 吨，措施效果较差。通过“地震地质统计法”优化设计侧钻水平段轨迹进行开窗侧钻，侧钻水平段 353 米。侧钻投产初期日产油 60 吨，年末日产油稳定在 35 吨以上，液面 2129 米，累计产油 6129.7 吨。

边台潜山南部实施二次开发水平井 8 口，其中，边台—H17 井、边台—H201 井使用滑套完井。各滑套均正常打开，完成压裂施工。边台—H17 井投产初期日产油 6 吨，年末日产油 8.6 吨，增产效果明显；边台—H201 井措施前日产油 1.7 吨，措施后初期日产油 6.9 吨，年末日产油 7.9 吨。

胜西潜山优选裂缝发育区实施新井 3 口，投产后效果较差，实施水力喷射压裂改造。胜 601—H905 井压裂，加砂 71 立方米，加液 2055.8 立方米，年末日产油 25.6 吨；沈 630—H1125 井压裂，加砂 59 立方米，加液 1554 立方米，投产初期日产油 19.2 吨，年末日产油 10.8 吨。沈 630—H911 井没有完成压裂。

【多元注水】 2013 年，厂完成注水井工作量 321 井次。其中，转注井完成 24 口，复注 16 口，分注、细分注水 58 口，单井调剖 12 口，层段重组 36 口，大修 32 口，增注 19 口，周期注水 30 井次，检管重配 94 井次。实施动态调配 386 井次，见效井组 213 个，见效油井 307 口，日增油 124.5 吨，年增油 11241.2 吨，措施累计增油（含调配）19717.4 吨。胜 601 潜山注水与开发同步，转注 4 口，复注 2 口，效果良好。年末完钻注采井组油水井 9 个，实现水平井立体注采井组 2 个，利用直井注水补充能量井组 3 个。边台潜山区块整体设计复杂结构井 33 口，应用

“直井＋水平井”组合注水技术，转注水井 11 口、复注 1 口，保证井组产量稳定。

实施水井单井调剖 12 口，年末井组产量稳中有升。扩大细分注水规模，在沈 84—安 12 块实施注水井细分注水 36 口，6 口井效果明显，对应周围 9 口油井，年增油 1260 吨。突破直径 127 米套管深层分注技术研究，为埋藏较深油藏的分层注水工作提供技术支持。沈 611 块部分转注井进行细分注水，提高储层动用程度。新增分注 4 口，周围油井见到注水效果。低渗透裂缝性潜山油藏安 1—安 97 潜山关联交互调配，稳定高产井。沈 95 块超前注水，保证水平井高产稳产。直井注水，水平井采油效果明显。

【科技项目管理】 2013 年，厂承担股份公司重大科技项目课题 1 项，投入科技费 250 万元；承担油田公司重大科技项目课题 1 项，承担油田公司重点科技项目课题 3 项，油田公司投入科技费 230 万元，自筹资金 1200 万元。厂下达科技计划 5 项，投入科技费 178 万元。“大民屯凹陷亿吨级储量发现及高效开发技术研究与应用”获得集团公司 2013 年度科技进步二等奖，“大民屯富油区带重构地质体系及整体评价研究与实践”、“静安堡油田多元化注水开发技术研究与应用”获得盘锦市 2013 年度科技进步一等奖，获得油田公司科技奖一等奖 1 项、二等奖 2 项、三等奖 1 项。申请专利 4 项。实施科技增油 112 井次，增油 3.48 万吨。

【经营管理】 2013 年，厂分解预算指标，加强预算管控能力。将成本指标分解到各部门、各基层单位。压缩五项费用和其他非生产性支出，管理性支出比上年降低，五项费用减少 40 万元，比预算减少 166 万元。

低效油气资产利用完成商品量 2 万吨。实现收入 7483 万元，实现利润 3600 万元；开展小轻烃创收业务，完成商品量 5543 吨，实现收入 2900 万元，利润 2313 万元；完成弃置井封井 20 口，实现收入1683万元，实现利润 820 万元；开展新兴业务，成立水井带压作业队，年产值 701 万元；组建氮气车组，累计注氮气 156 万立方米，实现收入 321 万元，创效 70 万元。

厂上线运行报销系统、银企直连系统、预算管理平台 3 大系统。强化财务报销的审核和控制，缩短付款流程。开展内控体系一体化建设和风险报告工作，编制《沈阳采油厂 2013 年执行业务流程对照表》，构建流程运行模式。开展《风险管理报告》《员工职业道德》《内控与风险知识》等内控培训。开展内控与风险管理培训班 3 期，培训 300 人。组织内控交叉检查测试，监督内控与风险管理工作。

【安全环保】 2013 年，厂运行 HSE 管理体系，落实“有感领导、直线责任、属地管理”工作要求。加强员工培训、突出风险管理、强化隐患治理工作，杜绝施工单位“三违”（违章指挥、违规作业、违反劳动纪律）行为。执行建设项目环境影响评价及“三同时”制度，开展环评（环境影响评价）和办理建设项目环境保护设施竣工验收工作。编制水土保持方案，落实环境保护技术措施，执行试生产与环保设施竣工验收管理，杜绝产生新污染源。督查现场管理，坚持“谁主管、谁负责”的要求，把环境保护工作放在第一位。组织环境知识培训 225 人，增强员工环保意识和环境守法意识。厂建立环保三级管理、检查、登记 3 项制度，制定二级防污染措施演练方案。联合站制定环保三级防控体系。

加大跨河管线巡查力度。落实《沈阳采油厂油气水管线穿越蒲河河道调查监护方案》，巡线检查穿越蒲河管线 22 条。回收管理河套地区散失油管、管线等器材。建立捞油井、长停井、弃置井设施档案及管理制度。投入环保专项资金 175 万元，打水泥防渗平台 21 个，面积 5265 平方米；建筑防洪围堤 8 个。检查联合站 5 座、井站 83 个、单井点 36 个、生产现场 351 个。安装光杆防喷备卡 975 口井、单流阀 535 口井。成立汛期清污抢险小队，梳理油泥管理制度、工作流程、检查标准，实行清污单、油泥拉运凭证等措施。执行“三铺一盖”及环保交接井制度，清理回收落地油品，泥浆无害化处理 36 口井。筹措资金 50 万元，绿化油区，保护水土生态平衡。

【组织人事工作简况】 1 月 21 日，油田公司党委任命廖代勇为厂党委书记、副厂长，张建平调出。厂机关设厂长办公室、党委办公室、经营计划科、财务科、人事科、生产运行科、采油管理科、作业管理科、钻井管理科、安全科、科技科、企管法规科（内控与风险管理科）、审计科、党委组织部、党群工作部、工会、纪检监察科17个科室；设资产管理中心、基建管理中心、概预算管理中心、市场管理办公室、勘探开发经济评价中心、土地公路环保管理中心、水电管理中心、油气销售管理中心、交通管理中心、技术监督中心、安全监督站、机关总支、员工培训中心、信息中心、保卫科（综合治理办公室）、档案室、电视台、信访稳定办公室、公用事业管理中心、社会保险管理办公室、离退休管理办公室、再就业协调管理办公室22个直属部门；下设采油作业一区、采油作业二区、采油作业三区、采油作业四区、采油作业五区、集输大队、机动采油大队、作业一大队、作业二大队、作业三大队、运输大队、特车大队、电力维修大队、电泵维修大队、测试大队、安装维修大队、工程维修大队、生产准备大队、地质研究所、工艺研究所、物资供应站、服务大队22个大队级单位。厂党委下设党总支30个、党支部160个，有党员2559人。（孙金昌）

茨榆坨采油厂

【基本情况】 至2013年年底，茨榆坨采油厂（以下简称厂）用工总量2959人。其中，合同化员工1575人，市场化用工688人，子女劳务工98人，农民劳务工598人。员工中具有专业技术职称799人。其中，具有高级专业技术职称的54人，中级专业技术职称的239人，初级专业技术职称的506人。厂有联合站5座，油气计量站58座，转油站2座，注水站5座，集气站3座，加热点1座，单井点29个。管理牛居、青龙台、茨榆坨、科尔沁和科尔康等10个油田，探明含油面积154.44平方千米，石油地质储量1.83亿吨，已动用含油面积143.76平方千米，石油地质储量1.65亿吨，标定采收率16.8%，探明含气面积24.9平方千米，天然气地质储量92.61亿立方米，已全部动用。

厂新增探明石油地质储量300万吨，新增可采储量69万吨。完成原油商品量32.32万吨，超额完成油田公司计划指标。外供天然气商品量3094万立方米，超供94万立方米；上市业务单位基本运行费用控制在油田公司考核指标内，未上市业务实现减亏214万元。

【勘探增储】 2013年，厂新区勘探拓展新领域，锁定新目标，部署探井和评价井26口，完钻17口，试油试采9口，新增石油地质储量888万吨。陆西凹陷包32块西斜坡见到良好显示，庙31新3井试油试采获高产油流，新增石油地质储量240万吨。茨榆坨潜山扩大部署探井12口、评价井4口，钻遇油气显示10口井，新增石油地质储量648万吨；老区滚动勘探深化区带成藏类比研究，发现龙618块、茨北等新圈闭，部署探井7口。其中，龙618块取得重大突破，部署实施探井5口，实现增储300万吨；阶段实施产能井8口，形成年产油4万吨生产规模。茨82块部署审批2口探井，实施茨82—1井，预测资源量400万吨。

【油气开发】 2013年，厂在龙11块等6个区块采用重构井网配合调驱、直平组合注采、局部挖潜调整开发方式和技术手段，部署产能井52口，优先试验8口，阶段累计产油4571吨。油田注水开展“扩大低渗油藏调驱注水、深化中高渗油藏多元化注水”等工作，实施转注、深部调驱等工作量300井次，老区注水油田日产油由656吨上升至677吨，自然递减率由16.9%下降至9.5%，综合递减率由7.4%下降至－3.4%，阶段累计增油1.87万吨。措施挖潜按照“深化地质认识、结合开发调整”的工作思路，实施油井措施134井次，年增油2.85万吨。

【生产管理】 2013年，厂创新对标管理，制定《机采井指标对标管理细则》，实现油井的对标倒查、措施整改和科学评价。强化油井生产状态最佳化管理，优化油井ABC分级动态调整，实现问题井、措施井、疑难井管理再升级，挖潜增油5037吨。开展甲级小修作业示范队建设、采油作业联产承包、井控安全等工作，交井669井次，费用比上年减少59万元，交井一次合格率99.1%，比上年提升0.4个百分点。

【科技进步】 2013年，深部调驱作用突出，包14块自然递减由16.96%下降至－23.94%，强1块南部实现产量不递减，包1块先导试验井组产量翻番。措施增产效果明显，规模推广智能联动测调分注、化学吞吐等技术98井次，增油1.92万吨，增气293万立方米。推广科尔沁油区延长检泵周期价值工程，厂检泵周期延长95天。厂获中国石油和化工自动化行业科学技术发明一等奖1项、科技进步三等奖1项、省级学术成果5项，油田公司科技进步二等奖1项、三等奖2项，申报专利10项，发表技术论文12篇。

【经营管理】 2013年，厂深化预算管理，坚持以效益优先为原则，安排采油区及进攻性措施资金24573万元，确保生产项目顺利实施。精细成本管理，加强重点费用、单项预算指标的刚性控制，有效管控投资成本。加强概预算、审计、法律、合同管理，提高基础管理水平。提升员工综合素质，举办厂第六届职工职业技能竞赛；在油田公司第四届会计知识竞赛活动中，取得团体第一名。加强多种经营企业管理，提升服务管理水平和创效能力。开展低效井资产利用、燃料结构调整和黑凝析油回收等工作，未上市业务实现减亏214万元。推进质量、测量管理体系建设，开展以“三标三效”（标新管理、标杆管理、对标管理、效能管理、效率管理、效益管理）为载体的管理提升活动，夯实基层基础工作。全年节约2424.1吨标准煤、清水4.51万立方米。获辽宁省QC成果一等奖1项、石油工业二等奖1项，授予厂石油工业QC小组活动优秀企业称号。

【安全环保】 2013年，厂完善HSE制度体系建设，执行HSE绩效考核，落实健康安全环保长效机制。强化HSE监管队伍建设，分派外围驻井监督，提高安全环保综合监管能力。固化“安全生产大讨论、全员风险大排查”活动，开展安全环保隐患排查，投入安全环保专项费用794万元，整改隐患52项，提升安全环保水平。突出重点领域、要害部位、关键环节、特殊时段的安全环保管理和应急管理，提升风险管控水平。推进HSE文化建设，宣传贯彻HSE理念。开展标准化队站建设，运输大队在油田公司“标准化车队”考核中连续十年排名第一。厂荣获油田公司安全生产先进单位、环境保护先进单位称号。

【党建思想政治工作】 2013年，厂贯彻落实中共十八大和十八届三中全会精神，开展党的群众路线教育实践活动，执行中共中央八项规定、集团公司党组20条要求和油田公司23条实施意见，查摆整改“四风”问题，树立务实清廉形象。实施领导班子和科级干部评价考核机制、以“三重一大”和“双百工程”（机关百名科级干部走进基层、机关百名党员干部走进贫困家庭）为抓手的党风廉洁建设、以党委工作项目管理法为特色的党务工作执行力建设、以“十个一”（开展“迎厂庆、做贡献”共产党员献礼活动、编撰《茨榆坨采油厂企业文化手册》、举办“双十”全员读书广场知识竞赛、举办“茨采榜样”先进典型故事会、举办“魅力茨采、聚力腾飞”广场歌咏比赛、举办“魅力茨采、聚力腾飞”广播体操展演、开展“迎厂庆、献良策”金点子竞赛活动、举办“书法美术摄影和老照片、老物件”四联展、举办离退休老同志、劳动模范座谈会、制作《茨采三十年》电视专题片）文化聚力工程为载体的企业文化建设。机关科级干部到基层联系点活动986人次，发现和整改问题176项。“双百工程”经验案例被评为油田公司宣传思想工作论文一等奖。

【矿区建设】 2013年，厂投入资金137万元，实施小区物防技防、小区环境改造、公寓设施购置、基层环境改善、净水设备更新等项目。落实维稳责任，完善矛盾调处与排查，开展特殊时段信访维稳工作，矿区和队伍保持稳定。开展“扶贫帮困送温暖”活动，走访慰问困难家庭436人次，送去帮扶资金79.5万元。招收就业子女92人，为467名离退休人员调整退休金待遇。开展各类文体活动，活跃了矿区职工精神文化生活。加强与地方党委政府沟通，自觉履行政治、经济、社会三大责任，创造和谐的发展环境。

【组织人事工作简况】 2013年，厂机关设厂长办公室、党委办公室、纪检监察科、工会、党委组织部、党群工作部、人事科、财务科、经营计划科、企管法规科、审计科、安全环保科、科技科、生产运行科、采油管理科、作业管理科、钻井管理科17个机关科室。设资产管理中心、概预算管理中心、基建管理中心、员工培训中心、技术监督中心、油气销售管理中心、土地公路管理中心、安全监督站、信息中心、油气资源综合利用项目部、公用事业管理中心、水电管理中心、保卫科、档案室、电视台、社会保险管理办公室、离退休管理办公室、再就业协调管理办公室18个机关直属部门。下设采油作业一区、采油作业二区、采油作业三区、科尔沁油田开发公司、张强采油作业区、机动采油大队、集输大队、作业一大队、作业二大队、地质研究所、工艺研究所、运输大队、特车大队、生产准备大队、电力维修大队、物资供应站16个大队级单位。有基层党组织82个。其中，党委1个，党总支12个，党支部69个；有党员1069人，其中预备党员38人。（田国涛　田　建）

高升采油厂

【基本情况】　至2013年年底，高升采油厂（以下简称厂）在册员工4212人。其中，合同化员工3203人，市场化用工1009人。干部1046人，其中，副处级以上干部10人，正科级干部112人。具有高级专业技术职称的60人，中级专业技术职称的378人，初级专业技术职称的608人。

全年生产原油58.55万吨，超产2.55万吨。原油销售商品量42.05万吨，超交0.75万吨。原油操作总成本预算68955万元，实际完成68952万元，比预算降低3万元。油井总数1153口，开井816口。全年配注水量120万立方米，有注水井91口（不含污水回注井5口），开井79口，日注水3671立方米，年注水128.4万立方米，完成年计划107%。完成产液量175.4万吨，油田综合含水66.4%，完成吞吐注汽210井次，年注汽量55.1万吨，吞吐油汽比0.47。实际油田综合递减率0.42%、自然递减率14.1%，注水油田含水上升率1.2%。

【勘探增储】　2013年，厂在新区部署预探井17口，完钻6口，在雷家沙四段致密灰岩、高升元古界潜山4口探井钻遇良好油气显示。其中，雷家沙四段灰岩预探井雷平2井、雷88井、雷84井采用HIWAY压裂技术提高致密储层油气导流能力，均获高产工业油流，雷H2井压裂放喷初期日产油103吨，全年累计产油1500吨。

老区滚动勘探在牛心坨南部坨45井区发现3个有利圈闭，预测资源量249万吨，加强成藏机理研究与构造精细解释，降低滚动探井部署风险；老井试油借鉴预探井HIWAY压裂成功经验，复查高升探区完钻探井资料，优选曙北元古界潜山、雷家沙四段灰岩和牛心坨南部油气显示较好的曙118井、雷52井、雷37井、坨27井，计划采用HIWAY压裂技术实施老井试油。

开展牛心坨油层大规模压裂、边部蒸汽吞吐、牛心坨潜山岩脉研究等方向性措施探索，深挖注水油田井间及边部剩余油潜力。压裂试验井坨36—33压裂液、加砂量增加1倍，日增油增加3倍，阶段增油500吨。优化难采储量配套技术，低速块开井率由76%提至86%，年产油量由4.07万吨升至5.24万吨。全年实施油井各类措施391口，高效措施比例9.5%，措施有效率提高1.2%，年增油7.7万吨。

【油气开发】　2013年，厂针对高3624块储层物性较差的问题，以油层改造为主，提高主体段塞药剂浓度，改善蒸汽吞吐效果；针对无机防膨剂有效期短、有机防膨剂不耐温的问题，研制耐高温的长效防膨剂，避免在蒸汽吞吐过程中的二次伤害；针对高21块返排困难、常规助排措施效果不理想的问题，研制高效助排增产剂，有效降低原油黏度，提高油井回采能力。在低速难采区块采取措施实施39井次，阶段增油3600吨，措施后注汽干度提高20%。完善难采储量区块配套措施，难采储量的油井逐渐实现正常生产。

推广应用解堵效果较好的复合活性解堵技术，优化配方体系和施工工艺。针对牛心坨油田高凝稠油易在注水井形成有机堵塞的问题，研制有机清除段塞，提高酸化解堵效果；针对因长期注水导致地层深部形成致密堵塞物的井，优化酸化配方体系，增加主段塞药剂浓度和用量，实现深穿透解堵；针对常规分层酸化管柱稳定性差的问题，研制新型分层酸化管柱，提高分层酸化施工成功率。实施14井次，平均压力下降7兆帕以上，日增注水190立方米，累计增注水2.1万立方米。

在雷11块分层注水开发和雷64块立体注水开发工程中开展精细注水工作，开展牛心坨小井距注水、高18深部调驱、坨33全面注水3项试验，超额完成年计划水井工作量，水井分注率提高至65.2%，日注水能力增加236吨，综合递减率、自然递减率比上年分别下降0.8个百分点和2.2个百分点，含水上升率控制在1.2%内。

【生产管理】　2013年，厂按照“求实、求简”的原则，精简采油系统资料报表，采油站资料由42项、1494个数据精简为7项、255个数据，精简35项、1239个数据。更换大泵，关闭高含水井，调整开发空间。更换大泵后，在维持原排液能力的情况下大幅度下调冲次，平均单井节能率达到18%；累计实施80井次，增油5750吨。

分析论证清防蜡洗井标准，采用平均电流作为评价油井结蜡程度的关键参数，在对比产量、负荷、最大（小）电流基础上，确定单井清防蜡洗井标准，减少误差，降低成本；累计减少洗井178井次、冲砂92井次，节约洗井和冲砂费用255.2万元。

优化44口电加热井加热制度，节能效果明显。电加热由持续加热改为间歇加热，加热功率由44.7千瓦降到39千瓦，累计节电218万千瓦时。确认加热制度，周期超过30天的电加热井改为干抽生产，配合采取定期洗井降粘措施，满足高凝稠油生产需要。

提高分注合格率，实现从“注上水、注好水”向“精细注水转变”，强化分注井验封管理。全年累计完成分注井验封操作61井次。厂有油套分注井35口，两级三段注水井19口，智能测调联动分注井2口。分注井由48口增至56口，分注率由55%提至63%；分注合格率由89%提至96%。

2013年，厂降低注水干线对污水水质的二次污染程度，在6月3日至8月1日期间冲洗注水干线8条，平均冲洗时长4.2小时、水量105立方米，单井冲洗取样数量6个。冲洗前井口平均悬浮物含量8.8毫克/升、冲洗中平均悬浮物含量30.6毫克/升、峰值平均悬浮物含量76.4毫克/升（最高达175.9毫克/升）、冲洗后井口平均悬浮物含量6.2毫克/升，比冲洗前下降2.6毫克/升。

【科技工作】 2013年，厂承担油田公司和勘探局科研项目8项，稠油吞吐井增产增效技术研究与试验、深部调驱技术研究与应用、提高水驱开发效果技术研究、重点区带评价及油藏地质研究、重点区带评价及油藏地质研究、稠油井可钻筛管防砂工艺技术研究、修井作业井场保护技术、内盲孔射孔技术的研究。厂科研及主要生产单位申报国家专利19项，获得国家授权16项。其中，发明专利1项，实用新型专利15项。荣获油田公司科技成果奖三等奖3项，其中，采油工程、油田开发、工程技术各1项。

【经营管理】 2013年，厂精细分解预算，压缩办公费、差旅费、会议费、图书资料费等管理费用，在上年预算基础上压缩5%，上市业务压缩预算3200多万元。制定预算考核、兑现政策，调动基层单位预算管控的积极性。

深化资金集中管理，严格资金计划申报及考核管理。定期公布各单位资金预算执行情况，保证资金计划准确率100%。控制非生产性支出。优化资金往来管理，提高使用效率。备用金实行年初无余额，年末清零，不留余额。加强应收款项管理，成立“清欠”管理办公室，坚持前款不清，后款不借的原则。

强化投资管理，确定建设标准和设计规模，坚持设计与现场实际、生产实际相结合，对不达标的项目，不立项、不安排、不实施。强化项目过程管理，定期召开项目推进会，监督施工进度，确保投资计划完成率达标。统筹安排项目验收，验收过程杜绝走形式、走过场，确保工作量真实，保证工程质量。执行合同审查审批提示催告制度，分析结算进度，实施月度达标考核、网上排名通报、末位约谈等方式，及时结算完工项目。

坚持资产设备“全员化、全过程、全方位”管理理念，深化预转资制度，完成资产转资工作；强化资产管理责任人制度，开展资产清查盘点工作；签订设备购置协议，严把设备购置的技术关和质量关；执行资产报废处置制度，完成报废处置工作；建立设备管理信息库，加大业务培训力度，提升资产设备管理人员业务素质和技术水平。

【员工培训】 2013年，厂组织34个工种302人的理论考试和6个工种105人的实际操作考试，组织26个工种160人的实际操作考核，其中，265人鉴定合格，合格率78.2%。

厂举办第九届员工技术比赛，组织员工参加油田公司144个培训项目1576人次。其中，干部605人次，专业技术人员27人，操作服务人员665人次，特种作业人员取证验证培训279人次，参加一线关键岗位人员培训150人，参加二三线班长培训21人，持证上岗100%。举办管理、应急、HSE等厂级培训26期，参加培训1724人次。开展操作服务人员、大中专毕业生及复员军人入厂教育培训164人。

【安全环保】 2013年，厂完善HSE规章制度，按照《辽河油田公司2013年度HSE体系评估标准》，细化完善“厂—科级单位—基层队站”管理标准67项，制定健康安全、环保、交通、监督系统审核标准7套，修订现场监督检查标准9套；梳理体系运行记录50项，在3个采油作业区应用《采油站HSE作业指导书》，明确采油站HSE制度、HSE记录和现场目视化管理内容。开展“全员危害因素辨识评价活动”，识别评价安全、环境保护、油气生产、交通、资产等12个业务系统的风险2593项，落实防范措施，实现风险分系统、分级防控。开展季节性、常规性培训346场次，基层班站长、承包商、新入厂员工、转岗员工等专项培训29场次，培训员工2000余人。开展易燃易爆、人员密集场所专项整治，防雷、防静电接地专项检查，消防栓和应急疏散设施专项检查，石油库、卸油台安全专项检查，累计查改隐患117个。组织检测、检验分离器、储油罐、锅炉、硫化氢检测仪等特种设备仪器337台次，特种作业人员取证、复审培训377人次，合格率99.5%。厂开展节假日专项检查37场次，查改隐患问题798项。11月，厂被评为辽宁省、盘锦市“安全文化示范企业”。落实员工体检、危害识别、作业场所监控等措施，开展员工健康保护工作。组织员工职业性、非职业性健康体检3342人次；组织野外艰苦岗位员工健康疗养214人次。

【党建思想政治工作】 2013年，厂党委完善《高升采油厂各级领导班子和干部年度考核实施细则（试行）》，组织机关各部门领导班子及领导人员进行履职测评和考核。开展宣传贯彻中共十八大精神活动，以厂领导干部和机关建设为重点，推动党的群众路线教育实践活动有序开展。厂共产党员工程立项109项，管理难题立项100项，累计党员承包井（设备）387口（台）。制定《高升采油厂新闻报道工作目标管理办法》，在《辽河石油报》发稿506篇，其中，在《辽河石油报》头版发稿44篇，各版头条23条。召开厂“全员精细管理，杜绝百种浪费”活动推进会议。开展合理化建议征集活动，征集“金点子”和合理化建议300余项，立项实施137项，预计创效2000余万元。在油田公司开展的安全合理化建议征集中，厂选送“防喷器及井口试压装置建议”、“日常巡检‘看、听、摸、闻’四法”被评为油田公司安全“银点子”，有41条格言被评为油田公司“优秀安全格言”。

加强“星级”帮扶工作站建设，制定帮扶工作制度和互助会章程，为员工家属提供保障帮扶。开展节假日“送温暖、献爱心”活动，走访慰问困难家庭219户次，发放帮扶慰问金45万元。以“送健康、送关爱、送文化”为主题，坚持开展领导带头“送清凉”活动，累计走访科研单位3个，一线井站、施工现场、艰苦岗位220个，慰问员工3753人，发放防暑降温用品价值19万元。

【组织人事工作简况】 1月21日，油田公司任命杨婉莹为厂党委副书记、纪委书记、工会主席。厂机关设厂长办公室、党委办公室、经营计划科、财务科、人事科、生产运行科、采油管理科、作业管理科、钻井管理科、安全科、科技科、企管法规科、审计科、党委组织部、党群工作部、工会、纪检监察科17个科室。设资产管理中心、信息中心、概预算管理中心、基建管理中心、员工培训中心、安全监督站、再就业协调管理办公室、社会保险管理办公室、档案室、机关党总支、电视台、技术监督中心、土地公路环保管理中心、水电管理中心、油气销售管理中心、保卫科、信访稳定办公室、交通管理中心、市场管理办公室、高三区对外合作办公室、公用事业管理中心、离退休管理办公室、勘探开发经济评价中心23个直属部门。下设合作开发作业区、采油作业一区、采油作业二区、热注作业区、集输大队、机动采油大队、作业一大队、作业二大队、电力工程大队、生产准备大队、机修厂、石油机械厂、运输一大队、运输二大队、特车大队、地质研究所、工艺研究所、工程技术服务站、物资供应站、服务大队、裕隆公司21个大队级单位。厂党委下设党总支20个、党支部113个，有党员1624人。（郎静雅）

金马油田开发公司

【基本情况】 至2013年年底，金马油田开发公司（以下简称公司）有操作人员1526人，专业技术人员99人，管理人员420人。工人中有高级工966人，中级工219人，初级工74；高级技师10人，技师58人。干部中具有教授级高级职称的2人，高级专业技术职称的53人，中级专业技术职称的237人。有研究生及以上学历44人，大学本科学历548人，大专学历473人，中专学历169人。

公司拥有海外河油田、小洼油田和黄沙坨油田3个勘探开发区域，分布在盘锦市大洼县和鞍山市台安县境内。探明含油面积36.7平方千米，石油地质储量1.11亿吨，动用含油面积25.6平方千米，石油地质储量8706万吨，可采储量2425万吨，采收率27.9%，剩余可采储量328万吨。累计产油2097万吨。综合含水91.8%，采油速度0.56%，采出程度24.1%，可采储量采出程度86.5%。有油井974口，开井623口；注水井168口，开井116口；采油站50座（接转站28座，计量站22座）。热注站11座，注水站3座，联合站3座。

公司拥有油气资产原值59.33亿元，净值21.65亿元；固定资产原值5.97亿元，净值2.29亿元。设备9473台（套），主要设备完好率97.95%，设备利用率81.72%。全年投资2.25亿元，实现利润8395万元，基本运行费开支3.72亿元。生产原油47.3万吨，比考核指标超产0.8万吨。完成原油商品量41.4万吨，比考核指标超产1万吨。生产天然气2130万立方米，天然气商品量1380万立方米，超供780万立方米。注水201万立方米，稠油注汽82.5万吨。

【勘探增储】 2013年，公司按照“突出海外河沙河街，深化二界沟—荣西、小洼潜山，推进黄沙坨周边”的勘探思路，实施勘探增储“五项工程”（立足海外河沙河街挖掘老区新层增储潜力，发掘小洼太古界潜山成藏内幕，在黄沙坨周边拓宽老区勘探领域，加强二界沟—荣西地区评价寻求突破，组织老井新层试采，深挖薄差层增储潜力）。组织海26—沙平301井、海19—42滚动探井的钻探试油，完成新海27块顶部差油层勘探试采评价，新增地质储量113万吨。

【油气开发】 2013年，公司开展规模调驱工作，按照“海1块规模推广、海31块优化调整、海26块试验攻关”的思路，外扩调驱井组13个，日增油139吨，年增油6.5万吨。深化精细注水工作，实施注采井网完善、细分重组、解堵增注等优化调整措施132井次，注水区块年产油稳定在22万吨。优化稠油热采工作，加强洼38块东三段蒸汽驱扩大建设，采取回字型井网、分层汽驱等配套技术，累计实施调整措施47井次，汽驱井组日增油30吨，油汽比由0.1提高至0.15。优化稠油吞吐，年节约注汽量16.5万吨，吞吐油汽比保持在0.3以上。加快产能建设工作，建成产能新井18口，生产时率比上年翻一番，年度增油2.23万吨。在黄沙坨油田开展非烃类气驱试验工作，井组含水下降4.7%，日增油9.8吨，累计增油1605吨。油田自然递减率比油田公司指标降低0.2%，综合递减率指标降低1.8%。

【技术攻关】 2013年，公司整合成熟技术，强化成熟技术规模实施，推进有效注水、有效注汽和油井防排砂3大配套技术，攻克水淹、油稠、出砂等开发难题，增油2.5万吨。加强深部调驱关键技术攻关，推进海外河油田调驱开发试验的规模实施；加强硫化氢综合治理技术攻关，为现场安全生产提供技术支持；加强火山裂缝性油藏提高采收率技术攻关，探索火山岩油藏稳油控水新途径。启动复杂断块多元开发技术先导试验，开展氮气泡沫调驱、注空气采油、热水驱+化学驱3项研究试验，为复杂断块多元开发奠定技术基础。完成技术措施27项224井次，措施有效率96.5%，增油6.3万吨。获得油田公司科技创新成果奖3项，授权专利1项，辽宁省自然科学学术成果奖4项。

【经营管理】 2013年，公司启动价值增长工程，实施稀油减掺、作业联产承包等17项价值增长项目，创造效益3100万元。坚持资金预算对标配置，落实资金管控责任。优先核增基本生产、科研试验、安全环保资金等生产性支出，支出比重由89%提高至93%。严控风险性和超标项目投入，降低非生产性支出，机关经费比上年压缩15%，非生产性支出减少332万元。推进对标提效，建立“三四四三”经营对标预警（三种指标：生产指标、成本指标、计划指标；四类预警：欠量预警、超量预警、进度预警、单项预警；四色分级：绿色无警、黄色轻警、橙色中警、红色重警；三项跟踪：跟踪考核、跟踪分析、跟踪整改）和对标分析回复制度，更新预算标准1855项、新增365项。加强物资材料对标控制，减少开支500万元。深化能耗对标挖潜，自行消化550万千瓦时增量用电，减少用水11万立方米。

【安全环保】 2013年，公司以“领导是关键、制度是保障、技能是基础”为要点，谨记安全环保第一要求。深化HSE责任体系，以“有感领导、直线责任和属地管理”为主线，明确业务管理“一岗双责”，增强安全监管执行力。召开安全生产标准化、安全文化建设和HSE体系管理专题讲座与研讨，丰富安全管理方式方法。提升HSE风险防范能力，加强本质安全建设，量化评估岗位、部位风险点源，逐类逐项分级控制。强化承包商监管，建立承包商施工报送制度，实行高危作业五定（定人、定量、定责、定制、定时）管理，做到全程受控。开展安全生产大调查，摸排基层存在问题，强化基础安全建设。夯实HSE管理基础，修订HSE管理制度、专业标准和工艺操作规程，推进HSE体系与安全管理标准化建设系统融合。在全国安全管理标准化班组建设推进会上，公司代表行业作经验交流。开展站队长、承包商安全培训，提高风险控制、岗位操作和应急处置能力。开展职业卫生基础建设活动，关注员工生产生活健康。推进清洁生产工作，以“油泥不落地、污染物零排放、水层受保护”为核心，推进以区域、污染源、应急处置、隐患监测为内容的环保分级管理，强化源头控制和责任落实，加速生态矿区建设工作。开展污水减排工程，实现污水减排32万立方米。加密污水和烟气外排监测，COD（污水化学需养量）、二氧化硫、烟尘等排放指标控制在标准范围内。

【规范管理】 2013年，公司按照管理提升细化方案，立足管理短板和瓶颈问题，认真剖析、稳步改进，提升规范运行水平和风险防控能力。融合规章制度与管理体系，明确权限、理清界面、简化流程，提升管理效能。规范项目行政审批运行管理程序，提高规范化管理运行质量。加强市场管理，严格外部队伍资质审查，严把市场准入关口，清退外部队伍48个，队伍数量和资金占有份额削减55%，内部市场占有率92%。强化流程管控，加强概算、审计、效能监察等节点控制，通过各类审计4次。严控项目流程管理，保证内控规范性和约束力。优化用工管理，贯彻“三控制一规范”工作要求，深化岗位“五定”管理，精编两级机关机构设置和定员，落实大学生入职、转业兵安置和社会化就业等工作。

【三基工作】 2013年，公司强化以站队长为切入点的基层队伍建设，注重站队长岗位素质培训，推进站队长评估考核，加强关键岗位激励，增强基层班站战斗力和执行力。推进基础管理建设工程，强化源头控制和工程监管，确保产品和工程质量。生产物资抽检合格率100%，工程物资抽检124个批次，焊口无损抽检17次，检查出质量问题30余项，不合格项全部得到整改，消除安全隐患。强化体系建设和计量基础，聘请专家审核公司质量管理体系。计量器具检定7463台（件），维修计量器具215台次，加强原油天然气厂际交接运行管理，保证数据及时准确。强化技术标准体系，形成集团公司和油田公司企业标准2项。建立“万元产值综合能耗”考核体系，完成油田公司和公司能耗设备测试386台，实现节能2662吨标准煤。提升岗位员工技能素质，推进“职业素养教育”“文化素质达标”“岗位技能提升”三项工程，增强员工职业操守、业务水准、操作技能，操作员工岗位技能达标率95%。建成油田公司技能专家工作室3个，成为油田公司集输操作培训基地，树立金马培训品牌。

【党建思想政治工作】 2013年，公司学习中共十八大和十八届三中全会精神，开展党的群众路线教育实践活动，贯彻落实“中共中央八项规定”，召开两级班子民主生活会，对照差距开展批评与自我批评，整改“四风”问题。强化领导干部队伍建设，建立党建对标考评机制，完善党员干部岗位评价标准。加强党风和反腐倡廉教育，改善党员干部的工作作风和自律意识。坚持

“公平、公正、公开”原则，执行民主推荐、集体讨论。落实干部选拔管理制度，提拔科级干部6人，调整9人。开展“青年文明号争创”活动，增强团员青年创效能力。加强治安综合治理和信访普法教育，保持打击涉油犯罪的高压态势，维护矿区和谐稳定。公司党委被评为油田公司先进党委，公司获辽宁省“思想政治工作先进单位”荣誉称号。

【工会工作】 2013年，公司开展全员精细管理、杜绝百种浪费活动，提出节约理念154条，管理建议282项，节约小窍门90项，节约创效1443.38万元。开展“百岗千哨”群众性安全生产监督活动，纠正违章操作70余件，排除安全隐患43处。深化帮扶保障体系，发放慰问款（物）价值21.53万元，帮扶困难群体128户、困难学子21名．组织女工体检811人，组织特殊岗位员工疗养116人次，组织心理健康培训和辅导16场次，300余人参加。形成“新春去慰问、盛夏送清凉、金秋来助学、寒冬送温暖”的良好局面。坚持勤俭办事，向一线倾斜，油田公司工会拨款20万元，为基层配备巡井自行车、电视机、洗衣机、净水器、健身器械等物品。

【组织人事工作简况】 1月21日，油田公司党委任命陈坚红任公司党委副书记、纪委书记、工会主席。公司原党委副书记、纪委书记、工会主席王越卿调出。公司机关设经理办公室、党委工作部、生产运行科、生产技术科、科技科、作业工程科、安全环保科、经营计划科、财务科、企管法规科（内控与风险管理科）、审计科、人事科、党委组织部、纪检监察科、工会办公室15个科室。设资产管理中心、信息中心、概预算管理中心、基建管理中心、员工培训中心、档案室、机关总支（机关行政事务管理中心）、技术监督中心、土地公路管理中心、勘探开发经济评价中心、水电信管理中心、保卫科（综治办）12个直属部门。下设采油作业一区、采油作业二区、采油作业三区、热注作业区、油气集输作业区、生产服务大队、运输大队、地质研究所、工艺研究所、物资供应站10个大队级单位。2013年年底，公司在册员工2047人。公司党委下设党总支10个、党支部49个，有党员723人。

（吕　静）

特种油开发公司

【基本情况】 至2013年年底，特种油开发公司（以下简称公司）员工总数2777人。其中，合同化员工1211人，市场化员工922人，劳务员工644人。有科级以上干部118人，其中，处级干部13人，科级干部105人。有专业技术职称的636人。其中，具有教授级高级技术职称的1人，高级专业技术职称的59人，中级专业技术职称的242人，初级专业技术职称的334人。

公司所管辖区杜84块、杜229块、曙1—6—12块，探明含油面积6.76平方千米，探明地质储量6735万吨。拥有开发井1396口（其中，直井1164口，水平井232口），采用70米井距正方形井网布井，开发方式以蒸汽吞吐为主，直平组合SAGD为辅，采油速度2%，采出程度29.83%，可采储量采出程度90.95%，综合含水82.03%。全年生产原油129.5万吨，超产2.5万吨；完成商品量126.8万吨，超交1.86万吨。

公司有生产车辆158台（SAGD车辆7台），采油中心站28座，联合站1座，污水深度处理站1座，热注中心站36个，注汽锅炉71台，抽油机1196台，外输泵117台。拥有固定资产原值86.75亿元，现有固定资产净值39.15亿元。

【原油生产】 2013年，公司实施新井19口，生产时率38%，建成原油生产能力6.2万吨，年产油3.2万吨，超产0.1万吨。组织杜84块已转SAGD区域上部薄互层试采工作，增加部署井位33口，覆盖地质储量92.4万吨。实施措施572井次，增油29万吨，有效率79.8%，恢复水平井8口，年产油3万吨，增油0.4万吨，水平井利用率由91%提高至94%。老井产量68万吨，超产1.6万吨。减少用电3241万千瓦时，减少检泵197井次，减少燃气消耗228.1万立方米。

【转换开发方式】 2013年，公司转换开发方式产油61.9万吨，占总产量的48%。综合递减由5.3%降到2.1%，自然递减由28.4%降至25%。SAGD馆陶井组实施轮换注汽和电泵提液，培育“百吨井”2口，井组产量由630吨提升至720吨，油汽比0.33；兴Ⅵ试验区实施“注氮气辅助 SAGD”，减少注汽井点，注汽量由 1200 吨降到 830 吨，油汽比由 0.17 提至 0.21；新转井组采取间歇、轮换注汽、重新预热、强化注采连通、控制生产井温差等措施，生产效果较好。蒸汽驱先导试验区调控生产动态，提高油井排液能力，井组日产油稳定在 150 吨，油汽比 0.18，注采比 1.2；5 个扩大井组转入蒸汽驱生产，蒸汽驱达到 12 个井组规模；完善“回字形”井组井网 8 个，实施新井 20 口，大修、调层 15 口，产油 6.8 万吨，比上年增油 3.3 万吨。组织Ⅱ类 SAGD、水平井蒸汽驱、底水区域 SAGD3 项开发试验，已进入现场，见到效果。

【技术攻关】 2013 年，公司开展 SAGD 耐高温电潜泵技术引进试验，研发 SAGD 新型国产直径 120 毫米以上大泵及井下配套工具，推进 MVC 技术研发，突破换热冷源限制，攻关应用卧式螺旋板换热器，升级站内数据采集系统，提高 SAGD 开采效果和经济效益。开展提高汽驱采注比技术研究，实施调驱引效、加深泵挂等技术手段，采注比达到 1.2 以上，油汽比 0.18。组织低干度两相流蒸汽一分三计量、同心双管三层分注和氮气泡沫调剖等技术试验，改善汽驱效果。开展自动采油、同轴式双空心抽油杆井下循环伴热等新工艺试验 29 项；实施新工艺技术 20 井次，科技增油 1.5 万吨；取得科研成果 28 项，申报国家专利 52 项，获授权发明专利 1 项。

【经营管理】 2013 年，公司启动“管理提升活动”，加强投资项目前期论证、方案优化和施工过程管理，保证投资效益最大化。贴近生产实际，科学运用作业成本法安排预算指标，依据实施效果总量控制措施资金，确保安全生产，压缩零星工程项目，完成年度预算指标。推进“全员精细管理，杜绝百种浪费”活动，实施采油精细管理、燃气利用、用电精细管理、硫化氢治理等 6 大精细化管理工程，评价项目效益空间，节降成本 8000 万元。发挥市场、合同、内控管理、概预算、审计、效能监察的职能作用，减少外部厂家 61 个，内部市场份额上升 7.2%，审减金额 1718 万元。

【安全环保】 2013 年，公司推进 HSE 体系建设，公司各级领导开展安全联系活动 232 次，逐级签订安全环保责任书、业绩合同和承包商安全合同 800 份，划分员工属地职责，增强干部员工履职尽责意识。推行“三级监督”体系，固化“大讨论、大排查”机制，组织打非治违、百日安全大检查等活动 170 项次，查找和消除事故隐患 690 个，加强基础管理。监管重点要害部位，强化健康、交通、消防、井控、危险施工作业、特种设备和承包商管理。组织教育培训和应急演练，完成培训和演练 19 期，培训员工 4100 人次；开展“百岗千哨，安全伴我行”巡回演讲活动，提高全员安全环保意识和技能。推进节能减排和环境治理，进行无害化及回填处理泥浆池 118 个，优化污水处理工艺流程，实现污水达标处理。

【党建思想政治工作】 2013 年，公司宣传贯彻中共十八大和十八届三中全会精神，提升领导干部政治理论、研判形势、科学决策水平。开展党的群众路线教育实践活动，落实“中共中央八项规定”和集团公司要求，查摆整改“四风”问题，树立领导干部为民务实清廉形象。推进“四好”班子建设，落实“三重一大”决策制度，加大领导干部绩效考核力度。加强三支人才队伍建设，开展员工全员读书、员工职业技能竞赛、青年油水井分析比赛、女工技能竞赛等活动，提高员工队伍素质。强化思想政治工作、企业文化和精神文明建设，厂荣获 2013 年辽宁省思想政治工作先进单位。改善一线生产生活条件，修缮前线员工洗浴中心太阳能热水器和员工食堂电路，作业区安装 16 套净水加热器，供暖管线实施保温处理。4 月 23 日，公司开展“心系四川芦山，传递人间情暖”捐款活动，捐款 136080 元。推进“暖心工程”，走访慰问基层班站 350 站次、困难家庭 27 户次；组织员工体检 2663 人次、疗养 272 人次。

【组织人事工作简况】 1 月 21 日，油田公司任命吴树勇为公司副经理（正处）。12 月 1 日，公司原经理王曙光退休（副处）。公司机关设党群工作部（团委）、纪检监察科（机关党总支、计生办）、工会、办公室、生产运行科、生产技术科（热采管理中心）、作业科、钻井管理科、经营计划科（勘探开发经济评价中心）、财务科、人事科（组织部）、企管法规科（内控与风险管理科、市场办）、安全环保科（交通管理站）、审计科、科技科15个科室；设资产管理中心、基建管理中心、概预算管理中心、员工培训中心、土地公路管理中心、保卫科（综治办）、信息中心、公益事务管理中心、安全监督站、技术监督中心10个直属部门；下设采油作业一区、采油作业二区、采油作业三区、热注作业一区、热注作业二区、集输大队、地质研究所、工艺研究所、工程维修大队、运输大队、物资供应站11个大队级单位。2013年年底，公司机构没有变化，公司党委下设党总支15个（含盘锦辽河油田辽海集团有限公司6个）、党支部70个（含盘锦辽河油田辽海集团有限公司20个），有党员1221人（含盘锦辽河油田辽海集团有限公司289人）。（商荣标　程　辉）

冷家油田开发公司

【基本情况】 至2013年年底，冷家油田开发公司（以下简称公司）用工总量1504人。以劳务输出方式录用劳务人员1390人，分别来自油田公司所属8个单位561人，来自辽河石油勘探局所属27个单位829人。劳务人员中具有高级专业技术职称的7人，中级专业技术职称的50人，初级专业技术职称190人，有工人技师14人，高级工791人，中级工363人，初级工76人。

冷家堡油田探明含油面积55.7平方千米，探明石油地质储量1.75亿吨，其中，稀油3013万吨，热采稠油9082万吨，常规稠油5452万吨；已开发动用含油面积31平方千米，动用储量1.39亿吨。投产油井、气井、水井1585口，其中，油井1500口，开井817口；气井6口，开井0口；水井79口，开井68口。日产液8952吨，日产油1503吨；平均日注水2532立方米，年注水86.03万立方米，累计注水1156.88万立方米。当年采油速度0.45%，采出程度16.05%，已采出可采储量的85.31%。剩余可采储量采油速度14.14%。

公司销售原油51.7万吨，实现含税销售收入20.56亿元，利润总额2.55亿元，资金回收总额6.81亿元，现金净流入2.52亿元。

【勘探增储】 2013年，公司围绕冷家中段岩性圈闭开展评价部署，部署预探井4口，已完钻3口，试油均获得工业油流，实现探明储量200万吨。推进难采储量评价工作，应用水平井砾石充填防砂完井和双管循环注汽技术，解决洼83块直井出砂无法正常生产的难题，有效开发难采储量，区块累计产油1.36万吨。

【产能建设】 2013年，公司突出新区开发、难采储量评价和老区二次开发相结合的原则，开展利用水平井进行难采储量分层开发、老区二次开发和开发方式转换井组井网完善工作，投产新井4口，累计增油5200吨。按照“先导试验、扩大试验、工业化试验、规模实施”的开发程序，在洼59块、洼70块开展转换开发方式工作，转蒸汽驱井组9个，覆盖地质储量523万吨，年增油10.5万吨，阶段油汽比0.16。

【油田综合管理】 2013年，公司开展油井转注水、多氢酸解堵、深层整体调驱等工作，增加水驱控制储量15万吨。强化注水水质管理，推行“注水水质分段达标工作”立项管理，注水站、配水间、井口水质达标率分别达到100%、99.5%、85%。通过强化选井论证和施工两个环节，优化注汽层段、注汽参数、注汽方式，配合调剖、找堵水等措施，阶段油汽比提高0.01；立足于完善井网和开发层系细化，挖掘老区潜力，完成大修侧钻调补层等进攻性措施122井次，年增油4.6万吨。油田含水上升率2.2%，比上年下降0.8%；受洪水影响，自然递减率39.4%，综合递减率10.3%。

【天然气挖潜】 2013年，公司坚持油气并重原则，整合资源。从源头增加天然气生产及回收量，优化输气管网，采取密闭集输，避免了天然气损失。终端淘汰高耗能设备，严格降低燃气单耗等精细化管理，提高天然气热效率。全年回收天然气5594万立方米。

【生产组织】 2013年，公司贯彻“大运行”理念，深化“管理提升工程”，靠实“十项管理指标”，提高管理水平。强化季节性生产组织，落实应急管理要求，抓好防汛复产工作，实现产量损失最小、财产损失最少、产能恢复最快、安全环保无事故的总体目标。加强采油管理，以降低维护性作业工作量为重点，推进“降低躺井率”立项管理，发生维护性作业565井次，比上年减少116井次。加强注汽管理，开展“提高注汽系统热效率工作”立项管理，注汽单耗吨气节约燃气1.5立方米，节约燃油1.4千克。加强集输管理，以单机核算为重点，落实分段达标、分段控制，累计处理老化油1.3万吨，荣获油田公司优质低耗联合站荣誉称号。开展群众性质量管理活动，QC成果荣获辽宁省一等奖1个、二等奖1个。严格重点工程管理，完成新井地面工艺、电力工程及大修、侧钻、长停井地面工艺拆迁、安装等4大类208项工程，为公司生产建设提供保障。

【经营管理】 2013年，公司树立低成本发展理念，强化投资管理，严格立项程序，计划符合率99.6%。以需求定投资，利用老井资源进行产能建设，分批下达老区调改计划，实现投资节余160万元。开展资产管理挖潜，累计调剂利用各类设备71台（套），节约投资933万元。强化季度分析，及时预警成本超支，制定控制措施，保证成本可控、受控。落实“中共中央八项规定”要求，“五项费用”支出大幅下降。发挥概预算、审计、效能监察职能，严格市场管理，加大招投标工作力度，节约资金8244万元。加大资金保障力度，合理调配资金，优先安排重点生产项目资金，统筹安排生产运行资金和安全隐患治理所需资金，合理调配闲置资金，灵活调整存款期限，实现资金效益最大化目标。

公司开展“全员精细管理，杜绝百种浪费”等群众性节约挖潜活动，落实公司控制投资、降低成本举措，推广“四个不出区”（零星工程维修不出区，低压配电设备维修不出区，火管炉加水及简单维修不出区，抽油机小修不出区）工程等成功管理经验，取得良好效果。实现节能4365吨标准煤，节水4.15万立方米，节约电费676万元，降低作业费500万元，减少外委修理费184万元。

【技术推广】 2013年，公司规模实施成熟技术，突出水平井综合治理，研究应用水平井堵水、化学防砂技术，推广应用化学助排等水平井化学辅助吞吐技术，实现增油控水，增油2.33万吨。深化冷83井区油藏描述研究，为稠油注水油藏二次开发提供技术储备。开展冷西低渗稀油油藏水驱机理数值模拟和二次评价工作，为冷西水驱综合调整提供理论依据和方案指导。完成洼59块重力泄水辅助水平井蒸汽驱机理研究和开发方案，指导洼59块和其他稠油区块转驱工作有序进行。完成信息门户更新和作业系统网络数据库建设。

【安全环保】 2013年，公司推进HSE管理体系建设，梳理、修订各类规章制度、操作规程，形成HSE制度体系，在油田公司年度HSE评估审核中达到B级标准。践行有感领导，落实直线责任，强化属地管理，开展“大讨论、大排查”活动，突出责任落实、标准确认、素质提升、过程控制等4项工作，实现年度安全生产工作目标。检查各类现场1014个，督促整改隐患216个。加强新钻井防渗及泥浆无害化处理工作，修建、修复防渗围墙20个平台3860延长米，降低雨季、汛期环境风险。依法处理浮渣1775吨，含油固废6667立方米，保证固废清理、收集、贮存秩序正常。公司荣获油田公司安全环保先进单位荣誉称号。

【三基工作】 2013年，公司以“场所规范、活动规范、工作规范、流程规范、资料规范”为内容，深化“六个一”党支部创建工作，强化基层党建工作示范点建设，建立党建工作示范点1个。推进以“两项达标”工程和“四个体系”建设为主要内容的基层基础管理，健全考核机制，基础管理实现系统化、制度化、规范化，采油标准现场符合率95%。深化“素质提升工程”，以采油工取证培训和技能鉴定培训为抓手，强化专业技术、基层管理及操作技能3个层次培训，提升员工整体素质。一线操作员工初级工岗位技能鉴定持证率98%，应知应会知识年度考核合格率80%。举办第七届员工技术比赛，涌现一批技术能手和技术标兵，形成“人人可成才、人人争当人才”的良好局面。

【党建思想政治工作】 2013年，公司开展以“治虚求实、治庸求进、治懒求勤、治奢求俭”为主要内容的党的群众路线教育实践活动，提高思想觉悟，转变作风形象，“四好班子”优秀率95%、机关服务基层满意率95%、基层评议机关优秀率95%。推进惩防体系建设，深化“四正”（做人身正，作风清正，用人公正，为官廉政）教育，开展党风建设和反腐倡廉工作。深化“为党旗增辉、为冷家添彩”主题创优活动，创建党员示范岗45个，党员责任区29个，共产党员工程17项，参与创效600余万元。实施“文化提升工程”，采油3队基层文化“五项实践活动”经验做法在油田公司进行交流。推进“健康工程”，提升员工“岗位健康、运动健康、生活健康、心理健康”水平。落实维稳责任，畅通信访渠道，及时化解矛盾，员工队伍保持稳定。

【组织人事工作简况】 2013年，公司机关设经理办公室、党群工作部、纪检监察科、生产运行科、生产技术科、作业科、经营计划科、财务科、安全科、审计科、人事科（组织部）、企管法规科12个科室。设资产管理中心、基建管理中心、概预算管理中心、物资管理中心、保卫科、档案室、安全监督站、土地公路环保管理中心、技术监督中心9个直属部门，下设地质研究所、采油作业一区、采油作业二区、采油作业三区、采油作业五区、油气集输作业区、注汽作业区、综合服务大队8个大队级单位。公司党委下设党总支7个、直属党支部2个、基层党支部25个，有党员505人。（张洪波）

SAGD开发项目管理部

【基本情况】 2013年，SAGD开发项目管理部（以下简称项目部）有员工24人。其中，具有高级专业技术职称的17人，中级专业技术职称的5人。SAGD一期工程48个井组年注汽502万吨（75%干度），年产液456.3万吨，年产油80.1万吨，年油汽比0.16，年采注比1.23。

【原油生产】 2013年，项目部重点培养百吨井，提高单井开发效果。精细油藏研究48个井组，结合生产实际，培养6口百吨潜力井。采取“一井一策”动态调控，改善开发效果。6个百吨潜力井组日产油614吨，平均单井组日产油102吨。其中，3个井组日产油超过百吨，3个井组日产油70吨以上。扩大实施氮气辅助SAGD试验，提高蒸汽热利用效率。馆陶试验区累计完注5个段塞，阶段注汽量节约12.89万立方米，含水下降1.3%，油汽比由0.2提高至0.28。兴Ⅵ试验区累计完注3个段塞，阶段少注汽0.63万立方米，开发效果平稳。启动二期工程实施方案编制，确保SAGD产量接替。二期工程部署68个井组，一期＋二期116个井组，预计增加可采储量436万吨，高峰期产量112万吨，最终采收率60%。完成油藏工程方案，正在编制采油工艺和地面工程方案。组织杜229块Ⅱ类储量双水平井组转入SAGD，为薄层双水平井SAGD开发积累经验。日注汽230吨，日产液103吨，日产油21.8吨，含水79%。SAGD整体开发效果良好，日产水平2335吨，生产原油80万吨，比上年增产10万吨，比蒸汽吞吐增产70万吨。

【科技管理】 2013年，项目部启动SAGD二期工程核心技术攻关与试验，加强“MVC＋油田专用汽包锅炉、MED＋直流过热锅炉”2个重点中试工程建设。完成国家重大专项“蒸汽辅助重力泄油提高采收率技术”相关研究内容，形成氮气辅助SAGD开发和蒸汽吞吐后双水平井SAGD预热启动两项技术和5项创新成果。开展股份公司“中国石油低碳关键技术研究”项目和“辽河油田原油千万吨持续稳产关键技术研究”项目，制定油田公司专用汽包锅炉室内水质标准，完成多功能中试平台关键设备的研制。落实油田公司重大科技项目经理负责制，实现油田公司跨单位、跨学科的联合攻关，形成油藏、工艺、地面、环境研究一体化技术团队，完成“改善蒸汽驱、SAGD开发效果关键技术研究与应用”的攻关，研制新装置4套，揭示机理2项，取得新认识2项，技术取得重大进展8项。过热蒸汽中试工程中MVC中试工程完工，编制投产试运方案，MED中试工程完成施工图设计和现场三通一平；6月10日，进口耐高温电潜泵在杜84—馆平15井下井试验。电潜泵运行平稳，馆平15井日产油139吨，试验获得成功；在杜84—馆平60井、馆平58—1井开展连续杆替代老式抽油杆试验。与老式抽油杆相比，连续杆具有重量轻、不偏磨的优点。2口井日产液量和日产油量均有增加，期间没有发生检泵、检杆等作业。

【安全生产】 2013年，项目部开展井控工作，确保修井作业无事故。开展“井控自检自查”活动，深入到曙光、特油SAGD区域和相关班站，检查方案设计审批、井控监督流程、装备设施完整性、岗位技能素质、地面生产工艺、井控应急处置等方面的不足，实施整改，消除事故隐患。

组织注汽系统运行，保证注汽效果。特油大十三站投产前期准备工作细致严密，确保设备投产一次成功；检查注汽质量，检查锅炉 30 台次，蒸汽质量合格率 95%；抓紧维修汽水分离器排污系统，保证汽水分离器运行质量，提高注汽质量，杜绝高温水注入油层。加强 H_2S（硫化氢）治理工作，杜绝员工伤害。整改站内 H_2S 处理装置，培训员工，与科研单位联合开展 H_2S 机理的研究，制定治理方案，解决 SAGD 现场 H_2S 处理问题。执行定期安全检查制度，发现问题，及时督促相关单位整改，跟踪整改情况，解决问题。开展汛期和冬防工作现场调研，制定应急预案。

【成本管理】 2013 年，项目部编制一期工程后评价报告，分析评价 SAGD 一期工程整体效益，总结经验教训。按照《辽河油田公司投资管理办法》，严格履行投资管理程序，做好一期工程项目投资收尾各项准备工作。编制全年基本运行成本预算，采油单位实行预算刚性考核。建立成本管理制度，完善《SAGD 操作成本管理程序》，规范成本核算流程；制定《SAGD 项目部五项费用管理规定》，规范五项费用支出；坚持季度经济分析制度，及时解决预算执行过程中出现的问题和偏差，推进 SAGD 成本精细化管理。加快结算速度，严格结算审批。配合国家审计署工作，按时提交审计资料，沟通协调各项任务。

【党建思想政治工作】 2013 年，项目部加强学习型党组织建设。明确学习目标和实施办法，完善学习机制。深化“四好班子”创建活动。针对“三重一大”问题，实行科学民主决策。按照“三控制一规范”要求，确定组织机构，优化干部编制。落实党风廉洁建设责任制。加强反腐倡廉教育和干部作风建设，筑牢拒腐防变的思想防线，树立“工作上的支持是最大的支持、业绩上的表现是最好的表现”理念。开展党的群众路线教育实践活动。做到“照镜子、正衣冠、洗洗澡、治治病”，剖析自我，解决“四风”问题。开展“机关转作风、为民四服务”实践活动，提高服务基层的水平。

【组织人事工作简况】 2013 年，项目部在册员工 24 人，其中处级干部 6 人。主任杨立强，副主任张义祥（正处级）、杨建平，总工程师张喜瑞，总地质师张国禄，财务总监于惠。项目部设油藏科、工艺科、生产运行科、基建科、注汽科、综合科 6 个科室。油藏科科长梁建宇、副科长王宏远，工艺科科长郑南方，副科长孙建平（正科级），生产运行科科长张宝龙，基建科科长暴振东、副科长禚月平，注汽科科长王诗中，综合科科长由世江、副科长张宁。项目部党支部有党员 19 人。（由世江　宋英男　张　宁）

齐 40 块蒸汽驱开发项目管理部

【基本情况】 2013 年，齐 40 块蒸汽驱开发项目管理部（以下简称项目部）在岗员工 15 人（编制定员 16 人）。其中，具有教授级高级工程师职称的 1 人，高级专业技术职称的 5 人，中级专业（工程师）技术职称的 8 人，初级专业技术职称（助理工程师）的 1 人。

项目部有汽驱井组 157 个，注汽井开井 124 口，年注汽 420 万吨（含注水）。年产油 59.15 万吨，净产油 57.53 万吨，年油汽比 0.14。

【油藏管理】 2013 年，项目部坚持“以采为先、以液定汽、以液牵汽”开发理念，加强注采调控，保持井网完善，提高措施效果，减缓区块自然递减。蒸汽驱区块日产油及油汽比呈缓慢下降趋势。蒸汽驱年产油 59.15 万吨，与吞吐采油方式相比年增油 47.4 万吨，蒸汽驱阶段采出程度 12.33%，总采出程度 42.9%。转驱后累计增产原油 292.4 万吨，汽驱开发增产效果显著。

项目部加强注汽调控，延缓老井自然递减。调配强化注汽量，提高调控针对性。根据地面注汽管网现状，制定调控原则。最大限度利用现有井网，减少投资成本支出；当地层压力大于 3 兆帕井组，按采注比 1.1—1.2 配注，降低地层压力，扩大蒸汽波及体积；地层压力小于 2.5 兆帕井组，按采注比 1 配注，稳定地层压力，保证油井供液能力；周期性调控井组，根据饱和蒸汽温度和压力界限适时调整，保持蒸汽腔状态；对于处于蒸汽波及或波及弱势区域的油井，采用吞吐注汽方式加快受效，提高采注比、油汽比。实施注汽量调配 202 井次，日减注 512 吨，实施吞吐注汽 60 井次，年注汽 12 万吨。保持日注汽水平 1.15 万吨。调控前后相比，阶段增油 2.4 万吨。

调整注采井网，利用汽窜井进行转向注汽，扩大汽腔波及。实施5井次，日增油35吨，高峰期日增油50吨。调整注汽管柱，提高纵向动用。调整不正常注汽井9口，恢复正常注汽井6口，正作业井1口，大修未成功准备更新井2口。

加快措施优选及运行，优选油井措施65井次，投产50口。日增油75吨，年增油1.97万吨。部署新井，调整注采井网。计划实施20口，完钻直井10口，组织投产。针对吞吐开发区域，开展蒸汽驱适应性研究。部署直井4口，更新井1口，增加汽驱井组2个，增加汽驱控制储量53万吨。

【工艺管理】 2013年，项目部改善蒸汽驱中后期开发效果，实施二氧化碳辅助蒸汽驱2个井组。7月26日，齐40—7—029井组开始注二氧化碳；8月27日，完成2个段塞周期，累计注入749.7吨，阶段增油325吨。8月7日，齐40—14—025井开始注二氧化碳；9月23日，完成3个段塞周期，累计注入1337吨，阶段增油1400吨。二氧化碳驱油技术初步达到降低稠油粘度、改善油水界面张力、助排增产的效果。

开展井组注空气辅助蒸汽驱试验。8月23日，齐40—6—K032井组开始实施；8月30日，齐40—5—K033井组开始实施。完善蒸汽驱举升配套技术，由7种抽油泵精简到3种。汽驱初期及正常生产井以螺旋携砂泵为主，随着油井温度的升高及油井少量出砂以螺旋携砂泵和柔性金属泵为主，严重出砂井以高温自补偿抽油泵为主。抽油泵泵效由31%提高到56%，检泵周期由328天提高到787天。项目部保障蒸汽驱安全生产，检查注汽井口，查出有60多口井存在阀门关不动、关不严、关不上、盘根刺露等问题，实施更换。

【生产管理】 2013年，项目部完成新井地面工艺及措施井复产。其中，新井投产3口，侧钻井投产12口，大修井开井12口，恢复长停井1口，压裂井1口。加强高温汽窜井管理，利用掺水工艺，针对高温结晶井实施定量掺水，解决结晶和瞬间高温，减少因高温关井次数，提高油井生产时率，降低部分井硫化氢含量，保证油井产量不受高温关井影响。安装变频装置，根据井口温度、出砂状况等情况，调整油井工作参数，保证油井最佳生产状态。开展硫化氢气体监控工作，采取定期监测油井伴生气中硫化氢含量，每季度检测处理站合格气体硫化氢含量，流量监控等办法，掌握硫化氢动态变化，防止硫化氢气体造成危害。

【成本管理】 2013年，油田公司下达投资计划7092.15万元。其中，钻井工程3071.07万元，侧钻2783.08万元，地面工程等1238万元。全年基本运行费用6.03亿元，平均吨油基本运行费用1047.5元/吨。项目部制定预算承包责任制，按科室职能进行分类，控制吨油成本预算。加强生产跟踪检查，根据油井井口温度变化采取冷输措施，节约燃气费41万元。开展修旧利废，节约329.2万元。其中，合并车辆，取消夜间值班车辆10台，节约100万元；更新井站变频柜80台，节约电费28.2万元；采取修旧利废，以旧换新等措施，节约材料费120万元；实施采暖泵修理152台次，电机皮带轮拆装重复利用600台次，电机更换轴承105台次，节约资金81万元。

【党建思想政治工作】 2013年，项目部按月制定学习计划，组织理论学习编制学习材料32期。学习贯彻落实中共十八大精神，撰写体会13篇，参加机关党委答题26份。开展党的群众路线教育实践活动，制定活动实施计划方案，对照“四风”问题查改。组织民主生活会、专题组织生活会各1次，党员干部撰写对照检查材料14份，制定整改措施。组织150个蒸汽驱井组动态调控注汽，650口油井生产以及转向注汽，多元注汽和配套工程。坚持生产前线办公，在大规模注汽调控中，党员干部以身作则、忘我奉献、同心协力，以“五个抓好”（抓好支部基础工作，树立党员就是一面旗帜，干部就是一名表率的理念；抓好党员干部学习教育培训，提升能力素质；抓好作风建设，塑造良好工作形象；抓好廉洁建设，做到清正廉洁；抓好以千分制考核为内容的各项工作部署落实，做到“务实、高效、创新”）为重点，提高党建工作水平。

【组织人事工作简况】 2013年，项目部处级干部4人。主任祁晓明，副主任马宏斌、李博。财务总监孙铄。项目部设5个科室。综合科科长孙福元、副科长薛成钢，油藏科科长赵伟，工艺科科长赵忠彦、副科长朱龙江，生产科科长朱承纲、副科长宋兴旭（正科级），热注管理科科长付崇清、副科长部斌。党支部有党员 13 人。

（郭丽辉　孙福元）

低效油气资源利用部

【基本情况】 2013 年 4 月，燃料结构调整管理部更名低效油气资源利用部（以下简称利用部），将天然气储供中心的“火驱采油合作项目管理职能”划归利用部，开展低效油气资产利用和火驱合作 2 项业务。至 2013 年年底，利用部在册员工 27 人。员工具有高级专业技术职称的 8 人，中级专业技术职称的 14 人，初级专业技术职称的 4 人。

2013 年，利用部累计销售原油及轻烃产品 50 万吨，实现销售收入 22.3 亿元，上缴税费 2.8 亿元，税后收入 19.5 亿元，支出成本 15.8 亿元，实现利润 3.7 亿元，边际贡献 7.5 亿元。火驱采油项目销售原油 12 万吨，实现销售收入 2.58 亿元，成本 2.44 亿元，实现利润 1402 万元。

【低效油气利用】 2013 年，利用部联合开发处、勘探开发经济评价中心筛选低效井，选择停产井、捞油井、转换开发方式试验井和部分大修、压裂、防砂、调层、堵水等投入高的措施井，在开发处审批的井号中优选实施井。低效井在收回成本，获得利润后，再返给上市单位，返还井实行每季度上报一次。2011—2013 年实施 2489 口井，累计返还 2325 口井。

【燃料结构调整】 2006 年，开始规模实施燃料结构调整项目。形成固定资产 1.9 亿元，净值 9835 万元，从业员工 460 人。拥有燃煤注汽锅炉 8 台，联合站加热炉 13 台，燃水焦浆注汽锅炉 3 台及新技术节能配套设施。年替代自用油量 15 万吨。2013 年，燃料结构调整替换自用油 15.2 万吨，比上年减少 2.5%，收入 7.86 亿元，二级单位上报成本 7.68 亿元，利润 1800 万元。

【火驱合作】 2005 年 5 月，油田公司与辽河石油勘探局签订杜 66 块火驱采油合作协议，引进尤尼斯公司火驱采油技术。6 月，在杜 66 块实施火驱采油先导试验，从单井组单层火驱逐渐发展到 7 个井组多层火驱，形成曙光油区稠油火驱工艺配套技术。2010 年年底，试验扩大到 17 井组。2012 年，火驱采油试验井组部署中的二线井调整为一线井，杜 66 火驱采油项目由 17 个井组增加至 27 井组，井数由 166 口增加至 185 口。2013 年 7 月，火驱业务移交利用部管理。

【组织人事工作简况】 2013 年，利用部处级干部 3 人。主任关玉双，副主任孙成威、罗怀达。利用部设综合科、生产技术科、法律合同科、安全环保科、计划经营科、财务科、油气管理科、火驱合作科 8 个科室。其中，综合管理科科长陈泰安，生产技术科科长于庆林，法律合同科科长胡延民，安全环保科科长姜恩宏，计划经营科科长史国蕊，财务科科长关黎，油气管理科科长祁凯，火驱合作科科长王修文。利用部党支部有党员 25 人。

（陈泰安）

辽兴油气开发公司

【基本情况】 至 2013 年年底，辽兴油气开发公司（以下简称公司）有员工 1114 人。其中，在册员工 471 人，劳务员工 643 人。干部 351 人，工人 763 人。干部中具有高级专业技术职称的 32 人，中级专业技术职称的 114 人，初级专业技术职称的172人。工人中有高级技师 1 人，技师 10 人，高级工 338 人，中级工 198 人，初级工 114 人。

公司有油气水井 1027 口。其中，油井 874 口，气井 114 口，注水井 39 口。油气水井分布在 16 个油田 140 多个断块上，公司管辖区域涉及 2 省 5 市 8 区县 28 个乡镇。完成油气综合商品量 26.69 万吨。其中，完成原油商品量 18.86 万吨，超产 0.36 万吨；完成天然气商品量 7038 万立方米，超产 38 万立方米。实际油气基本运行费用 2.38 亿元，节余 60 万元；单位操作成本 888.53 元/吨，比油田公司核定指标节余 2.32 元/吨；基建投资支出 2.22 亿元。完成收入 9.48 亿元，比预算指标超收 2124 万元；实现利润 1.24 亿元，比预算指标超交利润 432 万元。

【勘探开发】 2013 年，公司实施勘探开发“七项工程”（勘探增储工程，产能建设工程，措施挖潜工程，采油管理工程，油田注水工程，天然气工程，基本建设工程）完钻探井 7 口，均钻遇较好的油气显示。完成试油 9 口 14 层（含双 94 井，驾 602 井），其中 3 口井获得工业油气流。驾 31 井压裂后 8 毫米油嘴求产日产液 26.3 立方米，日产油 8.2 吨；曙古 175 井裸眼测试元古界潜山获高产油流，6 毫米油嘴求产日产油 166 吨。探井增加石油地质储量 200 万吨。

公司在黄 66 块、黄 302 块、曙 125 块和奈曼地区部署新井 8 口，投产 7 口井，待投 1 口井。进尺 2.66 万米，日产油 39.4 吨，年产油 1.22 万吨。实施油井措施 118 井次，有效 97 井次，措施有效率82.2%，日增油 63.6 吨，年增油 2.1 万吨。其中，奈曼油田实施老井调层压裂措施 9 井次，措施有效率 100%，年增油 4141.3 吨。全年措施单井次增油量 196.6 吨，比上年增加 35.6 吨。

开展生产方式优化工作，对日产量低于 1 吨的非出砂和非小井眼井转捞油生产，扩大捞油产量规模，实现捞油 1.53 万吨；开展油井系统效率优化，及时调整工作制度，摸清间出井生产规律，制定合理的间开制度，提高单井产量，实现节能降耗，系统效率由上年的 19.4% 提高至 21.7%；开展清防蜡方式和制度优化工作，扩大油洗规模，减少水洗和化学清防蜡规模，躺井率比上年下降 0.8 个百分点；开展“一井一策、一井一法”群众性挖潜活动，加强调参、碰泵、憋泵、冲洗、热洗、控制套压等日常管理，控制检泵井次，提高油井泵效，延长检泵周期，检泵周期由上年的559.5天提高至 579.5 天。

公司分类分层次开展油田注水工作，奈曼油田完成注水工作量 88 井次。其中，转注井完成 1 口，复注 1 口，新增分注 2 口，层段重组 4 口，检分注 9 口，大修、酸化、周期注水等 11 口，动态调配 60 井次，注水井分注率 62.5%，分注合格率 93.8%，测试合格率 100%；改造曙 2—5—11 块注水精细过滤装置，试注曙 2—4—012 和曙 2—4—11 井，日注水 49 立方米，年注水 4039 立方米，累计注水1.3万立方米；欧 601 块实施异步注采，已停注。停注前日注水 49 立方米，年注水 7607 立方米，累计注水 6.4 万立方米；黄 66 块采用简易撬装注水装置开展注水试验，已转注 2 口井，日注水 40 立方米，累计注水 7325 立方米。优选奈 1—48—54 井组和奈 1—44—50 井组开展深部调驱试验，调驱后开井 6 口，日产液 45.1 吨，日产油 11.8 吨，含水 73.8%，年增油 917.5 吨。

公司加大“三老”资料复查力度，开展精细地质研究，重新认识兴北浅层气分布规律，完钻新井和侧钻井 5 口。其中，在兴 28 块部署兴浅气 27 井、兴 K1 井两口新井，两口井日产气 1.96 万立方米，年产气 230 万立方米。完成气井措施 15 井次，累计增气 830 万立方米。开展含水气井排水采气工作，扩大套管气、罐顶气回收和边远零散无系统油气井收气规模，年收气 2502 万立方米。加强奈曼油田集中处理站建设和试运行工作，集中培训处理站人员。完善马南 7 块油管厂和奈曼油管厂配套工程，集中管理杆管及井下工具。

【经营管理】 2013 年，公司实行“四化管理”（精细化，规范化，标准化，系统化）。建立成本项目论证和使用审批机制，控制重点项目、关键工序的经济指标，杜绝无效低效高投入成本项目；实行“八字”（压缩、改制、严管、挖潜）成本管控办法，强化过程控制、监督、分析和效果评价，增强成本管控能力；发挥资金预算委员会作用，把资金用在急需项目上，保证生产建设需要；加强概预算、审计工作，审核项目 735 项，审减资金 7488 万元。

坚持依法以规治企，开展管理提升活动；加强法律风险防控，编制年度风险管理报告，修订法律风险岗位防控指引，编制普法教材，组织三期普法培训；加强内控管理，组织内控自测，整改发现问题，通过上级组织的内控测试，降低例外事项总数；规范市场管理，严格资质审查，办理关联交易 112 项、内部配置 20 项、零星发包 271 项、商务谈判 61 项，交易金额 3.26 亿元，通过市场商务谈判下浮降低支出 31.34 万元。准入承包（服务）商 63 个，其中外部承包（服务）商减少 50%。

公司按单项细化分解投资计划，坚持月度对账、季度分析、签约跟着计划走、结算贴近实际的做法，控制投资，投资完成率 86%，比上年提高 19 个百分点；建立健全项目评价机制，在产能建设、措施实施等项目领域发挥经济评价的决策优势，奈曼油田百万吨产能建设投资水平下降，全年措施评价126井次，提升了单井产量。通过稀油直销、收取油气处理费、动力费、加温费、转供电、低效资产利用和小轻烃合作等增加收入1635万元。加大闲置设备回收，修理、调剂、回收设备89台套，处置报废资产89项，实现节约挖潜312万元。

【安全环保】 2013年，公司强化“有感领导、直线责任和属地管理”的安全理念，取得上级HSE体系评估审核B级。

公司推进HSE体系建设。完善HSE制度体系、培训体系、绩效机制三项建设，层层传递压力，层层落实责任，落实“一岗双责”。签订HSE责任书279份，制定个人安全行动计划41份。深化“风险控制、专项整治、系统督查”三项行动。按照安全、环保、职业卫生“三同时”的原则，控制风险源头，管理引进新工艺、新技术、新产品，控制捞油、收气和调驱等新增业务的风险。排查治理隐患，组织“安全生产大讨论、全员风险大排查”和安全经验分享活动，开展专项检查46场次，整改问题和隐患89项；开展专业化培训、安全监督检查知识培训、三级安全教育培训，培训909人次。

公司推进标准化、安全文化、科技兴安、污染减排、应急管理、队伍建设“六项工程”。开展“标准化示范班站（队）创建”“安全生产月”“六五世界环境日”“119消防宣传周”“职业病防治法宣传周”等健康安全环保教育活动，组织“安康杯”竞赛、“安全演讲比赛”“亲情助安全”等活动，营造安全文化氛围。加大污染减排工作力度，实现零污染、零排放目标。安全环保队伍依法以规履行监督管理职责。

公司加强承包商、特种设备、消防交通、职业健康、环境保护等项管理。加强承包商管理，建立承包商清退制度，掌控资质准入、HSE责任界定、施工过程的监督管理和项目验收结算等环节。加强客车、危险化学品拉运车辆、长途车辆及外雇车辆的安全管理，严格长途车审批程序，发挥GPS功能，开展路检夜查11次，检查车辆84台次；开展车辆安全技术状况检查10次，发现问题车辆28台次，已全部整改。加强奈曼地区硫化氢有害气体监测、防护和治理，加强城区气井、气管线占压和防盗、防漏、防爆、防火治理，加强长停井分类管理，处理弃置封井，消除安全隐患。监督检查班组449个，生产井815井次，动态施工现场84个，查出问题425个、隐患308个，下发隐患问题整改通知单69份，经济处罚1.5万元。

【科技进步】 2013年，公司在荣—大地区、黄于热断裂背斜带、油燕沟地区、大洼地区、新开地区开展勘探目标优选和评价工作，找到圈闭4个，部署荣85—1井、荣85—2井、开38—62—015井3口滚动探井。预计增加含油面积1.1平方千米，石油地质储量90万吨；在于16—黄34井区，荣72井区、曙光潜山带、奈曼等区域开展产能部署和评价工作，实施投产产能井9口，年产油1.2万吨，部署开发井13口；在兴隆台东营组、红星地区、新开地区、元宝山地区开展天然气挖潜部署和评价，在兴隆台地区部署实施天然气新井2口、天然气侧钻井2口，取得增气效果；围绕“注够水、注好水、精细注水、有效注水”，在奈曼油田注水评价，完善注采井网提高储量动用程度，提高注水效果扩大波及体积，层内细分注水改善低渗层开发效果，深部调驱技术试验提高采收率，夯实奈曼油田稳产基础；在马19井区开展综合地质研究，落实构造形态及储层发育情况，细化油气井测井资料二次解释，探索低阻油藏油气水识别技术，落实剩余油分布规律，部署侧钻井2口。

套损井修复技术取得新进展，在对奈曼、盆地内油井套损、套变机理研究基础上，现场完成多级串联液压辊旋套变整形技术的前期应用试验；通过优化三抽设备及优选变频装置，机杆泵优化组合提高系统效率技术取得进步；突破油井防偏磨技术，完成自旋转刮蜡扶正器、油管旋转器、抽油杆整杆固定直棱扶正器等工具选型研究，现场试验10井次；油井排砂排泥浆技术取得突破，现场完成长柱塞防砂卡抽油泵和软密封旋转防砂泵试验研究，配套形成出砂出泥浆井“防排”一体化体系；开展水平井采油工艺及配套技术攻关，提高水平井生产时率及开发效果；在奈1—48—54井组和奈1—44—50井组开展深部调驱试验初见成效，改善井组纵向产液结构和吸水剖面，提升井组驱油效率。

完善分层压裂、重复压裂、二次加砂压裂、小套管压裂等技术，针对奈曼油田等低压低渗油藏应用试验 30 井次，其中新井压裂后累计产油 3383.3 吨，老井压裂后累计增油 8152 吨、增气 39.49 万立方米；完善小井眼复合防砂、多轮次防砂、压裂充填防砂等技术，针对曙三区、曙四区、马 19 块出砂井推广应用 18 井次，累计增油 3725.6 吨；完善聚能声波温差组合找水及可控凝胶堵水、选择性化学堵水等技术，试验应用 7 井次，奈曼、盆地内高含水井稳油控水取得效果；完善油管、空心杆电加热、微生物采油等清防蜡技术，试验应用 16 井次，奈曼、曙三区油稠、结蜡井降粘清蜡取得成效；完善气井点滴加药、化学助排、氮气举升等排水采气技术，缓解兴浅气井出水、井筒积液问题；完善连续杆深抽、小井眼深抽及泵挂加深等一体化深抽技术，在奈曼、盆地内部分低产低效、低液面井推广应用 7 井次，累计增油 1116 吨；完善测试技术，针对重点注水区块和调驱井组，开展吸水剖面、产液剖面、水驱前缘、压力恢复等测试，评价注水效果。

【党建思想政治工作】 2013 年，公司贯彻落实中共十八大和十八届三中全会精神，开展党的群众路线教育实践活动。开展“三走三到”（走出机关到基层，转变作风；走进基层到井站，了解实情；走入井站到员工，凝心聚力。）调研，转变两级机关干部作风，增强干部员工凝聚力。加强“四好”班子建设，坚持中心组学习和“三重一大”制度，实行岗位廉洁风险防控管理，深化算好人生 5 笔账活动，推进惩防体系建设，提高领导干部的综合管理能力。加强基层党支部建设，深化“六个一”党支部创建，增强基层党组织的凝聚力战斗力，发挥共产党员的先锋模范作用。加强人才队伍建设，举办岗位员工技术比赛，针对不同层面人员，分门别类制定培训计划，落实培训内容，提升岗位员工技能；加强青年工作，建立优秀人才培养使用机制，营造良好的成长成才环境。加强企业文化建设，弘扬大庆精神铁人精神，践行公司“规模与效益稳中求进、员工与公司和谐发展”文化愿景和“同心聚力、创新超越”团队精神。加强治安综合治理工作，实现员工队伍稳定。

【组织人事工作简况】 2013 年，公司机关设经理办公室、党群工作部、经营计划科、财务科、人事科、生产运行科、生产管理科、作业科、安环保全科、企管法规科、审计科、党委组织部、工会办公室、纪检监察科 14 个科室。设资产管理中心、信息档案管理中心、概预算管理中心、基建管理中心、物资管理中心、机关党总支、技术监督中心、土地公路管理中心、保卫科 9 个直属部门。下设采油作业一区、采油作业二区、采油作业三区、采油作业四区、地质研究所、工艺研究所、生产准备大队、车辆管理大队 8 个大队级单位。公司党委下设党总支 5 个、党支部 4 个，有党员 405 人。 （宋洪亮　张馨月）

浅海石油开发公司

【基本情况】 至 2013 年年底，浅海石油开发公司（以下简称公司）用工总量 578 人。其中，合同化员工 434 人，市场化员工 99 人，辽河石油勘探局劳务 45 人。干部 319 人，工人 259 人。干部中具有高级专业技术职称的 38 人，中级专业技术职称的 85 人，初级专业技术职称的 125 人。工人中有高级技师 2 人，技师 15 人，高级工 161 人，中级工 42 人，初级工 35 人。

公司投入开发笔架岭油田、月海油田、太阳岛油田和葵花岛油田 4 个油气田。浅海地区探明含油面积 59.11 平方千米，石油地质储量 1.56 亿吨；探明含气面积 12.25 平方千米，天然气储量45.59亿立方米。生产原油 11.29 万吨，超产原油 1.29 万吨；计划生产天然气 1000 万立方米，完成 1145 万立方米，生产运行成本控制在计划指标内。

【勘探开发】 2013 年，公司开展滚动勘探，坚持勘探开发一体化原则，利用架岭 607 块产能井兼顾东三段、沙一段上部储层，架岭 611X 井增加油层 40 米/5 层，低油层 24 米/4 层，实现架岭 607 块到岭南 1 块含油气连片，有望增加含油面积 0.7 平方千米，石油地质储量 100 万吨～150 万吨，新提供产能井位 4 口～6 口。应用水平井技术开发薄层稀油油藏，部署实施架岭 607 块第 1 口水平井架岭 607—H1 井，水平段长 161 米，初期日产油 51.5 吨，阶段累计产油 4827

吨。架岭 607 块全年累计生产原油 2.88 万吨。调整注水，改善水驱效果。按照平面上分区、纵向上分层的原则，通过实施大修、侧钻、调补层、开展不稳定注水试验、细化动态调整，解决剩余油高度分散及平面、纵向驱替不均衡等矛盾，注采关系对应率提高 6 个百分点，增加见效井 11 口，水驱控制程度及动用程度比上年分别提高 0.4 和 0.3 个百分点，增加水驱储量 19 万吨。实施地质措施 16 井次，累计增油 3900 吨。开展基础地质研究，挖掘油藏潜力。应用测井、录井、动态监测、三维地震等资料，刻画微构造、油气水分布规律、储层含油性，校对“四性”关系图版，重新认识笔架岭油田东营组上部、海南 3 块边部，“水层”找油效果明显，实施工作量 5 井次，有效 4 井次，增油 8359 吨。其中架 1—8 井补开水层 2.6 米/2 层，初期日产油 17.9 吨，累计增油 5056 吨，增加石油地质储量 15 万吨。

【科技创新】 2013 年，公司坚持“近期与长远相结合、增产与降本相结合、研究与推广相结合”原则，解决制约生产的技术瓶颈问题，提高科技利用率。完成“大斜度井分注技术”等 2 个油田公司重大和重点科技项目，通过验收。“同心测调技术”取得突破，测调成功率 80%，解决大斜度井分层注水测调难题。完善“抽油机井动液面实时监测技术”，高套压井动液面测量技术取得新进展。通过“架 4—1 块下台阶滚动勘探井位研究”找到有利含油气构造，预计可增加储量 550 万吨。获得油田公司技术创新奖 2 项，获得辽宁省自然科学成果 2 项，申报国家专利 3 项，发表科技论文 12 篇。推广应用大斜度井举升配套技术 55 井次，平均检泵周期由 514 天延长至 552 天。推广应用复合多氢酸酸化解堵 3 井次，措施有效率 100%，日增注 198 立方米，达到配注要求。实施防排砂配套技术、清防蜡集成技术等工艺措施 97 井次，累计增油 5080 吨。通过实施间开井、抽油机参数优化、提高大斜度井机采系统效率等工艺措施，应用降凝冷输、调整炉火、套管气回收等管理措施，累计节电 97 万千瓦时，节气 62 万立方米，节水 2.7 万立方米。开展技术监督，推进质量、计量、标准化管理体系建设，提升质量监督和计量器具管理水平。开展“群众性 QC 小组”和“降废减损”活动，创经济效益 79 万元。

【生产管理】 2013 年，公司以加快转变发展方式为主线，解决管理中存在的突出问题和薄弱环节，推进企业管理方式向专业化、科学化、精细化转变。深化“大运行”体系建设，强化生产组织协调，保证新井生产时效。落实“一井一策”管理制度和油水井分析论证制度，累计实施管理措施 178 井次，增油 3000 余吨。运行海上油井低效资产利用合作项目，提高运行节奏，累计生产原油 1.2 万吨。加强水电汛、冬防保温和应急管理工作，增强生产保障能力。

【经营管理】 2013 年，公司强化预算执行，加强经营分析，控制费用，完善预算考核机制，严肃责任追究。规范计划管理，按照“一事一议、一项一立”原则，规范项目审批程序，优化投资和成本项目，控制投资和成本支出。发挥概预算、审计的职能作用，实行项目审核专人负责制，深入施工现场勘察，控制工程造价。开展 2010 年—2012 年度安全环保隐患治理项目资金管理和使用情况及外雇运输费、租赁费管理情况等专项审计，审计金额 37257 万元，取得经济成果 127 万元。加强市场管理，执行《辽河油田内部市场管理办法》《辽河油田公司招标管理办法》，落实外部队伍录用指标，外部市场份额减少 50%。精细资产设备管理，加强设备维护保养，保养各类设备 2200 台次，设备完好率 98.9%。争取设备购置更新及改造资金 455 万元，发挥内部自修能力，资产设备挖潜 73.6 万元，主要设备利用率 72.3%。优化人力资源管理，完善业绩考核和薪酬分配机制，调动员工积极性。组织油气集输、计量、化验、物资采购供应等特殊岗位员工定期轮换，有效规避管理风险。推进岗位管理，促进劳动关系和谐稳定。

【安全环保】 2013 年，公司以风险管理为核心，实施基层标准化管理，提高本质安全水平。落实安全环保责任，牢固安全环保意识。公司领导开展安全联系点活动 108 次、安全观察与沟通 36 次，层层签订《安全环保责任书》32 份。各分管系统按照“管工作必须管安全”“谁主管谁负责”的原则，完善安全环保责任体系。开展 HSE 体系建设，修订和完善 HSE 规章制度、操作规程和检查标准，强化制度和标准在基层执行情况的检查指导。推进 HSE 标准化管理工程，完成陆上和海上采油安全生产标准化建设自评工作。修订公司 D 版 HSE 体系文件，开展内部审核。突出风险管理，深化“大讨论、大排查”活动，开展讨论 102 次，识别各类风险 2016 项，风险控制工作由“经验型”向“预防型”转变。开展现场安全检查，加强过程监管力度。组织检查 78 次，整改问题 358 项，下发检查通报 48 期，整改现场检查出的隐患问题。争取 1245 万元隐患治理专项资金，用于工艺管网改造、路基护坡加固等重大隐患项目治理。强化交通安全管理，实现安全行车“零事故”目标。执行客车长带车值班、“三交一封”和“回厂告知”制度。投入 36 万元为客车和危货车安装视频监控，将 GPS 监控技术和路检夜查相结合，实行全天候全过程管控，强化客车、危化品运输车交通安全管理，全年安全行驶 162 万千米。

【党建思想政治工作】 2013 年，公司坚持学习制度，推进“三支人才”队伍建设，选拔 12 名主干专业的大学生到海上培养锻炼，开拓青年员工的视野。鼓励基层单位举办技术比赛，激发基层员工学本领、提素质的积极性。以党员示范岗、党员责任区为重点，推进“六个一”党支部创建活动。落实党风廉洁建设责任制，推进党员干部廉洁建设教育和预防职务犯罪警示教育，开展效能监察工作。开展以“为民务实清廉”为主要内容的党的群众路线教育实践活动，公司领导班子成员和科级以上的党员干部聚焦“四风”问题，剖析原因、对照检查，明确整改措施，转变工作作风，提高服务基层、服务群众的意识和能力。开展“建设蓝色辽河，促进浅海发展”主题教育实践活动，干部员工统一思想、增强发展信心。坚持“三贴近”原则，以公司网页、《浅海之声》《辽河石油报》为主阵地，加大宣传工作力度，营造良好的舆论氛围。以“我为祖国献石油”核心价值观为引领，加强“红海滩”文化建设，推进企业文化建设和员工读书活动，增强文化软实力。以资产装备和物资管理系统为重点，开展“让节约成为习惯”专项劳动竞赛和“全员精细管理、杜绝百种浪费”活动，取得精细管理成果 31 项，创效 296 万元。帮扶困难员工，慰问困难员工 14 次。

【组织人事工作简况】 1 月 21 日，油田公司党委任命史维虎为公司党委书记，原党委书记黄显利调任钻采工艺研究院党委书记。公司机关设经理办公室、党群工作部、纪检监察科、人事科（组织部）、经营计划科、企管法规科、财务科、审计科、生产运行科、生产技术科、海洋工程科、安全环保科 12 个科室。设概预算管理中心、资产管理中心、质量管理中心、船舶管理中心、物资管理中心 5 个直属部门。设工艺研究所、地质开发研究所、海南作业区、笔架岭作业区、葵海作业区、综合车队 6 个生产经营机构。设海南联合站、综合维修队 2 个直属基层单位。公司党委下设党总支部 9 个、党支部 26 个，有党员 216 人。

（唐凤杰　高　凌）

油气集输公司

【基本情况】 至 2013 年年底，油气集输公司（以下简称公司）在册员工 1313 人（包括市场化用工 344 人）。其中，干部 408 人，工人 905 人。干部中具有高级专业技术职称的 38 人，中级专业技术职称的 168 人，初级专业技术职称的 173 人（员级 5 人）。工人中有厂（处）级技能专家 2 人；高级技师 6 人，技师 38 人，高级工 507 人，中级工 218 人，初级工 92 人。

公司拥有输油、输气管道 25 条，长 999.17 千米，输油、输气站点 38 个，沿途经过 8 座城市，管道穿越大、中河流及自然保护区 55 次。拥有日处理天然气 200 万立方米轻烃回收装置 1 套，2000 立方米以上储油罐 28 座，储油能力 42 万吨，年输油能力 1300 万吨，年输供气能力 78.6 亿立方米。全年输送原油 889 万吨，输送天然气 3.15 亿立方米，生产轻烃 8.11 万吨，超产 1.61 万吨；转供天然气 13.82 亿立方米。全年发生操作成本 4.08 亿元，完成投资 1.57 亿元，均控制在预算指标内。大连石油储运项目管理部实现利润 1914 万元，超缴利润 358 万元。

委托管理辽河石油勘探局大连石油储运项目管理部，负责中国石油国际事业有限公司大连 420 万立方米商业储备库及 175 万立方米保税库的生产运营管理。

【生产管理】 2013年，公司针对盘锦线（盘锦—锦州）限量输油，曙光输油站库存持续偏高的矛盾，及时组织坨曙线（坨子里—曙光）返输，加强曙光输油站高罐位运行管理。加强锦西石化检修期间运行管理，提前组织开展降量输送试验，监视管道运行参数变化，管道在降至最低输量后运行较为平稳，验证了新盘锦线在最低输量下运行的可行性。保证管道运行平稳的前提下实施分质分销，减少稀油掺输，提高稀油外销量，增加原油外销效益。在沈兴线（沈阳—兴隆台）转输大庆原油后，按照销售计划安排，提高黑凝析油输量。

公司检修轻烃装置，调整盘锦中润化工有限公司及油气工程技术处化工一公司检修期间的气量，输气管网平稳运行，保证油田公司生产用气和居民生活用气。组织完成龙王线（龙一联—王坨子）、烃85线（王坨子—200万轻烃厂）、欢兴820线（欢喜岭—200万轻烃厂）3条管线通球扫线，确保冬季输气管线畅通运行。加强供气管网管理，调整运行参数，保证秦沈线（秦皇岛—沈阳）天然气转供各采油单位。

公司实施“轻烃装置安全与经济性评估”，分析装置工艺流程、物料、主要设备等潜在危险、危害因素，从工艺、设备及控制等14个方面进行评估，制定风险削减控制措施，投入800余万元整改装置隐患，轻烃老装置实现连续超产。

大连油库出台管理制度80项、操作标准14项，保税库恢复投产，构建专业化的管理队伍、科学化的运营模式。盘锦线、沈抚线（沈阳—抚顺）建成投产，获得油田公司嘉奖，沈抚延长段工程创造辽河管道建设史上“四个首例”（地势落差最大、河道敷设距离最长、首次采用水平横向偏转定向钻穿越、定向穿越岩石地质硬度最大）；启动80万轻烃、锦沥线改造项目。公司依托“平安管道、平安辽宁”宣传活动，推动辽宁省12个地市集中开展管道保护宣传。排查管道坐标定位、地质、地理、水文等信息，还原历史事件（事故）13件；组织专项普查，摸清管道占压底数。与抚顺市公安局协作，在沈抚线新投产的康乐站建立驻企警务工作站，与锦州市公安局联合，在盘锦线松山输油站建立警务工作站。建立“企业日常宣传监控、辽河公安应急机动、属地公安宣贯防控”联防机制，推进警力介入管道保护常态化，沿线社会环境由“整治型”向“防控型”转变。

公司加强电力系统调整、评估66千伏变电所、低压配电运行及从业人员现状，完成沈兴首站低压配电系统、末站增设变频器等改造项目，升级供电系统设备性能和可靠性。组织春检，消除压气变1号主变保护装置失灵、凌海变6千伏Ⅱ段装置机械故障等安全隐患。开展秋检，检查供气西八千调压站32节电池匮电严重、松山变直流屏个别电池匮电严重等问题，更换8组6千伏负荷开关。

【科技进步】 2013年，公司开发GIS系统，研发推广输油站自动监测系统，完善完整性管理信息系统。开展热油管道应力在线监测研究，实施管道几何变形和漏磁检测技术，识别缺陷点131个，修复缺陷点35个，其中3点处于极易引发爆管的高后果区，降低了管道泄漏事故发生率。引进应用储罐罐底漏磁检测与评价技术，完成曙光、坨子里、渤海5座大罐底板腐蚀检测，完成曙光、坨子里站内埋地管网检测验证6处。引入美国戴维斯气象站，开展库区气象监测；采用三维激光点云建模技术，开展罐壁变形描述分析，为油库安全运营提供技术支撑。公司组织推荐油田公司科技进步奖2项，其中，“完整性管理信息系统”获二等奖，“轻烃厂膨胀机扩容技术研究与应用”获三等奖。推荐辽宁省自然科学学术成果奖2项，其中，“三维GIS在油气集输系统中的应用”获二等奖，“完整性管理在辽河油田的引进应用”获三等奖。

【经营管理】 2013年，公司优化“大预算”管理机制，执行“专业科室推荐、市场部门把关、公司集体决策、属地单位评价”管理程序，市场准入机制逐步成熟。坚持“先算后干”，突出“项目、资金、队伍”集体审核，避免“争议价、人情价和弹性价”，推进预算过程公开透明。坚持“金额、品牌及推荐供应商”公开化，推行“通用料计划储备、常用料代储代销、应急料自行采购”，提升物资采购效率。监督重大项目、零星工程等关键领域，探索建立刚性监督问责机制。

严格项目管理“周统计、月通报、季考核”，加强合同签约审核、组织联合验收，及时通报进度，项目结算工作主动有效。加强轻烃检修、管道建设等重点项目物资保运，控制生产所需物资的计划、采购、验收及仓储等环节，物资供应逐步走向全过程管理。增强审计和纪检部门的刚性监督力度，针对零星工程、专项经费、资产维修等6个项目组织专项审计和效能监察，完成天然气利用工程的过程审计和沈抚线（沈阳—抚顺）延长段工程合同变更前审计。实施“专业科室推荐、市场部门把关、资金预算委员会决策”的管控程序，优化市场资源配置。公司有外部队伍18个，内部队伍市场份额占到85%。

公司开展群众性节约挖潜活动，征集、采纳节约方案89个，排查、杜绝浪费现象170种，组织建家工程43项，累计创效700余万元。合理匹配输油泵运行，实施原油降温输送，节约电量23.73万千瓦时，节约标准煤79.26吨。曙光输油站按照安全优质低耗运行机制，深化班组单元核算，开展经济活动分析。减少启停泵次数，调整最佳输油状态，保证在高效益区间运行，输油泵单耗从1.07千瓦时/吨降到0.95千瓦时/吨。

【安全环保】 2013年，公司坚持以风险管理为核心，以提高全员危害识别能力为基础，落实全过程风险削减控制措施，固化“有感领导、直线责任、属地管理”，突出全员危害识别，狠抓风险防控，严肃监督问责，增强风险管控能力。以岗位员工为责任主体，开展基层第一责任者带职培训、全员危害识别和风险控制能力培训及驾驶员安全能力动态评估等；推广作业活动分级评价与HAZOP（危险性和可操作性）分析，开展“大讨论、大排查”，危害识别由单一零散的“碎片化”向全员全时全过程的“完整性”转变。以“分级管理、逐级控制”为原则，落实各级管理责任，突出重大风险源管控，完善管理制度、作业指导书、检查表等305项，风险管理由“检查整改型”向“削减控制型”改进。针对隐患问题追根溯源、倒查原因，堵塞漏洞修复管理缺陷，强化承包商作业管理，严格执行审核结果与绩效奖励挂钩，全年开展督查80余次、处罚17.91万元，HSE监督由“现场隐患追究”向“管理缺陷问责”改进。公司荣获油田公司安全生产特殊贡献单位、环境保护先进单位称号、获得安全环保科技成果一等奖。

【制度建设】 2013年，公司流程制度建设按照“流程严谨、运行顺畅、管控有效、权责对等”的原则，发布运行11个系统21个专业的207项流程，汇集《油气集输公司业务流程手册》和11个《系统流程分册》下发。新建流程54个，改进完善流程63个，发布测试通报30期，发现整改（或改进）不规范行为89项。出台《油气集输公司福利费细则》《油气集输公司物资采购管理细则》等规章制度16项，清理公司在用规章制度74项。组织公司层面考试2次，风险管理识别140多个，确定重要风险5个。加强风险分析，监督关键控制措施落实情况，实行动态管理，提升风险防控能力。

公司严把工程质量关，修订《建设工程质量监督管理细则》《工程质量监督流程》《物资采购质量监督流程》，明确各部门工作职责。在盘锦线改造、沈抚延长段改造项目中，监督检查参建各方责任主体质量行为，重要隐蔽工程、关键部位监督到位。征集质量学术论文10篇。

【党建思想政治工作】 2013年，公司深化“四好”班子创建活动，落实学习和培训制度，两级班子中心组累计学习422次，增强班子整体合力。组织基层正职领导到安全环保科进行半脱产轮训，以授课、座谈、调研、角色转换等形式，提升基层领导的HSE管理能力。考核16个基层班子。履行领导干部提拔“十道程序”，进行“任职前就职承诺”，提拔正科级干部6人、副科级干部1人，平级交流11人次。

下发《党的群众路线教育实践活动实施方案》，明确指导思想、任务目标和方法步骤，开展学习教育、征求意见、查摆问题、立查立改、谈心谈话、对照检查等环节工作，查摆班子“四风”方面问题18个，制定整改措施23项。贯彻“中央八项规定”“集团公司党组20条要求”和“油田公司23条规定”，制定落实《关于加强和改进工作作风的实施方案》。公司五项费用压缩27.8%比上年减少243万元。

公司推广员工购药优惠、专项安康保险等服务项目，为1246名员工办理医药会员服务卡，开通购药优惠活动。实施员工健康工程，走访慰问困难患病员工、遗属68人次，发放慰问金4.9万元，组织女工健康体检525人次、员工疗养145人次。落实“大病专项援助行动”，6名员工得到援助金6万元，缓解大病员工的家庭困难。参与“奉献爱心、无偿献血”公益活动，公司43名干部员工参加献血。爱心志愿者活动小组开展志愿服务356人次。

【组织人事工作简况】 5月8日，公司调整部分机构设置。将人事科、党委组织部合并设人事组织部。人事组织部主要职能为原人事科及党委组织部的职能。将土地公路管理中心调整划归到基建管理中心。基建管理中心的主要职能为原土地公路管理中心及基建管理中心的职能。公司机关设办公室、党群工作部、生产科、安全环保科、人事组织部、经营计划科、财务科、企管法规科、纪检监察科、审计科、资产科、工会12个科室。设基建管理中心、员工培训中心、信息中心、技术监督中心4个直属部门。下设大连石油储运项目管理部、渤海输油分公司、轻烃厂、沈抚输油分公司、坨子里输油站、曙光输油站、凌海输油站、松山输油站、欢喜岭输油站、输气分公司、供气分公司、水电大队、运输大队、保安大队、物资供应站14个大队级单位。公司党委下设党总支4个、党支部28个，有党员493人。

（胥勋才）

销售公司

【基本情况】 至2013年年底，销售公司（以下简称公司）在册员工35人（含停薪留职2人）。具有研究生学历者3人、大学本科学历者21人、大专学历者5人，具有高级专业技术职称的5人、中级专业技术职称的22人。处级干部4人，科级干部13人；党员21人。有油田公司内部二级单位劳务输入的驻厂监督员37人，统一由公司组织日常管理。公司设原油部、轻烃部、统计部、油品管理部、财务部、综合部6个职能部门（科室）。承担原油、老化油、轻烃产品的销售平衡计划、产品销售、财务结算和销售统计工作；承担原油、老化油、轻烃产品的市场开发和营销信息的收集整理、分析判断，提出制定销售意见工作；承担原油、老化油、轻烃产品销售驻厂监督和管理工作；参与油田公司油品价格领导小组的油、气产品价格制定工作。

公司有原油用户20个，其中，中国石油辽河石化公司（简称辽河石化公司）、中国石油锦州石化公司（简称锦州石化公司）、中国石油锦西石化公司（简称锦西石化公司）和中国石油抚顺石化公司（简称抚顺石化公司）；有液化气及小轻烃产品用户37个，其中固定用户7个。公司计划商品量1000万吨，实际完成1000.55万吨，完成计划的100.06%。实现油品销售收入359.57亿元（不含税）。计划销售费用1740万元，实际发生费用1657.52万元。其中，基本运行费计划648万元，实际发生413万元。

【原油销售】 2013年，公司妥善处理与抚顺石化公司的计量纠纷问题。沈抚延长线投产后，抚顺石化公司在原油计量问题上提出异议，采取不结算方式施压。公司派遣副经理前往抚顺进行沟通协调，妥善解决，保证原油输送工作稳定和顺畅。6月—7月锦西石化公司开展设备检修工作，公司减供原油，妥善处理锦西石化公司因设备检修带来的影响。调整原油销售计划，安排管输原油的流向，完成原油销售任务。2012年11月初，特油公司特一联合站至辽河石化公司的输油管线泄漏，为确保特油公司的正常生产，每天公路拉运外销原油4000吨，处理因特石线泄漏造成的影响。2013年6月，管线修复一次性投产成功。公司与辽河石化公司、中油托管炼厂和地炼企业沟通联系，因时制宜、因地制宜，安排运营计划，平衡销售与运输的关系，保证超稠油销售平稳。

【黑凝析油销售】 2013年，公司按照油田公司凝析油销售工作的要求，将黑凝析油作为销售工作的重中之重，分析黑凝析油的产能结构、销售途径和销售办法，在保持正常生产秩序的前提下，采取措施，多销黑凝析油。收集相关信息和理论依据，将200万轻烃厂生产的白凝析油更名“戊烷”，节约近2万吨“其他销售”指标用于黑凝析油的销售；与辽河石化公司沟通协调，辽河石化公司增加辽河黑凝析油近7万吨；加强油品取样化验工作，将达到黑凝析油质量标准的稀油，按黑凝析油销售，提高创效营利能力，收到较好效果。完成黑析油销售57.28万吨，实现销售收入 28.59 亿元，其中创效 5.8 亿元（不含特别收益金因素）。

【科研工作】 2013 年，公司将科研工作重点集中在“辽河油田黑凝析油价值研究”方面，成立科研小组。确定两个重点研究方向，研究掌握马古、陈古、兴古 3 个潜山地区所产黑凝析油的性质。了解掌握原油定价机制和贴水原则，探索黑凝析油的定价方法，将计算的价格与市场价格进行比较，确定贴水方案，实现辽河油田黑凝析油的科学定价方式。

【“解困扭亏”工作】 2013 年，按照油田公司五年“扭亏解困”工作要求，公司树立全局观念，利用运营优势、专业优势和职能优势，针对辽河油田油气产品的生产特点和销售方式，挖掘潜力，为未上市企业解困扭亏工作想办法、定措施，完成解困扭亏任务。测定生产的黑凝析油品质，根据测定结果进行油品分级，按质论价，黑凝析油供应量保持 5 万吨。开展“小轻烃”业务，利用销售队伍和自销售油品自主定价的优势，紧跟市场走势，及时调整价格，确保代销的小轻烃产品带来更多的销售收入，代销小轻烃产品 6.36 万吨，实现销售收入 3.11 亿元。做好关联交易油品销售任务。结合全年原油价格趋势，合理安排月度销售量，完成原油的销售任务。配合开展低效油气资源利用和燃料结构调整业务。公司与财务处、计划处、低效油气资源利用办公室等部门协调，增加稀油、凝析油的销量，提供黑凝析油置换量 12.7 万吨，每吨增加收益 1800 元，提供中质油 25 万吨，每吨增加收益 1500 元。

【党建工作】 2013 年，公司开展群众路线教育实践活动，成立以公司主要领导为组长的群众路线教育实践活动领导小组；加强学习，处级领导自学学习材料，节选重要内容，召开党支部委员扩大会议，组织全体党员学习。通过网络、报纸等媒体，查找学习内容，强化党员干部对实践活动的认识；处级领导从分管部室着手，征求员工对公司领导班子和分管领导的意见，分析查找主观方面的原因，制定整改措施。公司围绕刹“四风”要求，落实“中央八项规定”，加强接待费用、差旅费用和公车使用管理。处级干部撰写对照检查材料，组织筹备民主生活会。以“满意度量”问卷调查形式，征求客户意见和建议，组织公司员工查摆产生的原因，制定措施，落实整改。

【队伍建设】 2013 年，公司加强党员干部廉洁教育，开展“反腐败案例”共享活动。组织党员、干部学习反腐败案例 24 个，人员涉及政府官员、企业领导、重要岗位人员，内容涉及贪污、受贿、渎职、腐化堕落，形式涉及案例剖析、忏悔录、录像片。强化员工反腐倡廉意识，公司员工面对腐败现象不想为、不能为、不敢为。规范“三重一大”决策工作，增强员工队伍凝聚力、向心力。公司工会组织娱乐比赛活动，缓解压力、活跃气氛、促进交流、增进友谊，发挥群团组织的桥梁纽带作用。（邰宏波）

天然气公司

【基本情况】 至 2013 年年底，天然气公司（以下简称公司）在册员工 23 人，其中干部 16 人。干部中具有高级专业技术职称的 8 人，中级专业技术职称的 4 人，初级专业技术职称的 4 人。处级干部 3 人，经理贾会仲，副经理乔文彪。总会计师白庆春，公司设 6 个科室，综合管理部主任李东飞、副主任沈祥姝，生产管理部主任李心强、副主任邢济强，经营计划部主任付志双、副主任严平，财务部主任山慧、副主任李桂香（2013 年 7 月 1 日任职），销售计量部主任张明、副主任李彦村，协调部主任曲泉、副主任冯玉晗。公司党支部有党员 17 人。

公司完成自产气外销商品量 3.8 亿立方米，开展天然气回收压缩销售业务，解困扭亏增效 7000 万元，营业费用控制在指标内，完成油田公司各项业绩指标。

【优化存量】 2013 年，公司明确责任目标，用总量保证油田生产急需。全程跟踪协调，用增量满足各方利益诉求。协调各油气生产单位加大新井、措施井工作量投入力度，保证油田内外生产、生活用气；采取必要手段，用减量满足内部创效需求。减控大中型企业工业、化肥用气量，扶持未上市企业车装气业务；严管非生产用气，用零散量增添质量规模。针对油田公司厂际 67 个零散气户加大关、停、控、减工作力度，实行冬季停关；遏制损耗，用流失量弥补气量缺口。

对外输管线、车装气压缩母站、单井压缩点安装高精度流量计，降低计量误差。

公司按照国家发改委关于调整天然气价格的通知精神，结合油田实际，调整天然气价格，明确涨价后存量气、增量气，化肥、居民和其他用户用气的价格。

【基础管理】 2013年，公司完善审批验收程序，新增设施和压缩站点，必须经过油田公司批准、相关部门项目论证、施工设计和联合验收后，才能投产。严格审批车装气拉运车辆，未办理准入证的拉运车辆先到公司递交书面申请，批复后到生产运行处办证方可运行；完善压缩计量系统，检测校验车装气压缩母站、单井压缩点计量装置，定期检查撬车连接软管，减少出口误差、避免安全隐患；完善日常监管程序，公司相关科室定期深入自产气生产、外输、压缩和拉运现场，检查和定点抽查气井、管道及压缩拉运设施，对存在安全隐患的单位下发限期整改通知单，确保自产气销售业务安全健康运行。

公司针对油田公司外输管网、天然气车装压缩现场，开展安全检查及安全防护距离的符合性排查活动，对存在的隐患制表建档，准确掌握管道基础信息，科学评估发现的问题，监督整改。

【精细管理】 2013年，公司开展"三清查、三杜绝"活动，清除车装气压缩销售业务的不规范行为。清查组织机构、杜绝个人行为。审核各压缩、拉运单位的营运资质和上一级委托授权书，没有资质和证件不全的单位，禁止开展压缩业务；清查现场岗位、杜绝挂靠行为。从源头上控制私营企业和个体车辆进入公司车装气拉运现场，要求相关单位填写杜绝挂靠运输设备的保证书；清查出口计量、杜绝偷盗气行为。清查产气单位，不符合压缩条件压缩点和单井立即停关。

公司按照股份公司关于增收城市民用气中工业用气费用的工作要求，划分各城市民用气中工业用气比例，解决历史遗留问题，规范城市民用气管理，提高经济效益。公司按照集团公司、股份公司关于多种经营单位不得从事油气主营业务的要求，取缔具有车装气压缩销售能力的非主体单位资格，规范车装气运营市场。

【党建工作】 2013年，公司整改"四风"问题，按照油田公司《关于做好群众路线教育实践活动查摆问题、开展批评环节工作的通知》安排，剖析根源，制定整改时间、措施和责任人，针对费用问题，建立民主决策、厂务公开和监督约束等长效机制，领导班子以身作则、整改务实，赢得员工的拥护和信赖。（李冬飞）

辽河油田新能源开发公司

【基本情况】 2010年7月2日，辽河油田新能源开发公司（以下简称公司）组建。属未上市业务，隶属辽河石油勘探局，列为机关直属公司管理。主要承担新能源、煤层气、页岩气等能源的勘探开发工作。

至2013年年底，公司在册员工47人。有处级干部4人，经理季东民，副经理杨中丹、里宏亮、张英。公司设生产运行科、地质科、工艺科、项目管理科、合作开发科、经营计划科、财务资产科、综合办公室8个科室。公司党支部有党员29人，预备党员2人。

【新能源开发】 2013年，公司推进新能源勘探、合作开发、新业务拓展3项重点工作，发现新能源资源量×吨，钱家店累计发现能源资源量×万吨，超额完成集团公司提出的任务目标。完成钱Ⅱ块储量申报工作，申报储量×吨。

公司合作开发分成金属新能源×吨，在国际新能源矿大幅下挫的情况下，实现销售收入742万元。创新合作方式，组建合资公司项目获得集团公司批复，召开创立大会，进驻合资公司开展工作。完成海一联地热项目的可行性研究，完成北票和东部凸起煤层气的部署研究。超前组织井位踏勘，落实生产计划，有序调度生产环节，进行新能源勘探任务。执行标准化井场建设，加大施工现场检查频次，提高施工质量验收标准，提升钻井质量。完成钻井255口，完井合格率100%。

【经营管理】 2013年，公司落实控投资、降成本、压费用措施，层层分解任务、传递压力，确保生产经营所需。下达投资9613万元，完成投资7798万元，保证新能源勘探等重点项目正常运行。营业总成本支出1431万元，实现收入742万元，完成油田公司利润考核指标。其中，五项费用支出86万元，比预算指标节约26万元。

【安全生产】 2013年，公司践行有感领导、直线责任、属地管理。完善“钻井经常管理规定、钻井开钻验收要求”等相关制度、建立承包商安全环保管理组织机构，实现HSE逐层管理，责任到位，签订HSE合同21份。加强生产过程安全环保检查力度，多角度、多频次的曝光安全违章行为，拍摄隐患问题、违规行为照片3000余张，整改问题。制定《工区车辆道路风险识别及消减措施》，开展季节性交通安全车辆大检查4次，查处整改问题20余项。检查公司办公楼、前线驻地消防安全38次，查处整改问题140余项。实现零伤亡、零污染、零事故的安全环保目标，公司安全生产形势稳定。

【党建工作】 2013年，公司领导班子成员以身作则、率先垂范，参加党的群众路线教育实践活动，查找“四风”存在的问题，召开民主生活会，确定整改措施，明确整改目标，取得效果。执行“中央八项规定”、集团公司和油田公司相关规定，班子成员带头廉洁自律，转变干部作风。落实公司部署，员工立足岗位做贡献，涌现出孙平、张宝疆、庞力源、刘日强、颜伊含先进员工。（张宝疆）

海南油气勘探分公司

【基本情况】 2013年年底，海南油气勘探分公司（以下简称公司）在册员工48人。其中处级干部9人，总经理祝永军。具有高级专业技术职称的23人，中级专业技术职称的13人，初级专业技术职称的4人，实习生8人。公司设勘探综合项目部，钻井工程项目部，海洋工程项目部，质量安全环保项目部，物探工程项目部，财务资产科，经营管理科，综合办公室8个项目部（科、室）。公司设党总支1个、党支部2个，有党员32人。

2013年，公司针对建东凹陷东侧的斜坡扇、滩砂，梅山组、黄流组峡谷充填体系、中建岛南缘扇及区内水合物开展精细地质研究工作，初步拟定井位4～6口。

【经营管理】 2013年，公司完善财务制度，各项指标控制在预算范围内。实施海工调查、生产生活服务等8个项目，按照油田公司管理程序审查审批项目，做到“程序不逾越，审查有记录”，通过油田公司内控检查，没有发生例外事项。海工调查项目投资控制在预算范围内。

【安全健康环保】 2013年，公司开展中建井场调查作业安全审查，协调申办航行通告和水上水下活动许可证书，组织员工健康体检，开展新交通规则学习宣传贯彻工作，编写2例事故经验分享材料。公司以“三个坚持、三个避免”（坚持利用资源做好业主、坚持预防为主前移关口、坚持持续改进提升水平，避免人身伤害、避免安全事故、避免海洋污染）为工作思路，实现“零伤害、零事故、零污染”工作目标。

【中建井场海工地质调查】 5月17—31日，公司在公安海警护航队伍保障下，开展中建井场海工地质调查作业，优化方案完成海上施工任务。完成深拖测线52条156千米、踏勘测线26条298千米、电火花测线10条30千米、重力取样14个、二维高分辨地震4条12千米。以海工地质调查资料为基础，妥善解决作业过程中突发事项（海底取样的故障等），结合三维地震浅层高分辨处理资料完成中建钻井风险评估工作。

【钻井前期准备】 2013年，公司根据南海油气勘探最新工作程序，配合能源局完成中建钻探请示报告。跟踪南海周边各国海上油气钻探与发现动态，为上级部门决策提供准确依据。完成中建1井、中建2井钻井地质设计和工程概念设计方案。保持与海上钻井及配套技术服务商之间联系，及时掌握海上钻井平台的分布动态与工程技术最新进展，做好信息储备。与长周期材料供货商交流协商，了解深水水下井口在南海的使用情况及订货周期情况，编制完善钻井工作计划。

【员工培训】 2013年，公司组织技术人员参加英语培训。在中国海洋石油总公司南海西部安全技术培训中心，组织无证、证书过期人员参加“五小证”（海上救生、急救、消防、艇筏操纵、直升机水下逃生）培训班。选派员工参加相关专题会议，拓宽眼界，拓展思维，提高员工素质。

（董慧娟）

勘探开发研究院

【基本情况】 至2013年年底，勘探开发研究院(以下简称院)用工总量1454人。其中，干部1194人，工人260人。干部中具有高级以上专业技术职称的379人，中级专业技术职称的494人，初级专业技术职称的240人。有博士研究生18人，硕士研究生223人，大学本科762人。拥有固定资产原值6.22亿元，资产净值2.25亿元，房屋建筑物40栋，建筑面积87998平方米。有大型设备150余台(套)，其中新增加速绝热高压量热仪、激光层扫三维重建装置等大型设备仪器。

院新增预测石油地质储量5118万吨、控制储量3996万吨、可采储量700.9万吨。完成二维地震资料处理875千米，三维3465平方千米。解释二维地震资料5500千米、三维1.7万平方千米。部署预探井58口，完钻41口，获工业油流井18口。部署滚动探井12口、油藏评价井11口、开发井220口。在辽北、南黄海地区新获矿权1.58万平方千米。

【油气勘探】 2013年，院按照“突出潜山、深化岩性、探索致密油气、推进新区新领域”的勘探思路，强化勘探开发一体化。以雷家白云岩、茨榆坨潜山、庙31块为重点，开展地质、地化、测井、物探等多专业联合攻关。在荣兴屯—大平房等18个区块落实探明储量1380万吨。

在茨榆坨潜山部署探井9口，完钻7口井，均见到良好油气显示。其中，茨111井、茨113井获工业油流。茨110块新增控制含油面积19.6平方千米、控制储量3096万吨。赵家潜山部署钻探的大斜度井赵古11井，潜山水平段实施9段分级压裂，初期日产油27.8吨、天然气6833立方米，累计产油4500吨。优选雷家沙四段湖相碳酸盐岩、大民屯沙四下段油页岩、双台子沙三段致密砂岩等目标，按照“新老井结合、直井控制面积、水平井提高产量，整体部署、分步实施”的思路，部署致密油探井12口，获工业油流井6口。其中雷家地区整体部署探井7口，新增预测储量5118万吨。

岩性油气藏勘探应用层序地层学理论，强化精细地层划分、构造精细解释、构造沉积研究和工业化制图，明确东部陡坡带、双台子构造带、坡洼过渡带等目标，部署实施锦325井、双232井、冷189井、冷190井等探井获工业油流。洼111块新增控制储量900万吨。火成岩勘探完善火成岩岩性岩相识别、火山机构分析等技术方法，在东部凹陷中南段落实红星、驾掌寺、大平房3个火成岩体，有利面积246平方千米，预测资源量1.7亿吨。整体部署探井15口，完钻的于70井、驾31井等5口井均见到良好油气显示。其中驾31井获工业油气流，压裂后5毫米油嘴放喷，日产油7.8立方米。辽河外围勘探围绕庙31井、库2井2个高产出油气点实施拓展勘探，部署庙33井、庙37井、乌3井等探井6口，在庙31块落实储量规模2400万吨。

辽北新区勘探完成重磁电采集，初步发现中生界凹陷3个、面积7100平方千米。克斯克腾旗新区部署探井2口，腾2井优质烃源岩累计厚度200米。南黄海勘探在地震资料精细解释基础上，开展石油地质条件研究，提出2个有利钻探目标。铀矿勘探在钱家店、陆家堡等地区部署井位344口、完钻255口，见矿率96%，其中工业见矿率51%。

【油田开发】 2013年，院围绕油田公司开发重点，筛选潜力区块，开展储层精细描述，量化剩余油分布，细分开发单元，重建注采井网，在锦16块等13个区块部署开发井220口，预建产能58万吨。利用低品位储量合作开发新机制，遵循“优选目标、规模部署、经济有效”原则，编制总体开发规划部署方案，在杜813块、欢103块获批新井34口，预建产能4.3万吨。跟踪实施2013年开发井167口，建产能45万吨，平均单井日产油8.4吨；其中月东油田上产势头强劲，阶段投复产井55口，日产油1005吨，综合含水28%。

锦16块二元驱加强方案研究，平面细分井组、纵向细分单砂体，研究化学驱地下流场变化规律，实施“完善注采保连通、增粘增注扩波及、分层注入保动用”综合调整，锦16块二元驱日产油从22.3吨升至350吨，综合含水下降14.6%，阶段增油17.8万吨。雷11块实施分层开发，整体部署调整井45口，完钻投产21口，阶段新建产能 5.5 万吨。曙三区实施多元开发，10 口新井平均单井日产油 8.7 吨，展示水驱Ⅱ类油藏规模调整潜力。

齐 40 块蒸汽驱按照井点、井间、平面、层间“四个接替”原则，创新开发设计与调整，部署新井 104 口，确保 60 万吨持续稳产至“十二五”末。杜 84 块 SAGD 培养百吨井 3 口，日产油 2325 吨。调整落实二期工程井组 68 个，增布新井 46 口，预计最高年产油 56 万吨。杜 66 块多层火驱方案突出个性化设计，部署火驱井组 141 个，已实施井组 91 个，阶段增油 25.9 万吨。至 2013 年底，稠油方式转换实施 398 个井组，年产油 195 万吨，年增油 158 万吨。

院开展非烃类气驱、火驱、致密油气微观储层评价等室内实验，明确不同类型原油高低温氧化反应动力学规律、油藏非均质性对火驱效果的影响程度，探索深层高温油藏驱油配方、非烃类气驱油藏 PVT 参数与相态特征。开展化学驱、调驱等配方体系优化、跟踪监测及产品质量监督，为现场试验提供保障。扩大海外技术服务规模，覆盖石油地质储量 24.6 亿吨。完成技术合作项目 8 项，部署各类井 463 口，对口支持的 K 油田成为中国石油海外注水开发效果最好的区块之一。

【科技攻关】 2013 年，院开展科研项目 170 项，获科技进步奖 22 项。其中，省部级以上 5 项，市局级 17 项；取得发明专利 2 项，申报专利 14 项；制定企业标准 4 项。《大民屯凹陷亿吨级储量发现及高效开发技术》《辽河油田深部调驱技术》荣获集团公司科技进步二等奖。依托千万吨稳产重大专项和国家重大科技项目，设立课题 7 个、专题 29 个，开辟 20 个先导试验区开展攻关研究。深化变质岩内幕油气成藏理论，发展致密油储层评价与预测技术，形成火成岩储层预测及评价技术。稀油开发掌握二元驱技术，建立分层开发技术，发展深部调驱技术，探索非烃类气驱技术。稠油开发研发注空气保压吞吐开采技术，发展多类型组合蒸汽驱技术和 SAGD 驱泄复合技术，掌握普通稠油常规火驱技术，探索稠油多元热流体驱技术。

【方案编制】 2013 年，院编制完成研究报告 118 项。完成“锦 16 块二元驱开发方案”“辽河油田化学驱上产 50 万吨规划方案”“齐 40 块长期稳产方案”“高升合作区 ODP 调整方案”等重大开发试验方案。完成高升油田高二三区、牛心坨油田坨 33 区块、月海油田海南 1—海南 3 区块、葵花岛油田葵东 1 区块储量复算方案，通过国土资源部油气储量评审专家组审查。完成“辽河油区低品位储量开发规划部署方案”“辽河油区 2014—2016 年注水规划部署方案”“辽河油田 2014 年油气勘探业务发展计划”“辽河油田 2014 年油气开发业务发展计划”“辽河油区 2014 年油藏评价及原油产能建设业务发展计划”等规划方案编制。“辽河油区勘探开发潜力及目标筛选”“水驱砂岩油藏提高采收率关键技术研究与应用”开发方案研究进展顺利。

【经营管理】 2013 年，院推行分级管理、无边界管理和程序化管理，加强预算、计划、市场、财务和审计管理，五项费用支出下降 4 个百分点，各项费用控制在预算指标内。落实“三重一大”决策程序，召开重大事项决策会议 18 次，制定《对外合作项目管理细则》，形成依制度操作、按规程办事的良好局面。开发技术研发中心基建工程竣工验收，完成盆地所外墙保温、试验所高端平台实验间改造等项目。

【人才培养】 2013 年，院开展高层次技术培训，聘请王铁冠、翟光明等中科院院士，举办专题讲座 9 场，培养科研领军人才。开展业务培训，组织培训班 180 期，培训员工 3700 人次，提升全员整体素质。开展青年员工培养，签订“师徒合同”，举办专家论坛、“软件大赛”等活动。完善新员工现场实习考核管理办法，首次实行末位延期转正，实习工作逐步走向制度化和规范化。推行专家、行政“双轨驱动”人才发展模式，制定工程技术核心人才岗位设置方案，拓宽专家培养渠道，新增油田公司高级技术专家 5 人。院长张方礼被评为中央企业劳动模范，员工孙洪军荣获辽宁省“五一”劳动奖章。

【安全环保】 2013 年，院推进 HSE 体系建设，践行有感领导、直线责任和属地管理，开展“安全生产大讨论、全员风险大排查”活动，整改安全隐患 86 项，开展安全经验分享百余次，安全环保理念深入人心。加强办公室防火、交通运输、现场施工等重点领域安全监管，投入 120 万元整改配电间、办公楼、机房的安全隐患，配套安装防雷击系统。推进“标准化车队”建设，通过落实管理制度、组织亲情助安全座谈、利用GPS监控等措施，构筑交通安全防护网，安全行驶110万千米无事故。院荣获油田公司安全生产先进单位。

【党建思想政治工作】 2013年，院党委加强思想建设，组织中心组学习、举办专题讲座、刊发《学习平台》，提高党员干部的政治理论水平。开展党的群众路线教育实践活动，落实三个环节的工作要求，树立领导干部为民务实清廉的形象，达到预期效果。应用“党建工作管理体系”，开展“标准化党支部”创建工作，举办党总支（支部）书记培训班，提高党建工作水平。开展政研活动，完成油田公司重点课题1项，一般课题1项。利用民主管理大会、党员大会、务虚会等方式开展形势任务宣讲，统一思想，凝聚力量，增强干部员工增储稳产的信心。在报纸发稿344篇，播发电视新闻53条，宣传典型26人，树立院良好形象。启动健康工程，开展员工文体活动，营造健康、和谐的科研氛围。开展“送温暖工程”，走访慰问困难家庭、员工遗属88次，发放帮扶资金16.5万元；为19名员工发放临时困难生活帮扶金6.9万元。院党委荣获油田公司先进党委、党风廉洁建设先进单位等荣誉称号。

【组织人事工作简况】 1月21日，油田公司任命于鸿椿为院党委书记、副院长。院机关设办公室、党委工作部、科技科、经营计划科、财务科、党委组织部、人事科、审计科、企管法规科、安全环保科、纪检监察科、工会12个科室。下设盆地勘探研究所、勘探综合研究所、海洋勘探研究所、计算技术研究所、油田开发研究所、稠油开发研究所、开发综合研究所、试验技术研究所、海外勘探开发所9个主体研究所。设技术监督中心、员工培训中心、概预算管理中心、保卫科、生产运行中心、资产管理中心、技术咨询中心、特种油气藏编辑部、信息中心、电视中心10个直属部门。设档案室、科技信息所、制图印刷厂、综合车队、物资供应站5个科研服务单位。院党委下设党总支10个、党支部45个，有党员603人，预备党员17人。

（邢飞鹏　王海霞　姜广义）

钻采工艺研究院

【基本情况】 至2013年年底，钻采工艺研究院（以下简称院）在册员工983人。有技术干部809人，工人174人。干部中具有正高级专业技术职称的5人，副高级专业技术职称的227人，中级专业技术职称的314人，初级专业技术职称的263人；有博士学历4人，研究生学历202人，大学本科学历453人，大专学历171人。油田公司级技术专家10人，优秀青年技术人才30人。有固定资产原值2.98亿元，设备仪器3260台（套），科研楼群建筑面积7.2万平方米。

【科技攻关】 2013年，院以国家重大专项为龙头，完善蒸汽驱、SAGD和水平井等主体及配套工艺技术，特色稠油技术继续保持先进水平。承担上级科技攻关项目84项，申报专利137件，其中发明专利52件。获得授权专利76件，其中发明专利24件；发表论文115篇，其中国际论文12篇；取得油田公司级以上科技成果14项，其中，“稠油水平井分段完井分段注汽技术研究”获集团公司科技进步二等奖，“油田化学技术在老油田‘双高期’高效开采中的应用”获辽宁省技术发明二等奖。“火驱移动式电点火器研制”“多级压裂裂缝示踪监测技术”和“SAGD高温举升提高泵效及延长检泵周期技术”3项技术取得重大技术突破。

【科技项目】 一、稠油热采工艺技术

直井火驱移动式电点火技术研制成功，小直径大功率移动式电点火器整体外径直径25.4毫米、功率80千瓦、耐温700摄氏度，样机在曙1—39—041井现场试验，日注气量6500立方米，点火器出口空气温度527摄氏度，首次实现移动式电点火器的高温点火，技术节省运行成本50%，可重复利用、起下方便。完善高温大排量有杆泵举升技术，优化柱塞、泵筒、脱接器材质及结构，平均检泵周期12个月以上，平均泵效60%，耐温240摄氏度，最大井斜60度，脱接器成功率98.2%（进口脱接器成功率59.6%），单井节约成本27万元。高温固井水泥完井技术研发75摄氏度循环温度条件下的耐高温铝酸盐水泥浆体系，完成现场试验3井次，现场声幅检

测结果显示固井质量优质。

二、水平井开采工艺技术

水平井加固防砂技术研制出 Y245—152—120 大通径防砂悬挂器与直径 139.7 毫米无接箍直连筛管，Y245—152—120 大通径防砂悬挂器密封压力达到 10 兆帕，内径直径 120 毫米，直径 139.7 毫米无接箍直连筛管连接扣抗拉力 60 吨以上、内径直径 121 毫米，实现了筛管与封隔器的内径匹配，管柱内径直径 120 毫米，将水平井筛管二次防砂技术的管柱结构由原来的 177.8 毫米套管下 127 毫米筛管提高到 177.8 毫米套管下 139.7 毫米筛管，为后续大尺寸作业管柱下入水平井段创造条件，现场应用 16 井次，累计增油 47065 吨。提高水平井均匀产液防砂完井技术，根据水平段油层物性和产液量不同，室内测试组合筛管性能，优化完井筛管类型和参数，均衡水平段产液，提高水平段动用程度 10%，防砂粒径大于 0.1 毫米，防砂有效期 3 年以上。在齐 40—H8 井现场实施，采用过流面积 3% 和 6% 的组合弹性筛管，累计产油 1540 吨，平均日产油 6.3 吨，产量高于同层位水平井，增油效果显著。

三、精细注水开发提高采收率工艺技术

水驱油藏多级细分注水技术研制 139.7 毫米、177.8 毫米多级细分注水管柱和高压分层注水管柱及 101.6 毫米、127 毫米小套管井细分注水管柱，实现细分注水、高效测调一体化，推广应用 17 井次，密封成功率 95%，测试成功率、合格率均达到 97%。高压分层注水技术研制双锚定防中途坐封高压注水管柱及高温、高压分层注水封隔器等，管柱耐温 150 摄氏度、耐压 40 兆帕，现场试验 3 井次，施工成功率 100%，有效率 100%，解决高压分层注水管柱承压差低、使用寿命短等问题，实现井口压力大于 20 兆帕高压细分注水，提高水井分注级别。

四、非常规储层钻采工艺技术

应用 9 种示踪剂监测赵古 11 井压后各段产出液情况，踪剂分析方法实现检测下限可达万亿分之一（ppt 级），样品分析相对偏差小于 2%，监测结果对区块油井部署及改造提供参考依据。多级压裂裂缝示踪监测技术申报国家发明专利 5 件。变质岩潜山体积压裂技术将体积压裂理念应用于变质岩潜山储层，研制大通径压裂井口及支撑式压裂封隔器，井口通径 180 毫米，耐压 70 兆帕，实现连续油管带压起下，支撑式压裂封隔器内径 70 毫米，耐温 150 摄氏度，耐压 70 兆帕，解决了大规模、大排量下压裂施工的工具瓶颈。研制低摩阻滑溜水压裂液体系，综合降阻率 78%。针对雷家致密油储层特点，制定了裂支撑剂嵌入评价方法，研制快速可钻桥塞工具，优选新型可降解纤维材料。水平井钻完井技术在雷家致密油藏勘探成功应用，取得致密油藏试油上百吨的良好效果。开展致密砂岩储层保护技术攻关，研究生物聚醇盐钻井液体系，在双 233 井现场试验，钻井液各项性能优质稳定，施工安全顺利。在双南风险探井双兴 1 井，试验应用的氯化钾聚合物钻井液体系，完成井深 5505 米，井底温度超过 200 摄氏度钻井施工任务。生物聚醇盐钻井液体系和氯化钾聚合物钻井液体现场试验，实现储层保护和井壁稳定。

【技术推广】 2013 年，院开展钻采工艺技术服务 30 项，完成 9501 井次。其中，措施开展 23 项，完成 4468 井次，增产原油 50.6 万吨；测试开展 4 项，完成 2269 井次；配套产品和工具 3 大类，完成 2764 井次。开展油田公司规模实施项目 6 项，完成 3292 井次，增油 40.1 万吨。其中，提高水平井单井产量配套技术完成 669 井次，智能测调联动分层注水管柱及测调实施 343 井次，防排砂配套技术实施 1748 井次，压裂酸化技术实施 145 井次，找堵水工艺技术实施 157 井次，提高稠油吞吐效果配套技术完成 230 井次。配套工具和产品推广 3 大类，完成 2764 井次。其中，工具所井口及工具类配套工具实施 348 井次，矿机所油井举升类配套工具实施 2401 井次，仪表所变频控制柜等完成 15 井次。

【钻采工程设计】 2013 年，院完成单井工程设计 3990 口，区块方案设计和规划 7 个，完成钻井监督 441 口。组织重点区块方案、重点单井工程设计论证会 50 余次。油田公司推广应用《钻采工程设计平台》，有 31 个单位使用平台，用户 1000 余人，平台累计处理工程设计 3 万余口。

【技术检测】 2013 年，院完成检验检测6305井样次。其中，采油用化学剂监督与委托检验 1934 井样次，油、气、水现场监测 1035 井样次，配伍性现场监督410井样次，钻井液检测565井样次，井下工具806样次，抽油泵479样次，橡胶产品718样次，井下压力计检定358支，比上年降低2.57%。质量管理体系通过认证公司监督审核，保持第三方认证资格；通过API产品会标换证审核，保持API 11D1和API 11AX产品会标使用资格。中油辽河油田产品质量检验站采油化学剂检验室通过辽宁省技术监督局实验室资质复查认证，保持第三方检验检测资质。加强产品质量过程控制，开展产品图纸及设计包标准化、零部件组装装配、参加油田公司“重点产品质量评定”工作。完成抽油泵和封隔器2大系列189种产品标准化、系列化。制修订集团公司企业标准3项，制定油田公司企业标准1项。

【经营管理】 2013年，院科技综合管理平台投入试运行，执行大预算管理，控成本、压费用、减外协，实现成本刚性受控。加强计划、概预算、市场、财务、合同管理，依法以规治企。深化内控、法律风险防控体系建设，加大审计效能监察力度，提高管控水平。“石油企业科技机构生产需求驱动的创新链管理”获得国家级企业管理现代化创新成果一等奖。完成规章制度体系建设，制定和采信制度330项。

【安全环保】 2013年，院深化HSE管理体系建设，推进管理模式和方法创新，强化制度完善和过程查处，通过油田公司年度审核。坚持HSE委员会例会制度，成立HSE监督站，开展安全生产大检查，强基础、除隐患。提升安全环保评价能力和水平，完成《辽河油田公司硫化氢治理安全评估》等评价项目53项，开展各系统讨论36场次，排查风险46个，专项安全检查12次，查出问题87项，逐项落实整改。

【稠油中心建设】 2013年，院稠油中心作为“国家能源稠（重）油开采研发中心”核心组成部分通过评审。稠油中心二期工程项目“热采综合试验平台”完成立项，分析整理功能需求12项，完成试验系统流程优化和建设方案编制。组织中间试验研究，支撑科技项目8项，开展中间试验106次。

【党建思想政治工作】 2013年，院开展以“为民务实清廉”为主题党的群众路线教育实践活动，转变工作作风。坚持“四好班子”创建，加强领导班子和干部队伍建设，强化领导班子中心组学习，集中学习34次。开展党风廉洁教育，完善惩防体系建设。推进“双十”读书活动，营造浓厚的学习氛围。开展温暖工程和帮扶活动，加大对困难家庭、大病员工的关爱活动，慰问困难户6户12人次、大病帮扶4人次，发放慰问金6.69万元。

【组织人事工作简况】 2013年2月，油田公司党委任命黄显利为院党委书记，原党委书记于鸿椿调任勘探开发研究院党委书记。5月6日，设立钻采机具研发中心、钻采机具制造与检测中心2个大队级机构。院机关设院长办公室、生产办公室（技术服务对外协调部）、科技管理科、安全科、财务科、计划经营科（概预算管理中心）、审计科、企管法规科（内部控制管理科）、人事科（组织部）、党委工作部、纪检监察科、工会办公室（团委）12个科室。设钻采工程设计办公室、员工培训中心、资产管理中心、质量节能管理中心4个直属部门。下设采油工艺研究所、井下工具研究所、矿场机械研究所、油田化学技术研究所、仪器仪表研究所、油井防砂中心、海洋工程研究所、钻井工程设计中心（钻完井工艺技术中心）、压裂酸化技术研究中心、科技信息研究所、中心试验所、安全环保技术研究所、海外钻采工艺研究所、钻井工程监督中心、稠油钻采工艺试验技术研究中心、钻采机具研发中心、钻采机具制造与检测中心、物资供应站、车辆管理中心、服务大队20个大队级单位。院党委下设党总支1个、党支部26个，有党员514人。

（于广刚　高　峰）

消防支队

【基本情况】 至2013年年底，消防支队（以下简称支队）用工总量1087人。其中，干部255人（局聘220人，支队聘35人），正式工人224人、农民轮换工608人。有专业技术职称的214人，其中，高级专业技术职称的9人，中级专业技术职称的51人，初级专业技术职称的150人。拥有固定资产原值2.3亿元，车辆179台（其中消防车125台），设备2174台（套），建筑面积

5.6万平方米。

【防火工作】 2013年，支队开展消防安全检查和专项整治工作，督促火灾隐患整改，检查753个部位，发现隐患、问题541个，复查和整改查出的问题，做到闭环管理。完成“防火墙”工程建设的考评验收，考评验收41个二级单位112个部位，全部达标。完成油田公司16个工程项目的消防审核验收工作，审批城区高危井60口，保证建设工程消防设施符合规范和质量要求。开展消防安全标准化管理活动，考核油田公司44个二级单位及所属的128个部位，30个单位被油田公司评为消防重点标准化单位。进入生产厂点监督消防产品生产过程，抽样检查消防产品，审查办理17个消防器材生产维修厂家和经销单位的准入许可证，完成油田公司气瓶充装任务，气瓶充装站安全运行。开展油田公司消防安全管理干部，专、兼职防火干部、消防控制室取证、岗位人员消防培训等培训工作。利用新闻媒体、手机短信及电视台滚动播放消防提示等形式，宣传用火、用电、用油、用气、火场逃生自救等消防常识。

【灭火工作】 2013年，支队按照《专职消防队四项管理规范》要求，明确各级、各类执勤人员的战备职责；建立消防器材和灭火剂的管理制度及管理台账，车载器材实行统一编号、定置摆放，各类执勤战斗装备实行分工保养、定期测试检查。整理辽河油区常见的事故灾害特点及处置措施，编制灾害事故理论学习题库，掌握灭火救援理论；完善执勤战斗预案252份，重点要害部位制定预案率100%，重大活动场所、新装置投产监护之前制定预案率100%，修订基层大（中）队《六熟悉手册》，统计辽河油田消防支队基层大（中）队辖区危险化学品分布情况。完善灭火和应急救援战斗中各环节的管理要求，明确各类人员灭火救援职责，规范不同场所火情侦查内容和防护装备要求。优化分配基层的大（中）队执勤力量，制定《消防支队灭火救援力量调集方案》。开展“执勤岗位练兵”竞赛、职业技能竞赛、考核评比等活动，举办班长培训班。开展演练504次，参加油田公司消防—反恐大型综合演练。

【安全环保】 2013年，支队细化分解安全环保工作指标，层层签订责任状。强化HSE审核、管理评审和安全检查，建立安全讨论和风险排查的长效机制。与承包商签订HSE合同，落实施工现场作业责任。开展道路风险识别，坚持驾驶员“ABC”动态管理制度，组织司机轮训和在岗培训，推进标准化车队（班）建设。开展安全生产月、“一一·九”消防宣传月、安全经验分享、“亲情助安全”群众性安全活动。

【经营管理】 2013年，油田公司推广集中报销平台系统，理顺核算体系，规范财务核算。支队加强概预算、结算、市场、合同管理，推进内控体系建设，开展审计和效能监察，全年审计经济合同106份，送审金额1709万元。加强水、电费用管理，内部调拨150项固定资产，完成转资105项，转资金额300万元。建立档案记录、修理台账，执行维修厂家准入制度，实地考察厂家，再签订合同。开展服务型机关创建活动，提高二线单位服务标准。完成物资采购1100余万元，安全行车56万千米，培训1300余人次。

【营区建设】 2013年，支队实施维修工程项目21项，完成高升中队、茨榆坨中队车库和营房改扩建工程，完善基层大中队场区维修工程9个。更换和维修室内训练馆及室外的训练场。维修和安装中队通讯塔防雷及部分中队的车库排烟系统。开展炊事员岗位培训，鼓励单位拓展“小种植、小养殖”基地建设，支队加大基层食堂的副食补助。

【党建思想政治工作】 按照油田公司党委总体工作部署，贯彻学习中共十八大和十八届三中全会精神。落实《中国石油基层党支部工作条例》，推进“六个一”党支部、“四好”班子创建和“共产党员建功立业”活动，开展以为民、务实、清廉为主要内容的党的群众路线教育实践活动，员工参与，领导干部提意见，找问题，开展批评和自我批评，制定整改落实方案。以廉洁文化进班子、家庭助廉活动为载体，强化党风和反腐倡廉建设，开展“思想稳、成本稳、队伍更要稳，基础强、技能强、作风更要强”主题形势任务教育。开展“画与话”征集、宣传思想文化工作案例征集、员工摄影书画大赛、组织全员读书活动和员工建言献策、座谈讨论交流等多种方式，加强基层文化建设。落实信访稳定责任，强化源头预防和重点群体稳控工作。为306名员工发放健康疗养费用 42 万元，为支队 235 名员工办理“健康关爱”短期安康保险。投入资金 30 余万元组织员工参加健康体检。

【组织人事工作简况】 2013 年，支队机关设支队长办公室、战训科、防火科、经营计划科、财务科、劳资科、资产科、质量安全环保科、企管法规科、审计科、党群工作部、工会、纪检监察科、保卫科 14 个科室。设供应站、培训中心、机关车队、修保大队、服务大队 5 个二线单位。下设特勤大队、气防大队、石化大队、一大队、二大队、三大队、四大队、五大队、六大队 9 个大队级单位。支队党委下设党总支 8 个、党支部 31 个，有党员 365 人。接收油田公司二三线驾驶员 37 人、复转军人驾驶员 30 人充实到基层驾驶员队伍。（董迪菲）

油田建设工程一公司

【基本情况】 至 2013 年年底，油田建设工程一公司（以下简称公司）用工总量 2186。其中，合同化员工 1457 人，自负盈亏员工 49 人，市场化就业员工 251 人，子女劳务工 349 人，其他劳务用工 80 人。员工中有硕士研究生学历 12 人，大学本科学历 639 人，大专学历 579 人。具有高级专业技术职称的 44 人，中级专业技术职称的 238 人，初级专业技术职称的 358 人。有一级建造师 25 人（含临时一级建造师 4 人），二级建造师 38 人（含临时二级建造师 14 人），一级项目经理 15 人，二级项目经理 31 人，三级项目经理 26 人，辽宁省三级项目经理 39 人。集团公司技能专家 3 人，油田公司技能专家 2 人，厂（处）级技能专家 2 人，高级技师 22 人，技师 55 人，高级工 485 人，中级工 364 人，初级工 225 人。拥有固定资产 2980 项，固定资产原值 5.06 亿元，净值 2.06 亿元，拥有设备 2917 台（套），设备原值 4.8 亿元，净值 1.95 亿元，设备新度系数 0.41。主要施工设备 1276 台（套），其中，焊接设备 1010 台（套），大型吊装、爬行设备 91 台（套）。主营业务收入 18.85 亿元，上缴利润 3656 万元。

【市场开发】 2013 年，公司以国家能源通道建设为契机，抓住集团公司建设“新疆大庆”和辽河油田千万吨稳产建设机遇，运用“三级联动”市场开发机制，拓展市场领域，承揽工程 116 项，签定合同额 17.98 亿元。油区内承揽曙五联至华油污水管线改造、特石管线应急抢险、渤海变安全隐患治理等工程 69 项，签定合同额 7529 万元。油区外承揽铁锦线（铁岭—锦西）、庆铁线（大庆—铁岭）、哈沈线（哈尔滨—沈阳）、中缅昆明支线、大北区块地面建设、中油新业油品仓储、克深天然气处理厂一期等工程 47 项，签定合同额17.23亿元。中标克深天然气处理厂工程，独立承揽中亚管道带压封堵项目。

【工程建设】 2013 年，公司施工工程 147 项，实现企业产值 34.17 亿元，完成年度计划的 127%。累计铺设长输管道 1029 千米，安装井口 6 套，建成各类井站 13 座，组装金属罐 25 具、罐容 6 万立方米，架设电力线 13.8 千米，管道定向钻穿越 5.3 千米。长输管道年施工突破 1000 千米。

承建大唐煤制气管道工程（北京冬季天然气保供重点工程），是公司担任总承包商的首个 EPC 项目。公司投入焊接机组、土石方机组等 60 个机组，投入设备 586 台（套），用工 1700 人，机组在山区坚持作业每天 13 个小时、每天完成 1 千米管道施工，按期达到投产条件。

建成投产庆铁线、中缅管道、南疆利民工程。西三线综合进度和质量处于样板地位，铁锦线、哈沈线、大北集输等项目均按计划推进。铁岭—锦西原油管道复线工程第三标段施工总长度 99.2 千米，设计压力 8 兆帕，提前 1 个月完成主体工程施工任务。

【科技攻关】 2013 年，公司增强自主创新能力，提高科技管理水平，完成技术攻关 2 项，推广应用“四新”（新技术、新工艺、新产品、新材料）成果 1 项，申报专利 12 项，获国家授权专利 8 项，获辽宁省自然科学学术成果奖 1 项。

研制成功站场管线焊接自动化技术，完成“管管自动焊”焊接机头机械系统、旋转系统、焊枪系统的设计、制作，完成“管管自动焊预焊接工艺”的编制。旋转系统采用无间隙齿轮传动设计，解决焊接中旋转平稳，转动惯性小，高温环境下无卡阻等问题。

应用“水平定向钻高强度螺杆式岩石扩孔

器”。分类研究现有扩孔器，总结适用于各种地层施工的扩孔器的特点，研究制造出适用抗压强度超过70兆帕岩石地层施工的直径600毫米“水平定向钻高强度螺杆式岩石扩孔器”，优化扩孔器水力参数，提高扩孔效率。

公司设计制作的高压管束式加热炉获得辽宁省自然科学学术成果奖，产品一次检测合格率99%，应用在大连—沈阳天然气管道工程中，解决了天然气输送过程中压降大，造成天然气温度过低后产生管道周围结冰的问题。规范技术管理，理顺工程资料归档流程，制定现场材料领用管理细则，修定公司重要岗位操作规程，施工技术文件编制，审核率达到100%。

【质量管理】 2013年，公司质量管理实现检测点一次合格率95.4%，工程验交一次合格率100%，顾客满意率100%，重大质量事故为零。8月，QMS（质量管理体系）通过复评审核。规范质量基础管理，推进基础管理建设工程，实施细化标准化、计量管理，标准配备率和实施率达到100%，计量器具检定率和合格率达到100%。加强施工过程控制，公司承建的广州南沙油库工程项目—广州南沙油库扩建工程被中国施工企业管理协会评为“国家优质工程”奖，中俄原油管道工程（漠河—大庆段）第八标段和秦皇岛—沈阳天然气管道工程干线二标段（BB001—CA001）线路工程被评为“全国优秀焊接工程”优秀奖。大连LNG项目和广州南沙油库工程项目—广州南沙油库扩建工程被中国石油工程建设协会评为“优质工程”金质奖。获得QC成果省部级奖项3项，油田公司级奖项5项，3个QC管理小组被评为辽宁省优秀质量管理小组。公司被中国施工企业管理协会评为全国优秀施工企业，公司经理赵明波被中国施工企业管理协会评为全国优秀施工企业家。公司被评为全国用户满意企业、辽宁省用户满意企业、石油工业用户满意企业。

【经营管理】 2013年，公司开展工程交工结算竞赛活动，实施工程结算会审制，重视工程签证索赔，加大重点工程结算力度，完成工程结算63项，结算额6.65亿元。开展挖潜增效活动，制定《节约挖潜管理办法》，明确公司变动费用减控目标，落实责任部门和责任人。加大清欠力度，回笼资金19.2亿元，减少资金占用费501万元。规范物资招标程序，降低采购成本，承揽标底节约资金891万元。完善设备管理，调整设备产权关系，加大设备租赁整治力度。规范外委修理程序，外委修理费用下降10个百分点。加强油料管理，测算单台设备及车辆耗油定额，强化监督考核，控制能源消耗。推行基层队成本核算工作，深化概预算审核、审计监督、效能监察、内控和法律风险防控，梳理规章制度122项，开展外包、外委、外雇、外购等审核1965项，审减3129万元。

【HSE管理】 2013年，公司修订《油建一公司HSE检查管理规定》等规章制度8项，梳理岗位操作规程和设备操作规程，岗位安全技术操作规程42个和设备操作规程60种。完善HSE培训体系建设培训模式，强化直线培训，加大培训实施力度。举办HSE培训111次，培训4933人次。完成特种作业人员资质取证、复审培训32期431人，培训分包商管理人员1期18人，新入厂人员三级教育培训38人，劳务用工一级培训79人。

实行专职监管人员定期述职及平衡调派，完善组织机构与人员配备。推进“三位一体”监督检查，加强风险防控。实施分类管控和多手段监控，固化交通安全风险预警机制。投入资金758万元治理隐患，开展安全生产标准化达标建设，优化体系运行质量。取得海上施工安全许可证，扩大HSE资质保障范围。

【党群工作】 2013年，公司学习贯彻中共十八大和十八届三中全会精神，正确把握政治方向。开展“四抓四提升”（抓思想政治建设，提升领导班子凝聚力；抓干部人事制度改革，提升领导班子公信力；抓作风建设，提升领导班子执行力；抓教育监督，提升拒腐防变能力）活动，加强领导班子和干部队伍建设。开展“大庆精神、铁人精神；爱岗敬业、爱厂如家；挖潜增效、廉洁从业”3项主题教育活动，转变员工思想观念。开展“廉洁党课进机关、廉洁教育到项目、廉洁之风暖基层”主题活动，增强党员干部廉洁从业意识。深化“四比四在”（比学习，旗帜在引领。比干劲，承诺在兑现。比作风，冲锋在一线。比形象，示范在行动。）活动，提高基层党建工作水平。投入资金500多万元，安装可视性门窗、改造小区公园环境，建设和谐矿区。开展“六走进、六服务”（走进先进群体，服务劳动模范。走进科研院所，服务科技人员。走进基层班组，服务一线员工。走进外部市场，服务重点项目。走进油田矿区，服务文化需求。走进特殊群体，服务困难员工。）活动，开展EAP员工帮助计划、扶贫帮困、送清凉、送温暖和节日慰问等工作，公司工会被中华全国总工会授予“全国模范职工之家”，员工万泽华被评为辽宁省工会优秀班组长。

【党的群众路线教育实践活动】 2013年，公司党委围绕“照镜子、正衣冠、洗洗澡、治治病”总要求，坚持开门搞活动，面对面听取员工群众意见，俯下身查找“四风”问题，改进工作作风。公司领导班子组织集中学习15次，开展专题学习讨论会2次，发放调查问卷1602份，开设征求意见信箱。班子成员深入所属基层单位和施工项目部30余次，征求员工群众意见，查摆存在问题，分片区、分层次开展座谈会11场，进行个别访谈260人次，收集意见建议176条，汇总22条突出问题，制定了整改措施。领导班子和个人对照检查材料，召开民主生活会和情况通报会，制定方案整改落实。

【组织人事工作简况】 2013年，公司机关设党群工作部、党委组织部、工会、纪检监察科、办公室、生产运行科、经营计划科、财务资产科、人事科、企管法规科（内控与风险管理科）、质量安全环保科、审计科、征地协调办公室13个科室。设概预算管理中心、市场开发部、员工培训中心、保卫科（综治办）、技术服务中心、信息档案中心、安全监督站、项目管理部、电视台、社会保险管理办公室、离退休管理办公室、再就业协调管理办公室12个直属部门。下设工程安装一分公司、工程安装二分公司、工程安装三分公司、电气安装工程公司、建筑工程公司、金属结构安装工程公司、穿越公司、金属储罐安装公司、设备租赁公司、机械土石方公司、运输分公司、物资供应站、塔里木分公司、南方分公司、海南分公司、华东分公司16个大队级单位。公司党委下设党总支14个、党支部69个，有党员1145人。

2013年，公司加强“三基”工作，开展人才队伍建设。制定基层建设指导意见，控制两级机关职能部门管理人员职数。压缩施工队伍编制，精减基层施工队10个，组建标准化施工队25个、非标施工队2个。组织“氩电联”“手工焊”2期培训班，提升公司专业技术实力。推行“管、聘、用”分开运行的劳务用工管理机制，规范劳务用工行为。考核劳务用工，清退岗位技能不合格劳务用工40余人，确定技能优良的劳务用工228人，充实了施工力量。 （刘广军）

油田建设工程二公司

【基本情况】 至2013年年底，油田建设工程二公司（以下简称公司）在册员工1933人。干部633人，工人1300人；有集团公司级技术专家1人，厂处级技术专家1人，具有高级专业技术职称的33人，中级专业技术职称的248人，初级专业技术职称的289人；油田公司技能专家3人，厂处级技能专家4人，高级技师15人，技师53人，高级工526人，中级工370人，初级工113人。公司拥有固定资产原值3.91亿元，净值1.59亿元，其中，设备2246台（套），原值3.5亿元，净值1.36亿元。公司完成主营业务收入14.4亿元，实现利润1537万元，超额完成油田公司下达的经营承包指标。

【市场开发】 2013年，公司面对内部市场活源少，外部市场投资大幅减少的不利格局，转变思路，针对油区市场，明确开发目标，建立公司、分公司、项目部市场开发体系。公司承揽锦州采油厂污水处理厂治理、洼—坨输油管线改造等项目工程，创产值2.2亿元，扭转内部市场份额逐年下滑的被动局面。围绕外部市场社会项目跟踪开发，中标铁—锦（铁岭—锦西）原油管道复线站场、庆铁（大庆—铁岭）线改造站场等工程。成立新疆分公司和南方分公司，强化区域开发能力，取得2000万元开发量。跟踪海外市场，为战略性进入国际市场积累经验。外部市场承揽工程47项，实现产值5.96亿元。

【工程施工】 2013年，公司加强生产运行指挥，优化生产组织模式，提升生产时效。铁大线（铁岭—大连）施工运用“山地布管机”布管，

26 天布管 30 千米。西三线克服施工（西气东输三线）穿越大湾沟隧道、黄河两岸山区等施工难点。锦郑线（锦州—郑州）提速冲刺阶段，日焊接 5.5 千米、月焊接达到 70 千米。中缅管线成品油管道工程，天然气管道按期投产。铁锦（铁岭—锦西）项目完成 134 千米的工作目标。全年公司承建工程 80 项，其中，新开工程 40 项，跨年工程 40 项；安装井口 83 套，改扩建站/平台 24 座，完成长输管线 658 千米。

【科技管理】 2013 年，公司坚持人才强企、科技兴企的战略。跟踪内部市场和外部市场在建和拟建工程。取得油田公司级科技创新奖 3 项，其中“国产高强钢在施工中的研究和应用”获得二等奖。

“药芯焊丝自动焊技术”完成设备制作与室内焊接实验，试制“深层定向钻控向探杆”完成底层改良配比技术，深层探杆应用在锦郑管道穿越工程，弯管防腐保温实现批量生产，外部项目合同管理系统投入试运行。2012 年 10 月至 2013 年底，“智能化管道电加热器”在西三线工程应用效果良好，“机械喷涂液体聚氨酯补口技术”完成现场实验；山地运管机应用铁大、铁锦工程中，受到好评；多功能焊接无驾驶室移动工程车在四川广源山区天然气管线施工中发挥作用。“锦 16 块二元驱工业化试验地面工程”获得集团公司优质工程银质奖，“秦始岛—沈阳天然气管道工程”获得全国优秀焊接工程一等奖。

【经营管理】 2013 年，公司落实“降本增效”各项制度措施，突出“早”“全”“紧”“严” 4 字管理要点，控制自营成本快速增长势头。推行招议标管理，其中，分包工程 139 项 4.67 亿元，实现直接招标效益 3429 万元。公司严把预结算关口，审核送审资料 131 项，实现两级审减 4135 万元。推进施工日志管理，施工日志翔实记录当日用于生产的人员、车辆设备及材料等情况。开展“全员精细管理、杜绝百种浪费”活动，形成“人人节约、争做贡献”的良好氛围。

【安全环保】 2013 年，公司加强安全环保工作，推进 HSE 管理，落实“有感领导、直线责任、属地管理”岗位责任制，落实施工项目和承包方供应商责任，加大安全监督与激励力度。开展“安全生产大讨论、全员风险大排查”活动 4 次，确定活动主题 4 个，开展各系统、各层级讨论 200 余场次，下发排查表 2000 份。公司强化安全管理理念，增强主动安全意识，充实安全监管队伍，设立专项 HSE 奖励基金，提高一线安全监管人员待遇，明确项目 HSE 监督员、机组长、机组安全员的奖惩制度；公司修订和完善风险管理、过程控制制度和应急救援预案，定期组织演练。加强分包商的教育、培训、监管工作，强化“五关”（队伍素质关，持证上岗关，开工验收关，过程监督关，竣工质量环保验收关）管理，从源头控制无资质的分包商入场施工；加强 HSE 现场监督检查力度。加大重大危险源、重点项目等关键部位的管理力度。公司获油田公司安全管理先进单位荣誉称号。

【党群工作】 2013 年，公司坚持围绕“引领发展、促进和谐”两大主题，创新党建工作，使“爱国、创业、求实、奉献”等企业文化理念和“我为祖国献石油”等企业核心价值观深入人心。丰富公司“焊花”文化理念，从基层实际出发，培育团队精神，激发创造力，拓展安全文化、科技文化、廉洁文化、责任文化、班组文化、机关文化等子文化内涵，将“焊花”文化理念内化为员工约定俗成的行为规范，促进企业和谐发展。深化“六个一”党支部创建活动，建立 5 个“标准化党支部”及“党员教育基地”示范点。公司在《辽河石油报》发稿 401 篇，更换特色板报墙 8 期，橱窗 5 期。管道工程二分公司安装七中队安装一班被油田公司评为“铁人先锋号”，管道工程二分公司党总支被油田公司评为先进基层党组织，工艺安装分公司工艺安装四中队党支部被油田公司评为先进基层党组织。公司开展全员读书活动，倡导员工“日读一小时，月读一本书”，组织班组“每日悦读十分钟”，通过辅导培训、论文征集、答题测试等形式，将学习活动引向深入。公司投入资金 1040 万元实施矿建及安全隐患整改，支出 173 万元开展困难员工走访慰问、员工康疗、大病帮扶等活动。公司开展法制教育，严厉打击违法犯罪行为，营造“创建平安人人参与，构建和谐人人共享，维护稳定人人有责”的氛围。

【组织人事工作简况】 2013 年，公司机关设办公室、生产运行科、经营计划科、人事科（组织部)、安全环保科、财务资产科、企管法规科、审计监察科、党群工作部、工会10个科室，设市场开发部、社会保险管理办公室、保卫科（综治办)、信息档案中心、员工培训中心、技术质量中心、安全监督站、离退休职工管理办公室、再就业协调管理办公室9个直属部门，下设管道工程一分公司、管道工程二分公司、金属结构安装分公司、电气仪表安装分公司、建筑工程分公司、防腐保温工程分公司、穿越工程分公司、工艺安装分公司、储罐安装分公司、机械运输分公司、物资供应站、综合服务分公司12个大队级单位和无损检测公司1个全资控股单位。公司党委下设党总支4个，党支部59个，有党员978人。

2013年，公司加强员工教育培训，举办培训班116期参加1760人次。开展青年人才推荐选拔工作，评选50人组成青年人才骨干，拓宽人才培养渠道。发挥报纸、电视、网络等媒介功能，推广三基工作好经验、好方法，营造“比、学、赶、帮、超”的良好氛围。（罗　媛）

筑路工程公司

【基本情况】 至2013年年底，筑路工程公司（以下简称公司）在册员工1281人。其中，合同化员工872人，市场化员工409人。管理及技术人员365人，其中，具有高级专业技术职称的23人、中级专业技术职称的185人，初级专业技术职称的123人。取得国家一级注册建造师23人，注册造价师2人，注册质量工程师3人。技术工人916人，其中油田公司技能专家1人，高级技师8人，技师24人。

2013年，公司拥有固定资产原值5.99亿元，资产净值2.44亿元。其中，主要施工生产设备168台（套)，设备资产原值1.93亿元，设备资产净值0.58亿元，设备新度系数0.3。全年实现产值2.22亿元。

公司机关设办公室、生产运行科、经营计划科、财务科、人事科、企管法规科、安全环保科、审计监察科、党群工作部、党委组织部和工会11个科室。设资产装备管理中心、市场开发部、试验检测中心、技术服务中心、员工培训中心、信息中心、档案室、物资供应站、社会保险管理办公室、离退休管理办公室、再就业协调管理办公室、信访稳定办公室12个直属部门。下设路基分公司、路面分公司、桥梁分公司、市政分公司、机械设备分公司、综合服务分公司、劳务管理中心7个大队级单位。公司党委下设党总支8个、党支部36个，有党员626人。开展多种形式的教育培训，组织培训72期（次)，培训2460人次，提高员工的岗位技能和综合素质。

【市场开发】 2013年，公司利用油田公司内部市场保护政策，加强与相关部门和单位沟通协调，掌握市场信息。承揽中国石油长城钻探工程有限公司辽河分部单位基地、欢五支道路改造等工程60项，工作量1.52亿元。承揽大连保税区油库三期绿化工程500万元、西三线伴行路工程850万元，中标塔里木油田克拉苏气田主干道工程1.66亿元。跟踪塔里木油田玉东区块道路工程、中缅输油气管道伴行路、兰成输油气管道伴行路及中贵输油气管道伴行路等项目。

中标的塔里木克拉苏气田主干道工程，公司超前筹划，及早进场，为开工运行创造条件。跨年施工的漠大伴行路项目克服不利因素，按期完成全部施工任务。西三线伴行路、大连保税油库三期绿化等工程顺利施工。

【经营管理】 2013年，公司推行大预算管理，将经济业务全部纳入预算，刚性执行。分析各项固定成本开支的合理性、有效性和可控性，实行固定成本动态管理。加强内控管理，清理规章制度。发挥审计和纪检监察的监管职能，取得直接审计经济成果80万元。开展清欠工作，降低财务费用。加大法律诉讼清欠力度，实行律师风险代理。起诉5个欠款单位，追回欠款9189万元。财务费用支出322万元，比上年减少504万元，下降61%。公司在建项目60余项，工程项目集中在油区市场，项目分散、设备倒运频繁、不利于施工组织管理。公司打破内部生产单位分工界限，按地区组建欢锦、曙光、兴隆台、高升、沈茨五个施工队，实行人员、设备统一调配，分工负责，降低成本，保证工期和质量安全。公司完善项目大宗材料管理、油材料消耗管理、人工费量化考核、车辆和设备租赁与维修、竣工验收等管理措施，规范项目经营行为。强化项目工期、成本、材料、设备“四个计划”的编报、执行与考核，实现项目效益最大化。推行人机一体化管理，将设备冬修、维护保养、油材料消耗与利益挂钩，节奖超罚，提高设备利用率。加大奖金分配向生产一线、艰苦岗位和贡献突出人员倾斜力度。取消公司领导班子成员业务招待费指标，按照一事一议原则进行核销。各项目费用预算指标按单项工程核定。全年五项费用支出399万元，比上年减少32个百分点。

【安全环保】 2013年，公司完善HSE组织机构，明确HSE职责，公司实现提出“四严六不准”（严格执行安全管理制度，严肃进行日常安全检查，严密加强重点部位监控，严谨做好风险排查和隐患整改。安全措施不到位不准施工，未进行预约式检查不准施工，安全管理人员不到位不准施工，员工未进行安全教育不准施工，特种作业无操作证不准施工，配合队伍未经安全培训不准施工）的安全管理理念，规范施工作业行为，完成油田公司的三零（零伤害、零污染、零事故）目标。完善“预约式”检查标准，检查标准趋向合理化、可操作化。结合事故案例总结经验教训，摸索项目安全管理规律，将项目划分为“兴奋期（开工前期）、平稳期（施工中期）、疲劳期（施工后期）、急躁期（收尾期）”，采取不同措施和方法，规范项目安全管理，减少发生违章。开展大讨论、大排查活动，排查问题134项，上报危害因素401个，制定整改措施，明确责任人，公司设立隐患治理项目3项，投入资金416万元，实施公司办公楼消防系统改造、市政分公司罐区改造、桥梁分公司电器系统改造，消灭隐患问题。强化HSE理念知识培训，开展HSE培训12期，培训382人。开展“送培训到一线”活动，组织培训师深入施工现场培训。公司开展监督检查23次，检查现场45个，开具隐患整改通知单13份，发现问题56项，整改问题56项。

【质量监督】 2013年，公司强化施工过程技术服务和质量监督，消除质量隐患，工程一次验收合格率100%，优良率92.2%，优良率比上年提高1个百分点；加强质量体系运行管理，通过认证机构监督审核；开展质量月活动，组织培训7次，培训150人次，基层质量人员覆盖率超过80%；开展QC小组活动，推进新技术应用。

【党建思想政治工作】 2013年，公司按照“三同时”原则，组建完善基层党组织，开展基层党组织活动。加强党员教育管理，开展党支部书记中国共产党十八大精神主题党课36场次，党员上专题党课9次，发展新党员20人。注重各级领导班子建设，调整科级干部9人，选拔任用基层干部17人。执行班子中心组学习制度和《领导班子民主议事规则》，发挥班子的整体功能。开展“艰苦奋斗求生存，齐心协力谋发展”形势任务主题教育活动，引导员工认清形势，明确任务，化解矛盾，凝心聚力。开展党的群众路线教育实践活动，聚焦解决“四风”问题，转变党员干部特别是领导干部的工作作风，增强党组织的凝聚力和战斗力。（杜　海）

燃气集团公司

【基本情况】 2013年，燃气集团公司（以下简称公司）在册员工633人。干部460人，其中，具有高级专业技术职称的43人，中级专业技术职称的167人，初级专业技术职称的130人；工人173人，其中，高级工24人，中级工20人，初级工13人。

公司输销天然气18.92亿立方米，超计划输销0.92亿立方米。其中，气代油业务13.28亿立方米，替换燃料油105.79万吨，超计划替换5.79万吨，管道销售1.03亿立方米，CNG销售1.04亿立方米，管输业务3.57亿立方米。实现销售收入32.64亿元，实现考核利润负4524万元，比上年减亏5365万元。

【市场开发】 2013年，公司结合天然气价格调整政策，调研摸底辽宁省下游市场，重新评估8个股权项目和10个工程项目的目标市场。天然气价改后市场容量缩减50%以上，增加优质目标用户数量，开发海伦加气站、昆仑能源、盘锦高升华润燃气、凌海环球化工、胜友橡胶、辽宁中石新亚6个用户，年增加输销量3000万立方米。

【燃气运营】 2013年，公司完成本溪项目资产审计、评估工作，完成原昆仑利用公司移交的大连公司股权变更工作。盘锦公司实现销售收入3.18亿元，实现利润4780万元，超交利润2524

万元，赤峰汽车公司实现销售收入 3369 万元，实现利润 392 万元，超交利润 182 万元；锦州〔中石油北燃（锦州）燃气有限公司〕、海城（中石油辽河油田海城后英燃气有限公司）、辽阳（中石油辽河油田辽阳瑞兴燃气有限公司）等 7 个公司平稳运营。

【安全环保】 2013 年，公司落实“党政同责、一岗双责”要求，坚持重心下移抓基层，关口前移抓预防。14 个建设项目开展“三同时”工作，成效良好。加强车辆管理工作，全年出车 4820 次，行驶里程 162.5 万千米，实现交通安全零事故。在油田公司标准化车队考核评比中，运输大队获得“油田公司交通安全管理先进车队”荣誉称号。

【经营管理】 2013 年，公司加强投资管理，通过投资分项管控、时时动态跟踪、分段节点监督等措施，保证工程进度和投资控制。加强财务管理，刚性执行预算，发挥资金保障职能。控制成本支出，五项费用支出减少 647 万元，降幅 37.6%。清退外雇工和外包劳务工 93 人，节约成本 855 万元。加强合同和审计管理，强化合同过程管控，开展常规审计、财务审计和管理效益审计工作，审减金额 111 万元。

【科技工作】 2013 年，公司完成“气化辽宁工程科技规划顶层设计”和“天然气管道在线预警和定位技术”2 个局级重点科技项目研究。“稠油热采锅炉气代油配套技术研究与应用”获得盘锦市科技进步二等奖，“‘气化辽宁’天然气管网数字化建设与应用”“天然气管网支线管道 CFD 数值模拟技术研究”分别获得辽宁省自然科学学术成果（论文类）一等奖和二等奖，“天然气管网支线管道 CFD 数值模拟技术研究”“天然气支线管道储气调峰能力研究”获得全国天然气学术年会优秀论文奖。

【党群工作】 2013 年，公司开展党的群众路线教育实践活动。坚持“实、透、深、细”的工作标准，开展批评和自我批评，强化学习教育、查摆问题和整改落实，完成 3 个环节任务。启动整改工作，形成行文办会、机关作风、公款吃喝、“三公”消费、侵权维权 5 个方面的专项整治方案。制定工作制度，梳理制度 7 个，修订制度 2 个，计划制定相关制度 16 个。推进民主管理，职代会提案办结率 100%。发挥工会、共青团的桥梁纽带作用，开展“志愿服务爱家园”等系列活动，增强员工的使命感、责任感。

【组织人事工作简况】 1 月 21 日，王越卿调入，任公司党委副书记、纪委书记、工会主席。原公司党委副书记、纪委书记、工会主席李智调出，原公司副总经理杨婉莹调出。4 月 18 日，公司召开中石油辽河油田（葫芦岛）燃气有限公司创立大会暨第一次股东大会、第一届董事会及监事会第一次会议。董事会选举郭忠贵为董事长。4 月，公司创立（葫芦岛）燃气有限公司，12 月，公司创立（铁岭）燃气有限公司。12 月 31 日，公司召开中石油辽河油田（铁岭）燃气有限公司创立大会暨第一次股东大会、第一届董事会及监事会第一次会议。董事会选举张春奎为董事长。

公司机关设办公室党群工作部、生产运行部（调控中心）、安全环保部（下辖安全监督站）、规划计划部、经营部、财务部、人事部（党委组织部）、企管法规部（内控与风险管理部）、审计部、纪检监察部、技术管理部工会、13 个科室。设置销售部、概预算管理中心、基建管理部、对外协调部、土地管理部、物资管理中心、信息自动化管理部、市场开发部、资产装备部 9 个直属部门。下辖辽河油田盘锦燃气有限公司、海城后英燃气有限公司、辽阳瑞兴燃气有限公司、朝阳燃气有限公司、营口燃气有限公司、葫芦岛燃气有限公司、铁岭燃气有限公司，北燃锦州燃气有限公司、内蒙古中油汽车 9 个控股子公司和 1 个运输大队，下设沈阳、大连、鞍山、本溪 4 个地区项目部，托管辽宁辽河油田开元实业有限公司。公司党委下设党总支 8 个、党支部 33 个（其中直属党支部 11 个），有党员 386 人。

（苏　强）

曙光工程技术处

【基本情况】 至 2013 年年底，曙光工程技术处（以下简称处）用工总量 3559 人。其中，合同化员工 2049 人，市场化用工 816 人，劳务用工 694 人。干部 955 人，其中，技术专家 2 人，高级专业技术职称 25 人，中级专业技术职称的

211人，初级专业技术职称的662人。工人2604人，其中，技能专家13人，高级技师18人，技师101人。

处拥有固定资产2070项，原值5.46亿元，净值2.27亿元。主要设备717台（套），原值3.34亿元，净值1.14亿元，新度系数0.34；房屋110栋，建筑面积9.17万平方米，原值9979.51万元、净值6348.15万元；一般建筑物68项，原值3670.43万元、净值1915.99万元。有油水井作业施工队伍88支，获集团公司认证的甲级队14支、乙级队72支、丙级队2支，作业施工达到标准化要求，具有年完成1.2万口油水井作业施工的能力和井下复杂事故处理能力。

处实现收入11.05亿元，增长1.49亿元，超缴利润870万元，增加2997万元，增加值提升4800万元，超额完成油田公司下达的各项业绩指标。优质作业完井10694口，生产时效提升1.86%，保障6个采油单位430万吨原油稳产。处被国家国资委和人保部授予“中央企业先进集体”荣誉称号。

【主营业务】 2013年，处推进“生产时效”提升工程，开展小修提效、大修提速，推进工序过程对标，提高整体作业时效。生产组织克服服务区域跨度大、施工环境差异大等困难，优化采油作业生产运行方式，完善“一对一”“四级对应”服务模式，提升作业服务保障水平。调整生产运行，推进大小修提速提效，调动生产辅助单位协作积极性，提高生产运行效率，作业生产大小修时效分别达到88.1%和83.2%，分别提高1.6个百分点和2.8个百分点。加强重点井、关键措施质量控制和过程监督，作业交井一次合格率99.8%。推进海上、SAGD、水平井专业化施工队伍建设，全年完成水平井1732口，SAGD井71口，复杂措施井121口。维修保养设备，优化设备投资，盘活现有资产，主要设备综合完好率97.2%，利用率85.9%。

处燃料结构调整业务应对销售方式改变对行业的冲击，做好锅炉的经济运行，优化运行参数，确保锅炉处于最佳运行状态，保证运行效益最大化。每周现场检查服务，月度与基层联系解决协调相关事宜，把握油田公司政策，掌握信息，提供依据，确保项目稳定运行。改造设备，提高生产运行时效，消除安全环保隐患。运行曙四联加热炉燃烧器项目及添加剂项目，拆除1号（报废）燃煤注汽炉，改造曙四联除尘装置。燃料结构调整实现注汽量140.81万立方米，置换原油2.55万吨，实现收入1.12亿元。

处低效油气资产利用业务适应政策变化，细化同采油单位合作模式、合理安排合作规模，发挥特色工艺技术、修井作业技术优势，参与长停井、低产区块合作。拓展新业务创效空间，加强生产监督，严把质量关，确保措施成功率。施工组织全程受控，高效运行。全年实现商品量10.81万吨、收入3.65亿元。

【外部市场】 2013年，处开发吉林油田市场，开展小修、试油和气井作业，创收439万元。3月，开展吉林油田小修作业项目，选派X 07188队和X 06254队2支小修作业队伍搬上吉林油田长春采油厂伊通地区，办理队伍市场准入证书。5月，开展吉林油田试油项目，与乾安采油厂签定评价井试油合同。5月6日，S 00251试油队从伊通地区向黑56—5—2井搬迁，施工2个月，7月底顺利交井。6月，开展吉林油田天然气井修井作业项目，参加天然气井修井作业项目招标会议，2项标书中标。9月5日，与松原采气厂签定2项气井合同，合同金额分别为2200万元和1550万元。9月11日，S 00251试油队搬到伏2—3—4井，实施射孔、压裂施工，10月24日顺利交井，实现产值70万元。

【技术攻关】 2013年，处围绕主营业务开展技术攻关，加快重点项目研发，通过工具改进与升级、配方优化、工艺完善等技术研发，提高科技创效能力。完善科技管理办法，强化关键环节过程控制。严格项目立项审查、外协论证、过程监管、现场实物验收。开拓工艺技术市场，加大技术成果转化和技术推广力度，与采油甲方单位沟通，化学堵水、大修井砾石充填完井、膨胀管补贴、液压整形等技术进入现场应用，实施167井次，工艺技术创收4438.13万元。整合技术资源，开展重大科技项目攻关。完成修井作业井口机械化研究和月东油田海上修井作业技术研究。开展科技项目20项，获得油田公司科技进步二等奖1项、辽宁省自然科学学术成果奖4项，申报国家专利3项。

【经营管理】 2013年，处开展管理提升活动，精细成本管理，采取对标分析、调查研究等方式，查找问题，控制油料、材料、修理费支出。坚持深化“三控制一规范”，化小核算单元，开展“工作量写实”，严格定岗定编，降低人工成本。清退劳务用工，盘活人力资源，劳动生产率提高9.06%，创效472万元。

处完善内控管理体系，规范合同管理，开展审计和效能监察，防范经营管理风险。梳理完善各项管理制度82项，规范基层队周例会、班前会，提升基层管理水平。深化油、材料定额管理，百元产值油、材料消耗分别下降0.34个百分点和1.05个百分点，减少支出1514万元。改造设备功能，盘活、报废、闲置资产再利用创效305万元。开展“全员精细管理，杜绝百种浪费”活动，累计实现节约挖潜559万元。各项成本费用压缩2082万元。

【安全环保】 2013年，处完善HSE绩效制度，突出风险防控，注重隐患治理，强化节能减排，提升现场管理水平。落实干部“一岗双责”，强化作业系统基层干部安全履职考核，单井平均问题下降0.58个百分点，降幅34.3%。深化重点领域、关键环节风险控制，落实高危作业、特殊作业许可制度和特殊时段升级管理。开展气瓶安全专项检查2次，整改问题11项。开展起重吊装作业专项检查2次，整改问题15项。开展安全生产大检查、专项排查整治活动，整改问题26项，投入资金1453万元，治理隐患13项。加强现场监督检查，检查一线、二线施工现场11698个，整改问题16933项。加强安全文化建设，开展安全经验分享、违章行为现场推演等活动。组织观看事故警示教育片，开展“画与话”“亲情助安全”和安全相声小品比赛等活动，营造安全文化氛围。加强现场环保管理，推进清洁生产工程。推行绿色修井，完井及时清污。加强苇田、稻田、办公区环境风险排查，监控热注锅炉除尘脱硫设备使用，确保达标排放。完成415台车辆尾气检测。

【三基工作】 2013年，处重组整合机构和队伍，健全基层党组织，组织155个基层党支部开展“标准化党支部”创建活动。首次开展绩效考核基层小队干部460余名，调整交流基层干部54人，提升基层区队班子和干部队伍能力素质。开展机关科室与基层区队“结对子”活动，联系基层一线，征集意见，改进机关作风，解决一线生产、经营实际困难。

作业单位开展对标管理活动，建立制度、责任、评价、考核“四位一体”的对标管理体系。把成本费用、收入、生产时效、质量、安全等指标量化对标，排名公示，表彰先进，激励后进。采取抽查、联合检查等方式，对标工作常态化督导管理，将对标管理由大队、小队细化到班组。规范基础资料，精简、规范基层一线资料，整合、取消、上移作业队各项资料337项，减轻基层负担。梳理规章制度281项（油田公司级198项、处级83项）编制成册，下发各大队、小队，上传处规章制度库网页，方便查阅和管理。

创新培训方式方法，完善培训管理体系。推进“基本素质达标工程”，岗位员工应知应会、操作规程、HSE知识技能培训合格率100%。成立“技能专家工作室”，开展技能专家巡诊活动。完成培训191项，培训8074人次。

【党群工作】 2013年，处党委学习贯彻中共十八大和十八届三中全会精神，开展党的群众路线教育实践活动，推进标准化党支部建设，开展支部书记讲党课、工作经验交流活动，提升工作能力。加强领导班子和科级干部队伍建设，择优提拔副科级干部8人，正科级11人，调整交流科级干部32人；建立干部绩效考核体系，培养选拔基层青年干部，24名优秀大学生走上基层正职岗位；完善技术干部管理，建立1000名专业技术干部业务考绩档案。编制风险防控手册，建立廉洁测试平台，增强干部廉洁自律意识，落实“三重一大”决策程序和“一岗双责”职能。开展扶贫帮困及员工健康工程，实施帮扶62人次，发放帮扶款42.62万元；组织“小后方”服务50余次，参与志愿者1000余人次，处荣获“集团公司青年志愿服务十大标杆集体奖”。

【改善员工工作生活条件】 2013年，处投资增强生产装备能力，改造生产生活设施，其中，非安装设备投资2153.99万元，购置洗井车、油水罐车、修井机等设备；基建投资902.09万元，主要进行生产准备大队综合车库建设、杜二路道路改造、作二食堂安全改造等。投资681万元，完善二区办公场所、公寓、食堂、浴池整体功能，为作业一线配备空调、冰箱等设施。

【组织人事工作简况】 1月21日，刘少然任处党委书记，原党委书记李忠诚调出。处压缩作业五大队3支作业队伍。将作业七大队2支作业队伍划归作业一大队。6月，恢复作业五大队吉林市场1支作业队伍。11月，根据油田公司《曙光工程技术处劳务用工执行业务外包管理的实施办法》，处撤销月东项目部、机械厂2个大队级编制，将月东项目部与作业三大队合并，机械厂与生产准备大队合并，成立机关直附属部门月东项目部；减编作业队伍11支；减编生产准备队4支；减少3支生产准备队定员。整合4个大队级单位，撤销2个大队级编制，缩编15支基层小队，盘活二线人员129人，清退外雇工591人。处机关设置办公室、经营计划科、财务科、人事科、生产运行科、工程技术科、安全环保科、企管法规科、审计科、党群工作部、党委组织部、纪检监察办公室、工会13个科室。设资产装备管理中心、信访稳定办公室、保卫科、基建管理中心、概预算管理中心、社会保险管理办公室（1）、离退休管理办公室（1）、安全监督站、市场开发部、能源合作开发项目部、档案室、员工培训中心、社会保险管理办公室（2）、离退休管理办公室（2）、月东项目部、再就业管理办公室16个直属部门。下设作业一大队、作业二大队、作业三大队、作业四大队、作业五大队、作业六大队、作业七大队、热注作业区、生产准备大队、运输一大队、运输二大队、工程技术研究所、物资供应站、服务大队14个大队级单位。1个多种经营单位，金宇民政福利公司。处党委下设党总支15个，党支部148个，有党员1755人。 （李　辉　朱　华）

兴隆台工程技术处

【基本情况】 至2013年年底，兴隆台工程技术处（以下简称处）员工总量3087人。其中，合同化员工1681人，市场化用工324人，子女劳务用工211人，劳务用工595人，多种经营276人。干部726人，其中，具有高级专业技术职称的26人，中级专业技术职称的193人，初级专业技术职称的424人。工人2085人，其中，高级技师6人，技师27人，高级工416人，中级工271人。

处拥有固定资产4.06亿元，其中，生产设备406台（套），井控设备302台（套），设备综合完好率98%，主要设备综合利用率76%，设备新度系数0.43。全年实现产值7.72亿元，比考核指标减亏628万元。

【主营业务】 2013年，公司修井业务急甲方所急、保甲方所需，优化生产运行，保证施工质量，与金马油田开发公司实施联产承包，推动潜山井带压作业，开展复杂疑难大修井专项治理，组织弃置井封井施工，提升油气上产保障能力。累计交井2604口，实现产值2.38亿元。天然气业务坚持“上下游一体化”发展定位，实现规模、效益同步增长，累计收气5440万立方米，实现产值1.15亿元。开拓难采储量开发业务，累计投产新井5口、措施复产5口，开采原油2000吨。开展低效资产利用业务，分析产值、规模，与兴隆台采油厂、辽兴油气开发公司、浅海油田开发公司互利合作，推动捞油、合作油、海上采油等业务均衡发展，累计销售油量4.6万吨，实现产值2亿元。月东项目与合作方密切配合，保证A岛正常生产，实现B岛如期投产，累计开井55口、开采原油4.17万吨。

【生产管理】 2013年，处树立“大运行、大效益”的工作理念，强化生产组织，细化生产管理，优化生产运行，构建管理模式新格局。深化“一对一”服务保障模式，试点推行联产承包责任制，提高生产支持保障能力。打造“四个中心”（生产运行指挥中心，车辆运行指挥中心，应急管理指挥中心，生产信息管理中心），落实“六个一”（每日一汇报、每次一解决、当日一反馈、每周一计划、每周一考核、每周一通报）工作方式，实行特种车辆和资产租赁车辆统一调派、统一管理，强化应急预案体系、应急物资保障体系和应急快速反应体系建设，完善“生产日报”等信息系统建设，构建高效生产运行机制。推进“四化管理”（优化、细化、量化、强化），优化生产运行，推广干扰井阳光班组双机作业（合理的倒班方式），细化生产组织，落实生产准备“六个提前”（提前落实井号、提前勘查现场、提前风险评估、提前施工准备、提前技术交底、提前经营分析)、生产组织“五个同步”(收尾与管杆回收同步进行、在位井交井与下口井下地锚同步进行、下地锚与洗压井同步进行、立井架与地面转排管杆同步进行、泵管试压与报送管材同步进行)、生产运行“五个精细”(精细生产运行、精细生产准备、精细生产组织、精细措施论证、精细设备管理)等保障措施;量化生产考核,将生产时效与增量工资挂钩考核,加大生产效率占绩效考核的权重;强化过程监管,实行重点井、特定时期生产组织升级管理,提高生产运行效率。生产时效达到84.7%,比指标提高0.31个百分点。

【科技管理】 2013年,处实施的集团公司重大现场试验项目研究取得突破性进展,“热采井带压作业技术”完成模拟试验全部内容,为现场应用奠定基础;成功研制“液压打捞工具”等5种水平井大修专用工具,提升大修技术和施工效率;改进带压作业操作设备,实现液控、操车一体化,精简班组人员,降低人工成本;完成局处两级重点项目课题17项。按照“破解难题、推广良好、创效显著”的标准评选科技成果,“古潜山修井工艺技术研究与应用”等11项成果被评为处科技创新奖;落实科研激励政策和成果转化机制,获得国家授权专利证书4项,“集成式带压作业装备技术研究”获得油田公司科技进步奖。

【经营管理】 2013年,处深化内部经营承包方案,坚持严考核、硬兑现,发挥激励约束作用,层层传递经营压力。实施油料、材料、外雇运费、外委加工、修理、租赁等6项成本专项管理,严控五项费用支出,开展“全员精细管理,杜绝百种浪费”活动,树立“过紧日子”思想,严格管控、厉行节约,变动成本和五项费用比上年分别降低950万元和190万元。强化计划管理,针对油北气站电力设备安装等10余个项目开展投资前期论证,避免投资浪费,下达处内生产建设计划296项,杜绝计划外项目。实行市场准入“行政一把手审批制”,清理外部队伍20个。履行招投标程序,加强内部市场保护,减少效益流失。执行油田公司“五定”要求和用工规定,清退外雇用工248人,节约人工成本1200万元;引导冗员向缺员岗位流动,累计盘活56人,“万元产值人工成本”比上年降低0.5个百分点。坚持依法以规治企,补充完善考核办法,废旧立新管理制度25项,严格预结算及合同管理,加大审计力度,业务运作高效规范。深化风险防控体系建设,增强法律意识,规避经营风险,通过油田公司内控和审计工作专项检查。

【安全环保】 2013年,处安全体系建设实施“一把手工程”(各单位的行政主要领导和各部门的主要负责人是单位和部门的安全第一责任人,必须在安全检查、风险识别、隐患治理、夯实基础工作等方面发挥表率作用,推动提升安全工作水平),各级领导干部践行有感领导,主要领导深入基层一线抓安全管理,提高领导干部的责任意识和履职能力;强化分委会建设,各系统HSE分委会不定期开展风险辨识和安全大讨论,严格落实“点对点”安全检查制度,组织修订各项管理制度和安全检查标准,落实全员责任,提升运行绩效;丰富安全文化,提出安全管理要发扬“当包公、学愚公、做济公”的“三公精神”(持之以恒学“愚公”,敢抓敢管当“包公”,情感管理像“济公”)。开展“基层隐患查找”“安全金点子、银点子”等群众性参与活动,推动落实安全经验分享、班前安全讲话、岗位风险识别等举措,促进安全管理由“要我安全”向“我要安全”的转变,处被评为“辽宁省安全文化建设示范企业”。处将安全管理与增量工资的15%挂钩,提升基层单位安全管理的自主性。日常安全管理有考量、有积分,组织安全知识考试,干部选拔坚持优胜劣汰,提升干部队伍的安全管理水平。定期测评在岗科级干部的安全责任意识和素质能力,实行末位淘汰制,调整、降职使用不称职干部3人。强化安全监管队伍的责任心和执行力,加大巡检频次和检查力度,坚持问题分析“事不放过”(各级管理者必须通过严谨细致调查、深入研究分析、认真总结经验、严肃问题处理等手段,全面解决工作中遇到的问题和矛盾,提升企业整体管理水平)原则,严肃连带责任追究,明确违规现象曝光处理,杜绝隐患问题的持续存在。检查现场3525个,派驻监督2635人次,未发生较大安全生产事故和环保事件。引入现场实时监控技术,设置监控点14个,实时监控部分现场的生产施工情况,遏制岗位员工的违章行为。制定风险控制措施及应急处置程序，分别与兴隆台采油厂、金马油田开发公司联合组织开展井控应急演练，定期组织两级机关开展消防应急演练，检验各项预案的针对性和实用性，提升突发事件处置能力。

【工程质量管理】 2013年，处严格设计论证审批，突出风险隐患提示，提高设计编制的准确性和可执行性，实现质量源头受控。加大关键工序、特殊工艺的跟踪指导和岗前培训，强化技术交底，落实三标作业，提升施工质量，交井一次成功率99.96%，全年未发生重大质量事故。加强井控管理，强化应急演练，提高突发事件处置能力，实现工程质量管理目标。

【三基工作】 2013年，处强化“三基”工作，解码“42333”（树立“四种”理念，向解放军学习解决好执行问题、向杜邦学习解决好安全问题、向海尔学习解决好效率问题、向海洋王学习解决好服务问题；找准“两个”标杆，向大庆1205钻井队学习，做好爱国奉献教育、向束滨霞采油站学习，做好爱岗敬业教育；用好“三个”工具，用好“5S”重在工作的条理性、用好“PDCA”重在工作的闭环性、用好“6W1H”重在工作的针对性；推广好“三个”典型，作为“千队示范”和“甲级示范”的三支队伍，总结好经验好做法，实现示范变规范、经验变制度、标杆变标准的转变；实施“三项”管理，实施数据管理分析变动性、实施点源管理体现精细性、实施时间管理突出计划性），提升管理思路，编印《管理提升指导手册》，“数据、时间、点源”3项管理进入实践阶段，提升运行效率与工作质量。

【党群工作】 2013年，处落实中共十八届三中全会精神，提高领导干部政治理论水平和科学决策能力。深化“三同（党建思想政治工作与生产经营工作实现同心、同向、同步）、六出（出效率、出效益、出典型、出品牌、出人才、出经验）”理念，形成推动发展的强大合力。开展党的群众路线教育实践活动，召开处领导班子专题学习讨论会3场，深入基层调研14次，解决基层问题82项，提升“为民、务实、清廉”的工作作风。加强“四好”班子建设，完成57名科级干部的调整工作，制定下发《青年人才管理暂行办法》《干部挂职管理暂行办法》，搭建处级青年人才成长库，挂职锻炼6人。落实党风廉洁建设责任制，开展“六个三”教育，增强党员干部廉洁从业意识。丰富企业文化内涵，推进基层文化实践活动，弘扬大庆精神、铁人精神，开展创先争优活动，表彰先进集体45个、先进个人120人，传递企业发展正能量。完善维稳工作机制，加强综治管理，完成维稳任务。关注民生建设，走访慰问困难家庭476人次。

【组织人事工作简况】 1月21日，赵福田任处党委副书记、纪委书记、工会主席。处机关设办公室、党群工作部、经营计划科、财务科、人事科、生产运行科、工程技术科、安全环保科、科技科、企管法规科、审计科、工会、纪检监察科13个科室。设置资产装备管理中心、基建管理中心、安全监督站、保卫科、离退休管理办公室（一）、离退休管理办公室（二）、再就业协调管理办公室（一）、再就业协调管理办公室（二）、社会保险管理办公室（一）、社会保险管理办公室（二）、信访稳定工作办公室11个直属部门。下设作业一大队、作业二大队、作业三大队、作业四大队、月东项目部、天然气回收项目部、冀东项目部、能源开发项目部、浅海项目部、特车大队、生产准备大队、物资供应站、服务大队、劳务管理中心14个大队级单位。托管井下实业公司、福利标牌厂2个多种经营企业。处党委下设党总支10个，党支部129个，有党员2573人。

（王晓玢　徐冰心）

中油辽河工程有限公司

【基本情况】 至2013年年底，中油辽河工程有限公司（以下简称公司）在册员工912人，其中，勘探设计和项目管理人员668人，公司机关和辅助生产单位155人，托管单位10人，多种经营79人。公司有省（部）级设计大师6人，具有油田公司高级技术专家5人，有油田公司技术专家5人。有高级工程师（含教授级）198人，中级专业技术职称的333人。具有硕士研究生学历96人，大学本科学历542人，大学专科学历161人。公司取得注册师资格151人。

公司拥有固定资产原值1.42亿元，净值

0.76亿元，设备2300台（套）。实现收入31.5亿元（主营业务30亿元，多种经营1.4亿元，五格公司1084万元），实现利润9605万元（主营业务8668万元，多种经营904万元，五格公司33万元）。

【市场开发】 2013年，公司市场开发额15亿元。油区市场承揽“大伙房水库输水工程油田供水工程”“曙光污水处理站达标外排改扩建工程”“英买力气田地面调整设计”和“迪那2气田内部集输管线更换”等工程设计，市场开发额3亿元。社会市场跟踪管道、油气田地面建设等领域项目19个，参与投标15项，中标海南省“环岛管网文昌—琼海—三亚输气管道工程”“四川富顺TPO”（试生产）。中联煤（中联煤层气有限责任公司）山西长子“深部煤层气开发示范工程”等项目，市场开发额11亿元。国际市场承揽启动伊朗北阿TMC（项目监督与控制）项目，签定合同额2400万美元。

【主营业务】 2013年，公司完成勘察设计项目1055项，晒出设计图纸20440张，文字资料67108页，完成勘察设计收入2.5亿元。完成杜66块火驱223井组地面配套工程，辽河油田双6储气库工程，兴三联合站原油稳定工程，曙1—38—32块火驱辅助重力泄油开发试验工程，特种油开发公司超稠油硫化氢治理工程，锦采（锦州采油厂）污水处理厂治理工程，沈阳油田供气支线工程，曙光采油厂数字化油田建设标准化设计。外部市场完成了西气东输三线天然气管道工程（张掖—中卫），大连西太平洋石化供气支线工程，广州南沙油库燃料油系统工艺技术改造工程，四川富顺TPO试采等工程。

全年设计实施承包项目16项，建设油气管线613千米，完成站场5座。中缅天然气管道、月东油田成功投产，双6储气库、西三线及伊朗TMC项目进展顺利。

【技术进步】 2013年，公司承担煤层气国家科技专项、辽河油田稳产千万吨重大科技专项和油田公司科技计划等8个重大项目，获得经费支持1899万元；下达公司级科技计划2批26个项目，投入资金214万元。研制远程选井装置在国内煤层气田首次实现单井计量自动切换及单井爆管事故的远程自动应急处理；化学驱注聚系统粘损控制技术成功应用于生产实践。获得专利授权10项，辽宁省科技进步三等奖2项，油田公司科技进步一等奖1项、二等奖2项、三等奖1项。获得集团公司、辽宁省和油田公司优秀勘察设计奖23项。“广州南沙油库总承包工程”获国家优质工程奖和中国石油工程建设协会优质工程金奖，“国家能源稠（重）油开采重点实验室”通过评审。

【企业管理】 2013年，公司推进依法以规治企，完善规章制度和业务流程，强化内控和法律风险管理。狠抓预算执行，加强动态监控，实现成本刚性受控。做好审计和效能监察，通过国家和集团公司审计。强化技术质量体系运行监督管理，加强设计方案评审，编制整理设计程序管理文件和技术规格书69项（套），主持参与国家及行业标准编写和审查9项。推进HSE体系建设，有感领导、直线责任、属地管理与“一岗双责”有机融合。加强EPC项目现场检查和重点部位、重要场所隐患排查，排查和整改隐患80余项。

【党群工作】 2013年，公司学习贯彻中共十八大和十八届三中全会精神，开展“四好”班子创建活动，推进“六个一”党支部创建。两级班子中心组学习250余次。加强廉洁从业教育，开展会员卡清理等专项活动，提高领导干部拒腐防变能力。3月，组织开展扶贫帮困衣物捐赠活动，捐赠衣物737件（套）。组织扶贫帮困“送温暖”慰问活动，慰问困难户11户，发放慰问金及慰问品价值2.13万元，为27名员工办理“大病援助”。团委组织团员青年为抚顺灾区捐款，募集捐款5910元。4月，组织全员健康工程的启动仪式，开展女性健康讲座及现场坐诊。组织员工参加健康促进活动，参加中医诊治4场、中医保健知识讲座3场，累计听课500人次。5月，公司组织赴锦郑（锦州—郑州）管道项目部“送文艺、送健康、送清凉”慰问活动；6月，公司组织党支部书记基础知识培训工作，开展建党92周年暨石油安全专题大党课活动。开展青年员工思想状况调研，公司党委获得辽宁省思想政治工作先进集体荣誉称号。8月，公司启动党的群众路线教育实践活动。公司领导班子累计集中学习20次，专题讨论会2次。基层单位累计学习500余次。领导班子成员深入专业所、项目部召开座谈会15次，一对一谈话征求意见86人次，下发调查问卷210份，征求意见建议146条，梳理汇总6个方面22条，形成《关于公司党的群众路线教育实践活动征求意见建议的情况报告》。领导班子累计查摆“四风”及生产管理的突出问题17项，班子成员查摆突出问题和具体表现150项，剖析原因，制定整改方案。公司查摆“四风”突出问题79个，形成《工程公司党委党的群众路线教育实践活动整改落实方案》。

【组织人事工作简况】 2013年，公司机关设公司办公室、生产协调部、技术质量部、经营管理部、市场开发部、财务资产部、组织人事部、安全环保部、审计监察部、党群工作部10个科室。设置档案出版中心、信息管理中心、行政管理中心、车辆管理中心4个直属部门。下设油气储运所、油气管道所、油气加工所、电气工程所、机械工程所、结构工程所、规划建筑所、环境工程所、热力工程所、总图道桥所、自控仪表所、技术经济所、工程测量所、岩土工程所、工程研究所15个科级单位。设立项目管理部，对外协调部，控制管理部，施工管理部，采购管理部，报价结算部，文控管理部7个总承包直属部门；设新疆分公司，北京分公司，大连分公司3个分公司；托管盘锦五格自动化工程建设有限公司。公司党委下设党总支1个、党支部26个，有党员504人。

2013年，公司开展专业技术、软件应用培训、EPC项目经理进讲堂和设计质量讲评等活动，完成公司级培训1903人次，所级培训3035人次，外派培训303人次。以伊朗项目为契机，加速国际型人才培养，聘请外教强化口语训练，外派技术骨干参加项目管理、英语提升培训，46人取得防恐培训合格证书，16人通过集团公司出国外语考试。细化职称晋升量化考核办法，探索工作业绩评价新方法，实现不同专业间工作考核量化的统一。晋升中高级技术职称69人，考取国家执业资格9人。（张永军）

电力集团公司

【基本情况】 至2013年年底，电力集团公司（以下简称公司）在册员工2912人。干部843，其中，具有高级专业技术职称的56人，中级专业技术职称的423人，初级专业技术职称的348人，其他16人。工人2069人。公司主营业务收入26亿元，增收9585万元，完成全年预算104%，超缴利润408万元。商品供电量增加9614万千瓦时；加强电网无功管理，获得力率奖励811万元；实施主变季节性暂停，节省容量电费691万元；调整电厂运行方式，减亏150万元，压缩非生产性支出194万元。

【企业管理】 2013年，公司调整蒸汽计量、收费模式，退出亏损的开发区供汽市场。推动发电业务二级计量系统改造，完成远程自动抄表后台系统升级，为实现内部生产精准预算奠定基础。提升管理定位，坚持科学、适用、完整、系统原则，推进业务流程梳理和优化工作，修订完善规章制度、工作标准7项，其中，上线发布4项。注重经营风险防范，加强动态监控，完成公司主要业务风险评估。推进管理增效工作，调整优化、落实经营承包考核政策，深化厂网经济运行、加强营销管理。加强统筹规划和科学组织，开展“基本素质达标工程”，举办“第三届员工技能大赛”，提升全员岗位技术水平。

2013年，公司增强服务保障能力，充分发挥生产系统组织、协调功能，确保调度运行监控、操作严谨，重点时段保障措施有力，预案演练、突发应对有序。引进先进技术，开展科技攻关9项，“电厂燃煤锅炉烟气脱硫技术研究”荣获油田公司科技进步三等奖。投入资金7401万元，完成厂网检修、设备改造。

【安全环保】 2013年，公司坚持强化有感领导、直线责任、属地管理与推进“一岗双责”有机融合，推进HSE体系建设，完善“电力集团公司HSE制度框架和HSE制度体系表”113项，开展体系内审，整改封闭问题391项。开展安全生产大检查及专项治理，投入资金3494万元，开展渤海变安全隐患治理、发电生产现场动力盘控制盘改造、高层建筑消防隐患治理等重大项目。突出重点领域、特殊时段安全监管，强化承包商管理，实施特殊作业许可制度，提升风险管控能力。落实环保政策，开展污染减排与环境治理工作。

【党的建设】 2013年，公司开展党的群众路线教育实践活动，查摆整改领导班子和班子成员

"四风"问题，树立务实清廉的良好形象。深化党内"创三优"活动，与经营承包考核体系对接，推动基层党建与企业中心工作有机融合。以创建"四型机关"为抓手，转变机关作风、提高服务质量。加强思想政治工作，做好释疑解惑、理顺情绪和矛盾化解工作，确保队伍和谐稳定。开展党内创先争优、建功立业活动，实施共产党员工程 40 多项，组织党务政工干部培训 130 人次。建立党建示范点，申报油田公司级党建示范点 2 个。开展廉洁风险隐患查摆活动，强化重要岗位人员监督管理，签订党风廉洁建设责任书、廉洁从业承诺书、廉洁从业保证书 479 份。推进惩治和预防腐败体系建设，健全完善监督约束制度，制定《电力集团公司规章制度管理实施细则》。开展多种形式的廉洁自律教育，组织科级干部及重要岗位人员参观"辽河油田反腐倡廉警示教育基地"和"辽河油田公司员工警示教育中心"。做好信访举报管理工作，维护党纪政纪严肃性，查处违纪违规案件 2 件。围绕投资重点、管理难点和重大决策部署，组织实施公务接待、车辆维修费用、工程项目效能监察，首次开展机关及直属部门工作效能监察。

【惠民举措】 2013 年，公司实施健康、服务、帮扶"三项工程"，组织员工疗休养 180 人次、女工体检 1100 多人、EAP 团体安全辅导 120 余人次；开展送清凉活动，为一线班站配备微波炉、消毒柜、洗漱品、保温杯和体育器材价值 52 万元；组织困难家庭帮扶、金秋助学、大病援助和送温暖等发放专项资金 73 万多元。强化亲情服务理念，落实离退休员工的政治、生活待遇。参加社会公益活动，员工向地震灾区捐款 12 万多元，向贫困地区捐助衣物 2902 件。

【组织人事工作简况】 2013 年，公司机关设办公室（党委办公室）、经营计划科、财务科、人事（组织）部、生产运行科、生产技术科、质量安全环保科、企管法规科、审计科、党群工作部、工会、纪检监察科 12 个科室。设资产管理中心、社会保险管理办公室、计量管理所、营销中心、保卫科（综治办）、离退休管理办公室、项目管理部、信访稳定办公室、电力调度中心、员工培训中心、基建管理中心、监察大队、燃料管理中心13个机关直属部门。下设汽机分场、锅炉分场、电气分场、燃料分场、供水分场、供暖公司、曙光供电工区、城市供电工区、兴隆台供电工区、沈阳供电工区、锦州供电工区、欢喜岭供电工区、高升供电工区、茨榆坨供电工区、检修试验工区、配电工区、送电工区、电网自动化所、运输大队、科尔沁供电项目部、奈曼供电项目部、开发区供热项目部、物资供应站、服务大队 24 个大队级单位和宏泰电力有限公司 1 个 B 级多种经营单位。公司党委下设三级党委 1 个、党总支 18 个、党支部95个（直属党支部 14 个），有党员 1265 人（离退休党员 201 人）。

（李　飒）

供水公司

【基本情况】 至 2013 年年底，供水公司（以下简称公司）有员工 1466 人。其中，合同化员工 1003 人，市场化用工 446 人，其他性质员工 17 人。干部 365 人，其中，具有高级专业技术职称的 24 人，中级专业技术职称的 172 人。公司拥有水源站、配水站 39 座，完好水源井 310 口，表井 658 口，阀井 476 口，供集水管线 438 千米。资产原值6.75亿元，净值 2.41 亿元（其中，未上市业务固定资产原值 3.14 亿元，净值 1.41 亿元，计提减值准备 0.73 亿元；上市业务固定资产原值 3.61 亿元，净值 1 亿元，计提减值准备 196.05 万元）。

公司完成商品水量 6502 万立方米。其中，未上市业务商品水量 4222 万立方米，上市业务商品水量2280万立方米，商品水量同口径比上年增长 1.9 个百分点。主营业务完成收入 2.29 亿元。其中，未上市业务 1.48 亿元，上市业务 0.76 亿元，水文地质研究所 558 万元；上市业务超交利润 12 万元，未上市业务超交利润 26 万元，矿区业务实现盈亏平衡，完成油田公司各项生产经营指标。固定资产投资完成 828.14 万元。其中，未上市业务新增投资 506.71 万元，上市业务新增投资 321.43 万元。

【生产建设】 2013 年，公司坚持分级负责、过程控制、标准操作、科学运行，实现生产经营环节受控，将无偏差做事的理念落到实处。优化生产运行方式，调整运行模式，科学确定水源站出口压力限值、合理启停单井，推广应用变频调速节能技术，保证用户需求，单耗比预算降低 0.02 千瓦时。建立推行调度岗位标准化作业流程，规范调度指令执行，发挥生产指挥系统作用。开发应用供水生产运行数据管理系统，实现产量分级自动上报、水量查询分析和采集 SCADA（数据采集与监控系统）系统数据。精简应急程序，推广程序卡片，开展应急演练，提升应急能力。公司践行“向全心全意靠近、从一点一滴做起”的服务理念，健全完善服务承诺制、首问负责制、限时办结制、责任追究制等制度，关注服务细节，细化服务标准，提升服务水平。狠抓水质管理，改进工艺参数，加密化验频次，做好区域监测，采用气水联合冲洗法冲洗管网，清污台安水源曝气池，保证油区用水高峰和重点时段的平稳优质供水。加强水质监测，做好横向沟通，第一时间为用户解决问题，建立和谐供用水关系，走访用户 643 户，电话回访 420 户。围绕水质改善，开展科研攻关，保障居民饮用水安全。水质综合合格率水源出口 99.02%，管网末梢 99.2%，比上年分别提高 1.57 个百分点和 1.02 个百分点。

【拓展业务】 2013 年，公司推广应用浅层地热、深层地热、水源热泵等项目，辽河油田地热资源勘察与评价项目通过集团公司验收；水文地质研究所列入集团公司地热业务研究规划重点单位。水务技术服务单位为主业提供优质供水，开拓外部市场，增强创效能力，取得辽河石化分公司 1 万立方米汽油罐区和储罐工程岩土工程勘察、胡台镇地热井水文地质测试、锦州采油厂污水处理厂治理工程（地下水评价）、大伙房水库输水工程油田供水工程新建净水厂地质评价等项目。金辉公司推进产业转型升级，电线电缆公司取得集团公司一级入网证；第一个地热项目油气小龙湾输油泵站水源热泵供热改造工程完成施工，即将投产运行。推行项目管理主导模式，优化设计技术方案，提高工程设计质量；加强施工组织协调，全程控制工程质量、进度、HSE、投资，实施基建工程项目 201 项。其中，油田公司重点工程大伙房水库油田输水工程完成与盘锦市输水干线接管点碰头等前期工作。曙光三站合一工程投产，解决石山水源关闭后曙光矿区饮水问题。

【经营管理】 2013 年，公司梳理内部流程，整合精简管理文件和制度，建立目标任务定量化、管理单元最小化、业务衔接无缝化、管理责任闭合化的管理机制。应用 PDCA（计划—实行—检查—总结）闭环管理法，落实管理职责，纠正管理偏差，保证人人受制度约束，事事有程序控制，环环有监督落实。明晰工作界面，简化工作程序，提高工作标准，整章建制 3 项，优化业务流程 1 项，修订考核标准 135 条、删减考核标准 111 条。构建管理创新长效机制，实现管理提升活动“四个推进”（由单项突破提升向整体全面提升推进；由各级领导和专项部门推进管理提升向全员参与全员深化推进；由按计划有步骤组织开展活动向确保活动取得突出成效推进；由做好规定动作向方式多样载体灵活推进）工作目标。强化成本费用管理，加大成本预算刚性执行力度，开展经济分析，逐层落实成本指标，开展“全员精细管理、争当质量之星”群众性劳动竞赛，强化资产调剂和修旧利废，压缩五项费用支出，生产成本控制在预算指标内。加强概预算、合同、法律、计量等管理工作，开展审计和效能监察，推进内控体系建设，提高风险防控能力。

【科技进步】 2013 年，公司以新兴业务、水质改善、节能降耗为课题，开展科研攻关，解决关键瓶颈技术难题，增强自主创新能力。“地热能在油田工业生产中的应用技术研究”为解决油田原油输送伴热过程中带来的环境污染、能源浪费和安全隐患问题提供方案，为实现地热资源工业利用产业化发展做好技术储备。“饮用水有机物质质谱库的建立与应用”为开展水质调查和大伙房水库地表水处理，提供技术支持。采用 GMS（地下水数值模拟软件）软件研究地下水特性，构建曙光地区各含水层三维可视化地质模型。汇编《供水公司优秀科技成果汇编》，收录涵盖科学运行、水质改善、流程优化、自动化系统研究、水井钻修工艺改进、新能源开发利用和地下水资源保护等优秀成果 31 篇，获油田公司级科技进步成果 8 项。

【质量安全环保】 2013 年，公司将“质量第一、环保优先、安全为本、健康至上”的 QHSE 理念融入生产经营全过程，落实全员安全环保责任，加强生产受控管理，开展危害辨识和隐患排查等活动，建立隐患整治和发现奖励机制，防患于未然。发现问题164个，下发隐患整改通知单72份，奖励员工210人次，兑现奖金1.16万元。推进HSE管理体系建设，健全“三位一体”监督体系，公司通过油田公司体系评估审核。推进环境综合治理，加强水源地环境保护，杜绝污染事故发生，确保源头供水安全。

【党群工作】 2013年，公司学习贯彻中共十八大和十八届三中全会精神，开展党的群众路线教育实践活动，清除“四风”、转变作风、形成新风。推进“六个一”党支部建设，强化基层组织建设，健全党建工作标准，完善长效机制。开展“党员建功在岗位，质量提升当先锋”党内实践活动，引导广大党员在生产经营工作中强素质、当先锋、做贡献。调整党总支5个、直属党支部4个，发展新党员13人。开展“五提升”主题教育实践活动，举办文化理念小品小戏大赛，宣贯企业文化理念。从生产、科研一线、艰苦岗位选拔干部，优化班子年龄结构和知识结构。新提拔科级干部5人，调整交流20人，科级干部总数控制在油田公司批准职数内。践行“阳光做人，干净做事”廉洁理念，落实教育防范、制度约束、监督惩戒措施，开展反腐倡廉工作。推进厂务公开和民主管理，落实健康工程和员工疗休养制度，营造和谐稳定的发展环境。走访慰问困难群体114人次，发放慰问金、助学款19.6万元。

【组织人事工作简况】 1月21日，油田公司党委任命张勇为公司党委书记、副经理，任命潘勇为公司党委副书记、纪委书记、工会主席。原党委书记、副经理张红岩调出，原公司党委副书记、纪委书记、工会主席韩贵堂任公司处级调研员。公司机关设办公室、党群工作部、生产运行科、生产管理科、安全科、经营计划科、财务科、人事科、企管法规科、审计监察科、工会11个科室。设基建管理中心、质量节能管理中心、资产装备管理中心、土地公路环保管理中心、概预算管理中心、信息档案中心、保卫科、社会保险管理办公室、再就业协调管理办公室、离退休管理办公室10个直属部门。下设兴隆台水务工区、曙光水务工区、高升水务工区、欢喜岭水务工区、金马水务工区、沈阳水务工区、供水管理中心、营业中心、水文地质研究所、水井工程大队、水质检验中心、水表检测中心、运输大队、物资供应站、服务大队、劳务管理中心16个大队级单位和盘锦辽河油田金辉实业有限公司1个股份制企业。公司党委下设党总支9个、直属党支部8个，有党员516人。公司开展矩阵式培训，举办培训班28期，培训1708人次。落实“三控一规范”要求，优化队伍结构，控制用工总量。（高　源　翟洪江）

物资公司

【基本情况】 至2013年年底，物资公司（以下简称公司）用工总量2339人（主业1348人，参控股企业7人，非主业984人）。其中，合同化员工1377人，市场化用工957，劳务用工5人。干部488人，其中，处级干部10人，科级干部128人。具有专业技术职称的454人，其中，具有正高级专业技术职称的1人，副高级专业技术职称的44人，中级专业技术职称的254人，初级专业技术职称的155人。有高级技师6人，技师34，高级工439人，中级工274人，初级工47人。

公司有固定资产原值2.46亿元，净资产1.26亿元；占地面积190万平方米，仓储面积167万平方米；库区内铁路专用线19条、19.57千米。有正式库房72栋4.57万平方米，料台3.5万平方米；散装水泥筒仓8座，容量8000立方米。

公司实现总收入49.54亿元。其中，主营业务收入49.22亿元，其他业务收入3163万元。总支出49.85亿元，其中，主营业务成本46.7亿元，经营费用支出3.15亿元。实现考核利润98万元，超交利润280万元。保税仓库实现收入114万元，经营费用支出97万元，实现利润17万元，超交利润1万元。

【物资供应】 2013年，公司深化集中采购，参与一级物资集中招标采购，完成集团公司授权计算机类公开招标任务；优化二级物资集中采购目录，加大集中采购范围和力度；优化招标流程，推进招标方案专家集体会审，加强招标过程组织与监督，有效规避和降低招标风险。公司组织物资招标、谈判采购 1165 包，金额 24.4 亿元，两级物资招标采购率 71%，节约采购资金 2.8 亿元。主动组织供应，紧扣物资采购、到货、入库、检验、配送等环节，加强配合协作，加快业务运转，优化生产组织，物资供应高效运行。为中国石油渤海装备制造有限公司辽河热采分公司提供委托采购供应物资 1.76 亿元。公司接收计划181 385项，录入价格信息 300 余万条，梳理物资编码 23433 项，签定合同 25742 份，金额 62.2 亿元，保障生产建设物资需求。

【仓储管理】 2013 年，公司推进标准化库房建设，实施库房目视化管理，开展标准化示范岗创建活动；落实物资保管保养制度，加强出库物资盘点，杜绝物质损失；加强入库物资管理，完善仓储业务流程，杜绝“三无”（无生产厂家名称，无生产日期，无生产地址）物资入库。改善仓储作业条件，投入 650 万元改造仓储库房、维修库区道路，维护铁路专线。加快数字化库房建设，申请油田公司科技经费 180 万元，开发建设物联网管理系统。开展仓储作业，完成机械作业工作量 108 万吨，铁路机车作业工作量 218.9 万吨，实现物资吞吐量 147 万吨。

【质量检验】 2013 年，公司严格物资质量验收，执行采购物资质量检验流程，加大不合格产品责任追究力度，检验物资 3.57 万批次，查处不合格产品 42 批，挽回经济损失 240.9 万元。加强质检装备建设，争取油田公司投资 700 余万元，购置金属、阀门检验设备。公司投入 480 万元改造闲置厂房，整合阀门、管材、煤炭、成品油等产品检验室，组建产品检验中心，通过辽宁省计量部门认证，取得省级检验资质。完成集团公司 3 个大类物资标准初选工作，推进公司“四个一”（一物资、一标准、一图片、一代码）物资标准体系库建设。

【经营创效】 2013 年，公司盘活内部资源潜力，渤海储运新增中国石油辽河石化公司、燃气集团公司、中国石油长城钻探工程有限公司辽河分部钻探仓储服务业务，实现增收 480 万元。外部市场新增西气东输工程建设广州仓储服务业务，实现增收 215 万元；铁运公司为北方沥青等单位提供牵引服务，实现收入 650 万元；业务公司紧跟市场变化，推进工业贸易及代储代销工作，实现收入 560 万元。公司外部经营、仓储、物流服务业务实现创收 3163 万元。

【基础管理】 2013 年，公司开展管理提升活动，精细投资计划管理，强化财务预算和资金管理，控制非生产性支出。强化人力资源管理，开展“五定”工作，优化人员结构、组织人事工作简况；加强薪酬管理，修订完善《物资公司奖金管理办法》，形成重业绩、重效益的政策导向。夯实资产装备管理，盘活资产设施，开展对外租赁。严格投资项目和工程维修项目审查，强化施工现场管控，确保施工质量。完成油田公司投资计划 45 项，金额 1030 万元；完成公司投资计划 179 项，金额 3959 万元。推进中国石油物资采购系统上线应用。开展物资采购、仓储效能监察和专项审计，提高企业管控能力。加强内部物资供应管理，修订完善《物资公司内部物资采购管理实施细则》。发挥生产协调职能，公司生产经营有序运行。

【安全环保】 2013 年，公司落实“有感领导、直线责任、属地管理”理念，深化 HSE 体系建设，组织季度体系内审；开展安全生产大检查，加强生产作业现场管理，突出生产作业场所风险辨识。强化重点领域、要害部位、关键环节和重要时段安全监管，加大隐患治理力度。公司安检发现违章行为 4 个，查出事故隐患 186 个，违章及隐患整改 181 个，待整改 9 项。投入资金 300 万元，治理隐患项目 8 个。加强应急管理，提升突发事件处置能力。推广矩阵式培训，分层次开展安全教育。创新安全文化建设方式，通过省级“安全文化创建示范单位”复审验收。推进节能减排和环境治理，节水 3 万立方米，节电 40 万千瓦时。公司安全生产、环境保护无事故，被评为油田公司安全生产先进单位。

【多种经营】 2013 年，公司围绕石油天然气能源产业链，合并重组原有产业，形成以石油装备及技术服务为主，以能源产业、物流服务、建筑工程为辅的产业新格局。拓宽经营领域，探寻新的经济增长点。成立晨宇能源公司，投产祥宇管道项目和鸿宇油井水泥项目，燃气、煤炭等业务进入内蒙古、吉林社会市场，实现总收入 24.6 亿元，上缴税金 1 亿元，实现利润 950 万元，增强公司发展能力。

【党群工作】 2013年，公司党委组织开展学习中共十八大和十八届三中全会精神，开展党的群众路线教育实践活动，整改“四风”问题，树立为民务实清廉形象。加强两级班子和干部队伍建设，强化理论武装工程，健全完善《“四好”领导班子创建活动考核评价体系》。抓基层组织带头人建设，推进标准化党支部和“五型五好”班组创建活动。开展“保供应、强管理、拓市场、增效益”主题教育实践活动。创新思想政治工作，“六个融入法”（目标愿景融入法，主题教育融入法，文化兴企融入法，人才强企融入法，监督检查融入法，和谐稳定融入法）、阳光文化建设工程分别入选油田公司思想政治工作优秀成果案例。落实党风廉洁建设责任制，推进惩防体系建设，有效防控廉洁风险。维护员工利益，关心群众疾苦，帮扶困难员工、特殊群体609户，投入帮扶资金200多万元。落实领导干部信访包案工作机制，畅通渠道、注重疏导，化解矛盾，构建和谐稳定环境。公司获得辽宁省厂务公开民主管理先进单位、油田公司先进党委等荣誉称号。

【组织人事工作简况】 2013年1月，公司重组整合渤海储运公司下辖的综合化验室、石油专用管材检验室和于楼储运公司下辖的衡器检定站，成立物资公司产品检验中心，隶属于质量监督中心，下设综合化验室、衡器检定站2个基层队级单位。4月，保安员从保卫科（综治办）划出，成立基层队，名称为机关保安中队。

2013年年底，公司机关设办公室、党群工作部、物资采购管理科（工程物资采购协调科）、生产协调科、安全环保科、经营计划科、财务科、党委组织部、人事科、企管法规科（内控与风险管理科）、纪检监察科、审计科、工会13个职能部门；设结算中心、资产装备管理中心、基建管理中心、质量监督中心、信息中心、物资招标中心、价格管理中心、技术管理中心、员工培训中心、档案室、保卫科（综治办）、辽河油田企业文化教育中心、社会保险管理办公室（一）、社会保险管理办公室（二）、离退休管理办公室（一）、离退休管理办公室（二）、再就业协调管理办公室（一）、再就业协调管理办公室（二）、信访稳定办公室19个直（附）属部门；下设成品油公司、机电仪表公司、汽车配件公司、钻采配件公司、建材公司、化工公司、石油专用管材公司、机械设备公司、金属材料公司、五金轻纺公司、煤炭公司、油田化学剂公司、物资配送中心、外部市场供应部、渤海储运公司、于楼储运公司、友谊储运公司、机械运输公司、铁路运输公司、物资供应站、盘锦市辽河公共保税仓库（属参控股企业）21个大队级单位和盘锦辽油晨宇集团有限公司。公司党委下设三级党委（晨宇集团党委）1个、党总支8个、党支部64个，有党员1321人。公司加大专业人才培养力度，选派448人次参加外部培训；公司内部组织培训127期，培训3919人次。集中组织招标师考前培训，参加62人，一次性通过资格考试13人。强化内控、法律风险管理，开展关键岗位法律知识培训。 （李　敏　朱书文）

通信公司

【基本情况】 至2013年年底，通信公司（以下简称公司）在册员工1243人。其中，合同化员工972人，市场化用工271人。干部445人，工人798人。干部中具有高级专业技术职称的38人，中级专业技术职称的214人，初级专业技术职称的124人。工人中有高级技师6人，技师38人。

公司拥有固定资产4162台（套），其中，通信设备1894套。固定资产原值4.47亿元，净值1.43亿元，新度系数31.95%。

【经营工作】 2013年，公司实现收入3.62亿元。其中，公司主体业务实现收入1.95亿元，超额完成油田公司下达的利润指标；多种经营单位实现收入1.68亿元，实现利润总额136万元。完成油田公司投资363万元，整改通信主干光电缆线路、改移建设沈盘铁路通信线路。采取合作建设、收入分成的方式，由通信实业公司投资556万元，完成油田矿区民用宽带网络配套改造，实现公司主业与多种经营单位互利双赢。公司签定合同181份，标的额1亿元。发布规章制度6个，废止1个。完成审计项目130项，审计成果42.25万元。

公司新增固话3776户，在网业务总量84464户；净增宽带3004户，在网业务总量

77 182户；新增小灵通 1033 部，在网业务总量 13957 户；3 项业务总量175 603户。IPTV 新增 778 台，3G 业务新增 3623 部。GPS 新增 1056 台，业务总量 6926 台；信息专线新增 45 条，业务总量 777 条；信息业务收入 4586 万元。承揽工程 34 项，完成工程收入 2376 万元，实现工程利润 1050 万元。

【生产运行】 2013 年，公司针对机线设备运行现状，深入基层调查了解，安排部署生产运行工作。以服务油田生产为工作定位，加强日常运行管理，及时沟通上下级关系，掌握了解信息，安排落实相关事务。组织、协调线路抢修，完成油田公司关于“国际酒店应急通信系统”“油气输气站数据组网工程”“冷家油区井站杆路迁移”等应急工作。

按照油田公司关于“大运行”管理理念和公司生产保障定位的要求，制定下发“通信公司二〇一三年度生产运行维护工作安排”。加强网络运维安全，强化基层基础工作，细化运行管理，落实岗位职责，明确考核项目，完善应急响应预案，增强干部员工的服务意识和责任意识。针对公司杆路机线老化问题开展春秋检，检修主干光缆杆路 1020 杆千米，主干电缆检修 837.6 皮长千米，人孔井及管道检修 2550 孔千米，交接箱检修 2010 台，发电设备检修 29 台，充气设备检修 37 台，防雷接地电阻测试 1160 点。公司开展保险立项和索赔 35 项，赔付保险费用 25 万元，与保险费用相比，盈余 8 万元。

公司新增测温仪，在巡检中增加测试直流电缆、交流电缆、熔断器、电源接线端子等温度项目。避免线缆超负荷发生事故。针对用户访问联通、电信、铁通、移动网站，细化出口路由，解决跨运营商访问慢的问题，优化网络流量，提高网络访问速度，缓解联通出口的压力。宽带出口新增华北油田方向，达到 3.3G 流量。宽带接入认证将外围 ADSL 认证改为新的集中认证设备上，简化网络层级，提高网络运行质量。用户线常规测试合格率 97.5%，干线光缆故障抢修历时 6.5 小时，以太网线常规检查合格率 95%，发电机设备季度检查供电运行完好率 100%，充气系统（充气控制柜、空压机）季度检查完好率 100%，重特大设备责任事故率为零。完成“辽河油田宽带接入网优化”“辽河油田宽带网络流量分流系统的研究与应用”2 个油田公司重点科技项目。“辽河油田数字语音接入平台的研究与应用”获得油田公司科学技术进步二等奖。

【经营管理】 2013 年，公司开展管理提升活动，加大预算的过程管控和执行力度，压缩非生产性支出，“五项”费用节支 185 万元，比上年费用下降 48%；材料费、维修费、燃料费在上年基础上压缩 10%，节约费用 313 万元。加强概预算、结算、合同、物资、资产管理，深化内控、法律风险防控体系建设，加大审计和效能监察力度，提高公司基础管理水平。

【安全环保】 2013 年，公司树立“环保优先，安全第一，质量至上，以人为本”的理念，围绕“以人的健康为根本，以网络安全为中心，以交通安全为重点，以消防安全为关键”的安全核心开展工作，落实全员安全环保责任，强化风险管理和过程控制，夯实基层基础工作，推进 HSE 体系建设，建立完善安全环保长效机制，全年生产、道路交通事故及环境污染责任事件为零。

公司制定健康安全环保工作计划，细化分解 HSE 指标，与 20 个关键生产单位、6 个 HSE 系统分委会签订安全环保责任书。两级领导班子到安全承包点调研 167 次，提出整改要求及改进建议 18 条。职能部门及生产单位主要领导召开生产会议 121 次，通过自检自查及管理部门的监督检查，及时解决生产运行中存在的安全隐患。利用会议、教育培训等环节开展安全经验分享，提高岗位风险防范能力。组织修订完善质量/HSE 管理体系手册、程序文件、作业指导书、《质量安全环保交通消防季度考核细则》《通信公司安全制度汇编》等文件。7 月 4 日—6 日，北京中安质环认证中心完成公司质量体系的复评认证工作。

公司强化安全生产专项检查工作，做好“春节”“两会”、雨季、汛期等重点时段的安全生产工作。开展日常、春季、雨季汛期、两节、特殊时段、建设工程、特种设备等专项检查 24 次。其中，检查公司职能部门 12 个、一线基层科级单位 19 个、多种经营企业施工现场 42 处，检查发现问题 259 个，下发整改通知单 41 份，完成整改 252 个，制定整改方案及防范措施 7 项，发布监督通报3份，配发漏电保护器253个、灭火器182具，更换安全出口指示标牌5个，预防各类事故的发生，实现“全年安全生产无事故”的工作目标。

【三基工作】 2013年，公司按照油田公司三基工作5年推进计划，加强外围7个站队的示范点建设，细化、量化基层各项记录规范、检查依据、考核标准。推进“基本素质达标工程”，结合基层培训，加大窗口班组长及员工的轮训工作，强化实战教学，提升基层员工的操作技能水平。

组织资产清查2次，做到资产数量清，存放地点清，使用情况清，盈亏、毁损、报废情况清。完成项目转资3项，装备转资71台套。批复报废资产36项，原值265.35万元，净值18.99万元。举办培训班16期，培训585人次。完成技能鉴定考核工作56人次，操作技能合格率92%。

【党群工作】 2013年，公司党委组织学习贯彻中共十八大和三中全会精神。下发学习安排意见、组织专题辅导讲座，采取中心组学习、支部委员会、党员大会、专题党课等形式，在公司两级领导班子和全体党员干部中学习全会公报和《决定》。

开展党的群众路线教育实践活动，围绕“为民务实清廉”主要内容，落实“照镜子、正衣冠、洗洗澡、治治病”总体要求，聚焦“四风”解决突出问题，完成教育实践活动各项任务。领导班子开展批评与自我批评，在触动思想、增强党性、践行宗旨、联系群众，改进作风、增进团结等方面取得成效。坚持边学边改、立查立改，制定落实贯彻“中央八项规定”措施办法，公司领导班子查摆“四风”问题11个、班子成员查摆问题81个。通过开门纳谏、广开言路，查摆“四风”问题120个，整改103个。落实节日加班、通勤补助、福利待遇等9项问题，得到员工好评。

公司落实集团公司《思想政治保障体系》和《党支部工作条例》，围绕生产经营中心任务，在“谋发展、推改革、促管理、保稳定”上发挥政治堡垒和政治核心作用。建立基层党组织，交流干部9人。编辑《圆梦“十二五”》形势任务教育专题片，提振信心增干劲，凝聚共识促发展。深化“四好班子”创建，注重绩效考核工作，14个基层创效单位完成年度业绩指标。组织基层班子和科级干部履职测评，基层班子信任率100%，基层领导干部履职测评平均96.93分，机关及直属部门领导干部履职测评平均93.96分，科级干部履职互评平均90.9分。交流调整科级干部22人，确定科级后备干部30人。完善公司党风廉洁建设责任制实施细则，分层次组织《责任书》签订工作，坚持管人与管事、管业务与管廉洁相结合，考核“一把手”、职能部门和经营管理人员，形成纵向到底、横向到边的责任体系。

推进民主管理，落实厂务公开制度，组织精细管理、百岗千哨等群众性实践活动，开展扶贫帮困、健康关爱、文体活动和“职工之家”建设，发放帮扶款28.6万元。

【组织人事工作简况】 1月21日，油田公司党委任命陈凤军为公司党委副书记、纪委书记、工会主席。谷玉学调出。10月11日，公司聘任武杰任副总工程师（兼任新业务营销事业部主任），不再担任安全副总监职务；杨兴龙任安全副总监（兼任质量安全环保科科长）。3月18日，公司撤销计划管理科和市场开发部，成立计划市场部。将原计划管理科的职能全部划入管理，将原市场开发部的市场开发管理职能划入管理，将原通信设计所的通信工程设计职能划入管理。编制定员10人，其中科级职数4人。将电信技术科的设备运行维护管理和资产装备管理职能划到电信管理科管理，编制定员12人，其中科级职数4人。将原市场开发部的服务质量管理、营销、宣传、资费及大客户管理职能划入营业管理中心管理，将营业管理中心的营业收入分析、营业收费的稽核及监管职能划入计费账务管理中心管理，将营业管理中心的电话号码薄的编辑职能划归辽河华宇信息公司管理。营业管理中心是公司直属部门，编制定员8人，其中科级职数2人。计费账务管理中心是公司直属部门，编制定员6人，其中科级职数1人。将通信设计所更名为信息技术研发中心，公司大队级单位，编制定员10人，其中，科级职数3人，管理人员3人。

公司机关设办公室、计划市场部、财务资产部、人事科、电信管理科、电信技术科、质量安全环保科、审计监察科、企管法规科、党群工作部 10 个科室。设基建管理中心、信息档案中心、物资管理中心、营业管理中心、计费账务管理中心、员工培训中心、物业管理办公室、信访稳定再就业办公室、通信社会保险管理办公室、录井社会保险管理办公室、通信离退休管理办公室和录井离退休管理办公室 12 个直属部门。下设通信设备维修中心、新业务营销事业部（下设自动化技术项目部、数据视讯业务部、GPS 项目部）、网管维护中心、网络游戏项目部、辽河华宇信息公司、呼叫中心、服务公司、信息技术研发中心、综合车队、兴隆台通信站、欢喜岭通信站、茨榆坨通信站、渤海通信站、西区通信站、南区通信站、曙光通信站、锦州通信站、于楼通信站、沈阳通信站、红村通信站、高升通信站、招待所 22 个大队级单位和盘锦辽河油田通信实业有限公司 1 个多种经营单位。公司党委下设党总支 5 个、党支部 19 个，有党员 676 人。

（林喜荣）

振兴公用事业公司

【基本情况】 至 2013 年年底，振兴公用事业公司（以下简称公司）有员工 1958 人。其中，合同化员工 966 人，市场化就业 283 人，市场化合同工 683 人，自负集体 25 人，银桥劳务用工 1 人。员工中干部 401 人，工人 1557 人。大学及以上学历396人，大专 701 人，中专 190 人，高中及技校学历 561 人，初中及以下学历 110 人。具有专业技术职称的 572 人，其中，高级专业技术职称的 17 人，中级专业技术职称的 196 人，初级专业技术职称的 359 人。公司管理振兴地区振兴、幸福、世纪、迎宾、胜利、科研、生态园、蓝色康桥等 18 个小区，为 4 万户业主提供物业服务。承担房屋维修、环境保洁、绿化养护、保温供热、市政设施养护、液化气供应、小区治安综合治理和家政服务等工作。

【物业管理】 2013 年，公司推进“走动式”管理，提升环卫保洁水平。规范维修流程，明确服务标准，提高维修质量，开展维修服务25 418次。创新绿化养护思路，种植宿根花卉 57 750 株，树木建档 6367 株，推进树木、绿地认养活动，住宅区间“占绿、毁绿”现象下降 38 个百分点。开展物业服务月度公示工作，规范窗口服务，接待来访 2076 次、电话咨询与投诉 128 772 次。筹措资金 9177 万元，以生产指挥中心建设为重点，提高物业科技设施含量，改善小区管理硬件环境条件，开展物业服务基础工作，为辖区转供水 576 万立方米，转供电 7347 万千瓦时，供应液化气 3220 吨。固化公司领导夜间慰问、科级干部夜查、基层骨干带班等制度，建立老年人（70 岁以上老人）信息台账，试点安装“一键通”电话 400 部。探索“便民服务”新内容，引进便利餐饮、平价蔬菜进小区，深入“三项服务”（延伸服务、增值服务、品牌服务），开展 1 万余次。加强和创新社会管理，实现振兴公司与街道、社区交叉任职，幸福小区公共服务中心投入运行，推动物业服务和社会公共服务的有机融合，引入公共服务 6 项，运行 4 个月，累计公共服务 360 次，争取“利民、惠民”资金 12.8 万元。利用“幸福墨缘”，开展“送春联、送福字”进万家等活动。利用小区大舞台，以“振兴好声音”等活动为主导，累计开展活动 110 场次，业主参与活动 3 万人次，“爱心超市”收受捐赠衣物 5 万件、生活必需品价值 10 万元，扶贫帮困 365 人次。服务满意率提升 0.2 个百分点，振兴小区晋升集团公司和谐示范小区，物业一公司幸福公共服务中心荣获集团公司矿区系统服务示范窗口称号，物业七公司米冬雪荣获集团公司矿区系统服务明星称号。

【经营管理】 2013 年，公司深化预算管理，建立闭环式管理模式，完成经营业绩指标 6.25 亿元，实现利润 442 万元。拓展公建服务市场，提高公建服务质量，公建服务增加收入 470 万元。按照市场规律，科学调增房屋租金，增加收入 136 万元。收费单位夯实基础，细化流程，严格收费，应收尽收市政公司商网、自费户及追缴欠费，增加收入 145 万元，房产中心新增住户增加收入 331 万元。利用振兴培训中心，开展培训和技能鉴定业务，增加收入 115 万元。发挥游泳馆等场馆资源优势，倡导健康的文体活动，增加收入 100 万元。燃料、材料降低 31 万元，五项费用压缩 52 万元。强化设备外修制度，车辆外修费用减少 30 万元。实施供暖、技防、给排水等维修，降低维修成本 90 万元。全年公司实现增收节支 1500 万元。推进依法依规治企，强化合同履约过程管理，以经营管理为中心，发挥法律的支撑和保障作用，形成内控风险防范体系。加强审计工作，增强审计工作的预判作用，为企业经营管理提供支撑和保障。

【安全管理】 2013 年，公司把 HSE 管理作为企业的核心价值观，贯穿于生产经营管理全过程，落实“管工作必须管安全、管业务必须管安全、管队伍必须管安全”的工作要求。强化安全管理，开展体系换版工作，组织部门直线审核同第三方审核相结合的季度 HSE 审核。修订安全监督管理制度，组建首席安全监督员协会，建立安全监管一体化机制和安全管理工作落实促进小组。将主导目标激励奖 30%权重作为安全业绩奖，实现全员 HSE 绩效考核。以“安全生产大讨论、全员风险大排查”活动为载体，完善隐患整改流程，投入隐患整改资金 790 万元，整改隐患工程 20 项。针对高层消防存在的隐患，做到“三个保证”（保证整改资金投入、保证管理升级、保证防控到位）。创建安全社区，建设小区安全体验室，组织“入户送安全”活动，全年开展入户送安全 8000 次，发放传单 3.8 万份，发现隐患问题 689 个，开展有针对性的应急演练 180 次。开展“安全里程碑”“亲情助安全”、岗前誓言及“五小”安全举措活动，提升安全意识，养成安全习惯。加强交通安全管理工作，落实节能减排部署，推进清洁生产。公司被油田公司评为 2013 年度安全生产先进单位，员工黄薇被评为油田公司安全环保管理标兵。

【多种经营】 2013 年，盘锦辽河油田圣泰实业集团有限公司强化内部管理，保持员工队伍和谐稳定，开拓市场，实现产值 2.8 亿元。规范经营管理，推行项目经理负责制，以项目部为核算单位，明确项目负责人的责、权、利。加大物资采购、人工费的过程管控力度，以“优质价廉”为原则，开展市场调研，实现效益利润最大化。树立“安全第一”的工作理念，将安全管理与个人收入挂钩，推行现场安全标准化管理。完善绩效考核体系，发挥项目经理作用，建立考勤制度，调动员工积极性。稳固油田矿区市场，注重“质量立企”和“诚信发展”，提高市场占有率，实施“走出去”发展战略，实现外部市场收入 9330 万元。拓展新兴项目、新兴业务，其中，资质增项 4 个，新兴项目、业务实现产值 3523 万元。

【党群工作】 2013 年，公司学习贯彻中共十八大和十八届三中全会精神，构建完善配套的党建工作体系。开展党的群众路线教育实践活动，完成“学习教育、听取意见，查摆问题、开展批评，整改落实、建章立制”等关键环节，做好规范动作，创新自选动作，推进“六项工程”（实施“形势、目标、责任”再教育工程，实施“三送五必访”爱心温暖工程，改进作风“三贴近”工程，实施信息沟通“连心桥”工程，实施“创新社会管理”惠民工程，实施居民“素质提升”工程。）特色作法。深化“四好”领导班子创建，完善“中心组学习制度”，推进干部业绩考核，组织“党支部书记讲党课”、机关干部夜校等活动，提升干部素质和能力。推进惩治和预防腐败体系建设，以改进工作作风、廉洁自律为重点，加强党纪法规和反腐倡廉警示教育。加强三基工作，制定科学规范的建设标准，推进基层班组标准化建设。开展机关员工下基层活动，梳理、归纳制度 61 项，精简制度 7 项。加大人才培养力度，开展公司第七届员工职业技能竞赛，举办夜校培训班 27 期、振兴大讲堂 22 期，基层站队培训及岗位练兵 444 次，参与 8829 人次。开展送温暖活动，建立困难员工帮扶长效机制，全年走访 4740 人次，累计发放慰问金（物）158 万元。关爱艰苦岗位员工，建设“环卫工人之家”20 个。开展“送清凉、送健康、送关爱”活动，发放艰苦岗位补贴款（物）34.5 万元。履行工会维护、参与、建设、教育职能，公司被评为辽宁省厂务公开民主管理先进单位。关心员工生活，开展公司员工子女特色教学 86 人，协调外部房地产开发企业，员工享受购房优惠。宣传企业特色，与盘锦广播电台“行风热线”合作，走进直播间 20 次，开展员工家属“好建议”征集活动，搭建 QQ、微信等平台，在报纸、网络及电视台等媒体发表新闻稿件 739 篇，宣传企业，树立形象。“打造辽河特色，建设幸福振兴”，构建和谐矿区。

【组织人事工作简况】 3 月 18 日，公司撤销信息档案中心，将信息管理职能划归经营计划科，档案管理职能划归办公室。公司机关设办公室、党群工作部、工会、经营计划科、财务资产科、人事科、企管法规科、物业管理科、审计科、质量安全环保科10个科室；设置再就业协调管理办公室、离退休管理办公室、结算中心、员工培训管理中心4个直属部门；下辖物业一公司、物业二公司、物业三公司、物业四公司、物业五公司、物业六公司、物业七公司、物业八公司、物业九公司、公建物业服务公司、供热公司、市政公司、绿化公司、运输公司、燃料公司、房产管理中心、物资供应站、城管监察保卫大队、青少年宫、文体中心20个基层主业单位和盘锦辽河油田振兴工程建设监理有限公司、盘锦辽河油田圣泰实业集团有限公司、盘锦振兴物业管理有限公司3个多种经营单位。公司党委下设党总支5个、党支部43个，有党员637人。

（张跃龙　王　晶）

兴隆台公用事业处

【基本情况】　至2013年年底，兴隆台公用事业处（以下简称处）在册员工1524人。有合同化员工1028，市场化就业员工496人。专业技术干部366人，其中，具有高级专业技术职称的14人，中级专业技术职称的159人，初级专业技术职称的193人。技能操作岗位工人1008人，其中，高级技师32人，取得技术等级证书810人。员工中具有大专以上文化程度的749人，中专、技校、高中文化程度的775人。

处承担19个油田住宅小区和部分公用建筑的环卫保洁、园林绿化、幼儿教育、水电气暖供应、应急维修和市政建设维护等物业管理与服务工作。区域内有居民住宅楼745栋，平房42栋，服务户数22 961户，物业管理面积192.8万平方米，清扫保洁面积184.5万平方米，供暖面积240.5万平方米，绿化养护面积69.33万平方米。公司主营业务收入4.15亿元，超额完成年度经营业绩指标。荣获辽宁省“用户满意服务单位”、油田公司先进单位称号。

【物业管理】　2013年，处开展值周带班工作，固化晨检夜查制度，务实走动式管理。修订《小区综合考核管理办法》，规范《小区环卫保洁工作时间及流程》，推行顶楼签到、交叉检查制度。开展物业联合检查3次，月度检查9次，下发《物业监察通报》6期，《质量通报》12期，整改问题858项。组织召开业主代表座谈会12场次，解决热点、难点问题79项。加强和规范“440”管理，组织“440”工作人员走基层、下现场熟悉情况，全年接打服务电话4万余个，受理报修、投诉和咨询3383件。开展“文明楼道、文明业主”评选活动，在锦祥小区、金河小区举办广场文艺晚会。在集团公司矿区服务系统评选中，锦祥小区被评为“和谐示范小区”，红村绿化环卫队荣获“矿区服务示范窗口”称号，员工李艳玲被授予“服务明星”荣誉称号。处承办油田公司第一届女员工保洁、幼教技能比赛，获得好成绩。

【民生工程】　2013年，处投资矿区建设1.14亿元。改造乐园、先锋、红村、光明、丰裕、党校等小区地下公用管网及地面铺装。加强监管防水材料、施工程序、施工质量，实施100栋楼房屋面防水大修。维修“平改坡”防水试验。实施住宅楼外墙保温44栋。拓宽光明等老旧小区的道路，消除消防通道不畅的安全隐患。改造老旧小区给排水和采暖管网，改造红村、丰裕、先锋等小区视频监控系统。部分小区实施一户一阀改造，提升供暖效果。加强绿化工程管理，矿区系统开展3次绿化工程项目联合检查，锦祥小区绿化改造工程排名第一。矿建项目每天召开施工进度推进会，每周召开工程例会，协调解决问题，确保矿建工程质量和工期。

【经营管理】　2013年，处落实油田公司“三稳三增”（产量稳，成本稳，效益更要稳；规模增，实力增，效益更要增。）的工作要求。通过内部挖潜、调整机构等措施，盘活人力资源。根据中心地区供暖服务社会化的工作实际，转岗分流原供暖公司干部员工80人。优化劳动定额定员，解决缺员矛盾。合并基层站队，分流管理岗位部分人员到保洁等岗位，降低人工成本。从兴隆台工程技术处、中国石油长城钻探工程公司长城钻具公司等单位撤出公建物业等低效服务项目，充实物业公司员工26人。薪酬分配向艰苦岗位和基层站队倾斜，稳定员工队伍。开展“三个一”（一单位、一部门、一主题）管理提升活动，选题 29 项，《规范油料管理》《提高水电回收率》等选题创造良好的经济效益和管理效果。开展“一分钟精细管理经验分享”活动，基层单位总结和交流推广好做法 24 个。收费系统开展“看谁更优秀”劳动竞赛，商网收费率 100%，建立收费业务数据库。开展以收集基本情况、确认基础数据为主要内容的基础管理活动，促进对标管理。加强维修管理，维修费用下降 3 个百分点。优化车辆管理，减少在用车辆 25 台，节约直接成本 50 余万元。五项费用比预算减少 15%。召开月度水电分析例会，水、电回收率分别提高 1 个百分点，创效 57 万元。

【安全环保】 2013 年，处夯实安全环保基础，推进 HSE 体系建设。“安全目视化”工程、“标准化车队”建设等工作取得进展。强化体系审核，严格奖惩制度，完善监管机制。筹措资金 800 多万元，治理气站、车棚等 25 项安全隐患。启动亲情助安全活动，“安全里程碑”活动在油田公司系统内排名第一，青工安全小品大赛在油田公司取得好成绩。600 名员工参与油田公司“消防—反恐”联合演习，锻炼了队伍。处荣获油田公司安全生产先进单位称号。

【多种经营】 2013 年，处多种经营实现产值 2.6 亿元。矿建项目采取工程材料集中采购、施工力量统一调度等措施，实现矿建产值 6000 多万元。开展勘探开发项目技术创新，完成录井分析 178 井次，创产值 4262 万元。野外移动房制造项目做到生产与研发两不误，实现产值 2087 万元，获得符合国际船级社标准的“正压防爆仪器房”的生产资质。长庆项目部开拓油田外部市场，完成产值 1806 万元，在西部市场拓展发展空间。开发网络科技新项目，实现产值 1239 万元。银桥劳务公司加强劳务协调和保障工作，实现产值 2373 万元。

【党建工作】 2013 年，处开展党的群众路线教育实践活动，查找“四风”问题。改进科级干部和机关干部考核工作，采取组织考核、应知应会测试、机关和基层交叉互评等方式。举办后备干部、基层干部培训。开展处级干部进班组、基层干部访员工、机关干部上讲台、“知油情、晓处情”等活动。在油田电视台播出《李艳玲——最美辽河人》专题片，树立良好的企业形象。处荣获油田公司先进党委称号。

【组织人事工作简况】 2013 年，处设办公室、党群工作部、经营计划科、物业管理科、财务资产科、人事教育科、安全环保科、企管法规（内控与风险管理）科、纪检监察科、工会办公室 10 个科室。设置土地和绿化管理办公室、物资管理办公室、信息档案部、离退休管理办公室、再就业管理办公室 5 个直属部门。下设物业一公司、物业二公司、物业三公司、物业四公司、物业五公司、红村公用事业公司、职院公用事业公司、供暖公司、燃气公司、保安大队、托幼中心、体育馆、收费中心 13 个大队级单位和多种经营企业有盘锦鼎实实业集团有限公司及民政福利企业丰华应用技术综合厂。重组整合离退休管理机构和业务，实现不同区域的管理同步和资源共享。处党委下设党总支 8 个、党支部 45 个，有党员 851 人。 （林 卓 杨 平）

渤海公用事业处

【基本情况】 至 2013 年年底，渤海公用事业处（以下简称处）在册员工 1485 人，其中，主业 1427 人，多种经营用工 58 人。有管理人员 255 人（处级干部 7 人，科级干部 60 人，一般管理人员 188 人），专业技术人员 88 人，其中，具有高级专业技术职称的 12 人，中级专业技术职称的 50 人，初级专业技术职称的 26 人；有操作服务人员 1142 人。其中，高级技师 5 人，技师 21 人，高级工 581 人，中级工 289 人，初级工 246 人。处管辖渤海、三厂和高升 3 大区域 12 个住宅小区（永祥、海园、油二、兴油、新华、长湖、天丽、石化、热电、消防、长湖新城），承担渤海所辖矿区物业服务与保障工作。服务户数 22690 户，管辖面积 258.4 万平方米，供暖面积 221 万平方米，绿化覆盖面积 134 万平方米，清扫面积 209 万平方米。固定资产原值 4.77 亿元，净值 2.46 亿元。全年实现收入 3.93 亿元，成本支出 3.92 亿元，实现考核利润 142.47 万元，完成年度经营承包指标。

【物业管理】 2013 年，处实施物业分类服务，突出服务适宜性，抬高服务起点，细化服务标准，以创建“十佳小区”为载体，创新服务方式，倡导“亲情、阳光、责任”服务理念，提升服务质量。处把物业四公司环卫保洁工作列为样板，被油田公司矿区系统作为典型推广。节假日等重点时段以“四个供给、三个力保、两个落实、一个畅通”（水、气、电、暖平稳有序运行；安全生产、小区环卫、综合治理实现受控状态；应急预案落实到位、事件处置响应落实到位；信息联系24小时畅通。）为物业服务基本要求宗旨和升级物业管理，满足员工家属需求。处物业服务综合满意率达到98.5%，比上年提高0.25个百分点。兴油小区、石化小区荣获“五星级小区”，新华小区、高升小区荣获“四星级小区”，永祥小区和油二小区为“三星级优秀小区”。

【经营管理】 2013年，处实施物业切块管理，突出管理符合性，执行以收定支原则，强化预算刚性引导，扩展考核范围，各项指标控制在预算内。控制成本，强化物资管理，节约材料费150余万元。严控非生产性支出，“五项费用”节余38.6万元。严格投资计划管理，压缩投资规模，招标运作节省投资85万元。优化人力资源配置，节约费用140万元。实施对标管理，节能2680吨标煤，节水3.46万立方米。规范车辆“一卡制”加油，油料消耗比上年减少16.19吨，节约成本14万元。深化“全员精细管理，杜绝百种浪费”活动，堵塞管理漏洞，平均水损率下降5个百分点，自耗率下降0.9个百分点，电损率下降1个百分点，自耗率下降3.7个百分点。加强收费管理，收费率达到98%以上。完成公建收入1800万元。多种经营单位实现收入6089万元，实现利润73万元，实现自负盈亏。

处围绕“协调发展年”工作主线，把握“均衡、效力、受控”总要求，解决“服务适宜性、管理符合性、发展有效性”，提高发展质量效益，提升处的地位、作用、形象。加强管理，推动管理提升活动，掌握“协调发展”主动权。依法依规治企，落实分类服务、切块管理、量化评价，形成全要素覆盖、全过程管控的责任体系。完善管理机制，强化内控体系运行，修订完善制度36个。加强执行力建设，推动部门履职督导，解决基层单位关注的12类16项管理问题，取得效果。

【安全管理】 2013年，处树立“环保优先、安全第一、质量至上、以人为本”的理念，践行有感领导、直线责任、属地管理，落实“一岗双责”，分系统落实以主要领导全面负责、副职领导分管负责、业务部门直线负责、基层单位和岗位员工属地负责的“五级”责任执行体系，倡导安全环保核心价值理念。推进HSE体系建设，加强体系宣传贯彻和审核，整改闭环各类问题17项。深化“大讨论、大排查”活动，开展入户安全专项检查，落实重大危险源风险削减措施，加强对承包商安全监督，削减安全风险。落实安全隐患整改资金1005万元，治理“高层消防”等重大隐患17项。探索构建安全环保长效机制，强化执行评价，推动现场监督向过程控制延伸。实施安全社区创建活动，提高社会影响力。处获油田公司“环境保护先进单位”称号。

【民生工程】 2013年，处坚持民生导向，站在“惠民生、保稳定、促和谐”的高度，将“和谐矿区建设”作为民生需求的硬任务。加大对矿区建设的投入力度，实施民生工程建设，投入资金8990万元（油田公司投资6001万元，处成本列支2899万元）。完成海园小区和消防小区整体改造工程。实施锅炉房循环系统、市政设施维修、67栋住宅楼屋面防水、自行车棚改造等项目，更新基础设施，完善配套设施。发挥小区“阵地”优势，加强与驻矿单位互动，营造和谐、稳定、共赢的区域发展环境。关心员工身心健康，实施“健康在渤海”活动，让员工健康生活、幸福工作。执行带薪休假制度，组织全员健康体检，发放健康疗养金126.9万元。提升帮扶救助质量，慰问困难家庭、患病员工、离退休老领导140户次，发放慰问金46万元。走访有偿解除劳动合同人员176人次，送去慰问金5.3万元。

【党建工作】 2013年，处按照“转作风、树形象、提素质、促发展、创和谐”的工作要求，将党建工作融入生产经营和改革发展全过程，发挥党的政治核心作用。贯彻中共十八大精神，以处两级领导班子和机关干部为重点，按照“照镜子、正衣冠、洗洗澡、治治病”要求，开展党的群众路线教育实践活动，组织学习教育16场次，征求意见275个，班子查摆“四风”问题18个，制定落实整改方案，深入基层接地气，凝心聚力谋发展。推进“四好班子”创建，形成领导班子“大事共议、管理共抓、责任共担”的良好格局；

推进“六个一”党支部建设，构建学习型、服务型、创新型基层党组织，提升党建工作科学化水平；推进“基本素质达标工程”和“双十”读书活动，强化“三支队伍”建设，举办第六届员工技术比赛，组织培训36次，提升全员基本素质；推进惩防体系建设，规范领导干部廉洁从业行为；推进“四型机关”创建，改进机关作风，发挥指导服务职能。

【组织人事工作简况】 1月21日，油田公司任命韩越为处党委书记、副处长。王文儒改任处级调研员。处机关设处长办公室、党群工作部、物业管理科、财务资产科、人事教育科、企管法规科、安全环保监察部、经营计划科、能源管理科、工会10个科室。设信息档案中心、离退休再就业管理中心、结算中心、职工培训中心、440服务中心5个直属部门。下设物业一公司、物业二公司、物业三公司、物业四公司、物业五公司、新工物业公司、高采公用事业公司、市政公司、供暖公司、车辆管理大队、物资供应站、保安大队、城管监察大队13个大队级单位。处党委下设党总支11个、党支部62个，有党员536人。

（王宏坤）

于楼公用事业处

【基本情况】 至2013年年底，于楼公用事业处（以下简称处）在册员工1238人。有科级以上干部59人，其中处级干部6人，科级干部53人；具有专业技术职称的235人，其中，具有高级专业技术职称的4人，中级专业技术职称的88人，初级专业技术职称的143人。大学本科及以上学历117人，大专学历305人，中专学历117人，高中（技校）学历574人，初中学历125人。

处承担于楼、沈采（沈阳采油厂）和茨采（茨榆坨采油厂）3个矿区包括花园、通达、宏运等15个住宅小区的管理工作，管理业主102户，其中，公费户12538户，自费户2055户，空房970户。区域清扫面积194.65万平方米，绿化养护面积142.8万平方米，供暖面积192万平方米。年供水428.09万立方米，供电量3199.79万千瓦时，日清运垃圾量60吨。拥有固定资产原值4.55亿元，净值2.56亿元。实现营业收入3.53亿元，成本支出3.52亿元。

【物业管理】 2013年，处推进服务行为标准化，提升品牌形象。处秉承“阳光亲情物业”服务理念，开展“情系百姓，为您解忧”活动，召开用户和社区代表座谈会，收集用户意见和建议、公布问题整改方案和进展情况、回访改进效果。选聘居民代表做民生工程监督员，监督工程质量和供暖温度，成立供暖问题投诉接待站，快速处理应急事件。执行值班领导夜访制度，掌握用户室温和日常维修情况。实施住宅楼屋面防水、防盗门维修、阳台墙面渗漏治理、平房区供水水质改进、小区环境改造和新建老年活动中心等民生工程，改善矿区居住环境。实施更换楼宇阀组间设施、新建花园小区换热站、更新自力式流量调节阀、清洗管线等项目，制定供暖运行和应急处置方案，执行供暖温度曲线，提高锅炉负荷。开展“暖心工程”竞赛活动，履行维修服务承诺，提升供暖质量。丰富贴近式、追踪式和孝敬式服务内容，增设便民服务站、定期为困难群体提供室内保洁等免费服务，严格执行报修回访制度，消除服务盲点。开展物业检查、多媒体通报、示范岗评比、优秀服务法推广等活动，增强典型引领作用。强化“440”住户服务中心的核心指挥地位，协调各方面力量，实现高效处置、密切追踪、回访用户、改进提高的闭环管理，收集供暖运行数据，编制供暖日报和周报。

【企业管理】 2013年，处推进企业管理精细化，借助“三基”工作、内控管理和HSE体系工作平台开展管理提升工作。修订人、财、物等关键要素的管理制度，明晰管理职责和工作流程。开展内控培训，定期进行基层检查和现场指导，增进两级机关的衔接和融合，促进管理工作有序运行。明确能源管理职责和权限，适时进行能耗分析和异常情况预警，加大管线巡检和堵漏力度，实施沈采矿区给水管线改造、茨采矿区地下热水替换锅炉补水等项目，推广变频节能技术、热网保温工艺，有效遏制能源流失现象。核定收费对象信息，重新界定收费标准，加快收费节奏，实现应收尽收。创新公建服务方式，了解业主单位实际状况和潜在需求，帮助业主单位做规划、上项目、解难题，增添服务内容，提升创收能力。推进供暖、托幼和垃圾清运业务社会化进程，降低运行成本，减轻安全环保压力。面向用户及时公布工程项目信息，收集群众建议，提前开展工程前期准备，明确项目部职责，坚持例会制度，严控工程质量、进度和投资，项目管理见到实效。强化人才培养，制定培训计划，分层次、分批次开展管理、技术和操作人员培训工作，组织员工参加职业技能鉴定，提升管理人员的综合能力和岗位员工的业务素质。选聘大学生和基层骨干安排在重要管理岗位，培养有能力、干实事的员工充实到基层站队，提振员工干事创业的热情。采取统一调派维修力量、合理安排人员倒班等措施，各项业务实现平稳运转。结合社会化工作进程，进行人力资源现状调查和岗位用工规划，为员工队伍有序接替和结构优化奠定基础。坚持“以人为本、从人入手、重在基层、立足岗位”的HSE工作理念，针对不同层面提出操作性和适用性较强的HSE绩效考评标准，采取走进基层、领导访谈、书面答卷等方式，及时了解和校准基层安全工作思路。开展“大讨论大排查”活动，治理液化气站、锅炉房等要害部位的安全隐患，实施安全文化和目视化项目建设。定期开展体系审核工作，加强承包商管理，举办安全管理知识培训，规范施工现场管理，加大安全违规惩处力度，推动HSE体系的平稳运行。

【党建工作】 2013年，处党委以十八大精神为指导，推进学习型、服务型、创新型党组织建设，深化“四好”班子创建活动和两级班子中心组学习制度，转会风，改文风，深入基层、走访用户，建立政工系统工作例会制度，完成基层党组织换届工作。开展党的群众路线教育实践活动，主要领导深入一线，党委书记讲党课，开展座谈讨论、征求意见等活动内容，查摆整改“四风”问题，做到征求意见有广度，查找问题有深度，解决问题有力度。处党委开展“企业发展我尽责，服务提升我献策”活动，组织员工查找服务缺陷，征求改进意见建议，增强员工的责任意识。

【组织人事工作简况】 1月21日，油田公司党委任命李智为党委书记。处机关设处长办公室、党群工作部、财务资产科、物业科、安全环保科、劳动人事科、企管法规科、经营计划科8个科室。设再就业协调管理办公室、离退休管理办公室、城管大队、供应站4个直属部门。下设物业一公司、物业二公司、物业三公司、物业四公司、物业五公司、供暖公司、综合服务公司7个大队级单位。处党委下设党总支9个、党支部43个，有党员428人。 （张海洋）

曙光公用事业处

【基本情况】 至2013年年底，曙光公用事业处（以下简称处）在册员工931人。其中，合同化员工556人，市场化就业员工115人，市场化合同员工260人。干部中具有专业技术职称的158人，其中，具有高级专业技术职称的6人，中级专业技术职称的63人，初级专业技术职称的89人。员工中有技师18人，高级工219人，中级工77人，初级工143人。

处承担曙光矿区综合物业管理、环境保洁、绿化养护、锅炉供暖、液化气供应、市政设施维护、托幼服务、工业区办公楼宇及公共设施管理与服务工作。管辖13个小区，有10004户居民。矿区基地占地面积225.92万平方米，其中，住宅用地89.07万平方米，公建用地130.85万平方米。服务住宅楼348栋、平房54栋。清扫面积120.6万平方米，供暖面积120万平方米，有排污排涝站13座，自行车棚10座，幼儿园2所。全年实现收入3.31亿元，成本支出3.3亿元，实现账面利润111.74万元，完成“收支平衡，保本运行，解困扭亏”目标。

【物业管理】 2013年，处践行“责任、亲情、阳光”的服务理念，推进管理服务优质工程建设。坚持管理标准化、服务人性化、过程亲情化，开展矿区服务示范窗口创建、“星级小区”评比活动，强化矿区美化、绿化、亮化和净化工作力度，强化“440”“一站式”服务运行管理、服务工作考核与监督，接待处理居民报修1308项（次）；为鹤翔、景乐、景安搬迁小区1783户居民提供“一站式”房屋产权办理业务；方便居民用户，初步实现井下、供电、曙光中心矿区民用水电暖等跨地区缴费；组织处理社会化供暖初期系统并网运行出现的问题1000余起，确保供暖效果，供暖工作位列矿区系统“温暖杯”竞赛活动综合考核第一名；强化学前教育管理，提高幼教服务水平；推进数字化物业平台建设，开辟

“小区大事”专栏，倾听居民声音，答疑解惑、改进工作，用户综合满意率95%。推进平安和谐矿区建设，协调争取上级矿区建设投资8492万元，自筹资金2248万元，用于矿区建设和重大安全隐患治理，实施怡园、黎明、稻香园、景宏小区改造、供暖一户一阀、天然气入户等59项民生工程项目。协同驻矿单位实施丰华小区平房等390户居民的搬迁项目，解决房屋建筑质量安全隐患，新丰华小区工程建设完工；启动怡园、鹤翔2个社区活动中心建设项目；重点抓好167栋楼屋面和1200户阳台防水大修质量；集中更换鹤翔和景乐小区1951户住宅窗户。强化施工过程管理，最大限度地减少施工对小区居民生活的影响。发挥三级治安防范体系作用，实行24小时动态防控。自筹资金35万元，维修和更换辖区7处监控系统、82个摄像头、36个光端机、1800余米光缆视频线；形成警园联动机制，幼儿伤害事件为零；加强新建曙光综合集贸市场管理，规范矿区内的零星商网。

实施项目组织工程风险识别，监督检查施工单位现场，发现整改工程安全隐患129项，办理住房交易292户，及时更新住户信息；办理鹤翔、景乐、景安搬迁小区房屋所有权证工作，搬迁1873户，完成审核程序1840户，33户未办理(退休住户不在本地)。规范和整改托幼人员，系统培训《幼儿园教师专业标准》、《幼儿教师心理健康》等托幼知识。加强食品卫生监督工作，监督落实托幼园所采购验收索“三证”（卫生许可证，食品检验合格证，经销许可证）制度。看护入托幼儿1164人次，收取托幼管理费约47万元。

【经营管理】 2013年，处实施预算管控，控制成本费用。预算运行管理按照各个板块实行横向到边、纵向到底的指标分解和管理模式，提高运行效率，发挥预算调控作用。强化集中报销系统的应用，加强对“五项费用”指标的考核力度，制约非生产性支出，控制成本总额。落实收费责任，制定收费管理考核办法及实施细则。每季度召开收费管理工作会议，解决收费中存在实际问题32项。明确各收费大厅管理职能，实行统一管理、统一标准，规范收费服务流程。实现跨地区收费一体化（小区居民可在处任何一个收费大厅办理水、电、超面积物业和采暖的交费业务），体现“一站式服务大厅”的整体功能。加强资金管理，提高资金保障能力。利用大司库营运资金管理体系，强化资金计划的准确性和严肃性，解决资金计划管理中存在的上报时间不及时、上报项目不明细、资金执行与计划偏差较大等问题，提高资金使用率和科学性。健全完善资金管理制度，防范资金风险，杜绝公款私存现象，防止资金流失，保障资金安全。启用大司库财企直联，财务系统与银行业务系统实现对接，财务系统可以完成对外付款、银行账户的查询、转账、资金归集、信息下载等功能，确保财务系统与银行业务系统账户信息一致，降低差错率。强化设备管理，增强资产管理能力。把握资产需求，从资产入口管理入手，杜绝无计划购置、超标租赁、隐匿账外资产等行为。坚持三级检查制度，融合HSE体系要求，开展资产检查4次，提升设备运行可靠性。加强设备维修事前鉴定、事中核实、事后验收工作，加强旧件回收，控制修理费用，确保设备修复质量可靠。加强资产报废、处置管理，严控资产流失。规范内控体系，提升风险管控水平。提升测试评价的工作质量，发挥监督考核的激励约束作用。将内控工作开展情况列入干部个人述职报告和业绩考核中。组织内控管理专项集中培训，开展风险管理报告工作，确认微小风险26个，一般风险20个、重大及重要风险2个，分析重要风险，形成《曙光公用事业处风险管理报告》。

制定《曙光公用事业处2013年节能节水工作计划》和考核办法。根据油田公司下达的“实现节能700吨标准煤，实现节水0.8万立方米”的节能指标，制定节能措施，分解节能指标，与三级单位签定《2013年节能节水责任书》6份；开展以“践行节能低碳，建设美丽家园”为主题的“节能宣传周”活动，按季度分析能效对标数据，制定能效对标实施方案，实施精细化管理和技术措施，提高能效水平。三季度，供水损失率10.96%，比上年降低0.43个百分点；供电损失率3.01%，比上年降低0.08个百分点。建立用能用水台账。统一规范水电商品率计算公式及能源消耗报表，加强数据统计分析，按月分析相关数据，找出存在问题，调整工作重心；组织能源、计量管理知识培训，完善能源计量数据管理制度，规范能源计量器具采集记录和报表，规范基层站队计量器具的配备和管理台账，按照《2013 年计量计划》加强计量器具的送检，A、B、C 类计划检定计量器具 823 台件，按照《检定计划》完成。开展“5·20 世界计量日”宣传活动，举办计量知识讲座 3 次，发放“计量小常识”宣传资料 450 余份。

【安全环保】 2013 年，处强化 HSE 管理，提升本质安全水平。强化“小区居民生活安全与企业生产安全同等重要”的思想认识，落实安全环保责任，将“安全经验分享”活动升级为全员“安全认知分享”；建立完善风险控制体系，识别排污排涝作业、检维修作业、施工现场监督作业等业务单元风险 1298 项，识别两级机关风险 621 项，组织“防灾减灾”演练 17 次；加大隐患治理力度，协助盘锦华润燃气有限公司实施燃气社会化项目，最大限度消除液化气充装站安全隐患；开展“安康杯”竞赛活动，深化“百岗千哨”群众性安全监督活动，聘任处级“首席安全监督员”5 人。加强对重点要害部位、易燃易爆场所、人员密集场所及施工作业现场的安全监管，落实入户“访修”，与驻矿单位联合，掌握辖区地下油气管线及供暖、燃气等市政管网现状，消除隐患；开展鹤翔小区“安全社区”创建，提高“居民区”本质安全水平。强化标准化示范车队建设，将安全教育和管控延伸至私家车驾驶员。获油田公司“标准化示范车队”“星级车队”和交通安全管理先进单位称号。强化环保责任转移与削减，实施中心矿区生活污水管网与盘山县污水处理厂联网建设项目，辖区生活污水和雨水分流排放。实现“零伤害、零污染、零事故”目标，被评为油田公司环保先进单位。

【法律事务】 2013 年，处调查、统计物业专有的法律风险，完善 16 个物业专有法律风险防控指引内容，落实到具体岗位，结合单位生产经营业务变化实际，删除 1 个风险源点，新增 1 个风险源点。组织开展法律风险防控专题培训，培训 82 人。培训以物权法、物业管理条例和物业管理中的法律风险防范为主题，讲解分析案例，员工掌握物业管理法律相关知识。参加油田公司法律顾问考试培训工作，参加油田公司法律合同制度业务培训班，参加“物业服务法律风险分析与防控”等方面的专题讨论和经验交流。

【党群工作】 2013 年，处开展党的群众路线教育实践活动，执行“中央八项规定”和“集团公司党组 20 条要求”，查找“四风”突出问题，树立“为民务实清廉”形象。深化“四好”班子建设，落实“三重一大”决策制度，强化领导班子和干部队伍作风建设，增强领导干部的引领力、执行力和贡献率；深化党风廉政建设，落实领导干部“一岗双责”，党员领导干部违规违纪为零。夯实党建基础工作，深化基层党支部“六个一”创建，建立基层党建示范岗、示范点 6 个，发展新党员 17 人；弘扬大庆精神铁人精神，发挥典型引领示范作用。

组织员工调研、健康疗（休）养 94 人（次），健康检查 685 人（次），支出 70.5 万元，发放疗养费 72.96 万元；构建维稳长效机制，实施困难员工动态管理、随时救助。走访慰问特困员工、遗属、住院员工 117 人（次），支出 15.32 万元；投入盘锦市文明城市创建活动，与区域内驻矿企事业单位、消防支队、中小学建立应急响应联动机制，青年志愿者为空巢老人服务。

【组织人事工作简况】 1 月 21 日，油田公司党委任命王俊艳为处党委书记、副处长；吴涵斌为处党委副书记、纪委书记、工会主席；原处党委书记、副处长韩越调出。处机关设综合办公室、工会办公室、纪检监察科、党群工作科、组织人事科、经营计划科、企管法规科、财务资产科、质量安全环保科、物业管理科、市场开发科 11 个科室。设置信息档案室、城管监察大队、物资管理中心 3 个直属部门。下设物业一公司、物业二公司、物业三公司、供暖公司、燃气公司、运输公司、托幼中心 7 个大队级单位。处党委下设党总支 7 个、党支部 20 个，有党员 238 人。推进千队示范工程建设，3 个站队被油田公司命名为标准化建设示范点；实施员工队伍“提素质”计划，组织培训 3612 人（次）；制定《曙光公用事业处青年管理人才、专业技术人才培养使用实施办法》，建成大队级、处级青年人才库。

（刘　娜）

欢喜岭公用事业处

【基本情况】 至2013年年底，欢喜岭公用事业处（以下简称处）在册员工1304人。其中，合同化员工971人，市场化就业332人，劳务用工1人。干部中具有专业技术职称的276人。其中，高级专业技术职称的10人，中级专业技术职称的107人，初级专业技术职称的159人。员工中有高级技师1人，技师25人。承担欢喜岭地区9个住宅小区和锦州采油厂小区、兴疗小区2个外围小区的物业管理服务工作。负责环卫清扫、园林绿化、供暖、托幼、燃气运送、城管保安等业务，管辖面积214万平方米。其中，绿化养护面积74.64万平方米，环卫清扫面积193.11万平方米，供暖面积174.47万平方米，排污面积346.27万平方米，服务用户15264户，拥有国家级示范小区1个（锦采小区）、省级示范小区6个。固定资产原值5.25亿元，净值2.28亿元。处实现收入3.48亿元，成本3.47亿元，超缴考核利润指标113.7万元，完成年度经营指标。

【物业管理】 2013年，处规范基础管理工作，完善“440”信息档案、自检自查考核标准等基础资料；加强关闭防盗门、清掏下水井等基础性服务工作；中兴小区被评为集团公司平安和谐示范小区。加强窗口服务的品质与形象，提升“440”应急维修、投诉查处等工作质量。与供水公司协调，加强水质监测，矿区水质明显改善。开展“十佳服务站队”“十佳服务窗口”“十佳服务明星”争创活动，钻二收费大厅、物业四公司保安班获油田公司矿区服务事业部“十佳服务窗口”称号，物业一公司员工范恩强获油田公司矿区服务事业部“十佳服务明星”荣誉称号。推进托幼、水电气暖等相关业务社会化改革进程，完成1所托幼园所的社会化合作办园工作。

2013年，处筹措资金8241万元，推进锦采矿区、祥和小区、兴疗小区、凌海小区等老旧小区基础配套设施改造项目，解决老旧小区多年排水不畅、电力系统老化等问题；推进液化气充装站、储存站、中心锅炉房等安全隐患治理项目，增强矿区安全保障能力；推进住宅楼屋面防水、绿化补植改造等小区环境综合整治项目，改善矿区环境面貌。建立《矿建工程施工管理手册》，明确标准、理顺流程、落实责任。

【经营管理】 2013年，处稳健经营，规范经营分析，提高预算管理的严肃性、安全性和可控性，规避潜亏风险；服务创效，增加公建服务收入，开展清欠工作，做到应收尽收；加强水电油煤等能源和材料的对标管理，实施水损管控，安装监控表，综合服务收费中心、物业公司、供水公司联合抄表，强化巡检夜查，节水2.55万立方米；加强燃煤质检，保证车车过磅、车车化验，增装监控设备，减少人为损耗，节约燃煤1100吨；加强油料管理，车辆实行单车定额、“一卡”加油，节约油料成本38万元；加强材料管理，比上年减少材料成本100万元；坚持零星维修自理，物业公司自行清淤，供暖公司清洗、维修换热设备，减少维修费110万元。

【安全生产】 2013年，处突出“一岗双责”（指某一具体岗位兼有双重责任，岗位的本职工作职责和安全管理工作职责），制定《欢喜岭公用事业处属地管理规定》，签订属地责任书，聘任首席安全监督员10人，落实员工安全责任。领导干部带头以身作则，以“危害因素识别与风险控制”为主线，固化“大讨论、大排查”活动，强化安全隐患专项整治和关键环节要害部位的安全监管，累计检查科级单位126次，股级站队165次，重点要害部位109次，查出隐患问题314个，下发整改通知单18份。开展安全培训12期，累计培训1680人次；组织专业技能培训14期，培训97人次，持证上岗率100%，培训覆盖率100%，增强岗位员工安全防控技能。推进安全社区创建工作，启动中兴小区、创业小区安全社区创建工作。组织居民安全用电用气、直排式热水器使用的入户专项检查。累计发放安全宣传单3万余份，完成入户检查11662户，协助整改隐患187户。处荣获油田公司安全生产先进单位称号。

【党群工作】 2013年，处学习贯彻中国共产党十八届三中全会精神，开展党的群众路线教育实践活动，坚持“两不误、两促进”，改进干部作风，考核领导干部履职情况，执行《工作日志》8项要求，落实整改责任，整改销项问题56条；

举办首届女职工技能竞赛，选派员工参加油田公司女职工技术技能比赛，保洁、幼教岗位取得优秀成绩；开展好员工“健康工程”，出资92万余元组织1176名员工健康体检；实施员工关爱行动，开办职工食堂；实施困难群体帮扶233人次，形成体检送健康、盛夏送清凉、金秋送助学、结婚送祝福、住院送探望、退休送关爱的良好氛围。

【组织人事工作简况】 1月21日，油田公司党委任命赵连永为处党委书记，原党委书记史维虎调出。7月29日，处将综合服务收费中心调整为三级单位。物业二公司成立物业四队。撤销物业三公司，原物业三公司职能、人员划归物业二公司物业四队。处机关设处长（党委）办公室、党群工作部、纪检监察科、工会、物业管理科（含440调度室）、经营计划科、财务资产科、劳动人事科、质量安全环保科、企管法规科等10个科室；设信息管理中心、物资供应科、社会保险管理中心、城管综治办4个直属部门；下设物业一公司、物业二公司、综合服务收费中心、物业四公司、供暖公司、托幼管理中心、燃气公司、运输公司等8个科级单位。处党委下设党总支6个、党支部41个，有党员364人。

（孟　宇　汪　涛）

华油实业公司

【基本情况】 至2013年年底，华油实业公司（以下简称公司）在册员工2393人。其中，全民员工1164人，市场化1229人。具有专业技术职称的727人，其中，具有高级专业技术职称的44人，中级专业技术职称的203人，初级专业技术职称的480人。主营业务及控股子公司实现收入5.8亿元，减亏236万元；多种经营实现收入6.5亿元，实现利润1007万元。固定资产原值6亿元，净值3亿元，新度系数0.51。

【主营业务】 2013年，公司以稠油注汽、环保产业为主营业务，依靠优质服务和特色技术，开拓油区和外部市场，提升公司发展能力。

公司巩固油区内曙光采油厂、特种油开发公司、冷家油田开发公司等注汽业务市场，开发外部市场，进入吉林、胜利、内蒙古、新疆、中国海洋石油总公司等国内市场及哈萨克斯坦、苏丹等国际市场。通过优质服务，高升采油厂联合区块注汽工作量增加4.1万立方米，曙光采油厂区块新增注汽锅炉2台，油区内部市场份额稳中有升；加强沟通协调，胜利油田增加1台注汽锅炉；与中国海洋石油总公司签定注汽服务合同，为拓宽海上注汽业务奠定基础；与吉林油田实行风险合作，实施85井次，合作开发累计增油1.4万吨；跟进哈萨克斯坦注汽业务，参与中国石油在哈萨克斯坦KMK油田注汽服务项目和中国石油化工总公司萨基斯油田热采项目的投标工作。累计完成注汽工作量294.7万立方米，比上年增加24%。

公司在曙光污水处理厂改扩建一期工程运行基础上，完善工艺设施，通过一浮、二浮改造，提升污水处理质量。按照油田公司安排部署，完成3个污水处理厂管理权的平稳移交。累计完成污水处理量1272.9万立方米，油泥处理量3.8万吨，机械化清洗油罐11座。公司在空气采油、莫尔液节能减排和石油焦浆等业务中，坚持诚信服务和互利双赢，完成空气采油注空气663.2万立方米；石油焦浆混合燃料替换原油27904吨；低效资源利用替换原油1万吨；燃煤注汽和莫尔液节能减排替换原油3500吨。

【科技创新】 2013年，公司开展生产技术课题研究和重大项目科技攻关，完成“污水深度处理工艺试验”“组合工艺达标外排试验”和“稠油污泥高效脱水固化技术”等课题的研究；完善空气采油和油井光纤测试等技术应用。组织实施集团公司重大科技项目2项、油田公司级重大项目2项，争取集团公司和油田公司科技经费补贴367.9万元。

【经营管理】 2013年，公司加强内部控制管理。发布《风险管理报告》，完善《内控运行考核管理办法》，制定《结算流程运行奖惩实施办法》。运行内控流程，实现业务流程和风险控制与岗位责任有机结合，内控例外事项比上年减少32%。

强化财务预算管理，细化分解预算指标，实行资金审批程序，缓解和控制成本上升势头，各项费用均控制在预算指标内。其中，修理费、外包工程支出降低5%，五项费用支出降低15%。规范物资采购管理，执行月度计划的审批和实施，压缩非生产性物资采购，对重点物资采取事前审批、事中监督和事后跟踪检查，全年万元收入材料成本降低4个百分点。完善资产效能管理，资产投入、盘活和使用维护服从安全、效益的需要，开展资产设备大检查和资产挖潜节支降耗，通过减少外委、修旧利废等措施，完成挖潜增效153.6万元。强化“三控制一规范”和“五定”工作，清退外雇工93人，节省劳务费用230万元。修订《华油公司业绩奖励实施细则》，拉开奖金兑现的分配档次，加大向经营业绩突出单位、一线艰苦岗位和外部市场队伍倾斜力度。

【安全环保】 2013年，公司开展“大讨论、大排查”活动，层层落实安全环保责任，严格执行领导干部安全承包制度。狠抓HSE体系建设，发布《安全生产管理细则》。强化岗位员工的安全技能培训，举办安全管理、基层骨干培训班7次。开展治理隐患专项检查11次，排查整改隐患399项，下发隐患整改通知单56份，实现油区现场监督检查覆盖率100%，安全环保工作平稳运行。

【多种经营】 2013年，公司坚持从长远利益出发，宏观指导和协调多种经营企业，在市场和资源配置上给予政策保护。多种经营企业树立依靠内部求生存、开拓外部求发展的经营理念，调整业务结构，规范内部管理，形成以油田采油技术服务、天然气业务和油气管道施工建设、房地产开发和计算机软件开发为主导业务的架构，实现收入6.5亿元，实现利润1000余万元。树立企业形象，提升经营规模。

【党群工作】 2013年，公司党委按照“融入中心、服务大局”的工作定位，发挥政治保障作用。开展党的群众路线教育实践活动，查摆整改各级领导班子和班子成员“四风”突出问题，树立为民务实清廉形象。加强“四好班子”建设，年度基层班子综合满意率95%，科级干部平均满意率96%。执行“三重一大”决策制度，推进惩防体系建设，促进党风廉洁建设上水平。加强队伍建设，深化基本素质达标工程，提高员工队伍素质。推进“六个一”党支部创建活动，完成热注二公司“标准化党支部”示范点创建工作。发展转正党员85人。夯实基层基础建设，投资200余万元。配备和更新生产一线设备设施，改善员工工作环境和生活条件。开展扶贫帮困送温暖活动，走访困难家庭20户，发放慰问金11.6万元；深入基层班组送温暖78次，慰问外部市场员工200余人次；投入140万元，改善一线岗位员工劳动防护用品，组织424名员工参加职业健康体检，组织特殊岗位员工68人进行健康疗养。

【组织人事工作简况】 2月4日，油田公司党委任命孙立文为公司党委副书记（正处级）、纪委书记、工会主席。原公司党委副书记、纪委书记、工会主席霍长军调出。2013年年底，公司机关设经理办公室、党委工作部、经营计划科、财务科、人事科、生产运行科、安全环保科、质量节能监督站、安全监督站、工程技术科、企业法规科（内控科）审计科、经检监察科、科技科、工会15个科室。设置资产管理中心、信息档案中心、概预算管理中心、市场管理部、离退休管理办公室、保卫科（综治办）6个直属部门。下设热注一公司、热注二公司、热注三公司、热注四公司、热注五公司、热注六公司、国际项目开发公司、燃料公司、环保工程一公司、环保工程二公司、环保工程三公司、油气开发技术服务公司、科研机械厂、运输公司、客运公司、物资供应站、环保节能技术研究所17个三级单位，盘锦辽河综研化学有限公司1个中日合资企业、热力工程处1个全资子公司。盘锦辽河油田科技实业有限公司和辽宁辽河油田泰利达建设集团有限公司2个多种经营公司。公司党委下设党总支3个、党支部15个，有党员813人。

（郑　爽）

油气工程技术处

【基本情况】 至2013年年底，油气工程技术处（以下简称处）在册员工916人，其中，全民员工530人，多种经营员工386人。具有高级专业技术职称的22人，中级专业技术职称的150人，初级专业技术职称的150人，高级技师6人，技师26人。全年产值8.01亿元，实现利润3413万元。

【主营业务管理】 2013年，处安装氢气提纯装置，合理安排检修时间，集中力量更换转化炉下集气管，为装置高负荷运行提供保障。关注下游氢气市场，加强营销，向北沥40万吨尾油加氢项目供气，增加收入1820万元。合理调整氢气价格，增加收入520万元。完成新制氢项目征地、安全评比等前期工作。快速发展天然气业务，开发辽滨宝来、鞍山港华、盘锦中润等用户，建成牛居分输工程，稳步推进“气化矿区”工作，销售天然气1.76亿立方米，销量比上年增长33%。重质燃料加氢轻质化现场试验取得成功，收集相关试验数据，得到集团公司的高度重视和充分肯定。

深化多种经营企业内部改革，推进业务整合，精简机关编制，划小核算单位。金东公司完成中缅线一期工程，成功进入大连油库保运等市场，中标廊坊管道局、铁大线（铁岭—大连）等多项检测工程，增加氢气提纯业务，拓宽物业服务领域，全年实现收入1.67亿元，比上年增长54%，完成利润138万元。鼎盛公司应对天然气调价等不利因素，提升服务质量，强化营销管理，扩大管输销售，实现收入2.83亿元，完成利润959万元。接收辽河油田民政福利综合厂，清理挂靠业务，确保企业效益不流失，维护了残疾人权益，实现收入483万元。

【经营管理】 2013年，处推进“基础管理年”活动，找短板、查不足、定措施，整改管理问题43项。突出效益导向，强化利润考核，层层分解指标，形成全员、全过程、全方位的预算执行体系。加强经营活动分析，查找差异，解决问题，科学预测，制定措施，保证经营管理全面受控。树立过紧日子思想，加强成本控制，财务资产、经营计划、审计等部门加强指导和监督审核，强化物资采购、招投标管理，确保各类支出规范受控，五项费用和非生产性支出减少17.5%和13.8%。严格合同审查、审计监督、效能监察，防范经营风险。加强内部市场保护，维护油田公司整体利益。

【安全环保】 2013年，处推进HSE体系建设，落实安全环保责任，修订制度23项，制定个人行动计划66份，开展承包活动99次，解决问题85项。开展安全生产大检查，强化安全培训，突出重点区域、要害部位、关键环节，加强现场监督管理，严格危险作业审批、制定风险消减措施，组织“大讨论、大排查”活动145次，安全环保培训200次，专项整治4项，治理隐患158项。开展应急演练81次，提高全员应急指挥和实战能力。开展交通安全专项整治，加强车辆管理，严格“三交一封”，提升驾驶员安全素质，全年无交通责任事故，机关车队被评为油田公司标准化车队。开展“打非治违”活动，普及安全环保知识，提高员工安全环保意识，处安全环保形势稳定。

【党群工作】 2013年，处开展党的群众路线教育实践活动。各级干部查摆“四风”问题10大类94条，开展批评与自我批评，制定整改措施，把“照镜子、正衣冠、洗洗澡、治治病”的总要求贯穿工作始终。弘扬大庆精神铁人精神，开展纪念建党92周年、标准化党支部创建、评先选优等活动，增强基层党组织的凝聚力和战斗力，激发员工的责任心和使命感。加强党风廉洁和惩防体系建设，执行“三重一大”决策制度，开展警示教育，增强党员干部廉洁从业意识。交流调整科级干部13人，优化干部队伍结构。组织培训455次，提高三支人才队伍的业务能力和职业素养，选优聘干向一线倾斜，为基层人才成长拓宽道路。多种经营领导干部带头劳务输出，分流员工23人。坚持为员工和困难群体办好事、解难题，全年发放帮扶金、疗养费、慰问品等价值354万元。

【组织人事工作简况】 2013年，处机关设处长办公室、财务资产科、生产协调科、安全环保科、经营计划科、组织人事部、审计科、法律合同科、党群工作部、纪检监察科、工会、多种经营科12个职能科室。设置社会保险管理办公室（1）、离退休管理办公室（1）、再就业协调管理办公室（1）、社会保险管理办公室（2）、离退休管理办公室（2）、再就业协调管理办公室（2）6个直属部门。下设化工一公司、动力一公司、动力二公司、物资供应站、煤岩油项目部、外围项目部、小车队7个大队级单位和盘锦辽河油田金东实业有限公司（辽河油田多种经营B级企业）、盘锦辽河油田鼎盛燃气有限公司、辽河油田民政福利综合厂、盘锦油隆房屋开发有限公司4个多种经营单位。处党委下设党总支4个、党支部32个，有党员804人（在职党员388人，离

退休党员416人)。 (刘 涛 宋 阳)

石油化工总厂

【基本情况】 石油化工总厂(以下简称厂)是辽河石油勘探局所属二级单位,托管大力集团有限公司(辽河石油勘探局所属多种经营A级企业,以下简称大力公司)。至2013年年底,厂在册员工1103人。其中,厂员工328人,大力公司775人;干部305人,工人798人;干部中具有高级专业技术职称的27人,中级专业技术职称的142人,初级专业技术职称的136人;工人中有高级技师6人,技师20人。厂拥有10万吨/年煅烧焦装置、3万吨/年二氧化碳装置、450立方米/小时污水回用装置、250立方米/小时除盐水装置。主要从事煅烧焦、二氧化碳、除盐水的生产和销售,及污水处理业务。厂实现收入3.3亿元,实现考核利润824万元,超额完成经营指标。

【生产管理】 2013年,厂提升生产运行质量,挖掘装置潜力,提高加工负荷,考核生产技术指标。煅烧焦装置生产煅烧焦11.5万吨,蒸汽31.76万吨;水气车间生产二氧化碳930.67吨,软化水135.23万吨,循环水25.43万吨,原水243.73万吨。

厂坚持操作变动监控管理制度,落实“四有一卡”(有指令、有规程、有确认、有监控,卡片化)管理规定,引导员工养成良好生产操作习惯,把握生产变动过程中的风险控制,消除事故隐患。突出协调功能,及时沟通,优化各装置的开停工时限,调整煅烧焦蒸汽的供应及蒸汽管网的平衡,保证体系稳定,增减锅炉的瓦斯补燃量,提高装置效益。利用调度平台承接油田公司和厂的预警信息,准确传达到各基层单位,基层单位在大风、大雾、降温、雨雪天气来临前做好防护工作,保证装置人员及生产安全。按照“早动手、早组织、早落实”原则,实施冬防工作。厂成立冬季安全生产工作领导小组,制定《冬季安全生产方案》和《防冻防凝应急预案》,上报冬防保温、供热供暖工程计划,将冬季安全生产的各项预防措施和管理规定结合三基工作,转化成考核细则,考核生产单位。检查公共系统管线、各装置软件资料和现场的自查自改情况,发现问题46项,落实责任人限期整改。修订应急程序、组织应急培训、开展应急演练,提高应急管理的实效性。厂生产运行系统组织各单位根据危险源的性质和危害程度,开展危险源辨识工作,辨识清单修订、完善应急处理程序66项,组织各基层单位应急培训136次。

【经营管理】 2013年,厂围绕考核指标,完善承包兑现机制,出台激励政策,激发基层单位创效热情。加大与辽河石化公司协调力度,增加供水量,水气车间扭转亏损局面。煅烧焦等生产单位把握计量、结算环节,谋划多渠道创效。开发外部市场,实现优势互补,强强联合,合资项目初见成效。开展“全员精细管理,杜绝百种浪费”活动,确定重点挖潜项目8个。其中,煅烧焦锅炉加药系统改造项目,创效150万元。落实蒸汽退税政策,返还增值税337万元。压缩非生产费用支出,机关各项费用均控制在预算指标内,其中招待费比上年减少20%。推进三基和经济责任制考核,修订《三基工作千分制考核细则》和《经济责任制考核细则》,编制生产单位(6个)生产经济指标和奖惩办法20项,提高指标的考核水平,考核步入科学化、常态化轨道。强化内控管理,开展内控大讲堂、内控测试,提升内控执行力。

【安全环保】 2013年,厂按照“一岗双责”(各级党政领导干部职务对应的岗位,既要履行业务工作的职责,又要履行安全生产工作职责)和“党政同责”(党委和行政领导干部都要对安全生产工作负有领导责任)的原则,开展《安全生产责任制》修订工作,落实安全生产责任,层层签订安全环保责任书。厂级层面签订安全环保责任书37份,将厂安全环保指标分解到每个管理人员、班级和岗位,形成主要领导全面负责、副职领导负责、职能部门具体负责、岗位人员直接负责的全员责任落实格局。开展个人安全行动计划、全员手写安全承诺、安全经验分享、安全观察与沟通、工作安全分析、停止作业卡等安全管理方法。实现厂级安全经验分享45次,待改进171项,使用“停止作业卡”13次。加强作业许可管理,严格检查,严格把关,审核各类安全作业方案,严格签署各类作业票证,降低现场动火风险，集中限时管理在运装置和罐区动火，减少动火频次和风险。全年发生动火150次，比上年减少75次。厂开展“零容忍、全覆盖、严执法、重实效”为主题的安全生产大检查活动，发现问题83项，整改完成82项，未整改问题已落实整改措施和整改责任人限期整改。9月30日，厂党委召开党的群众教育路线专题讨论会，查找安全管理和安全理念存在的差距和不足。开展厂内部审核工作，组织内审3次，审核发现问题68项，已全部整改。接受炼化板块和油田公司审核4次，提出审核问题156项。厂被评为油田公司安全生产先进单位。

【党建工作】 2013年，厂党委坚持融入中心、服务大局，以“全员精细管理，杜绝百种浪费”活动为抓手，以“干部队伍素质提升”为重点，以“职工健康工程”为保障的工作思路，做到党委工作与中心工作紧密融合，相互促进。按照“照镜子、正衣冠、洗洗澡、治治病”的要求，聚焦“四风”、抓住要害，学习教育求深，征求意见求真，查摆问题求准，开展批评求诚，整改落实求严，建章立制求实。厂领导班子组织集中学习10次，专题讨论3次，召开座谈会13场次，走访基层单位12个，生产工段28个，访谈员工300余人次。厂领导班子查摆“四风”问题38条，班子成员查摆问题104条，完善相关制度流程16项。推进“四好班子”创建，组织班子中心组学习31次，专题讲座、报告会4场。调整提拔科级干部16人。厂举办科级干部培训班2期，科级干部大讲堂1期，党务政工干部培训1期，发展党员11人，延长预备期暂缓转正式党员1人。开展“我身边的浪费现象”大排查、合理化建议、金点子征集等活动，引导员工从节约一滴水、一度电、一张纸做起，献计献策、挖潜增效。查摆问题138项，征集合理化建议298条、金点子成果6个，确定优秀精细管理项目8个。落实党风廉洁建设责任制，明确属地单位、直线部门的责任。开展亲情助廉、廉洁手机报等活动，推进廉洁风险防控工作。

【组织人事工作简况】 1月，油田公司党委任命霍长军为厂党委副书记、纪委书记、工会主席，原厂副书记陈武调出。厂整合党群工作部党组织建设管理和干部管理业务与人事教育部业务，成立组织人事部。厂设厂办、党群工作部、工会、纪检监察部、生产运行部、机动设备部、安全环保部、经营计划部、财务资产部、组织人事部、技术开发部、企管法规部、审计部13个科室。设社会保险中心、离退休管理中心、物资供应站、基建管理中心、销售管理中心、质检中心和治安保卫中心7个直属部门。设煅烧焦车间、水气车间和综合车队3个大队级单位。厂党委下设党总支5个、党支部13个，有党员347人。

（张宏莉）

大连分公司

【基本情况】 至2013年年底，大连分公司（以下简称公司）在册员工130人，其中干部53人。干部中具有高级专业技术职称的5人，中级专业技术职称的21人，初级专业技术职称的24人。有固定资产2809.02万元，设备完好率95%。实现营业收入9.64亿元，实现利润943万元，超额完成油田公司下达的业绩考核指标。

【经营管理】 2013年，公司加强油品信息联络，开拓购销渠道，利用社会和油田资源，采取稳固盘锦贸易伙伴，融洽大庆贸易合作关系，畅通北京、山东贸易渠道等措施，促进效益最大化。采购并销售燃料油11.42万吨，销售凝析油5.23万吨，实现收入9亿元，完成油品贸易任务指标。

公司争取扶持政策，在大连地区天然气市场萎缩的情况下，开发外围市场，销售天然气300万立方米，创效74万元。社会服务业务保持平稳运行，物业服务业务面对油田公司政策调整、物业现场缩减等挑战，抓管理、抓服务、控成本、保质量，实现收入3933万元、利润119万元。石油交易业务坚持提升管理，强化内功，扩大宣传，稳增会员，新增会员企业90个，实现收入772万元、利润310万元。宾馆酒店服务转变经营观念，落实解困扭亏措施，提高服务能力和客户满意度。多种经营业务坚持走科技创新发展之路，新增螺杆泵、称重式流量计维修，实现收入3850万元、上缴利税412万元。公司落实预算管理，控制成本费用支出。五项费用比上年减少87万元，机关车辆费用下降8%。

公司精简管理制度、资料报表12项，编制基层管理手册、岗位标准化操作手册等规章制度8项，提高质量、计量、标准化等精细化管理水平。制定《大连分公司会议等经费管理办法》，强化财务管理，规范会计核算，加强风险控制能力。强化内部控制，严格自查自改，内控整改不符合项25项。修订完善管理措施和办法52项700余条。规范市场管理，消除经营风险，强化法律合同管理，控制投资计划，编制下发24个岗位85个风险源点法律风险防控指引。

【安全环保】 2013年，公司明确全员安全环保责任，强化风险管理和过程控制，夯实基层基础工作，安全环保形势稳定。推进HSE体系建设，实现危害因素动态管理。加强日兴厂油库及油品储运、销售过程的消防安全管控工作，增加油田公司办公楼、海蓝宾馆等公共聚集场所的消防安全检查频率。加强交通安全管理，杜绝各类事故的发生。建立完善领导干部安全生产联系点制度，开展安全联系点活动24次，组织整改问题隐患12项。开展季节性、特殊时段、打非治违、自检自查整改、三基综合大检查等安全生产大检查活动37次，督促整改问题隐患77个。组织安全培训29次，安全环保零事故。

【党群工作】 2013年，公司学习中共十八大、十八届三中全会和习近平总书记一系列讲话精神；开展党的群众路线教育实践活动，查摆存在的“四风”问题，召开专题民主生活会和组织生活会，制定整改措施，加强党员领导干部作风建设；开展形势任务宣讲，将压力和动力层层传递，形成人人身上有担子的良好氛围；组织各支部支委会的换届选举，加强党员教育和监督；贯彻“中共中央八项规定”、集团公司规定和油田公司实施意见，强化“一岗双责”，执行“三重一大”决策制度，加强党风廉洁建设。

公司以人为本，关注民生。筹措资金，投入100万元实施安全和生产生活设施改造等4项重点民生工程。开展“送清凉、送关爱、送温暖、送健康”活动，保障离退休员工政治权利、生活权益。健全信访稳定责任体系，强化源头防范，强化重点单位、重点群体和特殊敏感时段的稳定工作。健全综治组织机构，做好特殊期间信访维稳、安保防恐工作，确保特殊时期平安稳定。

【组织人事工作简况】 2013年，公司强化人力资源管理，调查摸底外雇用工情况，制定方案措施，减少劳动风险，推进外雇工清理工作；开展基层管理及操作服务人员素质普查，建立员工综合能力信息库。强化素质达标建设，投入资金20.5万元，开展培训359人次，在油田公司技能鉴定考试中，通过率72.2%。

公司机关设党群工作部、综合办公室、生产经营科、财务资产科、劳动人事科、审计监察科、安全环保科、纪检办公室（综治办）8个科室，设大连海蓝宾馆、日兴燃料油厂、青岛招待所3个主业单位，设大连石油交易所有限公司、盘锦日隆物业管理有限公司2个法人公司。公司党委下设直属党支部5个，有党员59人。公司党委代管大连保税区辽河经贸有限公司党组织关系，有党员7人。（陈　曦　李凤玲）

辽河油田总医院

【基本情况】 2013年，辽河油田总医院（以下简称院）是集医疗、教学、科研、预防、保健、康复、急救及社区卫生服务于一体的综合医疗机构。拥有三级甲等医院（院本部）1所、二级甲等专科医院（妇婴医院）1所、一级医院（社区卫生服务中心）9所，独立社区卫生服务中心1个（渤海社区卫生服务中心），社区卫生服务站24个。

至2013年年底，院在册员工2068人。其中，院本部1263人，所属医疗机构805人。医疗卫生技术人员1661人，其中，院本部970人，所属医疗机构691人。员工中有研究生及以上学历的87人，大学本科学历的769人，大专学历的595人，中专学历的408人；具有副高级以上专业技术职称的196人，中级专业技术职称的849人，初级专业技术职称的406人。

院建筑面积13.73万平方米，固定资产原值5.66亿元，净值2.81亿元。院编制床位数1248张（院本部700张、妇婴医院150张、基层医院/社区中心398张）。完成门诊量921336人次（本部583962人次，含急诊38263人次、妇婴医院175871人次、基层医院161503人次），比上年增加32048人次；出院人数26457人次

（本部18431人次、妇婴医院3510人次、基层医院4516人次）；手术5416例（院本部3890例、妇婴医院1478例、基层医院48例）；“120急诊”出诊2736人次；床位使用率院本部98.5%、妇婴医院84.2%。医院收入5.55亿元（院本部4.24亿元、妇婴医院6298万元、基层医院6840万元），比上年增加6472万元，完成年度“收支平衡，略有节余”目标。

【医疗基础管理】 2013年，院坚持质量方针，强化PDCA（计划、实施、检查、总结）管理，院本部、妇婴医院、基层医院（社区卫生服务中心）全面实施等级医院评审标准，改进医疗质量，确保医疗安全。院夯实基础管理工作，加强制度建设，结合“三甲”复核评价专家组检查结果，完善、整改科主任—责任主治医师—经治医师三级医师查房制度；加强患者权益保护，完善授权委托制度等76项相关规定及措施。强化查对、交接班等核心制度的落实，规范院前急救与急诊交接、急诊与病房交接、手术室与病房交接、ICU与病房交接、科室间转科交接；重点监督检查病人身份识别、手术过程中查对的执行情况。实施临床路径管理，院本部18个病种、妇婴医院16个病种严格遵守病例入路径标准，实行规范化的诊疗。加强以抗菌药物专项整治为重点的临床用药管理，执行抗菌药物监测预警、抗菌药物专项点评、围手术期抗菌药物预防用药、敏感菌试验及细菌耐药预警制度。强化医院感染重点部门和重点环节管理，改造消毒供应中心，加强医院感染管理信息化监控体系建设，落实清洁、消毒灭菌、隔离等医院感染防控基础性措施。

规范医疗文书书写。加大在架病历、门诊病志、申请单、报告单的检查力度；印发《护理文书书写要求补充说明》，定期通报检查结果，提高医疗文书内涵质量，病志甲级率99%，申请单合格率98%，报告单合格率99%。完善制度落实监控体系，质量管理部门采取定期检查、不定期抽查等方式，按照医疗质量考核标准，开展医疗质量检查和监督工作。检查发现问题，制定整改方案，堵塞医疗管理漏洞，减少医疗事故的发生。院本部科室、妇婴医院及基层医院（社区卫生服务中心）已经纳入医院信息化管理。打造安全、便捷、科学的医院信息化管理网络，运行电子病历、临床路径和院内感染系统。院信息化建设规范各种业务及管理流程，实现业务信息、管理信息实时获取、传递。

【诊疗服务】 2013年，院落实整体护理模式，加强基础护理和专科护理。执行护理风险评估制度，对评估存在风险的患者设立警示标识，采取相应的防范措施，减少发生护理意外事件。开展专科健康教育，科室健康教育一致、规范。利用电子病历系统，建立健康教育字典，各专科共享健康教育资源。

改善窗口服务质量。院本部完成多方位立体门诊标识导医系统及急诊楼的标识系统，规划设计门诊科室简介、门诊温馨提示等标识。完善门诊便民服务措施，推行预约诊疗服务，得到患者好评。规范门诊合理用药，加大对门诊医生违规行为的检查、处罚力度，遏制门诊医生开大处方、无原则升级用药等行为。

加强员工健康体检工作。增强市场意识、服务意识，拓宽服务渠道。根据健康体检档案，跟踪治疗和指导，有效干预慢性病。成立“健康讲师团”。深入沈阳采油厂、欢喜岭采油厂、锦州采油厂、曙光采油厂、欢喜岭公用事业处等矿区为员工家属提供健康科普知识讲座服务8次，受众2000人次。院本部、各基层医院（社区卫生服务中心）提供前线巡诊服务，为14个外围二级单位的29 018人完成健康体检。基层医院组织60余人次送医送药到一线（曙光医院送医到特油一线，茨采医院送医到内蒙古一线，沈采、高采医院派医务人员到兴隆台工程技术处月东油田海上平台）。参加医疗下乡对口支援工作，开展服务百姓献爱心送温暖活动。院本部医疗服务队在王家镇诊治患者298人次，其中，疑难重病2例，肺炎、哮喘、冠心病、高血压、糖尿病等常见病20余种；开展医务人员“心肺复苏急诊急救”培训；抽派3名医疗专家到王家镇医院坐诊。妇婴医院组织“下乡扶贫”，为榆树镇村民免费诊治、体检，诊治患者470人次；发放药品40余种。10月，院本部、妇婴医院组织“服务百姓健康行动”大型义诊，接诊1950人次；发放卫生宣传材料1755份；举办健康大讲堂5次，收效良好。完成青海省同德县医院对口支援任务，接诊患者700余人次，实施手术30余例，参加抢救13次，得到当地政府、医院及居民的高度赞扬。

【科技攻关】 2013年，院承担油田公司科研项目7项；院级科研课题立项46项。获油田公司科技进步奖3项。其中，二等奖1项，三等奖2项。获盘锦市科技进步奖10项。其中，一等奖2项，二等奖6项，三等奖2项。发表文章79篇，中文核心期刊论文18篇。

转化科技成果、推广应用新技术。院本部应用冠状动脉造影、支架植入技术、影像介入技术、神经微创治疗技术、腔镜治疗技术、眼科的晶体植入术等诊疗技术。ICU采用CRRT（连续血液过滤）、经皮气管切开术等新技术，成功抢救多名心衰、肾衰、药物中毒、慢阻肺、酮症酸中毒等患者，抢救成功率60%。产前诊断中心（辽宁省产前诊断中心盘锦分中心年初在妇婴医院正式挂牌）应用唐氏筛查、胎儿孕中期系统超声筛查及染色体检测等技术，完成血清学筛查1500余例，筛查出阳性患者2例确诊为唐氏综合征胎儿；完成胎儿孕中期系统超声筛查2700余例，筛查出胎儿畸形27例，确诊率100%。

2013年，院组织院本部泌尿外科、呼吸内科、循环内科、肿瘤科及妇婴医院产科5个市级重点学科对照盘锦市临床重点专科评分标准进行自评，11月中旬接受盘锦市卫生局组织专家复审。院泌尿外科、循环内科、呼吸内科和妇婴医院产科4个科室被评为盘锦市医学重点学科，李雨成等4人被评为盘锦市优秀学科带头人，张平等4人被评为盘锦市优秀学科骨干。

【经营管理】 2013年，院完善《总医院综合目标责任制考核管理办法》考核内容，制定科室经营效益核算公式，严考核，硬兑现，以机制促经营。加强医院成本管理。实施精细化管理，按照预算管理办法，分块包干可控制成本。制定能源消耗考核指标，控制原材料消耗；严控卫生材料、办公用品、后勤物品采购、请领、使用环节，停止直达料，杜绝流失和浪费。建立后勤服务考核机制，落实巡检制度，提高后勤服务保障能力。加强水、电管理，防止发生“跑、冒、滴、漏”现象。定期维护保养设备，降低维修费用。加强流动资产管理，提高运营能力，降低运营成本，提高资金使用效率。

开展内控管理工作。重新修订内控流程，梳理系统业务。加强内控知识培训，通过油田公司测试任务。强化内部控制管理，增强财务、市场、基建、科研、安全、器械、供应、计划、药剂、法律合同等部门的管控意识，提高院风险防范能力。根据病种发病季节的变化，合理调整科室床位，提高床位使用率，院本部高峰期开放床位数超过800张。拓展体检工作空间，院本部完成油田公司138个单位60668人次的体检任务。院本部体检总收入3024万元，比上年增长25%；妇婴医院体检收入282万元。“三级”医院领办社区卫生服务中心实行一体化管理模式荣获2012年度辽宁省企业管理现代化创新成果二等奖。

【社区服务】 2013年，社区卫生服务中心以社区、家庭和居民为服务对象，开展居民健康教育、健康建档、慢病管理、预防接种等工作。采取发放健康教育处方、宣传材料、举办健康讲座、设置宣传栏等方式，针对重点人群、重点疾病开展健康教育和健康促进活动。各社区卫生服务中心开展主题宣教活动75次，受益3975人；开展公众健康咨询活动108次，受益12806人；举办健康知识讲座192次，受益6912人；重点人群健康教育指导60次，受益1820人。加强居民健康档案管理，建立居民健康档案20万份（电子健康档案19万份），完成健康档案由按楼栋管理向按户管理转变。规范慢病人群管理，每年随访慢病人群4次，推广健康干预。加强重型精神病人管理，完成筛查工作。管理65岁以上老年人20156人，评估老年人健康，定期到行动不便的老人家中进行访视，提高社区老年人生活质量。

规范预防接种工作。开展接种证查验及查漏补种工作，全年接种5万针次。院本部预防接种门诊、兴隆中心、渤海中心预防接种门诊接受辽宁省示范门诊的考核验收。强化公共卫生服务能力。通过“31日随访”“上门服务”等形式，掌握社区人群健康状况及影响健康的危险因素，实施干预措施和预防保健服务。加强基层医院（社区卫生服务中心）管理，将各项管理工作纳入考核内容，考核结果与奖金挂钩。落实专家进社区工作，组织专家进社区 32 人次，接诊 260 余人次，咨询 280 余人次，开展查房 6 人次，指导下级医师 12 人次。

【HSE 管理】 2013 年，院开展健康安全环保基础工作，完善 HSE 管理体系运行，通过油田公司、矿区服务事业部组织的 HSE 体系审核。

院按照“有感领导、直线责任、属地管理”的管理理念，主要领导与 8 个 HSE 分委会主任签订 HSE 责任状。各 HSE 分委会主任分别与各系统科室主要负责人签订 HSE 责任状。通过层层签订 HSE 责任书、制定个人 HSE 行动计划等措施，形成全员全覆盖的健康安全环保责任体系。完善工作流程，健全管理制度，落实监控措施，明确直线责任。以岗位责任制为基础，开展属地管理模式，应用 HSE 先进管理方法，推进基础建设工程，规范现场管控，扎实属地管理。加大风险防控管理能力。固化“大讨论、大排查”活动长效机制，组织大讨论、大排查 24 次，排查整改隐患 128 项，整改 79 项，报上级安全主管部门审批 9 项，制定防范措施。开展以住院部大楼消防系统、供电系统等安全设施为重点的隐患整改工作，强化隐患整改，提升院本质安全。改善医院环境和设施，维修院本部住院部楼外墙、改造住院部病房、扩建停车场、维修制剂室、维修基层医院防护设施、改造总医院（院本部、基层医院）防水工程等。开展安全培训、环境保护、消防管理、职业健康管理等工作，院获“环境保护先进单位”称号；妇婴医院获“消防安全重点单位标准化站队”称号。

【党群工作】 2013 年，院开展党的群众路线教育实践活动。学习习近平总书记关于教育实践活动的重要讲话及中共中央、集团公司、油田公司关于教育实践活动工作会议精神；观看《四风之害》《生命线》《首都十大健康卫士》等专题片。两级领导干部聚焦“四风”问题，深刻剖析、查摆问题，撰写个人对照检查材料，开展批评和自我批评。整改方案，开展整改落实和建章立制工作。加强处级领导班子建设，坚持班子学习制度，坚持民主集中制原则，执行“三重一大”议事规则。推动中层干部队伍建设，邀请教授周磊为院 180 名中层干部授课，增强中层干部责任感和使命感。注重员工素质培养，加强职业道德教育，灌输员工爱岗敬业、勇于奉献的思想。培育医院文化，出版《辽河油田中心医院志（1970 年—2010 年）》，激发员工的荣誉感和自豪感。加强行风建设，结合“诚信服务杯”竞赛和“三好一满意”（服务好，质量好，医德好，群众满意）活动，开展“倡树高尚医德，做好健康卫士”主题教育实践活动。落实医德医风规章制度，发挥行风监督员的作用，建立医德医风考评档案，开展患者满意度调查和出院患者回访活动。院收到锦旗 14 面，感谢信 16 封，感谢电话 5 个，病房和门诊平均满意率 98.6%。

【组织人事工作简况】 2013 年，院机关设办公室、党群工作部、人事科、财务资产科、经营计划科、科研培训科、纪检监察科、工会、医务科、护理部、安全环保科、法律合同科、社会保险科、社区卫生管理科、社区健康宣教科 15 个科室。设信息管理中心、离退休管理办公室、档案室、车辆管理中心、保卫科、信访稳定办公室 6 个直属部门。设置循环内科、肾内科、呼吸内科、消化内科、神经内科、血液内科、内分泌科、血液净化科、骨外科、心胸外科、泌尿外科、普外一科、普外二科、神经外科、干诊科、手足烧伤外科、手术麻醉科、放射线科、检验科、输血科、中医科、理疗科、功能检查科、口腔科、眼科、耳鼻喉科、病理科、住院处、门诊、急诊科、镶复科、儿科、皮肤性病科、妇产科、肿瘤科、康复科、药学部、制剂中心、高压氧治疗中心、器械科、预防保健科、体检中心、物资供应站、重症监护病房、感染科、物业管理中心、振兴街道社区卫生服务中心、妇婴医院、欢喜岭医院、曙光医院、友谊医院、石化医院、总机械厂医院、锦采医院、高采医院、茨采医院、沈采医院、渤海街道社区卫生服务中心 58 个大队级单位。院党委下设三级党委 1 个，党总支 6 个、党支部 43 个，有党员 955 人（其中离退休 264 人）。

院平衡科室项目，侧重医疗、护理、急救等专业，开展辽宁省继续医学教育Ⅰ类学分项目 7 项。基层医院（社区卫生服务中心）开展继续医学教育培训 80 次，累计参加 11950 人次。院本部、基层医院（社区卫生服务中心）利用双卫网完成远程教育 90 余次，累计参加学习 7000 余人次。远程培训中心举办远程培训 15 次，邀请北京儿童医院、中科院肿瘤医院、北京天坛医院及北京积水潭医院的放射学专家针对影像诊断方面组织专题讲座。院派往上级医院进修学习 15 人，参加专业学习班、研讨会 400 余人次。

（王丽娟）

辽河油田第二职工医院

【基本情况】 至 2013 年年底，辽河油田第二职工医院（以下简称二院）在册员工 669 人。有医疗卫生技术人员 470 人，具有正、副高级专业技术职称的 63 人，中级专业技术职称的 212 人，初级专业技术职称的 130 人，博士生 1 人，硕士研究生 13 人。建筑面积 5.7 万平方米。编制病床 450 张，实际开放 410 张。二院拥有螺旋 CT、ECT、直线加速器、后装机、模拟定位机、外照射计划系统、全自动生化分析仪、大型彩色超声系统、D93 数字化 X 光机等百万元以上医疗设备 12 台（套），有骨密度仪、电子胃镜等 10 万元以上医疗设备 79 台（件），肿瘤诊断仪、心理 CT 等万元以上设备 210 台（件）。拥有重型肝炎治疗、肿瘤手术、放疗、化疗、介入生物治疗、精神疾病综合治疗、心理治疗门诊、PPH 手术（吻合器痔环切术）、白内障超声乳化治疗、胶原酶注射治疗腰间椎盘脱出、同位素治疗甲亢、隐式子宫切除术等专科诊疗项目。感染疾病防治中心、肿瘤防治中心、精神心理卫生中心等诊治技术达到辽宁省重点专科水平。患者满意度 95%以上，门诊量 16.1 万人次（不含体检），住院患者 6732 人次，床位使用率 131%，医疗收入 2.02 亿元。

【医疗服务】 2013 年，二院开展“三好一满意”和“诚信服务杯竞赛”活动，树立以人为本的服务理念，提升服务质量。创新服务举措，组织护理礼仪培训，开展出院患者随访，口腔科、眼科开展夜诊服务，各科开通患者电话预约服务，优化服务流程，窗口单位缩短患者等候时间，肿瘤外科和妇科实现医疗资源共享。强化与省级医院合作，实现患者对外就医的绿色通道。推进“五维健康管理”理念，开展健康宣讲 26 场次，收到患者表扬信 21 封、锦旗 21 面。

二院开展制度建设、诊疗规范等基础工作，做到“三个到位”（核心制度落实到位，诊疗规范执行到位，医疗保障到位）。修订下发《首诊负责制》等 5 项医疗管理核心制度，检查运行病历，实时监控、动态管理。加强对临床科室医护人员“三基”考核，强化操作流程、诊疗行为、病历书写规范的执行，推进合理检查、合理用药、合理治疗，医疗保障部门满足临床需要。

【科技创新】 2013 年，二院注重科研开发和新技术应用，引进新设备，推进学科建设。扶持重点学科科研项目，应用临床。完成油田公司级科技项目 7 项，院级科研项目 89 项，撰写省部级以上论文 30 余篇。其中获得市局级科技进步奖 11 项。感染疾病防治中心开展“HBsAg（乙肝表面抗原）应答预测干扰素持久免疫控制的临床研究”，肿瘤诊治中心开展“电视胸腔镜下不可切除肺癌射频毁损术”，五官科开展“鼻内镜下下鼻甲电动切吸成形术疗效观察”，妇科开展“宫腔镜检查在异常子宫出血中的诊断价值”，外科开展“腹腔镜胆囊切除术的临床应用”，提高医疗技术水平。开展院级培训 22 次，其中，专业技术培训 11 次，安全、管理培训 8 次，进修学习 16 人次。开展急诊急救演练 12 次，参加盘锦市护理大赛，获得团体第 2 名。

【经营管理】 2013 年，二院落实“三控制一规范”要求，优化人力资源配置，控制用工总量。打破护士分科过细的界限，部分科室实行护理组合并。完成拟聘任管理与专业技术人员推荐工作。加强预算管理工作，抓住关键管控指标，提高预算管控能力；加强基层科室库房管理，减少物资积压和库存占用；强化全员降本增效节约挖潜，控制成本。开展资金安全检查，预测年度资金收支，组织清欠工作，促进资金良性循环。修订综合目标管理考核办法，调整基层科室考核指标，提高工作效能。坚持依法依规治院，深化内控、法律风险防范体系建设，加大审计和效能监察力度，提高管控水平。

【HSE 体系建设】 2013 年，二院以保障医疗生产为中心，逐级落实安全责任，加强员工安全教育培训，健全完善 HSE 管理制度、流程，推进 HSE 体系运行。以危害辨识和风险评价为核心，开展“大讨论、大排查”活动，开展标准化车队建设，落实消防安全防范措施，提高应急应对能力。贯彻《中华人民共和国职业病防治法》，加强放射源管理，落实职业健康管理，安全环保无事故。

树立“安全是企业核心价值观”的安全理念，落实“环保优先，安全第一，质量至上，以人为本”的工作方针，强化安全意识，落实直线责任和属地管理，提升安全可靠度；识别危害因素 13 个，制定消减控制措施；强化消防、交通安全教育和 HSE 体系专题培训，组织应急演练 5 次，提升员工处置突发事件能力；强化重点环节、重要部位、重要时间段的安全检查和管理力度，杜绝重大事故的发生，累计开展安全检查 18 次，发现问题及事故隐患 126 个，已全部整改。投入资金实施医疗污水管理更换、医疗用房线路改造等项目。开展医疗污水监测工作，实现医疗污水达标排放率 100%，未发生环境污染事故，二院被评为“油田公司环境保护先进单位”。

【党群工作】 2013 年，二院贯彻落实中共十八大精神，深化“四好班子”创建工作，落实党委中心组学习制度，组织中层领导班子和领导干部的年度考核工作；加强基层党建目标考核，开展党支部书记讲党课竞赛活动；严格执行党风廉洁建设责任制，开展以“为民务实清廉”为主要内容的党的群众路线教育实践活动，转变领导干部作风；开展“健康在辽河、二院在行动、服务再提升”主题教育实践活动，做好信访稳定工作，增设警务室和保安室，院区治安状况良好；关注员工身心健康，实施送温暖工程，慰问困难员工 103 人次。

【组织人事工作简况】 1 月 28 日，油田公司党委任命张红岩为二院党委书记。原二院党委书记闻殿元调出。二院机关设院长办公室、医务科、健康管理中心、护理部、预防保健科、人事教育科、财务资产科、经营计划科、安全环保科、党群工作部、纪检监察科、工会、离退休管理办公室、保险档案中心、机关党总支、总务科 16 个科室。设置肿瘤诊治中心、感染疾病防治中心、精神心理卫生中心、内科、外科、妇科、儿科、急诊科、中医科、五官科、肛肠科、疼痛科、麻醉科、检验科、功能科、放射科、腔镜病理科、药剂科、器械科、门诊部、住院部 21 个医疗医技科室，于楼门诊部一个社区卫生服务中心。院党委下设党总支 3 个、党支部 9 个，有党员 305 人。

（李　颖）

兴城康复医院（疗养院）

【基本情况】 兴城康复医院（以下简称院）坐落在兴城市首山脚下，占地面积 12.36 万平方米，建筑面积 2.65 万平方米。院在册员工 161 人，其中干部 101 人。干部中具有高级专业技术职称的 7 人，中级专业技术职称的 46 人，初级专业技术职称的 21 人。拥有固定资产 5899 万元。油田公司员工参保病种增加至 15 种，医保患者报销比例98%以上；经盘锦市卫生局评估认定，院达到二级康复医院标准。接待病疗 4389 人次，接待健康疗养 3904 人次，接待会议培训 2900 人次。实现收入 3456 万元。

【科技工作】 2013 年，院加大医疗投入力度，发展中医特色，科技创新氛围浓厚。完善医疗制度，加强医院感染工作管控。购置设备，成立临床技能培训教室。购置血细胞计数仪、生化分析仪等设备，引进中医研究生、护理专业人员，外请中医专家坐诊。开展油田公司级科研立项 1 项、院级科研立项 11 项，评出院一、二、三等奖。开展三基考核、临床基本技能竞赛、病历评比等活动。参加油田公司工会护理技术竞赛，获得铜奖。开展为一线员工“送温暖、送健康”下基层健康体检活动，组织养生知识讲座 13 场。

【经营管理】 2013 年，院建立规章制度监督组织机构，明确制度监督执行部门，实现规章制度归口管理。编制预算方案，召开经营分析会，监控预算执行和成本支出情况。成立经营管理科、物资器械科，院内感染、档案工作实现专人管理，促进医院管理工作规范化、科学化、合理化。在内控检查、HSE 审核、消防安全等各项检查中取得较好成绩。开展“节约挖潜、降本增效”“合理化建议”征集等活动，奖励合理化建议提议人员。加强温泉水计量工作，节约温泉水 9500 多立方米。实施温泉水罐体保温处理，节约电费支出 3 万元。餐厅、按摩岗实行绩效考核，调动工作积极性，提升盈利空间。加强业务招待、出差审批等业务管理，五项费用控制在油田公司规定范围内。

【HSE管理】 2013年，院落实“有感领导、直线责任、属地管理”的理念，推进“HSE”体系建设，调整安委会，院领导定期到安全承包点检查活动，实现安全经验分享常态化。健全完善制度和责任执行体系，实施“个人安全行动计划”、HSE理念宣传贯彻、全员安全教育培训。开展“大讨论”“大排查”等活动，提升全员安全意识、责任意识。加强消防能力、“消防标准化”、“标准化车队”建设，提高基层安全管理工作水平。采取制定相关安全制度、相应安全措施，保障行车安全。组织安全检查16次，整改不符合项82个；落实重大安全隐患治理项目3个，计划资金426万元。实现年度零伤害、零污染、零事故的目标。

【党群工作】 2013年，院贯彻中共十八大、十八届三中全会精神，落实油田公司党委部署。推进“四好班子”建设，落实“三重一大”制度，形成领导班子“大事共议、管理共抓、责任共担”的良好局面。落实班子中心组学习制度，组织学习25次。构建学习型、服务型、创新型基层党组织。深化反腐倡廉工作，加强干部队伍建设，执行干部管理相关规定，提高干部队伍能力素质。开展群众路线教育活动，组织学习40场次，征集以“四风”问题为主要内容的意见建议16条，积极整改。加强对外宣传，在《中国石油报》、油田公司网站主页、《辽河石油报》等媒体上刊发宣传文章20篇。

推进民生工程，构建和谐矿区建设。实施家属区暖气一户一阀改造工程。铺设家属区路面，铺设地下通信线路网络。更换电话站交换机，实现院区盘锦线免费开通。完善重特大疾病保障和救助机制。注重人文关怀和心理疏导，组织在职员工、离退休员工健康体检。开展扶贫帮困“送温暖”和“送清凉”活动，发放大病帮扶资金、慰问金、困难补助金15万元。组织文体比赛5场、消夏晚会13场，组织广场秧歌、放映露天电影百余场，丰富文化生活，促进矿区稳定和谐。

【组织人事工作简况】 1月21日，油田公司党委任命宋迎霞为副院长。院机关设办公室、医务管理科、经营财务科、人事科、安全保卫科、纪检监察审计科、经营管理科、物资器械科8个科室。设离退休管理办公室1个直属部门。设治疗中心、住院部、健康疗养科、康复科、门诊部、兴隆台康复门诊部、餐饮部、后勤保障部8个医疗科室。院党委下设党支部8个，有党员89人。

（王福斌）

辽河石油职业技术学院（党校）

【基本情况】 至2013年年底，辽河石油职业技术学院（以下简称学院）在册员工723人。其中干部489人。干部中具有高级专业技术职称的104人，中级专业技术职称的256人；研究生以上学历的58人，大学本科学历的383人，大专学历的156人。工人231人。其中，高级技师11人，技师22人，高级工117人，中级工53人，初级工11人，无等级工17人。

学院设甜水、党校、渤海3个校区，占地面积72万平方米，建筑面积17.2万平方米，固定资产原值2.5亿元，净值1.37亿元。

【高职教育】 2013年，学院招生434人，毕业564人，毕业生双证获得率94.32%，就业率90%。完成钻井和热能动力（中央财政支持）2个专业服务产业能力建设项目，通过验收。采集输和焊接（辽宁省财政支持）创新型实训基地建设取得阶段性成果。电气控制实训基地申请成为2013年辽宁省特色创新实训基地建设项目，获得资金190万元。严肃考风考纪，制定实施《高职学生期末考试和成绩管理相关规定》，规范出题、印卷、监考、评卷、成绩录入5个环节。在学生管理和德育工作中，注重加强诚信教育和石油特色主题教育，发挥团组织和学生会作用。与中国石油大学（华东）、东北石油大学等9所高校联合开办成人教育，招生1820人，在籍学员5108人。

【职业培训】 2013年，学院举办处级干部、科级干部、待业子女岗前培训、退役士兵岗前培训、大学生入职教育、焊工复审、注汽锅炉取证、退役士兵、燃气培训等培训班588期40486人次，技能鉴定3537人。拓宽培训领域，开发采油工艺、地质油藏、修井作业三大技术系列专业干部培训，列入油田公司培训计划。开展“送党课下基层”活动，宣传贯彻中共十八大精神和党的群众路线教育实践活动，组织教师开发专题，深入30多个油田基层单位宣讲，与欢喜岭采油厂共建“党课教研基地”。承担油田公司女工技能大赛和青年油水井分析大赛任务。井控培训打入塔里木油田及民营钻井、作业培训市场，HSE培训打入辽宁省地方企业和中国石油长城钻探有限公司培训市场。技能鉴定走出辽河油区，深入到中国石油长城钻探有限公司外围地区，扩大了市场范围。

【基础管理】 2013年，学院实施大预算管理，强化过程管控，完善年终考核机制。按照“三控制一规范”要求，加大用工管理力度，强化薪酬管理，达到预定的效果。加强项目管理，落实法律风险岗位防控工作。发挥审计监督约束作用，审减金额62.93万元。开展“全员精细管理，杜绝百种浪费”活动，查摆浪费现象86种，制定整改措施78项，取得良好的经济效益。学院践行“有感领导、直线责任、属地管理”的理念，推进HSE体系建设。组织岗位员工安全培训和职业病防治培训。开展消防、地震、反恐应急演练，排查整改安全隐患184项，通过油田公司年终审核。承担科研项目和课题16项，下达院本课题21项。《辽河油田加强和创新矿区管理研究》获得油田公司科技进步三等奖，发表论文82篇，出版教材2部。学院平均住宿接待402人/天，食堂接待学生、员工、培训就餐438人/天。车辆安全服务5088台次103.5万千米。栽种花草3.7万多株、喷洒化学药剂4次。医疗服务接诊3000余人次。投入资金维修改造项目50多项。完成机关校区四号楼维修改造，食堂扩建完工投入使用，改善办学条件。

【党群工作】 2013年，学院加强领导班子建设，强化党的基层组织建设，开展形势任务教育。按照“照镜子、正衣冠、洗洗澡、治治病”的要求，开展党的群众路线教育实践活动。加强安全监督工作，制定考核评比标准，选聘“百岗千哨”安全监督员30名。落实集体合同（由党委副书记、工会主席代表员工与学院党政主要领导签订的关于员工民主管理、保障工作的合同）推进民主管理，发挥工会组织作用。慰问学院困难家庭20户，慰问退休劳模8户。接待员工和离退休员工来访、电话访100多人次，妥善处理来访工作。

【组织人事工作简况】 2013年年底，学院机关设党群工作部、审计科、财务资产科、经营计划科、办公室、人事科、质量安全环保科、工会8个科室。设置保卫科、离退休管理办公室、信息档案中心3个直属部门。下设基础学科教研部、政治理论教研部、石油工程系、石油化工系、机电工程系、经济管理系、井控培训中心、体育拓展培训中心、继续教育部、教务处、教学督导室、学生处、科研管理部、市场开发部、管理技术人员培训部、操作技能人员培训部、职业技能鉴定站、生活服务中心、总务科19个大队级单位。学院党委下设党总支5个、党支部31个，有党员358人。学院选派教师外出培训76人次，举办教师工学结合课程体系建设专题讲座2场，以教师为主，举办学院第一届技能大赛。

（郑　颖　杨振年）

辽河石油报社

【基本情况】 2013年年底，辽河石油报社（以下简称报社）在册员工263人。其中，干部114人，工人149人；全民固定工151人，市场化就业111人，自负盈亏小集体1人。干部中具有高级专业技术职称的35人，中级专业技术职称的40人，初级专业技术职称的39人。报社获得省部级以上新闻奖64项。其中，一等奖21项，二等奖24项，三等奖19项。获中国企业报新闻奖13项，其中，一等奖3项，二等奖5项，三等奖5项；获辽宁省新闻奖10项，其中，一等奖3项，二等奖5项，三等奖2项；获中国石油新闻奖41项，其中，一等奖15项，二等奖14项，三等奖12项。报纸8版实现彩色印刷出版。

【报纸出版】 2013年，报社编辑出版《辽河石油报》正刊259期，《辽河晚讯》250期，《健康安全环保专刊》23期，《政法专刊》12期。报纸正刊新开辟《教育实践活动典型报道》《工会节约挖潜典型（包括集体、人物系列）》《辽河时评》《百队千井纪行》《向管理创新要效益》等栏目；围绕油田公司中心工作，开辟《贯彻油田公司两会精神动态报道》《贯彻职代会厂长经理访谈》《贯彻党的工作会议书记访谈》等阶段性栏目。针对阶段性成果，做好版面配合，《齐40块热水驱接棒稠油开发“接力赛”》等稿件，配发编辑点评。策划《高起点高产量高水平》《完美起跑追逐辽河梦——季度工作透视》油田生产报道。《辽河晚讯》策划推出《春节特刊·爱在团圆时》《感动在身边》、母亲节专版、国庆特别报道《长假服务日记》、重阳节特刊《后青春时代》等专版，开设《文明服务风采录》《和谐正能量》《矿区观察》《杂谈》4个专栏。采写刊发《左手工箱重，右手情意浓》《守护矿区的流动110》《空巢老人的“伴侣”》《五星级小区的服务秘诀》《认真只能做对，用心才能做好》等报道49篇。

【基础管理】 2013年，报社推行“精细管理、经典做人、精致做事”的管理方法。细化财务管理、资产管理、计划管理、内控管理等方面的流程，加强管控能力。员工收入稳定增长，2013年，油田公司投资600万元，报社购置印刷设备。印刷业务由重印刷、体力印刷，转向轻印刷、智力印刷。

【党群工作】 2013年，报社党委组织开展党的群众路线教育实践活动。落实“三重一大”决策制度，制定实施细则和流程，依法、科学、民主决策。发挥工会、共青团等群团组织作用，完善职工大会、厂务公开等民主管理制度，维护员工合法权益，创造和谐劳动关系。开展新闻同题竞赛等技能竞赛和文体活动。

【组织人事工作简况】 2013年，报社机关设综合科、人事计划科、财务资产科、党群工作部4个科室。下设总编室、社会新闻部、要闻部、专题部、摄美部、群工部、新闻出版部、经济部、文体副刊部、时事新闻部、新闻网络部、新闻研究室、广告部、报刊发行中心、印刷厂、印务中心16个大队级单位和1个中国石油报社驻辽河记者站。报社党委下设党支部7个，有党员118人。

（魏新望）

经济贸易置业总公司

【基本情况】 至2013年年底，经济贸易置业总公司（以下简称公司）在册员工1462人。其中，全民合同化员工804人，市场化员工658人。干部489人，工人973人。干部中具有高级专业技术职称的38人，中级专业技术职称的156人，初级专业技术职称的219人。

公司资产总额4.06亿元，净资产2.22亿元；固定资产原值4.43亿元，净值2.25亿元。实现收入34.92亿元，实现利润2.2亿元。

【油气化工业务】 2013年，公司利用油气资源，优化生产工艺和生产流程，控制生产过程。炼油装置采取蒸馏、减黏2套装置交替运行的生产方案，调整工艺参数，产品总收率96%，累计加工原油29.8万吨。于楼油品储运库经过一期、二期改造，提高油品储运和油品调和功能，坚持“淡储旺销”经营策略，掌握市场信息，安排产品结构，提高信息创效和科学创效能力。4月中旬，石化轻烃厂CNG业务恢复运行，受上游气源限制，加工量一直处于不饱和状态。高峰时期，日来气量由不足1万立方米升至4.5万立方米，日产量5.2吨，比上年增加30%。

【主营业务】 3月28日，特石输油管线复产。公司加大设备监管和管线巡检力度，管线保持良好运行状态，平稳输油100万吨。供热业务上半年生产平稳，保持在指标上线运行，下半年受换烧油政策调整影响，效益有所下降。捞油、铀矿钻井、油水井测试、措施井作业、油田化工等生产运行平稳，累计捞油2.94万吨，完成铀矿钻井21口，射孔、测试186井次，销售化工产品1527吨。

2013年，公司外闯市场，加强内部成本管理和经营过程管控，确保产值、利润双增长。药材药业利用阶梯付款杠杆作用，解决资金紧缺问题。开展配送和零售业务，完成销售收入5.06亿元，实现利润1077万元，增长额20%。上海（辽河石油勘探局上海联络处）、南方（深圳市辽河油田南方投资有限公司）2个驻外企业，在资金、资源紧张情况下，主动出击开发市场，完成经营承包任务。多种经营业务提高创效能力，实现收入1.88亿元，实现利税1000多万元。

【项目建设】 2013年，公司把实施重点项目建设和开展科技攻关作为实现企业增收创效、持续发展的重要推动力。公司高标准完成2000米输油管线双台子河底穿越和12千米集肤效应电缆更换工程，解决稠油管输的安全事故隐患，提高输油能力，各项运行参数达到设计标准。6月，炼油厂常压加热炉改造工程完工，蒸馏装置按期投产，提高装置加工能力，降低能耗。10 月底，辽河宾馆修缮延续工程完工，提高整体接待能力。12 月，离退休活动中心改造和试采油火工库房 2 个工程项目完工，投入使用。针对曙光供热站导热油锅炉和炼油厂常减压装置设备老化存在的安全隐患问题，组织项目前期工作。曙光供热站导热油锅炉新增项目获油田公司批复。

公司实施“特石管线智能管理系统的开发与研究”（油田公司重大科研项目），研制开发完整性数据库等六大模块构成智能管理系统，具备安全、风险和信息管理等功能，能够直观掌握管道设施详细情况及其周边环境信息，降低超稠油长输管道运行风险和维护成本，提高预测和抵御风险的能力。公司利用成本投资，开展“催化油浆分离及综合利用研究”，采用热重分析法考察两种催化油浆的裂解和缩合反应特性，确定缩合生焦温度，优化减压分离流程，确定操作条件，为提高炼油厂减粘装置利用率，提供新途径。

【经营管理】 2013 年，公司开展“管理提升年”活动，推进以开源节流、降本增效、提高发展质量为重点的精细化管理工作，实施升级管理，实现“保效益、促增长”。

发挥生产管理机构的组织、指挥和协调作用，落实生产单位的日报、周报和生产例会制度，加大对生产设备和工艺技术的管理和考核，生产管理实现制度化和规范化。加强应急管理工作，组织应急预案演练，提高应急能力。严格执行预算指标，提前预警成本过高、指标进度超额单位，控制各项费用指标，“五项费用”比上年降低 10%。计划管理坚持“大计划”（涉及公司零星基建工程、生产运输、租入资产、劳务服务、技术报务、楼堂管所维修、安装设备修理、非安装设备修理、安全项目、节能项目、科技项目及部分采购等成本支出，统一纳入公司计划管理范畴，简称“大计划管理”）理念，强化项目统一计划和过程管理，按照管理流程，优化业务对接环节。强化工程概算的职能和作用，提高执行效率和完成效果。强化依法以规治企理念，完善内控与风险管理体系，加强法律风险和廉洁风险防控体系建设，加大审计和效能监察力度，构建风险防控机制，提高风险管理水平。组织清理挂靠和效能监察等专项检查，查摆问题，规避经营风险。

【安全环保】 2013 年，公司落实油田公司健康安全环保工作部署，推进 HSE 体系建设，严格监督与审核，未发生人身伤亡和财产损失事故，获得油田公司安全生产“特殊贡献单位”荣誉称号。

公司发挥有感领导示范作用，主要领导始终把安全环保工作作为第一责任和第一要求，亲自主抓，将安全环保业绩纳入干部履职能力考核。推行“四单”（《HSE 检查认定单》《行政正职告知单》《直线部门告知单》《承包领导报告单》）制，推进直线责任和属地管理。使用《HSE 检查认定单》，加强岗位员工和基层领导沟通和交流。提交《直线部门告知单》，督促职能部门履行 HSE 职责。下达《行政正职告知单》，督促责任单位“一把手”抓生产经营同时必须抓安全。报送《承包领导报告单》，督促领导协助整改事故隐患和问题。实施“减法考核”（将生产经营性质不同的公司所属各单位，根据行业危险程度、危险点源数量及被检查频率等因素所确定的风险系数，在基准1000分的基础上确定各单位每年初基础总分，根据 HSE 考核要素实行减法考核。考核结果与单位领导履职及员工兑现奖挂钩。奖优罚劣，公开透明有效地开展公司安全环保业绩考核工作。），强化 HSE 体系。公司投入安全生产专项资金 469 万元，治理隐患项目 33 个。

【党建工作】 2013 年，公司党委加强两级班子思想作风建设，开展党的群众路线教育实践活动。坚持理论武装，强化班子学习。落实学习计划，采取学习讨论、专题辅导等形式，强化两级班子成员思想教育。在干部作风转变、提高履职能力等方面取得明显成效。开展形势任务教育、“四学四提高”（学理论，提高领导班子驾驭能力；学管理，提高管理干部创新能力；学技术，提高岗位员工操作能力；学法规，提高全员遵纪守法能力）主题教育和全员读书活动。加大党风廉洁建设工作力度，以两级班子和重要岗位人员为重点，开展反腐倡廉警示教育大会和廉洁文化建设活动。

【组织人事工作简况】 2012 年 12 月 20 日，油田公司党委任命刘华勇为深圳市辽河油田南方投资有限公司经理（正处级）；原深圳市辽河油田南方投资有限公司副经理秦世伦任公司副总经理（正处）。2013年1月21日，原公司副总经理王祁军任副处级调研员。公司机关设经理办公室、党群工作科、规划计划科、经营预算科、生产技术科、企管法规（资本运营）科、安全环保科、财务科、人事科、审计科、工会办公室、保卫科12个科室。设资产装备部、信息档案部、物管营销部、综合事务（车辆）管理中心、离退休管理中心、社会保险管理中心6个直属部门。下设黄金带炼油厂、机动采油分公司、特石集输站、轻烃厂、曙光供热站、试采油分公司、石化研究所、塑料厂、医药经销处、闲置设备器材调剂公司、三油实业公司、辽河宾馆、芳华宾馆、南方公司、上海联络处、高升建材公司管委会、铭泰有限公司、辽幽公司18个大队级单位，托管1个多种经营B级企业盘锦申鹏石化建筑安装有限公司。公司党委下设党总支3个、党支部34个，有党员504人。（胡海波　田宝石）

进出口公司

【基本情况】 至2013年年底，进出口公司（以下简称公司）完成产值1.988亿元，实现利润1084万元。其中，上市部分天然气回收业务实现收入5967万元，成本支出5308万元，超缴考核利润658万元；未上市部分完成产值1.39亿元，其中，进口业务1771万元，出口业务2224万元，国内贸易2895万元，CNG业务5520万元，凝析油完成1192万元，其他收入311万元，实现利润426万元，超额完成油田公司下达的业绩考核指标。

【进口业务】 一、调整产品结构，争取新市场

2013年，公司按照进口项目比重向配件保障和生产保障倾斜的发展思路，组织开展进口业务，确保内部市场稳定、外部市场灵活。申办集团公司一级物资贸易商资质，增加一级物资、热采锅炉配件、临时性生产急需物资的采购项目，保护装备制造市场生存空间。面临内部进口项目缩减、渤海装备制造采购资金紧张的局面，调整产品结构，开拓外部市场，增加了中国石油大连石化公司的服务项目。

二、调整发展方向，培育主打产品

2013年，公司将大型机械设备和常用物资销售作为市场发展主要方向，通过资金占用分析和利润测算，维护企业整体利益，降低社会产品进入集团公司物资网络，满足用户生产需求，解决生产商资金困境，提高进出口业务贸易收入，签订发电机组、轮胎、润滑油、油漆等产品的代理协议。

三、拓宽渠道，培育新增亮点

2013年，公司围绕创收主题，秉承资源共享，责任共担的经营理念，扩展经营范围。跟进印度尼西亚石油服务项目，开辟物资出口和技术出口两个服务市场。与中国石油渤海装备制造公司商讨供销合作模式，解决装备制造业务制造、销售等环节的实际困难，增加公司销售规模。

四、规范程序，规避风险

2013年，公司以立足开发集团公司内部主体单位市场为原则，规范经营管理，开发项目集体讨论研究，项目占用资金履行内部会签程序，项目信息内部公开，接受监督和建议。注重项目的选择立项，面临应收款不能及时入账的现象，有选择地放弃部分项目，降低资金风险。做好新增二级物资项目物资编码增项审批手续，加强供应商资质审查。

【出口业务】 一、开发目标市场

2013年，公司“伊朗北阿电厂项目”取得突破，为后续经营明确方向。公司业务人员多次深入现场和设计人员进行沟通，了解生产运行状况，发现问题形成周报长效机制，保证信息传送通畅，推进项目进展。完成首次赴伊朗现场踏勘，掌握安装现场和设备清关的第一手资料，为发运工作奠定基础。

二、推进传统项目

2013年，公司解决中国石油渤海装备制造公司热采设备在哈萨克斯坦的出口项目纠纷，稳固油田公司在哈萨克斯坦的市场地位，获得出口美国抽油机的代理项目。掌控油田内部市场的出口信息，服务华油实业公司与哈萨克斯坦注汽锅炉租赁项目，协调各方关系，维护甲方利益，新签、执行合同2个。

三、实施经营项目

2013年，公司贯彻执行油田公司“三重一大”管理决策程序，研究伊朗钻机和蛋白粉出口

项目，经预算委员会充分论证后组织实施，规避经营风险，秉承诚实守信的理念，以合法经营为基本方针，确保货物出口发运到商检、通关、结汇、核销、出口退税等环节不出现纰漏，配合盘锦市政府开拓出口市场，代理中国石油长城钻探工程有限公司的出口物资。

【油气业务】 2013 年，公司针对井站产量下滑和设备陈旧等因素，投建新井站 3 个，完成老井站设备更新，提高生产能力，保证油气业务和 CNG 产品销售稳定，实现生产指标不降。严格设计 CNG 运输路线，有侧重地选择客户，降低运输成本。推动修旧利废、节能降耗活动，完成设备维修工作，降低维修费用。盘活设备和生产设施，根据生产趋势计算数据进行设备选型配套，提高资产利用率。完成劳务工清退工作，清退劳务工 124 人。采取新的合作模式，明确与合作方的责、权关系，培训合作方人员，严格考核，持证上岗，确保生产平稳运行，实现油气业务生产的平稳过渡。

【党建思想政治工作】 2013 年，公司开展党的群众路线教育实践活动。组织党员干部学习贯彻中共十八大和十八届三中全会精神，执行中央八项规定、集团公司党组 20 条要求和油田公司 23 条实施细则，突出“四风”问题，聚焦作风建设，深入查摆问题，开展批评和自我批评，召开专题民主生活会和组织生活会。落实党风廉洁建设责任制，深化廉洁从业教育，推进廉洁风险防控工作。深化“四好”班子创建活动，加强人才队伍建设，提高员工队伍素质。党总支组织学习 12 次，组织党务活动 2 次，党员上党课 4 次。

【组织人事工作简况】 公司属于油田公司机关直属公司，其中，天然气回收部分属于油田公司上市部分业务，进出口业务属于油田公司未上市业务。2013 年年底，在册员工 82 人，其中，正、副处级干部 6 人，总经理马驰，副总经理崔宁、李春余、曲士军，总会计师孙志宏，副处级业务主管杨松。经营科科长张岩，财务科科长刘宇印，副科长殷海峰（正科级）、刘素洁、金文华，企管法规科长翟丽华，副科长薛云厚，审计科科长王喜奎，质量安全环保科科长陈大庆、副科长吴昊，办公室主任马晨阳、副主任杨鹏海，进口项目部科长严红革、副科长卢丽娟，出口项目一部科长邱建宇、副科长王宏江，出口项目二部科长王建华、副科长李雪梅，储运项目部科长王占斌、副科长王君，工程技术部科长王远庆、副科长马洁，内贸部科长袁希卓、副科长孙希波，大连办事处主任于铁路，丹东办事处主任具兹铉。公司党总支下设党支部 3 个，有党员 47 人、民革党员 1 人。（李　杨）

辽宁辽河石油工程建设监理有限公司

【基本情况】 至 2013 年年底，辽宁辽河石油工程建设监理有限公司（以下简称公司）用工总量 414 人。其中，合同化员工 91 人，市场化就业员工 14 人；外聘员工 309 人。管理人员 54 人，专业技术人员 25 人，操作服务人员 26 人。有硕士研究生学历的 1 人，大学本科学历 50 人，大专学历 44 人，中专及以下学历 10 人。干部中具有高级专业技术职称的 10 人，中级专业技术职称的 43 人，初级专业技术职称的 14 人，其他 38 人。专业内具备注册执业资格 47 人。其中，注册监理工程师 34 人，注册造价工程师 4 人，注册设备监理工程师 7 人，注册建造师 2 人。新增开发项目 329 项，金额 4400 万元。其中，油区市场 253 项，金额 3400 万元，占开发量的 77%，外部市场 52 项，金额 1000 万元，占开发量的 23%。实现营业收入 5410 万元，实现利润 312 万元。

【市场开发】 2013 年，公司实施“巩固油区市场，拓展外部市场，内外并举，同步开发”的开发战略，稳定原有市场，争取外部市场。强化市场开发专业化管理，组织项目信息搜集、沟通工作，保证稳定的市场开发。围绕油田公司产能建设、稳产措施、环境保护措施等项目实施，利用签定全年大合同的有利条件，占领辽河油区市场，曙采污水处理站、杜 66 火驱项目、锦采污水处理站，欢采汽驱等监理项目，红村变电所、大伙房水库输水工程，华信宾馆改扩建等工程。开发盘锦市地方市场，开发盘锦联成化工项目，华润盘锦热电厂采暖热网工程等监理项目，外部市场，中标江西天然气管网二期工程，西二线场站改扩建项目，内蒙古销售公司加油、加气站等工程。

【服务质量】 2013 年，公司坚持“以质量求生存，以信誉求发展，科学公正监理，廉洁热情服务”的方针，优质服务甲方。公司统一制定监理规划和监理总结的标准模板，编写下发8个专业的应知应会题库，组织培训100多人次。项目总监率先垂范，严格执行规章制度。现场监理及时解决现场问题，实现工程建设目标。中缅、中贵油气管道工程完成监理目标，储气库的注气部分达到投产条件，中俄原油管道黑龙江穿越工程获国家级境外优质工程金奖，锦16块二元驱地面工程获集体公司优质工程银质奖；中缅油气管道、苏浙沪、江如管道、储气库、沈抚管道等项目监理部分别受到建设单位的书面表扬，张宝川被选树为管道项目经理部先进典型，公司监理的内外部项目均赢得业主的好评。

【经营管理】 2013年，公司落实精细化管理工作。出台《关于进一步加强生产经营管理的有关规定》，建立《监理公司项目测算管理暂行规定》等管理规章制度6项，生产经营有章可循，有法可依；成立预算管理委员会，严格预算编制、执行和审计，形成各部门横向管理与各项目监理部纵向管理紧密结合的预算管理体系；完成总监项目成本测算工作，深挖内部潜力，优化资源配置，大幅度减少各项费用；减少用工总量100人，节约成本300多万元。公司监理项目遍布辽河油区，办理合同及结算程序复杂，耗费成本大，与油田公司沟通协调，实现与油田公司基建工程部签定整体合同的简化流程，节省管理成本；明确公司部门岗位职责及相关法律法规和制度要求，开展培训、完善体系建设、提高公司的整体法律风险防控工作管理水平。

【安全环保】 2013年，公司安全环保工作落实“有感领导、直线责任、属地管理”，重视文明施工，树立良好形象。公司推进QHSE体系运行，提升管理能力和过程控制，梳理公司安全管理职能，建立健全安全管理体系，各级领导干部落实安全责任制。完成健康安全管理体系换版工作，通过QHSE体系审核。贯彻落实集团公司、油田公司安全管理规定，完善安全岗位责任制，开展自检自查活动。公司检查监理项目部68次，发现隐患和问题314项，下发整改通知单12份，各项目部制定整改措施，落实责任人排查每一个监理现场的隐患问题点源，实现监理项目目标。

【党群工作】 2013年，公司学习贯彻中共十八大和十八届三中全会精神，融入中心工作。开展党的群众路线教育实践活动，执行“中央八项规定”、集团公司党组规定和油田公司党委《关于改进工作作风、密切联系群众的实施意见》，查摆整改“四风”问题。深化理论武装工程，形成理论学习的长效机制，增强领导班子和领导干部的整体素质。开展“增强制度意识，争做执行表率”廉洁主题教育活动，加强党风建设和反腐倡廉建设。开展“关爱员工”“送温暖”“扶贫帮困”等活动。走访慰问特困员工、遗属、患病员工11人次，支出温暖基金、帮扶资金1.75万元；公司为四川泸山灾区捐款5480元；开展暑期“送清凉”活动，慰问一线监理项目10个，慰问员工128人次；为56名员工发放健康疗养金8.04万元。

【教育培训】 2013年，公司提高员工素质，推进人才兴企战略。确定公司中、长期人才培养和外聘人员招聘、培训规划。鼓励员工参加继续教育学习，开展导师带徒和岗位练兵活动，促进年轻员工岗位成才。投入培训费用23万元，组织外部培训54人次，内部培训50人次。其中，取得石油天然气分会监理工程师资格证11人，取得石油天然气分会监理员资格证50人，取得安全资格证书15人。强化人事管理，成立人事科，落实“三控制一规范”制度。梳理管理程序，建立外聘员工招聘、培养、使用、评价、激励和培训机制，建立稳定的劳务用工队伍。盘活用工存量，实现用工总量负增长。

【组织人事工作简况】 2013年，公司机关设综合办公室、经营计划科、财务资产科、技术质量科、项目管理科、企管法规科、安全生产科、党群工作部、人事科、市场开发科、油建监理科、工民建监理科、滩海道桥监理科13个科室及油田外围项目分公司、内蒙古分公司、宁陕分公司、苏浙沪分公司4个外围项目部。2013年9月，董事长吴兴林去世。公司党委下设党总支1个，党支部3个，有党员58人。 （王伟丽）

辽河油田电视台

【基本情况】 至2013年年底，辽河油田电视台（以下简称电视台）在册员工123人，其中，全民合同工 86 人，市场化就业 37 人；处级干部 6 人，科级干部 25 人；干部中具有高级专业技术职称的 14 人，中级专业技术职称的 33 人。

电视台获全国“双十佳”企业电视台称号；首届全国企业电视台优秀播音员主持人推选活动优秀组织奖；台长赵志文获 2013 年度全国“双十佳”企业电视台台长荣誉称号；员工门丹慧荣获第十一届辽宁省优秀新闻工作者称号。获省部级以上好新闻奖等奖项 21 件（次）。

【数字电视建设】 2013 年，电视台深化节目内涵，强化服务理念，提高数字电视服务质量。数字电视建设坚持“有线电视，无限服务”的理念，组建成立辽河油田数字电视调度中心。形成油田电视台和二级单位电视台站的联动机制，建立适合电视事业发展的网络运行管理调度系统。加强网络管理，建立网络管理队伍和完善的规章制度，发挥有线电视管理职能，提升维护和处置故障的能力；掌握油区网络运行状况，提供故障报修、业务咨询、追踪反馈等综合服务，提高网络管理运行效率。确保辽河油田有线数字电视网络正常运行，为辽河油田员工家属服务。

【新闻宣传】 2013 年，电视台播发《油田新闻》263 期，各类新闻 1845 条；制作播出《辽河论谈》45 期；《新闻超视》《时事播报》各播出252期。集团公司《网络电视新闻联播》播发新闻 929 条；《中国石油联播》播发新闻 60 条（特别关注 2 部）；《辽宁新闻联播》播发 20 条。《油田新闻》《辽河论谈》栏目跟进油田公司重点工作，第一时间宣传油田公司方针政策，策划推出《贯彻落实十八届三中全会精神》《向管理创新要效益实现质量效益发展》等栏目，紧跟形势需要，契合中心工作，营造浓厚舆论氛围。《寻找最美辽河人》栏目，深入一线，聚焦基层，展现广大石油工人的风采。近百名奋战在油田公司各条战线上的岗位员工，成为辽河荧屏的电视明星。加大对外宣传工作力度，树立辽河油田在中国石油系统的良好企业形象。

《新闻超视》创新节目形式，扩大收视群体，民生新闻成为油田公司电视新闻的延伸，本地新闻比重达到 100%。《给我加油》栏目由电视台独立组织、拍摄完成，来自油田公司 15 个单位 1040 名队员参加比赛。

【经营管理】 2013 年，电视台确定管理提升年，解决管理中的突出问题和薄弱环节，消除管理短板，改进管理方式，提高效率效益。落实岗位责任制，加强队伍建设，形成管理有效、执行有力、运作规范的工作格局；突出培训特色和实用性，提升全员理论素质和工作能力；依靠资源和技术优势，促进业务增长，增强创效能力，拓展新的经济增长点；把经营分析活动贯穿于经营管理全过程，增强经营活动的计划性和科学性；坚持集约整合和节约优化的原则开展物资和资产管理工作，压缩开支、降低成本；按照“三控制一规范”要求，控制人工成本；强化全员安全意识，落实安全责任，做到安全措施具体化、安全管理动态化、安全机制长效化，确保安全形势稳定。

【党建思想政治工作】 2013 年，电视台党委学习宣传贯彻中共十八大和十八届三中全会精神，开展“党员树旗帜，岗位建功业”和“七一”大党课等系列活动，增强党员党性修养；在新闻采编一线和用户服务一线发展党员 10 人。开展党员教育活动，引导党员干部增强“五种意识”，员工唐云辉被评为油田公司优秀共产党员，员工门立霞被评为油田公司优秀党务工作者。加强反腐倡廉教育，开展党风廉洁建设和惩防体系建设工作；加强机关作风建设，以“责任、阳光、效率、和谐”机关建设带动队伍建设。开展党的群众路线教育实践活动。领导班子成员分别深入到 5 个党支部、分管部门面对面地征求员工群众意见，召开征集意见建议会 7 次，参加 123 人次，提出意见建议 93 项、解决 30 项，形成意见建议 26 项。

【组织人事工作简况】 2013 年，电视台机关设办公室、党群工作部、人事科（党委组织部）、经营计划科、财务资产科、安全保卫科 6 个科室；设总编室、新闻采访部、新闻评论部、新闻编辑部、网站编辑部、社教部、文艺部、广告部、技术部、播放部、网络管理部、工程部、维修部 13 个科级单位。电视台党委下设党支部 5 个，有党员76人。 （王孝明）

北京办事处

【基本情况】 至 2013 年年底，北京办事处（以下简称办事处）成本费用支出 1390 万元，上缴税费 30 万元，结余 6 万元，完成油田公司下达的经营指标；广安公司实现收入 2587 万元，上缴税费 268 万元，实现利润 16 万元，完成油公司下达的利润指标；广安宾馆入住 49209 人次，承办会议 1523 次，平均住宿率 68.19%；联络就医 751 人次；购买飞机票、客车票、火车票 465 张；车辆行驶 23.9 万千米；开展岗位责任制大检查 2 次，安全环保大检查活动 16 次。

【接待工作与安全管理】 2013 年，办事处坚持"服务油田，面向社会"的工作思路，狠抓服务质量，提高服务水平。加强公务接待费用和公务用车管理，完成油田公司领导到北京参加"两会"、参加集团公司会议等接待任务。优化管理队伍，加强人力资源管理。6 月 5 日，办事处公开竞聘经营科长等 4 个科级管理岗位。广安宾馆充实销售部人员，加大市场公关力度，稳定老客户，开发新客源，留住回头客，完成任务指标。

办事处将安全管理放在各项工作的首位，坚持"一岗双责"，立足超前防范，制定火灾、防汛等 7 项应急预案，充实应急物资及救援装备。开展"反违章六条禁令"答题活动，每周五组织员工观看警示片，培训安全知识。办事处和广安公司每月开展消防及应急疏散演练活动，汛期组织防汛演练，开展逃生技能培训，提高员工的安全素质。广安宾馆被评为"北京市 2013 年度旅馆业治安保卫工作先进单位"。

【组织人事工作简况】 办事处属油田公司机关直属单位，下设办公室、人事科、财务科、接待科、经营管理科、市场开发科、安全管理科 7 个科室，下辖广安公司（全资控股子公司—托管）。有管理人员 27 人，主任李康林，副主任常宝新（正处）、杨海泉。科级干部 10 人，一般管理人员 13 人。设党支部 2 个，有党员 32 人。（李　莹）

沈阳办事处

【基本情况】 沈阳办事处（以下简称办事处）地处沈阳市皇姑区金沙江街 5 号。建筑面积 4558 平方米。主要担负辽河油田各单位到沈阳出差的接待任务，发挥着油田公司与辽宁省及沈阳市联系沟通的桥梁和纽带作用。至 2013 年年底，办事处拥有固定资产 1723.02 万元，其中新增资产 3.5 万元，包括空调 3 台，打印机 1 台。

办事处宾馆拥有客房 86 间，床位 153 张，有会议室 3 间；餐饮包房 7 间，可接待 300 人就餐。2013 年，接待住宿客人 21883 人次，接待会议 45 批次，代购火车票、飞机票 200 余张。办事处收入 581 万元，上缴税金 32.67 万元。办事处在册员工 52 人。设党支部 3 个，有党员 50 人。

【接待工作与安全管理】 2013 年，办事处承接勘探工作会议、采油工作会议、二级单位培训班等 11 批次；接待外部会议 34 批次。接待集团公司、油田公司及各二级单位到沈阳出差、就医、中转等 200 多人次，接待集团公司党的群众路线教育实践活动第二督导组成员。清查固定资产，规范物资管理。加强经营管理，控制费用支出，变动成本比上年减少 10 万元。签订《安全环保责任书》，开展安全检查 12 次，排除安全问题及隐患 48 项。客房内增设防烟面具，应急手电等疏散逃生工具；开展灭火和疏散应急预案演练。

【组织人事工作简况】 2013 年，办事处在册员工 52 人。办事处主任陈秀芬，副主任杨铭人。下设办公室、财务科、人事劳资科、经营科、宾馆 5 个科室。办公室主任尹玉梅、孔祥一；办公室副主任孔祥一；财务科副科长杜凤君；人事劳资科科长解雪芳，副科长赵璐；经营科科长徐化军，副科长解雪芳；宾馆副经理兼餐饮部经理陈振强，客房部经理解雪芳。办事处党总支设党支部 3 个，有党员 50 人。（李微微）

矿区服务

【基本情况】 油田公司矿区服务事业部机关设 9 个处室和 5 个直属部门，直管油田公司二级单位 8 个（其中，物业单位 6 个，医疗单位 2 个），纳入矿区核算单位和部门 6 个，托管业务 21 个。2013 年，矿区系统有员工 13073 人，其中，合同化员工 9057 人，市场化员工 3951 人，劳务用工 65 人；两级机关管理人员 2130 人，占主业用工总量的 16.9%，其中，处级干部 113 人，科级干部 1097 人。服务居民住户 13.46 万户，物业管理小区 109 个，住宅楼 4035 栋，保洁面积 1155 万平方米，年垃圾清运 11 万吨。年转供水 1832 万立方米，年转供电 2.8 亿千瓦时，年液化气供应量 1.7 万吨，供暖面积 1390 万平方米（转供暖及社会化供暖 832 万平方米）。管理住宅小区以外主次街道路 64 条、路灯 2466 杆、排涝站 66 个、排污管线 502 千米、变电所 134 座、供水泵房 58 座、公园 28 个、健身广场 73 个、大中型文体场馆 3 个及辽河石油报社、油田电视台；管理托幼园所 24 个，入托儿童 2600 人。医疗机构有总医院（含本部、妇婴医院、11 个社区卫生服务中心、26 个社区服务站）、第二职工医院（含本部、1 个社区卫生服务中心、3 个社区服务站）、市级疾病控制中心 1 个，拥有医疗床位 1890 张，年门诊总量 108 万人次，出院病人 3.2 万人次。有离退休管理机构 31 个，老年大学 1 所，分校 18 个，离退休人员活动站 69 个，离退休人员 4.9 万人，再就业人员 6200 人，退岗家属 2.75 万人。至 2013 年底，矿区系统有资产 22107 项，资产原值 37.97 亿元，净值 21.65 亿元，新度系数 0.57。

【物业管理】　2013 年，油田公司矿区服务系统以满足居民生产生活需要为出发点，坚持把美丽矿区建设作为重点工作，在编制美丽矿区建设规划和推进计划的同时，研究制定《辽河矿区物业管理手册》，规范服务标准，推进“矿区服务示范窗口”创建活动，锦祥、振兴和中兴 3 个住宅小区被评为集团公司“和谐示范小区”，幸福小区公共服务中心、红村绿化环卫队、高升液化气站被评为集团公司“服务示范窗口”，员工魏海英、米冬雪、李艳玲、周晖被评为集团公司“矿区服务明星”。积极配合盘锦市政府开展“创建全国文明城市”工作，加强主街主路和小区“三乱”等治理，落实“门前四包”，更新维护公共设施，累计出动人员 3300 余人次，车辆 600 余台次，取缔占道经营摊位 150 余个，清理小广告 5400 余处、各类垃圾近千吨，改善矿区面貌。加强“三保一修”（保洁、保绿、保安，440 维修）和“四供两排”（供水、供电、供暖、供气，排污、排涝）基础服务，全年处理各类报修 6.3 万项，维修及时率和回访率达到 100%，供暖室温达标率保持在 96% 以上。全年召开居民座谈会 78 次，发放调查问卷 2.4 万份，物业服务综合满意率达到 95.6%。完善矿区社会治理组织体系，搭建社区共建平台，建立与兴隆台区政府、各街道办事处和社区联席会议制度，18 个住宅小区实现物业经理和社区干部交叉任职。强化企地协作，引入政府公共服务职能，探索“一站式”政务大厅、“一键通”居家养老、老年人日间照料中心试点建设。加强油地协调，争取地方惠民政策，全年落实政府各项惠民补贴 2100 万元。引入社会优质资源，创新服务模式，拓展服务内容，推进公共服务社会化服务，曙光矿区供暖全部实现社会化服务，整体天然气入户改造进展顺利；欢喜岭、渤海、振兴地区 3 所幼儿园与社会幼教机构签订联办协议。

【矿区建设】　2013 年，油田公司矿区服务事业系统完善基础配套设施和服务功能，统筹规划，分步实施。多方筹措资金，全年实施民生工程 262 项。其中，投入资金 2.1 亿元综合整治 15 个老旧住宅小区环境，改善生活小区宜居环境；投入资金 1.1 亿元更新改造矿区部分基础配套设施设备，夯实小区本质安全基础，实现安全、平稳、清洁运行；投入资金 3400 万元，实施楼房外墙保温 86 栋、防水大修 387 栋；投入医疗专项资金 7000 万元，整治维修改造 2 个医院住院病房和院区环境，新建及改造社区卫生服务中心（站）6 个，更新医疗设备 28 台（套）；投入资金 4500 万元，新建小区活动室 4 个，维修改造幼儿园 4 所、离退休活动场所 8 个，组织 1.2 万名离退休职工健康体检。做好矿区绿化工作，投入绿化资金 2626.73 万元，新建和改造绿化项目 25 项，增加绿化覆盖面积 5.58 万平方米，改造绿化面积 14.91 万平方米。

【经营管理】　2013 年，矿区服务事业系统优化组织机构，重新界定和理顺部门管理职责，建立以宏观管控、协调指挥、监督考评为核心的运行机制，提升矿区服务保障能力和管理效率。出台《矿区系统业绩考核兑现管理办法》，建立以事业部为考核责任主体的矿区整体考核机制，形成油田公司控制总量，事业部搞活分配的格局。依托矿区管理委员会工作平台，加强沟通协调，共同研究解决住宅维修、离退休职工体检及活动场所维修等专项费用问题，落实矿区共建共管机制。推进管理提升活动，强化制度和标准建设，完善对标管理体系，制定整改措施 97 项，整改完成率达到 93%。加强内控体系建设，修订流程 20 个，规范文件 47 项。精细成本预算管理，及时进行经济分析、动态调整，严格预算考核，各项经营指标全面受控。加大资金监管力度，上线运行大司库和财务网上报销系统，规范机关费用管理及报销流程，严控投资、成本和费用，五项费用比上年压缩29个百分点。全年矿区服务系统实现收入34.18亿元，发生成本36.5亿元，账面利润负2.32亿元，完成油田公司考核指标。加强收入结算和纳税筹划，抓好重大合同履行监管，强化招投标过程控制，提高经营活动管控水平。定期开展内控测试，及时换版内控手册，重点完成维修改造、财务收支、业务外包等领域6个专项审计，及时发现和防控经营风险，全年取得直接审计成果1010万元。严把人员入口关，盘活用工存量，压缩业务外包用工，鼓励和引导各单位挖掘内部人力资源，实现高效精干用工，实现矿区用工总量负增长。深化资产设备基础管理，推进低效无效资产清理工作，提升资产管控能力和运行质量。抓好安全环保工作，实施安全环保隐患整改项目近百个，12个居民小区启动全国安全社区创建工作，安全入户走访10.2万次，监督检查覆盖率达到100%，全年未发生各类生产安全事故和环境污染事件。

【医疗卫生】 2013年，油田公司矿区服务事业系统以开展“三好一满意”（服务好、质量好、医德好、群众满意）活动为切入点，实现医疗服务多样化，便民服务具体化，实施运动、营养、生活方式、心理和健康风险评估五维健康管理，让健康管理进企业、进家庭；开辟辽宁省内、国内绿色通道，方便职工家属就医。加强护理队伍培训和建设，提高护理质量和能力，辽河油田总医院、第二职工医院、辽河油田妇婴医院分别获盘锦市“纪念五一二国际护士节优质护理服务技能竞赛”活动团体一、二、三等奖；辽河油田总医院获得盘锦市“巾帼建功”先进集体、盘锦市“五一”奖。开展“健康在辽河”活动，提高油田职工家属健康意识。播放电视健康教育片263次，开展讲座177场次，累计受益10876人次，发放宣传材料1.7万份，咨询2.55万人次、发放宣传单2.9万张。开展蓝盾系列行动，组织完成放心就医、放心用血、宝宝健康、医疗废物、食品、饮用水、公共场所、职业健康等系列监督工作，保障矿区生活环境健康。完善社区居民健康档案，新建居民个人健康档案2万余份，转接档案1.1万份。全油区总人口纸质档案建档数23.1万份（核定油田社区卫生覆盖人口27.57万人），建档率达85%以上，电子档案建档率达到77%。加强社区重点人群管理，重点人群建档率达到95%以上。规范慢性病管理，达标率达到86.5%。降低并发症和病残率的病例发生。加强药事管理，完善卫生材料、器械采购程序，集中采购、统一配送药品39392万元，医用卫材及检验试剂采购成本下降5%，节约成本300万元。推进抗菌药物临床使用专项整治，处方抗菌药物平均使用率20%。强化职业病防治工作，全年检测与评价有毒有害作业场所职业病危害因素1026个、职业健康监护1.7万人、职业病危害评价建设项目11个；卫生监督监测餐饮服务单位882个（包括食堂52个、一线小伙房315个）、公共场所173个、生活饮用水单位20个、医疗院所15个、托幼园所42个、学校38所，完成油区35万人的传染病、慢性病预防与控制工作。组织开展“送健康到一线”活动，发放常用药品、小药箱、血压计等医用物资和消杀、防蝇灭鼠等物品价值14.5万元，组织一线员工现场健康体检2275人。组织开展“结核病防治宣传日”“饮用水卫生宣传周”《中华人民共和国职业病防治法》宣传周、“食品安全宣传周”“世界无烟日”“艾滋病宣传日”等宣传活动。《辽河油田采油作业区海水倒灌和洪涝浸泡对工人健康影响研究》项目获得辽宁省自然科学科研项目一等奖。为中华预防医学会第四届学术年提供论文，录用15篇。

【房产交易与公积金管理】 2013年，油田公司房产交易部门坚持“便民、高效、廉洁、规范”的窗口工作标准和办事准则，依法办理住房交易业务。全年完成住房交易初始登记6300件，建筑面积53.56万平方米；转移登记5074件，建筑面积37.76万平方米；抵押登记1668件，建筑面积28.04万平方米；抵押注销登记1222件，建筑面积67.96万平方米；办理他项权证1004件，建筑面积20.99万平方米；住房交易档案归档及微机录入13.69万件。强化住房公积金安全管理，规避运营风险，公积金运行平稳。注重发挥住房公积金保障居民住房消费作用，全年有854名员工利用住房公积金贷款解决住房问题，有13 210名员工利用住房公积金改善住房条件。全年住房公积金归集 19.2 亿元，比上年增长 12 个百分点，缴存人数 11.49 万人。住房公积金提取 11.01 亿元，比上年增长 50%，资金使用率45.3%，实现增值收益 8700 万元，比上年同期增加 1701 万元。

【队伍建设】 2013 年，油田公司矿区服务事业系统以党的群众路线教育实践活动为契机，深入基层、走进群众，听呼声、访民意，矿区系统组织座谈会 46 场次，征求意见建议 275 条，制定整改措施 180 项，解决员工群众反映强烈的突出问题 95 个。加强员工培训，提升岗位履职能力，开展一线班组长、关键岗位员工等多层次的业务培训 1.1 万人次。开展创建“十佳服务站队”“十佳服务窗口”、争当“十佳服务明星”活动，发挥典型的示范引领作用，提升矿区管理水平，树立窗口服务形象。组织开展群众性文化体育活动，发展矿区居民文化社团，营造出健康向上、文明和谐的良好氛围。完善矿区维稳工作体系，搭建维护稳定、扶贫帮困和治安综合治理工作平台，开展警企联防、联治、联创活动，全年未发生重大刑事治安案件，保持矿区和谐稳定。

【部门组织人事工作简况】 矿区服务事业部属油田公司矿区服务系统，矿区事业部机关有员工 283 人，其中，正处级以上干部 8 人，副处级干部 17 人（改作具体工作 2 人），李志杰（油田公司副总经理兼）任事业部主任，孟平（油田公司副总师兼）任常务副主任，马新民入选党委副书记，王凌云（兼总会计师）、董国凤、赵德文、毛义利、朱玉珀（再就业管理办公室主任兼）、刘建军（兼安全总监）任副主任。事业部机关设综合办公室、党群工作部、人力资源处、经营计划处、财务资产处、安全环保处、物业管理处、卫生处和运行管理处 9 个职能处室和房产交易中心、城建保安监察支队、住房公积金管理中心、审计中心和疾病预防控制中心 5 个直属部门。其中，王洪权任综合办公室主任，赵涧旭任党群工作部部长，王玉生任人力资源处处长，张明任经营计划处处长，朱喜嘉任财务资产处处长，刘勇任卫生处处长，刘军任物业管理处处长，吴鹏任安全环保处处长，孙培刚任运行管理处处长，于德顺任房产交易中心主任，孙大勇任城建保安监察支队支队长，刘保卫任住房公积金管理中心主任，路金任审计中心主任，李剑平任疾病控制中心主任，姚杰、史宝彦任副总师，辛书勤任矿建工程与市场管理办公室主任。科级干部 48 人，其中，王东旗任综合管理科科长，孙昶任文秘科科长，王金英任矿建档案管理科科长、孟晓红任矿建档案管理科副科长，迟凤丽组织科科长，黄媛媛机关工会副主席、机关计划生育办公室主任，沈金春任党委办公室主任，赵传林任人事管理科科长，杨永红任薪酬管理科科长，赵弋任综合管理科科长，姚杰任规划计划科科长，巴芳任经营管理科科长，孙宝荣入选信息管理科科长，贺春丽任概预算管理科科长，姬红巍任内控管理科科长，王晚莉任成本管理科科长，赵晓波任资金管理科科长，王晓军任资产管理科科长，于雅萍任会计核算科科长，张兴旺任综合管理科科长，金巍任预算管理科科长，潘洪达任药械管理科科长，刘丽华任社区卫生科科长，吕红彦任医政管理科科长，杜秀英任公共卫生科科长，贺启旭任爱卫会办公室副主任，史宝彦任房产管理科科长，徐凤军任矿建工程与市场管理办公室副主任，罗斌任矿区绿化管理科科长，苏杭任托幼管理科科长，何大伟任收费管理科科长，丁鹏任物业管理科副科长，吴海波任安全环保管理科科长，裴琪亮任技术质量监督科科长，李鸿军任安全环保监督科科长，王占文任运行管理科科长，张义任供暖管理科副科长，袁学鹏任房产交易管理科科长，王君燕任房屋产权登记科科长、陆续（正科级）任房屋产权登记科副科长，张丽洁任房产档案管理科科长，王树伟任保安与综治管理科科长，陈昭任矿建监察科科长，蒋济东任公积金管理与信贷科科长、杨雯（正科级）公积金管理与信贷科副科长，藺以安任住房维修资金管理科科长，王水英任工程审计科科长，李志东任财务审计科副科长，叶连新（正科级）、杨东田（正科级）任疾病控制中心副主任，董跃春任公共卫生监督科科长，王晓丽任学校卫生科副科长，张江涛任职业病防治科副科长，武光中任检验功能科副科长，于秀华任结核病防治科科长，王桂平任财务科副科长，张宁任业务办公室副主任，宋江洪、董振敏、殷洪良、赵学清、顾秀月、刘福明、李占英和纪秀荣 8 人退出领导岗位，改任科级调研员；矿区服务事业部党委下设党总支 1 个、党支部 13 个，有党员 173 人。

（王东旗）

【社会保险】 辽河油区社会保险业务覆盖油田公司、中国石油长城钻探工程公司辽河参保单位、中国石油辽河石化分公司、中国石油东方地球物理勘探公司辽河分公司、辽河润滑油厂、中国石油海洋工程有限公司天津分公司、中国石油昆仑燃气有限公司液化气盘锦分公司、中国石油渤海石油装备制造有限公司辽河热采机械公司、中国石油渤海石油装备制造有限公司辽河重工有限公司、辽河公安局、辽河人民检察院、辽河人民法院、辽河油田基础教育管理中心等11个板块，参保单位195个，参保人数169774人，在职参保人员114553人，有偿解除劳动关系人员5732人，离退休人员49249人（离休237人），供养遗属人员240人。社会保险参保率达到100%，实现应保尽保。2013年，征缴社会保险费435477万元。其中，单位缴费329339万元，职工个人缴费99700万元，续保人员缴费6438万元。基金征缴率达100%。

【养老保险】 2013年，油田公司社会保险管理部门发放离退休人员养老保险189417万元，其中，发放离退休人员养老金155 322万元（统筹内资金148309万元，统筹外资金7012万元），发放企业提前退休人员补助金4343万元，发放职教、幼教和退休教师补贴125万元，发放离退休人员生活补贴（过渡年金）16073万元（集团承担9945万元，企业承担6128万元），发放离退休人员“三节”慰问金13555万元，实现养老保险待遇按时足额准确安全发放。全年发放离退休人员养老金保险比上年增长约27709万元，离退休人员养老保险待遇人均每月3392元，比上年提高12.38个百分点。

2013年，油田公司社会保险管理部门按照辽宁省人力资源和社会保障厅对调整企业退休人员养老金工作要求，调整退休人员基本养老金。按照退休人员缴费年限、工作时间、退休时间、年龄等条件增加基本养老金。3月份，为符合条件的4.6万名退休人员完成基本养老金调整，月增加基本养老金747万元，人均增加基本养老金163元。对退休前担任高级技术职务（含高级技师）的退休科技人员再增加基本养老金，4月份，调整符合条件的人员2205人，月增加基本养老金66万元，人均增加养老金301元。

2013年，油田公司贯彻落实集团公司关于解决若干群体稳定问题的精神，制定辽河油区解决企业内部提前退休人员待遇问题的实施方案，解决1993年至1998年期间按企业提前退休政策办理提前退休人员在行业统筹移交地方管理后，因辽宁省基本养老保险金关于工龄调整政策而影响待遇的问题。调整提前退休人员补助金涉及辽河油区6大板块43个单位18619人，月增加补助金174万，人均月增加补助金93元。补助资金由油区各单位组织筹集，6月30日前全部发放到位，补助执行时间从2012年1月开始至2013年5月。8月12日，印发《辽河油区企业内部提前退休人员2013年增加补助金工作通知》，组织召开增加补助金专项会议。调整补助金18310人，月增加补助金15.45万元，人均月增加8.44元，8月底完成资金筹集和发放。

2013年，按照辽宁省人力资源和社会保障厅军转干部问题工作小组办公室通知要求和相关政策，从2012年10月1日起，对省本级统筹企业建国前参军复员到企业退休人员增加补助金，增加的生活补助金在省级基本养老保险基金中列支。增加新中国成立前老工人64人，月增加补助金1.75万元，人均月增加273元。

2013年，按照辽宁省人力资源和社会保障厅《关于贯彻基本养老保险法律规定若干问题的通知》和辽宁省社会保险事业管理局《关于行业企业在职参保人员死亡后丧葬抚恤待遇等若干问题的通知》规定，对2011年7月1日后在职参保因病非因公死亡的人员，丧葬抚恤待遇、供养直系亲属生活救济金原企业支付改由省级基本养老保险统筹基金支付。结合油田公司《关于贯彻基本养老保险法律规定若干问题的通知》，明确在职参保人员死亡后丧葬补助金、一次性抚恤金和供养直系亲属生活救济金、个人账户储存额支付标准和业务经办程序。按照业务经办程序，审核各单位2011年7月1日以后死亡参保人员的殡葬证明、身份证复印件等资料，报辽宁省人力资源和社会保障厅审批通过后清算，补发资金返回油田公司。在辽宁省有关丧葬抚恤待遇、供养直系亲属生活救济金到账后，编制相关资料按照程序和要求进行发放。2013年，经审批符合退休条件3345人，其中，在职退休人员1584人，续保退休

1761人，人均养老金3140元（在职退休人均养老金3608元，续保退休人均养老金2719元），月增加基本养老金1052万元。

【医疗保险】 2013年，辽河油区发生医疗费用87238万元，核销201327人次，核销76194万元，其中，个人账户支出26784万元，比上年增加3466万元；统筹基金支出47761万元，比上年增加8581万元；特殊群体支出1903万元，比上年增加23万元。全年60190人次享受企业补充医疗保险补助，补助基金支出7203万元，人均次补助1197元。全年有237人申请团体高额补充医疗保险报销，支付保费1866.45万元。为169684名参保人员建立医疗保险账户，建立账户34917万元，其中，统筹金划入16714万元，个人缴纳18203万元。全年为9465人办理个人账户转移结算手续，其中，内部转移3073人，转移金额1657万元；新增账户2165人，新增金额104万元；结算账户1009人，结算金额255万元。在职转退休3218人，转移金额1509万元。全年有47个单位的3078人提出特定病种鉴定申请，通过医疗专家确认和鉴定工作领导小组复审，鉴定合格2867人，不合格211人。

2013年，社会保险管理部门完善基本医疗保险、高额补充医疗保险、企业补充医疗保险制度，提高油田参保人员医疗保障水平。贯彻盘锦市文件精神，印发《关于调整辽河油田城镇职工基本医疗保险统筹基金最高支付限额有关问题的通知》，将辽河油田城镇职工基本医疗保险统筹基金最高支付限额由9.6万元调整至13万元。与盘锦市人寿保险健康险公司协商，达成并签订将油田高额补充医疗保险最高支付限额由35万元调整至60万元的协议，增强油田重大疾病患者医疗保障能力。完善企业补充医疗保险运行机制，调整参保患者住院和特定病种基本医疗保险政策报销后个人负担比例、乙类项目个人负担、超过基本医疗保险特定病种补助限额以上部分及超过团体高额医疗保险部分进行补助，减轻参保患者个人和家庭负担。

全年辽河油田基本医疗保险待遇人均支出4460元，企业补充医疗保险待遇人均支出422元，高额医疗保险待遇人均支出110元，医疗保险待遇人均支出合计4992元，比上年提高738元，增幅17.3%；修订完善《辽河油田基本医疗保险对外转诊管理办法》，调整定点转诊医院，数量由50个增加到60个，满足辽河油田参保患者就医需求。

【综合保障】 2013年，油田公司社会保险管理部门做好养老保险、医疗保险工作的同时，发挥工伤、失业、生育保险的综合保障作用。全年新增工伤83人、工亡19人，新鉴定伤残等级95人，根据社会平均工资变化，为153名工伤人员上调护理费标准，为278名工亡员工供养直系亲属增加抚恤金标准，为2名享受伤残津贴人员上调伤残津贴标准。全年支出工伤保险待遇3605.8万元，其中，医疗费1702.5万元，护理费183.2万元，伤残津贴4.5万元，一次性伤残补助金407.6万元，辅助器具费10.7万元，伙食补助51.4万元，交通费1.2万元，住宿费0.2万元，供养亲属抚恤金375.6万元，工亡补助金838.7万元，丧葬费30.2万元。全年为失业人员发放失业救济金206人次53万元，核销生育费用2391人次，其中，生育851人，节育措施1540人。核销生育费用3034万元，其中，医疗费用479万元，生育津贴2555万元。及时兑现生育保险待遇，保障生育女工的合法权益。

【社保系统基础】 2013年，油田公司社会保险管理部门加强基金管理，确保基金安全，针对油田社会保险业务经办实际，重新修订《辽河油田社会保险待遇申报审核拨付经办程序和管理规定》，履行由基层参保单位社会保险待遇申报、业务科室审核、财务科室复核、油田公司社会保险管理部门主管领导复审、主要领导审批的工作程序，严格执行凭证业务主管会计把关，审核人复核、按月与业务科室逐笔明细项目对账，做到业务与财务、财务内部账证、账表、账实相符，数据真实后拨付资金。严格拨付时间，统筹安排，发现退票，及时处理。严格按照工作程序经办银行代发业务，落实社会保险待遇银行代发业务对账制度、送达签认制度和银行代发情况监督检查制度等，确保银行代发工作规范有序、安全可靠。

2013年，辽宁省社会保险系统开展创建“文明服务窗口”活动。社会保险管理部门结合油田公司党委组织开展“党的群众路线教育实践活动”和“责任机关、阳关机关、效率机关、和谐机关”

建设活动，组织油田社会保险管理系统开展“文明服务窗口”创建活动，争创辽宁省文明示范单位。深入基层调查研究，真心实意为基层服务。结合党的群众路线教育实践活动，领导班子带头转变作风，全年深入基层单位86个，帮助企业解决发展中涉及社会保险的困难和问题23项。深入联系点，召开业务人员和服务对象座谈会，征求单位和个人对社保服务工作的意见和建议，专题研究征求到的6类28个建议和意见，有的意见立提立改，有的建议制定整改期限和措施。完善保险管理制度，出台《关于进一步加强医疗保险管理有关问题的通知》《辽河油田基本医疗保险对外转诊管理办法》等规范性文件6个，明确有关业务办理的程序，维护参保人员的利益。完善信息化管理系统，提高科学管理水平。针对辽宁省社保行业管理软件运行中出现的问题，邀请东软技术人员帮助解决包括退休审批表打印，在职人员缴费数据校正等16项问题。加强组织培训工作，提高社保人员的业务能力。根据社保人员更新较快的实际，在常规培训的基础上，重点培训更新人员和多种经营单位的人员，提高基层业务人员掌握社会保险政策的水平和操作能力。全年排查涉险矛盾150批次，接待各个群体上访人员近万人次，深入基层解答政策12次，减少围绕社会保险的群访事件，维护矿区的和谐稳定。

【部门组织人事工作简况】 社会保险管理中心属油田公司机关直属部门，设综合保险科、养老保险科、医疗保险科、财务科、机关保险科科室，有员工29人，处长刘坤，副处长王军、王学文。有科级干部6人，其中，综合保险科科长任宝福，养老保险科科长高杨，医疗保险科科长关丽娟，财务科科长龙淑珍，机关保险科科长张海龙、副科长王国顺。处党支部有党员26人。（刘 勇）

【再就业工作基本情况】 2013年，油田公司再就业管理资金足额准发放到位，两大群体利益得到保障。至2013年12月底，油田公司有偿解除劳动关系再就业人员减少至6490人，再就业全年费用总额1.15亿元，其中，劳动报酬总额1.11亿元，管理费236.45万元，丧葬费87.91万元，生活救济费38.02万元；油田退岗家属26901人，具备领取生活补贴条件的21793人，年领取资金1.23亿元，其中，领取遗属救济费3085人，计1400万元。

【再就业人员管理】 2013年，油田公司组织再就业人员佩戴标识在矿区从事治安巡逻工作，各社区再就业管理服务站在人员减少、外出务工人员比例提高的情况下，加强组织动员，推进管理工作运行。支持振兴街道再就业人员义务看护实验中学学生自行车工作，得到社会各界好评。推广介绍茨榆坨采油厂、锦州采油厂再就业人员治安巡逻队的经验做法，提高管理水平。完成续签劳动协议工作。通过16个街道再就业管理办公室，79个社区管理服务站组织再就业人员续签劳动协议，6490份。协调管理问题，再就业管理办公室到高升、曙光地区协调管理的有关事宜，与各采油厂、工程处领导进行沟通。与到辽河调研的石油系统多个单位进行联系，了解工作运行情况，相互学习借鉴，保持工作协调一致。加强宣传报道工作。通过报纸、电视等宣传媒介，发表各类报道63篇，进行再就业工作正面宣传。定期编写《再就业工作简报》，发放到各街道社区，对典型事例进行宣传。规范资金管理工作，通过梳理工作流程、细化审批手续、定期检查各街道再就业办公室财务等措施，控制再就业人员活动经费、劳动报酬、慰问吊唁费、帮扶资金和油田退岗家属生活补贴的使用标准，确保财务工作规范运行。

【油田退岗家属管理】 2013年，油田公司严格执行退岗家属生活补贴固化标准。落实《关于油田退岗家属生活补贴和遗属生活救济费固化发放标准的通知》，生活补贴标准固化发放，不再随着最低生活保障标准调整。严格执行退岗家属遗属生活费固化标准。对在2012年以前由社保部门停发的遗属生活费，从2012年1月开始固化发放；对未到年限的遗属，参照再就业人员的遗属情况处理。各单位申报未到年限的遗属43人，经审核达到发放条件的24人。新增遗属按辽宁省相关政策达到领取遗属生活救济费条件未到领取养老金时，由社保部门负责发放，领取养老金后转由退岗家属生活补贴渠道固化发放。

做好退岗家属生存认定工作。各单位发放生存登记表12360份，准确核实参保信息，认定11836人，其中459人没有认定，去世人员61人，还有4人身份已经转换油田市场化合同工。

依据认定结果，对去世的61人和身份转换的4人进行减册，459人停发生活补贴。完善退岗家属信息管理系统。根据工作需要，调试生活补贴和遗属生活救济费发放程序，增强各项模块使用功能，在个人基本信息中增加相应的保险类型、生活补贴标准及遗属生活救济费标准等条目，增强查询和提取数据功能。

加强业务培训。针对退岗家属生活补贴发放程序，开展1期管理人员培训班，培训管理人员通过网络客户端口进行日常信息维护，保证信息及时准确。

【困难帮扶工作】 油田再就业人员有302户家庭符合特困和一般困难条件，其中，特困家庭60户，一般困难家庭242户，同等享受油田职工困难家庭帮扶待遇。全年发放慰问金155万元，发放特困户生活补助资金13.5万元，发放临时生活帮扶资金33万元，发放助学帮扶资金19万元，发放医疗帮扶资金2.4万元。开展大病专项援助活动，对患有尿毒症、白血病、实施造血干细胞移植和脏器移植手术的再就业人员家庭予以专项援助。组织参加辽河油田职工团体安康保险，为再就业人员提供抵抗疾病的健康保障。有31户再就业人员特困家庭待业子女通过绿色通道就业。

【再就业服务】 2013年，已退休的再就业人员因退休金低等问题大规模群体上访，油田退岗家属待遇问题一直存在疑义，诉求多。再就业办公室、信访办公室、二级单位的相关部门组织相关人员，将部分上访人员召集到一起，依据相关政策，多次面对面解释各项诉求，领导带队入户宣讲，答疑解惑。在各矿区开展各种文化活动，采取消夏晚会、趣味运动会、扑克赛、象棋赛等多种形式，丰富再就业人员和退岗家属文化娱乐生活，形成和睦、团结、有凝聚力的油区氛围。

【部门组织人事工作简况】 再就业协调管理办公室属油田公司矿区事业系统再就业协调管理办公室，有在册员工14人，其中，处级干部2人，处长朱玉珀，副处长李歆潭。办公室设4个科室，综合科科长张跃文、副科长李长伟，协调管理一科科长刘会江、副科长杨兰英，协调管理二科科长刘金盛，财务科科长刘金红。党支部有党员12人。

（张跃文）

【计划生育基本情况】 2013年，辽河油区计划生育管理人口182249人，全年出生1335人，其中，男婴665人，女婴670人，人口出生率7.21‰，出生人口性别比99.25；全年死亡596人，死亡率3.22‰；自然增长739人，人口自然增长率3.99‰。15周岁～49周岁育龄妇女40778人，其中，已婚35164人，综合节育率88.09%，晚婚率97.33%。

【基础建设】 一、开展科学发展讨论活动

2013年，油田公司计划生育管理部门加强基层基础工作。组织油区72个单位分组征集和集中讨论，开展“科学发展活力人口和谐计生幸福家庭”大讨论活动，征集群众反映的焦点，找准解决问题的重点，关注管理服务的热点，适应形势，转变思路，突出人本理念，实现计划生育国策“柔性落地”。

二、计划生育信息化

2013年，油田公司计划生育管理部门推广应用“辽河油田计划生育管理信息系统”，新系统实现职工信息动态管理和实时查询，实现计划生育统计报表数据自动生成，实现计划生育日常办公在线管理，提升计划生育工作现代化管理水平，提高办事效率，二级单位应用率达到100%，三级单位应用率达到90%。

三、组织专项检查

2013年，油田公司计划生育管理部门组织5人深入油区72个单位专项调研，围绕统计报表数据、生育审批资料、计划生育奖励待遇等日常管理内容，全面开展人口计划生育基础工作检查，查找和发现问题21项260个，现场给予指导和整改，增强各级计划生育干部的管理水平和责任意识，专项检查结果纳入年度管理考核成绩。

四、计划生育审批制度

2013年，油田公司计划生育管理部门在计划生育审批中，规范流程，严格管理，坚持公示，全年审核通过病残孩儿鉴定6例，再生育审批107个。与医疗部门联手严格审批“终止中期以上妊娠”，加大整治工作力度，全年审批计划外和非医学需要终止中期妊娠11例。同时，规范部分多种经营企业在重组中的隶属关系，制定实施油区统一规范的管理模式。

【人口计划生育管理】 一、简化办证措施

2013年，油田公司计划生育管理部门落实辽宁省人口计生委《方便群众办证十项措施》精神，转变工作作风，简化办证程序，全力做好公开办证事项、一次性告知、限时办理、及时办结等工作，方便职工群众办理业务，全年各级计生干部提供代理服务228人次。

二、深化目标管理

2013年，油田公司计划生育管理部门完善千分制量化考核评估办法，采用季度考核和年终考核并行、奖励加分和处罚扣分并算的方法，对所属单位人口计生工作全面考核，考核成绩作为年度评先选优依据，增强考核的科学性。

三、强化素质培训

2013年，油田公司计划生育管理部门针对二、三级计划生育干部岗位变动频繁、业务知识亟待提升等需求，组织新上岗计划生育干部轮训3批251人，重点培训计生政策、系统操作、宣传教育及协会工作等业务。全年组织季度例会3次，年度务虚会1次，综合业务培训1期、母婴护理师取证培训2期，早教讲师团训2期，计划生育志愿者团训2期。

四、优化传导互助

2013年，油田公司计划生育管理部门完善传导互助工作法考核办法，细化评估标准，形成油田计划生育管理部门统一评价、组内成员互帮互助、典型发挥带动作用的小组管理模式。全年各小组开展基础资料展评、岗位技能培训、玫瑰之约联谊、健康知识讲座、心灵成长团训、经验分享座谈等活动30余次，增强了组内成员单位的沟通与互促。

【人口文化建设】 一、建设“青苹果之家”

1月，油田人口文化传播基地暨“青苹果之家”建成使用，围绕青少年健康人格成长工程，开展亲子拓展、沙盘游戏、心理仪器训练、亲子手工制作等活动，受到孩子和家长的普遍欢迎。

二、老资料布展

历时3个月征集精选，一批反映油区改革发展、计划生育工作历程及职工家庭变化的老证件、老物件、老照片等398件，在人口文化传播基地展出，到基地参观人员对具有时代特征的老结婚证、独生子女审批表、褓褓服等表现出浓厚兴趣。

三、幸福好声音

以提高家庭发展能力，创建和谐幸福家庭为载体，油区各单位开展形式多样的幸福家庭创建活动，让幸福声音唱响百里油区。兴隆台采油厂组织“让爱天天驻我家”亲子活动，曙光采油厂组织“牵手幸福情系计生”剪纸活动，油田机关组织“牵手梦想情满家园”家庭微梦想征集活动、石化总厂“崇尚节俭品味幸福”家庭厨艺大赛活动等，丰富群众业余文化生活，传递积极向上的正能量。油区年度评选出百户幸福家庭。

四、主题人口文化活动

各单位以“五二九”“九二五”等纪念日为契机，利用人口文化长廊、广场、文化墙等宣传阵地，开展丰富多彩的主题活动。欢喜岭采油厂组织“送健康到班站”、锦州采油厂组织“印象锦采”老资料展、勘探开发研究院组织“身边的力量”故事会、兴隆台公用事业处组织“全家总动员”徒步活动等群众喜闻乐见的活动，职工群众乐于参与，人口文化得到彰显。全年全油区举办各类人口文化活动142场次，发放各种宣传品2万余个，职工参与3万人次。

五、新闻舆论传递

坚持新闻宣传季度通报制度，加大对省级以上主流媒体加分力度，把在《辽河石化报》《东方物探报》《渤海装备报》等发稿纳入考核范围，利用报刊、电视、QQ、微信等传媒加强新闻宣传，促进信息交流。全年在辽宁省人口计划生育委员会调研报告论文评比中荣获二等奖2篇、三等奖3篇、优秀奖1篇。在省级以上媒体发稿49篇，油田媒体发稿391篇，油田计划生育网页发信息435条。在辽宁卫视生活频道《人与家》栏目播出专题1期，营造良好的舆论氛围。

【人口计划生育服务】 一、设立母婴护理驿站

2013年，油田公司计划生育管理部门深化计生优质服务工作。面向油区已孕待孕群体开展婴幼儿早期教养培训服务。组建由43名计生系统的心理咨询师、营养师、母婴护理师等志愿者和医院专职妇产科、儿科医生组成的讲师团，讲解《母婴护理》《孕产妇护理与保健》《小儿常见疾病家庭处理》《孕产妇及婴幼儿心理发展》《疫苗接种》《孕产妇顺产与母乳喂养沙龙》等7门课程，注重课程操作性、专业性和实用性，现场模拟进

行婴幼儿洗澡、抚触、包布、异物吸入处理等内容，医院妇产科、儿科医生授课得到女工的认可。为满足边远矿区女工需求，确保孕产妇安全，讲师团成员定期送课程到外围矿区，到需要的新生儿家中指导，全年举办婴幼儿早期教养培训22期，近1200名准父母及亲属参加学习，并颁发合格证书。

二、健康服务进万家

2013年，油田公司计划生育管理部门以生殖健康服务月为契机，开展政策讲解、优生优育、知情选择等宣传服务，为新婚、怀孕、生育、节育手术及再婚人员送去政策法规、孕育e点通、保健图书、避孕药具、宝宝成长册等幸福大礼包。采取健康检查、咨询服务、科普讲座等方式，深化健康服务，倡导阳光心态，实现健康生活。油区全年为33515人发放独生子女父母奖励费275.2万元，为15377人发放独生子女托幼费1517.03万元，为1973人发放独生子女父母退休补助费400.2万元，发放免费避孕药具28840盒、节育器具700套，举办心晴沙龙活动4期，健康知识讲座125期，职工参与健康检查9.18万人次。

三、暑期文化活动

2013年，油田公司计划生育管理部门举办第五届中小学生多米诺骨牌比赛，油区26个单位的36支参赛队伍297名选手参加比赛，丰富职工子女暑期生活。各单位结合实际，开展“青苹果训练营”、亲子“跳蚤市场”“青春期同伴教育”、暑期拓展训练、儿童绘画作品展等活动。油田“青苹果之家”特约讲师围绕“快乐度暑假、美丽青苹果”等主题，与油田电视台联合录制4期《辽河论谈》。

四、“玫瑰之约”活动

2013年，油田公司计划生育管理部门针对外部市场和一线单身职工、离丧偶职工婚恋难等问题，发挥“玫瑰之约”网站、“芳草地”单身QQ群、“甩单”红娘QQ群作用，组织各类“玫瑰之约”单身联谊活动。全年举办“幸福有约缘来是你”“相约井下牵手未来”“真情有约缘聚高升”、爱情多米诺、登山联谊会、外部市场联谊会等大、中型单身联谊13场，单身青年团训3场，参与人员达1000余人次，现场牵手62对。

五、生育关怀行动

由辽宁省人口计划生育委员会牵头，爱心企业投入6万元开展关爱女孩助学行动，资助油区10名计生困难家庭子女学费每人每年6000元；由辽宁省计划生育协会牵头，油田计划生育协会和茨榆坨采油厂计划生育协会联合资助2名计生困难家庭子女到沈阳外事学校免费学习技能。各级计划生育组织入户走访慰问，耐心倾听诉求，帮助计划生育特情、特困家庭解决困难，为439户独生子女伤残死亡家庭免费缴纳家庭意外伤害保险。

【部门组织人事工作简况】 计划生育办公室属油田公司机关直属部门，设综合科、管理统计科、宣传教育科、机关科4个科室。有员工9人，其中，主任沈冰、副主任王玉红，有科级干部4人，其中，综合科科长姜丽，管理统计科科长解玲，宣传教育科副科长蒋代丽，机关科科长何琼。党支部有党员7人。（郑　琴）

离退休管理中心

【基本情况】 至2013年年底，油田公司有离退休员工49061人。其中，离休干部237人，退休员工48824人，有离退休党员11068人。

【管理服务工作】 一、关心离退休职工的政治待遇

2013年，油田公司离退休员工管理部门坚持把“政治上尊重、思想上关心、生活上照顾、精神上关怀”作为离退休人员管理服务工作的宗旨，建立完善各项保障制度，探索创新油田新形势下离退休员工管理服务工作的方式和方法，落实离退休人员的政治待遇。组织离退休员工代表参加油田公司职代会和党的工作会议，传达党的方针政策和油田公司党委工作部署。组织召开离退休老领导座谈会，征求、采纳、实施离退休老领导对油田公司开展群众路线教育实践活动的建议，坚持利用春节前走访慰问、召开座谈会，向老领导、老同志通报油田公司改革发展重要情况。全年为1.64万名离退休干部订阅报刊，每季度编印1期《辽河老干部》报，满足离退休员工的学习需求。

二、落实生活待遇

2013年，油田公司党政领导及二级单位班子成员每逢重大节日期间都组织走访、慰问离退休员工。全年，发放慰问金2.68亿元，看望病人3718人次，协助家属料理丧事484次。动用帮扶资金273万元、特困帮扶1014人。广大离退休员工感受到油田公司党委的关怀和组织的温暖。

油田公司离退休员工管理部门为110个老干部家庭送冬菜750千克；重新调整离退休员工管理部门“结对子”帮扶内容，制定服务办法，印刷帮扶记录册，提高对空巢、重病、高龄、身边无子女离退休员工的服务意识与服务水平；全年为1863名退休员工发放学习调研补助费，为1008名退休处级干部和70名局级离退休干部发放参观考察补助费，派送1092名离退休员工参加疾病疗养。

油田公司离退休员工管理部门协同油田公司兴城康复医院，组成医疗专业团队深入油区开展养生巡回讲座10场，宣传医保政策、经络养生和艾灸等养生知识，普及养生保健知识，提高离退休员工保健意识和保健水平，参加听讲的离退休员工2000多人次。

三、开展困难帮扶

2013年，油田公司离退休员工管理部门向18名离退休员工发放23次临时生活帮扶款15万元；申报辽河油田大病专项帮扶84人，发放援助款84万元；医疗帮扶8人，发放帮扶款7万多元；配合油田公司机关相关部门节日慰问困难户6人，发放现金和物品计3.3万多元；节日慰问劳动模范及劳模遗属43人次，发放慰问金5.2万多元；开展女工帮扶，特困户补贴，看望遭变故员工家属等工作。

【党建思想政治工作】 2013年，油田公司离退休员工管理部门健全组织、配强党支部班子。坚持按时换届，选配素质高、身体好、能力强的离退休党员充实党支部班子。开展党的群众路线教育实践活动。根据油田公司党委统一部署，以“照镜子、正衣冠、洗洗澡、治治病”的总要求，开展党的群众路线教育实践活动，查找党员领导干部“四风”方面的问题13项，逐项整改，促进工作作风。采取上大党课、报告会、党史征文、知识竞赛、书画、摄影作品展等方式开展党组织活动。组织向四川芦山“四二0”地震灾区捐款活动，415名离退休员工和离退休管理部门员工捐款6.6万多元。按照集团公司离退休管理部门安排，承担“离退休职工服务与管理”课题研究任务，参加集团公司老干部局组织的课题研究报告发布会，列入油田公司党委思想政治工作软科学课题进行研究。

【老年文体活动】 2013年，油田公司离退休员工管理部门按照“群体规模型、贴心服务型、纪念庆典型、比赛竞技型”的文体工作思路，因地制宜组织活动，形成健康、向上的文化态势，增强文化体育活动的辐射力和影响力。全年举办乒乓球、排球、象棋、健身秧歌、柔力球和健身球6项全局性文体赛事。以纪念中国老年体协成立三十周年为契机，在老年节前夕举办“炫彩银龄”健身展示活动，1000余名老年人参与活动。举办“走出快乐，走出健康，再走30年”全国健步走大联动活动，3000余名老年人参加。加强文体项目示范基地工作，机关活动站开设柔力球学习班，为柔力球爱好者提供学习平台，门球队多次参加友谊赛、邀请赛，提高实战水平。扩大对外交流活动，代表中国石油参加“第二届全国老年人健身展柔力球比赛”项目，取得柔力球集体、个人、双人3项优胜奖；代表辽宁省参加“健身球比赛”，取得健身球比赛优秀奖，被授予体育道德风尚荣誉称号。

老年大学开设书法、美术、声乐、器乐、电脑、摄影等10个专业、57门课程，在册学员1404人。老年大学学员深入敬老院为孤寡老人义务拍照，自编自导小节目为老人送快乐，组织学员走进测井、油气等小区开展写春联、送春联活动，组织书画学员近120人为振兴社区居民楼义务赠送字画494幅。合唱歌曲《美丽的村庄》《草原夜色美》《大江东去》获得“首届中国·内蒙古（包头）合唱艺术节”老年组混声合唱银奖，健康舞《蝶儿飞》《前生有缘》获得“迎全运爱家乡建辽宁”全省百姓健康舞展演（盘锦市展区）最佳表演奖。

【活动场所建设】 2013年，油田公司离退休员工管理部门完善离退休员工活动场所和设施，筹建老年文化体育训练基地，矿区所在地单位与离退休管理部门领导深入基层调研，对各单位活动室维修改造整体规划、统一投资。投入资金对沈阳采油厂、欢喜岭采油厂、职业技术学院、原地球物理勘探公司、兴隆台工程技术处、物资公司等单位9个老年活动室进行装修改造，投资230万元为于楼公用事业处新建活动室800多平方米，投资125万元为曙光工程技术处新建活动室600多平方米，全年投入购买活动器材和活动室维修改造费1434万元。

【队伍建设】 2013年，油田公司离退休员工管理部门组织开展尊老敬老传统美德教育、石油工业优良传统教育和职业道德教育。参加国家、辽宁省和集团公司离退休工作培训班5次，培训骨干26人。组织离退休管理系统培训班，聘请大连理工大学教授候铁珊讲授"国学经典智慧"，拓宽知识视野；邀请退休老干部马玉龙讲授辽河油田发展史，传承大庆精神、铁人精神；邀请油田总医院讲师宛思莹讲解老年抑郁症相关知识，为日常服务提供经验。加强统计工作，将统计工作纳入离退休工作重点，积极与相关部门协调沟通，解决问题，提高统计工作质量，数据库维护、报表统计、人员接收等严格按要求和流程操作，做到数据翔实、准确，为离退休人员数据管理工作提供了可靠的依据。制定离退休管理工作新闻媒体突发事件专项应急预案，设立与"石油报记者站"对点交流QQ群，建立《离退休乐龄专版》，全年离退休系统在各类媒体刊登稿件500余篇。改版升级中心门户网站，新增银龄采风栏目，建立"中国梦、梨花情深、创新服务案例"等专题，评选优秀作品，门户网站全年刊发稿件100余篇。

【部门组织人事工作简况】 2013年，离退休管理中心负责辽河油田离退休员工管理，属于油田矿区事业服务职能部门，有处级干部4人，其中，主任兼党委书记韩桂琴，副主任王玉红，党委副书记兼工会主席莫晓辉，副处级调研员蒲玉双。中心设党群工作部、退休管理科、老干部科、财务科、综合办公室、机关活动站、南区活动站、幸福小区活动站、世纪小区活动站、消防活动站和老年大学12个部门，有科级干部22人，其中，党群工作部部长周碧波、副部长姚爽，退休管理科科长于百岁，老干部科科长王庆军、副科长陈艳茹，财务科科长郭婧、副科长刘旭，综合办公室主任董秀娜，机关活动站站长李丹、书记赵志锡、副站长赵侠，南区活动站站长于金平、副站长肖阳，幸福小区活动站站长戴方胜、副站长陈寅，世纪小区活动站站长张绍春、副站长王瑾，消防活动站站长蔡正华，老年大学校长马青梅、常务副校长王荣春，艺术团团长赵静、副校长杨晓梅。具有高级专业职称的3人，中级专业职称的23人，初级专业职称的11人。离退休管理中心设党支部6个，有党员51人。

（王　萍）

统计资料

上市业务统计资料

油田公司概况表

表 1

项　　目	2013 年
一、自然情况	
1. 油田地跨市 12 个	沈阳、鞍山、辽阳、营口、锦州、葫芦岛、盘锦、铁岭、阜新、朝阳、通辽、赤峰市
2. 油田地跨县旗 34 个	盘山、大洼、台安、阜新、灯塔、辽中、营口、北镇、新民、辽阳、黑山、彰武、喀左、北票、建昌、昌图、天山、开原、法库、义县、凌原、建平、翁牛特旗、巴林左旗、阿鲁科尔沁旗、科尔沁左翼中旗、科尔沁左翼右旗、科尔沁旗、凌海、扎鲁特旗、奈曼旗、库伦旗、康平、开鲁
3. 有效探矿权面积	244 107 平方千米
其中，海南省	169 264 平方千米
辽宁省	17 161 平方千米
内蒙古自治区	45 882 平方千米
辽宁、内蒙古	3790 平方千米
江苏盐城	8010 平方千米
4. 油田公司机关所在地	盘锦市
二、员工情况	
5. 年末员工人数	42 787 人
其中，男员工	27 102 人
女员工	15 685 人
三、油气资源	
1. 原油总资源量	52.96 亿吨
2. 累计探明石油地质储量	241 445.42 万吨

续表 1—1

项　　目	2013 年
3. 累计探明天然气地质储量	2102.15 亿立方米
4. 控制石油地质储量	24 485 万吨
5. 剩余可采天然气地质储量	79.47 亿立方米
6. 已发现油田个数	37 个
7. 已建成油田个数	32 个
四、石油钻井	
1. 历年累计钻井口数	26 870 口
其中，探井	3745 口
开发井	23 125 口
2. 历年累计钻井进尺	5032 万米
其中，探井	957 万米
开发井	4075 万米
五、主要产品生产能力	
1. 原油生产能力	997 万吨/年
2. 天然气生产能力	7.2 亿立方米/年
3. 原油稳定装置处理能力	325 万吨/年
4. 轻烃装置处理能力	275 万立方米/年
5. 凝析油回收能力	9.5 万吨/年
6. 液化气生产能力	15.3 万吨/年
7. 油田注水能力	20.5 万立方米/日
8. 污水处理能力	20 万立方米/日
9. 供水能力	22.6 万立方米/日
六、原油、天然气产量	
1. 原油产量（历年累计）	41 531.56 万吨

续表 1—2

项　　目	2013 年
2. 天然气产量（历年累计）	529.56 亿立方米
七、输油、输气管道	
1. 外输油、气管道及铁路	
(1) 原油管道长度	604 千米
(2) 天然气管道长度	207.3 千米
2. 外输原油周转量	
(1) 原油外输周转量	65 573 万吨/千米
(2) 天然气外输周转量	388 118 千万立方米/千米
3. 铁路专用线建设总长度	165 千米
八、储罐建设	
1. 原油储罐座数	228 座
2. 原油储罐容量	170.1 万立方米
九、经济总量	
1. 企业资产总计	621 亿元
其中，流动资产	107 亿元
非流动资产	514 亿元
2. 负债合计	305 亿元
其中，流动负债	73 亿元
非流动负债	232 亿元
3. 股东权益合计	316 亿元
4. 企业增加值	235 亿元
5. 主营业务收入	350 亿元
6. 利润总额	61 亿元
7. 上交税费总额	53 亿元

油田公司主要指标完成情况表

表 2

序号	指标名称	计量单位	2013 年	历年累计
1	企业增加值（现价）	万元	2 349 161	—
2	工业总产值（现价）	万元	3 418 222	50 665 933
3	主营业务收入	万元	3 501 178	45 574 603
4	主营业务成本	万元	2 095 978	2 179 111
5	油气综合单位成本	元/吨	2022.98	2094.91
	其中，原油	元/吨	2048.33	2159.5
6	油气综合单位操作成本	元/吨	1385.77	1479.95
	其中，原油	元/吨	1406.1	1546.46
7	上交国家、总公司	万元	1 762 030	24 087 219
	其中，上交国家	万元	533 015	8 182 601
	上交总公司	万元	1 229 015	15 904 618
8	利润总额	万元	610 450	8 679 484
9	资产总计	万元	6 207 361	6 207 361
10	流动资产合计	万元	1 067 837	1 067 837
11	固定资产合计	万元	5 139 523	5 139 523
	其中，固定资产原值	万元	12 269 443	12 269 443
	固定资产净值	万元	4 865 377	4 865 377
12	负债合计	万元	3 054 579	3 054 579
13	流动负债合计	万元	727 614	727 614
14	原油产量	万吨	1001.01	41 531.57
15	原油销售量	万吨	1000.5	39 163.4
16	原油配置量	万吨	972.11	38 544.95
17	天然气产量（工业气）	亿立方米	7.2	529.56
18	天然气外供量	亿立方米	3.57	296.2

续表 2—1

序号	指标名称	计量单位	2013 年	历年累计
19	油田注水量	万立方米	3675	84 383
20	油田注汽量	万立方米	2229	37 696
21	天然气处理量	亿立方米	3.22	142.43
22	轻烃产品产量	万吨	8.77	328.95
	其中，轻质油	万吨	—	83.43
	液化气	万吨	7	148.01
	乙　烷	万吨	1.77	98.99
23	油田建设总投资	万元	918 879	16 172 451
	其中，勘探投资	万元	196 467	3 528 160
	开发投资	万元	679 125	11 504 121
	其它投资	万元	43 287	1 140 170
24	钻井完井口数	口	347	26 870
	其中，探　井	口	68	3745
	开发井	口	279	23 125
25	钻井进尺	万米	71.37	5031.67
	其中，探　井	万米	18.87	956.93
	开发井	万米	52.5	4074.76
26	二维地震测线	千米	1361	123 068.2
27	三维地震测线	平方千米	1100	25 275
28	建各种井口装	套	269	28 556
29	建各种管线	千米	276.1	33 323.46
30	建各种站	座	—	1613
31	修筑公路	千米	32.12	4484.12
	其中，矿渣路	千米	32.12	2467.12
	黑色路	千米	—	2017
32.	年末原油生产能力	万吨	997	997

续表 2—2

序号	指标名称	计量单位	2013 年	历年累计
	其中，当年新增	万吨	76.85	—
33	年末天然气生产能力	亿立方米	7.2	7.2
	其中，当年新增	亿立方米	1	1.05
34	累计探明石油地质储量	万吨	241 445.42	241 445.42
	其中，当年新增	万吨	3245.65	3178.28
35	累计控制石油地质储量	万吨	24 485	24 485
	其中，当年新增	万吨	4558	3996
36	累计探明石油可采储量	万吨	58 477.13	58 477.13
	其中，当年新增	万吨	628.47	638.27
37	累计动用石油地质储量	万吨	198 567.47	198 567.47
38	当年探明天然气地质储量	亿立方米	4.81	—10.4
	其中，气藏气	亿立方米	—5.85	5.9
39	累计探明天然气地质储量	亿立方米	2102.15	2102.15
	其中，气藏气	亿立方米	737.55	737.55
40	累计探明天然气可采储量	亿立方米	1013.45	1013.45
	其中，气藏气	亿立方米	459.39	459.39
41	当年新增天然气可采储量	亿立方米	—2.82	4.06
	其中，当年新增（气藏气）	亿立方米	—4.06	5.3
42	累计动用天然气地质储量	亿立方米	1793.49	1793.49
	其中，气藏气	亿立方米	685.42	685.42
43	剩余可采天然气地质储量	亿立方米	79.47	79.47
44	年末职工人数	人	42 787	42 787
45	职工平均人数	人	42 043	42 043
46	职工工资总额	万元	352 152	352 152
47	人均工资	元/人年	83 760	83 760
48	全员劳动生产率	万元/人年	55.87	55.87

勘探开发工作量及效益指标计划完成情况表

表 3

序号	主要指标	计　划	完　成
1	新增石油探明可采储量（万吨）	400	—
2	新增石油探明地质储量（万吨）	2000	—
3	新增石油控制地质储量（万吨）	3000	3996
4	新增石油预测地质储量（万吨）	4500	5118
5	二维地震（千米）	1450	1361
	其中，石油预探	1450	1361
	石油评价	—	—
6	三维地震（平方千米）	900	900
	其中，石油预探	700	700
	石油评价	200	200
	开发	—	—
7	石油预探（口）	46	45
8	油藏评价井（口）	32	23
9	开发井（口）	403	279
	其中，原油	371	269
	天然气	32	10
10	钻井进尺（万米）	106.67	71.37
	石油预探（万米）	15.81	12.45
	油藏评价井进尺（万米）	9.67	6.42
	开发井进尺（万米）	81.19	52.50

续表 3—1

序号	主要指标	计　　划	完　　成
	其中，原油（万米）	72.29	50.34
	天然气（万米）	8.9	2.16
11	新增石油动用可采储量（万吨）	685	700.9
12	原油产量（万吨）	1000	1001
13	原油商品量（万吨）	985	1000
14	天然气产量（亿立方米）	7.2	7.2
15	天然气商品量（亿立方米）	3.8	3.8
16	新建原油生产能力（万吨）	105	76.85
	其中，新区	31.2	19.74
	老区	73.8	57.11
17	新建天然气生产能力（亿立方米）	1	1.05
18	二维成本（万元/千米）	5.10	5.1
19	三维成本（万元/平方千米）	3	34.78
20	预探井成本（元/米）	5200	7769
21	评价井成本（元/米）	4881	7368
22	原油开发井成本（元/米）	4827	7071
23	天然气开发井成本（元/米）	2378	7195
24	油气发现成本（美元/桶）	9.06	—
25	油气开发成本（美元/桶）	16.48	17.37
26	建百万吨原油产能直接投资（亿元）	39.84	59.82
27	建亿方天然气产能直接投资（亿元）	1.43	1.55

增加值完成情况表

表 4 计量单位：万元

指标名称	合计	工业	科研及其他
总产出	3 691 932	3 680 013	11 919
中间投入	1 644 223	1 564 156	80 067
外购材料	464 169	448 304	15 865
外购燃料	305 060	304 896	164
外购动力	170 353	169 283	1070
其他中间投入	704 641	641 673	62 968
增加值	2 349 161	2 423 150	−73 989
利前税净额	510 524	515 708	−5184
税金	464 935	470 123	−5188
增值税	301 452	307 293	−5841
应交行政性收费	45 589	45 585	4
石油特别收益金	7574	7574	—
折旧折耗摊销	618 564	610 236	8328
员工薪酬	603 537	560 868	42 669
工资	343 277	318 052	25 225
福利费用	44 799	41 512	3287
其他人工费	215 461	201 304	14 157
营业利润	616 536	736 338	−119 802
工业总产值（销售毛利）	3 691 932	3 680 013	11 919
工业销售产值	3 692 183	3 692 183	—
其中，出口交货值	—	—	—

探明不同油品性质油地质储量情况表

表 5　　　　计量单位：万吨

指标名称	2012 年	2013 年
一、探明石油地质储量	3245.65	3178.28
稀油	775.54	277.2
稠油	2562.34	15.01
高凝油	2470.11	2901.08
二、控制石油地质储量	4558	3996
稀油	4558	3261
稠油	735	—
高凝油	4235	—
三、动用石油地质储量	3047.02	1750.5
稀油	775.54	1849.51
稠油	2554.29	502.86
高凝油	694.65	1750.5
四、可采石油地质储量	1013.41	700.9
稀油	145.09	423.32
稠油	449.17	368.3
高凝油	140.92	332.6

探明天然气地质储量情况表

表 6 计量单位：亿立方米

	合　计	气藏气	溶解气
一、累计探明天然气地质储量	2102.15	737.55	1364.6
其中，当年探明	—	—	—
二、累计探明天然气可采储量	1013.45	459.39	554.06
其中，当年新增	—	—	—
三、累计动用天然气地质储量	1793.49	685.42	1108.07
其中，当年动用	5.16	—	5.16
四、累计动用天然气可采储量	918.8	433.57	485.23
其中，当年动用	0.97	—	0.97
五、剩余可采天然气地质储量	79.47	24.55	54.92

各凹陷探明石油地质储量表

表 7 计量单位：万吨

指　标　名　称	当年新增	累　计
一、探明石油地质储量		241 445.42
（一）辽河盆地		233 520.78
1、陆上		221 204.77
（1）西部凹陷	—	151 489.67
（2）东部凹陷	—	32 997.91
（3）北部凹陷	—	36 717.19
2、滩海		12 316.01
（二）外围盆地		7924.64
二、探明石油可采储量		58 477.13
三、控制石油地质储量	3996	24 485
四、动用石油地质储量	1750.5	198 567.47
五、动用石油可采储量	700.9	51 234.42

各凹陷天然气地质储量（气藏气）表

表 8 计量单位：亿立方米

	探明储量		可采储量	
	当年新增	历年累计	当年新增	历年累计
合　计	—	737.55		459.39
一、辽河盆地	—	734.29	—	457.75
（一）陆上	—	686.33	—	433.18
1. 西部凹陷	—	398.12	—	306.79
2. 东部凹陷	—	243.39	—	108.09
3. 大民屯	—	44.82	—	18.3
（二）滩海	—	47.96	—	24.57
二、外围盆地	—	3.26	—	1.64

油田公司原油收拨情况表

表 9 计量单位：万吨

	2012 年	2013 年	历年累计
一、原油生产量	991.72	992.25	41 491.52
二、期初库存	13.50	21.95	16.27
三、销售量	996.40	991.78	39 154.69
其中，配置量	975.71	972.11	38 544.94
其他销售	7.7	6.65	369.32
关联交易	13	13.01	240.44
四、自用量	0.99	1	1354.61
其中，生产用油	0.99	1	1279.81
长输管线用油及损耗	—	—	74.80
五、损耗量	—	—	966.49
六、期末库存	16.27	15.74	15.74

油田公司原油生产完成情况表

表 10 计量单位：万吨

指标名称	2011 年	2012 年	2013 年	历年累计
石油液体产量	1000.01	1000.01	1001.01	41531.57
原油产量	993.09	991.7237	992.25	41 491.52
其中，稀油	324.06	327.45	332.15	18 189.29
稠油	593.55	587.85	583.27	19 585.68
高凝油	75.48	76.42	76.83	3716.55
1. 欢喜岭采油厂	116.25	115.29	115.62	6454.75
2. 锦州采油厂	90.24	88.03	89.92	5926.47
3. 曙光采油厂	192.69	194.84	196.72	7902.07
4. 兴隆台采油厂	131.9	137.01	136.3	4970.89
5. 高升采油厂	51.15	56.59	59.98	2526.31
6. 沈阳采油厂	95.76	96.25	95.64	4956.13
7. 茨榆坨采油厂	31.64	32.01	31.89	1607.93
8. 金马油田开发公司	51.56	47.66	46.96	2077.7
9. 冷家油田开发公司	72.57	64.01	58.24	2196.86
10. 海洋勘探项目部	10.75	11.48	11.29	337.78
11. 特种油开发公司	121.8	124.34	130.02	1850.12
12. 辽兴油气开发公司	21.13	21.45	19.65	462.33
13. 其他	5.64	2.76	—	222.18
14. 液化气	6.92	8.29	8.77	23.97

油田公司原油销售量情况表

表 11　　计量单位：万吨

指标名称		2011 年	2012 年	2013 年	历年累计
原油销售合计		952.79	996.4	991.78	39154.69
按运输方式分	1. 管输	797.64	753.22	757.16	31 555.6
	2. 铁路	4.57	6.07	6.89	2194.2
	3. 公路	147.11	233.43	214.72	3924.2
	4. 海运	3.47	3.68	13	1480.68
按区域分	1、葫芦岛市	186.32	193.8	189.04	8544.31
	2. 锦州市	206.2032	196.74	191.76	8641.04
	3. 辽阳市	—	—	—	3199.54
	4. 鞍山市	—	—	—	2483.24
	5. 抚顺市	13.95	—	45.25	3752.78
	6. 石化厂	389.94	450.31	413.87	6277.09
	7. 其他	156.37	155.56	151.85	6256.68

油田公司天然气外供量情况表

表 12　　计量单位：亿立方米

指标名称	2011 年	2012 年	2013 年	历年累计
天然气商品量合计	4.21	4.05	—	3.8
天然气外供量合计	3.91	3.77	3.57	296.48
（一）辽河化肥厂	1.28	1.22	0.88	129.16
（二）盘锦化肥厂	0.57	0.54	0.59	27.35
（三）工业用气	0.59	0.64	0.41	35.91
（四）城市民用	1.47	1.38	1.68	104.06
1. 鞍山	0.02	—	—	66.18
2. 盘锦	0.35	—	—	4.5
3. 沈阳	0.38	—	—	18.87
4. 其他	0.72	1.38	1.68	14.51
（五）关联交易	0.31	0.28	—	0.24

油田公司天然气生产情况表

表 13 计量单位：亿立方米

指标名称	2012 年	2013 年	历年累计
合计	7.21	7.20	529.56
其中，气井气	1.79	1.82	193.06
油井气	5.42	5.38	336.5
欢喜岭采油厂	0.43	0.48	121.55
锦州采油厂	0.20	0.22	8.54
曙光采油厂	0.12	0.12	13.5
兴隆台采油厂	3.62	3.72	244.11
高升采油厂	0.48	0.41	28.58
沈阳采油厂	0.65	0.66	34.88
茨榆坨采油厂	0.56	0.44	44.07
金马油田开发公司	0.21	0.21	5.51
海洋勘探项目部	0.16	0.14	10.83
辽兴油气开发公司	0.78	0.79	13.06
其他	—	4.93	—

油田公司完成注水量表

表 14　　计量单位：万立方米

指标名称	2012 年	2013 年	历年累计
合计	3597	3675	84 383
欢喜岭采油厂	805	788	14 381
锦州采油厂	414	424	14 312
曙光采油厂	372	352	13 136
兴隆台采油厂	246	261	14 236
高升采油厂	124	128	1980
沈阳采油厂	824	853	15 028
茨榆坨采油厂	200	203	4838
金马油田开发公司	222	229	3311
冷家油田开发公司	79	86	1264
海洋勘探项目部	50	46	571
特种油开发公司	240	284	1235
辽兴油气开发公司	21	21	91

油田公司完成注汽量表

表 15　　计量单位：万立方米

指标名称	2012 年	2013 年	历年累计
合　计	2195	2229	37 696
一、吞　吐	1330	1325	31 440
欢喜岭采油厂	79	73	5174
锦州采油厂	213	202	7740
曙光采油厂	484	478	8134
兴隆台采油厂	—	—	—
高升采油厂	47	55	1503
沈阳采油厂	—	—	—
茨榆坨采油厂	—	—	—
冷家油田开发公司	209	215	3206
特种油开发公司	258	265	4270
金马油田开发公司	40	37	1413
二、蒸气驱	865	904	6262
锦州采油厂	40	47	219
欢喜岭采油厂	433	425	3590
曙光采油厂	114	121	830
高升采油厂	—	—	210
金马油田开发公司	38	27	332
冷家油田开发公司	—	—	—
特种油开发公司	240	284	1022

油、气、水井井口数统计表

表 16 计量单位：口

指标名称	名　　称	2012 年	2013 年
合计	总井数	23 180	23 531
	其中，开井	13 157	13 351
	其中，油井	19 022	19 306
	水井	2533	2621
	气井	593	595
	观察井	594	555
	完井未投	438	454
油井	合　计	19 022	19 306
	其中，开井	11 176	11 315
	自喷井	186	184
	抽油井	18 836	19 122
水井	合　计	2533	2621
	开井	1841	1885
	关井	692	736
气井	合　计	593	595
	开井	140	151
	关井	453	444
	其他井	1	—

油田公司勘探投资完成情况表

表 17

指　标　名　称	计量单位	2012 年	2013 年
二维地震	千米	1688.2	1361
三维地震	平方千米	903.4	1100
其中，石油预探	平方千米	783.4	900
油藏评价	平方千米	120	200
探井	口	70	68
其中，预探井	口	45	45
评价井	口	25	23
探井进尺	米	233 424	188 724
其中，预探井进尺	米	140 760	124 500
评价井进尺	米	92 664	64 224
地质报废进尺	米	1871	8755
取芯进尺	米	512	455
岩芯长度	米	423	388
本年完成勘探投资	万元	213 685	196 467
天然石油予探	万元	150 640	137 789
其中，物化探	万元	37 582	32 245
二维地震	万元	10 587	6945
三维地震	万元	26 995	25 300
探井	万元	97 651	96 719
油藏评价	万元	63 045	58 678
其中，物化探	万元	4010	6000
二维地震	万元	—	410
三维地震	万元	3600	6000
探井	万元	51 157	47 301
其他	万元	7878	5377
地球物理勘探	万元	41 592	38 245
探井工程	万元	148 808	144 020
勘探计算机	万元	1450	1000
不需安设备购置	万元	—	3000
勘探辅助工程	万元	—	4526
老资料重新处理	万元	2740	3500
综合研究与储量评估	万元	15 667	7950
其他	万元	4878	1752

油田公司开发投资完成情况表

表 18

指 标 名 称	计量单位	2012 年	2013 年
开发井	口	379	279
开发井进尺	米	685 100	52 4951
本年原油能力施工规模	万吨	100	105
本年天然气能力施工规模	亿立方米/年	1	1
本年新增原油生产能力	万吨/年	85.23	76.85
其中，新油田、新区块	万吨/年	26.77	19.74
本年新增天然气生产能力	亿立方米/年	1	1.05
其中，新油田、新区块	亿立方米/年	—	—
天然石油气开采	万元	692 635	679 125
天然石油开采	万元	678 874	553 428
其中，钻井工程	万元	384 683	355 979
地面建设	万元	114 535	90 134
三维地震	万元	—	—
天然气开采	万元	13 761	125 697
其中，钻井工程	万元	3906	15 541
地面建设	万元	9855	110 156
石油气开采	—	—	—
产能建设	万元	512 979	571 810
其中，钻井工程	万元	388 589	371 520

续表 18—1

指　标　名　称	计量单位	2012 年	2013 年
地面建设	万元	124 390	200 290
三维地震	万元	—	—
新区产能	万元	253 026	157 355
其中，钻井工程	万元	205 454	131 176
地面建设	万元	47 572	26 179
老区产能	万元	259 953	414 455
其中，钻井工程	万元	183 135	240 344
地面建设	万元	76 818	174 111
三维地震	万元	—	—
老油田改造	万元	50 760	24 000
油气外输工程	万元	31 658	18 518
开发前期准备	万元	2051	—
开发计算机	万元	2070	500
不需安设备购置	万元	2500	2500
开发辅助工程	万元	1885	3000
大修侧钻	万元	13 748	16 922
综合研究与新技术	万元	10 264	12 593
安全环保工程	万元	10 208	11 940
其他	万元	67 971	47 800

油田公司产能建设地面实物量完成情况表

表 19

指　标　名　称	计量单位	2012 年	2013 年
一、油气集输工程			
1. 油气井口安装	口	246	264
2. 油气集输管线	千米	259.6	268.95
3. 各种站	座	13	2
二、注水工程			
1. 注水井口安装	口	2	5
2. 注水站	座	2	2
3. 注配水管线	千米	13.56	10.6
三、供水工程			
1. 水源井	口	5	3
2. 供水站	座		2
3. 供集水管线	千米	1.6	14.7
四、供电工程			
1. 供电线路	千米	73.7	63.35
2. 变压器	座	25	37
五、注汽工程			
1. 新建站	座	4	2
2. 注汽管线	千米	5.5	7.15
六、道路工程			
1. 黑色路	千米	18.4	12.24
2. 矿渣路	千米	27.19	32.12

2013 年资产负债表

表 20　　　　计量单位：万元

资　产	年初数	期末数
流动资产	—	—
货币资金	23 237	15 233
其中，银行存款	23 237	15 233
内部存款	1 185 904	839 443
交易性金融资产	—	—
应收票据	—	—
应收股利	—	—
应收利息	—	—
应收账款	15 454	13 947
减，坏账准备	36	36
应收账款净额	15 419	13 911
其他应收款	4897	5179
减，坏账准备	1853	1853
其他应收款净额	3044	3327
短期负息资金拨款	—	—
应收内部单位款	45 927	27 328
预付账款	3158	4765
减，坏账准备	—	298
预付账款净额	3158	4468
预付上级单位款	114 264	102 568
存货	53 541	61 746
减，存货跌价准备	331	260
存货净额	53 210	61 487
待摊费用	50	73
一年内到期的非流动资产	—	—
其他流动资产	—	—
流动资产合计	1 444 214	1 067 837

续表 20—1 计量单位：万元

资　产	年初数	期末数
非流动资产	—	—
持有至到期投资	—	—
减，持有至到期投资减值准备	—	—
持有至到期投资净额	—	—
可供出售金融资产	4247	4247
减，可供出售金融资产减值准备	—	676
可供出售金融资产净额	4247	3572
长期股权投资	555	2548
减，长期股权投资减值准备	—	—
长期股权投资净额	555	2548
长期应收款	—	—
减，未实现融资收益	—	—
长期应收款净值	—	—
减，坏账准备	—	—
长期应收款净额	—	—
内部拨出款	—	—
长期负息资金拨款	—	—
拨付所属单位资金	—	—
投资性房地产原价	—	—
减，投资性房地产累计折旧及摊销	—	—
投资性房地产净值	—	—
减，投资性房地产减值准备	—	—
投资性房地产净额	—	—
固定资产原价	1 301 638	1 416 762
减，累计折旧	779 645	831 171
固定资产净值	521 993	585 590

续表 20—2　　　　计量单位：万元

资　产	年初数	期末数
减，固定资产减值准备	795	992
固定资产净额	521 198	584 599
油气资产原价	10 358 748	10 852 681
减，累计折耗	6 042 049	6 572 894
油气资产净值	4 316 699	4 279 787
减，油气资产减值准备	348 581	348 054
油气资产净额	3 968 118	3 931 733
工程物资	—	—
减，工程物资减值准备	—	—
工程物资净额	—	—
在建工程	127 390	102 094
减，在建工程减值准备	—	—
在建工程净额	127 390	102 094
地质勘探支出	52 317	72 766
减，地质勘探支出减值准备	—	—
地质勘探支出净额	52 317	72 766
油气开发支出	87 566	178 953
减，油气开发支出减值准备	—	—
油气开发支出净额	87 566	178 953
固定资产清理	—	—
无形资产	66 768	86 975
减，累计摊销	32 072	37 609
无形资产净值	34 696	49 366
减，无形资产减值准备	—	—
无形资产净额	34 696	49 366
开发支出	2398	2363
商　誉	—	—

续表 20—3 计量单位：万元

资　产	年初数	期末数
减，商誉减值准备	—	—
商誉净额	—	—
长期待摊费用	—	3215
地质成果	—	—
递延所得税资产	194 120	208 315
其他非流动资产	—	—
非流动资产合计	4 992 606	5 139 523
资产总计	6 436 820	6 207 361
流动负债	—	—
短期借款	—	1000
交易性金融负债	—	—
应付票据	—	—
应付账款	765 487	640 080
其他应付款	26 202	16 321
内部存入款	—	—
短期负息资金	—	1620
应付内部单位款	36 540	35 334
预收账款	33 306	29 487
预收下级单位款	—	—
应付职工薪酬	14 041	15 332
应付股利	52	52
应付利息	—	—
应交税费	—33 247	—11 611
预提费用	—	—
一年内到期的非流动负债	—	—
其他流动负债	—	—
流动负债合计	842 381	727 614

续表 20—4 计量单位：万元

资　产	年初数	期末数
非流动负债	—	—
递延收益	25 426	32 661
长期借款	—	—
应付债券	—	—
长期应付款	—	—
减，未确认融资费用	—	—
长期应付款净额	—	—
专项应付款	948	948
长期负息资金	1 189 836	1 140 319
内部拨入款	—	—
预计负债	688 676	675 062
其中，资产弃置义务	688 387	675 049
递延所得税负债	469 197	477 975
其他非流动负债	—	—
非流动负债合计	2 374 083	2 326 964
负债合计	3 216 464	3 054 579
股东权益	—	—
股本	—	—
资本公积	−60	−511
专项储备	717	19 920
盈余公积	—	—
未分配利润	−8711	−11 352
上级拨入资金	3 204 236	3 119 807
外币报表折算差额	—	—
少数股东权益	24 175	24 918
股东权益合计	3 220 356	3 152 782
负债及股东权益合计	6 436 820	6 207 361

2013 年利润表

表 21　　计量单位：万元

项　　目	本年累计	上年同期
一、营业收入	3 501 178	3 591 121
减，营业成本	2179 111	2 095 978
营业税金及附加	165 712	176 763
销售费用	16 102	19 003
管理费用	324 957	347 380
财务费用	72 380	62 559
勘探费用	125 673	121 190
资产减值损失	973	－2
加，公允价值变动净收益（净损失以“－”号填列）	—	—
投资净收益（净损失以“－”号填列）	267	－5
其中，对联营企业和合营企业的投资收益	88	－5
二、营业利润（亏损以“－”号填列）	616 536	768 243
加，营业外收入	11 692	6578
减，营业外支出	17 778	99 584
三、利润总额（亏损总额以“－”号填列）	610 450	675 238
减，所得税费用	3470	5494
上交利润（补亏以“－”号填列）	611 107	674 587
四、净利润（净亏损以“－”号填列）	－4128	－4844
（一）归属于母公司所有者的净利润	－2641	－2902
（二）少数股东损益	－1487	－1942
五、每股收益	—	—
基本每股收益	—	—
稀释每股收益	—	—
六、其他综合收益	—	—
七、综合收益总额	－4128	－4844

续表 21—1　　计量单位：万元

项　　目	本年累计	上年同期
归属于母公司所有者的综合收益总额	−2641	−2902
归属于少数股东的综合收益总额	−1487	−1942
补充资料	—	—
按直线法计提油气资产折耗	537 346	562 553
按产量法计提油气资产折耗	549 795	562 553
营业外收入	—	—
1. 处置非流动资产利得合计	1568	308
其中，处置固定资产利得	1568	308
处置油气资产利得	—	—
处置无形资产利得	—	—
在建工程处置利得	—	—
其他	—	—
2. 债务重组利得	—	—
3. 非货币性资产交换利得	—	—
4. 罚款收入	34	54
5. 政府补助利得	9549	5616
其中，自用成品油消费税先征后返	6401	3005
进口天然气增值税先征后返	—	—
油气重大专项	2236	1684
其他	913	928
6. 集团补贴收入	—	—
7. 违约赔偿收入	—	23
8. 盘盈利得	—	426
9. 捐赠利得	—	—
10. 无法支付的应付款项	—	19
11. 其他	540	132
合计	11 692	6578
营业外支出	—	—

续表 21—2 计量单位：万元

项　　目	本年累计	上年同期
1. 处置非流动资产损失合计	81	119
其中，处置固定资产损失	81	47
处置油气资产损失	—	—
处置无形资产损失	—	—
在建工程处置损失	—	72
其他	—	—
2. 债务重组损失	—	—
3. 非货币性资产交换损失	—	—
4. 罚没支出	66	2
5. 捐赠支出	224	333
其中，公益性捐赠支出	220	322
6. 资产盘亏损失	—	20
7. 赔偿金	51	141
8. 违约金	—	—
9. 非常损失	—	37 381
10. 停工损失	—	—
其中，折旧折耗及摊销	—	—
员工薪酬	—	—
税费	—	—
其他	—	—
11. 未向企业提供服务的有偿解除劳动合同的人员费用	—	—
12. 资产报废、毁损损失	9857	40 598
13. 返还的政府补助支出	195	106
14. 预计担保损失	—	—
15. 预计未决诉讼损失	3	4
16. 油气资产弃置清理支出	7547	20 816
17. 其他	−246	64
合　计	17 778	99 584

2013 年应缴税费明细表

表 22　　　　计量单位：万元

项　　目	年初未交数	本年应交数	本年已交数	年末未交数
合　　计	39 264	527 939	533 015	34 188
一、税金合计	26 082	467 202	469 576	23 707
增值税	642	301 452	301 514	580
消费税	—	—	—	—
营业税	1064	1539	1748	856
城市维护建设税	2170	21 209	23 063	316
资源税	10 038	120 227	119 547	10 718
房产税	194	1865	1822	237
土地使用税	692	930	1363	259
车船使用税	5	294	294	6
耕地占用税	1537	800	786	1551
印花税	584	1362	1441	505
所得税	−50	3231	4206	−1025
关税	—	—	—	—
土地增值税	—	—	—	—
个人所得税	9205	14 185	13 779	9610
其他税费	—	107	13	95
二、应交行政性收费合计	13 182	60 737	63 439	10 481
矿产资源补偿费	2366	31 643	31 370	2639
教育费附加	5196	15 150	20 187	158
矿区使用费	362	33	212	283

续表 22—1 计量单位：万元

项　　目	年初未交数	本年应交数	本年已交数	年末未交数
价格调节基金	—	19	19	—
河道维护费	3478	3444	734	6187
水利建设基金	0	0	0	0
文化事业建设费	—	—	—	—
石油特别收益金	1735	7574	8141	1168
探矿权使用费	—	—	—	—
探矿权价款	—	—	—	—
采矿权使用费	—	—	—	—
采矿权价款	—	—	—	—
水资源费	45	2700	2700	45
残疾人就业保证金		58	58	
人防费	—	18	18	0
其他行政性收费	—	—	—	—
补充资料	—	—	—	—
1. 预交所得税	—	83 622	83 622	
2. 境外税费	—	—	—	—
其中，资源税	—	—	—	—
增值税	—	—	—	—
其中，待抵扣进项税	—	—	—	—
燃油税	—	—	—	—
所得税	—	—	—	—
其他税费	—	—	—	—

未上市业务统计资料

辽河石油勘探局基本情况表

表 23

指标名称	计量单位	2012 年	2013 年
一、自然状况			
占地面积	万平方米	12 880	12 879
房屋建筑面积（公用）	万平方米	216	221
拥有二级单位	个	38	42
拥有大队级单位	个	589	596
拥有基层队（车间）	个	869	863
二、职工状况			
年末从业人员人数	人	56 354	53 663
其中，合同化员工人数	人	32 890	32 511
市场化用工人数	人	17 373	16 541
劳务用工人数	人	6091	4611
全年从业人员年平均人数	人	53 416	52 419
三、资产状况			
年末资产总额	万元	1 833 999	1 627 664
其中，流动资产	万元	1 008 548	914 453
固定资产	万元	825 451	713 211
年末负债总额	万元	1 326 750	1 274 564
其中，流动负债	万元	1 299 170	1 251 356
长期负债	万元	27 580	23 208
年末所有者权益	万元	507 249	353 100
其中，实收资本	万元	1 320 702	1 364 551
资本公积	万元	46 808	38 066

辽河石油勘探局主要指标完成情况表

表 24

指标名称	计量单位	2013 年	历年累计
1. 资产总额	万元	1 627 664	1 627 664
2. 流动资产合计	万元	914 453	914 453
3. 非流动资产合计	万元	713 211	713 211
4. 固定资产合计	万元	484 274	484 274
其中，固定资产原值	万元	1 356 233	1 356 233
固定资产净值	万元	630 628	630 628
5. 负债总额	万元	1 274 564	1 274 564
6. 流动负债合计	万元	1 251 356	1 251 356
7. 长期负债合计	万元	23 208	23 208
8. 主营业务收入	万元	2 076 075	2 222 293
9. 主营业务成本	万元	2 148 580	2 293 164
10. 营业利润	万元	−289 075	−1 762 744
11. 利润总额	万元	−179 154	−1 138 874
12. 净利润	万元	−185 777	−1 147 314
13. 利税总额	万元	10 206	549 919
14. 上交国家、集团公司	万元	82 973	1 732 893

续表 24—1

指标名称	计量单位	2013 年	历年累计
其中，上交国家	万元	197 068	1 643 094
上交集团公司	万元	－114 095	89 799
15. 应上交各种税费	万元	189 361	1 688 793
其中，应交增值税	万元	75 135	795 335
16. 已上交各种税费	万元	197 068	1 643 094
17. 折旧折耗	万元	65 059	1 228 673
18. 增加值	万元	591 742	520 481
19. 全员劳动生产率	万元/人年	11.08	9.93
20. 工业产值	万元	727 449	9 991 672
21. 工业增加值	万元	411 018	361 455
22. 年末从业人员人数	人	56 354	53 663
23. 从业人员平均人数	人	53 416	52 419
24. 员工工资总额	万元	315 794	325 294
25. 完成固定资产投资额	万元	－292	2 281 487
26. 能源消耗总量	吨标煤	269 583	8 376 487

辽河石油勘探局主要专业能力状况表

表 25

指标名称	计量单位	2012 年	2013 年
1. 井下作业			
年末作业队数	队	258	249
年作业能力	井次	53 130	51 559
2. 建筑施工			
年末油建施工队个数	个	61	63
年施工能力	万元	360 000	360 000
3. 供水			
年末水源站数	座	19	19
水源井口数	口	177	178
供水能力	万立方米/天	19.75	19.75
4. 供、发电			
发电设备总装机容量	兆瓦	61	61
主变压器容量	万千瓦	80.44	81.79
其中，发电	万千瓦	6.3	6.3
供电	万千瓦	74.14	75.49
年供热能力	百万千焦	800	800
5. 炼油化工能力			
原油加工能力	万吨	40	40
黄金带炼油厂（常减压装置）	万吨	25	25

辽河石油勘探局分行业主要指标完成情况表

表 26

指标名称	计量单位	2012 年	2013 年
一、总量指标			
（一）国有及国有控股企业收入	万元	2 092 288	2 240 573
其中，工程技术服务	万元	196 326	216 257
工程建设	万元	471 364	529 065
油气风险作业服务	万元	—	—
生产服务	万元	1 156 029	1 118 924
化工延伸加工	万元	67 191	65 799
装备制造	万元	128 245	128 117
贸易	万元	178 925	134 907
矿区服务	万元	237 241	225 497
总部及其他	万元	−343 033	−177 993
（二）增加值	万元	591 742	520 481
全员劳动生产率	万元/人·年	11.08	9.93
（三）工业产值	万元	727 448	727 449
工业增加值	万元	411 018	361 455
（四）营业利润	万元	−247 898	−289 075
利润总额	万元	−96 641	−179 154
（五）应上交各种税费	万元	206 407	189 361
其中，应交增值税	万元	79 209	75 135
（六）完成固定资产投资额	万元	171 785	−292
其中，工程建设项目	万元	158 867	−7895
非安装设备	万元	12 918	7603
（七）年末从业人员人数	人	56 354	53 663

续表 26

指标名称	计量单位	2012 年	2013 年
其中，合同化员工人数	人	32 890	32 511
全年从业人员年平均人数	人	53 416	52 419
其中，合同化员工平均人数	人	31 131	30 713
（八）员工工资总额	万元	315 794	325 294
其中，合同化员工工资总额	万元	244 570	249 136
合同化员工平均工资	元/人·年	78 561	81 118
（九）投入科技开发费用	万元	11 485	10 175
（十）能源消耗总量	吨标煤	304 654	269 583
万元增加值综合能耗	吨标煤/万元	0.51	0.52
二、分板块情况			
（一）工程技术服务			
1. 井下作业			
井下作业产值	万元	176 680	183 557
作业井口数	口	24 188	23 421
作业总井次	井次	39 314	38 518
其中，大修井	井次	448	389
压裂	井次	94	85
酸化	井次	30	8
2. 建筑施工			
建筑施工产值	万元	338 767	311 136
安装各种井口装置	套	2	89
建各种站	座	17	36
安装各种管线	千米	1683	1863
其中，1 米以上口径管道施工里程	千米	365	271

续表 26—1

指标名称	计量单位	2012 年	2013 年
架设电力线	千米	77	14
修筑道路	千米	87	69
其中，白色路面	千米	—	—
黑色路	千米	87	69
建桥	米/座	899/35	473/22
3. 勘察设计	—	—	—
勘察设计产值	万元	16 323	37 902
勘察设计项目	项	579	521
总包产值	万元	277 646	261 814
（三）生产服务			
1. 发电			
发电产值	万元	36 127	36 683
发电量	万千瓦时	32 926	31 594
其中，自用电量	万千瓦时	7075	7431
商品电量	万千瓦时	25 851	24 163
供热量	万吉焦	612	591
2. 供电			
供电产值	万元	214 767	223 754
供电量	万千瓦时	290 102	299 450
其中，自发电量	万千瓦时	25 851	24 163
外购电量	万千瓦时	264 251	275 287
其中，供给股份公司	万千瓦时	235 803	245 936
3. 通信			
通信产值	万元	18 193	19 480

续表 26—2

指标名称	计量单位	2012 年	2013 年
年末交换机容量	门	154 596	156 808
年末实装单机总量	台	93 125	88 499
其中，住宅电话	台	69 162	63 581
无线市话接入系统总容量	门	70 000	70 000
互联网用户接入端口	户	100 000	103 000
数据互联网用户到达数	户	73 876	77 434
4. 物资供应			
期初库存	万元	25 634	20 946
物资购进量	万元	1 027 431	841 508
物资售出量	万元	1 032 119	844 461
物资期末库存	万元	20 946	17 993
5. 运输			
运输产值	万元	30 873	31 604
货物周转量	万吨公里	17 658	11 403
（四）社会服务			
1. 供水			
供水产值	万元	20 141	23 352
供水量	万立方米	4366	4508
其中，自产水量	万立方米	4030	4193
外购水量	万立方米	336	315
其中，供给股份公司	万立方米	556	651
2. 矿区服务			
矿区服务产值	万元	237 241	225 497

辽河石油勘探局增加值完成情况表

表 27　　计量单位：万元

指标名称	2012 年	2013 年
一、总产出	2 092 288	2 240 573
二、中间投入	1 579 755	1 795 259
1. 外购原材料	306 371	734 253
2. 外购动力	290 016	285 831
3. 其它中间投入	983 369	775 175
三、增加值	591 742	520 481
1. 利前税净额	192 286	172 539
其中，应交增值税	79 209	79 209
2. 营业利润	−247 898	−289 075
3. 固定资产折旧	113 109	65 059
4. 员工薪酬	534 245	571 958

2013年辽河石油勘探局投资完成情况表

表28　　计量单位：万元

指标名称	本年计划	本年完成
合计	−59 386	−292
一、工程技术服务	4423	10 966
试油	—	—
井下作业	3298	7312
海洋工程作业	—	—
生产辅助	1125	3654
其他	—	—
二、工程建设	2797	4693
建筑施工	2797	4693
装置检维修	—	—
三、生产服务	−88 606	−35 350
供水	5180	456
发电	—	—
供电	—	2668
生产区供汽供暖	1100	1600
油气储运	—	—
城市燃气	—	—
运输	—	349
生产辅助	3720	3142
其他	−98 606	−43 565
四、化工延伸加工	—	—

续表 28　　计量单位：万元

指标名称	本年计划	本年完成
五、装备制造	—	—
勘探开发设备	—	—
焊接钢管	—	—
炼化设备	—	—
其他	—	—
六、油气风险作业服务	—	—
原油开发	—	—
天然气开发	—	—
七、海外油气业务	—	—
八、社会服务	—	340
九、安全环保隐患治理	—	1976
安全隐患治理	—	—
环保污染治理	—	—
节能减排	—	1976
十、矿区建设	19 568	17 083
现有生活基地配套改造	18 766	16 487
关闭回迁、翻建	—	—
矿区安全环保专项	802	596
十一、总部专项及其他	2432	
科技项目	—	—
信息项目	—	—
其他	2432	

2013 年辽河石油勘探局重点建设项目投资完成情况表

表 29

项目名称	建设性质	项目计划总投资（万元）	至 2012 年底累计完成投资（万元）	本年计划（万元）	本年完成投资（万元）	至 2013 年底累计完成投资（万元）
一线作业单位厂房、车库、浴池等基础设施安全改造	新建	1125	—	1125	664	664
燃煤导热油锅炉更新	改建和技术改造	1100	—	1100	41	41
特石线集肤效应伴热工艺改造	改建和技术改造	1050	—	1050	669	669
新能源勘探	新建	1500	—	1500	75	75
热注系统安全隐患治理	改建和技术改造	1300	—	1300	154	154
秦皇岛—沈阳天然气管道储气工程	新建	437 130	—	134 125	94 257	94 257
欢喜岭锦采小区给水系统改造	改建和技术改造	589	—	589	17	17
欢喜岭锦采小区采暖系统改造	改建和技术改造	527	—	527	27	27
欢喜岭泰祥活动室	改建和技术改造	655	—	655	21	21
幸福活动室	改建和技术改造	700	—	700	21	21
曙光街道社区卫生中心改造	改建和技术改造	623	—	623	463	463
新工街道社区卫生中心改造	改建和技术改造	567	—	567	247	247
大伙房水库输水工程油田供水工程	新建	8000	—	5000	283	283
茨一变改造	改建和技术改造	1000	623	—	377	1000
牛一变 66 千伏线路电源改造	改建和技术改造	1500	648		446	1095
欢四变改造	改建和技术改造	2300	403	—	1327	1730
茨采电网 66 千伏电源调整	改建和技术改造	1600	—	—	65	65
兴四变电所改造	改建和技术改造	1400	—	—	40	40
供电线路及电力设施改造	改建和技术改造	5901	255		413	668
动力锅炉房安全改造	改建和技术改造	1500	—	—	30	30
更新热采注汽站（2011 年）	改建和技术改造	1400	10	—	1374	1384

续表 29

项目名称	建设性质	项目计划总投资（万元）	至 2012 年底累计完成投资（万元）	本年计划（万元）	本年完成投资（万元）	至 2013 年底累计完成投资（万元）
更新热采注汽站（2012 年）	改建和技术改造	1600	—	—	38	38
供暖基础设施改造	改建和技术改造	1196	9.12	—	116	126
客车卡车牵引车更新	改建和技术改造	4191	—	—	349	349
道路改造	改建和技术改造	27 120	444.9	3130	2136	2580
危桥改造	改建和技术改造	1790	17	290	253	270
长城基地系统配套工程	改建和技术改造	755	—	—	562	562
铀矿勘探	新建	36 300	20 556	8000	8028	28 584
特石管线应急抢险工程	改建和技术改造	2790	1308	—	1403	2711
电力集团—烟气脱硫达标工程	改建和技术改造	5340	—	—	1358	1358
油罐智能化环保机械清洗设备	改建和技术改造	1620	5	—	3	7
辽河油田渤海变改造	改建和技术改造	3026	—	—	1249	1249
双 6 储气库项目	新建	—	150 285	−244 233	−150 285	
锦州工程技术处脱硫系统改造	改建和技术改造	640	477	—	161	638
沈采矿区系统配套设施改造	改建和技术改造	1090	—	—	142	142
曙光公用事业处怡园中区沥青道路及路灯改造	改建和技术改造	540	—	—	455	455
渤海地区变电所改造	改建和技术改造	529	—	—	7	7
欢喜岭公用事业处锦采 3 区、4 区、5 区电力系统	改建和技术改造	520	—	—	441	441
渤海公用事业处海园小区电力系统	改建和技术改造	500	—	—	251	251
锦祥活动室	改建和技术改造	700	—	—	218	218
祥和活动室	改建和技术改造	539	—	—	246	246
怡园活动室	改建和技术改造	578	—	—	285	285
兴隆台公用事业处辽河油田体育馆改造	改建和技术改造	740	735.4	—	1	736
沈阳矿区锅炉增加脱硫设施	改建和技术改造	840	772	—	59	831

2013 年辽河石油勘探局主营业务收入情况表

表 30　　计量单位：万元

指标名称	合计	集团公司内部		集团公司外部		
		合计	其他企业	合计	国内	国外
合　　计	2 240 573	1 788 529	1 788 529	452 044	452 044	—
一、工程技术服务	216 257	206 904	206 904	9353	9353	—
井下作业	185 703	178 533	178 533	7170	7170	—
其他	30 554	28 371	28 371	2183	2183	—
二、工程建设	529 065	471 588	471 588	57 477	57 477	—
建筑施工	352 932	325 434	325 434	27 498	27 498	—
勘察设计	10 909	9791	9791	1118	1118	—
其他	165 224	136 363	136 363	28 861	28 861	—
三、生产服务	1 118 924	1 061 128	1 061 128	57 796	57 796	—
供水	14 352	12 480	12 480	1872	1872	—
发电	—	—	—	—	—	—
供电	220 881	210 730	210 730	10 151	10 151	
供汽供暖	17 716	16 063	16 063	1653	1653	
油气储运	3877	3877	3877	—	—	—
城市燃气	—	—	—	—	—	—
通信	18 401	10 025	10 025	8376	8376	—
物资供应	443 749	435 468	435 468	8281	8281	—

续表 30 计量单位：万元

指标名称	合计	集团公司内部		集团公司外部		
		合计	其他企业	合计	国内	国外
运输	31 604	31 171	31 171	433	433	—
其他	368 344	341 314	341 314	27 030	27 030	—
四、化工延伸加工	65 799	12 298	12 298	53 501	53 501	—
五、装备制造	128 117	128 043	128 043	74	74	—
勘探开发设备	610	536	536	74	74	—
焊接钢管	—	—	—	—	—	—
炼化设备	—	—	—	—	—	—
其他	127 507	127 507	127 507	—	—	—
六、油气风险作业服务	—	—	—	—	—	—
七、海外油气业务	—	—	—	—	—	—
八、贸易	134 907	7830	7830	127 077	127 077	—
九、科研开发	—	—	—	—	—	—
十、金融	—	—	—	—	—	—
十一、矿区（社会）服务	225 497	129 976	129 976	95 521	95 521	—
十二、管理机关	223 440	172 195	172 195	51 245	51 245	—
十三、其他	−401 433	−401 433	−401 433	—	—	—

2013年辽河石油勘探局资产负债情况表

表31　　　　计量单位：万元

项　　目	期末数
流动资产	—
货币资金	4161
其中，银行存款	4161
内部存款	55 434
结算备付金	—
拆出资金	—
交易性金融资产	—
应收票据	2583
应收股利	—
应收利息	—
应收账款	346 396
减，坏账准备	8590
应收账款净额	337 806
其他应收款	112 023
减，坏账准备	95 483
其他应收款净额	16 540
短期负息资金拨款	—
应收内部单位款	—
预付账款	65 722
减，坏账准备	360
预付账款净额	65 362
预付上级单位款	—
应收保费	—
应收分保账款	—

续表 31　　　　计量单位：万元

项　　目	期末数
应收分保合同准备金	—
买入返售金融资产	—
存货	497 602
减，存货跌价准备	69 128
存货净额	428 474
待摊费用	184
一年内到期的非流动资产	—
其他流动资产	3909
流动资产合计	914 453
非流动资产	—
发放贷款及垫款	—
持有至到期投资	—
减，持有至到期投资减值准备	—
持有至到期投资净额	—
可供出售金融资产	54 405
减，可供出售金融资产减值准备	—
可供出售金融资产净额	54 405
长期股权投资	8842
减，长期股权投资减值准备	2959
长期股权投资净额	5883
长期应收款	—
减，未实现融资收益	—
长期应收款净值	—
减，坏账准备	—

续表 31—1 计量单位：万元

项　　目	期末数
长期应收款净额	—
内部拨出款	—
长期负息资金拨款	—
拨付所属单位资金	—
投资性房地产原价	27 169
减，投资性房地产累计折旧及摊销	11 445
投资性房地产净值	15 724
减，投资性房地产减值准备	1921
投资性房地产净额	13 803
固定资产原价	1 356 233
减，累计折旧	725 604
固定资产净值	630 628
减，固定资产减值准备	146 355
固定资产净额	484 274
油气资产原价	—
减，累计折耗	—
油气资产净值	—
减，油气资产减值准备	—
油气资产净额	—
工程物资	—
减，工程物资减值准备	—
工程物资净额	—
在建工程	105 989
减，在建工程减值准备	240

续表 31—2　　　　计量单位：万元

项　　目	期末数
在建工程净额	105 749
地质勘探支出	22 238
减，地质勘探支出减值准备	—
地质勘探支出净额	22 238
油气开发支出	—
减，油气开发支出减值准备	—
油气开发支出净额	—
固定资产清理	—
生产性生物资产	—
无形资产	16 350
减，累计摊销	4033
无形资产净值	12 318
减，无形资产减值准备	305
无形资产净额	12 012
开发支出	—
商誉	801
减，商誉减值准备	801
商誉净额	—
长期待摊费用	2008
地质成果	—
递延所得税资产	12 838
其他非流动资产	—
非流动资产合计	713 211
资产总计	1 627 664

续表 31—3　　　　计量单位：万元

项　　目	期末数
流动负债	—
短期借款	—
向中央银行借款	—
吸收存款及同业存放	—
拆入资金	—
交易性金融负债	—
应付票据	84 245
应付账款	754 688
其他应付款	58 007
内部存入款	—
短期负息资金	146 945
应付内部单位款	—
应付分保账款	—
保险合同准备金	—
代理买卖证券款	—
代理承销证券款	—
预收账款	123 975
预收下级单位款	—
卖出回购金融资产款	—
应付手续费及佣金	—
应付职工薪酬	19 692
应付股利（应付利润）	5
应付利息	—
应交税费	63 800

续表 31—4 计量单位：万元

项　　目	期末数
预提费用	—
一年内到期的非流动负债	—
其他流动负债	—
流动负债合计	1 251 356
非流动负债	—
递延收益	2283
长期借款	—
应付债券	—
长期应付款	—
减，未确认融资费用	—
长期应付款净额	—
专项应付款	8205
长期负息资金	—
内部拨入款	—
预计负债	54
其中，资产弃置义务	—
递延所得税负债	12 665
其他非流动负债	—
非流动负债合计	23 208
负债合计	1 274 564
所有者权益（或股东权益）	—
实收资本（股本）	1 364 551
国有资本	1 364 551
其中，国有法人资本	1 364 551

续表 31—5 计量单位：万元

项目	期末数
集体资本	—
私营资本	—
其中，个人资本	—
外商资本	—
减，已归还投资	—
实收资本（或股本）净额	136 4551
资本公积	38 066
减，库存股	—
专项储备	4420
盈余公积	—
其中，法定公积金	—
任意公积金	—
储备基金	—
企业发展基金	—
利润归还投资	—
一般风险准备	—
未分配利润	－1 065 815
其中，现金股利	—
上级拨入资金	—
外币报表折算差额	—
归属于母公司所有者权益合计	341 223
少数股东权益	11 877
所有者权益（或股东权益）合计	353 100
负债及股东权益合计	1 627 664

辽河石油勘探局利润情况表

表 32　　计量单位：万元

项　　目	2012 年	2013 年
一、营业收入	2 092 288	2 240 573
其中，营业收入	2 092 288	2 240 573
其中，主营业务收入	2 076 075	2 222 293
其他业务收入	694 127	18 279
减，营业总成本	2 341 565	2 528 235
其中，营业成本	2 154 249	2 299 943
其中，主营业务成本	2 148 580	229 3164
其他业务成本	5669	6779
营业税金及附加	66 008	57 642
其中，主营业务税金及附加	65 086	56 767
销售费用	3988	4439
管理费用	97 208	51 903
财务费用	13 410	10 607
勘探费用	2718	
资产减值损失	6702	103 701
加，公允价值变动收益（损失以“－”号填列）	—	—
投资收益（损失以“－”号填列）	1379	－1413
二、营业利润（亏损以“－”号填列）	－247 898	－289 075
加，营业外收入	176 065	141 008
减，营业外支出	24 808	31 087
三、利润总额（亏损总额以“－”号填列）	－96 641	－179 154
减，所得税费用	－414	6623
上交利润（补亏以“－”号填列）	—	—
四、净利润（净亏损以“－”号填列）	－96 227	－185 777
（一）归属于母公司所有者的净利润	－97 728	－188 513
（二）少数股东损益	1501	2736
五、每股收益：	—	—
基本每股收益	—	—
稀释每股收益	—	—
六、其他综合收益	7245	－8742
七、综合收益总额	－88 982	－194 519
归属于母公司所有者的综合收益总额	90 483	－197 256
归属于少数股东的综合收益总额	1501	2736

2013年辽河石油勘探局固定资产分类情况表

表33　　计量单位：万元

项　　目	年末原值	年末净值
合　　计	1356 233	630 628
一、油气水井设施	—	—
二、油气水集输处理设施	60 835	35 829
三、输油气水管线	10 517	6182
四、炼油化工生产装置	32 982	18 023
五、储油气设施	5968	2980
六、石油专用设备	88 972	35 743
七、施工机械	92 275	35 665
八、运输设备	96 608	24 483
九、动力设备及设施	168 146	55 191
十、传导设备及设施	104 215	45 555
十一、通讯设备及设施	42 129	14 357
十二、供排水设施	74 264	35 931
十三、机修加工设备	9941	4357
十四、工具及仪器	70 822	23 477
十五、其他设备	70 938	34 560
十六、房屋	251 851	155 456
十七、一般建筑物	170 145	97 349
十八、土地	5286	—
十九、加油气站	341	203

政策制度

2013 年油田公司政策制度选录及索引

2013 年油田公司政策制度选录

辽河油田公司青年管理人才、专业技术人才培养使用实施办法

第一章 总 则

第一条 为深入推进油田公司人才强企战略，建立完善青年人才培养、使用机制，引导和激励广大青年员工成长成才，为油田可持续发展提供人才接替保障，特制定本办法。

第二条 要落实党管人才原则，将青年人才队伍建设作为“一把手”工程，形成党委统一领导，党政齐抓共管，组织人事部门牵头，有关部门广泛参与、各司其职、密切配合的工作格局。要按照管理和专业技术两个类别，分别建立起大队级、厂处级、局级青年人才库，为站队级管理和技术岗位培养充足的骨干群体，为处科级管理人员队伍和厂处专家队伍提供优质的储备力量，为油田公司选拔、使用高层次的管理和专业技术人才奠定坚实的人力资源基础。

第二条 本办法中的青年人才，是指在油田公司各生产、经营、管理、专业技术、操作服务岗位上的素质较高、能力较强、潜力较大的优秀员工。学历条件，以全日制本科以上学历为主(特别优秀的可适当放宽)；年龄条件，大队级青年人才以 30 岁以下为主，厂处级青年人才以 35 岁以下为主，局级青年人才以 40 岁以下为主。

第二章 青年人才的遴选

第四条 青年人才遴选要坚持符合实际、公开透明的原则，层层选拔推荐、集体讨论决定、组织人事部门审核备案。

第五条 大队级青年人才重点在基层主要业务岗位青年员工和技术骨干中遴选，不区分管理和专业技术类别。大队级党组织根据青年的政治品行、工作表现、发展潜力，按照本大队符合条件人数 50％比例研究上报；厂处组织人事部门审核备案，并在其中按 80％比例确定大队级青年人才。符合年龄和学历条件的技术带头人直接纳入大队级青年人才库。

第六条 厂处级青年人才重点在副科级干部、技术带头人、处科两级机关一般管理人员、基层站队正职中遴选。程序如下：各单位组织人事部门根据企业实际，确定推荐数量和名额分配方案，原则上每个大队级单位至少推荐一人；大队级党组织以民主推荐的方式选拔人员，经班子讨论后差额推荐上报；组织人事部门对上报结果进行初审，厂处党政领导班子集体讨论确定；分别建立管理和专业技术青年人才库，其中生产、科研一线的青年人才比例不低于 60％。符合年龄和学历条件的厂处技术专家直接纳入厂处级青年人才库。

第七条 局级青年人才重点在正科级干部、厂处以上技术专家中遴选。各二级单位组织人事部门按类别、按程序进行遴选考察，经本单位党政班子讨论确定后，上报油田公司党委组织部登记备案，其中生产、科研岗位不低于上报人数的 60％。符合年龄和学历条件的油田公司级以上技术专家直接纳入局级专业技术青年人才库；力争 3 年内每个主要生产单位的局级青年管理人才达到 3～10 人。

第八条 青年人才库实行动态管理。根据年度考核情况以及青年人才年龄、岗位变化情况，按相关标准和程序调整补充。严格坚持逐级报告制度，各单位要定期向油田公司党委组织部报告本单位青年人才库建设情况。

第三章 青年人才的培养

第九条 为增加岗位经历和工作经验，大队级青年人才应在基层站队轮岗培养，厂处级青年人才应在机关、基层、系统内外不同岗位轮岗培养，对其中的副科级干部进行重点培养，局级青年人才应在本单位基层和机关不同科级岗位进行轮岗培养。采油生产单位应专门设置部分地质、工艺岗位，用于厂处级青年专业技术人才的实践培养。

第十条 各单位组织人事部门应结合实际，联合同级业务部门，经常组织开展青年人才业务培训。对特别优秀的青年技术人才，可选派到国内高校或科研机构进行专业培训，并择优选派参加集团公司级以上重大项目或其他科技专项，通过科技攻关等方式进行培训。油田公司定期组织

厂处级和局级青年管理人才、专业技术人才进行培训。

第十一条 各单位要定期组织青年人才开展岗位练兵、技术比赛等活动，提升综合素质。对大队级青年人才，可增设辅助岗位（见习站长、见习党支部书记、责任技术员）进行挂职锻炼。对厂处级青年管理人才，可在本单位主要大队级班子设置业务助理，公开聘选青年人才中潜力较大的站队长或机关管理人员进行挂职锻炼，参加中心组学习、集体议事等班子活动，兼职协助领导班子开展工作。对局级青年管理人才，要有意识地交任务、压担子，安排到艰苦地区、复杂环境或急难险重任务中进行挂职锻炼。对厂处级和局级青年技术人才，要积极组织参加学术交流、科技项目论证等活动，按比例择优选派参与重点课题和重大技术项目。

第十二条 以大队为单位，选派厂处专家或工作经验丰富员工，与大队级青年人才结对子进行传帮带。厂处领导班子成员要结合工作分工，按照类别，以“定点承包”的方式对厂处级或局级青年人才定期指导，讲解业务知识、传授工作经验。

第十三条 各级党组织要积极引导青年人才向党组织靠拢。要加强与青年人才的沟通交流，及时了解他们的思想状况和成长情况，针对其思想上工作上遇到的问题和困难、存在的差距和不足，帮助他们完善职业生涯规划、明确努力方向，引导他们健康成长。各单位可通过青年人才评选表彰等活动，发挥典型引领作用，激发青年人才工作热情。

第四章 青年人才的使用

第十四条 各单位科级岗位、厂处机关管理岗位、大队和基层站队管理岗位出现空缺，应按照干部选拔任用的组织程序，以民主推荐或公开竞聘的方式，优先选拔青年管理人才任职。表现出色的业务助理可直接使用。超编的采油、集输、热注、作业、油建生产单位，可设3个～5个副科级挂职职务，用于锻炼使用1980年以后出生的厂处级青年人才。油田公司将面向局级青年人才，不定期地组织开展副处级岗位公开竞聘。

第十五条 要加大青年技术人才的使用力度，技术骨干、技术带头人、厂处技术专家、油田公司技术专家的评选，重大科技专项和重点科研项目负责人的确定，应结合岗位需要，优先使用青年技术人才。

第十六条 科学规划后备干部的数量和结构，将素质好、能力强、作风正、潜力大的优秀青年人才纳入处科级后备干部队伍。逐步实现各主要生产单位科级后备干部中1980年以后出生的青年人才比例达到50%、处级后备干部中有1名～2名1980年以后出生的青年人才的目标。

第十七条 各单位应注重发挥各年龄段干部优势，合理设置干部队伍年龄结构，既要加大青年人才的培养使用，也要使好年富力强的干部，做到统筹兼顾、通盘考虑、合理配备、动态平衡，防止领导干部队伍年龄层层递减。

第五章 工作目标及运行

第十八条 各级党组织要结合本单位人才队伍建设实际，持续完善青年人才培养机制，将培养目标与人才需求相结合、培养方式与成长规律相结合、培养内容与人才类型相结合，合理设计每名青年人才的职业生涯规划和培养计划，打造一支数量充足、结构合理、素质优良、专业齐全、布局均衡的青年人才队伍。

第十九条 每年新提拔的站队级管理人员和新聘任的技术带头人、技术骨干中，大队级青年人才比例应达到80%；每年新提拔的科级干部和新聘任的厂处技术专家中，厂处级青年人才比例应分别达到50%。特别优秀的青年技术人才可聘为油田公司高级技术专家。

第二十条 力争用5年时间，大队级青年人才在基层站队长和技术带头人、技术骨干中的比例达到50%；各主要生产单位厂处级青年人才在科级干部中的比例达到30%；青年人才在油田公司和厂处技术专家中的比例达到30%。3年内，各主要大队级班子至少有1名1980年以后出生的干部，各主要生产单位至少有一名35岁左右的领导班子成员。

第二十一条 各单位要结合人才队伍实际，分阶段制定工作目标和推进计划。2013年全面建成大队级青年人才库，筹备和初步建立厂处级青年人才库，制定出成熟的培养培训计划；2014年丰富完备大队级青年人才库，全面建成厂处级青年人才库，初步建立局级青年人才库，全面落实培养培训计划，大队级和厂处级青年人才逐步得到使用；2015年全面建成三级青年人才库，青年人才队伍建设的培养措施初见成效，培养目标稳步推进。

第六章　考核评价

第二十二条　各级党组织应根据不同类别和层级的青年人才，科学设计考核评价体系，采取个人总结、群众评议、组织评定等多种形式相结合的方法，定期进行考察评价。科学分析考核结果，对表现较好、发展潜力较大的要积极创造条件进行使用，对表现较差的要调整出青年人才库。

第二十三条　油田公司党委将把各单位培养使用青年人才情况作为领导班子考核评价的重要内容和“四好”班子、先进党委评选的重要条件，以及单位党政正职年度述职的一项内容。同时，对工作开展好的单位，将提供更多选拔和交流提拔青年人才的机会；对工作不力的单位，要对组织人事部门和党政主要领导进行问责。

第七章　附　则

第二十四条　本办法中“业务助理”为非实职岗位，不纳入领导职数，不享受相关工资福利待遇，各单位可根据实际给予一定奖励。

第二十五条　本办法自公布之日起执行。

第二十六条　本办法由油田公司党委组织部负责解释。

辽河油田公司干部挂职管理暂行办法

第一章　总　则

第一条　为进一步加强油田公司干部队伍建设，建立科学规范的挂职干部选拔、培养、使用、管理机制，根据《辽河油田公司企业领导人员管理暂行办法（试行）》和《辽河油田公司后备干部管理暂行办法（试行）》，结合实际，制定本办法。

第二条　干部挂职是培养锻炼干部和加强干部队伍建设的一种特殊任职形式，主要目的是增加干部基层生产经营管理、项目管理、HSE管理及机关工作经验。

第三条　按照干部管理权限进行挂职干部的选派、管理和考评，各二级单位根据本办法制定管理权限内干部挂职的具体管理细则，每年向油田公司党委组织部报告实施情况。

第二章　挂职干部的选派

第五条　选派范围：

（一）各二级单位、油田公司机关部门的处级后备干部；

（二）局、处两级机关没有在基层带队伍经历的优秀年轻干部；

（三）长期在基层工作，缺少机关工作经验的优秀年轻干部；

（四）新提拔的未从事过安全管理工作的副处级领导人员。

第六条　选派程序：

（一）基层处级后备干部，由本单位组织部门制定挂职计划，报本单位党政领导班子讨论决定并组织实施。

（二）油田公司机关干部，由各部门确定人员及选派方向，其中处级后备干部报公司党委组织部组织实施，其他科级及一般干部报公司机关党委组织实施；需进行HSE工作挂职的，由公司党委组织部、机关党委、安全环保处共同组织实施。厂处级机关与基层之间的干部挂职，由各单位组织部门制定计划并组织实施。

（三）新提拔的副处级领导人员，由公司党委组织部制定挂职方案。

第七条　选派方向：

（一）各二级单位缺少安全管理和基层工作经验的处级后备干部及其他优秀年轻干部，应选派至安全环保部门或主营基层大队（重大项目，科研室、所等）挂职锻炼；缺乏处理复杂问题能力的干部，可适当安排到信访稳定等部门挂职；对综合素质好、发展潜力大的优秀年轻干部，应选派到关键岗位、急难险重岗位和艰苦环境中挂职，并在本单位主营业务岗位进行轮岗锻炼。

（二）油田公司机关部门应优先选派处级后备干部挂职锻炼，既可选派至二级单位的基层大队副职岗位，熟悉生产和安全环保工作，也可选派至油田公司安全环保处进行挂职，熟悉HSE管理工作。各部门每年选派1～2人，由公司党委组织部、机关党委共同负责制订人员挂职计划。

（三）对缺少宏观管理经验的优秀基层干部，应根据其业务特长、能力素质，适当安排到机关部门挂职锻炼。

（四）新提拔的副处级领导人员一般应选派至油田公司安全环保处挂职锻炼。

第八条 基层处级后备干部的 HSE 工作挂职，应在 1～2 年内全部完成，挂职时间为 3～6 个月；机关与基层之间挂职锻炼的，时间一般为 1 年；到油田公司安全环保处挂职锻炼的，时间一般为 3 个月。

第三章 挂职干部的管理

第九条 挂职干部在挂职期间脱离原工作岗位，由挂职单位进行管理。挂职干部工作职责是：分管某一方面的具体工作，完成挂职单位领导交办的工作任务；作为大队级班子成员，参加班子学习、议事等工作，对重大事项提出建议，带头执行班子的集体决议；了解基层情况，掌握第一手资料，并形成工作报告；利用自身优势，做好上传下达。挂职单位应创造条件，使挂职干部尽快了解掌握安全、生产、经营等工作情况。同时应为挂职干部提供必要的工作和生活条件，积极帮助解决工作和生活中遇到的困难。

第十条 挂职干部派出单位应主动与挂职单位沟通联系，经常了解挂职干部的思想、学习、工作和生活情况。

第十一条 组织部门要定期听取挂职干部的工作汇报，做好跟踪了解和考察工作，发现问题要及时予以纠正，对挂职干部遇到的困难帮助协调解决。要定期召开挂职干部座谈会，总结交流挂职工作经验。HSE 工作挂职的，安全环保部门应定期跟踪掌握情况。相关单位和部门要加强对挂职干部的日常管理与监督，制定挂职台账，确保挂职顺利进行。

第十二条 干部在挂职期间，要严格遵守挂职单位的各项规章制度。对违反规定造成不良影响的，组织部门要对其进行批评教育，情节严重的要进行严肃处理。

第十三条 干部在挂职期间，保留原职级待遇和岗位，不占所挂职单位编制和领导职数。党、工、团等组织关系转入挂职单位，其他关系保留在派出单位。

第十四条 挂职干部因事因假等需要离开工作岗位的，由挂职单位审批，3 天以上的须向组织部门报告。

第十五条 挂职期间，因派出单位工作特殊需要或其他原因，需提前结束挂职的，由派出单位向组织部门报告审批。由组织部门根据挂职情况确定是否需要重新挂职。

第十六条 干部挂职期满后，返回派出单位原岗位工作。

第四章 挂职干部的考评

第十七条 干部挂职期满的考评工作，由组织部门在本级党委领导下，会同相关业务部门和单位负责组织实施。

第十八条 挂职期满后，挂职干部要对挂职期间的工作情况进行总结，并形成书面报告，上报到挂职单位和组织部门。挂职单位或安全环保等部门根据挂职干部总体表现，出具挂职干部的书面评定意见。

第十九条 各级组织部门要按干部管理权限，对所管理的挂职干部进行挂职评价，形成《挂职干部评价表》（见附件 1），并存入本人档案。

第五章 附 则

第二十条 本办法自发文之日起执行，其他有关制度中与本办法不一致的，以本办法为准。

第二十一条 本办法由油田公司党委组织部负责解释。

辽河油田公司经济责任审计管理办法

第一章 总 则

第一条 为规范经济责任审计行为，提高经济责任审计质量，根据《中央企业经济责任审计实施细则》、《中国石油天然气集团公司内部审计管理办法》、中国石油天然气集团公司经济责任审计标准以及《辽河油田公司企业领导人员管理暂行办法》、《辽河油田公司内部审计管理办法》，制定本办法。

第二条 本办法适用于辽河油田分公司、辽河石油勘探局（以下简称油田公司）及其全资企业，控股公司通过法定程序贯彻执行本办法，参股公司参照执行。

第三条 本办法所称经济责任审计，是指企业领导人员在任职期间因其所任职务，依法对本单位财务收支以及有关经济活动应当履行的职责、义务。

第四条 开展经济责任审计的主要目的是为加强对企业负责人的责任监督，建立与完善企业负责人经济责任的审计认定制度，客观评价企业负责人任职期间的经营业绩与经济责任，为企业负责人的任用、考核和奖惩提供参考依据，促进企业加强和改善经营管理，保证国有资产安全和国有资本保值增值。

第二章 经济责任审计基本要求

第五条 经济责任审计对象包括：所属各单位行政正职领导人员和总会计师；设立单独财务机构的部门正职、全资子公司、控股子公司董事长或总经理；油田公司所属各单位下属单位负责人。

第六条 经济责任审计依据“统一管理、分级负责”的原则组织实施。所属各单位行政正职领导人员、总会计师，全资子公司、控股子公司董事长或总经理，经济责任审计由审计处负责组织实施；油田公司所属各单位下属单位负责人，经济责任审计由所属各单位审计部门组织实施。

审计处根据工作需要及内部审计机构人员情况，可自行组织实施经济责任审计工作，也可委托具有相应资质条件的社会审计机构实施，委托的社会审计机构应三年内未承担同一单位年度财务决算审计业务，三年内没有违规违法不良记录，与企业或企业负责人不存有利害关系。

第七条 经济责任审计的类别：

（一）离任审计。审计对象因升职、退休、调动、辞职、免职、撤职以及因企业改制、改组、兼并、出售、拍卖、破产等原因离开原工作岗位，内部审计机构根据组织（人事）部门委托，组织开展离任经济责任审计。

（二）任中审计。所属各单位行政正职领导人员任职三年以上，或本单位发生债务危机、巨额经营亏损、资产质量严重恶化等重大经济事件时，内部审计机构应对其开展任中经济责任审计。

第八条 经济责任审计的主要内容：

（一）遵守国家法律法规，贯彻执行集团公司、股份公司及油田公司规章制度和决策部署情况。

（二）重大经济决策的程序、过程及其经济效益、社会效益和环境效益情况。

（三）单位业绩考核指标完成情况。

（四）财务收支的真实、合规及效益情况。

（五）资产管理、使用及质量变动情况。

（六）内部控制制度建立健全和执行情况。

（七）遵守有关廉洁从业规定情况。

（八）重大法律诉讼情况。

（九）历史遗留问题处理情况等。

第九条 经济责任审计要求：

内部审计机构根据审计内容对被审计单位相关事项进行全面审计。审计过程中须对被审计单位下属单位进行抽查审计，抽查单位数量不得低于被审计单位下属单位总量的50%，审计资产量不得低于被审计单位资产总额的70%。

被审计单位下属主要生产经营单位、财务状况异常或发生重大产权变动的下属单位以及审计对象兼职的下属单位，应当纳入抽查审计范围。

第三章 经济责任审计程序

第十条 编制项目计划

（一）根据《辽河油田公司内部审计管理办法》规定组织（人事）部门提出的干部离职审计委托、干部管理监督工作需要及往年审计项目情况，内部审计机构于每年年初编制年度经济责任审计项目计划。

（二）根据年度审计计划，综合考虑被审计单位规模、业务特点、审计对象任职期间及经营管理现状等，内部审计机构组织成立审计组。

第十一条 编制审计方案

内部审计机构应按照经济责任审计规范要求，编制经济责任审计工作方案，明确审计目标、内容、重点、范围、程序、要求、评价内容和标准以及其他审计事项等。

审计组应在进行审前调查的基础上，按照经济责任审计工作方案的要求，编制审计实施方案，确定审计目标、内容、项目重点、抽审范围、人员分工、时间安排、工作程序、审计要求、评价内容和标准以及其他审计事项，报内部审计机构负责人批准。

第十二条 下发审计通知书

内部审计机构应当在实施经济责任审计5个

工作日前，向审计对象及被审计单位送达审计通知书。遇有特殊情况，内部审计机构可以直接持审计通知书实施审计。

第十三条 进行审计公示

实施经济责任审计，应当进行审计公示：

（一）审计公示应明确审计对象、审计期间、审计目标、审计纪律及审计组长姓名、举报电话、电子邮箱等。

（二）审计公示应上传至被审计单位网站主页显著位置，并张贴于被审计单位办公区域显著位置。

第十四条 召开进点会

审计组进驻被审计单位后，应当召开审计组成员、审计对象及被审计单位有关人员参加的进点会议，安排审计工作有关事项，听取审计对象述职报告及被审计单位工作汇报。

述职报告应包括：任职期限和职责范围、任期内经济指标完成情况、做出的重大经济决策及效果、制定的内部控制制度及执行情况、遵守国家财经法规和廉政规定情况、存在的主要问题、处理历史遗留问题情况等。

第十五条 提供审计资料

审计对象及被审计单位应当提供与审计对象履行经济责任有关的资料，并对所提供资料的真实性、完整性、及时性做出书面承诺。

第十六条 实施现场审计

（一）审计组应严格执行审计实施方案，并按照内部通用审计规范相关规定的内容和程序实施审计。涉及内部专项审计规范规定范围的，按照内部专项审计规范相关规定的内容和程序实施审计。

（二）审计组在经济责任审计过程中，应当听取被审计单位有关领导人员、部门负责人及职工的意见。

（三）审计组在经济责任审计工作中，应适当利用近期内外部监督检查工作成果。

第十七条 编制审计报告

（一）编制审计报告初稿

审计组完成现场审计后，应在10个工作日内将审计报告初稿上报内部审计机构审理。（二）征求意见

1. 内部审计机构对审计组提交的审计报告等资料进行审理后，出具正式审计报告，并书面征求审计对象及被审计单位的意见。

2. 审计对象及被审计单位应当自接到审计报告之日起10日内提出书面意见；逾期未提出书面意见的，视同无异议。

第十八条 发出审计报告

内部审计机构向委托部门提交审计结果报告书，并抄送相关上级领导人员、相关部门、审计对象及被审计单位等。

第十九条 处理审计发现的问题

（一）对审计发现的问题需要整改的，内部审计机构应向被审计单位下达审计意见书或审计决定。涉及重大问题的审计意见书或审计决定，内部审计机构应事先征得本单位行政主要领导同意。

（二）内部审计机构在经济责任审计中发现的应当由其他部门处理的问题，应移送有关部门处理。有关部门应将处理结果以适当方式及时反馈内部审计机构。

（三）内部审计机构应当监督、检查、核实被审计单位采纳审计意见和执行审计决定的情况，对审计结论和整改结果进行追踪落实。被审计单位应主动、及时将审计决定执行情况和审计意见采纳、落实情况以书面形式报送内部审计机构。

第二十条 审计评价

经济责任审计应当根据审计查证事实，依照法律法规、国家有关规定和政策、集团公司及油田公司有关规章制度等，对审计对象履行经济责任情况做出客观公正、实事求是的评价。审计评价应当与审计内容统一，评价结论应有充分的审计证据支持。

审计评价的主要内容：

（一）重大经济决策及执行情况。评价指标主要是抽取的全部重大决策样本中，符合规定或要求的重大决策数量比率。

（二）业绩指标完成情况。评价指标以绩效合同关键绩效指标完成情况确认分数为依据，根据任期内各年具体指标完成情况进行评价。

（三）财务绩效情况。评价指标主要包括净资产收益率、总资产报酬率等盈利能力指标；总资产周转率、不良资产比率等资产质量指标；资

产负债率、已获利息倍数等债务风险指标；平均营业增长率等发展能力指标。

（四）会计信息的真实合法情况。评价指标主要包括资产失真率、负债失真率、所有者权益失真率、平均利润总额失真率等。

（五）内部控制建立健全和执行情况。评价指标主要包括内控制度健全率、内控制度执行率等。

（六）企业领导人员遵守廉洁从业规定情况。评价指标主要关注企业领导人员及其他班子成员是否存在违反廉洁从业规定的行为，结合涉及人数和金额等进行评价。

（七）以往审计发现问题整改情况。评价指标主要包括审计发现问题整改数量比率等。

第二十一条 责任界定

经济责任审计应对审计对象履行经济责任过程中存在问题所应当承担的直接责任、主管责任、领导责任，应当区别不同情况做出界定。

（一）直接责任

直接责任是指审计对象对履行经济责任过程中的下列行为应当承担的责任：

1. 直接违反法律法规、国家有关规定和单位内部管理规定的行为。

2. 授意、指使、强令、纵容、包庇下属人员违反法律法规、国家有关规定和单位内部管理规定的行为。

3. 未经民主决策、相关会议讨论而直接决定、批准、组织实施重大经济事项，并造成重大损失浪费、国有资产（资金、资源）流失等严重后果的行为。

4. 主持相关会议讨论或者以其他方式研究，但是在多数人不同意的情况下直接决定、批准、组织实施重大经济事项，由于决策不当或者决策失误造成重大经济损失浪费、国有资产（资金、资源）流失等严重后果的行为。

5. 其他应当承担直接责任的行为。

（二）主管责任

主管责任是指审计对象对履行经济责任过程中的下列行为应当承担的责任：

1. 除直接责任外，对其直接分管的工作不履行或者不正确履行经济责任的行为；

2. 主持相关会议讨论或者以其他方式研究，并且在多数人同意的情况下决定、批准、组织实施重大经济事项，由于决策不当或者决策失误造成重大经济损失浪费、国有资产（资金、资源）流失等严重后果的行为。

（三）领导责任

领导责任是指除直接责任和主管责任外，对其不履行或者不正确履行经济责任的其他行为应当承担的责任。

第二十二条 结果运用

（一）油田公司有关部门及所属各单位应当根据干部管理监督的相关要求运用经济责任审计结果，将其作为考核、任免、奖惩审计对象的重要依据，并以适当方式将审计结果运用情况反馈内部审计机构。

（二）经济责任审计结果报告应当归入审计对象本人档案。

第二十三条 资料归档

在经济责任审计项目完结后，内部审计机构应对项目资料进行整理、立卷和归档。

第四章 附 则

第二十四条 本办法由审计处负责解释。

第二十五条 本办法自印发之日起执行。

辽河油田公司财务稽查管理办法

第一章 总 则

第一条 为加强财务监督职能，完善财务监督控制体系，建立财务稽查长效机制，防范财务风险，提高会计信息质量，根据《中国石油天然气集团公司财务稽查管理办法》、《中国石油天然气股份有限公司财务稽查管理办法（试行）》，制定本办法。

第二条 本办法适用于辽河油田分公司、辽河石油勘探局（以下简称油田公司）及其全资企业的财务稽查管理。

控股公司通过法定程序贯彻执行本办法。

第三条 本办法所称财务稽查是指油田公司财务稽查人员依据国家财经法律、法规及企业内部管理制度，对企业财务管理行为的合法性、合规性、有效性实施的监督检查活动。

第四条 油田公司财务稽查实行统一管理、分级负责的体制。

第五条 财务稽查应当遵循以下原则：

（一）依法原则。财务稽查应依据国家财经法律法规、集团（股份）公司及油田公司内部管理制度等，对油田公司会计确认、计量和报告的全部交易或事项，以及财务管理工作进行监督检查。

（二）防范原则。财务稽查侧重事中检查，及时发现和纠正财务会计活动中出现的各种舞弊和偏差，防范和降低财务风险。

（三）全面原则。财务稽查应涵盖会计确认、计量和报告的全部交易或者事项以及财务管理工作的全过程。

（四）服务原则。财务稽查应为经营管理、财务管理及会计核算工作服务，针对发现的问题，提出整改意见和建议。

第二章 组织机构和职责

第六条 财务处是油田公司财务稽查的归口管理部门，负责落实集团（股份）公司财务稽查工作总体要求并组织开展财务稽查工作，主要职责是：

（一）制订和完善油田公司财务稽查制度。

（二）建立健全内部财务稽查岗位职责和工作流程。

（三）制订和实施油田公司年度财务稽查计划。

（四）组织油田公司及所属单位开展财务稽查工作，对发现的问题提出处理意见并跟踪落实整改。

（五）组织油田公司财务稽查人员业务培训。

（六）承担集团（股份）公司安排或委托的稽查工作任务。

第七条 所属单位财务部门设置稽查岗，配备专（兼）职稽查人员，负责落实油田公司财务稽查工作总体要求，并负责本单位财务稽查管理工作，主要职责是：

（一）制订完善本单位财务稽查管理制度。

（二）建立健全内部财务稽查岗位职责和工作流程。

（三）组织本单位内部开展财务稽查工作，对存在的问题提出整改意见并跟踪督促整改。

（四）协调落实上级业务部门稽查问题的整改，整改结果及时反馈。

第八条 财务稽查人员应当具备的条件：

（一）坚持原则，实事求是。

（二）具有会计师资格。

（三）从事财务工作时间不少于五年，并具有多个岗位工作经验。

（四）熟悉国家财经法律法规及企业财务管理制度等。

（五）财务稽查人员岗位设置应符合不相容职务相互分离的要求。

第九条 油田公司实行稽查人员备案管理制度，所属各单位稽查岗位人员报财务处备案，稽查人员变更，应及时调整备案信息。

第三章 内容、方式和实施要求

第十条 财务稽查内容主要包括：

（一）执行国家财经法规和企业规章制度情况。

（二）财务收支真实性、合法性和合理性。

（三）会计核算的真实性、准确性、完整性和及时性。

（四）财务管理和内部控制的有效性。

（五）会计基础工作的规范性。

第十一条 财务稽查主要包括财务稽核和财务检查。

第十二条 财务稽核是油田公司财务部门内部对会计凭证、会计账簿及财务报告等资料进行监督审核的会计业务活动。主要形式及要求：

（一）财务稽核按范围可分为全面稽核和重点稽核。全面稽核是指对实际发生的所有财务业务是否符合有关法律法规、规章制度的规定和业务处理流程进行的审核。重点稽核是指对成本、收入、往来、投资、财务报告、内部报表等会计资料、信息以及管理中的薄弱环节进行的审核。

（二）财务稽核按岗位可分为总会计师稽核、财务部门负责人稽核、稽核岗位稽核。

（三）财务稽核人员应及时稽核记账凭证，当日会计凭证必须当日稽核完毕；未经稽核的记账凭证不得向下一环节传递。随时抽查稽核会计账簿，月末全面稽核。银行存款余额调节表每月稽核一次。不定期稽核库存现金。

（四）财务稽核人员对日常稽核发现的问题要有书面记录和整改监督记录。

（五）财务稽核人员每月应当总结日常工作

中发现的内部会计控制制度方面的缺陷、在执行中存在的问题以及相关建议，书面报送财务部门负责人；对于发现的内部会计控制制度方面的重大缺陷，应立即书面报送财务部门负责人。

第十三条 财务检查是油田公司财务部门按照财税法规、财务制度以及相关规定，对本级或下级单位财务管理工作进行的监督和检查。

按照目的和内容，财务检查分为全面检查、专项检查、随机检查三种方式。

（一）全面检查：采取网上和现场检查相结合的方式，定期对下级单位日常财务管理工作进行的全面检查。

（二）专项检查：根据当年工作重点和日常工作反映出的问题，确定对某些特定事项、特定领域进行的检查。

（三）随机检查：根据工作需要临时开展的具有特定目的的检查。

第十四条 财务处组织的专项检查和随机检查，可根据需要组织相关部门及所属单位、委托中介机构单独或共同组成检查组。

第十五条 全面检查每年覆盖面不得低于所属单位的30%，三年内至少对所属单位进行1次全面检查；专项检查每年组织1次～2次，检查覆盖面不低于所属单位的10%；随机检查根据实际需要确定检查次数和覆盖面。

第十六条 油田公司财务稽查实行报告制度。按照财务稽查方式，分以下三种报告形式：

（一）月度稽核报告：由所属单位按月编制，主要包括财务部门日常稽核发现的问题、提出的整改意见或建议以及整改情况等内容，每月在本单位一定范围内发布。

（二）月度检查报告：由财务处按月编制，主要包括财务处对所属单位日常检查发现的问题，提出的整改意见和依据以及整改情况等内容，每月在财务处网页发布。

（三）专项检查报告：由负责组织专项检查的财务部门编制，主要包括专项检查发现的问题，提出的整改意见和依据以及整改情况等内容，定期在财务处或所属单位一定范围内发布。

第十七条 油田公司财务稽核工作的实施依据《会计基础工作规范》、《中国石油天然气集团公司会计手册》和《中国石油天然气股份有限公司会计手册》执行；财务检查的实施依据《中国石油天然气股份有限公司财务稽查实施规范（试行）》执行。

第四章 权利和义务

第十八条 各级财务稽查机构的权利和义务：

（一）对有意提供虚假材料或故意阻挠，致使财务稽查工作无法正常进行的，可提出拒绝财务稽查的报告并报本单位财务负责人，其中股份公司统一安排的财务稽查项目应上报股份公司财务部。

（二）对拒绝提供证据以及隐瞒、销毁证据的部门或个人，建议有关部门追究直接责任人及有关领导的责任。

（三）对违反国家有关法律、法规及股份公司规章制度的，有权提出财务稽查意见并要求纠正和整改。

（四）按照财务稽查工作方案要求，及时完成财务稽查工作。

（五）对财务稽查过程中发现的重大问题，及时向上级财务部门报告。

第十九条 财务稽查人员的权利和义务：

（一）检查、查阅与稽查内容相关的文件、会议记录、会计档案、计划、预算、合同等资料。

（二）在财务稽查过程中调查询问相关人员、索取和复制有关证明材料等。

（三）对所知悉的国家及企业商业秘密等非公开的信息及资料负有保密义务。

（四）严格按照本办法开展财务稽查工作，客观、公正地反映问题，不得歪曲、夸大和隐瞒，并对检查发现的问题要提出准确、合法的整改意见。

（五）在开展财务稽查过程中保持廉洁自律。

第五章 结果的处理

第二十条 财务处对财务稽查发现的问题进行分析，找出问题形成的原因，会同相关部门提出解决方案，重要事项提交油田公司管理层进行决策，并组织和监督有关单位进行整改。

第二十一条 油田公司对所属单位财务稽查结果，作为对该单位财务工作及总会计师、财务科长考核的依据之一。

第二十二条 对财务稽查发现的违规违纪行为，按国家及集团（股份）公司、油田公司相关规定进行处理。

第二十三条 油田公司应于每年十二月十日前向股份公司上报年度财务稽查工作报告。

第六章 附 则

第二十四条 本办法由财务处负责解释。

第二十五条 本办法自印发之日起执行。

2013年油田公司政策制度索引

1. 关于转发《中国石油天然气集团公司差旅和会议费用管理暂行办法》的通知 中油辽字〔2013〕20号
2. 关于印发《辽河油田公司2013年三基工作要点》的通知 中油辽字〔2013〕51号
3. 关于转发《中国石油天然气集团公司建设项目其他费用和相关费用规定》的通知 中油辽字〔2013〕58号
4. 关于转发《中国石油天然气集团公司集中报销实施指导意》等文件的通知 中油辽字〔2013〕59号
5. 关于印发《辽河油田公司查处挂靠行为暂行规定》的通知 中油辽字〔2013〕60号
6. 转发集团公司关于发布《聚丙烯树脂》等45项企业标准和批准发布《原油管道工艺运行规程第15部分：中朝原油管道》等3项企业标准修改单的通知 中油辽字〔2013〕81号
7. 关于印发《辽河油田公司必检产品目录》的通知 中油辽字〔2013〕85号
8. 关于印发《辽河油田公司职业技能竞赛管理办法》的通知 中油辽字〔2013〕88号
9. 关于印发《辽河油田公司车载应急通信系统管理规定（试行）》的通知 中油辽字〔2013〕89号
10. 关于印发《辽河油田公司环境保护管理办法》的通知 中油辽字〔2013〕99号
11. 关于发布《抽油机V带采购技术要求》等39项企业标准的通知 中油辽字〔2013〕102号
12. 关于印发《辽河油田公司经营业绩考核激励约束政策及办法》的通知 中油辽字〔2013〕109号
13. 转发集团公司关于发布《油气田开发生产井报废管理规范》等80项企业标准的通知 中油辽字〔2013〕131号
14. 关于印发《辽河油田公司内部审计管理办法》的通知 中油辽字〔2013〕132号
15. 关于印发《辽河油田公司财务收支审计管理办法》的通知 中油辽字〔2013〕133号
16. 关于印发《2013年辽河油田公司重点实施标准项目》的通知 中油辽字〔2013〕140号
17. 关于印发《辽河油田公司钻井工程设计管理细则》的通知 中油辽字〔2013〕145号
18. 关于印发《辽河油田公司经济责任审计管理办法》的通知 中油辽字〔2013〕147号
19. 关于印发《辽河油田公司特殊岗位员工岗位轮换管理办法》的通知 中油辽字〔2013〕148号
20. 关于印发《辽河油田公司采购产品质量认可管理办法》的通知 中油辽字〔2013〕159号
21. 关于印发《辽河油田公司专用公路管理暂行规定》的通知 中油辽字〔2013〕160号
22. 关于印发《辽河油田公司自产天然气管理办法》的通知 中油辽字〔2013〕163号
23. 关于印发《辽河油田公司外购天然气管理办法》的通知 中油辽字〔2013〕171号
24. 关于印发《辽河油田公司财务稽查管理办法》的通知 中油辽字〔2013〕176号
25. 关于印发《辽河油田公司资产修理管理实施细则》的通知 中油辽字〔2013〕188号
26. 关于印发《辽河油田公司探井钻井地质设计管理细则》的通知 中油辽字〔2013〕201号
27. 关于印发《辽河油田公司工程建设项目审计管理办法》的通知 中油辽字〔2013〕202号
28. 关于印发《辽河油田公司重大事项法律审查管理办法》的通知 中油辽字〔2013〕210号
29. 关于印发《辽河油田公司法律纠纷案件管理

办法》的通知　　中油辽字〔2013〕211 号

30. 关于印发《辽河油田公司开发井钻井地质设计管理细则》的通知

中油辽字〔2013〕213 号

31. 关于印发《辽河油田公司建设项目安全设施“三同时”管理办法》的通知

中油辽字〔2013〕219 号

32. 转发集团公司关于发布《产品质量监督抽查规范》等 15 项企业标准的通知

中油辽字〔2013〕220 号

33. 关于印发《辽河油田关于党委政法委员会对政法部门执法活动进行监督的实施办法（试行)》的通知　　中油辽党发〔2013〕3 号

34. 关于印发《辽河油田公司青年管理人才、专业技术人才培养使用实施办法》、《辽河油田公司干部挂职管理暂行办法》的通知

中油辽党发〔2013〕26 号

35. 关于转发《油气田地面工程标准化设计管理规定》等八项规定的通知

油辽基发〔2013〕1 号

36. 关于印发《辽河油田公司市场管理相关文件（表单）及范本（试行)》通知

油辽市发〔2013〕1 号

37. 关于转发《中国石油天然气集团公司招标管理办法》《中国石油天然气股份有限公司招标管理办法》的通知

油辽市发〔2013〕2 号

38. 关于转发中国石油天然气集团公司招标管理办公室《关于转发国家发展和改革委员会等八部委〈电子招标投标办法〉的通知》

油辽市发〔2013〕7 号

39. 关于发布《市场管理部 2013 年度风险管理报告》的通知　　油辽市发〔2013〕11 号

40. 关于转发《关于印发〈中国石油天然气集团公司信息化管理办法〉的通知》的通知

油辽信发〔2013〕1 号

41. 关于印发《辽河油田公司党员干部因私出国（境）管理办法》的通知

油辽组发〔2013〕1 号

42. 关于转发集团公司《关于印发〈中国石油天然气集团公司固定资产投资项目节能评估和审查管理办法（试行)〉的通知》的通知

油辽节委发〔2013〕1 号

43. 关于印发《辽河油田公司风险管理成熟度评价和风险预警指标体系建设实施方案》的通知　　油辽控发〔2013〕2 号

44. 关于印发《辽河油田公司加强不合格产品后处理的若干规定》的通知

油辽质发〔2013〕7 号

45. 关于印发《辽河油田公司优秀经济评价成果评审及管理办法》的通知

油辽经发〔2013〕4 号

46. 关于印发《辽河油田公司青年油水井分析成果效益评价方法》的通知

油辽经发〔2013〕5 号

47. 关于转发集团公司《特种设备安全管理办法》的通知

油辽健安环委发〔2013〕7 号

辽河油田 2013 年健康安全环保工作会议

荣　　誉

先进集体

荣获国家级先进集体

全国“安康杯”竞赛优胜企业
　　辽河油田公司
　　高升采油厂
全国“安康杯”竞赛优秀组织单位
　　锦州采油厂工会
全国“安康杯”竞赛安全文化宣传先进集体
　　辽河油田公司工会
全国“安康杯”竞赛优胜班组
　　特种油开发公司采油一区六号站
　　油田建设工程一公司金属结构安装工程公司容器车间组装班
全国“安康杯”班组安全建设与管理优秀成果
　　曙光采油厂采油作业六区 601 号中心站
全国“安康杯”竞赛优秀班组
　　高升采油厂采油作业一区雷一转
全国“安康杯”竞赛优秀班组
　　曙光采油厂采油作业六区 601 号中心站
全国模范职工之家
　　油田建设工程一公司工会
全国工人先锋号
　　锦州采油厂采油作业一区女子采油站
　　欢喜岭采油厂采油作业一区 103 队束滨霞采油站
　　盘锦辽河油田辽海集团有限公司鑫海钻探工程有限公司钻井项目部 50565 队
全总工会财务工作先进单位
　　辽河油田公司工会
全国五一巾帼标兵岗
　　曙光采油厂热注作业一区冬梅女子注汽站
全国巾帼文明岗
　　锦州采油厂采油作业一区 104 中心站 2 号女子采油站
中华全国总工会女职工培训示范学校
　　辽河油田公司欢喜岭采油厂女职工教育基地

荣获辽宁省先进集体

辽宁省中央企业先进集体
　　曙光采油厂
　　曙光工程技术处
辽宁省“安康杯”竞赛优胜单位
　　兴隆台工程技术处
辽宁省“安康杯”竞赛优秀组织单位
　　辽河油田公司安全环保处
　　辽河油田公司工会
辽宁省十大创新成果
　　沈阳采油厂大民屯凹陷亿吨级储量发现及高效开发技术研究与应用
辽宁省“安康杯”竞赛优胜班组
　　高升采油厂采油作业二区坨三十三站
辽宁省工人先锋号
　　欢喜岭采油厂热注作业一区 25 号注汽站
辽宁省优秀班组
　　曙光工程技术处作业二大队 208 队三班
　　油田建设工程二公司管道工程二分公司七队一班
辽宁省总工会财务工作特等奖
　　辽河油田公司工会
辽宁省三八红旗集体
　　油田公司欢喜岭采油厂热注作业一区 102 队 25 号站
辽宁省五一巾帼标兵岗
　　金马油田开发公司采油作业二区地质技术队

荣获集团公司先进集体

集团公司工人先锋号
　　辽宁辽河油田康达实业集团西北分公司 40502 钻井队
　　辽宁辽河油田恒泰利实业（集团）公司苏十项目部
集团公司先进集体
　　盘锦辽河油田双兴实业有限公司西北项目部
　　辽河石油勘探局多种经营事业部辽宁天意实业股份有限公司西北分公司
集团公司铁人先锋号
　　盘锦辽河油田辽海集团有限公司鑫海钻探工程有限公司 50023 钻井队

油田公司表彰的先进集体

先进党委
锦州采油厂党委
曙光采油厂党委

兴隆台采油厂党委
高升采油厂党委
金马油田开发公司党委
特种油开发公司党委
勘探开发研究院党委
兴隆台工程技术处党委
中油辽河工程有限公司党委
油田建设工程一公司党委
物资公司党委
电力集团公司党委
兴隆台公用事业处党委
离退休管理中心党委
辽河中级人民法院党组

先进基层党组织

锦州采油厂

采油作业一区党总支
热注作业一区党总支
运输二大队党总支
作业一大队党总支
生产准备大队党总支

欢喜岭采油厂

采油作业二区党总支
作业二大队党总支
热注作业一区党总支
辽南集团公司党委
离退休管理办公室（二）党总支
采油作业三区302队党支部

曙光采油厂

热注作业一区党总支
采油作业五区党总支
集输大队党总支
采油作业一区101中心站党支部
采油作业三区301中心站党支部

兴隆台采油厂

采油作业二区中心一站党支部
采油作业三区女子采油队党支部
机动采油大队党总支
集输大队兴五转油站党支部

高升采油厂

电力工程大队党总支
集输大队高二联合站党支部
特车大队党总支
作业一大队105队党支部

茨榆坨采油厂

运输大队党总支
采油作业三区党总支

沈阳采油厂

地质研究所党总支
作业二大队党总支
运输大队党总支
采油作业二区党总支
广源集团油隆公司党支部
离退休管理中心第二党支部

金马油田开发公司

采油作业一区党总支
运输大队党总支

冷家油田开发公司

采油作业一区党总支

特种油开发公司

采油作业三区党总支
热注作业二区202中心站党支部

浅海石油开发公司

海南作业区党总支

辽兴油气开发公司

采油作业二区党总支

油气集输公司

大连石油储运项目管理部党总支

勘探开发研究院

勘探综合研究所党总支
油田开发所党总支

钻采工艺研究院

油田化学技术研究所党支部

曙光工程技术处

作业一大队党总支
作业三大队党总支
作业五大队党总支
热注作业区党总支
离退休管理中心（二）党总支

兴隆台工程技术处

作业二大队党总支
服务大队党支部
作业一大队带压3队党支部
离退休管理中心（一）党总支
中油辽河工程有限公司

油气加工所党支部
油田建设工程一公司
工程安装一分公司党总支
工程安装二分公司第一施工队党支部
油田建设工程二公司
管道工程二分公司党总支
工艺安装分公司工艺安装四中队党支部
筑路工程公司
市政分公司党总支
燃气集团公司
辽河油田（盘锦）燃气有限公司党总支
能源管理公司
昆仑能源（大连）有限公司党支部
油气工程技术处
化工一公司党支部
石油化工总厂
水气车间党支部
物资公司
机关第九党支部
机械运输公司党总支
消防支队
石化大队党支部
供水公司
金马水务工区党总支
电力集团公司
沈阳供电工区党总支
兴隆台供电工区党总支
汽机分场党总支
通信公司
高升通信站党支部
呼叫中心党支部
经济贸易置业总公司
特石集输站党支部
华油实业公司
热注二公司党支部
环保工程二公司党支部
振兴公用事业公司
物业二公司党支部
兴隆台公用事业处
物业一公司党总支
物业二公司党总支
渤海公用事业处
新工物业公司党总支
供暖公司党总支
曙光公用事业处
车辆管理大队党支部
欢喜岭公用事业处
物业四公司党总支
于楼公用事业处
物业五公司党总支
辽河油田总医院
外科党总支
第二职工医院
感染疾病防治中心党支部
辽河石油职业技术学院（党校）
政治理论教研部党支部
辽河石油报社
印务中心党支部
辽河油田电视台
第三党支部
大连分公司
海蓝宾馆党支部
兴城疗养院
医务党支部
矿区服务事业部
物业管理处党支部
油田公司机关
财务处党支部
纪检监察处党支部
勘探处党支部
多种经营事业部
辽宁天意实业股份有限公司党委
盘锦辽河油田圣誉建筑安装有限公司党支部
离退休管理中心
局机关站党总支
老干部管理站第一党支部
辽河公安局
交警支队党支部
辽宁省人民检察院辽河分院
第二党支部
辽河中级人民法院
第二党支部

2011—2012年度油田公司十佳女员工集体

曙光采油厂采油工艺研究所方案设计室

欢喜岭采油厂采油作业五区 02 号站
锦州采油厂采油作业一区 101 中心站
兴隆台采油厂采油作业三区女子采油队
特种油开发公司采油作业一区 5 号站
钻采工艺研究院安全环保技术研究所

先进个人

荣获省部级以上先进个人

荣获国家级先进人物名单

全国五一劳动奖章
孟卫工　孙向东
全国优秀工会工作者
张文武
全国优秀经审干部
柳文国
全国“安康杯”优秀组织个人
颜泽云
全国“安康杯”竞赛安全文化宣传先进个人
陈庆凯

荣获辽宁省先进人物名单

辽宁省中央企业劳动模范
张方礼　罗宪法
辽宁五一奖章
岳玉全　袁爱武　周大胜　孟庆海
辽宁省三八红旗手
严世英
辽宁省五一巾帼标兵
田　丽　范宏岩
辽宁省五一巾帼“十佳”标兵
田　丽
辽宁省优秀班组长
张继峰
辽宁省十大节约环保标兵
孟庆海
辽宁省“安康杯”竞赛先进个人
焦志洪

荣获集团公司先进人物名单

集团公司劳动模范
孙向东　冯天放
集团公司先进个人
鲍洪涛　李先博

油田建设工程二公司金属结构公司综合车间
筑路公司路面分公司搅拌站
电力集团沈阳工区供电二队沈八变
兴隆台公用事业处托幼管理中心泰山幼儿园

中国石油“十大金花”环卫班长
魏海英
首届“加油中国·传承铁人”年度优秀人物
王　东　田　丽　林文斌

油田公司表彰的先进人物名单

优秀共产党员

陈顺华	付　博	丁　胜	顾元洋	段效威
李海民	李正任	汪玉钢	贺维峰	米艳洁
姜忠阳	方海峰	朱启海	吴　媚	晋卫华
魏天云	韩　义	周海燕	王大勇	黄玉柱
高荣杰	蒋　硕	魏明鑫	冉建伟	顾百峰
李海香	白海东	肖海燕	史冠华	马占彪
郭斌建	滕立勇	门福信	李田平	孙绪华
王　宁	王世旭	屈丰君	曲　建	王　毅
刘吉年	许亚军	赵志辉	韩忠新	金晓朋
韩耀龙	何建中	李兆宾	杜海旺	徐荣义
徐满山	刘　涛	朱亚君	沈　坚	赵黎明
翟宝成	方士保	程　斌	董绍刚	郝　兵
张洪涛	吕泽新	黄　平	周立宏	沈文刚
马占军	于洪海	王承烈	柏长春	孟祥勇
张淑堃	陈金涛	曾　艳	丁　铁	孙建光
戴立武	耿立军	东　楠	孙旭东	刘　峰
毛文艳	周广安	王　猛	侯植楷	陈启霖
高家富	马　波	李祥德	郭彦民	吴春亮
荐　鹏	王　菁	仲景儒	闫　峰	张晓文
刘洪泽	刘振清	宋学民	王时雨	杨国发
张　成	张连斌	王　玲	赵晓权	杨　冬
李可忠	徐世英	陈　勇	梁　波	徐东旭
高秋华	孙　彬	肖丽华	高俊洋	王　浩
刘国威	赵　剑	张振洲	于海艳	任志刚
杨云辉	赵　亚	周宝明	田立春	李　斌
王叶军	刘永波	刘汝业	宋洪园	赵　丽
张雄伟	刘　伟	李继春	刘荫柱	迟鹏飞
穆逢春	朱永利	杨　兵	吕先锋	高锦宁
姜　琛	祁丽华	王　炜	孔海燕	慕雅丽
蔡秀文	张梅英	唐　海	胡振龙	刘丽君
宋少英	王健永	邓　艾	景　晶	颜庆江

高国凤　杨荣凯　穆　峰　刘海波　何雪梅
孙万书　杜　晶　董长富　李　良　米　良
任爱勤　肖　凯　程华峰　陈　辉　张恩杰
金艳荣　王宇珍　马福志　韩宏斌　贯　宇
王传祥　金　雷　唐云辉　陈　红　王向辉
孙　昶　刘　璋　伏忠财　吕　忠　李洪海
佟　静　张居库　黄　鹤　唐维江　高少华
李　伟　黄德旭　于在军　李登俊　卢振钧
董秀娜　张廷开　朱存才　韦要虎　陈华伟

优秀党务工作者

滕庆财　张　雷　尹宝山　綦雪梅　王桂金
丛　晖　王忠华　徐小国　朱　猛　王宏光
李云海　张金凯　王全仓　臧旭峰　杨春峰
魏丽梅　任学成　常　杰　陈凤波　马德宏
许春生　胡中华　高　芳　赵　锦　吴俊才
赵振波　吴家振　李雪峰　杨春明　张喜权
杨　杨　邹孝飞　高　霞　赵宏伟　尤士鹏
高　闯　刘兆鹏　李学文　张　华　柴军强
廉仲元　陈殿雷　李洪毕　代云安　杨德智
孟令军　方旭东　徐　爽　杨小平　袁　彬
叶　均　白宪举　王延涛　李　杰　郑　奇
段连顺　杨德发　韩哲文　由志先　尚春风
宋永俊　马万阁　王玉河　郝　悦　季　良
周德艳　王加勇　张显胜　张金明　张　辉
王　东　范　英　王忠伟　哈　宁　李　萍
张　宇　单振阁　杨东平　陈　新　谈兆龙
王春武　刘桂云　郭伟平　袁　中　赵国徽
刘小村　门立霞　赵春晓　赵　萍　迟凤丽
周四海　温　雷　张树清　常秋丽　李　斌
赵志锡　肖　阳　胡廷超　李士林　李丽芳

油田公司十大岗位节约示范人物

王延臣　王传祥　陈启新　田　震　万泽华
刘春复　何　东　俞庆荣　范平革　曹积万

2011—2012 年度油田公司十大女员工标兵

王玉凤　江　琴　孙　洁　刘　丹　徐建文
陈　超　韩秀丽　周　峰　刘利群　周　丹

2011—2012 年度油田公司十佳文明家庭

浅海石油开发公司　赵金凡　刘　哲家庭
兴隆台工程技术处　任丽霞家庭
辽兴油气开发公司　凌遗文　刘　红家庭
油田建设工程二公司　董　月　吴晓云家庭
石油化工总厂　张丽静　仲东魁家庭
通信公司　王　莹　谢　峰家庭
供水公司　王立东　韩　娟家庭
消防支队　孙洪利　董桂茹家庭
振兴公司　贺　华　任启红家庭
于楼公用事业处　李金荣　白　江家庭

人　物

人　物

油田公司处级以上干部名录

油田公司行政领导

总　经　理　谢文彦
副 总 经 理　周　灏　任芳祥　张恩臣　李志杰　孟卫工　张维申　罗文柱　范国权
总 会 计 师　范国权
副　局　级　张　迎　张伟平　王爱军　卢　军　张景胜　赵政超
总经理助理　赵政超　郭野愚　祝永军　高养军
副　总　师　李孟洲　张方礼　毛宏伟　罗颖川　孙　平　刘德铸　张金利　田凤民　孟　平　郑贺新　李忠诚

中共辽河油田公司委员会

书　　记　周　灏
副　书　记　谢文彦　罗文柱
委　　员　任芳祥　张恩臣　李志杰　孟卫工　张维申　刘喜林　范国权

油田公司机关处室副处级以上干部

党委办公室

主　任　辛向忠
副主任　黄耀华　李彦庆　李树华

党委组织部

部　长　张金利
副部长　陈永和（正处）　王淑艳（正处）　赵万辉
副处级主管　许　玲　訾少江
组织员办公室主任　陈永和（正处）

党委宣传部

部　长　李忠诚
副部长　肖淑英（正处）　王晓达（正处）　邹　君　王英宇
统战部部长　肖淑英
企业文化处处长　王晓达
新闻办主任　王晓达
党建研究会会长　罗文柱
副会长　庞伟华
副处级　毕淑荣（党建研究会秘书长）

纪律检查委员会

书　记　罗文柱
常务副书记　田凤民
副书记　庄园林（正处）　李玉庆（正处）
副处级　常荣华　马建红　李海彬　邓　勇

监察处

处　长　田凤民
副处长　庄园林（正处）　常荣华

工会委员会

主　席　罗文柱
常务副主席　罗颖川
副主席　王迎旭（正处）　柳文国（正处）　刘　剑（正处）　颜泽云（正处）　姜广檐（正处）
副处级　陈　琨　王　惠　胡兴龙　关华威　乔　辉　陈庆凯
调研员　周家茂　张惠奇

文化体育管理中心

主　任　刘　剑（正处）
副主任　郭百智

共青团委员会

副书记　周立国

勘探处

处　长　张战文
副处长　孙洪斌（正处）　邹启伟

开发处

处　长　尹万泉
副处长　孙　岩（正处）　程仲平（正处）　杨永彪　荣耀森　赵志彬

二次开发项目部

经　理　王海生
副经理　朴永红

生产运行处

处　长　赵政超
副处长　张　波　（正处）王立忠　（正处）　孙　炜　王占华　宋福军　宁宗民
调研员　刘　抒　魏利彬
水电信管理中心主任　王立忠

采油工艺处

处　长　孙守国
副处长　檀德库　（正处）刘　勇
王志明　王宝峰
井控应急办公室主任　檀德库

科技处

处　长　陈韶生
副处长　汤　琦　孙大树　陆福刚
副处级　牛文金
调研员　张　宏

总经理办公室

主　任　李　湃
副主任　姜　革　宋天辉（正处）
丛淑飞
局长办公室主任　李　湃
油地协调办公室主任　李　湃
副主任　宋天辉　孟庆海
孟春利　蔡金桥
档案馆副馆长　曲永洲
机关车辆管理中心主任　朴希望
副处级　白晓东

规划计划处

处　长　潘良革
副处长　于　雷　李忠林　刘洪涛
高永志

财务处（预算办）

处　长　张福刚
副处长　邓江红　孙德群　郭俊鹏
付新增

人事处

处　长　李孟洲
副处长　朱玉珀（正处）　孟祥君
魏　玮　王海凤
技能鉴定中心副主任　林志萍

企管法规（内控）处

处　长　袁广平
副处长　战　丽（正处）　许万利
于清江　林秀峰

多种经营处

处　长　毛宏伟
副处长　杜维甲（正处）　罗瑞琪
杨海俊　朱云海　王　军

多种经营事业部

主　任　毛宏伟
书　记　杜维甲
副主任　王　彬（正处）　高树臣（正处）
富　强　罗瑞琪　杨海俊
朱云海　王　军　徐秋野
调研员　路庆堂　蒋　震

审计处

处　长　姚红光
副处长　郝家杰（正处）　孟凡杰　于　健
调研员　张士范
审计室主任　徐　丹
副主任　刘凤群

安全环保处

处　长　于长武
副处长　于文洋（正处）　孟庆海
马凤林　王国成　梁忠波
海洋石油作业安全监督处处长　于长武
交通安全管理中心主任　马凤林
安全监督总站站长　王国成
特种设备检验中心主任　于文洋
副主任　郝宝田

油田公司直属部门副处级以上干部

勘探项目管理部

主　任　罗海炳
副主任　陈振岩　王拓夫
总工程师　弥　忠
总会计师　钱会昌

新区勘探项目管理部

主　任　王守刚
副主任　曹信儒
总会计师　徐　卓

海洋勘探项目管理部

主　任　蔡　银
副主任　尹继宏　李明阁
总会计师　佟　牧

开发项目管理部

主　任　孙　岩
副主任　于天忠

钻井工程部

主　任　薄　珉

副主任　陈　勋　齐海鹰　曹传文

调研员　毛长岭

基建工程部

主　任　吴德兴

副主任　程显东（正处）　杨　顺　张春凡
　　王振侯

基建工程招标中心副主任　张春凡

勘探开发经济评价中心

主　任　刘　斌

副主任　王国春　赵和平

结算部

主　任　孙　翀

副主任　黄锦文　桂小琴

经济政策研究室

主　任　任文才

副主任　李红伟　高希武

资产装备部

主　任　郑　起

副主任　刘玉辉　付　欣　王东冶
　　王　伟

资本运营部

主　任　刘铭生

副主任　闫相孟　李树金

副处级　高超英　郝　宏　夏春颖
　　张　元

概预算管理中心

主　任　李竹杰

副主任　张丽君（正处）　王元成　于　丽
　　杨鸣春　王吉平

定额站站长　张丽君（正处）

副站长　路彦军

市场管理部

主　任　徐西君

副主任　王召富　梁振民　王战强
　　徐延广　李先惠

物资管理部

主　任　朱玉瑰

副主任　丛伟东（正处）　李春雷　李明葵

物资招标管理办公室　丛伟东

信息管理部

主　任　张文坡

副主任　王振声　陈宏斌　张军峰

数据管理中心主任　张文坡

副主任　丁明吉

总工程师　张守昌

质量节能管理部

主　任　武俊宪

副主任　田彦华　栾玉湖　何廷会
　　柳庆新　刘铁哲

辽河建设工程质量监督站站长　田彦华

土地公路管理处

主　任　刘建林

副主任　朱继平　冯国柱

国际合作部

主　任　刘海洋

副主任　刘坤芳（正处）　程立国（正处）
　　柴利文（正处）　李雪梅　程细蓉

总会计师　周金祥

副处级　张宝东

齐 40 块蒸汽驱项目管理部

主　任　祁晓明

副主任　蒋生健（正处）　马宏斌　李　博

总会计师　孙　铄

SAGD 项目管理部

主　任　杨立强

副主任　张义祥（正处）　杨建平

总工程师　张喜瑞

总地质师　张国禄

总会计师　于　惠

低效油气资源利用部

主　任　关玉双

副主任　孙成威　罗怀达

工程技术部

主　任　曲同慈

副主任　李志伟（正处）　张积锁（正处）
　　任延波　秦　铁　范增安
　　王维涛　于国文

冀东油田项目管理部主任　曲同慈

副主任　王维涛　于国文

机关党委（行管处）

书　记　罗文柱

常务副书记　李彦安

副书记　吴　华（正处）

副处长　孙仁智

调研员　徐永安（正处）

武装部

副部长　李林强
调研员　张伟光

政法委

书　记　罗文柱
常务副书记　郑贺新
综合治理办公室
主　任　段有强（正处）
副主任　龚　明
办公室
主　任　陈　武（正处）
副主任　孔凡峰
防范和处理邪教问题办公室
主　任　初良尧（正处）
维护稳定工作办公室主任　谷玉学（正处）

信访稳定工作办公室

主　任　甄占彪
副主任　谷玉学（正处）　杨君生

计划生育办公室

主　任　沈　冰
副主任　王玉红

社会保险管理中心

主　任　刘　坤
副主任　王　军　王学文

油田公司二级单位副处级以上干部

曙光采油厂

厂　　长　陈铁铮
党委书记　田立金
副 厂 长　李殿国　张义祥（正处）
　　　　　闫天禹　李文轩　许林祥
总工程师　张守军
总地质师　许国民
总会计师　井龙云
党委副书记　李延勇（正处）
纪委书记　李延勇
工会主席　李延勇

欢喜岭采油厂

厂　　长　范英才
党委书记　马　力
副 厂 长　魏久民　王家暖　姜安治
　　　　　李好生　王力岩　王　斌
　　　　　毕家平
总工程师　蒋生健（正处）
总地质师　周　旭
总会计师　廉清勤
党委副书记　张文武
纪委书记　张文武
工会主席　张文武

锦州采油厂

厂　　长　岳玉全
党委书记　王世民
副 厂 长　刘贵满　宋彦武　黄东潍
　　　　　张　伟　周洪义
总工程师　马春宝
总地质师　刘贵满
总会计师　刘春刚
党委副书记　郑兴波
工会主席　郑兴波
纪委书记　郑兴波

兴隆台采油厂

厂　　长　范玉平
党委书记　蓝子天
副 厂 长　李　军　尹长海　吕福荣
　　　　　吴元胜
总工程师　张　瑛
总地质师　华子东
总会计师　张学东
党委副书记　杨忠军
纪委书记　杨忠军
工会主席　杨忠军
调 研 员　张华春

沈阳采油厂

厂　　长　王家帮
党委书记　廖代勇
副 厂 长　孟宪威（正处）　王立军
　　　　　孟庆学　王树权　蔡文双
　　　　　李春宝
总工程师　王立军
总地质师　张吉昌
总会计师　王永茂
党委副书记　郭守业
纪委书记　郭守业

工会主席　郭守业

高升采油厂

厂　　长　陈保钢
党委书记　刘晓龙
副 厂 长　刘　杰（正处）　徐凤廷　罗于凯　高歌军　赵　汉　潘建华
总工程师　潘建华
总地质师　王卫东
总会计师　冯国元
党委副书记　杨婉莹
纪委书记　杨婉莹
工会主席　杨婉莹

茨榆坨采油厂

厂　　长　吴安东
党委书记　高树林
副 厂 长　吴连玉　刘晓东　张青海　王　振　张文元　邱衍辉
总工程师　邱衍辉
总地质师　杨士萍
总会计师　张洪军
党委副书记　冯　飞
纪委书记　冯　飞
工会主席　冯　飞

金马油田开发公司

经　　理　吴宝华
党委书记　刘　岩
副 经 理　蔡世龙　何树华　韩树柏　张　宏
总工程师　韩树柏
总地质师　刘广东
总会计师　苏　超
党委副书记　陈坚红
纪委书记　陈坚红
工会主席　陈坚红
调 研 员　赵　刚

特种油开发公司

经　　理　卢时林
党委书记　尤洪军
副 经 理　孙玉平　杨立强（正处）　吴树勇（正处）　王伟林　张广台　吕树新　张　赫
总工程师　陈永恒
总地质师　周大胜
总会计师　李明谦
党委副书记　田　明
纪委书记　田　明
工会主席　田　明
调 研 员　刘长东

冷家油田开发公司

经　　理　张庆昌
党委书记　张建平
副 经 理　周　鹰（正处）　张建英　冉　杰　隗祥俊　杜德军
总地质师　周　鹰（正处）
总会计师　孟宪巨
党委副书记　吴彩云
纪委书记　吴彩云
工会主席　吴彩云
副 处 级　罗　武
调 研 员　陶　洪（正处）

浅海石油开发公司

经　　理　余五星
党委书记　史维虎
副 经 理　高立江　景希余　李晓勇
总工程师　刘占广
总地质师　孙　岿
总会计师　何　南
党委副书记　宋崇志
纪委书记　宋崇志
工会主席　宋崇志
调 研 员　王玉昌

辽兴油气开发公司

经　　理　石忠仁
党委书记　颜明友
副 经 理　王兆江（正处）　李作臣　王　群　徐礼海　沈光伟
总工程师　李作臣
总地质师　王佩虎
总会计师　洪　春
党委副书记　纪明云
纪委书记　纪明云
工会主席　纪明云

调 研 员 李玉森

勘探开发研究院

院 长 张方礼
党委书记 于鸿椿
副 院 长 李晓光（正处） 龚姚进（正处）
总工程师 郭 平
总地质师 李铁军 张巨星 武 毅 单俊峰
总会计师 张柏祥
党委副书记 赵鹊桥
纪委书记 赵鹊桥
工会主席 赵鹊桥
副 处 级 刘其成

钻采工艺研究院

院 长 刘德铸
党委书记 黄显利
副 院 长 袁 鹏（正处） 张洪君（正处） 孙厚利 安九泉 吕 俊
总工程师 关 仲
总会计师 刘绍峰
党委副书记 安家忠
纪委书记 安家忠
工会主席 安家忠
副 处 级 朱富林 赵 鹏

油气集输公司

经 理 卢 敏
党委书记 王志刚
副 经 理 高延宁 谢 涛 陈鸿图 马英利
总工程师 马英利
总会计师 张 兰
党委副书记 安晓峰
纪委书记 安晓峰
工会主席 安晓峰
副 处 级 孙 凯 郭宝华
调 研 员 林国平

消防支队

支 队 长 郭景春
党委书记 王晓东
副支队长 陈乃申 李泽维
总会计师 李振家
党委副书记 陈 忠
纪委书记 陈 忠
工会主席 陈 忠
调 研 员 赵桂林

油田建设工程一公司

经 理 赵明波
党委书记 郭学柱
副 经 理 王永志 张国强 刘印巢 谢旺民 吴凤山
总工程师 张国军
总会计师 李集海
党委副书记 崔德忠
纪委书记 崔德忠
工会主席 崔德忠
调 研 员 孙树山

油田建设工程二公司

经 理 王品毅
党委书记 李洪博
副 经 理 王永刚 许永恒 李 闯 苑晓龙 李 伟
总工程师 牟宗元
总会计师 兰志成
党委副书记 任 茬
纪委书记 任 茬
工会主席 任 茬

筑路工程公司

经 理 王金玲
党委书记 刘旺兴
副 经 理 赵 欣 王宝旭 李建民
总工程师 赵 欣
总会计师 王志军
党委副书记 杨智明
纪委书记 杨智明
工会主席 杨智明

中油辽河工程有限公司

经 理 郭野愚
党委书记 马景元
副 经 理 李明辉（正处） 白玉斌 李海龙 孙雁伯 李 爽 张红领
总工程师 李明辉（正处）
总会计师 山 青（正处）
党委副书记 赵俊平

纪委书记　赵俊平
工会主席　赵俊平
副处级　魏学斌
调研员　周　铭

辽河油田建设集团公司

经　理　郭野愚
副经理　衣红兵（正处）　王品毅（正处）
郭文奇（正处）　李明辉（正处）
王金玲（正处）　孙福禄（正处）
赵明波　山　青
总会计师　山　青（正处）

曙光工程技术处

处　长　戴长生
党委书记　刘少然
副处长　王玉臣　廉希金　李　鹏
总工程师　张飘石
总会计师　李　鹏
党委副书记　张　辉
纪委书记　张　辉
工会主席　张　辉

兴隆台工程技术处

处　长　罗宪法
党委书记　何振刚
副处长　徐宪胜　张福生　李十成
总会计师　周凤丽
党委副书记　赵福田
纪委书记　赵福田
工会主席　赵福田

燃气集团公司

经　理　李　威
党委书记　柴向春
副经理　张永昌（正处）　刘松涛（正处）
杨明哲（正处）　巩建忠
于启平　张春奎　孙景泉
田宜高　赵宇光　秦　涛
总工程师　郭忠贵
总会计师　邵玉宏
党委副书记　王越卿（正处）
纪委书记　王越卿
工会主席　王越卿
副处级　唐　耘　张建心

电力集团公司

经　理　曾嘉树
党委书记　胡华白
副经理　白照东　吕兴波　夏长生
总工程师　刘申明
总会计师　田维顺
党委副书记　王清山
纪委书记　王清山
工会主席　王清山
调研员　张亚东（正处）

供水公司

经　理　周步高
党委书记　张　勇
副经理　朱颖超　薄　浩　李合轩
总会计师　史文祥
党委副书记　潘　勇
纪委书记　潘　勇
工会主席　潘　勇
调研员　韩贵堂（正处）

物资公司

经　理　郭占文
党委书记　苏廷盛
副经理　黄　强（正处）　侯武传
赵　雁　田耕民　符兴军
姜忠民
总会计师　常　虹
党委副书记　何永飞
纪委书记　何永飞
工会主席　何永飞

通信公司

经　理　颜景龙
党委书记　夏　祁
副经理　胡维兴　姜百军　李治业
郝正国
总工程师　姜百军
总会计师　王定宇
党委副书记　陈凤军
纪委书记　陈凤军
工会主席　陈凤军

振兴公用事业公司

经　理　宋景涛
党委书记　曲鲁军
副经理　侯建国　李　华　南洪波

吴　倩
党委副书记　刘　启
纪委书记　刘　启
工会主席　刘　启

兴隆台公用事业处

处长　包良勇
党委书记　赵晓强
副处长　张书生　杜好田　刘春雨　李　军
总会计师　孙水为
党委副书记　邹文来
纪委书记　邹文来
工会主席　邹文来
调研员　苑洪河

渤海公用事业处

处长　张建明
党委书记　韩　越
副处长　宿绍臣　李维金　祝宏伟
总会计师　王心章
党委副书记　管礼和
纪委书记　管礼和
工会主席　管礼和
调研员　王文儒（正处）

于楼公用事业处

处长　高广镇
党委书记　李　智
副处长　刘晓明　孙胜明
总会计师　赵成斌
党委副书记　贺传强
纪委书记　贺传强
工会主席　贺传强

曙光公用事业处

处长　孙绍春
党委书记　王俊艳
副处长　唐永平　吴永林　郭洪平　赵树发
党委副书记　吴涵斌
纪委书记　吴涵斌
工会主席　吴涵斌

欢喜岭公用事业处

处长　孙喜庆
党委书记　赵连永
副处长　张济清　贺　涛　何荣伟　韩　力
党委副书记　路长友
纪委书记　路长友
工会主席　路长友

华油实业公司

经理　周志军
党委书记　张贵森
副经理　刘胜杰　魏新华　宋启辉　郭文彬
总工程师　宋启辉
总会计师　王　珣
党委副书记　孙力文（正处）
纪委书记　孙力文
工会主席　孙力文

油气工程技术处

处长　李　旭
党委书记　董昌生
副处长　洪　涛　李江林　江汉军　王继祥
总会计师　张传海
党委副书记　王　震
纪委书记　王　震
工会主席　王　震

石油化工总厂

厂长　孙家国
党委书记　陈勇军
副厂长　符　越　董茂森　张宝君　张志江
总工程师　董茂森
总会计师　符　越
党委副书记　霍长军
纪委书记　霍长军
工会主席　霍长军

大连分公司

经理　田锡君
党委书记　沈建华
副经理　林相辉　杜蘅月　张洪江
纪委书记　沈建华
工会主席　沈建华

辽河油田总医院

院长　孟庆学

党委书记　闻殿元
副院长　攸　翔　赵　艳　郑吉来
　　　　于少俊　高士双　李雨成
总会计师　王素芬
党委副书记　吴彩新　李　倩
纪委书记　吴彩新
工会主席　吴彩新
调研员　王辉光（正处）

第二职工医院

院长　王　旸
党委书记　张红岩
副院长　庞　众　赵立新　张宝库
总会计师　高翠红
党委副书记　田　琨
纪委书记　田　琨
工会主席　田　琨
调研员　史文芳（正处）

兴城疗养院

院长　邹本警
党委书记　王书林（正处）
副院长　王铁林　宋迎霞
纪委书记　王书林
工会主席　王书林

辽河石油职业技术学院（党校）

党校校长　岁文柱
党校常务副校长　崔浩然
党委书记　索长生
职业技术学院副院长　周　鑫（正处）
　　　　张卫东　刘　继　张　力
总会计师　梁占梅
党委副书记　孙红伟
纪委书记　孙红伟
工会主席　孙红伟
调研员　崔凯华

辽河石油报社

社长　王公民
党委书记　马广平
副社长　张建凯（正处）　孟祥炜
　　　　何晓梅　赵同铁
纪委书记　马广平
工会主席　马广平
副处级　刘　军

辽河油田电视台

台长　赵志文
党委书记　陈万涛
副台长　顾万庆　王晓民　王昌盛
纪委书记　陈万涛
工会主席　陈万涛
副处级　刘剑波

经济贸易置业总公司

经理　郭彦臣
副经理　秦世伦（正处）　刘树斌
　　　　赵　明　李　炯　高文全
总会计师　卢　英
党委书记　李庆国
党委副书记　温崇宁
纪委书记　温崇宁
工会主席　温崇宁
调研员　王祁军
闲置设备公司经理　李宝生
南方集团公司经理　刘华勇
调研员　杨锦波
上海联络处处长　刘　伟
副处长　杨纯东
新型建材企业总公司副经理　张贵元
医药经销管理处副处长　丁淑娥
副处级　张启利
黄金带炼油厂厂长　李　炯
辽河宾馆经理　高文全
党委书记　赵明庆

能源管理公司

经理　李康林
副经理　李振江　孙学本　郭劲松
　　　　杨　严　任　颖　曹　婧
党委书记　梁永宏
党委副书记　孙　征
纪委书记　孙　征
工会主席　孙　征

再生资源利用有限公司

经理　赵树国
副经理　徐　涛

油田公司直属公司副处级以上干部

销售公司

经　　理　孙元国
副 经 理　杨　明　郭　彬
总会计师　许治理

天然气公司

经　　理　贾会仲
副 经 理　乔文彪
总会计师　白庆春

海南油气勘探分公司

经　　理　祝永军
副 经 理　唐清山（正处）　侯福秋（正处）
　　　　　李忠涛　乔振勋　郝春联
　　　　　魏　喜
总工程师　程　盛
总地质师　胡礼国

大连保税区辽河经贸有限公司

副 经 理　魏　克（正处）
总会计师　张家谟
调 研 员　刘安君

辽河油田进出口公司

经　　理　马　驰
副 经 理　崔　宁（正处）　李春余
　　　　　曲士军　孙志宏
总会计师　孙志宏
副 处 级　杨　松

技术经济咨询有限公司

董 事 长　蒋独秀
总 经 理　李同发
副 经 理　田立新
副 处 级　杨　冰

辽河石油工程建设监理有限公司

总 经 理　陈景忠
副 经 理　王　宁　唐　鹏　曲　成
总工程师　王　宁

辽河油田天然气储供中心

经　　理　杨长林
副 经 理　马常星　邹吉生　卢诗诰
　　　　　王亚金
总地质师　马常星
总会计师　刘维斌
调 研 员　宁　奎

辽河油田新能源开发公司

经　　理　季东民
副 经 理　杨中丹　里宏亮　张　英
总会计师　杨中丹

北京办事处

主　　任　李康林
副 主 任　常宝新（正处）　杨海泉

沈阳办事处

主　　任　陈秀芬
副 主 任　杨铭人

油田公司矿区服务单位副处级以上干部

矿区服务事业部

主　　任　李志杰
常务主任　孟　平
党委书记　孟　平
副 主 任　赵德文（正处）　毛义利（正处）
　　　　　朱玉珀（正处）　刘建军（正处）
　　　　　王凌云（正处）　董国风（正处）
总会计师　王凌云
党委副书记　马新民（正处）
纪委书记　马新民
工会主席　马新民
综合办公室主任　王洪权
人力资源处主任　王玉生
经营计划处主任　张　明
财务资产处主任　朱喜嘉
物业管理处处长　刘　军
公益卫生处处长　刘　勇
副 处 级　李剑平
安全环保处处长　吴　鹏
党群工作部主任　赵润旭
民用供暖管理中心主任　孙培刚
房产交易中心主任　于德顺
调 研 员　牛庆民
城建监察支队队长　孙大勇
调 研 员　于正中
住房公积金管理中心主任　刘保卫
保安中心主任　辛书勤
审计中心主任　路　金

离退休管理中心

主　　任　韩桂琴
党委书记　韩桂琴
副 主 任　浦玉双

党委副书记　莫晓辉
纪 委 书 记　莫晓辉
工 会 主 席　莫晓辉

再就业协调管理办公室

主　　任　朱玉珀（正处）
副 主 任　李歆潭

2013 年油田公司退休干部名录

正局级退休人员

孙崇仁

副局级退休人员

刘喜林

正处级退休人员

吴克刚　宗志成　马文柱　何松鹤　任树刚
马天才　郝圣良　李学义

副处级退休人员

刘奎杰　张临建　李宪军　刘跃春　于建民
刘树明　李英林　王　潜　李绪亭　卢学义
王曙光　徐　钢　彭云武

2013 年度油田公司专家名录

国家突出贡献专家

陈义贤　金尚柱

辽宁省突出贡献专家

路久华　初宝明　陈义贤　任汝星
王秋华　潘至东

集团公司突出贡献专家

路久华　金尚柱　贾庆仲　马化浦
葛泰生　陈义贤　程生祥　时庚戌
马玉龙　汪锡茂　马立山　刘培泉
吕素如　杨　录　潘至东　刘　沐
李清明　姚继峰　陈才祥　尹凤吉
杨维庆

享受集团公司特殊津贴人员

刘　沐　刘培泉　杨维庆　李清明

享受政府特殊津贴人员

王树芝　王秋华　路久华　金尚柱
贾庆仲　赵世温　马化浦　候振文
李志明　吴铁生　初宝明　尹凤吉
王汉高　陈才祥　陈义贤　程生祥
时庚戌　汪锡茂　葛泰生　马玉龙
杨　录　马立山　任汝星　胡智勉
赵建元　吕素如　潘至东　黄嘉麟
王显聪　姚继峰　曹里民　廖兴明
廖润康　李真济　胡用久　王春鹏
刘振才　李厚国　王瑞璞　黄竹安
宋金仕　韩博文　蔡厥珩　龚　举
艾万荣　张振国　郭惠民　詹述星
刘玉林　程继华　朱德宜　张桐义
武宝生　李俊阁　陶润琛　张培昕
汤开宁　张文新　王纪民　沈季文
冯慰先　王仲瑞　崔仁义　辛一平
朱章华　慰少华　马明德　汪纯夫
李丕训　李更来　牛仲仁　候建瑛
张宏昌　朱成林　赵长发　吴泽坚
郑良宏　李明义　刘俊荣　曹维庚
白永芳　王正江　张敬华　李咸宏
王如久　张学汝　刘坤芳　程金财
张修文　李宗飞　邱汉强　王　旭
马宝金　郭野愚　胡德祥　刘德铸
祁晓明　张方礼

2013 年度油田公司“大师工作室”名录

国家级

束滨霞技能大师工作室（欢喜岭采油厂）
李贵库技能大师工作室（兴隆台工程技术处）

辽宁省级

赵奇峰技能大师工作站（欢喜岭采油厂）
柳转阳技能大师工作站（曙光采油厂）

油田公司级

曹建新技能专家工作室（茨榆坨采油厂）
郭发德技能专家工作室（欢喜岭采油厂）
徐贻文技能专家工作室（曙光采油厂）
梁海龙技能专家工作室（曙光采油厂）
李云技能专家工作室（电力集团公司）
吴晓媛技能专家工作室（电力集团公司）
徐志强技能专家工作室（兴隆台采油厂）
姬梦阳技能专家工作室（沈阳采油厂）
于占勇技能专家工作室（沈阳采油厂）
高文斌技能专家工作室（金马油田开发公司）
张云技能专家工作室（金马油田开发公司）
单忠利技能专家工作室（金马油田开发公司）
周渝技能专家工作室（曙光工程技术处）
张金平技能专家工作室（油田建设工程一公司）
安宝奇技能专家工作室（油田建设工程一公司）
张殿杰技能专家工作室（油田建设工程一公司）
陈伟东技能专家工作室（曙光采油厂）
于增杰技能专家工作室（曙光采油厂）

集团公司高级技术专家名录

表 34

序号	姓名	工作单位	现行政职务	现职称	聘任岗位	现从事专业领域
1	刘喜林	油田公司机关	退休	教授级高级工程师	“稠油、超稠油油藏开发技术研究”项目稠油开发岗位	油气田开发
2	李铁军	勘探开发研究院	总地质师	高级工程师	“辽河潜山变质岩油藏测井识别与评价技术攻关”项目勘探地质岗位	地质勘探
3	蔡国刚	勘探开发研究院	副总地质师	高级工程师	“辽河潜山与滩海油气预探评价”项目地质综合研究岗位	地质勘探
4	刘宝鸿	勘探开发研究院	盆地勘探研究所所长	高级工程师	“辽河凹陷增储领域、有利区带与评价技术研究”项目储层快速跟踪技术研究岗位（科研）	地质勘探
5	李晓光	勘探开发研究院	常务副院长	教授级高级工程师	“勘探部署”岗位（咨询）	地质勘探
6	张方礼	勘探开发研究院	油田公司副总师兼院长	教授级高级工程师	“渤海湾盆地辽河凹陷中深层稠油开发示范工程”项目复合汽驱开采技术岗位（咨询）	油气田开发

续表 34—1

序号	姓名	工作单位	现行政职务	现职称	聘任岗位	现从事专业领域
7	牟宗元	油田建设工程二公司	总工程师	高级工程师	“长输管道施工技术研究—高强钢焊接工艺及施工技术”项目施工技术研究岗位（科研）	工程建设与储运
8	杨立强	SAGD 开发项目管理部	总工程师	教授级高级工程师	“节能节水关键技术研究与推广”项目油气生产节能技术应用岗位（科研）	油气田开发
9	陈振岩	勘探项目管理部	总地质师	教授级高级工程师	“勘探部署”咨询岗位	地质勘探
10	刘德铸	钻采工艺研究院	油田公司副总师兼院长	教授级高级工程师	“采油气工程”咨询岗位	油气田开发
11	张洪君	钻采工艺研究院	常务副院长	教授级高级工程师	“辽河潜山油藏开发技术研究及试验”项目油藏开发技术研究岗位（科研）	油气田开发
12	仝坤	华油实业公司	环保节能研究所所长	高级工程师	环境保护咨询岗位	安全环保

集团公司高级管理专家名录

表 35

序号	姓名	工作单位	现行政职务	现职称	聘任岗位
1	于清江	油田公司机关	副处长	高级经济师	中石油法律管理专家
2	刘海洋	油田公司机关	主任	高级工程师	中石油对外合作管理专家
3	李孟洲	油田公司机关	总经理助理、处长	教授级高级经济师	中石油人力资源管理专家
4	罗颖川	油田公司机关	副总师、常务副主席	高级政工师	中石油党建、思想政治工作管理专家

2013年度油田公司技能专家名录

表36

序号	姓名	单位名称	性别	专业	工种	技能等级	级别
1	姬梦阳	沈阳采油厂	男	采油采气	采油工	高级技师	集团公司
2	徐志强	兴隆台采油厂	男	采油采气	采油工	高级技师	集团公司
3	束滨霞	欢喜岭采油厂	女	采油采气	采油工	高级技师	集团公司
4	郭发德	欢喜岭采油厂	男	采油采气	采油工	高级技师	集团公司
5	赵奇峰	欢喜岭采油厂	男	采油采气	采油工	高级技师	集团公司
6	曹建新	茨榆坨采油厂	男	采油采气	采油工	高级技师	集团公司
7	柳转阳	曙光采油厂	男	采油采气	采油工	高级技师	集团公司
8	徐贻文	曙光采油厂	男	采油采气	采油工	高级技师	集团公司
9	张　云	金马油田开发公司	男	采油采气	热注运行工	高级技师	集团公司
10	张殿杰	油田建设工程一公司	男	工程施工	电焊工	高级技师	集团公司
11	吴晓媛	电力集团公司	女	供电	变电站值班员	高级技师	集团公司
12	李　云	电力集团公司	女	供电	变电站值班员	高级技师	集团公司
13	于占勇	沈阳采油厂	男	供电	配电线路工	高级技师	集团公司
14	李贵库	兴隆台工程技术处	男	井下作业	井下作业工	高级技师	集团公司
15	高文斌	金马油田开发公司	男	采油采气	采油工	高级技师	集团公司
16	单忠利	金马油田开发公司	男	采油采气	采油工	高级技师	集团公司
17	陈伟东	曙光采油厂	男	采油采气	采油工	高级技师	集团公司
18	于增杰	曙光采油厂	男	采油采气	采油工	高级技师	集团公司
19	安宝奇	油田建设工程一公司	男	工程施工	油气管线安装工	高级技师	集团公司
20	张金平	油田建设工程一公司	男	工程施工	电焊工	高级技师	集团公司
21	周　渝	曙光工程技术处	男	井下作业	井下作业工	高级技师	集团公司

续表 36—1

序号	姓名	单位名称	性别	专业	工种	技能等级	级别
22	朱明哲	沈阳采油厂	男	采油采气	采油工	高级技师	油田公司
23	孟庆华	高升采油厂	男	采油采气	采油工	高级技师	油田公司
24	刘立红	兴隆台采油厂	女	采油采气	采油工	技师	油田公司
25	杨立华	曙光采油厂	男	采油采气	热注运行工	高级技师	油田公司
26	代新勇	兴隆台采油厂	男	采油采气	采油工	高级技师	油田公司
27	陈树勇	欢喜岭采油厂	男	采油采气	采油工	高级技师	油田公司
28	丁雅君	锦州采油厂	女	采油采气	采油工	技师	油田公司
29	白建平	沈阳采油厂	男	采油采气	采油工	技师	油田公司
30	杨振东	特种油开发公司	男	采油采气	采油工	高级技师	油田公司
31	杨树学	曙光采油厂	男	采油采气	采油工	高级技师	油田公司
32	付　静	欢喜岭采油厂	女	采油采气	采油工	技师	油田公司
33	崔春秋	曙光采油厂	男	采油采气	采油工	高级技师	油田公司
34	同鸿文	沈阳采油厂	男	采油采气	采油工	高级技师	油田公司
35	刘　伟	金马油田开发公司	男	采油采气	采油工	技师	油田公司
36	张景志	沈阳采油厂	男	采油采气	采油工	高级技师	油田公司
37	李福安	欢喜岭采油厂	男	采油采气	采油工	技师	油田公司
38	郭占军	锦州采油厂	男	采油采气	热注运行工	高级技师	油田公司
39	田宜明	浅海石油开发公司	男	采油采气	采油工	高级技师	油田公司
40	杨伟东	高升采油厂	男	采油采气	采油工	高级技师	油田公司
41	聂　新	兴隆台采油厂	男	采油采气	采油工	高级技师	油田公司
42	程　斌	沈阳采油厂	男	采油采气	采油工	高级技师	油田公司
43	梁　军	兴隆台采油厂	男	采油采气	采油工	高级技师	油田公司
44	孙　伟	兴隆台采油厂	男	采油采气	采油工	技师	油田公司
45	郑　波	浅海油田开发公司	男	采油采气	采油工	技师	油田公司
46	毕海昌	曙光采油厂	男	采油采气	采油工	高级技师	油田公司
47	胡娟华	锦州采油厂	女	采油采气	采油工	技师	油田公司
48	王书华	茨榆坨采油厂	女	采油采气	采油工	高级技师	油田公司

续表 36—2

序号	姓名	单位名称	性别	专业	工种	技能等级	级别
49	刘世英	沈阳采油厂	男	采油采气	采油工	技师	油田公司
50	杨金升	曙光采油厂	男	采油采气	采油工	高级技师	油田公司
51	唐小军	曙光采油厂	男	采油采气	采油工	高级技师	油田公司
52	王 军	欢喜岭采油厂	男	采油采气	采油工	高级技师	油田公司
53	唐兴贵	曙光采油厂	男	采油采气	采油工	高级技师	油田公司
54	孙 洁	金马油田开发公司	女	集输	集输工	高级技师	油田公司
55	董长东	沈阳采油厂	男	集输	输油工	技师	油田公司
56	朱孔飞	欢喜岭采油厂	女	集输	集输工	高级技师	油田公司
57	葛 伟	辽河石油职业技术学院	男	工程施工	油气管线安装工	高级技师	油田公司
58	林垂洪	辽河石油职业技术学院	男	工程施工	电焊工	高级技师	油田公司
59	李海民	锦州采油厂	男	工程施工	油气管线安装工	高级技师	油田公司
60	谢晨光	油田建设工程二公司	男	工程施工	电焊工	高级技师	油田公司
61	赵敬党	辽河石油职业技术学院	男	工程施工	电焊工	高级技师	油田公司
62	刘喜训	油田建设工程二公司	男	工程施工	电焊工	高级技师	油田公司
63	孙保东	兴隆台采油厂	男	工程施工	油气管线安装工	高级技师	油田公司
64	康劲松	油田建设工程一公司	男	工程施工	油气管线安装工	技师	油田公司
65	崔玉献	中油辽河工程有限公司	男	工程施工	工程测量工	技师	油田公司
66	杨 建	油田建设工程二公司	男	工程施工	电焊工	技师	油田公司
67	梁海龙	曙光采油厂	男	供电	维修电工	高级技师	油田公司
68	孙德庆	电力集团公司	男	供电	维修电工	技师	油田公司
69	张永迪	沈阳采油厂	男	供电	配电线路工	技师	油田公司
70	崔 勇	沈阳采油厂	男	供电	维修电工	技师	油田公司
71	王立冬	电力集团公司	男	发电	锅炉本体检修工	技师	油田公司
72	杨克龙	电力集团公司	男	供电	继电保护工	高级技师	油田公司
73	汪德威	电力集团公司	男	发电	汽轮机本体检修工	高级技师	油田公司
74	陈建设	振兴公用事业公司	男	供电	维修电工	高级技师	油田公司

续表 36—3

序号	姓名	单位名称	性别	专业	工种	技能等级	级别
75	隋福彬	筑路工程公司	男	机械修理	修理工	高级技师	油田公司
76	邵本壮	欢喜岭采油厂	男	机械制造	车工	高级技师	油田公司
77	孙玉新	曙光工程技术处	男	井下作业	井下作业工	高级技师	油田公司
78	李多保	兴隆台工程技术处	男	井下作业	井下作业工	高级技师	油田公司
79	关少桐	沈阳采油厂	男	井下作业	井下作业工	高级技师	油田公司
80	任卫东	沈阳采油厂	男	井下作业	井下作业工	高级技师	油田公司
81	袁其云	锦州采油厂	男	井下作业	井下作业工	高级技师	油田公司
82	时学东	锦州采油厂	男	井下作业	作业机司机	技师	油田公司
83	张春元	曙光工程技术处	男	井下作业	井下作业工	高级技师	油田公司
84	裴建国	曙光工程技术处	男	井下作业	井下作业工	技师	油田公司
85	王　勇	锦州采油厂	男	采油采气	采油工	技师	油田公司
86	赵宝龙	曙光工程技术处	男	井下作业	井下作业工	高级技师	油田公司
87	靳庆凯	特种油开发公司	男	采油采气	采油工	技师	油田公司
88	张牧石	沈阳采油厂	男	采油采气	采油工	高级技师	油田公司
89	郑秀海	沈阳采油厂	男	采油采气	采油工	高级技师	油田公司
90	马金香	欢喜岭采油厂	女	采油采气	采油工	技师	油田公司
91	邹黎明	欢喜岭采油厂	女	采油采气	采油工	高级技师	油田公司
92	文建明	茨榆坨采油厂	男	采油采气	采油工	技师	油田公司
93	杨　波	曙光采油厂	男	采油采气	采油工	高级技师	油田公司
94	张　伟	曙光采油厂	男	采油采气	热注运行工	高级技师	油田公司
95	金　海	油田建设工程一公司	男	工程施工	石油金属结构制作工	技师	油田公司
96	杨　威	沈阳采油厂	男	供电	维修电工	技师	油田公司
97	赵宝利	兴隆台采油厂	男	供电	维修电工	技师	油田公司
98	赵　军	电力集团公司	男	供电	变电检修工	技师	油田公司
99	张润起	油气工程技术处	男	供电	电工	高级技师	油田公司
100	姚维群	曙光工程技术处	男	井下作业	井下作业工	高级技师	油田公司
101	路忠跃	曙光工程技术处	男	井下作业	作业机司机	高级技师	油田公司

2013年油田公司评审的高级职称人员名录

高级工程师

王东城　蔺　茹　邓先永　王海勇　袁　宝
徐胜利　施大广　刘玉慧　李金龙　杨淑英
金　鑫　陈广辉　许　强　熊晓刚　刘天宇
李　勇　富　强　贾奇英　赵宇光　李　庆
赵才良　蔡　敏　郭俊凯　纪永胜　赵　剑
陆存明　孟祥喜　郤　晶　王玉峰　白雨露
姚德军　潘治国　史宝彦　王　坚　孙　炜
时祥超　包　波　崔丕文　毛鸦静　高洪文
李　泉　李培武　陈显学　蔡德军　桂烈亭
张艳芳　马　彬　司大志　宋世文　海东明
邓德涛　邹　军　赵永军　刘宝良　覃轻松
王庆文　桑转利　闫俊林　董　良　庄　丽
聂桂民　朱世娇　牟　春　高　敏　王化坤
王荧光　宫立武　赵福俊　刘　伟　王学梅
刘　玉　李宗强　周立峰　高港荣　步新兵
王　浩　赵冬梅　孙　勇　李洪旭　张学鹏
黄莲萍　马丽辉　杨贵容　高彦生　韩冷冰
刘国辉　张振军　石　峰　李　红　武　垚
刘国华　徐建文　吴国辉　徐宪胜　周孔连
张新委　曲金明　蒋晓波　张　军　李春宝
李铁栓　鲍洪涛　李云翱　景希余　于广刚
庄彩云　魏　凯　张雪明　马　强　卢跃海
冯少华　马　雷　孙少彬　于亚明　郭玉强
任学东　黄世秋　赵　伟　李作学　马佐儒
赵云峰　朱丰坡　冯铁明　刘保华　肖立新
马占军　胡　刚　丁亚军　陈鸿图　李　晶
聂森玲　赵萍萍　冯自刚　高　巍　高洪波
潘万龙　李相涛　吴海波　马万志　宋力波
张　良　王　莉　薛文华　王　红　毕研斌
孙万里

高级经济师

娄银环　韩丽森　王金永　曹德振　王海波
国　艳　夏洪福　于　洌　李先惠　杜　艳
孙　薇　朱利蓉　巴　芳　张祖科　刘宇丹
高　云　郝光辉　刘振伟　俞文红　杨学贵
赵宏岩　代晓琳　邢亚库

高级会计师

孟　斌　毛文艳　王　巍　刘江鹏　张　艳
陈　旭　廉清勤

高级审计师

焦永红　刘金才　张　艳

高级政工师

林京华　李雪峰　王　丽　张松常　郭　军
刘洪洋　武增涛　李　峰　倪智勇　李　萍
但家祥　徐金田　杨东平　张新国　关华威
王玉红　张　浩　李洪臣　刘小村　于万明
宋永俊　勾天山　付　巍　王全文　赵　宏
赵涧旭　郝曙光　刘　力　王　晶　钟翠玉
杨　耿　王　凯　李　颖　刘　波　于开藻
马　力　陈殿雷　王玉仙　李雪莲　侯　柏
黎文晓　刘宝良　张　华　何　刚　李　旭

副研究员

贯　宇　尚士敏　张　芳

副研究馆员

李　彤

主任记者

郝　娜

副主任医师

唐　欣　刘雪松　孟庆敏　王　冰　陈　迪
刘贵华　胡俊艳　易海波　尹照萍　刘旭武
于　渤　陈　宇　张振铭　王文革　张　青
姜丽红　刘天宇　修　金

副主任药师

夏小玉　韩丹

副主任技师

蒋国英　周丽杰

中国石油辽河油田公司年鉴（2014）
Zhongguo Shiyou Liaohe Youtian Gongsi Nianjian（2014）

附　录

2012年度荣获省部级以上企业管理现代化成果奖名单

荣获2012年度全国企业管理现代化创新成果奖

二等奖

成果名称：采油企业精细化节能减排管理
完成单位：经济评价中心　辽兴油气开发公司
成果负责人：刘　斌　石忠仁
主要完成者：许　艳　徐礼海　胡　伟
张　宁　李　彬　雒长江
吴　翔　宫海军

全国优秀质量管理小组

1. 成果名称：降低化学驱地面工程粘度损失
   完成单位：锦州采油厂化学驱地面工程QC小组
2. 成果名称：降低天然气干法脱硫装置运行成本
   完成单位：金马油田开发公司金马生产技术QC小组
3. 成果名称：提高幼儿园家长活动的参与率
   完成单位：兴隆台公用事业处金苹果幼儿园QC小组

荣获2012年度全国石油石化企业管理现代化创新成果奖

一等奖

成果名称：重大生产项目优化运行管理
完成单位：生产运行处
成果负责人：任芳祥　赵政超
主要完成者：王占华　王淑艳　陈　军
师海涛　魏金乾　孙振禄
班　辉　张志伟　杨学贵
张　荻

二等奖

成果名称：未开发储量提高动用率的创新管理
完成单位：勘探开发研究院
成果负责人：龚姚进　周明旺
主要完成者：于　军　陈　超　吴德龙
寇　丹　汤　志　冷泓颖
邢淑霞　朱　婵　于海娇
王　洋

三等奖

1. 成果名称："联产承包"管理创新探索与实践
   完成单位：锦州采油厂
   成果负责人：张　伟　宋彦武
   主要完成者：单井华　郑春喜　郑明杰
   田兆仓　蔡德军　张　文
   李志龙　代　靖　王凌云
   杨　辉
2. 成果名称：基于生产经营全过程受控管理的"五率考核"项目创新与应用
   完成单位：沈阳采油厂
   成果负责人：王永茂　潘志军
   主要完成者：刘　春　王　智　李　冰
   黄　平　段美宇　杨　雄
   李新盛　阚艳红　邢亚库
   李　杰
3. 成果名称：基于生产组织经济运行的油田精细管理
   完成单位：曙光采油厂
   成果负责人：陈铁铮刘斌
   主要完成者：许林祥　李殿国　王文道
   李川华　许　艳　刘佳声
   王云松　顾艳秋　顾国江
   杨　辉
4. 成果名称：辽河油田物资供应链模型设计与应用
   完成单位：物资公司
   成果负责人：郭占文　李晓峰
   主要完成者：姜忠民　王海波　胡　刚
   朱　明　宋武侠　李晓峰
   田继红　韦长荣　魏丽娜
   张　超　汝　凯
5. 成果名称：构建稠油注水模式创新经济评价方法
   完成单位：金马油田
   成果负责人：吴宝华　王小舟
   主要完成者：井龙云　马　强　张　超
   赵海利　廉　莹　李珊珊
   刘江鹏　王　巍　汤凤佩
   张丙龙

石油工业QC小组活动成果

一等奖

1. 成果名称：降低化学驱地面工程粘度损失
   完成单位：锦州采油厂
2. 成果名称：提高双金属复合管三层PE防腐一次合格率

完成单位：油田建设工程二公司

3. 成果名称：新型 23 吨燃煤锅炉分层给煤装置的研制

完成单位：华油实业公司

二等奖

1. 成果名称：提高油井井口流程阀门完好率

完成单位：金马油田开发公司

2. 成果名称：提高人工井壁防砂有效率

完成单位：金马油田开发公司

3. 成果名称：浮渣底泥固化改性工艺的研究

完成单位：华油实业公司

4. 成果名称：降低强 1 块综合递减率

完成单位：茨榆坨采油厂

三等奖

1. 成果名称：降低注汽锅炉蒸汽过热次数

完成单位：金马油田开发公司

2. 成果名称：储油罐安全环保取样器的研制

完成单位：欢喜岭采油厂

3. 成果名称：提高中央凸起潜山带预测储量升级转化率

完成单位：勘探开发研究院

4. 成果名称：降低 GKD1A0153 型内燃机车系统故障次数

完成单位：物资公司

5. 成果名称：离心泵节电方案的研究

完成单位：经济贸易置业总公司

6. 成果名称：高压管束式加热炉研制

完成单位：油田建设工程一公司

石油工业优秀 QC 小组

1. 金马油田开发公司　辽河金马热注机关 QC 小组
2. 锦州采油厂　化学驱地面工程 QC 小组
3. 金马油田开发公司　采油五站 QC 小组
4. 金马油田开发公司　金马工艺研究所 QC 小组
5. 欢喜岭采油厂　欢四联 QC 质量小组
6. 油田建设工程二公司　防腐保温工程分公司 QC 小组
7. 勘探开发研究院　西南室 QC 小组
8. 华油实业公司　环保 QC 小组
9. 物资公司　渤海机务队 QC 小组
10. 华油实业公司　热注创新 QC 小组
11. 茨榆坨采油厂　降低强 1 块综合递减率 QC 小组
12. 经济贸易置业总公司　创新 QC 小组
13. 油田建设工程一公司　车间攻关 QC 小组

石油工业质量信得过班组

欢喜岭采油厂　生产准备一大队准备一队检泵班

石油工业 QC 小组活动优秀企业

1. 茨榆坨采油厂
2. 金马油田开发公司
3. 油田建设工程一公司

石油工业 QC 小组活动卓越领导者

1. 辽河油田公司质量节能管理部　武俊宪
2. 辽河油田公司物资公司　姜忠民

石油工业 QC 小组活动优秀推进者

1. 辽河油田公司质量节能管理部　赵汗青
2. 锦州采油厂　王会泳
3. 勘探开发研究院　吴德龙
4. 油田建设工程二公司　于月华

荣获 2012 年度辽宁省企业管理现代化创新成果奖项目

一等奖

成果名称：石油企业内设科技机构的全创新链管理

完成单位：钻采工艺研究院

成果负责人：张玉龙　刘树军

主要完成者：张　浩　赵爱萍　郝文英　张宇光

二等奖

1. 成果名称：“三级”医院领办社区卫生服务中心实行一体化管理模式

完成单位：辽河油田总医院

成果负责人：孟庆学　王俊杰

主要完成者：王辉光　张欣欣　王素芬　王福兴

2. 成果名称：循环经济在油田开采中的创建与实施

完成单位：沈阳采油厂

成果负责人：王家帮　王树权

主要完成者：王文杰　李新盛　丁雅南　潘志军

3. 成果名称：“点对点”安全监督检查推广与应用

完成单位：兴隆台采油厂

成果负责人：刘　洋　李　军

主要完成者：刘振伟　曹红军　孙　博
沈琳娜

4. 成果名称：石油企业基于构建和谐劳动关系的系统化管理
完成单位：曙光采油厂
成果负责人：李延勇　焦志洪
主要完成者：宛全生　刘佳声　林京华
汝　凯

5. 成果名称：以构建平安和谐矿区为目标的企业综治工作管理模式创新
完成单位：供水公司
成果负责人：李合轩　王彦祥
主要完成者：王永利　王珍妮　王　艳
宗　雷

6. 成果名称：石油企业民用供暖系统综合节煤管理
完成单位：矿区服务事业部
成果负责人：王凌云　孙培刚
主要完成者：孙　伟　宋　强　巴　芳
王东奇

辽宁省 QC 小组活动成果

一等奖

1. 成果名称：提高幼儿园家长活动的参与率
完成单位：兴隆台公用事业处
2. 成果名称：降低天然气干法脱硫装置运行成本
完成单位：金马油田开发公司
3. 成果名称：降低配电线路故障率
完成单位：电力集团公司
4. 成果名称：新型光杆密封盘根的研制
完成单位：兴隆台采油厂
5. 成果名称：降低油井加热电缆井口部分故障率
完成单位：特种油开发公司
6. 成果名称：提高曙 125 区块难动用储量动用率
完成单位：勘探开发研究院
7. 成果名称：提高油井平衡率
完成单位：金马油田开发公司
8. 成果名称：锅炉蒸汽雾化压力自动控制系统研制
完成单位：冷家油田开发公司
9. 成果名称：降低曙一联注水系统设备用电单耗
完成单位：曙光采油厂
10. 成果名称：提高偏心注水井分层测试效率
完成单位：茨榆坨采油厂

二等奖

1. 成果名称：降低阳离子交换器再生酸耗
完成单位：电力集团公司
2. 成果名称：提高水平井冲砂一次成功率
完成单位：欢喜岭采油厂
3. 成果名称：提高常压加热炉热效率
完成单位：经济贸易置业总公司
4. 成果名称：降低接地电阻值
完成单位：金马油田开发公司
5. 成果名称：降低预脱水剂使用量
完成单位：冷家油田开发公司
6. 成果名称：提高 96963 话务接通率
完成单位：通信公司

三等奖

1. 成果名称：提高辽河坳陷东部凹陷热欧地区资料成像质量
完成单位：勘探开发研究院
2. 成果名称：提高辽河油田试验数据入库质量
完成单位：勘探开发研究院
3. 成果名称：降低二氧化氯发生器故障率
完成单位：供水公司
4. 成果名称：降低注汽系统热损失
完成单位：高升采油厂
5. 成果名称：提高污水过滤罐反洗效果
完成单位：兴隆台采油厂
6. 成果名称：提高稠化油堵水有效期
完成单位：锦州采油厂

辽宁省质量管理小组活动优秀企业

辽河油田公司

辽宁省质量管理小组活动卓越领导者

辽河油田公司质量节能管理部　何廷会

辽宁省质量管理小组活动优秀推进者

辽河石油勘探局物资公司　白志兰

油田公司 QC 小组活动成果

一等奖

1. 成果名称：降低化学驱地面工程粘度损失
完成单位：锦州采油厂
2. 成果名称：提高稠化油堵水有效期
完成单位：锦州采油厂
3. 成果名称：降低注汽锅炉蒸汽过热次数
完成单位：金马油田开发公司
4. 成果名称：提高油井平衡率
完成单位：金马油田开发公司

5. 成果名称：降低天然气干法脱硫装置运行成本
完成单位：金马油田开发公司
6. 成果名称：降低接地电阻值
完成单位：金马油田开发公司
7. 成果名称：提高人工壁防砂有效率
完成单位：金马油田开发公司
8. 成果名称：提高油井井口流程阀门完好率
完成单位：金马油田开发公司
9. 成果名称：提高中央凸起潜山带预测储量升级转化率
完成单位：勘探开发研究院
10. 成果名称：提高曙125区块难动用储量动用率
完成单位：勘探开发研究院
11. 成果名称：降低印刷成品差错率
完成单位：勘探开发研究院
12. 成果名称：提高辽河油田试验数据入库质量
完成单位：勘探开发研究院
13. 成果名称：提高辽河坳陷东部凹陷热欧地区资料成像质量
完成单位：勘探开发研究院
14. 成果名称：提高冷东—雷家地区砂砾岩体钻探成功率
完成单位：勘探开发研究院
15. 成果名称：降低曙一联注水系统设备用电单耗
完成单位：曙光采油厂
16. 成果名称：储油罐安全环保取样器的研制
完成单位：欢喜岭采油厂
17. 成果名称：提高水平井一次成功率
完成单位：欢喜岭采油厂
18. 成果名称：降低强1块综合递减率
完成单位：茨榆坨采油厂
19. 成果名称：提高偏心注水井分层测试效率
完成单位：茨榆坨采油厂
20. 成果名称：研制解聚合物堵塞药剂配方
完成单位：茨榆坨采油厂
21. 成果名称：新型光杆密封盘根盒的研制
完成单位：兴隆台采油厂
22. 成果名称：降低加热炉气量消耗
完成单位：兴隆台采油厂
23. 成果名称：提高污水过滤罐反洗效果
完成单位：兴隆台采油厂
24. 成果名称：降低注汽系统热损失
完成单位：高升采油厂
25. 成果名称：提高96963话务接通率
完成单位：通信公司
26. 成果名称：新型23吨燃煤锅炉分层给煤装置的研制
完成单位：华油实业公司
27. 成果名称：浮渣底泥固化改性工艺的研究
完成单位：华油实业公司
28. 成果名称：降低GKD1A型0153内燃机车冷却水系统故障次数
完成单位：物资公司
29. 成果名称：提高常压加热炉热效率
完成单位：经济贸易置业总公司
30. 成果名称：离心泵节能方案研究
完成单位：经济贸易置业总公司
31. 成果名称：提高幼儿园家长活动的参与率
完成单位：兴隆台公用事业处
32. 成果名称：降低配电线路故障率
完成单位：电力集团公司
33. 成果名称：降低阳离子交换器再生酸耗
完成单位：电力集团公司
34. 成果名称：降低二氧化氯发生器故障率
完成单位：供水公司
35. 成果名称：高压管束式加热炉研制
完成单位：油田建设工程一公司
36. 成果名称：提高双金属复合管三层PE防腐一次合格率
完成单位：油田建设工程二公司
37. 成果名称：智能化管道电加热器研制
完成单位：油田建设二公司
38. 成果名称：降低新泻型混凝土搅拌机生产损耗
完成单位：筑路工程公司
39. 成果名称：降低油井加热电缆井口部分故障率
完成单位：特种油开发公司
40. 成果名称：锅炉蒸汽雾化压力自动控制系统研制
完成单位：冷家油田开发公司
41. 成果名称：降低预脱水剂使用量
完成单位：冷家油田开发公司
42. 成果名称：如何保证高危环境下海外员工的

生命安全
完成单位：工程技术部
43. 成果名称：提高薪酬分配满意度
完成单位：人事处
44. 成果名称：提高经费审核报销效率
完成单位：财务处
45. 成果名称：提高质量管理体系运行有效性
完成单位：质量节能管理部
46. 成果名称：提高 QC 成果推广使用率
完成单位：质量节能管理部

二等奖

1. 成果名称：提高污水处理效果
完成单位：欢喜岭采油厂
2. 成果名称：降低污水处理药剂使用单耗
完成单位：茨榆坨采油厂
3. 成果名称：有效降低机械堵水井含水率
完成单位：茨榆坨采油厂
4. 成果名称：防止收油作业过程中静电火花的产生
完成单位：油气集输公司
5. 成果名称：低气压时储罐挥发气体的在线监测
完成单位：油气集输公司
6. 成果名称：提高管线检测准确率
完成单位：油气工程技术处
7. 成果名称：提高油管一次除锈效率
完成单位：锦州采油厂
8. 成果名称：延长油井检泵周期
完成单位：锦州采油厂
9. 成果名称：降低天然气计量误差
完成单位：锦州采油厂
10. 成果名称：提高抽油机井系统效率
完成单位：沈阳采油厂
11. 成果名称：抽油机可调式电机底座的研制
完成单位：沈阳采油厂
12. 成果名称：延长抽油机井皮带使用天数
完成单位：曙光采油厂
13. 成果名称：优化注水运行降低设备单耗
完成单位：曙光采油厂
14. 成果名称：降低烟气热损失提高锅炉效率
完成单位：曙光采油厂
15. 成果名称：应用化学处理技术改善超稠油新井开发效果
完成单位：曙光采油厂
16. 成果名称：提高污水站污水处理量
完成单位：特种油开发公司
17. 成果名称：延长油井平衡周期
完成单位：特种油开发公司
18. 成果名称：精细油井热洗质量
完成单位：冷家油田开发公司
19. 成果名称：降低预脱水剂用量
完成单位：冷家油田开发公司
20. 成果名称：提高太古界潜山测井资料综合解释质量
完成单位：勘探开发研究院
21. 成果名称：优化重力火驱物模调控方法提高火驱开发水平
完成单位：勘探开发研究院
22. 成果名称：降低 SCS—120 型电子汽车衡返修率
完成单位：物资公司
23. 成果名称：提高蒸馏系统真空度
完成单位：华油实业公司
24. 成果名称：延长应急灯电源使用寿命
完成单位：华油实业公司
25. 成果名称：提高餐厅上座率
完成单位：经济贸易置业总公司
26. 成果名称：缩短盘锦 CNG 母站压缩机润滑油系统预热时间
完成单位：经济贸易置业总公司
27. 成果名称：提高煅烧焦装置年产量
完成单位：石油化工总厂
28. 成果名称：提高碳酸二甲酯产品产量
完成单位：石油化工总厂
29. 成果名称：降低工区供电单耗
完成单位：供水公司
30. 成果名称：提高地埋管下管成功率
完成单位：供水公司
31. 成果名称：云计算在呼叫中心系统的开发与应用
完成单位：通信公司
32. 成果名称：降低 60KV 少油开关拒动故障率
完成单位：电力集团公司
33. 成果名称：提高疏水回收率
完成单位：电力集团公司
34. 成果名称：提高收费服务满意率
完成单位：振兴公用事业公司

35. 成果名称：降低高层住宅消防误报警率
完成单位：渤海公用事业处
36. 成果名称：降低绿化工职业性腰部损伤发病率
完成单位：兴隆台公用事业处
37. 成果名称：科学使用储油罐电加热降低单井电耗
完成单位：辽兴油气开发公司
38. 成果名称：提高黄土湿陷性试验准确率
完成单位：中油辽河工程有限公司
39. 成果名称：确保冬期环氧树脂灌浆一次合格率
完成单位：油田建设工程一公司
40. 成果名称：攻克天然气分输站计量撬安装工艺难关
完成单位：油田建设工程一公司
41. 成果名称：提高开孔封堵一次成功率
完成单位：油田建设工程一公司
42. 成果名称：提高对顶方式顶管穿路对接精度
完成单位：油田建设工程二公司
43. 成果名称：提高输油管线电伴热系统的一次安装合格率
完成单位：油田建设工程二公司
44. 成果名称：降低压缩机基础水化热
完成单位：油田建设工程二公司
45. 成果名称：提高 PHC—AB400（95）型预应力高强混凝土管桩施工质量
完成单位：筑路工程公司
46. 成果名称：月东 A 岛丛式井排绿色施工工艺
完成单位：曙光工程技术处
47. 成果名称：提高液压钳的平均使用时间
完成单位：曙光工程技术处
48. 成果名称：提高选择性堵水防砂一体化成功率
完成单位：曙光工程技术处
49. 成果名称：提高潜山压裂措施效果
完成单位：兴隆台采油厂

三等奖

1. 成果名称：延长固定管网高压阀使用寿命
完成单位：锦州采油厂
2. 成果名称：推广实施注热水吞吐提高稀油老井产能
完成单位：曙光采油厂
3. 成果名称：提高管杆修复质量
完成单位：高升采油厂
4. 成果名称：抽油机井光杆防掉　防丢装置的研制
完成单位：高升采油厂
5. 成果名称：强化动态控制图在稀油区块的应用效果
完成单位：高升采油厂
6. 成果名称：降低特种车辆维修费用
完成单位：高升采油厂
7. 成果名称：改善高 246 块开发效果
完成单位：高升采油厂
8. 成果名称：降低注水单耗
完成单位：兴隆台采油厂
9. 成果名称：改善清 5 块开发效果
完成单位：兴隆台采油厂
10. 成果名称：多功能井口套用工具的改进
完成单位：兴隆台采油厂
11. 成果名称：延长连续油管使用寿命
完成单位：沈阳采油厂
12. 成果名称：降低沈 625—H15 水淹井区生产成本
完成单位：沈阳采油厂

成果发布一等奖

油田建设工程一公司

QC 成果发布二等奖

1. 茨榆坨采油厂
2. 金马油田开发公司
3. 华油实业公司

QC 成果发布三等奖

1. 勘探开发研究院
2. 茨榆坨采油厂

最佳成果选题奖

电力集团公司

最佳技术含量奖

兴隆台采油厂

最佳发表奖

勘探开发研究院

最佳多媒体制作奖

高升采油厂

最佳统计技术应用奖

油田建设工程二公司

荣获 2012 年度油田公司企业管理现代化创新成果奖名单

一等奖

1. 成果名称：辽河油田物资采购供应业务流程优化设计
   完成单位：物资公司
   成果负责人：赵　雁
   成果参加人：顾天国　王海波　窦继红　魏丽娜　张　超　刘振伟
2. 成果名称：人力资源管理机构创新
   完成单位：人事处
   成果负责人：王　卫
   成果参加人：李孟洲　朱玉珀　刘　全　杜艳萍　王红星　朱金勇
3. 成果名称：冷家油田工艺流程优化模式的创建与应用
   完成单位：冷家油田公司
   成果负责人：陶　洪
   成果参加人：林佩璋　张　彬　周莉川　韩　伟　章　跃　王丽萍
4. 成果名称：开发研究经营信息系统优化项目结算管理流程
   完成单位：兴隆台采油厂
   成果负责人：曲东明
   成果参加人：刘振伟　张　雪　崔米娜　金玉娥　窦继红　李　杰
5. 成果名称：采油工程技术预算控制系统应用
   完成单位：欢喜岭采油厂
   成果负责人：范英才
   成果参加人：廉清勤　杨金胜　胡智峰　曾朝志　童群英　贺　强

二等奖

1. 成果名称：运用油耗管理系统提高企业精细化管理水平
   完成单位：曙光工程技术处
   成果负责人：李　鹏
   成果参加人：王　冲　王善强　姜　义　刁丽芳　陈冬健　时均艳
2. 成果名称：惩防体系建设的探索与创新
   完成单位：浅海公司
   成果负责人：宋崇志
   成果参加人：金海星　李学文　李显辉　吴林璘　王旭升　孔明明
3. 成果名称：团建工作项目化管理的构建与实施
   完成单位：电力集团
   成果负责人：胡华白
   成果参加人：王清山　蔡苏宁　马春芳　付　晶　赵庆英　熊　伟
4. 成果名称：示范区块二元驱试验监测评价体系的创建与应用
   完成单位：勘探开发研究院
   成果负责人：侯力嘉
   成果参加人：于　涛　张艳娟　郭丽娜　张　敏　宋家谊　滕　倩
5. 成果名称：深化目标管理实现月东油田 A 平台增产创效
   完成单位：勘探开发研究院
   成果负责人：韩　月
   成果参加人：李续儒　曲美静　吕宏伟　平原毓　杨冬霞　苏　磊
6. 成果名称：基于“强三基　促发展”目标考核管理体系建立与应用
   完成单位：高升采油厂
   成果负责人：崔光宇
   成果参加人：潘铁雷　符英平　姜　南　陈凤敏　王　锐　吴国通
7. 成果名称：优化采油生产系统构建低耗高效型企业
   完成单位：高升采油厂
   成果负责人：郑　健
   成果参加人：马海峰　孙　伟　姚明活　孙皓妍　陈保利　吴国通
8. 成果名称：“434”安全管理模式的构建与运用
   完成单位：沈阳采油厂
   成果负责人：王家邦
   成果参加人：林　敏　王　智　段美宇　杨世民　杜建馨　黄启坤
9. 成果名称：以成本控制为核心的精细管理
   完成单位：茨榆坨采油厂
   成果负责人：张洪军
   成果参加人：王　雷　任　强　王　艳　叶向红　赵雪敏　代晓霖
10. 成果名称：工程项目精细化管理方法的探索与实践
    完成单位：茨榆坨采油厂
    成果负责人：张文元

成果参加人：周树国　雷军治　杨凤金
　　　　　余纪珍　任　强　李咏声

11. 成果名称：整合管理资源优化施工项目管理
　完成单位：油田建设工程二公司
　成果负责人：乔玉华
　成果参加人：牟宗元　宋文龙　张川东
　　　　　王丽丽　孟　斌　刘宝红

12. 成果名称：加强投资管理完善渤海矿区基础配套设施
　完成单位：渤海公用事业处
　成果负责人：李维金
　成果参加人：朱　旭　郭丽红　佟永全
　　　　　杜　锋　李铁虎　朱秀玲

13. 成果名称：经济评价与精细管理相结合助力稠油注水油田高效开发
　完成单位：金马油田公司
　成果负责人：刘广东
　成果参加人：张　瑞　信祖杰　贾丽萍
　　　　　李鲁健　张　超　关　黎

14. 成果名称：实施精细管理实现内涵发展
　完成单位：供水公司
　成果负责人：周步高
　成果参加人：李合轩　孟凡龙　翟洪江
　　　　　冯　磊　倪拥军　曹　刚

15. 成果名称：高危环境下油田海外项目社会安全管理的构建与实施
　完成单位：工程技术部
　成果负责人：阎国明
　成果参加人：曲同慈　于国文　朱长发
　　　　　张　炬　李　杰　徐宏权

16. 成果名称：辽河油田市场资源计划配置的认识与实践
　完成单位：市场管理部
　成果负责人：梁振民
　成果参加人：李先惠　夏万福　严　飞
　　　　　甘忠海　王振华　白宪丽

2013年有关报道油田公司报刊网络文章选录及索引

2013年有关报道油田公司报刊网络文章选录

“无中生有”做厚家底 辽河油田重焕青春

坐落在辽宁盘锦市的中石油辽河油田传来好消息：2012年生产原油1013万吨，连续27年稳产千万吨；完成销售商品量1004.69万吨，多年来首次实现产量和商品量双超千万吨。

开采40多年的老油田，已面临资源衰减、产量渐退的局面，但在辽河人的不竭创新下，油田产量不减、效益提高、实力更强，重新焕发着青春和活力。

理论创新“无中生有”做厚储量家底

与同级别油田相比，辽河油田勘探面积仅1万平方千米，有效开采面积不足7000平方千米，40多年时间，人们像用木梳梳头似的，不知道将这块土地梳了多少遍。进入21世纪，油田优质整装区块难以寻觅，储量和开采比例失衡。连一些业内人都说，这里的地下真的没有更多开采价值了。

老油田焕发青春的关键，是不断发现优质油藏资源，实现资源有序接替。近年来，辽河油田最大的发现亮点就是兴隆台古潜山。

按照传统的“风化壳成藏理论”，潜山底部不应有油。然而以公司总经理谢文彦为代表的决策层却对石油地质有新认识，“寻找新油气资源必须进行理论创新，向洼陷及斜坡区进军，虽然难度大，但领域广阔。”谢文彦说。

他们通过大量数据分析，大胆打破常规，将目光投向兴隆台古潜山深处，提出了“生油岩埋藏有多深，含油底界就会有多深”的新论断。2004年，勘探人员打井至地下4300多米，兴隆台古潜山，这个拥有亿吨级优质油藏的“金娃娃”终于显现在世人面前。

得益于这一成果，油田又在大民屯和茨榆坨潜山接连取得新发现，显现出亿吨级储量规模前景，储量家底日益丰厚，为油田延年益寿，持续稳产创造了条件。2012年，油田公司在探明、控制、预测储量分别完成上级下达计划的106%、130%和151%的同时，“变质岩内幕油气重大发现与高效开发技术”荣获国家科技进步二等奖。

技术创新二次开发启动采油“革命”

辽河油田以稠油、超稠油为主，这类原油在地下凝固不易流动，国内平均采收率只有25%左右，开采成本高，难度大。面对这一困难，近年来油田决定重选开发方式、重构地下认识体系、重建井网结构、重组地面流程，走出二次开发道路。

而支撑“二次开发”的关键，是技术创新。近年来辽河油田不断发展核心技术，攻克关键技术，形成了以中深层稠油蒸汽驱、蒸汽辅助重力泄油和水平井为核心的技术系列，为提高油气采收率打造各种利器。

公司让油井从“竖”变“横”，规模实施水平井，不仅大幅提高了单井日产量，并且在减少打井用地、增加储量、有效动用资源方面尝到了甜头。目前建成的水平井达到1000余口，在中石油系统排在第一位，以占油区6%的开井数，承担了26%的年产量。

蒸汽辅助重力泄油（简称SAGD）技术源自加拿大，其原理就是汽井中注入高干度蒸汽，通过蒸汽加热降低原油的黏度，进而得以开采。近年来油田以引进、吸收、再创新的方式，在SAGD技术的研究和应用上取得突破。项目部主任杨立强介绍，新技术将稠油采收率提高至60%，且将开采深度从500米加深至1000米，相当于又为油田增加数千万吨的可采储量，在石油开采界具有革命性效应。

一个又一个新技术的攻关，使一批濒临废弃油藏产能恢复勃勃生机。油田开发项目部副处长于天忠举例说，新海27区块在进行“二次开发”之前已开采了15年，2004年日产油仅为37吨，综合含水率高达94.3%，濒临废弃。通过利用水平井和热力采油技术，这一区块日产油已提高到360吨，相当于一次开发时期的峰值产量。而在整个油田，这样的区块正不断增多。

管理创新从讲规模到要效益

上世纪80年代，辽河人为全国“油老三”而自豪。进入新时期，他们不再以规模论英雄，而是为效益精打细算。

谢文彦说，辽河油田有50余个二级单位、

11万多员工、2万多口井，点多面广。“如果管理粗放，每年的浪费可想而知。”

2010年油田进行产量效益普查时，发现共有1100多口高成本井，为此公司反复测试，给每口油井都打上效益标签，量身定制合理的开发方式和产量，确保产出的每吨油都实现利润最大化。在此基础上，油田逐步形成了全员、全要素、全项目、全过程、全成本的经济评价体系。

几年前，油田因技术难题，稀油和稠油混输，结果稀油卖了个稠油价。公司加大技术攻关，重新制作输送方案，稠油、稀油分输，油田效益大幅提高。

辽河油田公司党委书记周灏说，创新是企业永恒的主题，新形势下，打造辽河新形象、提升油田软实力、实现事业新发展，都需要辽河人从思想到行为创新无止境。把“千万吨稳产、千亿元规模”作为第一要务，把效益增长作为第一追求，把安全环保作为第一要求，把共创和谐作为第一责任，辽河油田正在创新道路上追寻百年梦！　　（摘自3月2日《新华每日电讯》）

辽河油田布局谋篇　夯实效益稳产根基

近日，正在实施具体方案开发的马20块日产油达到96吨，水驱产量较之前增长近一倍，成为油田公司调整重点工作部署的一大亮点。

经过40多年的开发建设，辽河油田在不足1万平方千米的勘探面积上创造了连续27年千万吨稳产的奇迹，但勘探程度高、后备资源接替匮乏、油品性质复杂等问题日益严峻，千万吨稳产压力逐年加大。为此，油田公司因时而异、因地制宜，及时调整了原油稳产布局、重大项目布局、重点工作部署和科技兴油方向，不断提升千万吨稳产的质量和效益。

紧扣效益开发，调整原油稳产布局。结合各采油单位现有生产能力和工作量实施状况，油田公司按照“能力不埋没、潜力不透支、投入不增长”的基本原则，优化调整了沈采、欢采、曙采、兴采生产布局和工作量布局，确保原油效益稳产。欢采实施稀稠油产量结构调整、新老区新井产量比例调整、稠油吞吐产量和转变开发方式产量比例调整和稠油吞吐降压开采产量和保压开采产量比例调整“四大结构调整”方式，其中，将齐40块先导试验井组由注蒸汽开发转为注热水开发，同热值的热水成本仅为蒸汽的27%，区块产量也较以前上升10吨。

调整重大项目布局，以方式转换促产量增长。在潜山稳产方面，研究人员以新增实施烃类非烃类气驱为重点，提前开展多方式复合开发试验，寻求控制产量递减的有效途径。他们已经选择了3口井进行注气，目前正在做注前现场准备工作。在转换方式方面，油田公司提前实施杜84块SAGD二期工程，加快常规火驱转入进程，并加大了深部调驱推进力度。目前，转换开发方式项目日产油从去年底的6327吨提高到目前的6685吨，占公司总体产量的近1/4，已经成为原油千万吨稳产的重要支撑。

调整重点工作部署，兼顾当前与长远稳产相统一。今年，油田公司加大推广分层开发、“二三结合”开发等试验规模，努力解决当前产能接替不足问题，并为今后提高采收率做好准备。作为分层开发的重点试验区块，雷11块取得的成绩，进一步坚定了油田推广该技术的决心。目前，油田公司相继在雷11块、锦99块等16个区块开展了先导试验，力求让分层开发迸发更大潜力。

调整科技兴油方向，为千万吨稳产提供技术支持。今年年初，油田公司全面启动了水平井综合治理工程，目前已见到初步成效：共实施各类措施62口，日增油200多吨，累计增油过万吨。同时，油田公司以常规火驱提高油井单产、老区能力恢复或减缓递减为目标，积极引进、攻关、推广老井侧钻多底井技术、分层火驱高效点火技术、烃类非烃类气驱等先进技术，充分发挥千万吨稳产的科技支撑作用。

（摘自7月3日新华网）

科技创新使老油田“增寿”

“作为一个42岁的老油田，去年辽河油田实现连续27年稳产千万吨原油。”3月6日，全国人大代表、中石油辽河油田总经理谢文彦兴奋地说，“其中，科技增油的比例达到1/3以上；因为采用新技术大幅提升了采收率，相当于给油田增寿25年。”

近年来，辽河油田依靠科技创新提高企业的

发展质量，从投资驱动型向创新驱动型转变。辽河油田稠油开采技术世界领先。以蒸汽辅助重力泄油（SAGD）、蒸汽驱、水平井为代表的开发技术，推动老油田开发方式的突破。运用SAGD超稠油开采技术，辽河油田将20%左右的采收率最高可以提高至60%，相当于“增寿”25年。辽油的水平井技术则让钻探到地下的油井“横着走”，不仅减少了打井数，因采集面积扩大产量也大幅提升。目前，油田建成水平井已突破1000口，以占油区6%的开井数，承担了26%的年产量。　　（摘自3月7日人民网）

中石油辽河油田致密油勘探获突破

7月2日，中国石油辽河油田公司雷平2井日产油20.7立方米。这口井是辽河油田第一口水平井致密油探井，截至目前已累计产油762.64立方米。

在当前石油行业加快勘探开发非常规油气的背景下，面对陆上勘探面积狭小、总体探明程度较高和资源接替紧张的现实，辽河油田调整思路，积极应用新技术，致密油勘探取得重要突破，为原油千万吨持续稳产乃至进一步上产奠定坚实的资源基础。

经过层层筛选，辽河油田优选出大民屯、雷家和清水洼陷作为致密油勘探三大主力区域。去年，雷家地区致密油勘探被确定为中国石油股份公司示范工程，成为重点突破目标。截至目前，辽河油田在雷家地区部署7口探井，开钻的4口井均遇到良好油气显示，其中雷88井见到工业油气流25立方米。在大民屯和清水洼陷，致密油气勘探也取得新进展。科研人员查阅大民屯137口探井资料发现，其中50多口井有致密油气显示，在近期的老井试油中，安95井获得工业油气流。在清水洼陷，正钻的双232井和双233井均见到良好油气显示。致密油勘探“多点开花”，对于高成熟探区寻找勘探新层系和扩展找油新领域具有重大意义。

非常规油气资源是指不能用常规的方法和技术手段进行勘探开发的油气资源。致密油作为非常规油气资源的主要类型，具有储量大、渗透率低和品位低等特点。过去，科研人员运用常规勘探思路和技术手段，一直未取得突破。

科技进步是打开致密油勘探大门的“金钥匙”。在辽河西部凹陷雷家地区致密油气勘探中，针对湖相碳酸盐岩与烃源岩互层的地质特点，综合应用叠前反演预测“甜点”区、地应力优化水平井轨迹、岩石分析与测井多参数评价储层和多级HIWAY体积压裂等勘探新技术取得良好效果，为辽河油田实现致密油气勘探开发创出一条技术发展之路。

勘探非常规油气资源，需要“非常规”的组织方式。辽河油田推行地质工程一体化，成立包括地震、测井、录井和地质在内的综合研究团队，进行多兵种和多专业联合攻关，攻克一系列勘探难题。接下来，辽河油田将进一步加大研究力度，争取在致密油勘探上获得更大突破。致密油有望成为继兴隆台潜山之后，辽河油田又一规模储量区和战略接替区。

（摘自7月4日人民网）

辽河油田科技勘探破禁区

在被判定为“无油区”的区域，却获得了上亿吨石油储量和年产百万吨的优质稀油。近年来，辽河油田突破原有潜山成藏理论，提出“生油岩埋藏有多深，含油底界就会有多深”的新论断，连续扩大勘探成果，并于2012年形成3个亿吨级规模储量区。这些勘探成果不仅为辽河油田稳产千万吨做出了贡献，也为老油田加强地质勘探提供了创新思维。

坐落在辽宁盘锦市的中石油辽河油田去年生产原油1013万吨，这已是该油田连续27年稳产千万吨。“陆地石油勘探面积全国倒数第二，却承担上千万吨的石油生产任务。”辽河油田公司总经理谢文彦一席话，让人深深体会到辽河油田的不易。据悉，辽河油田主力开发区块不足1万平方千米，而且经过多年的开发，开发程度已经非常高，探井打得甚至比国外有的油田开发井还要多。

自1973年辽河石油人在兴隆台古潜山构造上开钻并在地下2200米获高产油气流以来，直到1999年辽河人“两上两下”兴隆台古潜山，相继打了近40口探井，都是收获甚微。在很多人看来，兴隆台古潜山已经戴上了“无油区”的帽子。

按照传统的“风化壳成藏理论”，潜山底部不应有油。出路在哪里？辽河油田公司提出了“纵向勘探无底界、横向勘探无禁区”的决策。辽河油田勘探技术人员通过大量数据分析，大胆打破常规，将目光投向兴隆台古潜山深处，提出了“生油岩埋藏有多深，含油底界就会有多深”的新论断。勘探人员打井至地下4300多米，兴隆台古潜山，这个拥有亿吨级优质油藏的“金娃娃”终于显现在世人面前。

辽河油田的科研人员打破了关于原有的潜山成藏理论，建立了潜山深层内幕油气成藏的新理论和新模式。由两院院士组成的专家组评价认为，这是石油勘探理论的重大突破，为世界前沿理论。在这一理论指导下和相关配套技术的支撑下，去年辽河油田在潜山勘探领域获得重大突破：大民屯凹陷边台—曹台潜山带、中央凸起的赵家潜山和东部凹陷的茨榆坨潜山形成3个亿吨级规模储量区，还分别从探明控制、预测三个层次形成了有序接替，为中长期持续稳产打牢了基础。辽河油田公司副总经理孟卫工说，“在可预见的将来，年过不惑的辽河油田有望实现第4次储量增长高峰。”

科技创新对辽河油田原油稳产起到强力支撑保障作用，据统计，去年辽河油田依靠科技进步形成的产量规模已占到总产量1/3。

（摘自5月23日《经济日报》）

辽河油田建成全国最大火驱生产基地

日前，辽河油田杜66块等5个试验区块137个常规火驱井组原油日产量达到780吨，平均单井产量较未投入火驱前增加1倍以上。这标志着辽河油田已建成国内最大的火驱生产基地，为我国稠油开发增添又一新的接替技术。

火驱作为提高稠油采收率的重要方法之一，其机理是将空气注入油层，空气中的氧气与原油发生氧化反应，产生热量，从而驱动原油采出。辽河油田是我国最大的稠油生产基地，产量的一半以上是稠油。稠油因埋藏深、举升困难、产出液温度高、地面配套工艺难等特点，其开发一直困扰世界石油开采。

辽河油田勘探开发研究院总工程师刘其成介绍说，辽河油田于1997年开始火驱探索，正式开展先导试验始于2005年。期间共建成杜66块、高3618块、曙1—38—32等5大实验区块，历经技术探索、先导实验和扩大实验三个研发阶段，初步形成了辽河特色火驱技术框架，探索形成了火驱室内物理模拟技术、油藏工程设计技术、点火技术等十项关键配套技术，其中，火驱室内物理模拟技术等技术达到国际领先水平。杜66块是最先进行常规火驱实验的区块之一，实验前，依靠常规开发方式已经没有明显效果，区块濒临废弃，一半以上油井日产量不足1吨，实施火驱后，实验见效比例高达90%以上，实验井组单井日产量为常规开发方式的4.8倍。

据了解，按照目前的筛选标准，辽河油田适合火驱开发的稠油单元共有23个，覆盖地质储量3.57亿吨，已经有5个试验区块137个井组转入火驱。到“十二五”末，辽河油田还将规模推广稠油常规火驱、加快实验低渗稀油火驱、先导实验稠油重力火驱，以及探索老潜山空气驱开发，在现有基础上，火驱年产量有望达到50万吨。

（摘自8月27日《经济日报》）

“百年辽河”追梦人
——来自中国石油辽河油田公司的报告

2013年新年的钟声，让“辽河人”听起来是那样悦耳、动听，因为这时的“辽河人”心情好极了：2012年，全年生产原油1013万吨，连续27年实现千万吨稳产；完成销售商品量1004.69万吨，27年来首次实现产量和商品量双超千万吨。

2012年的成绩还不止于此。储量资源的持续发现，为持续稳产创造了条件。2012年，潜山、西部凹陷岩性勘探、东部凹陷火成岩勘探均有斩获，特别是大民屯边台——曹台潜山和茨榆陀潜山，均初步显现出亿吨级规模前景。2012年，辽河油田公司探明、控制、预测储量分别完成股份公司下达计划的106%、130%和151%，使得千万吨稳产基础进一步巩固。

2012年，辽河油田公司科技工作坚持以集团公司重大科技专项、重大科技项目为核心，以形成25项重大核心配套技术为重点，全面部署实施了3项重大专项、20项重大项目，全年获国家科技进步二等奖1项、省部级科技成果奖

15 项、授权国家专利 230 项，科技创新对原油稳产起到强力支撑保障作用。

2012 年，辽河油田公司持续推进产量、储量、业务、投资、成本、资产、市场、组织、队伍、分配 10 个方面的结构优化调整，使资源配置更加科学合理，一体化优势充分发挥。附加值比较高的稀油、高凝油产量达到 428 万吨，在千万吨产量中的比重进一步增加，产量结构进一步优化。同时，在储量发现中，稀油、高凝油油藏的比重大幅度增长，储量结构得到改善。

围绕“加强科学管理，提升发展质量”为主题，辽河油田公司全面启动管理提升活动，紧紧抓住战略管理、基础管理和社会管理“三个着力点”，使企业管理效率大大提升。在强化战略管理上，启动了千万吨级持续稳产关键技术研究重大专项，确立了资源接替保障“四项工程”，为公司“双千”目标的实现奠定了坚实的基础。

各项业务持续向好，企业综合实力显著提升……

2012 年，是令“辽河人”非常骄傲、非常自豪的一年。

建设“百年辽河”，是“辽河人”的梦想。他们追寻着这个梦，努力着、奋斗着，一步步将梦想变成现实。

“百年辽河”的梦想

已经开采 40 多年的辽河油田已不再年轻，和其他油气田一样，曾经的“油老三”同样无法抗拒资源性企业资源逐年递减的“魔咒”。优质整装区块再难寻觅，储采失衡，相当一部分油井水多油少，部分油区地下、地上设施老化。2004 年，辽河油田储采比例仅为 5∶3，远远低于中国石油整体的 14∶1；2003 年原油产量降幅为 1.3%，到了 2004 年增加到 11.9%，而开采成本却逐年上升。

“产量逐年递减是必然趋势，不可逆转”“日子一年不如一年”“辽河油田的好日子过去了”……整个油田笼罩在悲观情绪之中。当时，一些人质疑“辽河还能开发多久？”辽河油田一位年轻的主管领导谢文彦肯定地说：“辽河油田的生命和一个长寿老人的生命一样，我相信他有 100 年或更长的时间。”

也许，这就是“辽河百年梦”的由来。

2005 年 3 月，谢文彦被任命为中国石油辽河油田公司总经理，当时他才 40 岁出头，成为辽河油田有史以来最年轻的“掌舵人”之一。国家经济发展迅猛，亟需石油，辽河油田有职工及家属 33 万人，油田是他们生存之基。谢文彦掂出了肩上担子的分量。

但谢文彦胸有成竹。1984 年，谢文彦怀着“我为祖国献石油”的一腔热血从大庆石油学院钻井工程专业毕业，来到辽河油田。时光流逝，斗转星移，但谢文彦对石油事业的执着始终如一。他先后担任过辽河油田滩海勘探开发公司开发部主任、副总地质师兼主任、副总经理兼总工程师，辽河石油勘探局局长助理，辽河油田分公司总经理助理、副总经理。如此丰富的职业经历，让他对辽河油田有着很深的了解，他知道，辽河油田有潜力。

谢文彦还吃过洋面包。1992 年，他考入挪威特隆赫姆大学攻读硕士学位。在那里，他不仅学完了地环科学、石油地质专业，以优异的成绩取得了硕士学位，还先后完成了“黑母都油田层序地层学研究”等 3 个课题。出国深造，开阔了他的视野，让他更加有胆有识，他知道，过去的许多石油勘探理论需要突破。科学发展无止境，对自然界的认识同样无止境。

“百年辽河不是梦”，这就是谢文彦对辽河油田的认识。随着时间的推移，“百年辽河”的梦想正由“辽河人”一步步变成现实。

永无止境的超越

辽河油田勘探范围主要集中在辽宁省、内蒙古自治区，陆上勘探面积仅 1 万平方千米。“人多地盘小”是辽河油田发展难以克服的矛盾。如此小的勘探领域，40 多年时间，辽河勘探人员像用木梳梳头似的，不知道将这块土地梳了多少遍。不少人说，这里的地下真的没有开采价值。

以谢文彦为代表的辽河决策层对此并不悲观，他们对石油地质有新认识。按照传统对古潜山成藏认识，因为油气轻，往上走，成藏在受过风化石头表面，在业内被称为“风化壳成藏理论”。这个理论一直是石油勘探的金科玉律，统治了石油勘探半个多世纪。

在辽河油田勘探开发研究院，常务副院长李晓光告诉记者，千万吨稳产是辽河油田长期发展目标，而稳产的关键在资源，我们的任务就是不断发现优质油藏资源，实现资源增储。他指着

《辽河坳陷油气勘探成果及部署图》将近年来一个个成果及分布指给记者。李晓光说，按照传统的“风化壳成藏理论”，这样的领域应该都勘探开采完了，要寻找到新油气资源，必须进行理论创新，向洼陷及斜坡区进军。虽然难度大，但领域广阔。

他说的理论创新指的是《变质岩内幕油气层成藏理论》，2012年该成果荣获国家科技进步二等奖。李晓光副院长说，以总经理谢文彦为代表的地质专家通过对大量数据进行分析，大胆打破常规，将目光投向古潜山深处，提出了“生油岩埋藏有多深，含油底界就会有多深”的新论断。该论断具有里程碑意义，正是在这个理论指导下，我们对油藏有了新认识，从而才有了新发现。

在这一理论指导下的“代表作”是“兴隆台古潜山”。所说的“潜山”，就是埋藏在地下的山。辽河油田勘探开发的潜山，以太古界潜山为主，就是在几十亿年前，由于地壳运动形成的山。

兴隆台采油厂地质研究所所长庄衡春告诉记者，在1973年时，就发现兴隆台地下有油藏，但受当时认识水平的局限，认为即使有油，也不会太多。上世纪90年代后，“辽河人”又相继打下40口探井，仍是收获甚微。直至在新理论的指导下，古潜山的真实内幕才展现在世人面前。2004年，马古3井在地下4300多米处的太古界潜山获得了辽河石油人祈盼30多年的工业油气流。

“当你思维模式转变的刹那，你将看到一个全新的世界。”传统的风化壳油气成藏理论被否定，变质岩内幕油气层成藏理论破茧成蝶。得益于这一成果，辽河油田又在大民屯和茨榆坨潜山接连取得新发现，显现出亿吨级储量规模前景，辽河的“家底”日益丰厚。目前“兴古潜山”已形成百万吨产能，此规模预计保持8年以上。在“兴古潜山”一采油站，工作人员告诉记者，他们开采出来的全是优质稀油，他们开玩笑说，可以直接加到汽车里。

思想的解放不仅仅体现在“找油”上，近年来，辽河油田突破禁区，走出误区，打开盲区，又提出老油田二次开发全新理念，全面激发了濒于废弃油藏深度开发的新活力。

老油田的二次开发，是“辽河人”对石油开采的又一探索，被称为石油开采的一次革命。

辽河油田以稠油为主，开采难度大，采收率在25%左右。虽然经过40多年的历练，稠油开发技术已步入国际先进行列，25%的采收率已难能可贵，但在国家油气能源需求刚性增长的今天，在勘探程度高、资源递减快的现实问题面前，如何让老区焕发新春，如何大幅度提高采收率，是摆在“辽河人”面前的重大课题。

辽河油田二次开发，本质是实现老油田的新一轮开发，靠的是理论的创新，技术的创新，核心是大幅度提高采收率。

辽河油田开发项目部副处长于天忠拿出一大摞地质资料，向记者进行“科普”。所谓“二次开发”，就是重选开发方式、重构地下认识体系、重建井网结构、重组地面流程。辽河油田新海27区块在进行“二次开发”之前已开采了15年，2004年日产油仅为37吨，综合含水率高达94.3%，濒于废弃。通过“二次开发”，利用水平井技术和热力采油技术，改变渗流方式，这一区块日产油已提高到360吨，相当于一次开发时期的峰值产量。

支撑“二次开发”的关键是科技进步。辽河油田不断发展核心技术，攻克关键技术，完善配套技术，形成了以中深层稠油蒸汽驱、蒸汽辅助重力泄油和水平井为核心的技术系列，近年来，火驱、深部调驱、二元驱系列技术也逐步成为“增油”的利器。

水平井，通俗地讲就是油井从“竖”变“横”，让钻探到地下的钻杆“横着走”，哪里有油，就往哪里钻，这不仅减少了打井数，产量也大幅提升。目前，辽河油田建成水平井已突破1000口，在中油系统排在第一位，以占油区6%的开井数，承担了26%的年产量。

蒸汽辅助重力泄油（简称SAGD）技术源自加拿大，其原理就是在注汽井中注入高干度蒸汽，蒸汽在地层中形成蒸汽腔，蒸汽腔与油层中的原油发生热交换。被加热的原油降低黏度和蒸汽冷凝水在重力作用下向下流动，从水平生产井中采出。蒸汽驱就是将蒸汽注入到一口或多口井中，将地下黏度较大的稠油加热降黏，然后在蒸汽蒸馏的作用下，把原油驱向邻近多口生产井采出。

说起用SAGD技术开采稠油，就不能不提一个人，他叫杨立强，辽河油田SAGD项目部主任。

杨立强他们启动试验SAGD技术之初，当时应用该技术最好的加拿大专家就给泼了冷水，他们认为SAGD技术不适合辽河油田，因为辽河油田油藏埋深，远超过国外的500米，搞SAGD没有成功先例。但年轻人敢想敢干的天性，让杨立强他们没有被国外的权威结论吓倒，而是开始进行大胆试验。

为了解决蒸汽从地面注入地下过程中，深层要比浅层散失更多热量、无法稀释超稠油的问题，他们将主攻方向选在改变现有注汽工艺上，即提高注汽温度。在室内物理模拟试验时，连续失败20多次，但他们没有气馁，对每一个失败模型进行逐一解剖。又经过近两年的试验，2004年终于在试验室取得成功。为了将SAGD实际应用在采油中，杨立强他们吃住在井场，夏天蚊叮虫咬，冬天寒风刺骨，克服了一个又一个常人难以想象的困难，终于使采收率达到了比较理想的60%。

开采率从25%提高到60%，不仅是辽河油田，也是中国石油系统历史性的突破。

2006年10月26日，辽河油田SAGD项目通过了由15位院士、专家组成的鉴定验收。这项技术的创新填补了多项国际石油行业空白，在世界上首次提出驱泄复合和强制循环预热理论，研制出世界上最大的抽油杆大排量举升装置，高干度注蒸汽、地面集输等技术均达到了国际先进水平，先后取得5项创新成果，获65项国家专利。

2005年以来，辽河油田评价适合二次开发的单元有200多个，可增加可采储量2.6亿吨。截至2012年，辽河油田已在75个单元开展先导试验或规模实施，其中重建井网二次开发40个单元，方式转换和深部调驱35个单元452个井组，二次开发年产量达到305万吨，较不实施前增产203万吨。辽河油区综合递减率由以往的10%以上降至目前的6%以下，为历年最好水平。二次开发区块总体采收率较实施前提高了15.6%。单井日产油与不实施对比提高1.9吨。

辽河油田实现“百年梦”又有了一项重要保障。

在视察辽河油田二次开发工作时，一名集团公司领导说：“你们把几年前的概念变成了现实的生产力，由潜在的资源潜力变成了现实的资源基础，把不可能的事情变成了可能的事情。”

“二次开发在辽河油田的成功实践为推动中国石油老油田二次开发起到了示范作用，对中国石油是‘功德无量’!”原中国石油副总裁胡文瑞在中国石油二次开发工作现场会上对辽河油田二次开发工作做出了高度评价。

更为戏剧性的是，近年，辽河油田的SAGD开发技术开始在加拿大、委内瑞拉等国家应用。在SAGD技术上，加拿大曾是老师，而如今学生不仅超过了老师，还把从老师那学来的技术应用到老师的家乡。据了解，为实现辽河油田在较长时期内原油产量稳定在千万吨以上的战略目标，2012年8月，这个油田正式启动了“千万吨持续稳产关键技术研究”重大科技专项。该专项初步形成四大增储格局、五大开发工作布局，建立了千万吨再稳产10年的技术构架，并一改过去油田科研战线分散作战的模式，成为多领域、多学科、多家合作单位统一规划、集中部署的攻坚战。

超越来自于思想解放。思想的解放让辽河人的头脑更加睿智，眼界更加宽阔。“产量稳、成本稳、效益更要稳，规模增、实力增、效益更要增”——这是辽河油田新一年工作思路的核心。自2010年以来，他们抓住“气化辽宁”这一契机，积极开拓燃气利用业务，市场份额快速扩大。2011年6月，第一条主干供气管线秦皇岛—沈阳输气管道建成投产。2011年12月底，另一条干线大连—沈阳输气管道建成投产，两条干线贯穿整个辽宁省。2012年，东北和华北地区季节调峰重点项目，全国规模最大、技术最先进的双6储气库主体竣工，预计2013年7月份投产。至此，两线一库的构架已基本形成，具备了170亿立方米的供气能力，为辽宁省提供了坚实的气源保障。去年该油田又组建了能源管理公司，LNG业务迅速发展，已覆盖全省14个市。通过“气化辽宁”，企业自身实现年替换燃料油100万吨，相当于再建个百万吨油田。天然气业务已经成为辽河油田做好整体发展大文章不可或缺的内容。

管理提升谱新篇

辽河油田有50余个二级单位、11万多员工、2万多口井，分散在辽宁省、内蒙古自治区13个市（地）、35个县旗当中。点多、面广，管理难度之大可想而知。

“管理是企业永恒的主题”，这是谢文彦对企业管理的认识。企业管理的关键是财务管理。中国加入 WTO，与世界经济接轨，国际金融危机，油价大幅度下滑，辽河油田深受其害；集团公司为应对金融危机，决定限产减输，辽河油田投资大幅度减少；而辽河油田职工没有减少，工资水平随着物价上涨不断攀升……辽河油田财务部副部长孙德群告诉记者，财务工作主要是三项：资金、预算、核算。他们要做的，就是加强财务管理，开源节流。

辽河油田在资金使用上，第一次引入市场机制。过去，没有钱了，伸手向集团公司要，缺少投入产出意识。从 2011 年开始，谁用钱，要向油田公司申请“贷款”，该贷不该贷，公司财务部进行审查，如同意贷款，用钱单位要按资金市场规则照付利息。如此一来，谁用钱就要考虑了，只花不算的毛病得到纠正。

预算开始严格执行了。孙德群说，生产部门和财务部门是一对矛盾，做预算时，生产部门争着多做，一说削减预算，削减谁谁叫唤，因此，平衡预算是一件非常不容易的事。如今，财务部门按成本评价下指标，然后，每个月对预算情况进行跟踪，月月有通报。每季度召开一次预算重点分析会，领导及各主要生产经营部门负责人到场，对超预算单位，除责令严格执行预算外，还要在资金使用上限制，增强人们执行预算上的“法制”观念。近年来，尽管油田经济规模逐年提高，但招待、差旅、办公、会议、出国五项费用却是逐年削减。

一个运转高效的企业，一定是制度规范能够得到认真贯彻执行的企业。辽河油田企业法规处副处长许万利告诉记者，从 2008 年下半年起，他们就开始对油田所有规章制度进行清理、修订，废止了老制度 267 项，建立完善了 252 项，使企业管理制度化水平得到了新提升。2012 年，为使企业管理更加顺畅、高效，辽河油田公司全面启动体系融合工作，进一步划清管理界面，合理分配管理权限，简化管理流程，逐步形成了制度、流程、标准相对统一的管理平台，有效解决了企业制度体系内容、职责交叉，工作流程和基层资料相对繁琐等问题，大大提高了管理效率。全年优化制度 65 项，完成 7 个方面 24 个管理流程的优化简化工作，下放审批权 11 项。

针对队伍规模大、冗员多、业务结构不合理、工作效能相对低等矛盾，一场涉及多个系统、牵涉到几万名员工切身利益的内部重组整合大戏，于 2011 年精彩上演。谢文彦与班子成员一道，按照专业化、集约化、一体化要求，积极稳妥实施结构调整和业务整合，优化配置各类资源，把握好改革力度和节奏，妥善处理各方利益关系，如期完成了物资供应、工程技术、教育培训、矿区物业、医疗卫生和油气生产等系统的重组整合。共减少处级单位 12 个、科级单位 251 个、基层站队 272 个，压缩管理、技术人员编制 1555 人，100 多名处级干部岗位变动。虽然本次重组整合涉及单位广、人员多，但因为思想工作到位，措施得当，整个过程实现了“快、稳、顺、好”。

辽河油田通过深化内部改革，着力调整优化产量、储量、投资、组织、队伍、分配等内部结构，使资源配置更加科学合理，一体化优势得到充分发挥。

他们还开展了项目管理和成本评价，建立了“整合机构、系统控制”的内控体系模式。研制、创建的油气田效益评价系统，在中国石油 13 个油气田公司推广应用，成为行业品牌工程。探索建立油气生产过程六个工艺阶段、148 项定额的成本评价体系，开中国油气田之先河，被称为“油田企业管理的革命”。把创建“五型五好”班组活动纳入企业管理体系，加强标准化建设，实现了基层建设规范化、基础工作精细化、基本功训练体系化，使企业的最小细胞活力大增。

辽河油田加强管理、提升管理水平从上到下，层层参与，层层落实。曙光采油厂对所有油井进行分析、评价，将油井按采油成本划分为四个等级，即高效、有效、无效、高风险。有针对性地提出上高效、稳有效、限无效，对高风险井坚决不投资的生产策略，使吨油成本大幅度下降；欢喜岭采油厂将百种浪费问题，分门别类地分解到各科室，再下分到各油井，让每一名员工都参与到加强企业管理中，仅油井检泵周期就从 129 天，提高到 165.8 天；兴隆台工程技术处将成本划分成若干板块，将千万元以上 11 个成本板块，作为精细管理的主攻点，明确了责任单位，责任领导，细化了管理流程，实行了月清月结。如油料费用成本年3000万元，该技术处按照台上设备和行走设备进行分类，实行单车（台）核算。将合理化建议活动重点放在科、处级管理干部，要求必须人均一条，102名干部共提出370条，仅已经落实的63条就创效1200万元。由于成本管理加强，2012年该技术处全年降低成本5%，节约2500万元。

唤起员工同心干

2010年9月，周灏调任辽河油田公司党委书记。一来到辽河油田，他就一头扎进基层，走到群众之中。从烈日炎炎的大沈管线施工现场，到位于荒凉边远油区的夫妻小站；从马达轰鸣的加工车间，到黄土漫卷的西部高原钻井小队，两年时间里，周灏走遍了油田所有二级单位，与近千名一线员工进行面对面交流。

如此调查研究，让他对辽河油田有了更深、更多的了解。他清楚，辽河油田已勘探开发40多年，稳产的压力不断增大；深化改革持续重组，员工的心理经受着严峻考验；国际金融危机的巨大冲击，国内经济发展速度放缓，都对辽河油田的发展产生着很大影响。要战胜这些困难，实现“辽河百年梦”，更需要我们践行党的全心全意为人民服务宗旨，更需要不折不扣地贯彻落实党的全心全意依靠工人阶级办企业方针。

“深入辽河看辽河，跳出辽河看辽河；立足辽河发展辽河，走出辽河发展辽河”、“怎样增强党员干部党的意识、群众意识和公仆意识”、“巩固提高‘红色辽河’、开发拓展‘绿色辽河’、探索创建‘蓝色辽河’”……经过深入调查和认真思考，周灏书记提出了一系列从公司班子成员到普通员工，从生产管理干部到党务工作者都要认真思考的命题。

实现“辽河百年梦”，关键要万众一心，众志成城。

辽河油田党政主要领导带头，公司班子全员参与，深入持续重组单位、经营困难单位，讲形势，讲任务，听心声，解难题。

“打造辽河新形象，提升油田软实力，实现事业新发展”主题教育实践活动迅速展开。

“万名党员进党校”活动启动，“党务干部大培训”工作启动。

以“奉献石油当先锋、我为党旗添光彩”为主题的“党员先锋工程、党员示范岗、党员突击队”等创优创效活动、党内实践活动如火如荼。

面向劳动模范、科技人员、一线员工、外部市场、油田矿区、困难群体的“六走进六服务”活动，由帮扶困难群体向服务全员转变。

从“春暖行动”到“安心工程”，万余名团员青年志愿者重点服务外闯市场员工家庭。

推进“办实事解民忧惠民生”活动，关爱离退休职工，实施各类帮扶超过两万人次……

榜样的力量是无穷的。辽河油田组织了“立足岗位做贡献，叫响我是共产党员”巡回报告，全国见义勇为英雄王东、中国石油榜样文建明的先进事迹感动、教育着油田员工们。

一个接一个的发动、组织、服务等活动，就是要唤起员工同心干。

辽河油田11万员工被发动起来了，他们立足岗位，为构建辽河油田“百年大厦”添砖加瓦。

2010年9月，“全员精细管理、杜绝百种浪费”活动在全油田开展。此次活动成员单位有36个，几乎包括了党政工所有部门，参加活动对象包括每一个岗位上的员工，活动时间从2010年9月至2014年12月。参加部门、员工之多，持续时间之长，在辽河油田开展活动历史上是第一次。辽河油田专门制定了考核办法，同时，一年确定一个主题，如2011年的活动主题是“我想我做我节约”，2012年活动的主题是“人人践行岗位节约”。

2011年5月3日，辽河油田公司将现有21名集团公司级技能专家和80名油田公司级技能专家等组成13个技能专家工作室，配备专门的办公室，公布专家特长、办公电话、手机号码、QQ号和电子邮箱等。这些工作室涵盖7个油田主要操作工种。该集团公司级技能专家、茨榆坨采油厂采油高级技师曹建新，每天接听四五个咨询电话，成功解决停井挖潜、出砂井结蜡井防治和故障处理问题。曙光采油厂柳转阳等技能专家工作室，不仅成为员工解决生产难题的好帮手，还承担起本单位参加技能大赛选手的培训工作，以及市技术比赛试题和比赛规则的编制和咨询任务。

一线员工高兴了，他们说在生产中不论遇到什么“疑难杂症”，都能马上联系到专家对口的“名医”，通过“问诊”解决技术难题。如果通过电话、邮件等不能消除“顽症”，“医生”还可根据需要“出诊”，现场对“疑难杂症”施治。很多员工还经常登门学艺，尤其技能大赛之前，很多人来到“技能专家工作室”向专家求教。辽河油田因势利导，请技能专家们担负起部分职工培训任务。为此，技能专家们自编、参编培训教材9本，培训员工近1.2万人次。

辽河油田公司为员工们奉献聪明才智搭建起一个又一个平台。

54平方千米的兴隆台古潜山藏油地块全部在盘锦市主城区——兴隆台区地下，地上住宅、办公楼、商厦等鳞次栉比。而石油开采需要钻井、铺设管道，需要征地，同时，石油开采过程是否影响居民正常生活等，都是摆在辽河油田人面前的难题。据悉，在城区采油也是世界性难题。

辽河油田科研人员先后制定了16套开发方案，对每套方案都进行模拟实验，在反复分析研究论证之后，形成了“纵叠平错三维井网重力驱”开发模式。根据地下藏油情况，将水平井设置为四段七层，而世界类似地质开采只有2层。每一口水平井产量相当于2.5口～3口直井，这样，加上恢复老井使用，征地量大幅度减少。

每次部署新井时，负责该区块开采的兴隆台采油厂都请专业公司做安全评价；为了降低钻井时噪音扰民影响，施工过程中，将喊话、鸣笛等改为旗语；兴隆台采油厂安全部门给附近居民下发印有宣传警示内容的台历、水杯等，提高居民的安全意识；所有井站、联合站等都进行美化、绿化。

“辽河人”用超乎寻常的智慧，既采出了“地下油”，又保住了“地上楼”。

在辽河油田，33万员工及家属正循着“百年辽河”的梦想，万众一心，埋头苦干，持续做好辽河陆上传统根据地油气发展大文章，进一步巩固提高“红色辽河”；扎实推进天然气业务和“气化辽宁”工程，进一步开发拓展“绿色辽河”；加紧实施海上油气勘探开发，进一步探索创建“蓝色辽河”。

33万员工家属都是“百年辽河”的追梦人。

（摘自3月1日《工人日报》）

能源企业如何实现持续发展

——辽河油田持续27年千万吨高产纪实

作为我国特大型能源企业的辽河油田公司（以下简称辽河油田），曾经是全国第三大油田。众所周知，资源递减是能源企业发展面临的最大瓶颈，也是不可抗拒的自然规律。因此对于国有能源企业来说，稳产在一个较高的水平就成为持续发展的基础，也成为重大而艰巨的政治任务和责任。辽河油田坚持科学发展，向管理要稳产，向科技要增产，向创新要效益，创造了连续27年年产千万吨以上的奇迹，为国家经济发展和能源安全做出了突出的贡献。辽河油田的发展道路，是改革开放国企发展的缩影，对我国国有企业特别是国有能源企业来说具有一定的启示意义。

辽河油田是中国石油天然气集团公司的骨干企业，全国最大的稠油、高凝油生产基地。总部坐落在辽宁省盘锦市，地跨辽宁省、内蒙古自治区的13个市（地）、35个县（旗）。自上世纪五十年代开始石油地质勘探，1970年进行大规模勘探开发建设，1986年生产原油突破1000万吨，成为全国第三大油田；1995年原油产量达到1552万吨，创历史最高水平。2012年，经济收入突破740亿元，已累计生产油气当量4.5吨，连续27年保持千万吨以上高产稳产，向国家和集团公司上缴利税费2500多亿元，一直位于辽宁省纳税企业前列，为国家经济建设和中国石油工业发展做出了突出贡献。公司先后荣获“全国五一劳动奖状”“中国企业管理杰出贡献奖”“全国精神文明建设先进单位”“中央企业先进集体”等多项荣誉称号。

一个国有特大型能源企业，面对自然资源递减、市场风云变幻等种种困难，是如何取得如此骄人业绩的呢？

抓住根本确保原油高产稳产

作为国有能源企业，原油生产是辽河油田的“生命线”，它既是担负政治责任，保障国家能源安全的需要，也是企业生存发展的根基。

但原油资源有限，产量递减是自然规律，稳产成为世界级难题。辽河油田创造性开展工作，紧紧抓住原油生产这一核心业务，牢牢把握“千万吨持续稳产”这条可持续发展的“生命线”，千方百计提高原油生产能力，确保高产稳产，最大限度延缓原油产量递减的脚步，不断续写着原油稳产千万吨的纪录。

针对老油田开发时间长，开发难度大，辽河油田积极转变开发观念，在中国石油率先提出并大力实施老油田二次开发，通过重选开发方式、重构地下认识体系、重建井网结构、重组地面流程，稳步推进开发方式转换，创新实施新区高效开发，积极开展难采储量二次评价，全力确保原油生产稳产高产。截至2012年，二次开发年产量达到305万吨，较不实施前增产203万吨。辽河油区综合递减率由以往的10%以上降至目前的6%以下，为历年最好水平。二次开发区块总体采收率较实施前提高了15.6%。单井日产油与不实施对比提高1.9吨。油田开发水平不断提高，持续保持储量替换率大于1，以产量的硬稳保证了油区工程技术、工程建设、燃气业务、多种经营等业务有效发展，提升了企业综合经济实力和核心竞争能力。

辽河油田立足辽河主战场，大打勘探开发进攻仗，按照“主攻潜山、发展岩性、甩开滩海和外围、推进南海”的思路，深化地质综合研究，新老区勘探硕果连连。建立形成潜山深层内幕油气成藏新理论和新模式，于兴隆台、大民屯、茨榆坨相继发现优质油藏，推动了环渤海湾类似油田的勘探发现。2012年获得南黄海盆地南部盐城东勘查区块3558平方千米，在辽北地区新登记矿权22585平方千米，成为继取得16.93万平方千米南海区块探矿权之后，辽河油田“走出去”开疆扩土的新的成果。

针对油田稠油、高凝油比重大，开发技术要求高的特点，辽河油田坚持科技兴油优先战略，加快科技攻关步伐，不断提升企业自主创新能力。“十一五”以来，累计获省部级以上成果104项，其中国家科技进步二等奖3项，集团公司特等奖2项，省部级一等奖11项，获得授权专利856项。潜山、致密砂岩油气成藏理论日趋完善，中深层稠油蒸汽吞吐、SAGD、水平井等开发技术配套形成，具有辽河特色的勘探开发技术保持国际领先水平，为建设科技大油田、推动发展方式转变提供了有力支撑。2012年8月，集团公司重大专项——“辽河油田千万吨持续稳产关键技术研究”，顺利通过立项审查并全面启动实施，成为中油集团公司“样板工程”，科技兴油让发展基础更加稳固。

2012年，面对新区产量不足、方式转换更趋复杂、稠油递减、产量结构不合理等问题，咬定千万吨稳产目标，精心谋划产量增长、产量恢复、产量稳定、减缓递减、开发准备“五个布局”，稳步推进重点区块产能建设，精细多元化注水、老区二次开发、分层开发等工作，加快SAGD、蒸汽驱和火驱等开发方式转换，成效显著，全年生产原油1013万吨，实现了连续27年千万吨稳产。

转变方式向科学发展要效益

国有能源企业说到底也是企业，在保证国家能源安全，肩负政治任务的同时，企业必须与时俱进，按照国家相关要求，遵循市场规律，完善现代企业管理制度和运行机制，优化结构，配置好资源，科学发展，创造最大效益。辽河油田公司大力实施企业战略管理和规范管理，夯实油田发展基础，加快转变发展方式，持续完善现代企业管理制度，依法以规治企的现代企业法治理念深入人心，企业管控能力日益增强，企业发展质量不断提升，油田公司在规范、有序的轨道上快速前进。

按照整体规划，油田公司既要保证千万吨稳产，又要实现产量规模向经济规模的有效转化。他们将科技与管理创新作为辽河油田“四大攻坚战”之一，强化向管理要效益的意识，深入推进精细化管理，实施以开源节流、降本增效为重点的精细化管理工程，切实通过加强管理保效益促增长。

坚持“有进有退”，持续开展重组整合。2011年如期完成了物资供应、工程技术、教育培训、矿区物业、医疗卫生和油气生产等系统的重组整合，共减少处级单位12个、科技单位251个、基层站队272个，压缩管理、技术人员编制1555人，100多名处级干部岗位变动。重组整合较好地推进了未上市企业结构调整和优化升级，历史性结构性矛盾有效缓解，油田业务结构不断优化，有限资源大幅向优势业务集中，管理效率、效益和水平进一步提高，改革成效逐步显现，油田公司的一体化优势得以充分发挥。

坚持依法以规治企，使法律风险防控体系、规章制度体系、内控体系、惩防体系、ERP系统、规划系统、财务系统、审计系统、概预算系统相互之间进一步结合，交织成网状，并快速融入企业生产经营全过程。特别是经济评价工作开始向基层和应用倾斜，为提升企业质量和效益发展保驾护航。油田上下效益理念已经形成，并贯穿到决策、生产、管理的全过程。经济评价成果大幅向现实应用转化，重点走向基层，措施前经济评价作为控制低效投入的手段，显示了经济评价控投资、降成本、增效益的工作职能和地位。

坚持“精细化管理”。全面深化对标管理，压缩非生产性支出，精细投资计划管理，建立两级预算管理体制，相继出台投资管理办法、成本目标评价方案，严把物资采购质量关口，科学合理安排成本支出，企业“五项费用”逐年下降。深入开展“全员精细管理、杜绝百种浪费”活动，引导干部职工算清“浪费损失账、企业效益账、长远发展账”三笔账，逐步形成重管理、重节约、过紧日子的理念，营造了“人人厉行节约，人人创造价值，人人争做贡献”的良好局面。

持续推进“三基”建设。全面实施以质量计量和标准化管理、流程管理、制度管理等为主要内容的基础管理建设工程，企业管理基础不断牢靠。去年以来，油田相关部门对采油、集输、作业等六大系统进行调研，摸清每个环节的运行情况，提出并推行经济、合理的整改措施，减掉繁缛的业务流程，合并、缩减不必要的报表和材料，实实在在为基层减负，仅此一项，年节约成本2亿多元。同时，“三基”与安全环保工作的有效结合，既解决了“干什么”的问题，又解决了“如何干”的问题。

科学管理，优化结构，有效保证了高产稳产和经济效益的提升。2012年在全年生产原油1013万吨，实现连续27年千万吨稳产的同时，完成销售商品量1004.69万吨，27年来首次实现产量和商品量双超千万吨，创造了良好的经济效益。

辽河油田公司总经理谢文彦不无自豪地说：“每年的1000万吨在数量上没有区别，但如今的1000万吨具备更高的含金量，我们追求的是高效益、高效率和高科技的1000万吨。”

辽河油田取得良好的经济效益，也带来良好的社会效益，它使原油高产稳产与良好效益相得益彰，同时带动了所在区域经济社会发展，油田总部所在地油城——盘锦市成为人均可支配收入全省排名第一，超过大连、沈阳等著名城市。

不断创新确保可持续发展动力

辽河油田领导班子没有在成绩面前满足，他们清醒的看到未来发展面临的严峻形势和艰巨任务。

从时间上看，辽河油田已进入勘探开发中后期，地上地下矛盾日益突出，勘探难度越来越大、主力生产区块进入快速递减期、投资成本捉襟见肘；从空间上看，面临的是中国石油发展格局的日新月异，千万吨油田竞相涌现，曾经的“油老三”持续发展压力日益加大。一个走过40年开发历程的老油田，面临着“未来向何处去”这样一个必须回答的问题。

辽河油田公司党政班子以思路创新为引领，面向企业发展的整体性、长期性和基本性问题，加强发展战略研究，重点提出并思考“牢牢把握千万吨持续稳产生命线、紧紧抓住转变发展方式这条主线、积极主动地构建良好的公共关系”等“九大问题”；认真梳理和分析“集中发展油气业务与全面协调发展相关业务、立足辽河主战场与拓展生存发展空间、加强集中统一管理与放权搞活基层”等“九大关系”，并以此为基础，展开“深入辽河看辽河、跳出辽河看辽河、立足辽河发展辽河、走出辽河发展辽河”群众性大讨论，其目的，就是要通过研讨，倾听来自于基层的真知灼见，重新定位企业的战略思路。

在这场近10万员工齐动员、全参与的讨论活动中，职工是企业主人得到充分体现！

辽河油田坚持以人为本，把党的工作全面有机融入生产经营管理各环节，贯穿改革发展稳定全过程，致力“打造辽河新形象、提升油田软实力、实现事业新发展”。“要切实把党的政治优势、组织优势和群众工作优势转化为企业的核心竞争力，为油田持续有效、整体协调发展注入新的生机与活力”。辽河油田公司党委书记周灏说。

思想的创新，让辽河油田发展思路更加科学清晰：

——坚持以科学发展为主题，努力实现油气核心业务稳定发展、未上市业务有效发展、天然气业务快速发展；

——坚持以加快转变发展方式为主线，致力推动向突出结构优化调整转变、向全面推动科技创新转变、向坚持规模效益并重转变；

——坚持以确保和谐稳定为主旨，着力构建安全环境和谐、队伍稳定和谐、矿区平安和谐；

——全力打好千万吨持续有效稳产、未上市企业解困扭亏、天然气业务加快发展、管理增效和科技创新“四大攻坚战”；

——全面加强本质安全建设、企业党的建设、平安和谐示范矿区建设。

面向未来，辽河油田将以党的十八大精神为指导，持续做好辽河油田陆上“根据地”油气稳产的文章，进一步巩固提高“红色辽河”；扎实推进“气化辽宁”工程和天然气业务，进一步开发拓展“绿色辽河”；加紧实施海上油气勘探开发，进一上探索创建“蓝色辽河”。以“三色”辽河的整体建设，特别是发展领域的扩展，支撑来换取建设“百年辽河”梦想的空间与时间，把建设“百年油田”作为宏伟愿景，瞄准“千万吨产量规模、千亿元经济规模”总目标，实施“33343”发展总思路，践行“打造辽河新形象、提升油田软实力、实现事业新发展”总要求，唱响“我为祖国献石油”的主旋律，谱写持续有效协调发展的新篇章！

（摘自《领导参考》2013 年第 3/4 期）

“生命线”上的较量
——辽河油田实现效益稳产调查

千万吨持续有效稳产是辽河油田的“生命线”，然而在历经 40 余年勘探开发，面对愈发复杂的内外部发展环境，能否保住这条“生命线”，成为 33 万辽河石油人最现实的“生存”问题。

辽河油田地下构造分散复杂，而且多数都是开采难度极大的稠油、超稠油油田。已经开发 40 多年的老油田，按照传统的方法，油田的产量必然会迅速递减，可持续发展岌岌可危。据有关人士介绍，“经过勘探开发经济评价中心、开发处、财务处等有关部门测算，在当前油价下，辽河油田盈亏平衡点的原油年产量规模为 937 万吨，超产则盈利，反之则亏损。可见，1000 万吨稳产是我们生存的需要。”2013 年 8 月，辽东大地万木葱茏，渤海湾畔油井欢歌。记者在辽河油田了解到，上半年，辽河油田累计生产原油 501.4 万吨，按进度超产 5.5 万吨，实现了时间过半，完成任务过半，完成全年千万吨的原油生产目标看来问题不大。也就是说，辽河油田即将实现原油千万吨以上连续稳产 28 年。

辽河石油人不会忘记，保住 1000 万吨的“生命线”，如果没有 8 年前开始的二次开发，辽河油田命运堪忧；如果没有 2012 年的结构调整，也许可能连 800 万吨都保不住，亏损是油田必然的结果；如果没有今天开发认识上的突破，油田面临的未来只能是消亡。

辽河油田在 1000 万吨的“生命线”上，与“死神”进行着顽强的较量。

结构调整　调出稳油新军

提到辽河油田的结构调整，不能不提到二次开发。

辽河油田是全国最大的稠油开发基地。自 1970 年开始开发，辽河油田在开采难度极大的稠油、超稠油开采方面创造了奇迹。30 年间，油田产量稳步提升，最高产量达到 1552 万吨。然而，到了 1995 年，油田开始减产，油田优质整装区块再难寻觅。储采失衡；部分油区油水井套损严重，井网不完善、地面设施老化，依靠原有技术增产的空间越来越小。油田产量连续 10 年递减，从 1552 万吨下降到 1201 万吨，平均每年减产 30 万吨。这时，油田形势已相当严峻，如果不能有效遏制递减，油田将成为第二个“巴库”。

在这关键时刻，辽河石油人的目光定格在二次开发上。二次开发，就是重选开发方式、重构地下认识体系、重建井网结构、重组地面流程。近年来，辽河油田突破禁区，走出误区，打开盲区，提出老油田二次开发全新理念，全面激发了濒于废弃油藏深度开发的新活力。支撑“二次开发”的关键是科技进步。辽河油田不断发展核心技术，攻克关键技术，完善配套技术，形成了以中深层稠油蒸汽驱、蒸汽辅助重力泄油和水平井为核心的技术系列，近年来，火驱、深部调驱、二元驱系列技术也逐步成为“增油”的利器。按照“四重”理念，2005 年以来，辽河油田评价适合二次开发的单元有 200 多个，可增加可采储量 2.6 亿吨。截至 2012 年，辽河油田已在 75 个单元开展先导试验或规模实施，其中重建井网二次开发 40 个单元，方式转换和深部调驱 35 个单元 452 个井组，二次开发年产量达到 305 万吨，较不实施前增产 203 万吨。辽河油区综合递减率由以往的 10%以上降至目前的 6%以下，为历年最好水平。二次开发区块总体采收率较实施前提高了15.6%。单井日产油与不实施对比提高1.9吨。

8年后的今天，我们回过头来看，对老油田进行二次开发，的确是后续发展的根基，是当时辽河油田的唯一正确选择。实验区块采收率已由8年前的24%，提高到现在的60%。采收率的大幅提高，不仅使辽河油田站稳了“生命线”，在中国石油系统也是历史性的突破。

二次开发的成功，让辽河油田在千万吨稳产的道路上稳步前行。然而，油田产量递减是必然的趋势。要想稳产，必须不断改革创新，找出新的产量增长点。2012年，辽河油田提出四大结构调整的战略举措，油田产量增长新的生力军不断出现。

调整一：新老区建产结构的调整。资源平衡、产能平衡、注采平衡被誉为稳油的三大要素。辽河石油人认为，在目前资源接替紧张、勘探程度很高的情况下，老区产能建设规模占有相当的比重。从长远分析，新老区产能结构调整是效益发展的关键。老区新井增加的可采储量有限，且产能低、递减快，必将影响稳产基础。通过加大新发现储量开发，加快难采储量动用，将新区建产比例逐步提升到70%以上，增加新区新井产量，这是提高效益发展重中之重的工作。古潜山的开发就是辽河油田新区开发的成功案例。

古潜山，通俗些说就是潜藏在厚厚地层之下的古老山头。在石油勘探领域，传统理论认为，古潜山的顶部是油气富集区，底部由于岩层致密无法储存石油。然而，辽河油田的地质科研人员提出了与之完全不同的认识：潜山底部仍然可以是油层。正是从这个颠覆性的认识出发，兴古潜山才从此揭开了神秘的面纱：获得了亿吨级的优质石油储量，仅用3年时间建成百万吨产能，成为近年来中国东部为数不多的大油田，而且，经科学预测，该油田年产原油稳定在百万吨以上的时间将长达8年。

调整二：不同油品产量结构调整。一直以来，辽河油田都是稠油为主。高凝油稀油的售价远高于稠油，所以，进行油品结构调整对辽河油田来说意义也非同小可。据了解，去年稀油每吨售价4950元，高凝油每吨售价5056元，普通稠油每吨售价3651元，特稠油每吨售价3195元，最低油价与最高油价每吨相差2000元，这就是为什么要调整稀稠油产量结构的重要内在因素。

油品结构需要调整，储量资源也具备调整条件。辽河油田稀油高凝油动用储量11多亿吨，稠油动用将近9亿吨，而相邻的大港和华北油田，加起来动用储量20多亿吨，年产油也是1000万吨，稀油高凝油仍有上产70万吨空间；辽河油田稀油高凝油采收率只有24.5%，储采比13—14，如果采收率提高，储采比还会加大，有望进一步提高稀油高凝油产量。为此，辽河油田制定出了稀油高凝油上产到500万吨十项举措，促进产量规模与储量规模合理匹配。

调整三：稠油不同开发方式产量结构调整。辽河石油人心里有这样一笔账：辽河油田稠油蒸汽吞吐操作成本1400元/吨～1600元/吨，而齐40块蒸汽驱、杜84块SAGD操作成本1000元/吨左右，火驱操作成本不到1000元/吨。可见，调整稠油不同开发方式下的产量结构极其重要。虽然转换方式初期成本高，一旦形成规模后，效益将逐步得以显现。

目前，油田公司杜66块等5个试验区块137个常规火驱井组原油日产量达到780吨，平均单井产量较未投入火驱前增加1倍以上。标志着辽河油田已建成国内最大的火驱生产基地，为我国稠油开发增添又一新的接替技术。按照目前的筛选标准，辽河油田适合火驱开发的稠油单元共有23个，覆盖地质储量3.57亿吨，已经共有5个试验区块137个井组转入火驱。到“十二五”末，辽河油田还将规模推广稠油常规火驱、加快实验低渗稀油火驱、先导实验稠油重力火驱，以及探索老潜山空气驱开发，在现有基础上，火驱年产量有望达到50万吨。

调整四：蒸汽吞吐稠油不同方法产量结构调整。对于辽河油田来说，稠油蒸汽吞吐产量在一时期内仍是稠油产量的主体。但其产量递减大、油汽比低、成本上升快，面临稳产和效益的双重挑战。辽河油田进一步加大吞吐稠油保压开采，借鉴多元热流体组合开发，目标是实现保压开采产量占蒸汽吞吐产量的50%以上。

如实现四大结构调整目标，辽河油田将打破创效难的瓶颈，并保证效益稳产的势头至少保持到“十三五”末。对此，辽河油田信心十足。

认识突破　向提升效益大进军

“认识第一、技术第二、管理第三”，这是辽河油田在40多年的油田开发中得出的结构。从蒸汽驱、SAGD，到重力泄水辅助蒸汽驱，都是通过认识的突破，才使这些核心技术得以创新，一些前沿技术得以发展。

过去传统观念与认识，辽河油田的开发是按照注水油藏管理热采油田。辽河油田通过不断总结，改变传统认识，建立了以采为先、以产定注、以液牵汽的新理念、新认识，蒸汽驱效果得以很大程度的改善。锦45块Ⅱ类蒸汽驱应用“回”形井网设计，开发效果可以和一类油藏蒸汽驱相媲美；洼59块专门设计一口水平井采水，使得埋深1600米油藏也可以实现蒸汽驱；欢127块应用水平井采水、水平井注汽、周围油井复产的开发策略，日产量由4吨上升到40吨以上，增长了10倍。

突破工作方法，向老区产量调整要产量要效益。锦16块二元驱试验区在二次采油阶段生产原油23万吨，现已收回包括化学驱在内的所有建设投资。当前，即使在化学驱运行成本很高的情况下，日产油将近200吨，每天净赚20万元。

是的，老油田经过40多年的开发，历经多次调整，进一步调整的空间、余地都很小。但辽河油田决策者认为，面对新区资源不可能在某个时间段增加的情况下，老区调整仍然是一个重要的方向。因此，创新老区调整与方式转换相结合等开发实践。既保持新井产量规模，又大幅增加单井控制可采储量；既满足产能接替需求，又要提高经济效益。

突破油藏设计，向二次开发要产量要效益。辽河油田看到，在当前产量增长还没有好的资源接替条件下，复杂油藏二次开发仍是开发工作重中之重。既有保持效果稳定，又要提高效益，最需要的是破解技术难题。曙一区杜229块就是辽河油田在油藏设计方面最得意的一笔。这是一个超稠油油藏，依照国际技术筛选标准，不适合蒸汽驱开发，该块应用蒸汽驱本身就冲破了传统的技术界限。辽河油田更新了设计，将原来注采对应的井网变成了“回”型井网，使传统设计的十几个井组变成了8个井组，少钻新井20口，多利用老井15口，节约投资5000万元。用低限投资换取低限效果，来保证实现经济效益的提高。

突破开发方式，向科技进步要产量要效益。辽河油田是个复杂的油田，地质条件复杂，油品性质多样，这就决定了开发方式多样性。目前已形成了注水、蒸汽吞吐、蒸汽驱、SAGD、重力泄水辅助蒸汽驱等诸多核心技术，虽然支撑了辽河油田27年稳产，但随着开发程度的进一步加深，这些核心技术将越来越不适应。要继续稳产，要继续实现效益发展，就必须再创新开发核心技术。曙光采油厂杜66块过去单井日产量仅为0.5吨，火驱先导试验经过7年开发历程，日产油从十几吨上升到117吨，增长了10倍，操作成本比SAGD、蒸汽驱还低。辽河油田大力创新重力火驱、烃类非烃类气驱、常规火驱等核心技术。这些技术的探索与创新、研究与研发，是油田持续开发的必然，是迎接稳产和效益挑战的利器。

同时，辽河油田还通过创新工作模式，向低品位储量开发要产量要效益、通过创新工作策略，向新机制要产量要效益、通过创新组织形式，向体制变革要产量要效益以及创新油藏管理，向精细管理要产量要效益等措施，油田实现效益稳产。

从2005年开始，辽河油田通过二次开发、四大结构调整以及突破认识向效益进军，打出了一个个漂亮战役，这个已过不惑之年的老油田，终于在千万吨的“生命线”上站稳脚根。

（摘自《中国石油企业》第8期）

星火蓄势亮“双千”
——辽河油田2012年科学发展亮点综述

过去的一年，面对国内外经济下行压力加剧、市场油价波动、税费、成本刚性增长、企业结构性矛盾突出等极其严峻的形势，辽河油田突出发展油气主营业务，协调发展相关业务，坚持规模效益并重，全力打响了千万吨持续有效稳产、未上市企业解困扭亏、天然气业务加快发展、管理增效和科技创新“四大攻坚战”，各领域、各战线亮点纷呈、精彩不断，正是这一个个神来之笔把辽河油田“千万吨产量规模、千亿元经济规模”之路点染得绚丽多彩，也正是这台台好戏让“百年”辽河充满生机。

SAGD工业性试验获得重大成功

SAGD（蒸汽辅助重力泄油）是国际稠油开

发的一项前沿技术。辽河油田科研人员通过7年不懈攻关创新，将其打造为开发超稠油的核心技术、主导技术。到2012年年底，全面实施SAGD的曙一区杜84块原油日产连续4个月保持在2000吨以上，以此为标志，宣告了SAGD工业性试验获得成功，较原开发方式年增产原油57万吨。辽河SAGD技术的创新填补了多项国际石油行业空白，在世界上首次提出驱泄复合和强制循环预热理论，研制出世界上最大的抽油杆大排量举升装置，高干度注蒸汽、地面集输等技术均达到了国际先进水平，先后取得5项创新成果，获65项国家专利。此项技术的创新应用日益成熟，有效巩固了辽河油田在超稠油开发领域的国际领先地位。

潜山油藏勘探捷报频传

2012年，在变质岩潜山内幕油气成藏理论的指导和相关配套技术的支撑下，油田勘探战线技术人员通过对不同类型潜山岩性和有效储层的识别和评价，并借助先进的欠平衡钻井和油气层储层改造等技术，在潜山勘探领域获得重大突破，勘探成果不断扩大：大民屯凹陷边台—曹台潜山带、中央凸起的赵家潜山和东部凹陷的茨榆坨潜山，形成3个亿吨级规模储量区，新增探明储量相当可观，成为油田增储稳产的主战场，并分别从探明、控制、预测三个层次形成了有序接替，为辽河油田中长期持续稳产打牢了资源基础。《辽河油田茨榆坨潜山勘探》被评为中国石油重大发现一等奖。

制度与体系融合提升管理效率

2012年，为使企业管理更加顺畅、高效，保证管理制度的科学性和先进性，油田公司启动体系融合工作，进一步划清管理界面，合理分配管理权限，简化管理流程，逐步形成了制度、流程、标准相对统一的管理平台，有效解决了企业制度体系内容、职责交叉，工作流程和基层资料相对繁琐等问题，大大提高了管理效率。一年来，优化制度65项，完成7个方面24个管理流程的优化简化工作，下放审批权11项，取消了油田公司HSE管理体系程序文件。同时，首批试点的作业系统工作标准已由170个精简到41个，队部资料由253项精简到28项，现场资料由84项精简到28项，中心站（小队）资料由95本1861项精简到5本255个数据项，实实在在为基层减轻了负担，制度的约束力、企业的管控力和基层的执行力得到全面提升。

经济评价工作实现生产过程全覆盖

辽河油田的经济评价工作是评估测算各类项目投入与产出比是否匹配，为企业管理者科学决策提供依据的重要关口。通过几年的升级完善，经济评价已经由静态走向动态，实现了项目、单井、措施及重大项目效益评价“100%全覆盖”，逐步构建了全员、全要素、全项目、全过程、全成本的经济评价体系，形成了“人人讲效益、事事算效益”的经营管理新格局。作为唯一在基层采油单位设立专职岗位的油气田企业，目前，辽河油田的294名专、兼职经济评价人员，在控投资、降成本、增效益、实现油藏经营管理中发挥了不可替代的作用。油田还通过建立相应的评价指标体系和数学模型，将经济评价与生产组织融合，建立效益生产组织模式，推动企业效益整体升级。

火驱试验进展顺利开辟稠油转换开发方式新途径

火驱作为提高稠油采收率的重要方法之一，具有采收率高、成本低、应用范围广的优势。辽河油田近年来通过技术合作和自行研发，初步形成了辽河特色火驱技术框架，探索形成了火驱室内物理模拟技术、油藏工程设计技术、点火技术等10项关键配套技术，为规模推广奠定了基础。截至2012年底，油田公司共有4个火驱试验区块，转火驱85个井组，日产油634吨，平均单井产量增长了8倍以上，初步形成了多种油品性质、多种油藏类型、多种驱替方式的火驱开发格局。专家介绍，火驱室内试验采收率可达80%以上。同等条件下，热能损耗仅占蒸汽驱的1/4。火驱试验进展顺利，将进一步拓展辽河油田稠油转换开发方式的途径，并有望在“十二五”末在辽河油田建成国内最大的火驱生产基地。

“千万吨持续稳产关键技术研究”稳步推进

为实现辽河油田在较长时期内原油产量稳定在千万吨以上的战略目标，2012年8月，“千万吨持续稳产关键技术研究”重大科技专项正式启动。该专项共设置资源接替保障、稀油高凝油上产、稠油减缓递减、工程技术支撑四项工程，并一改过去油田科研战线分散作战的模式，成为多领域、多学科、多家合作单位统一规划、集中部署的攻坚战。目前，四大工程17项课题研究进展顺利，初步建立了基岩勘探、老区周边滚动勘探、“三老”资料复查勘探、难采储量评价勘探等四大增储格局，明确了产能增长、产量恢复、产量稳定、减缓递减、开发准备等五大开发布局。到2012年底，实现了潜山分级大排量压裂等6项技术突破，取得了锦16块无碱二元驱试验成功、齐40块蒸汽驱规模稳产、杜84块SAGD一期工程全面建成等3项标志性成果，制定行业标准2项、企业标准4项，申报国家专利31项（其中发明专利8项），稠油开发、钻采工艺两大试验研发中心进一步升级完善。专家表示，该专项的稳步推进，将明显提升辽河油田的自主创新能力。

采油作业联产承包探索“一体化”运行新机制

为发挥一体化管理优势和资源优势，积极提升区块管理效能，2012年，辽河油田在锦州采油厂采油二区和作业二大队4支作业小队开展采油作业联产承包工作试点。该措施主要内容是：围绕油井产量和降低作业费用，将采油和作业利益捆绑，双方按产油量、作业可变成本、检泵周期等相关指标进行奖惩，努力探索采油与作业高效运行的最佳组织管理模式，取得了显著效果，采油二区全年实现超产原油3200多吨，作业费用比预算减少114万元。采油作业联产承包作为一种新的管理模式，在试点工作初步成功后，将在全油田采油单位全面推广。

“三级联动”市场开发机制成效明显

辽河油田工程建设系统面对经济下行压力和复杂多变的市场环境，以提升工程业绩和市场潜力为目标，进一步实施“三级联动”市场开发机制，即充分发挥设计、采购、施工一体化优势，加大对高端市场和国际市场的开发力度，市场开发质量和效率显著提高。在管道和油库施工市场，以中标西气东输三线西段EPC总承包工程为带动，市场领域持续扩大。围绕石油化工产业链，大力发展天然气和煤层气新兴业务，承揽了昆仑能源LNG液化工厂二期工程。成立海外项目开发研究机构，根据市场风险、项目利润和长远景气指数，科学甄选市场、适时进入，重点跟踪了中石油伊朗公司南阿油田技术服务和北阿油田TMC项目，开发承揽了委内瑞拉MPE—3项目。全年完成外部市场开发工作量51.8亿元。

“全员精细管理　杜绝百种浪费”活动提升效益挖潜水平

“全员精细管理、杜绝百种浪费”活动，以零浪费管理为目标，以全员参与为基础，最大限度、最广泛地减少“管理、时空、事故、资产与设备、物资采购供应和使用、操作”等6大类100种浪费，并探索形成精细管理的长效机制。2012年，以“人人践行岗位节约”为主题，各单位将活动纳入全员绩效考核，把目标层层细化分解，横向落实到专业部门，纵向落实到队站、班组和岗位员工，做到人人头上有指标、人人肩上担责任。许多基层班站将生产环节精细到点，区块开发精细到井，效益挖潜精细到人，各个岗位的管理效率、执行效力全面提升。全年共提出整改措施14115项，实现直接创效2.26亿元。

开展辽河油田首届道德模范评选凝聚正能量引领好风尚

从2012年4月开始，油田公司党委组织开展了首届道德模范评选活动。经公司党委宣传部等相关部门精心组织，二级单位推荐、评委会初评、媒体公示、职工群众投票等程序，评选出辽河油田首届道德模范12名，特别荣誉奖1名，并有8名同志获得提名奖。这些获奖者是油田诚实守信、助人为乐、见义勇为、孝老爱亲等方面员工的杰出代表，是践行社会主义荣辱观的典型榜样。这次评选表彰，既是对多年来油田精神文明建设成果的充分展示，也是引导干部员工广泛参与道德实践的积极探索，更是新形势下推进油田思想道德建设的有效举措，在全油田形成了学习模范、关爱模范、崇尚模范、争当模范的浓厚氛围。　（摘自1月25日《辽宁日报》）

“无油区”探得上亿吨石油储量
——从兴古潜山开发看辽河油田发展方式转变

在历经近30年地质勘探被判定为“无油区”的区域，竟探得了上亿吨石油储量；同样建成100万吨产能，仅仅动用了常规油田十分之一的钻井数；地面上楼房鳞次栉比、街道车水马龙，地面下油流滚滚、日夜不停，繁华的城区和繁忙的采油区和谐共生……

这些，就是辽河油田兴古潜山油田给人们留

下的部分印象。兴古潜山油田的成功开发，是辽河油田落实科学发展观、努力转变发展方式的缩影和见证。

“无油区”抱出“金娃娃”
——思路一变天地新

古潜山，通俗些说就是潜藏在厚厚地层之下的古老山头。在石油勘探领域，传统理论认为，古潜山的顶部是油气富集区，底部由于岩层致密无法储存石油。

然而，在2004年辽河油田的地质科研人员提出了与之完全不同的认识：潜山底部仍然可以是油层。正是从这个颠覆性的认识出发，兴古潜山才从此揭开了神秘的面纱，获得了亿吨级的优质石油储量，仅用3年时间建成百万吨产能，成为近年来中国东部为数不多的大油田。而且，经科学预测，该油田年产原油稳定在百万吨以上的时间将长达8年——地质专家说，这是一个奇迹！

理论的突破来之不易，奇迹的实现更是历尽艰辛。

1973年，辽河石油人在兴古潜山构造上开钻兴213井，在地下2200米的潜山顶部获得了110吨、80万立方米高产油气流。但是，尽管一再加大勘探力度，好消息却没有再次传来——一直到1999年，辽河人“两上两下”兴古潜山，相继打了近40口探井，都是收获甚微，没能找到成规模的油气储量。70年代初没有成功，被认为是技术水平所限。90年代末还没有成功，原因何在？在很多人看来，兴古潜山已经戴上了“无油区”的帽子。

一次次失败、挫折中，辽河石油人对兴古潜山的认识在不断加深，对传统地质理论的认识也在深化。进入新世纪，油田决策层重新审视了兴古潜山：过去30年，我们只是在4000米以上的潜山顶部做文章，实践证明“此路不通”，那么，为什么不能把目光投向潜山的底部呢？

反思使人睿智。他们彻底摆脱了传统地质理论的束缚，大胆地提出：“生油岩埋藏有多深，含油底界就有多深。”

于是，向4000米以下潜山底界进军的勘探战役正式打响。

2004年，马古3井第一次揭开了潜山内幕，不仅证实中生界下覆的太古界变质岩潜山内部含油，而且含油底界由800米扩展到地下4700米，潜山内部含油幅度由200米扩展到2300多米，最大油层厚度相当于泰山高度的1.5倍。

2007年，兴古7—5井验证了逆断层的存在，兴古潜山内部结构逐步明了，储层发育特征基本清晰。山重水复疑无路，柳暗花明又一村。辽河人对潜山勘探的认识不断突破，“变质岩潜山内部成藏”理论逐步形成。

2012年，“变质岩内幕油气重大发现与高效开发技术”荣获国家科技进步二等奖。该项目提出的变质岩内幕油气成藏理论认识、变质岩内幕结构的识别与预测技术、纵叠平错三维井网重力驱开发模式及钻完井及储层改造技术，都是辽河人的首创。经两院院士为主的专家组鉴定：该成果总体达国际领先水平。

对于辽河油田来说，“变质岩”理论具有里程碑意义，辽河石油人对油藏有了新认识，获得了更广阔的勘探领域：不仅兴古潜山开始规模开发，大民屯、边台—曹台、茨榆坨等三大潜山也已形成三个亿吨级规模储量区。这些勘探发现，不仅使辽河油田确保了产量规模的稳定，连续27年年产原油1000万吨以上，而且连续多年储采比大于1，实现了储量的有序接替，为协调稳定发展奠定了坚定的物质基础，更让辽河人看到了实现“百年辽河”梦想的新希望。

毫无疑问，兴古潜山油藏的成功勘探，得益于思想的解放。

对于一个开发40多年的资源型企业来说，转变发展方式的根本出路也只在于思想解放。

进入新的发展阶段，产量规模与人力资源、经济规模不匹配的结构性矛盾成为辽河油田的最大挑战。“人多地盘小”的矛盾如何化解？资源接替不足的课题如何破解？投资成本紧张的困境如何摆脱？惟有掌握解放思想这个“金钥匙”，在思维创新上下功夫，采取革命性措施，才能攻坚克难，赢得先机和主动。

记者欣喜地看到，在辽河油田的百里油区处处激荡着解放思想的强劲春风：坚持以加快转变发展方式为主线，致力推动“三个转变”——向突出结构优化调整转变、向全面推动科技创新转变、向坚持规模效益并重转变；坚持把“双千”建设作为第一要务，“气化辽宁”工程进展顺利，绿色发展迈出坚实的一步；改变采油单位与工程技术单位分立运行的模式，持续深化重组，一体化优势越发显现；辽河外部找资源，先后在南海、南黄海、辽北等区域获得探矿权，建设“三色辽河”的设想日趋完善……更重要的是，按照“站在辽河看辽河、跳出辽河看辽河，立足辽河发展辽河、走出辽河发展辽河”的思维共识，油田发展战略的顶层设计愈来愈清晰，建设“千万吨产量规模、千亿元经济规模”企业的发展目标已经胜利在望。

制服“拦路虎”牵出“大油龙”
——技术创新拓宽转型路

上天容易，入地难。要把兴古潜山地下数千米的原油开采出来，并非易事。

兴古潜山独特的油藏条件世界罕见，一是埋藏深，地下储层深达4700米以上，对钻井技术要求高；二是温度高，地下温度平均达到160摄氏度，对井下工具、油管的耐热强度要求高；三是油藏厚度虽然可观，但分布上呈现纵横交错的状态，很难用传统的直井采油工艺进行高效开采；四是油藏非均质性极强，不能像普通油藏那样采用单一的开发方式进行生产。

四大拦路虎并没有妨碍辽河人从潜山深处牵油龙的信心。

针对埋藏深和温度高这两难，油田钻井管理中心通过调研和比较分析，合理使用抗高温设备，使随钻测量工具可以深入到地下5700米正常施工，保证了钻井精确度。与此同时，钻采工艺设计也打破常规，独有的四开井身结构，有效防止上部已开发油藏的干扰；独创钻完井一体化油层保护技术，揭开油层前用无固相泥浆替换大比重钻井液，揭开油层后用活性水替换无固相钻井液，造就了一口口百吨井接连出现的奇迹。

针对油藏分布杂乱和不均匀这两难，油田科研人员先后模拟了16套开发方案。在反复分析研究论证之后，最终确定了一套“直井控制，大斜度井和水平鱼骨井整体开发、段间叠置、段内交错、底部注水”的开发方式。这种开发方式能使2000多米厚的油藏开发得以“无缝隙覆盖”。

该开发方式不仅在兴古潜山见到成效，也进一步丰富发展了老油田二次开发、立体开发理论，为老油田稳产探索出了新途径。同时规模使用水平井，并充分利用了老井网，在提高采油效率的同时，大大节约了开发用地。

依靠技术创新，兴古潜山的开发闯过了一道道难关险隘。

辽河油田已经走过了快速上产期，创业初期那种单纯靠人力、靠投资拉动的发展方式显然已经不合时宜。辽河油田人逐步达成共识：转型发展，最关键还在于科技创新。

党的十八大报告中提出“实施创新驱动发展战略”。回顾油田近年来的发展，二次开发、水平井、蒸汽驱、SAGD，每一次科技进步和技术革新，都给油气增储上产带来新突破，让辽河人增添了为国奉献的能力。据统计，仅“十一五”期间，辽河油田就研发形成了25项具有自主知识产权的重大核心配套技术，获国家科技进步二等奖2项，省部级科技成果奖86项，授权国家专利748项。近两年辽河油田依靠科技进步形成的产量已经占到1/3。

为实现辽河油田在较长时期内保持原油产量稳定的战略目标，2012年8月，“千万吨持续稳产关键技术研究”重大科技专项正式启动。我们看到，辽河油田的技术创新又呈现出一些新特点：在立项上，瞄准制约企业发展的战略性课题；在内容设置上，共设置资源接替保障、稀油高凝油上产、稠油减缓递减、工程技术支撑四项工程，涵盖面广；攻关方式上，一改过去分散作战模式，多领域、多学科、多家合作单位统一规划、集中部署。这是一场大攻关，也是一次大攻坚，它的实施，将是辽河油田“十二五”、“十三五”原油产量稳定在千万吨以上的重要支撑，不仅塑造辽河油田未来10年的发展模式和形态，而且还将为同类型油田稳产提供一个可以借鉴的成功范例。

油藏管理求精细——规模与效益齐头并进

为了保证兴隆台古潜山油藏合理高效开发，辽河油田于2008年组织成立了兴古潜山精细管理小组，其职责就是对每口井的开发措施方案进行评估把关，科学分析油井的性价比，筛选出更经济、可行的配置方案，并对油藏生产实施日跟踪、旬分析、月总结的工作制度，积极开展油藏经营管理工作。

按照《兴隆台潜山油藏开发方案》要求，兴古潜山动态监测工作5年内共计实施油藏动态监测工作量共7大项3048井次，确保了油藏科学合理高效开发。

通过自上而下的经济评价体系，给每口井都

贴上了“效益”的标签，辽河油田以较少的投资，最大限度地解放了兴隆台潜山油藏的产能。早在2008年10月，先期投入的11口水平井已全部收回投资。兴古潜山油藏成为辽河油田亿吨级储量钻井工作量最少，稳产时间最长的高效开发油藏，上产和保持百万吨仅需钻120口左右水平井、复杂结构井，远低于同等规模油藏开发所需开井数量。

辽河油田产出的千万吨产量中，稠油产量占“大头”，市场价格却低于稀油、高凝油。兴隆台潜山油藏的优质稀油，为辽河油田开启了一扇效益之门。

兴隆台潜山产量规划曲线表明，从2011年开始，它将在百万吨年产线上稳产8年，其中130万吨年产水平可保持5年。兴隆台潜山油藏较长的稳产期，对辽河油田优化产量结构起到重要的调节作用。

在潜山成藏理论的指导下，辽河油田大民屯南部潜山勘探取得突破性进展，由此带来辽河油田的产量结构调整全面提速。2012年，辽河油田稀油、高凝油年产量已经达到428万吨，大幅提高了千万吨原油产量的含金量。

效益是企业转变发展方式的根本目的。

从2008年国际金融危机带来油价起伏跌宕、减产限输开始，辽河人深刻认识到，没有效益的产量不能要。

对于辽河油田来说，效益不仅是持续发展的根基，也是解决企业各种矛盾问题，维护矿区民生和履行社会责任最重要的物质基础。

一个油田无论发展到什么时候都要追求产量规模与经济效益的有机结合。他们坚持把效益增长作为第一追求，全面推进经济评价工作，努力形成“人人讲效益、事事算效益”的经营管理新格局；效率就是金钱，从上到下积极推进制度与体系融合，解决企业制度体系内容、职责交叉，工作流程和基层资料相对繁琐等问题，着力提升企业管理效率；适时进行业务结构优化调整，实现了资源高效配置、利用，为提高发展质量保驾护航。

要“产量辽河”，也要“效益辽河”。面对未来各种挑战，辽河人的工作思路十分明确：“产量稳、成本稳、效益更要稳，规模增、实力增、效益更要增”。

采油作业与繁华城区和谐共处
——绿色发展助力“美丽辽宁”

现在的辽宁省盘锦市兴隆台区，每天都从4000多米的地下采出石油，但地上居民生活、日常工作丝毫不受影响，油田生产与居民生活和谐相处。

兴隆台潜山主力区块全部在盘锦市主城区——兴隆台区地下，地上住宅楼、办公楼、商厦等鳞次栉比。而石油开采需要钻井、铺设管道，需要征地，同时，石油开采过程是否影响居民正常生活等，都是摆在“辽河油田人”面前的难题。

既要采出地下油，又要考虑地上楼。“最佳井位可能在一栋办公楼下或家属区里，可你不能把大楼给拆了，只能改变工程设计。”说起当时潜山勘探开发之难，设计人员深有体会。

他们不断完善油藏工程设计，解决难题。通过调整钻井入口点，反向部署兴古—H105和兴古—H305两口水平井，既克服了地面障碍，又不影响储层动用；统筹考虑地上地下，实行U字型征地，扩展优化设计的空间。

油田公司把“绿色”的理念渗透到潜山开发的全过程，充分保障油区居民生活环境和生态问题。

在“先预防、早准备、细管理”的理念下，独创钻完井一体化油层保护技术，大大降低了油层污染。新井投产前期，工作人员将泥浆池全部铺上防渗材料，防止替喷时泥浆渗漏，污染地层。替喷结束后，对泥浆池进行无害化处理，避免对地层的污染。进入生产运行阶段，公司安全部门给附近居民下发印有宣传警示内容的台历、水杯等，提高居民的安全意识。

（摘自3月6日《辽宁日报》）

2013年有关报道油田公司报刊网络部分索引

1. 井架下的石油红

《中国石油报》1月8日

2. 辽河油田SAGD引发蝴蝶效应

《中国石油报》1月10日

3. 科学诊治：让“劳模井”不再亚健康

《中国石油报》1月15日

4. “三项治理”呵护绿色油区

——辽河锦州采油厂环境保护纪实

《中国石油报》1月18日

5. 带着问题进课堂　破解难题提素质

《中国石油报》1月21日

6. 何以越蓄越强

——辽河油田迈向“双千”企业步履坚定有力　《中国石油报》1月24日

7. 辽河油田七十口“亚健康”井恢复活力　华北采二连下“猛药”治理老油田递减

《中国石油报》1月25日

8. 辽河油田产量结构持续优化

《中国石油报》1月28日

9. “发现隐患奖”激励全员“织网”

——辽河金马油田开发公司安全管理侧记

《中国石油报》1月29日

10. 东北“爷们儿”的细活

《中国石油报》1月29日

11. 制度整合提效率　流程再造增“红利”

——辽河曙光采油厂探索精益管理之路透视

《中国石油报》1月31日

12. “失灵”的经济杠杆

《中国石油报》2月4日

13. 曙光采油厂作业六区引导青工创新创效

《中国石油报》2月7日

14. 辽河油田扎实稳住“千万吨”

《中国石油报》2月8日

15. “辽河节能模式”入选国家级管理创新成果

《中国石油报》2月22日

16. 辽河稠油老化油处理技术变废为宝

《中国石油报》2月27日

17. 辽河稠油开采先导试验基地成“孵化器”

《中国石油报》2月28日

18. 辽河劲提千万吨大油田发展质量

《中国石油报》3月1日

19. “信心就是生命的主宰”

《中国石油报》3月5日

20. 辽河油田井控上“双保险”

《中国石油报》3月6日

21. 辽河油田增油增效提速

《中国石油报》3月8日

22. “文化建设一体化”起步

《中国石油报》3月12日

23. “猛虎”服软变“乖羊”

《中国石油报》3月14日

24. 锦州采油厂 HSE 管理呵护员工

《中国石油报》3月14日

25. 辽河曙光采油厂建立边远井站安全“流动哨”

《中国石油报》3月22日

26. 辽河油田茨榆坨采油厂烟道里掏出“金豆子”

《中国石油报》3月29日

27. 司勇：破解油田二次开发“密码”

《中国石油报》4月2日

28. 滇中高原破解世界难题

——辽河油田参见中缅油气管道侧记

《中国石油报》4月3日

29. 效益配产扩大经济产量

——辽河油田实施无效负效井效益升级的调查

《中国石油报》4月8日

30. 辽河油田：学先进原由上产效益增

《中国石油报》4月10日

31. 辽河油田盘活低品位储量突破亿吨

《中国石油报》4月10日

32. 解码单元核算

——从辽河曙光输油站经验看如何提高集输精细化管理

《中国石油报》4月11日

33. “小”字文章做出大效益

——辽河电力集团燃料分场挖潜工作解析

《中国石油报》4月15日

34. 辽河水平井家族“人丁兴旺”

《中国石油报》4月17日

35. 辽河破解中深层稠油开发难题

《中国石油报》4月18日

36. 喂食“大胃王”

《中国石油报》5月2日

37. 辽河转换开发方式凸显增产强势

《中国石油报》5月6日

38. 辽河油田首口穿层压裂井获高产

《中国石油报》5月7日

39. 辽河齐 40 块热水驱接替蒸汽驱

《中国石油报》5月8日

40. 追寻英模足迹　激发向上能量

《中国石油报》5月13日

41. 辽河深部调驱日产油破千吨

《中国石油报》5 月 14 日
42. 辽河建设集团中缅天然气管道施工提速
《中国石油报》5 月 15 日
43. 曙光采油厂千个毛绒玩具捐山区
《中国石油报》5 月 16 日
44. 规范操作“颐养”好习惯
——辽河金马油田油气集输作业区建设岗位标准纪实
《中国石油报》5 月 16 日
45. 辽河曙光大剂量化学堵水见成效
《中国石油报》5 月 20 日
46. “医生救人，我救的是井”
《中国石油报》5 月 21 日
47. 辽河油田五大布局紧扣效益开发
——综合递减率 7%，千万吨稳产有望增加十年 《中国石油报》5 月 22 日
48. 辽河大斜度定向试验井开钻
《中国石油报》5 月 27 日
49. 辽河产能建设先过经济评价“筛子”
《中国石油报》5 月 28 日
50. 辽河华油热采吞吐技术行业翘楚
《中国石油报》6 月 4 日
51. 曙光模式：高成本这样“低头”
《中国石油报》6 月 13 日
52. 辽河首口穿层压裂试验井日产油 152 吨
《中国石油报》6 月 13 日
53. 沈阳采油厂低效水平井重获新生
《中国石油报》6 月 17 日
54. 破解“入地难”探入中深层
《中国石油报》6 月 18 日
55. 王桂杰：调驱“大管家”
《中国石油报》6 月 23 日
56. 冲出低谷向“高升”
《中国石油报》7 月 3 日
57. 辽河油田“全身体检”
《中国石油报》7 月 11 日
58. 精细“水疗”：激活辽河欢 26 区块
《中国石油报》7 月 19 日
59. 辽河奈曼：“组合拳”解开发之“稠”
《中国石油报》8 月 2 日
60. 寻找上产与降本平衡点
——欢喜岭采由厂探索质量效益发展之路的调查
《中国石油报》8 月 15 日
61. 无形的“手”编织看得见的“网”
《中国石油报》8 月 16 日
62. 辽河特种油开发公司再造 SAGD 百吨井
《中国石油报》8 月 22 日
63. 辽河油田形成系列压裂技术
《中国石油报》8 月 27 日
64. 稠油热采：下一站，蒸汽驱？
《中国石油报》8 月 28 日
65. 辽河裕隆新型设备打破国外技术壁垒
《中国石油报》8 月 29 日
66. 精算减法　设备“撤欢”
——辽河曙采热注作业二区 65 号站提升管理的调查
《中国石油报》8 月 30 日
67. 辽河“探路”稠油高端开发技术
《中国石油报》9 月 3 日
68. 从“甲方乙方”到“同一首歌”
——辽河锦采推行“采油作业联产承包”新型管道模式的调查
《中国石油报》9 月 5 日
69. 国产高温螺杆泵首次成功用于稠油生产
《中国石油报》9 月 9 日
70. 破解潜山“八阵图”
《中国石油报》9 月 12 日
71. 安全生产的“前沿哨兵”
——辽河油田实施“首席安全监督员”制度纪实
《中国石油报》9 月 13 日
72. 治砂患　控尾气　增原油
《中国石油报》9 月 17 日
73. 创新驱动辽河油田效益发展
《中国石油报》9 月 26 日
74. 辽河金马油田火山岩裂缝型
油藏氮气泡沫调驱试验成功
《中国石油报》9 月 29 日
75. 群众意见即知即改立说立行
——辽河油田不搞“闭关修炼，体内循环”
《中国石油报》10 月 22 日
76. 非烃类气驱开辟辽河潜山开发新途径
《中国石油报》10 月 23 日
77. 辽河形成高凝油开发技术体系
《中国石油报》10 月 29 日

78. 辽河油田高温有杆泵实现国产化
《中国石油报》11 月 4 日
79. 心系三次采油
《中国石油报》11 月 5 日
80. 组合注采　薄层发力
《中国石油报》11 月 6 日
81. 辽河四大结构调整助推效益稳产
《中国石油报》11 月 7 日
82. 辽河月东油田投产
《中国石油报》11 月 13 日
83. “辽河总动员”激发效益发展红利
《中国石油报》11 月 19 日
84. 辽河医疗诊治新格局解民忧
《中国石油报》11 月 19 日
85. 携手民营资本共建“绿色辽宁”
《中国石油报》11 月 20 日
86. 辽河曙采油井气管线解冻装置获国家专利
《中国石油报》11 月 21 日
87. 湿地崛起生态油田
——辽河海外河油田绿色开发纪实
《中国石油报》11 月 22 日
88. 寻找抛物线的顶点
《中国石油报》12 月 4 日
89. 转换开发方式呈现四大产量增长点
《中国石油报》12 月 5 日
90. 辽河曙光采油厂电热杆清防蜡技术解难题
《中国石油报》12 月 10 日
91. 让有限资金向高效流动
——辽河油田以市场规律实施“价值工程”的调查
《中国石油报》12 月 20 日
92. 瞄准第 29 年千万吨有效稳产
——辽河油田以质量效益促进可持续发展
《中国石油报》12 月 31 日
93. 辽河油田连续二十七年稳产原油逾千万吨
新华网 1 月 5 日
94. 两会话题 · 厉行节约反对浪费如果到了
买得起车、买不起油、加不上油那天
新华网 3 月 8 日
95. 辽河油田布局谋篇夯实效益稳产根基
新华网 7 月 3 日
96. “无中生有”做厚家底辽河油田重焕青春
《新华每日电讯》3 月 2 日
97. 科技创新使老油田“增寿”
人民网 3 月 7 日
98. 中石油辽河油田致密油勘探获突破
人民网 7 月 4 日
99. 辽河油田科技勘探破禁区
《经济日报》5 月 23 日
100. 辽河油田建成全国最大火驱生产基地
《经济日报》8 月 27 日
101. “气化辽宁”造福百姓
《工人日报》2 月 20 日
102. “百年辽河”追梦人
——来自中国石油辽河油田公司的报告
《工人日报》3 月 1 日
103. 辽河油田推广联产承包作业模式
《工人日报》6 月 12 日
104. 中国梦 · 劳动美寻找最美一线工人
王传祥：食堂是“光盘行动”第一线
《工人日报》6 月 28 日
105. 10 万职工齐心共铸“百年辽河”梦
——辽河油田开展“全员精细管理、杜绝百种浪费”活动纪实
《工人日报》8 月 27 日
106. 辽河油田首席安监员严把安全关
——一年来发现事故隐患近 2700 起，制止违章作业 1400 多起
《工人日报》8 月 30 日
107. 能源企业如何实现持续发展
——辽河油田持续 27 年千万吨高产纪实
《领导参考》第 3/4 期
108. 书记悟语：做百年辽河宏伟事业的传承者和建设者
《石油政工研究》第 6 期
109. “生命线”上的较量
——辽河油田实现效益稳产调查
《中国石油企业》第 8 期
110. 辽河油田连续 27 年稳产千万吨
——科技创新助推老油田焕发新活力
《辽宁日报》1 月 20 日
111. 实干成就梦想奋斗续写辉煌
——辽河油田 2012 年发展成果综述
《辽宁日报》1 月 25 日
112. 星火蓄势亮“双千”
——辽河油田 2012 年科学发展亮点综述

《辽宁日报》1 月 25 日
113. 辽河油田油建二公司奋战六百天
向港输气管道工程一次投产成功
《辽宁日报》2 月 4 日
114. 瞧瞧女子采油队的别样风采
《辽宁日报》2 月 13 日
115. “辽河模式”创新节能之路
《辽宁日报》2 月 28 日
116. 沈采“瘦身”节能全覆盖
《辽宁日报》2 月 28 日
117. 曙工处精细管理巧打“节能牌”
《辽宁日报》2 月 28 日
118. 耗能大户成节能标杆
《辽宁日报》2 月 28 日
119. “无油区”探得上亿吨石油储量
——从兴古潜山开发看辽河油田发展方式转变
《辽宁日报》3 月 6 日
120. 严规细矩成方圆
——辽河油田科学管理促进企业运营质量全面提升
《辽宁日报》3 月 28 日
121. 美丽矿区幸福家
——辽河油田建设平安和谐矿区纪实
《辽宁日报》4 月 17 日
122. 辽河油田捐款 394 万驰援灾区
《辽宁日报》4 月 25 日
123. 辽河油田学英模汇聚向上能量
《辽宁日报》4 月 26 日
124. 倾情服务为幸福辽河加油
《辽宁日报》5 月 10 日
125. 凝聚辽河青春正能量
《辽宁日报》5 月 10 日
126. “青年油水井分析活动”30 年不衰
《辽宁日报》5 月 10 日
127. 用质量和效益编织“百年辽河梦”
《辽宁日报》5 月 28 日
128. “天字号”工程促和谐
——辽河油田公司安全环保工作综述
《辽宁日报》6 月 20 日
129. 辽河油田获评“全国职业安全健康先进单位”
《辽宁日报》6 月 20 日
130. “五化”管理确保平安
《辽宁日报》6 月 20 日
131. 点对点督查实打实除患
《辽宁日报》6 月 20 日
132. 在促发展中提高党建科学化水平
《辽宁日报》7 月 9 日
133. “动车组”助发展提速
《辽宁日报》7 月 9 日
134. “助推器”促青工成才
《辽宁日报》7 月 9 日
135. “畅销书”提党建水平
《辽宁日报》7 月 9 日
136. “承包法”强堡垒作用
《辽宁日报》7 月 9 日
137. “千队示范”夯实可持续发展之基
《辽宁日报》8 月 1 日
138. 苦练内功筑堡垒
《辽宁日报》8 月 1 日
139. 小站管理有“八招”
《辽宁日报》8 月 1 日
140. 金点子保安全
《辽宁日报》8 月 1 日
141. 风正扬帆好行船
——“辽河油田原油千万吨持续稳产关键技术
研究”研发一周年纪实
《辽宁日报》8 月 30 日
142. 勇挑勘探研发重担
《辽宁日报》8 月 30 日
143. 提升稠油钻采创新能力
《辽宁日报》8 月 30 日
144. 辽河油田全民健身热潮涌
《辽宁日报》9 月 6 日
145. 锦州采油厂职工乐享健康工程
《辽宁日报》9 月 6 日
146. 曙光采油厂职工健步向健康
《辽宁日报》9 月 6 日
147. 电力集团公司巧搭健身平台促合作
《辽宁日报》9 月 6 日
148. 油建二公司职工健身忙
《辽宁日报》9 月 6 日
149. 学深悟透确保认识升华
——辽河油田从学习教育破题推进

群众路线教育实践活动
《辽宁日报》9月25日
150. 听真言察民意见真章
——辽河油田党的群众路线教育活动听取意见工作综述
《辽宁日报》9月25日
151. 曙光采油厂确保教育活动见实效
《辽宁日报》9月25日
152. 于楼公用事业处边学边改保证服务
《辽宁日报》9月25日
153. 价值管理加速“双千”建设
——辽河油田强化财务管理推动企业科学发展纪实
《辽宁日报》10月25日
154. 让发展更有“含金量”
——辽河油田未上市业务解困扭亏工作综述
《辽宁日报》10月25日
155. “节约风暴”的生动实践
《辽宁日报》10月25日
156. 辽河油田质量效益发展系列报道
——统筹管理物尽其“值”
——辽河油田强化固定资产集约化管理纪实
《辽宁日报》11月22日
157. 优化生产运行确保油田稳产
《辽宁日报》11月22日
158. 让油田“智慧”升级
——辽河油田信息化建设工作综述
《辽宁日报》11月22日
159. 高升采油厂尝精细化管理“甜头”
《辽宁日报》11月22日
160. 电力集团公司巧用管理创效“金钥匙”
《辽宁日报》11月22日
161. 油建一公司完善制度降成本
《辽宁日报》11月22日
162. 在接地气中赢得人气
——辽河油田宣传思想文化工作综述
《辽宁日报》12月13日
163. “巨人”弯腰捡“钢镚儿”的故事
——辽河油田“全员精细管理，杜绝百种浪费”活动写实
《辽宁职工报》10月11日
164. 激发企业的生命活力
——辽河油田“员工健康管理工程”写实
《辽宁职工报》10月14日
165. 为职工的生命安全负责
——辽河油田群众性安全监督工作写实
《辽宁职工报》10月16日

索　　引

索　　引

A

B

C

D

E

G

H

J

K

S

T

W

X

Y

Z

封面摄影： 杨振喜
摄　　影： 陈允长　闫文扬　宋　阳